Kohlhammer

Ralph Kirscht

Wandlungs-Räume

Praxishandbuch traumasensible Seelsorge

Verlag W. Kohlhammer

Für meine Eltern Sonja und Peter Kirscht

In Memoriam Heinz Bederski (1945–2019)

1. Auflage 2021

Alle Rechte vorbehalten
© W. Kohlhammer GmbH, Stuttgart
Gesamtherstellung: W. Kohlhammer GmbH, Stuttgart

Print:
ISBN 978-3-17-037685-4

E-Book-Format:
pdf: ISBN 978-3-17-037686-1

Für den Inhalt abgedruckter oder verlinkter Websites ist ausschließlich der jeweilige Betreiber verantwortlich. Die W. Kohlhammer GmbH hat keinen Einfluss auf die verknüpften Seiten und übernimmt hierfür keinerlei Haftung.

Dieses Werk einschließlich aller seiner Teile ist urheberrechtlich geschützt. Jede Verwendung außerhalb der engen Grenzen des Urheberrechts ist ohne Zustimmung des Verlags unzulässig und strafbar. Das gilt insbesondere für Vervielfältigungen, Übersetzungen, Mikroverfilmungen und für die Einspeicherung und Verarbeitung in elektronischen Systemen.

„Wenn es so ist, daß wir nur einen kleinen Teil von dem leben können, was in uns ist - was geschieht mit dem Rest?"

(Pascal Mercier, Nachtzug nach Lissabon)

„Wir sind zugleich auch Ruinen unserer Vergangenheit, Fragmente zerbrochener Hoffnung, verronnener Lebenswünsche, verworfener Möglichkeiten, vertaner, verspielter Chancen ... Andererseits ist jede erreichte Stufe unserer Ich-Entwicklung immer nur ein Fragment aus Zukunft. Das Fragment trägt den Keim der Zeit in sich. Sein Wesen ist Sehnsucht ... Aus ihm geht eine Bewegung hervor, die den Zustand des Fragments zu überschreiten sucht."

(Henning Luther, Identität und Fragment)

„Gottes Engel weichen nie ..."

(Johann Sebastian Bach, Kantate 149, Sopranarie)

Inhaltsverzeichnis

Geleitworte 13

Vorwort 17

1.	Vorüberlegungen		21
1.1	Einleitung		21
1.2	Vorüberlegungen zum Menschenbild: Der verwundbare Mensch im Spannungsfeld zwischen Fragment und Kohärenz		21
	1.2.1	Biblisches Menschenbild und das bio-psycho-sozio-spirituelle Modell	21
	1.2.2	Henning Luther: Leben als Fragment	24
	1.2.3	Andrea Bieler: Vulnerabilität, Kohärenz und Möglichkeitssinn	26
	1.2.4	Graphische Umsetzung: Der verwundbare Mensch im Spannungsfeld zwischen Fragment und Kohärenz	28
1.3	Vorüberlegungen zum Seelsorgeverständnis		29
	1.3.1	Isidor Baumgartner: Heilende Seelsorge	29
	1.3.2	Christoph Morgenthaler: Systemische Seelsorge ..	31
	1.3.3	Neurobiologische Fundierung: *Neurosequenzielle Seelsorge*	32
	1.3.4	*Psycho-Soziale Begleitung* als Oberbegriff und das Verhältnis Seelsorge - Beratung - Therapie	34
2.	Eine Phänomenologie psychischer Traumatisierungen		37
2.1	Vorbemerkungen		37
2.2	Diagnostik psychischer Traumatisierungen: ICD-10 und ICD-11 ergänzt mit DSM-5		39
2.3	Traumatisierung als extreme Stressreaktion: Ein *Stress-Informations-System-Modell*		47
	2.3.1	Einleitung	47
	2.3.2	Trauma und Stress	48
	2.3.3	Trauma und Information	56

		Exkurs: Neurobiologie – *Triune Brain* und Polyvagaltheorie	56
	2.3.4	Trauma und System	68
2.4		Ganzheitliche Traumafolgen-Therapie und Traumapädagogik	76
	2.4.1	Behandlungsprinzipien einer ganzheitlichen Traumafolgen-Therapie	76
	2.4.2	Nicht nur Therapie: Ganzheitliche Traumapädagogik als Beispiel lebensbegleitender Arbeit mit traumatisierten Menschen	84
	a.	*Einleitung*	84
	b.	*Traumapädagogische Grundhaltungen*	85
	c.	*Traumapädagogische Inhalte und Modelle*	86
2.5		Statt einer Zusammenfassung: Grundhaltungen im Umgang mit traumatisierten Menschen	88

3. Trauma in der Bibel: Bilder von Schmerz und Heilung ... 93

3.1		Vorbemerkungen	93
3.2		Trauma in der hebräischen Bibel	94
	3.2.1	Die Vergewaltigung Tamars: 2 Sam 13,1–22	94
	3.2.2	Psalmen: Schreckensbilder und Gegenbilder	97
	3.2.3	Das Ezechielbuch als Traumaliteratur	101
	3.2.4	Das erste Gottesknechtslied: Jesaja 42,1–9	103
3.3		Trauma im Neuen Testament	106
	3.3.1	Trauma als ein sozialgeschichtlicher Hintergrund des Neuen Testaments	106
	3.3.2	Trauma, Krankheit und Heilung in den Evangelien	107
	a.	*Besessenheit, Körper und Heilung im Kontext von Trauma*	107
	b.	*Achtsamkeit, Mitgefühl und Trauma: Lk 10,25–37*	111
	3.3.3	Die Kreuzigung Jesu als christliches Urtrauma	112
	a.	*„Endless Trauma": Mk 16,1–8*	113
	b.	*Paradigma eines individuellen Heilungsweges von Traumafolgen: Die Emmaus-Erzählung (Lk 24,13–35)*	115
		Exkurs: Lukas und die Theologie der Sehnsucht	118
	c.	*Ein leeres Grab, verschlossene Türen und bleibende Wunden: Joh 20,1.11–29*	120

Inhaltsverzeichnis

	d.	*Die Überwindung des urchristlichen Traumas durch kollektives Reframing*	126
	3.3.4	Gebrochenes Brot und gebrochene Menschen: Eucharistie und Trauma	127
3.4	Statt einer Zusammenfassung: Biblische Impulse für eine *Psycho-Soziale Begleitung* traumatisierter Menschen – 11 Thesen		132
4.	**Das *Emmaus-Weg-Modell* einer Spirituellen Traumafolgen-Therapie**		**135**
4.1	Einleitung		135
4.2	Das Modell		135
4.3	Graphische Umsetzung: *Emmaus-Wege* zwischen Fragment und Kohärenz		137
5.	**Auf dem Weg zu einer traumasensiblen Seelsorge – wichtige Impulse ausgewählter Forschungsarbeiten**		**139**
5.1	Einleitung		139
5.2	Trauma als Herausforderung für die Seelsorge – drei wichtige Aufsätze		139
	5.2.1	Kerstin Lammer: Seelsorge nach traumatischen Ereignissen	139
	5.2.2	Sabine Haupt-Scherer und Uwe Scherer: Einen Schritt voran folgen	141
	5.2.3	Maria Elisabeth Aigner: Leben nach der Katastrophe	142
5.3	Trauma und Theologie		144
	5.3.1	Kristina Augst: Auf dem Weg zu einer trauma-gerechten Theologie	144
	5.3.2	Jennifer Baldwin: Trauma-Sensitive Theology	146
5.4	Trauma, Bibel und Spiritualität		147
	5.4.1	Trauma und Bibel	147
	5.4.2	Ursula Gast et al.: Trauma und Trauer	147
	5.4.3	Shelly Rambo: Resurrecting Wounds	148
5.5	Trauma und Seelsorge		149
	5.5.1	Erika Kerstner et al.: Damit der Boden wieder trägt	149

			5.5.2	Miriam Schade: Dem Schrecklichen begegnen	150

		5.5.2	Miriam Schade: Dem Schrecklichen begegnen	150
		5.5.3	Andreas Stahl: Traumasensible Seelsorge	151
	5.6	Zusammenfassung..		154
6.	*Wandlungs-Räume* – Das Modell einer traumasensiblen Seelsorge.................................			157
	6.1	Das Modell und seine theoretischen Grundlegungen		157
		6.1.1	Einleitung	157
		6.1.2	Das Modell *Wandlungs-Räume* - ein Überblick	157
		6.1.3	Graphische Umsetzung: *Emmaus-Wege* und *Wandlungs-Räume* zwischen Fragment und Kohärenz..	159
		6.1.4	Theoretische Grundhaltungen, Inhalte und Modelle in der traumasensiblen Seelsorge nach dem Modell *Wandlungs-Räume*..............	160
		6.1.5	Statt einer Zusammenfassung: Kurzfassung der 12 Thesen zu einer traumasensiblen Seelsorge....	163
	6.2	Das Modell und seine praktische Umsetzung		164
		6.2.1	Einleitung	164
		6.2.2	Stabilisierung 1: Beziehung, Sicherheit und Ressourcen	167
		a.	*Der Beziehungs-Raum*...........................	167
		b.	*Der Schutz-Raum*................................	172
		6.2.3	Stabilisierung 2: Erinnerung, Trauer und Bewegung	183
		a.	*Der Lebens-Raum*...............................	183
			Exkurs: Lösungsorientierte Beratung und Seelsorge..	188
		b.	*Der Leib-Raum*..................................	198
		6.2.4	Der prophetische Auftrag traumasensibler Seelsorge: *Der Handlungs-Raum*..................	210
	6.3	Die Person traumasensibler Seelsorgerinnen und Seelsorger: Selbstfürsorge und Schutz vor sekundärer Traumatisierung..		214
		6.3.1	Einleitung...	214
		6.3.2	Selbstfürsorge ist … eine Frage des Wissens	215
		6.3.3	Selbstfürsorge ist … eine Frage der Übung(en)	215
		6.3.4	Selbstfürsorge ist … eine Frage der Selbstkenntnis .	216
		6.3.5	Selbstfürsorge ist … eine Frage der Haltung(en) ...	216

	6.3.6	Fazit: Traumasensible Seelsorgerinnen und Seelsorger als mitfühlende Zeuginnen und Zeugen, das BERN-Modell und biblische Vorbilder	223
6.4		Eine kurze Zusammenfassung: Traumasensible Seelsorge eröffnet Möglichkeitsräume für Wandlungsprozesse	225
7.		**Methoden- und Übungsanleitungen**	**229**
7.1		Einleitung	229
7.2		Der *Beziehungs-Raum*: Methoden und Übungen	230
	7.2.1	Vorbemerkung	230
	7.2.2	Das Ressourcen-Barometer 1 + 2	230
	7.2.3	Ressourcen- und lösungsorientierte Fragen	232
	7.2.4	Die Wunderfrage und das Reframing	233
7.3		Der *Schutz-Raum*: Methoden und Übungen	234
	7.3.1	Methoden und Übungen zu Achtsamkeit, Stressreduktion, Selbstberuhigung, Distanzierung und Re-Orientierung im Hier-und-Jetzt	234
	7.3.2	Imaginations- und Vorstellungsübungen	238
	a.	*Innere sichere Orte und andere heilsame Vorstellungen*	238
	b.	*Zukunftsorientierte Vorstellungen*	244
	c.	*Die Pendel-Übung*	245
	7.3.3	Methoden und Übungen zur Affekt- und Emotionsregulation	246
	7.3.4	Methoden und Übungen zur Ressourcenanamnese und -aktivierung	248
	a.	*Diagramme und Tabellen*	248
	b.	*Timelines*	250
	c.	*Imaginativ-kreative Methoden*	257
7.4		Der *Lebens-Raum*: Methoden und Übungen	263
	7.4.1	Kreativ-narrative Arbeit mit biblischen Texten ...	263
	a.	*Biblische Sprachräume*	263
	b.	*Bibliolog*	264
	c.	*Biblischer Dyalog*	265
	d.	*Biblisches Drehbuch*	266
	7.4.2	Ressourcen- und lösungsorientiertes Genogramm und das Familien-/Systembrett	267

7.5		Der *Leib-Raum*: Methoden und Übungen	270
	7.5.1	Traumasensible Körper- und Bewegungsübungen und körperorientierte Rituale	270
	7.5.2	Ressourcen-EMDR	275
	7.5.3	Biblische Skulptur- und Aufstellungsarbeit	278
	7.5.4	Arbeit mit *Ego-States*	284
7.6		Selbstfürsorge: Methoden und Übungen	287
	7.6.1	Die Haltungs-Perlen-Übung	287
	7.6.2	Dankbarkeits-Übungen	287
	7.6.3	Der Fragenkatalog zum Modell Mitfühlende Zeugin/Mitfühlender Zeuge	288
	7.6.4	Das BERN-Modell	289
	7.6.5	Das Salutogramm für die Selbstfürsorge	290
7.7		Vier Fallbeispiele	290
	7.7.1	Anja	290
	7.7.2	Frau B	291
	7.7.3	Herr M.	293
	7.7.4	Thomas	294
8.		Ein persönliches Schlusswort	295
9.		Anhang..	299
A.1		Bindungsstile und Bindungsverhalten	299
A.2		Das Informationsverarbeitungsmodell von Martin Sack	300
A.3		Die Emmaus-Erzählung – Text und psychotraumatologische Vers-für-Vers-Deutung	302
A.4		Tobias Esch – Die Reframing-Übung	305
A.5		Tobias Esch – Zur Positiven Psychologie	306
A.6		Luise Reddemann – Empfehlungen zur Selbstfürsorge der Helfenden	308
A.7		Günter Bamberger – Lösungsorientierte SelfCare	309
A.8		Traumasensible Seelsorge – Ein Ausbildungs-Curriculum	310
10.		Literaturverzeichnis	313

Geleitwort

„Schwarze Insel" – so nennt Ralph Kirscht das körperliche, psychische, soziale und auch spirituelle Terrain, das es in einer traumasensiblen Seelsorge mit Traumatisierten respektvoll zu umrunden gilt und das er in seinem Praxishandbuch erhellt und einer detaillierten Kartographierung unterzieht. Über die hohe Aktualität seines Anliegens besteht kein Zweifel, gerade auch im kirchlichen Bereich. Damit von einer traumatischen Erfahrung überfallene, verletzte und später von Traumafolgen heimgesuchte, geknickte Menschen auch in der Seelsorge eine qualifizierte Unterstützung erhalten können, greift Kirscht weit aus und verbindet, was dafür dienlich ist, oft aber unverbunden nebeneinander bleibt: detaillierte Informationen zu Trauma, Traumafolgen und Traumatherapie, konzeptionelle Überlegungen zur Seelsorge und der ihr zugrunde liegenden Anthropologie, einen traumasensiblen Blick auf biblische Traditionen, die traumatische Erfahrungen vielstimmig artikulieren, Vorgehensweisen traumasensibler Pädagogik und Expertise in der Begleitung Traumatisierter, wie nicht zuletzt die Fallbeispiele zeigen, auf die der Gedankengang zuläuft. Kühn ist es, wie Kirscht in seiner „neurosequentiellen" Seelsorge Jahrtausende alte Erfahrungen im Umgang mit Traumen, die in biblischen Texten eingelagert (und manchmal auch eingefroren) sind, mit aktuellen Erkenntnissen der Neuropsychologie verbindet.

Auf diese Fahrt durch viele Räume – offene „Wandlungs-Räume" und solche, die sich zuerst öffnen müssen – bin ich ihm gerne gefolgt. Er ist ein sicherer Kapitän, der nahe an die thematischen Strudel fährt, aber nie zu nahe, der darstellt, erklärt, Passagen durch kritische wissenschaftliche Gewässer immer wieder prägnant zusammenfasst und unterwegs Karten zeichnet, schematische Darstellungen, die zur weiteren Orientierung dienlich sind. Das Buch selbst ist wie ein sicheres, breites Schiff, in dem man sich dem auszusetzen wagt, was Betroffene verstummen, kämpfen, fliehen, erstarren lässt.

Was mich daran besonders überzeugt: die transdisziplinäre, weite Sicht auf das Thema, die Verbindung von grossen Linien und Detailtreue, die ganzheitliche Konzeption von Seelsorge als eine der unterschiedlichen Formen Psycho-Sozialer Begleitung Traumatisierter, die in Zusammenarbeit mit anderen Professionen bescheiden und selbstbewusst etwas Eigenes einbringen kann: ihr Sensorium für die spirituelle Not Betroffener, ihre Möglichkeiten, diese auf der Suche nach einer neuen Kohärenz ihres Lebenssinns zu unterstützen, ihre biblischen Ressourcen, die hier sowohl strukturell – bei der Konzeption von Schritten der „Emmaus-Wege" – wie bei deren inhaltlicher Ausgestaltung und methodischen Umsetzung ins Spiel gebracht werden. Auch die systemische Sicht wird auf überzeugende Weise für die Traumabegleitung furchtbar gemacht: Es werden zwar Einzelne traumatisiert, aber immer auch ihr Umfeld. Bedeutungsvolle Andere können zudem als Quelle der Unterstützung und des Halts wichtig werden. Als Therapeut und Seelsorger weiss Kirscht zudem um die Bedeutung der Selbstfürsorge. Gerade beim Umrunden schwarzer Inseln müssen die, die das Boot steuern und stellvertretend für eine gewisse Zeit Verantwortung übernehmen, auch zu sich selbst Sorge tragen, damit sie ihren Dienst umsichtig ausüben können. Traumasensibilität gegen innen und aussen: beides bedingt sich.

Da ist also einer am Steuer, der Modelle und Methoden traumasensibler Seelsorge bis in alle Details ausarbeitet und dabei eine reiche Erfahrung nicht nur aus vertiefter wissenschaftlicher Auseinandersetzung, sondern auch aus der langjährigen eigenen therapeutischen und seelsorglichen Praxis für die fruchtbar machen kann, die ihm auf seiner Fahrt folgen, seien dies nun Traumatisierte oder die, die sie mitfühlend begleiten. Ich bin gerne mitgefahren, werde das Buch zur Hand nehmen, wann immer ich persönlich oder auch professionell eine schwarze Insel zu umrunden habe – und empfehle es allen, die das tun, tun möchten, tun dürfen.

Prof. em. Dr. theol. Dr. phil. Christoph Morgenthaler
Universität Bern
Theologische Fakultät - Institut für Praktische Theologie
Seelsorge und Pastoralpsychologie

Geleitwort

Dieses umfassende Buch gibt mir Anregungen, einen weiten Blick und neuen Mut – das alles nach mehreren Jahrzehnten intensiver Trauerbegleitung, besonders mit Menschen, die ein Trauma erlitten haben. Das ist vielfach bei denjenigen Trauernden der Fall, die nahe Angehörige durch Suizid verloren haben. Ich denke aber auch an den jungen Mann, der die Rücktour von Süddeutschland nach Norddeutschland ohne weitere Unterbrechung hinter sich bringen wollte und dabei am Steuer einschlief. Durch den Unfall wurde seine Partnerin, die neben ihm saß, getötet – aber wie lebt er selbst weiter mit dieser Erfahrung? Und wie begleite ich ihn in dieser Situation? Hier zeigt mir dieses Buch neue Ansätze, Menschen in solcher Not besser zu verstehen und auch meine eigenen Reaktionen deutlicher zu begreifen. Was zeichnet dieses Buch aus, dass es in solchen Situationen Unterstützung gibt und sich hervorragend bewährt? Was motiviert beim Lesen, was berührt und führt weiter?

Drei Ausrichtungen kennzeichnen dieses Buch:

1. Die **Person**, die in ihrer Situation Seelsorge braucht, steht im Zentrum. Notwendig ist der zugewandte, bejahende Blick auf den anderen Menschen. Das bedeutet dann in der Perspektive von Klienten: Ich fühle mich aufgenommen und angenommen. Ich kann leichter zu mir selbst finden und mich so wahrnehmen, wie ich wirklich bin. Alles in mir hat seinen „guten Grund", so seltsam und fremd es mir auch erscheinen mag. Bei traumatischen Erfahrungen hat es auch zunächst den Sinn, in einer extremen Notsituation mir mein Überleben zu sichern. So stark die seelische Verwundung in meinem ganzen Körper und in meiner Seele weiterwirkt, kann ich doch spüren: Es ist vorüber, ich lebe in der Gegenwart, die Bedrohung be-

steht jetzt nicht mehr. Ich erhalte hilfreiche Informationen, was in mir vor sich geht (Psychoedukation). Aus der Neurobiologie erfahre ich, dass es in schwerster Krise zunächst fünf archaische Grundreaktionen gibt. Ich versuche, ein mir zugewandtes Gesicht zu finden (face), ich fliehe (flight), ich kämpfe (fight), ich erstarre (freeze). Ich spüre die Fragmente meines Lebens und habe doch Sehnsucht nach Ganzheit und Zusammenhang. Das sind die fünf „f" – gut zu merken. Ich verstehe, warum ich oft in so starkem Stress bin. Ich lerne mich zu entspannen, ich finde einen „sicheren Ort", wo ich mich wohl fühle. Langsam kann ich das Schreckliche, alle meine Brüche und Wunden als Teil meiner Biografie verstehen und in mein Leben einbeziehen. Diese Ausrichtung hin auf meine Person tut mir gut - meiner Seele, auch meinem Leib, Geist und meinem ganzen Leben. Das hat heilende Kraft.

2. Die **Seelsorge** mit allen ihren Möglichkeiten wird in diesem Buch umfassend dargestellt. Sie gehört zu den psychosozialen Begleitungen, geht aber darüber hinaus, indem sie wesenhaft die Spiritualität mit einbezieht. So entsteht ein „biopsychosoziospirituelles Modell", das an den biopsychosozialen Ansatz nach W. Egger anknüpft. In dieser Seelsorge von Ralph Kirscht werden vor allem die biblischen Schätze und christlichen Traditionen einbezogen und auf die Erfahrungen in der Gegenwart hin aktualisiert. Das erweist sich in diesem Buch als außerordentlich fruchtbar. Auch in der Bibel wird der Mensch in seinen leiblichen, seelischen, sozialen und spirituellen Dimensionen gesehen, er wird in seiner Fragmentarität und Verwundbarkeit wahrgenommen. Gott wird in dieser Tradition so verstanden, dass er den Menschen in ihrer Not nahe ist, ja in ihre Tiefe hineingeht, dort ihre Not löst und sie selbst erlöst. Am deutlichsten wird das in der Emmaus-Erzählung. Die Jünger werden in ihrer Trauer begleitet, sie werden ermutigt, ihre Gefühle auszusprechen und mitzuteilen. Sie lernen in ihrer Fragmentierung neue Zusammenhänge zu erkennen. Im gemeinsamen Mahl spüren sie Jesu Gegenwart. Sie können Jesus nicht festhalten, glauben aber jetzt an seine Auferstehung in neues Leben hinein. Durch Trauer hindurch erfahren sie Freude. Traumatisierte Menschen können sich in dieser Geschichte, in den Psalmen und vielen weiteren Erzählungen der Bibel wiederfinden, ihre Wunden erkennen, neue Verbindungen sehen, ihre Verlusterfahrungen mitteilen und sie in ihr Leben einbeziehen. Wie das heute geschehen kann, dafür bietet Ralph Kirscht viele kreative, wirksame Methoden (wie Methoden zu Achtsamkeit und Selbstberuhigung, spirituelle Imaginationsübungen, Biblische Skulptur- und Aufstellungsarbeit sowie andere kreative Methoden im Umgang mit biblischen Texten, biografische Arbeit mit eigenen „Timelines" / Lebenslinien u.v.a.m.). So eröffnet er in dem weiten Horizont der Spiritualität neue Räume, in denen es zu Veränderungen und zu Heilungen kommen kann. Er nennt diese Wandlungsräume Beziehungs-Raum, Schutz-Raum, Lebens-Raum, Leib-Raum, Handlungs-Raum. Viele Symbole und Rituale können dazu beitragen, in heilsamer Weise durch diese Räume zu gehen; dazu gehören Gänge durch Kirchen und Klöster, ebenso Spaziergänge durch die Natur, auch imaginierte Wanderungen durch seelische Landschaften. Besonders wichtig und ermutigend ist es, dass die Sichtweise sich nicht nur auf psychische Prozesse bezieht. Es geht auch um die zahlreichen Trau-

matisierten in unserer Gesellschaft und in der Welt sowie um die Bedingungen, die Traumatisierungen erzeugen. In der Bibel (besonders in den prophetischen Schriften) heißt es deutlich, dass Gott auf der Seite der Traumatisierten steht. Auch in der Seelsorge geht es darum, die Solidarität mit traumatisierten Menschen deutlich zu machen und sich gegen Strukturen zu wenden, die Traumata verursachen. Das gehört dann zu dieser „Seelsorge im weiten Horizont" und kann z.B. exemplarisch in einzelnen Projekten vor Ort geschehen, die gut mit anderen Aktivitäten vernetzt sind. Gerade in der Corona-Krise ist es so wichtig, neben der seelischen Not der Einzelnen auch die Strukturen zu sehen, die solche Not hervorrufen. Die Solidarität, gemeinsam gegen diese Missstände (z.B. Fluchtursachen, Not von Flüchtlingen) vorzugehen, gehört mit zur Seelsorge.

3. **Seelsorgerinnen und Seelsorger** selbst erhalten in diesem Buch viele wichtige Anregungen, die sie nachdenklich machen und auch ermutigen können. Ich bin beim Lesen auch der Frage nachgegangen: Was hat mich in meiner eigenen Lebensgeschichte dazu gebracht, traumatisierte Menschen zu begleiten? Welche traumatischen Erfahrungen habe ich selbst durchlebt und welche wirken noch nach in Leib und Seele? Wie gehe ich damit um, wenn sie in der Begleitung angesprochen werden? Muss ich das selbst alles schon „verkraftet" und „bewältigt" haben? Oder kann ich selbst fragmentarisch leben und mich in der Rolle des „verwundeten Heilers" wiederfinden? Da brauche ich viel Zeit, darüber nachzudenken und nachzusinnen. Am besten ich begebe mich immer wieder selbst an meine sicheren Orte, wie ich es Trauernden vorschlage. Ich spüre, wie manche Verletzungen noch immer in meinem Leib und in meiner Seele da sind und wie sie sich auch erneut in der Trauer und im Mitteilen lösen lassen. Neurobiologische Erkenntnisse, wie ich sie in diesem Buch gründlich und verständlich dargestellt finde, können mir zeigen, wie schwere seelische Verletzungen als „somatische Marker" im Körper weiterwirken und – meist unbewusst – das Leben prägen. Das Buch regt an, solche Prozesse stärker zu beachten. Beim Spüren von Verlusten und Brüchen können mich auch biblische Geschichten weiterführen, die mir zeigen, dass ich nicht perfekt sein muss. Gerade mit meinen Schwächen kann ich oft Trauernden nahe sein und stärker spüren, was sie erfahren haben. Nicht um „Mitleid" geht es dann, sondern um solches Mitfühlen, das durch Trauer hindurch zu einem Lächeln und manchmal zum befreienden Lachen führen kann.

Die Einsichten in diesem Buch haben mich in meiner Arbeit bestärkt und mir darüber hinaus besonders im umfangreichen Praxisteil viele, oft sehr kreative Anregungen gegeben. Ich hoffe, dass zahlreiche Kolleginnen und Kollegen ebenfalls dieses Buch mit großem Gewinn lesen und daraus Kraft für ihr eigenes Leben und für ihre Arbeit schöpfen werden.

Pastor i.R. Dr. theol. Klaus Onnasch
Klinischer Seelsorger, Trauerbegleiter und Autor
Mitbegründer vom Kieler Arbeitskreis Trauerbegleitung

Vorwort

Ungefähr in den letzten zehn Jahren hat das Thema „Psychische Traumata und ihre Folgen" immer stärker Eingang in die deutschsprachige (Praktische) Theologie und Seelsorge gefunden. Waren es davor meist einzelne Aufsätze, die sich mit dem Thema befassten, oder die Notfallseelsorge, erschienen nunmehr ganze Bücher bzw. Sammelbände. Dabei spielt sicherlich auch die Aufdeckung erschreckend hoher Zahlen von sexualisierter Gewalt im kirchlichen Bereich (aber nicht nur da) seit 2010 eine wichtige Rolle. Weitere wichtige Impulse kamen und kommen aus den Bibelwissenschaften, die schon seit Längerem Trauma als Deutungskategorie für biblische Texte fruchtbar machen. Insgesamt war der angloamerikanische Bereich bisher schon sehr viel weiter mit einer breiten Zahl an Publikationen zu beiden Themenbereichen (Exegese und Seelsorge). Alle diese Publikationen lassen zwei Dinge sehr deutlich werden. Erstens stehen bei sehr vielen Menschen, denen Seelsorgerinnen und Seelsorger in ihrer täglichen Arbeit begegnen, psychische Traumata mehr oder weniger offen und vom Seelsorger, von der Seelsorgerin oft nicht erkannt im Hintergrund der individuellen Problematiken. Und zweitens unterscheidet sich der seelsorgliche Umgang mit traumatisierten Menschen sehr von der Seelsorge in anderen Bereichen.

Das vorliegende Buch setzt an diesen beiden Punkten an und will Seelsorgerinnen und Seelsorgern in ihrer täglichen Praxis zum einen das für eine traumasensible Seelsorge *notwendige theoretische Wissen* über psychische Traumata, ihre Folgen und deren Behandlung vermitteln. So vermag man das oftmals befremdliche oder schwer einzuordnende Verhalten mancher Menschen, denen man in der Seelsorge begegnet, als das zu erkennen, was es ist: Es sind die Folgen schweren psychischen Leids verursacht durch traumatische Erfahrungen und zugleich Strategien zur Sicherung des eigenen körperlichen, seelischen und geistigen Überlebens. *Notwendig* bedeutet an manchen Stellen den Verzicht auf Ausführlichkeit und Tiefe zugunsten einer für die Praxis hilfreichen Einfachheit und Prägnanz.

Zum anderen zeigt das Buch die *praktischen Möglichkeiten* einer spezifisch *traumasensiblen* Seelsorge auf, die an den Seelsorger, die Seelsorgerin besondere Anforderungen – persönlich wie fachlich – stellt und besondere Fertigkeiten von ihm bzw. ihr verlangt. Hierzu gehört auch die Fähigkeit, eigene fachliche wie persönliche Grenzen im Umgang mit einem traumatisierten Gegenüber zu erkennen und einzuhalten. Insbesondere dann, wenn auch eine traumasensible Seelsorge an ihre Grenzen kommt und es eine traumaspezifische Psychotherapie braucht. Zu guter Letzt bedarf es in der traumasensiblen Seelsorge eines guten Ausgleichs für die mit dieser Arbeit einhergehenden Belastungen für den Seelsorger, die Seelsorgerin selbst in Form einer guten Selbstfürsorge als Schutz vor sekundären Traumatisierungen.

Das Thema *Notfallseelsorge* als ein eigenes breites Themenspektrum wird nicht behandelt, Interessierte seien auf das „Handbuch Notfallseelsorge" von Müller-Lang et al. (Hrsg.) und den Aufsatz von Wulfes et al. zur „Psychosozialen Notfallversorgung" verwiesen (s. Literaturverzeichnis). Inhaltlich ist das vorliegende Buch selbstverständlich auch für Notfallseelsorgerinnen und -seelsorger interessant und hilfreich. Wie überhaupt für Seelsorgerinnen und Seelsorger aus den unterschiedlichsten Settings und Kontexten, in denen sie traumatisierten Menschen begegnen können und sie begleiten sollen und wollen, auch wenn diese nicht alle eigens oder nur kurz thematisiert werden (wie z.B. Gefängnisseelsorge oder Seelsorge mit Geflüchteten).

Viele der in diesem Buch dargestellten methodischen Ansätze und praktischen Interventionen stammen aus der traumatherapeutischen und traumapädagogischen Arbeit, in der ich ebenso zuhause bin wie in der traumasensiblen Seelsorge. Diese wurden an das spezielle Setting einer traumasensiblen Seelsorge angepasst und z.T. entsprechend modifiziert. Da es sich vor allem um neurobiologisch fundierte, achtsamkeitsbasierte, ressourcenfokussierte und leibhaftige Erfahrungen ermöglichende Methoden handelt, die im Rahmen einer sicheren professionellen Beziehung zum Einsatz kommen, eignen sich viele von ihnen auch für die Seelsorge in anderen Bereichen. Insofern kann man sich für die eigene Seelsorgepraxis insgesamt inspirieren und zu eigenständigen kreativen Weiterentwicklungen anregen lassen.

Das Buch hat den folgenden Aufbau. In Kapitel 1 werden Vorüberlegungen angestellt zu einem Menschenbild, das der Tatsache Rechnung trägt, dass menschliches Leben grundsätzlich verwundbar (vulnerabel) ist. Es bewegt sich in einem Spannungsfeld zwischen Verletzlichkeit und Fragmentarität auf der einen Seite und einer ihm innewohnenden Sehnsucht nach Ganzheit und Kohärenz sowie nach einer Entwicklung der eigenen Potenziale auf der anderen Seite. Es folgen Vorüberlegungen zum grundsätzlichen Verständnis von Seelsorge inspiriert von den Modellen von Isidor Baumgartner sowie Christoph Morgenthaler und fundiert mit neuesten Erkenntnissen aus den Neurowissenschaften. Die Vorüberlegungen schließen Verhältnisbestimmungen ab zwischen Seelsorge, Beratung und Psychotherapie als konkreter Entfaltungen im allgemeinen Feld einer professionellen *Psycho-Sozialen Begleitung* von Menschen.

In den Kapiteln 2 bis 7 geht es um die *Psycho-Soziale Begleitung* traumatisierter Menschen, einmal in Form von Traumafolgen-Therapie und Traumapädagogik (Kapitel 2), zum anderen in Form von traumasensibler Seelsorge (Kapitel 3 bis 6). In Kapitel 2 stehen das grundlegende psychotraumatologische Wissen und die Traumafolgen-Therapie sowie die Traumapädagogik im Zentrum. Inhaltlich werden u.a. die Diagnostik und ein *Stress-Informations-System-Modell* psychischer Traumatisierungen sowie traumafolgentherapeutische Behandlungsprinzipien dargestellt. Anschließend werden Grundsätze und Modelle aus der Traumapädagogik als Beispiel für eine nicht-psychotherapeutische Lebensbegleitung traumatisierter Menschen beschrieben, die für eine traumasensible Seelsorge vorbildhaft sein kann. Abgeschlossen wird dieser Teil mit einer Auflistung wichtiger Grundhaltungen und -regeln im Umgang mit traumatisierten Menschen.

In Kapitel 3 werden exemplarische *Biblische Traumatexte* vorgestellt, die verschiedene Formen von Traumatisierungen und spirituell-religiöse Deutungs- und Umgangsweisen damit zeigen. Zusammengefasst wird dieses Kapitel mit 11 Thesen zu wichtigen biblischen Impulsen für eine *Psycho-Soziale Begleitung* traumatisierter Menschen. Es folgt in Kapitel 4 eine kurze Darstellung des *Emmaus-Weg-Modells*, das eine beispielhafte Verbindung von biblisch-christlicher Spiritualität und Tradition mit heutiger wissenschaftlich fundierter Traumafolgen-Therapie zeigt. Wichtige Elemente aus diesem Modell und den Verbindungsweisen fließen in das traumasensible Seelsorge-Modell *Wandlungs-Räume* ein. Nach einer kurzen Zusammenstellung von mit Blick auf dieses Modell hin ausgewählten Forschungsarbeiten in Kapitel 5 wird in Kapitel 6 schließlich das Modell *Wandlungs-Räume* selbst entfaltet. Nach einer kurzen Darstellung der wichtigsten theoretischen Grundlegungen auf Basis der vorangehenden Kapitel wird ausführlich dessen praktische Umsetzung beschrieben. Die einzelnen *Wandlungs-Räume* haben jeweils einen besonderen inhaltlich-methodischen Schwerpunkt. Abgerundet wird dieses Kapitel mit praktischen Überlegungen zur Selbstfürsorge des traumasensiblen Seelsorgers, der traumasensiblen Seelsorgerin. Die einzelnen, ausführlichen Übungsanleitungen für die in Kapitel 6 kurz beschriebenen Methoden und vier Fallbeispiele finden sich in Kapitel 7.

In Kapitel 8 formuliere ich abschließende Gedanken in einem persönlichen Schlusswort. Es folgen in Kapitel 9 ein Anhang und in Kapitel 10 das Literaturverzeichnis.

Wichtig ist mir an dem hier vorgestellten traumasensiblen Seelsorge-Modell, dass es kein Manual darstellt mit einem festen Ablauf, den es einzuhalten gelte. Es geht vielmehr um Haltungen und Grundprinzipien für die Arbeit mit traumatisierten Menschen. Dabei bildet das Eröffnen von *Möglichkeitsräumen*[1] für persönliche *Wandlungsprozesse* das übergeordnete Leitprinzip. In den einzelnen *Wandlungs-Räumen* wird dies in Kapitel 6 konkret entfaltet. Das bedeutet für den Seelsorger, die Seelsorgerin mit seiner/ihrer ganzen Person involviert zu werden, diese Haltungen und Grundprinzipien und die daraus resultierenden Methoden und Interventionen leibhaftig zu leben, zu verkörpern, statt sie als bloße Techniken anzuwenden. Seelische Traumata und Traumatisierungen fordern professionelle Helferinnen und Helfer heraus. Traumata stellen radikal die Sinn-Frage, stellen Sinn radikal in Frage. Es sind existenzielle Ereignisse mit ebensolchen Folgen, die existenzielle Antworten und Haltungen erfordern. Dass sie die eigene Person nicht überfordern und wie man sich davor schützen kann, ist ebenfalls ein wichtiges Anliegen dieses Buches.

Ebenfalls wichtig ist mir, dass die dargestellten Inhalte und Modelle offen sind für eine Adaption bzw. Modifikation innerhalb anderer spiritueller und religiöser Weltanschauungen. Ich schreibe in diesem Buch als christlicher Seelsorger in besonderer Weise für christliche Seelsorgerinnen und Seelsorger, weil dies meine spirituelle und religiöse Heimat ist. Dennoch lade ich professionelle *psychosoziale*

---

[1] Es handelt sich dabei um einen zentralen Begriff aus der systemischen Beratung und Therapie, dem ich die Raum-Metapher für mein Modell verdanke. Zu diesem Begriff s. Kapitel 2.4.3, Grundregel 5.

Begleiterinnen und Begleiter mit anderen Hintergründen ausdrücklich dazu ein, das in diesem Buch dargestellte theoretische und praktische Wissen und die dazugehörenden Methoden in ihr weltanschauliches Konzept zu übertragen. Im Text werde ich in der Regel auf diese Möglichkeit einer Adaption bzw. Modifikation nicht mehr eigens hinweisen.

Zwei Anmerkungen zum Sprachgebrauch: Zum einen vermeide ich (außer in Zitaten) den Begriff der „Störung" für psychische Belastungen oder Erkrankungen, da ich ein systemisches und sinnorientiertes Krankheitsverständnis vertrete, kein rein medizinisch-reparaturorientiertes, d.h. es gibt immer einen guten Grund, warum Menschen diese oder jene somato-psychische Erkrankung bzw. Belastungsreaktion entwickeln. Zum anderen werden, um einen möglichst inklusiven Sprachgebrauch zu gewährleisten, ohne dass die Lesbarkeit erschwert wird, mal männliche und weibliche Formen gemeinsam genommen, mal nur die männliche Form, mal nur die weibliche Form jeweils im Wechsel und in einem ausgewogenen Mischungsverhältnis.

Am Ende dieses Vorworts möchte ich einigen wenigen Menschen danken, die mich in besonderer Weise in der Zeit der Arbeit an diesem Buch begleitet und unterstützt haben. Klaus Onnasch, der die ganze Zeit mitgedacht und mitgelesen hat, danke ich für die vielen fachlichen und persönlichen Anregungen sowie sein wertschätzendes Geleitwort. Christoph Morgenthaler danke ich für den fachlichen Austausch und das ebenfalls wertschätzende Geleitwort. Stefan von Rüden und dem KSA-Institut Heidelberg danke ich für die Möglichkeit(sräume), viele der in diesem Buch dargestellten Inhalte in Form von Fort- und Weiterbildungen anderen Seelsorgerinnen und Seelsorgern nahebringen und dadurch weiterentwickeln zu können.

Ich danke Georg Reynders, dem dieses Buch sein professionelles Layout und das schöne Cover-Foto verdankt und der mir seit unzähligen Jahren bei vielen meiner Projekte fachlich und freundschaftlich mit Rat und Tat zur Seite steht. Ich danke dem theologischen Cheflektor des Kohlhammer-Verlags, Sebastian Weigert, für die fruchtbare Zusammenarbeit und die unzähligen Anregungen und Korrekturvorschläge.

Thomas Walter danke ich für fast 30 Jahre geistig-geistliche Wegbegleitung und Freundschaft und die tiefsinnigen Gespräche, mit denen er auch dieses neue Projekt begleitet hat. In stiller Verbundenheit danke ich Heinz Bederski, der mir Freund und spiritueller Weggefährte seit 1991 war und der die Veröffentlichung dieses Buches nicht mehr erleben durfte und sich wahnsinnig mit mir darüber gefreut hätte.

Meinen Eltern sage ich mit der Widmung zu diesem Buch Danke, denn sie haben mir nicht nur das Leben geschenkt, sondern sind bis heute immer in diesem meinem Leben für mich da. Schließlich danke ich meiner Frau Katja, die seit 16 Jahren Seite an Seite mit mir durch das Leben geht und mich mit ihrer zugewandten Art und positiven Lebenseinstellung stets stärkt und dabei unterstützt, erträumte *Möglichkeitsräume* Wirklichkeit werden zu lassen. Einer davon ist dieses Buch …

1. Vorüberlegungen

1.1 Einleitung

Was ist der Mensch? Was ist Seelsorge? Diese beiden Fragen stehen am Anfang des Weges, der in diesem Buch beschritten wird. In den folgenden Vorüberlegungen versuche ich jeweils eine Antwort auf diese beiden Fragen zu geben, indem ich eine zweifache Standortbestimmung vornehme. Zum einen beschreibe ich das meinem Modell von *Psycho-Sozialer Begleitung* traumatisierter Menschen im Allgemeinen und dem Modell *Wandlungs-Räume* einer traumasensiblen Seelsorge im Besonderen zugrundeliegende Menschenbild. Es speist sich aus dem von mir noch einmal um die Dimension der „Spiritualität" erweiterten „erweiterten biopsychosozialen Modell" nach Josef W. Egger, den Gedanken von Henning Luther zur fragmentarischen Identität des Menschen und ihrer Weiterführung durch Andrea Bieler. Aus dieser Verbindung entsteht eine ganzheitliche Anthropologie im Spannungsfeld von Verwundbarkeit (Vulnerabilität), Fragmentarität und Kohärenz.

Zum anderen stelle ich mein allgemeines Verständnis von Seelsorge dar, das das pastoralpsychologische Modell von Isidor Baumgartner und den systemischen Seelsorgeansatz von Christoph Morgenthaler mit neurobiologischen Erkenntnissen zu einem ebenfalls ganzheitlichen Seelsorge-Ansatz verbindet. Ich vertrete in der vorliegenden Arbeit die Grundthese, dass für jegliche Form professioneller *Psycho-Sozialer Begleitung* von Menschen, ich würde sogar sagen für jede Form professioneller Arbeit mit Menschen, eine neurobiologische Fundierung unverzichtbar ist. Warum ich dies so vertrete, wird im Laufe der folgenden Kapitel an den verschiedensten Stellen deutlich werden.

1.2 Vorüberlegungen zum Menschenbild: Der verwundbare Mensch im Spannungsfeld zwischen Fragment und Kohärenz

1.2.1 Biblisches Menschenbild und das *bio-psycho-sozio-spirituelle Modell*

In den Schriften der hebräischen Bibel finden sich bestimmte Sichtweisen auf den Menschen.[2] Wichtig für das in diesem Buch vertretene Menschenbild ist zum einen, dass es grundlegend für eine biblische Anthropologie ist, dass sie eine „theologische Anthropologie" ist, d.h. das Wesen des Menschen wird zuallererst in seiner

---

[2] WOLFF (2010): *Anthropologie*.

Geschöpflichkeit gesehen.³ Zum anderen finden wir in der hebräischen Bibel laut Bernd Janowski ein „ganzheitliche[s] Menschenbild", das er „dichotomischen (Leib/Seele) und trichotomischen (Leib/Seele/Geist)" Menschenbildern, wie sie im griechischen Denken der damaligen Zeit vorherrschen, gegenüberstellt.⁴ Charakteristisch für dieses Bild vom Menschen ist ein „enge[r] Zusammenhang zwischen Körperorgan/-funktion und emotionalen/verstandesmäßigen Erlebnishorizonten": „So können Begriffe für Körperorgane wie das ‚Herz' emotionale wie verstandesmäßige Vorgänge bezeichnen (Spr 23,16 u.a.) und umgekehrt können soziale oder psychische Konflikte bestimmte Körperorgane wie die ‚Nieren' in Mitleidenschaft ziehen (Ps 73,21 u.a.)."⁵

Diese „Leibsphäre" ist ebenfalls untrennbar verbunden mit der „Sozialsphäre" eines Menschen und das entspricht dem damaligen kollektivistischen Persönlichkeitsmodell der mediterranen Gesellschaften des 1. Jahrhunderts n.Chr., in denen das Neue Testament entstanden ist.⁶ Der Mensch wird nie isoliert betrachtet, sondern immer in seinen sozialen Zusammenhängen. Eine Betrachtungsweise, wie wir sie heute insbesondere in der systemischen Theorie und Praxis finden (s. Kapitel 2.3.4), die auch für die Seelsorge fruchtbar gemacht werden kann (s. Kapitel 1.3). Janowski spricht von einem „konstellativen Personenbegriff", d.h. dass „einerseits ... der menschliche Körper als eine konstellative, d.h. aus einzelnen Teilen oder Gliedern zusammengesetzte Ganzheit gedacht wird; andererseits bedeutet menschliches Leben die Eingebundenheit in soziale Zusammenhänge oder Rollen".⁷ Mit Silvia Schroer und Thomas Staubli kann man von einer „leibbezogenen biblischen Anthropologie" sprechen, die in der hebräischen Bibel wie im Neuen Testament zu finden ist.⁸ Der Neutestamentler Gerd Theißen spricht von „Seelenorganen" bzw. „Organseelen", was diese Körper-/Leibbezogenheit sehr schön sprachlich zum Ausdruck bringt.⁹

Man kann somit über die eher körper- und leib„feindlichen" Einflüsse antiken griechischen Denkens hinweg¹⁰ eine Brücke schlagen von diesen ganzheitlichen biblischen anthropologischen Sichtweisen hin zu heutigen ganzheitlichen Menschenbildern in den Human- und Sozialwissenschaften. Für das in diesem Buch

---

3   SCHOER/STAUBLI (1998): *Die Körpersymbolik der Bibel*, 1.
4   JANOWSKI (2012): *Was ist der Mensch*, in: KATHOLISCHES BIBELWERK (Hrsg.) (2012): *Der Mensch*, 4–9, 4–5.
5   JANOWSKI (2012): *Was ist der Mensch*, in: KATHOLISCHES BIBELWERK (Hrsg.) (2012): *Der Mensch*, 6. S. hierzu ausführlich: WOLFF (2010), *Anthropologie*.
6   Gute Einsichten in die damalige Zeit gibt das Buch: MALINA, Bruce J. (1993): *Die Welt des Neuen Testaments. Kulturanthropologische Einsichten*, Kohlhammer Verlag: Stuttgart.
7   JANOWSKI (2012): *Was ist der Mensch*, in: KATHOLISCHES BIBELWERK (Hrsg.) (2012): *Der Mensch*, 4–9, 7.
8   SCHOER/STAUBLI (1998): *Die Körpersymbolik der Bibel*, 15–43.
9   THEISSEN (2007): *Erleben und Verhalten*, 61.
10 Martin Rösel zeigt in RÖSEL (2012): *Von der Kehle zur Seele*, in: KATHOLISCHES BIBELWERK (Hrsg.) (2012): DER MENSCH, 30–35, auf, wie durch die Übersetzung der hebräischen Bibel ins Griechische, der Septuaginta, im 3. Jhd. v.Chr. hebräische Begrifflichkeiten eine Wandlung erfuhren durch veränderte inhaltliche Konnotationen der einzelnen Begriffe.

1.2 Vorüberlegungen zum Menschenbild

vertretene Konzept einer *Psycho-Sozialen Begleitung* traumatisierter Menschen u.a. in Form von Psychotherapie, Beratung, Pädagogik und Seelsorge ist das sog. „erweiterte biopsychosoziale Modell" grundlegend.[11]

Bio-psycho-sozial bedeutet in diesem erweiterten Modell, dass das System „Mensch" eine biologische und psychologische Funktions-Einheit („Leib-Seele-Funktionseinheit" und „dynamisches System") eingebettet in ein soziales System (Bindungen und Beziehungen) darstellt, womit die alte Dichotomie bzw. Trichotomie von Materie bzw. Körper und Geist (und Seele) oder neurowissenschaftlich ausgedrückt Gehirn und Geist aufgehoben ist zugunsten eines funktionalen (nicht monistischen!) Einheitsmodells in einem sozialen Kontext.[12] Der Mensch ist Materie *und* Seele *und* Geist. Er ist ein biologisches, psychisches (geistbegabt) und soziales (sozio-kulturell und systemisch-ökologisch) Lebewesen mit einem Bewusstsein seiner selbst, ein „beseelter Leib"[13], ein „verkörpertes Subjekt und Lebewesen"[14]. Eine ähnliche Sichtweise findet sich in dem Konzept des „embodiment".[15]

So auch der Psychiater und Philosoph Thomas Fuchs in seinem ganzheitlichen, personalen und intersubjektiven Menschenbild, der von einer Verkörperung des Lebendigen („Verkörperte Subjektivität") und einem „Doppelaspekt von Leib und Körper" (personal und intersubjektiv) spricht. Für ihn sind alle Lebensäußerungen integrale Lebensäußerungen des Gesamtlebewesens Mensch („Integralität der Lebensäußerungen"), nicht in reduktionistischer Weise reduzierbar auf neuronale Vorgänge, jedoch auf ihnen basierend.[16]

Dieses „erweiterte biopsychosoziale Modell" vom Menschen, wie es inzwischen vielfach in neuesten Ansätzen und Theoriemodellen in den Human- und Sozialwissenschaften als anthropologische Grundlage dient, wird von mir im Sinne eines ganzheitlichen Verständnisses von Wirklichkeit noch einmal erweitert um eine weitere wichtige Dimension vom Menschen als einem spirituellen (d.h. sinnsuchenden und transzendierenden) Lebewesen.[17] Die bekannten Psychotraumatologen

---

[11] EGGER (2015): *Integrative Verhaltenstherapie*, 53–83, bes. 65–70.
[12] EGGER (2015): *Integrative Verhaltenstherapie*, 68.
[13] WENKE (2008): *Im Gehirn*, 8.
[14] FUCHS (2017): *Das Gehirn*, 95.
[15] Zum Konzept des Embodiment s. STORCH et al. (2010): *Embodiment*. „Sämtliche menschliche Erfahrungen sind Inkarnierungen, das heißt körperlicher Natur", so auch der Psychotraumatologe Peter Levine (LEVINE [2013]: *Sprache ohne Worte*, 329).
[16] FUCHS (2017): *Das Gehirn*, Zitate: 95, 99 und 223–224. „Der menschliche Körper ist lebendig und damit auch geistig; der menschliche Geist ist lebendig und damit auch körperlich" (ebd. 297).
[17] Ich definiere Spiritualität als eine Deutung meiner Person und meines Verhaltens (BASK-Modell, s. Kapitel 2.2) als eingebettet in einen über meine individuelle Existenz und deren Re-Konstruktionen von Wirklichkeit hinausgehenden Sinnzusammenhang, der für mich einen hohen Wert und daraus begründete ethische Folgen für mein Verhalten hat. Spiritualität kann weltimmanent- (z.B. humanistisch-ethisch) oder transzendenzbezogen (z.B. religiös) sein. Für den Zusammenhang von (christlicher) traumasensibler Seelsorge kann man sagen, dass „Spiritualität in Form des Glaubens an eine wie auch immer geartete höhere Macht, die mir wohlgesonnen ist und in mein Leben eingreifen kann [...] als einer der

van der Kolk, McFarlane und van der Hart bringen es auf die einfache Formel, dass „Menschen [...] sinn- und bedeutungsstiftende Geschöpfe" sind.[18] Ich gelange somit zu einem *bio-psycho-sozio-spirituellen Menschenbild*, das grundlegend ist für das hier vorgelegte Modell einer traumasensiblen Seelsorge (wie es auch insgesamt grundlegend für mein Verständnis von *Psycho-Sozialer Begleitung* überhaupt ist, s. Kapitel 1.3.4).[19]

1.2.2 Henning Luther: Leben als Fragment

> 1.) Jedes Stadium der Ich-Entwicklung stellt immer auch einen Bruch, Verlust dar (und nicht nur Wachstum und Gewinn). Insofern sind wir immer auch die Ruinen unserer Vergangenheit. In Krisen wird dieser normale Tatbestand nur dramatisch erfahrbar.
> 2.) In jedem Stadium der Ich-Entwicklung sind wir immer aber auch Ruinen der Zukunft, Baustellen, von denen wir nicht wissen, ob und wie an ihnen weitergebaut wird; wir wissen immer nur, daß der Bau noch nicht vollendet ist. Gegen die Erstarrung steht die Sehnsucht, die Bewegung der Selbsttranszendenz.
> 3.) In jedem Stadium der Ich-Entwicklung sind wir durch andere in Frage gestellt. In jeder Begegnung mit anderen wird unsere Identität neu herausgefordert. Das Beharren auf einer sich gleichbleibenden Identität wird durch die Erfahrung der Differenz erschüttert.[20]

Mit obigen Worten fasst der evangelische Praktische Theologe Henning Luther seinen Aufsatz „Identität und Fragment"[21] zusammen. Mit seinem Werk kam ich das erste Mal während einer persönlichen Einkehrwoche in Berührung. Seitdem begleiten mich vor allem seine Ausführungen in dem besagten Aufsatz. Sie haben mein im vorhergehenden Kapitel dargestelltes Menschenbild akzentuiert und vertieft. Auch lassen sie sich sehr gut in Bezug zu Trauma und Traumatisierung setzen. Seine Inspirationen für das eigene Modell kann man an den in besagtem Aufsatz zu findenden zentralen Begriffen „Fragment", „Ruinen der Vergangenheit und der Zu-

---

stärksten Resilienzfaktoren überhaupt identifizier[t werden kann ...] und mittlerweile gibt es Forderungen, Spiritualität als vierten Faktor in das biopsychosoziale Modell zu integrieren" (BAIERL/FREY [2016]: *Praxishandbuch*, 69). So auch PARGAMENT (2011): *Spiritually Integrated Psychotherapy*, X: „The field of psychology, I believe, is in need of a unified perspective of human behaviour, one that expands the biopsychosocial perspective to a *biopsychosociospiritual perspective*."

[18] VAN DER KOLK et al. (2000): *Ein allgemeiner Ansatz*, in: VAN DER KOLK et al. (2000): *Traumatic Stress*, 324. Auch in dem für meinen Ansatz bedeutsamen „Salutogenese-Modell" von Aaron Antonovsky gibt es die Dimension der „Sinnhaftigkeit" als konstitutiv für die menschliche Existenz (s. Kapitel 2.4.1).

[19] In KIRSCHT (2014): *Das Emmaus-Weg-Modell*, 88–94 und 183–194, wird dieses ganzheitliche bio-psycho-sozio-spirituelle Verständnis vom Menschen ausführlich dargestellt.

[20] LUTHER (2014): *Identität und Fragment*, in: LUTHER (2014), *Religion und Alltag*, 173.

[21] LUTHER (2014): *Identität und Fragment*, in: LUTHER (2014), *Religion und Alltag*, 160–182.

kunft", „Schmerz" und „Sehnsucht" sowie der Trias „Trauer, Hoffnung und Liebe" als Wesensmerkmale eines modernen Identitätsbegriffs festmachen.

Luther versteht Ich-Identität und Ich- bzw. Persönlichkeitsentwicklung im Licht des Fragmentarischen. Für ihn gibt es keine Ich-Entwicklung, an deren Ende eine ausgereifte, gesunde und dauerhaft feststehende „ganze" Persönlichkeit steht. Ganz im Sinne der in Kapitel 2.3.3 beschriebenen neurobiologischen Plastizität ist Ich-Entwicklung und Persönlichkeitsreifung für Luther ein lebenslanger Prozess, bei dem wir insbesondere durch die Begegnung mit anderen Menschen immer wieder neu in Frage gestellt und in unserer Weiterentwicklung herausgefordert werden. Neurobiologisch spricht man von der erfahrungs- und nutzungsabhängigen Plastizität des Gehirns als eines „Sozialorgans" (Hüther, s. Kapitel 2.3.3).

Luthers Modell wohnt eine grundlegende Dynamik inne, die mit der Dynamik von Traumatisierungsprozessen und der Behandlung von deren Folgen verglichen werden kann. Unter Luthers „Ruinen der Vergangenheit" kann man – neben allen anderen Wunden, die einem Menschen im Laufe eines Lebens geschlagen werden – auch in besonderer Weise die traumatischen Erfahrungen und deren wundhafte Folgen fassen. Es sind Wunden, die schmerzen. Seine „Ruinen der Zukunft" kann man mit den Heilungsprozessen nach traumatischen Erfahrungen in Bezug setzen: Die Wunden (= Ruinen) verschwinden nicht, neurobiologisch gesprochen sind die Trauma-Netzwerke im Gehirn nicht löschbar. Sie werden überschrieben bzw. in ihrer Wirkkraft eingedämmt durch „Baustellen" einer neuen Lebens*wirklichkeit* ohne den Bann des Traumas und damit verbunden neuer Lebens*möglichkeiten*. Luther spricht hier interessanterweise von „Erstarrung", gegen die die Sehnsucht steht, als eine „Bewegung der Selbsttranszendenz", also des Überwindens von (traumatischer) Erstarrung (*Freeze*) und Fragmentierung (*Fragment*) (s. Kapitel 2.2 und 2.3). Solche immer auch in Bezug auf ihren Ausgang offenen Heilungsprozesse, die „Sehnsucht" und „Hoffnung" brauchen, um in Bewegung bleiben zu können, lassen sich natürlich ebenfalls wieder auf die *Psycho-Soziale Begleitung* von Menschen übertragen, bei denen nicht-traumatische Wunden im Mittelpunkt stehen.

Die religiöse Dimension des Redens von der grundlegenden Fragmentarität menschlichen Lebens erschließt sich für Luther in dem, was er das „eigentümlich Christliche" nennt, nämlich „davor zu bewahren, die prinzipielle Fragmentarität von Ich-Identität zu leugnen oder zu verdrängen. Glauben hieße dann, als Fragment zu leben und leben zu können".[22] Von den „zentrale[n] theologische[n] Topoi", die er in Anschluss an das obige Zitat anführt, ist der wichtigste für den Zusammenhang von traumasensibler Seelsorge „der christologische Zusammenhang von Kreuz und Auferstehung". Der Zusammenhang von Kreuzigung, Auferweckung und Trauma wird aus psychotraumatologischer und exegetischer Sicht in Kapitel 3.3.3 dargelegt. An dieser Stelle sei schon einmal der Gedanke von Luther formuliert, dass sich gerade in der gewaltsamen Kreuzigung das Leben Jesu „konstitutiv als fragmentarisches" zeigt. „Der Auferstehungsglaube revoziert dies nicht. Im Auferstandenen wird vielmehr der Gekreuzigte geglaubt. Damit ist der üblichen Sicht widerspro-

---

[22] LUTHER (2014): *Identität und Fragment*, in: LUTHER (2014), *Religion und Alltag*, 172.

chen, die die Kreuzigung, die Fragmentarität als Katastrophe und Sinnlosigkeit interpretiert. Ostern korrigiert nicht Karfreitag, sondern bewahrt ihn, indem es die Sicht auf Karfreitag neu macht"[23] und auch dem Karsamstag eine eigene Bedeutung zukommen lassen kann.[24]

Für Luther ist Jesus in seiner Fragmentarität „exemplarischer Mensch, als in seinem Leben und Tod das Annehmen von Fragmentarität exemplarisch verwirklicht und ermöglicht ist".[25] Ein so verstandener Jesus (Christus) kann zum idealen Begleiter und Bezugspunkt für traumatisierte Menschen und die sie begleitenden Seelsorger(innen) und spirituellen Psychotherapeut(inn)en werden.

Die Gedanken von Luther lassen sich organisch in mein auf der Grundlage der psychotraumatologischen Deutung der Emmaus-Erzählung (Lk 24,13-35, s. Kapitel 3.3.3.b) entwickeltes Therapie-Modell und das traumasensible Seelsorge-Modell (Kapitel 4 und 6) integrieren, ja sie geben ihm wichtige (auch spirituelle) Akzentuierungen und Vertiefungen. Wie in Kapitel 4.3 und 6.1 zu sehen ist, übernehme ich sogar einige von Luthers bildhaften und dadurch eindrücklichen Begriffen. Allerdings bedarf es einer wichtigen Erweiterung seines Gedankenmodells, will man die Fragmentarität menschlichen Lebens nicht zu einseitig betonen. Für die Integration der Lutherschen Gedanken in mein Modell einer *Psycho-Sozialen Begleitung* braucht es ein mögliches positives Ziel, die Vision einer möglichen Heilung der eigenen Fragmentarität, festgemacht an dem Begriff der „Kohärenz". Hierzu mehr im folgenden Kapitel.

1.2.3 Andrea Bieler: Vulnerabilität, Kohärenz und Möglichkeitssinn

Wie bereits im vorangehenden Kapitel angedeutet, bedarf Luthers Modell des Fragmentarischen einer wichtigen Erweiterung, nämlich im Blick auf eine zu einseitige Betonung des Fragmentarischen. Ich knüpfe hier an die kritische Würdigung von Luthers „Identität und Fragment" bei Andrea Bieler[26] an. Sie öffnet den „einseitigen

---

[23] LUTHER (2014): *Identität und Fragment*, in: LUTHER (2014), *Religion und Alltag*, 173.
[24] Vgl. hierzu STAHL (2019): *Traumasensible Seelsorge*, 259–263, betont ebenfalls, dass Kreuz und Auferstehung untrennbar zusammengehören. Christlicher Glaube vertraut auf einen Gott, „der sich bis zur äußersten Solidarität mit den Gefolterten und Entrechteten entschieden hat" und „auch im größten Schmerz gegenwärtig ist". In einer traumasensiblen Seelsorge kann der Karsamstag als ein Zwischenraum von Karfreitag und Ostersonntag eine besondere Bedeutung bekommen, insofern als ein Leben nach dem Trauma so etwas wie ein „perpetuierter Karsamstag" sein kann. Denn: „Durch das Trauma ist die Welt unsicherer geworden, das eigene Leben gebrochener, leidvoller, schwieriger. Und doch ist Karsamstag im Osterdrama kein ereignisloser Tag. Die christliche Tradition verortet hier das Hinabsteigen Jesu in das Reich der Toten beziehungsweise die Höllenfahrt Christi. Theologisch gesehen gibt es deswegen nach Ostern keinen Ort der letztendlichen Gottverlassenheit mehr, denn Christus ist selbst in der Hölle gegenwärtig."
[25] LUTHER (2014): *Identität und Fragment*, in: LUTHER (2014), *Religion und Alltag*, 173.
[26] BIELER (2014): *Leben als Fragment?*, in: FECHTNER/MULIA (2014), *Henning Luther*, 13–25.

1.2 Vorüberlegungen zum Menschenbild

Fokus" Luthers auf das stets fragmentarisch bleibende Leben von uns Menschen hin auf die Art und Weise, „wie Menschen die in ihrem Leben umherschwirrenden Fragmente in vielgestaltigen, vielleicht auch widersprüchlichen Weisen miteinander in Beziehung setzen". Sie spricht von „Kohärenzprozessen". Von hier aus kann man wiederum einen Bogen schlagen zu dem bekannten *Salutogenese-Konzept* von Antonowsky mit dem Begriff der „Kohärenz" (und den ihn konstituierenden drei Unterbegriffen Gestaltbarkeit/Handhabbarkeit/Handlungsfähigkeit, Verstehbarkeit/Fasslichkeit und Bedeutsamkeit/Sinnhaftigkeit), das – ebenfalls auch terminologisch – Eingang in das im folgenden Kapitel dargestellte allgemeine Seelsorge-Modell gefunden hat (zum Salutogenese-Konzept s. Kapitel 2.3.2 und 2.4.1).

Es geht also – Bieler und anderen folgend – darum zu fragen, inwieweit es Menschen trotz einer der menschlichen Existenz grundlegend innewohnenden Fragmentarität gelingen kann, ein Gefühl von Kohärenz (mit Grawe könnte man auch Konsistenz sagen, s. Kapitel 2.3.2) in ihrem Leben zu entwickeln. Seelsorge kann hier verstanden werden als Begleitung auf der Suche nach Kohärenz als etwas Offenem, nicht für alle Zeiten Abgeschlossenem, in der auch scheinbar widersprüchliche Elemente miteinander verknüpft sein können und dürfen.[27] Das entspricht auch dem in diesem Buch vertretenen Heilungsverständnis. Denn auch in allen Heilungsprozessen geht es einerseits um das (Wieder-)Herstellen von Kohärenz (s. Kapitel 2.4.1 und 3.3.4), andererseits bleibt menschliche Existenz dennoch immer fragmentarisch. Man könnte von Kohärenz in der Fragmentarität sprechen.

Dies alles bewegt sich – so Bieler in ihrem Buch „Verletzliches Leben"[28] – im Horizont der grundlegenden Verletzlichkeit menschlichen Lebens. „Verletzlich zu sein, in jedem Augenblick unseres Lebens, ist ein Grundzug menschlicher Lebenserfahrung. Verletzlichkeit wahrzunehmen, sie zu deuten und mit ihr umzugehen, ist eine zentrale Aufgabe christlicher Lebenskunst und Theologie",[29] und damit auch und gerade von christlicher Seelsorge. Dies soll in Kapitel 6 speziell für die Praxis einer traumasensiblen Seelsorge dargelegt werden. Hat sie es doch mit der Besonderheit traumatischer Wunden und Verletzungen durch von außen einwirkende, lebenszerstörerische Ereignisse und Handlungen zu tun.

Im Kontext der vorliegenden Arbeit ist es leider nicht möglich, die komplexen und tiefsinnigen Ausführungen von Bieler ausführlich darzustellen oder auch nur angemessen zu würdigen. Deshalb soll an dieser Stelle nur noch der Begriff des „Möglichkeitssinns" kurz erwähnt werden, der im Seelsorgeverständnis von Bieler einen zentralen Platz einnimmt: „Eine Seelsorge, die dem Möglichkeitssinn, der dem Leben inhärent ist, Raum gibt, wird einerseits Menschen ermutigen, sich nicht von den Beschädigungen, die mit physischen, psychischen und sozialen Verletzungen einhergehen, definieren und bestimmen zu lassen und so der Freiheit in der Lebensgestaltung mehr Raum geben." Andererseits, so Bieler, haftet der eigenen

---

[27] BIELER (2014): *Leben als Fragment?*, in: FECHTNER/MULIA (2014), *Henning Luther*, 13–25, 24. S.a. dies. (2017): *Verletzliches Leben*, 184–187.
[28] BIELER (2017): *Verletzliches Leben*.
[29] BIELER (2017): *Verletzliches Leben*, 13.

freien Lebensgestaltung immer etwas Widerfahrnishaftes an. Sie nennt es das „Pathische". In der grundlegenden Vulnerabilität des Menschen liegen – wie bei Luther – wiederum zwei Möglichkeiten, Potenzialität und (Selbst-)Transformation oder „Schwächung" und „Vernichtung".[30] Leben im Allgemeinen kann also gelingen, es kann aber auch misslingen. Dasselbe gilt auch im Besonderen für therapeutisch oder seelsorglich begleitete Heilungsprozesse, die „Möglichkeitsräume" eröffnen sollen (zu diesem in meinem Modell zentralen Begriff s. Kapitel 2.5, 6.1.4 und 6.4).

1.2.4 Graphische Umsetzung: Der verwundbare Mensch im Spannungsfeld zwischen Fragment und Kohärenz

Es folgt nun eine graphische Darstellung des in diesem Buch grundgelegten, christlich akzentuierten Menschenbildes. Im Mittelpunkt steht dabei der verwundbare Mensch als eine Körper-Seele-Geist-Einheit (*bio-psycho-sozio-spirituelles Modell*) und Geschöpf Gottes mit seiner individuellen Biographie, in der es sowohl Belastungsfaktoren als auch Ressourcen gibt. Zu dieser Biographie gehört auch die genetische Ausstattung und deren epigenetische Ausprägungen, die sich im Laufe der Lebensgeschichte und durch die darin gemachten Erfahrungen (insbesondere Bindungserfahrungen, s. Kapitel 2.3.4) entfalten und die im Rahmen der generellen genetischen Ausstattung prinzipiell veränderbar sind (s. Kapitel 2.3.3). Dieser verwundbare Mensch ist angewiesen auf soziale Bindungen und Beziehungen. Er ist zum einen eingebettet in den Kontext unterschiedlicher psycho-sozio-kultureller *Beziehungssysteme*, beginnend mit den für das ganze spätere Leben prägenden primären Bindungen. Zum anderen wächst er auf und lebt in unterschiedlichen psycho-sozio-kulturellen *Deutungssystemen*, eines davon kann ein spirituelles oder religiöses sein.

Verwundbares menschliches Leben vollzieht sich in einem Spannungsfeld zwischen Fragmentarität, zu der Verletzungen, Scheitern, Endlichkeit und besagte Belastungsfaktoren gehören, und einer nicht statisch (im Sinne einer ein für alle Mal festgeschriebenen Identität) zu verstehenden, dynamischen Kohärenz, zu der Neuroplastizität des Gehirns, Beziehungsfähigkeit (Relationalität), Sinnsuche (Spiritualität) sowie Resilienz und besagte Ressourcen gehören. Sehnsucht ist das grundlegende menschliche Gefühl, das sich auf Seiten des Fragments mit Schmerz verbindet und auf Seiten der Kohärenz mit Hoffnung. Das eine kann als Hemmung des Lebens wirken, das andere kann das Leben in Bewegung bringen, kann Aufbrüche und Veränderungsprozesse in Gang setzen. So entsteht dieses grundlegende Spannungsfeld. Das Ganze ist eingebettet in einen gesellschaftlichen Rahmen, der zugleich Einengung wie Freiheit bedeuten kann.

---

[30] BIELER (2017): *Verletzliches Leben*, 43–44. Zum „Möglichkeitsraum" s. ebd., 15–16.

1.3 Vorüberlegungen zum Seelsorgeverständnis

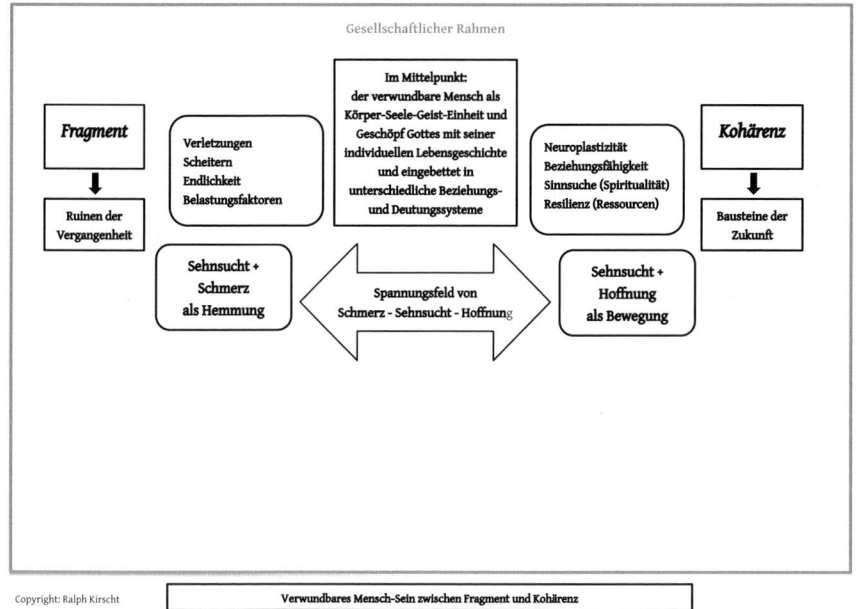

Graphik A - Das Menschenbild

1.3 *Vorüberlegungen zum Seelsorgeverständnis*

1.3.1 Isidor Baumgartner: Heilende Seelsorge

In Isidor Baumgartners 1990 zum ersten Mal veröffentlichten „Pastoralpsychologie – Einführung in die Praxis heilender Seelsorge" ist ebenfalls die Emmaus-Erzählung (Lukas 24,13-35) biblische und spirituelle Basis für ein großangelegtes Seelsorge-Modell.[31] In diesem Modell werden Bibel, Theologie und Seelsorge mit Human- und Sozialwissenschaften verknüpft. Einzelseelsorge ist dabei für Baumgartner der „Elementar-Vorgang aller Pastoral", als „Begegnung von Person zu Person", jedoch auch „immer eingebettet [...] in einen weiteren Bezugsrahmen sozialer Strukturen". Dabei sind wesentliche Merkmale „Beziehungsfähigkeit, Wahrnehmen, Zuhören, Einfühlen, Transparenz, Aushalten, Trösten, Schenken ... Sich-Beschenken-Las-

---

[31] BAUMGARTNER (1990): *Pastoralpsychologie*. Im Jahr 1990 war ich junger Vikar in Mannheim und Ludwigshafen, als ich dieses Buch entdeckte. Die Emmaus-Erzählung war mir bis dahin schon viele, viele Jahre ein persönlicher Trosttext und spirituelle Wegbegleitung gewesen. Nun durfte ich sie als Paradigma für eine heilende Seelsorge neu entdecken. So wurde sie denn auch zur biblisch-spirituellen Grundlage sowohl für mein Modell einer *Spirituellen Traumafolgen-Therapie* als auch für mein die Grenzen von Theologie und Psychologie überschreitendes und Brücken bauendes *Seelsorge-Modell*.

sen".[32] Vorbildhaft für mein eigenes Modell ist dabei Baumgartners enge Verknüpfung von Seelsorge mit dem biblischen Text aus dem Lukasevangelium. Zentrale Elemente sind dabei: das Weg-Motiv mit Abschied und Aufbruch, das Bild von der Reise als äußerer und innerer Prozess und „Verwandlung" als „das geheime Ziel allen Reisens": „Wenn es von den Emmausjüngern heißt, daß sie auf dem Weg waren, dann ist damit Wesentliches vom menschlichen Lebensweg insgesamt intoniert. Vor allem ist gesagt: Wer aufbricht, hat den ersten wichtigen Schritt aus der Krise bereits hinter sich. Er wird offen für das, was ihm auf dem Weg an Eigenem und Fremdem begegnet."[33]

Weitere wichtige Elemente des Weges der beiden Emmaus-Jünger sind das Mitgehen eines anderen (in diesem Fall ist es der zunächst unerkannt bleibende Jesus); Blindheit der Augen und Dunkelheit der Seele; das Fragen des Begleiters (im Sinne einer philosophischen Mäeutik); Trauerarbeit und Bestandsaufnahme des bisherigen Lebens inkl. nicht erfüllter Hoffnungen; die Betrachtung des bisherigen eigenen Lebensweges und die Sinnfrage; das gemeinsame Ritual (das Mahl mit dem Brotbrechen) und die (Wieder-)Eröffnung von Zukunft. Somit verbindet die Emmaus-Erzählung in der Deutung von Baumgartner den inneren Weg von Menschen mit der äußeren heilenden Begleitung, in deren unterschiedlichen Phasen bestimmte Methoden zur Anwendung kommen.[34] Hier sieht Baumgartner die „Grunddienste der Kirche anklingen", nämlich „Koinonia (»Hinzukommen«)" im Sinne einer Beziehungsaufnahme, „Diakonia (»Fragen«)" im Sinne von Psychotherapie und Beratung, „Martyria (Schrift auslegen)" im Sinne von (Be-)Deutungsgebung und Sinnsuche sowie „Liturgia (Brot brechen)" im Sinne von heilender Mahlgemeinschaft und Versammlung.[35]

Baumgartners pastoralpsychologisches Seelsorge-Modell verbindet auf stimmige Weise biblische Fundierung, christlich-religiöse Tradition und modernes humanwissenschaftlichen Wissen im Dienst einer heilsamen Begleitung von Menschen in Belastungs- und Krisensituationen.

---

[32] BAUMGARTNER (1990): *Pastoralpsychologie*, 40.
[33] BAUMGARTNER (1990): *Pastoralpsychologie*, 94–97. KLESSMANN (2009): *Pastoralpsychologie*, 17-18, schreibt: „Das Urbild aller Religionen ist der Weg, die Reise, sich aufmachen, sich auf die Suche begeben [...] Das hat sicher mit dem nomadischen Ursprung vieler Religionen zu tun; gleichzeitig steckt darin die Erfahrung, dass gelingendes Leben nie zu ›haben‹ ist, sondern uns immer voraus liegt und auf uns zu kommt, so dass Menschen immer wieder aufbrechen und neue Wege suchen müssen. Sich aufmachen, suchen, fragen, Perspektiven entwickeln, sich öffnen für Neues etc. sind kommunikative Vorgänge, selbst da, wo sie in der Einsamkeit einer mönchischen Einsiedelei oder der Meditation geschehen."
[34] BAUMGARTNER (1990): *Pastoralpsychologie*, 97–109.
[35] BAUMGARTNER (1990): *Pastoralpsychologie*, 120–125.

1.3.2 Christoph Morgenthaler: Systemische Seelsorge

Bereits Baumgartner berücksichtigt bei der Einzelseelsorge deren sozialen Kontext. Bei Christoph Morgenthalers Modell einer „Systemischen Seelsorge" „rücken vielschichtige und sich wandelnde Beziehungssysteme in den Mittelpunkt des Verstehens und Bemühens".[36] „Dabei wird der systemische Blickwinkel auf die Beziehungssysteme im persönlichen Umfeld in zwei Richtungen ausgeweitet: psychosystemisch und ökosystemisch. Auch ein einzelner Mensch kann als ein System psychischer Kräfte verstanden werden, das sich eigenwillig und vernetzt mit umfassenderen sozialen Systemen organisiert und verhält."[37] Das schlägt sich auch in dem methodischen Inventar nieder. Zu den in einem auf das Individuum zentrierten Haltungen von „Empathie, Echtheit und Wertschätzung" gesellen sich dezidiert „Interpathie, Zirkularität des Verstehens und Selbstdifferenzierung in Beziehungssystemen" hinzu.[38] Theorie und Praxis der systemischen Therapie und Beratung in die Seelsorge – das gilt auch für die traumasensible Seelsorge – zu integrieren, bedeutet neben dem Blick auf sich gegenseitig zirkulär beeinflussende Systemzusammenhänge und einer Übernahme vielfältigen Methodeninventars (in Kapitel 6 wird dies ausführlich dargelegt) auch eine bestimmte Haltung einzunehmen. Diese Haltung lässt sich an den folgenden Stichworten festmachen[39]: Wirklichkeit ist „subjektiv [re-]konstruiert"[40] und „sozial ko-konstruiert"[41], ein wichtiger Faktor in diesen Konstruktionsprozessen ist Sprache; alles hängt mit allem zusammen und beeinflusst sich gegenseitig (Zirkularität);[42] menschliches Verhalten macht immer Sinn, und sei es nur für den, der sich so und so in dem und dem Kontext verhält (der „Gute Grund", s. Kapitel 2.4.2, b);[43] es gibt keinen objektiven Beobachter von außen (Kybernetik zweiter Ordnung); der Ressourcen- Lösungs- und Möglichkeitsfokus; eine demutsvolle Haltung, die sich darin ausdrückt, dass nicht der Begleitende etwas beim Gegenüber verändert, sondern dass das Gegenüber selbstbestimmt und

---

[36] MORGENTHALER (2019): *Systemische Seelsorge*, Zitat: 15.
[37] MORGENTHALER (2019): *Systemische Seelsorge*, 16.
[38] MORGENTHALER (2019): *Systemische Seelsorge*, 15.
[39] S. hierzu VON SCHLIPPE/SCHWEITZER (2016): *Lehrbuch I*, 146–171, und BAMBERGER (2015): *Lösungsorientierte Beratung*, 30–38.
[40] Neurobiologisch betrachtet ist menschliche Wahrnehmung eine Deutung von Sinnesreizen, die aufgeteilt auf die einzelnen Sinnesmodalitäten von außen auf die Sinnesorgane treffen und in einem inneren Rekonstruktionsprozess im Gehirn schließlich auf der obersten Gehirnebene zu einem ganzheitlichen Wahrnehmungsobjekt zusammengesetzt werden (s. Kapitel 2.3.3). Ich spreche deshalb von *Re-Konstruktivismus* als neurobiologisch-philosophischer Erkenntnistheorie, s. KIRSCHT (2014): *Der Emmaus-Weg*, 94–97 und 176–183.
[41] MORGENTHALER (2019): *Systemische Seelsorge*, 23.
[42] MORGENTHALER (2019): *Systemische Seelsorge*, 68.
[43] „Jedes Verhalten macht Sinn, wenn man den Kontext kennt" (Abel [2000]: *Grundlagen systemischer Therapie*, 25).

mit allem ausgestattet, was es für eine Veränderung benötigt, sich selbst neu organisiert (Selbstorganisation und Selbstreferenz).

Die folgenden 5 Punkte sollen stichwortartig zusammenfassen, worum es speziell bei systemischer Seelsorge nach Morgenthaler geht.[44]

1. Systemische Seelsorge ist ein Beziehungsangebot, das hilfreich sein soll für die – wodurch auch immer – in religiös-existenzielle Not geratene Seele eines anderen Menschen (*Beziehung*).
2. Es geht um Deutungsangebote, also mögliche und hilfreiche (Re-)Konstruktionen von Wirklichkeit, statt vermeintlich absoluter Wahrheiten und Festschreibungen, die helfen sollen, mit der eigenen Lebenswirklichkeit besser umgehen, darin bestehen zu können (*Deutung*).
3. Dieses Beziehungs- und Deutungsgeschehen geschieht im Kontext eines höheren sinngebenden, nämlich religiösen Deutungssystems (*Transzendenz und Spiritualität*).
4. Dieses spirituelle Beziehungs- und Deutungsgeschehen geschieht zugleich im System-Kontext der (spirituellen) Beziehungs- und Deutungssysteme, in denen der/die Einzelne lebt. Dabei ist Gott, der selbst ein „Beziehungssystem" (Vater-Sohn-Geist) darstellt, Teil menschlicher Systeme, der verändernd auf ein System einwirken kann, so wie jedes andere im System agierende Mitglied[45] (*System-Perspektive*).
5. Dieses spirituelle und systemische Beziehungs- und Deutungsgeschehen kann sich positiv und verändernd auf die psychische Verfasstheit eines Menschen auswirken (ähnlich wie bei Psychotherapie, aber doch klar abgegrenzt von Psychotherapie als einer Heilbehandlung psychischer Erkrankungen) (*Veränderungspotenzial*).

1.3.3 Neurobiologische Fundierung: *Neurosequenzielle Seelsorge*

Ich vertrete sehr klar die Ansicht, dass es zum Goldstandard jeder Form *Psycho-Sozialer Begleitung* gehört, die Erkenntnisse aus den Neurowissenschaften in die eigene Theorie und Praxis einzubeziehen. Diese Erkenntnisse sind grundlegend, will

---

[44] Die folgenden Formulierungen stellen für mich die Quintessenz über das Wesen und Proprium von Seelsorge dar, wie ich es aus MORGENTHALER (2017): Seelsorge, 15–31, und MORGENTHALER (2019): *Systemische Seelsorge*, 14–36, herauslese.

[45] MORGENTHALER (2019): *Systemische Seelsorge*, 266–282. Damit erweitert Morgenthaler den systemischen Ansatz um eine Komponente, den es in der systemischen Therapie so nicht gibt. Religiöser Glaube kann dort bestenfalls als eine Ressource unter vielen anderen vorkommen, aber nicht Gott als im System Agierender. Miriam Schade sieht darin eine für die traumasensible Seelsorge wesentliche und hilfreiche Erweiterung gegenüber einem nicht-religiösen systemischen Zugang: Für Seelsorger/in und traumatisierten Menschen kann Gott zu einer wichtigen „neuen Bezugsgröße und Bindungsfigur" werden (Schade [2019]: Dem Schrecklichen begegnen, 96–97).

1.3 Vorüberlegungen zum Seelsorgeverständnis

man verstehen, wie sich Menschen verhalten, wie sie denken, fühlen und sich und die Umwelt mit dem Körper erleben und warum sie es im jeweils individuellen Fall genau so tun, wie sie es tun. Wenn man die beiden allgemeinen Seelsorge-Modelle von Baumgartner und Morgenthaler mit neurobiologischen Forschungsergebnissen, wie sie an verschiedenen Stellen im folgenden Kapitel 2 dargestellt werden, sozusagen „anreichert", lässt sich ein neurobiologisch fundiertes allgemeines Seelsorge-Modell wie folgt skizzenhaft charakterisieren. Nach der Lektüre von Kapitel 2 werden auch die folgenden kurzen Ausführungen entsprechend klarer sein, denn dort werden die einzelnen Stichworte näher erläutert.

Eine neurobiologisch fundierte Seelsorge spricht idealerweise ganzheitlich alle Sinne und Verhaltensebenen/Gehirnebenen (*Triune Brain*, Vier-Ebenen-Modell, BASK-Modell, s. Kapitel 2.3) an und versucht, sie entsprechend in Bewegung zu bringen. In Anlehnung an das in Kapitel 2.4.1 beschriebene „neurosequenzielle Modell" von Bruce Perry kann man von einer *neurosequenziellen Seelsorge* sprechen, bei der sehr genau auf eine Passung zwischen Intention, Intervention und Gehirnebene geachtet wird. Bei gleichzeitig aktiviertem *expliziten (bewusst) und impliziten (unbewusst) Funktionsmodus* werden bewusst (cortikale Steuerung) *Top-down-* und *Bottom-up-Prozesse* (s. Kapitel 2.3.3) miteinander kombiniert. Das bedeutet, sich immer wieder die Frage zu stellen, welche der drei Gehirnebenen man mit seinem seelsorglichen Handeln schwerpunktmäßig ansprechen und methodisch nutzen will, um an dem vom jeweiligen Gegenüber konkret gezeigten traumasymptomatischen Erleben und Verhalten zu arbeiten.

Neurobiologisch fundierte bzw. *neurosequenzielle Seelsorge* ist idealerweise körper-/leiborientiert. Sie achtet auf *leibhaftige Konsistenz- bzw. Kohärenzerfahrungen*. Sie ist ressourcenfokussiert und lösungsorientiert[46], d.h. sie schaut auf das, was (immer noch) geht, und auf das, was ein Gegenüber hat überleben lassen. Sie ist eingebunden in den Kontext einer auf Stabilität und Stressreduktion achtenden sicheren, stabilen und positive Bindungserfahrungen ermöglichenden Beziehung. Sie bezieht auch die Systeme mit ein, in denen ein Individuum lebt und die sowohl hemmend und krankmachend wie bewegend und heilmachend wirken können. Konkret für eine traumasensible Seelsorgepraxis wird dies auf der Basis der Ausführungen von Kapitel 2 dann in Kapitel 6 näherhin entfaltet.

Eine neurobiologisch fundierte Seelsorge geht idealerweise stets wertschätzend und respektvoll mit dem Gegenüber um und fragt in allen Äußerungen des Gegenübers nach dem „guten Grund" und dem Sinn dieser (Verhaltens-)Äußerungen (s. Kapitel 2.4.2, b). Eine solche Seelsorge ist mitfühlend im positiv-affek-

---

[46] In der Literatur finden sich zwei Formulierungsvarianten. Manche sprechen von *Lösungsfokussierung* (gemäß dem englischen Original „solution-focused" von de Shazer/Berg), manche von Lösungsorientierung. Das Gleiche gilt für eine Ressourcenfokussierung oder Ressourcenorientierung. Für BAMBERGER (2015): *Lösungsorientierte Beratung*, 43, verfolgt *Orientierung* gegenüber *Fokussierung* „eine weichere Linie". Hier möge jede/r seine eigene Entscheidung treffen, Hauptsache die Blickrichtung stimmt, nämlich Richtung Ressourcen und Lösungen, die das (Über-)Leben leichter machen. Ich persönliche spreche in der Regel von Ressourcenfokussierung und Lösungsorientierung im Sinne von Bambergers beiden Linien.

tiv-emotionalen Sinn und hält mit-*fühlend* (nicht mit-*leidend*!) im Leid des Gegenübers aus, ohne in diesem Leid unterzugehen (s. Kapitel 2.4.3, Grundregel 7). Denn sie fokussiert selbst im schlimmsten Leid immer noch auf das, was (immer noch) funktioniert, und sei es nur die Tatsache, dass das traumatisierte Gegenüber das ihm Widerfahrene überlebt hat. Es geht also auch stets um das Entlastende, um die Ressourcen und um Resilienz immer im Angesicht der prinzipiellen menschlichen Vulnerabilität. „Seelsorge kann einen wichtigen Beitrag zur Stärkung von Resilienz bei psychischen Erkrankungen leisten, der eine vulnerabilitätsbewusste sowie sinn- und krisensensible Perspektive auf die Identitätsarbeit von Menschen ermöglicht und aus der Hoffnung auf Entwicklung und Heilung in aller Beeinträchtigung, Verletzbarkeit und Zerbrechlichkeit lebt."[47]

1.3.4 *Psycho-Soziale Begleitung* als Oberbegriff und das Verhältnis Seelsorge - Beratung - Therapie

In dem vorliegenden Buch geht es primär um die theoretische und praktische Darstellung eines traumasensiblen *Seelsorge*-Modells. Ein solches Modell existiert jedoch nicht im luftleeren Raum. Es bestehen Bezüge zu anderen Formen der Begleitung von traumatisierten Menschen, wie z.B. (traumafolgen-spezifische) Psychotherapie und psycho-soziale Beratung und Behandlung sowie (Trauma-)Pädagogik. Wie lassen sich diese unterschiedlichen Formen professioneller Begleitung zueinander in Beziehung setzen? Soll man dabei mehr das Verbindende oder mehr das Trennende, das jeweilige Proprium betonen? Schaut man die entsprechende Literatur durch, so kann man feststellen, dass es nicht möglich zu sein scheint, eindeutig und trennscharf die einzelnen Formen professioneller zwischenmenschlicher Hilfe voneinander abzugrenzen. Natürlich bestehen berufsrechtliche und gesetzliche Definitionen, so z.B. für Psychotherapie nach dem Psychotherapeutengesetz als eine „Tätigkeit zur Feststellung, Heilung und Linderung von Störungen mit Krankheitswert" (§ 1, Abs. 2, Satz 1 PsychThG). Die entsprechenden „Störungen" sind im ICD-10 (International Classification of Diseases) zu finden. Eine solche Tätigkeit ist bestimmten Berufsgruppen vorbehalten und – wie bei Ärzten – an eine Approbation gebunden. Speziell für die Traumafolgen-Therapie kann man festhalten, dass es ihr vorbehalten bleibt, eine Traumakonfrontation bzw. -exposition durchzuführen (dies wird in Kapitel 6.2.1 noch einmal vertiefend aufgegriffen).

Dennoch kann es inhaltlich in einer Psychotherapie auch um Themen gehen, die das Psychotherapeutengesetz ausschließt, nämlich: „Tätigkeiten, die nur die Aufarbeitung oder Überwindung sozialer Konflikte oder sonstige Zwecke außerhalb der Heilkunde zum Gegenstand haben, gehören nicht zur Ausübung der Psychotherapie" (§ 1, Abs. 2, Satz 3 PsychThG). Für einen systemisch arbeitenden Psychotherapeuten (seit 2008 vom Wissenschaftlichen Beirat Psychotherapie als

---

[47] SAUTERMEISTER (2018): *Irritationen der Lebensführung*, in SAUTERMEISTER et al. (Hrsg.) (2018): *Handbuch*, 17–33, 31.

1.3 Vorüberlegungen zum Seelsorgeverständnis

wissenschaftliches Verfahren im Rahmen des Psychotherapeutengesetzes anerkannt) ist eine Behandlung von „Störungen mit Krankheitswert" nur auf der intraindividuellen Ebene undenkbar und selbstverständlich bezieht er das soziale Umfeld und dort bestehende innere wie äußere Konflikte in seine Behandlung mit ein. Mir geht es nicht darum, (berufs-)rechtliche Regelungen prinzipiell in Frage zu stellen, dienen sie doch dem Schutz der PatientInnen und KlientInnen vor unseriösen BehandlerInnen. Ich möchte inhaltliche Brücken bauen, statt statisch-formale Abgrenzungen vorzunehmen für professionelle Begleitungsprozesse, die sich oftmals inhaltlich wie methodisch überschneiden.[48]

So wie Klaus Grawe basierend auf fünf Wirkfaktoren den Ansatz einer „Allgemeinen Psychotherapie" entwickelt, den er dann fortschreibt zu seiner „Neuropsychotherapie",[49] habe ich mich entschieden, in Theorie und Praxis professioneller helfender Begleitungen den Akzent mehr auf das Verbindende und Integrierende und weniger auf das Trennende zu legen. Ich möchte die einzelnen Berufsgruppen dazu ermutigen, miteinander zu kooperieren, statt sich voneinander abzugrenzen.[50] Dafür stehe ich auch mit meinem eigenen Ausbildungs- und Berufsweg und den dabei mit einem integrativen Ansatz gemachten positiven Erfahrungen.[51] Deshalb verwende ich in diesem Buch den Begriff *Psycho-Soziale Begleitung* als umfassenden Begriff/Oberbegriff und verstehe darunter das Folgende:

Psycho-Soziale Begleitung ist eine professionelle Form helfenden zwischenmenschlichen Handelns, bei dem eine oder mehrere in einer oder mehreren psycho-sozialen Berufen ausgebildete Person(en) einer oder mehreren anderen Person(en) in von diesen als Problem erlebten Lebenslagen und/oder von Drit-

---

[48] BAMBERGER (2015): *Lösungsorientierte Beratung*, 66–67, der resümiert, dass „offensichtlich [...] die Schnittmenge von Beratung und Psychotherapie sehr groß" ist.

[49] GRAWE (2005): *Empirisch validierte Wirkfaktoren*, und GRAWE (2004): *Neuropsychotherapie*.

[50] So auch das Plädoyer von Andreas Stahl in seinen Ausführungen zur „Verhältnisbestimmung von traumasensibler Seelsorge und Traumatherapie": „Jedoch ist insgesamt zu sagen, dass Seelsorgende und TherapeutInnen unabhängig von möglichen weltanschaulichen Differenzen Partner und Verbündete in ihrem helfenden Handeln und keine Konkurrenten sind. Beiden liegt an der Stärkung der Betroffenen. Beide wollen unterstützen, ein Leben in Freiheit zu ermöglichen. Damit die Zusammenarbeit in Respekt und bestmöglichem Bewusstsein für eigene Potentiale und Limitationen erfolgt, ist es aber nicht nur wichtig, die spezifischen Möglichkeiten von Therapie gegenüber Seelsorge herauszuarbeiten, sondern dies auch umgekehrt zu tun" (STAHL [2019]: *Traumasensible Seelsorge*, 24–25).

[51] Zumindest an dieser Stelle möchte ich kurz die seit den 60er Jahren von Hilarion G. Petzold et al. entwickelte „integrative Therapie" erwähnen (In Hilarion G. PETZOLD [2014]: *Unterwegs zu einer Integrativen Humantherapie*, zu finden unter: http://www.fpi-publikationen.de/textarchiv-hg-petzold, aufgerufen am 22.11.2020, findet sich eine aktuelle Beschreibung dieses Ansatzes). Petzold selbst spricht von „biopsychosozialökologischer Humantherapie" als einem ganzheitlichen Beratungs- und Therapieansatz. Und er beruft sich dabei auch auf die wissenschaftlich anerkannten Forschungen von Klaus Grawe.

ten als solche postulierten mit ihrem spezifischen theoretischen Wissen und praktischen Können zur Seite steht bzw. stehen.

Grundlegend für eine so verstandenen *Psycho-Soziale Begleitung* ist ein *bio-psycho-sozio-spirituelles Menschenbild*. Für dieses Menschenbild ist die Verwundbarkeit (Vulnerabilität) des Menschen die grundlegende Conditio Humana. Der verwundbare bio-psycho-sozio-spirituelle Mensch lebt in einem Spannungsfeld zwischen Fragment und Kohärenz. Die Wirksamkeit *Psycho-Sozialer Begleitung* basiert auf dem Grundprinzip, *leibhaftige Erfahrungen* im gleichzeitig aktivierten *expliziten und impliziten Funktionsmodus* zu ermöglichen. Dieses Grundprinzip lässt sich noch einmal mit Hilfe der fünf Wirkfaktoren nach Grawe in die folgenden Unterprinzipen näher fassen:

1. *Professionelle Beziehung* (auf der Basis der Bindungsforschung und -theorie; wichtigster Wirkfaktor mit 30 - 50%)
2. *Psycho-Soziale Ressourcenaktivierung* ([Wieder-]Entdecken eigener innerer und äußerer Ressourcen)
3. *Motivationale Klärung* (d.h. Ursprünge, Hintergründe und aufrechterhaltende Faktoren für das problematische Erleben und Verhalten herausarbeiten)
4. *Problemaktualisierung* (unmittelbare Erfahrung des zu Verändernden durch Aufsuchen realer Problemsituationen oder deren erlebnismäßige Aktivierung in der Vorstellung)
5. *Problembewältigung* (positive Problemlöseerfahrungen durch tatsächliche Veränderungen)

Formen Psycho-Sozialer Begleitung sind u.a. Psychotherapie, (Psycho-Soziale) Beratung, (Trauma-)Pädagogik, Coaching, Supervision und Seelsorge. Das unverzichtbare Wesensmerkmal von Seelsorge ist, dass sie *Spirituelle Psycho-Soziale Begleitung* ist, im vorliegenden Fall genauerhin eingebettet in einen dezidiert christlichen Kontext.[52]

---

[52] In manchen (trauma-)psychotherapeutischen Ansätzen findet man auch spirituelle Elemente, z.T. christlicher Herkunft, z.T. stammen diese eher aus fernöstlichen spirituellen Traditionen. Aber sie sind eben nicht konstitutiv für diese Ansätze.

2. Eine Phänomenologie psychischer Traumatisierungen

2.1 Vorbemerkungen

In diesem Kapitel geht es einmal darum, auf der Basis des aktuellen Wissenstands das für eine traumasensible Seelsorge*praxis* unabdingbar notwendige diagnostische und neurobiologische *Wissen* über psychisches Trauma auszuwählen und zusammenzustellen. Es dient als Hintergrundwissen für den einzelnen Seelsorger, die einzelne Seelsorgerin, ist aber zugleich auch hilfreich für die Menschen, die von den Seelsorgerinnen und Seelsorgern begleitet werden, z.B. im Rahmen der Psychoedukation (s. Kapitel 6.2.2, b). Zum anderen soll in diesem Kapitel implizit klar werden, warum für die Seelsorge mit traumatisierten Menschen ein eigenständiger, eben traumasensibler, Ansatz vonnöten ist, der sich von anderen Formen der Seelsorge z.T. grundlegend unterscheidet. Denn es geht auch um eine *Einfühlung* in das durch eine Traumatisierung in spezifischer Weise beeinflusste und z.T. veränderte körperliche Erleben, Fühlen, Denken und Handeln. Das meint der Begriff Phänomenologie in der Überschrift zu diesem zweiten Kapitel: Es sollen die Erscheinungsformen psychischer Traumata und Traumatisierungen beschrieben werden. Deshalb geht es in einem ersten Schritt um die offizielle Diagnostik. In einem zweiten Schritt wird das, was man bei traumatisierten Menschen wahrnehmen kann, im Lichte plausibler theoretischer Modelle und neurobiologischer Forschungsergebnisse gedeutet. In einem dritten Schritt wird dargestellt, wie bei der Behandlung von Traumafolgen vorgegangen werden kann. Die grundlegenden Prinzipien der psychotherapeutischen Behandlung von traumatisierten Menschen können auch auf eine traumasensible Seelsorge übertragen werden. Dies wird explizit in Kapitel 6 näher dargestellt. Wer das im Folgenden Aufgeführte auf inhaltlich gute und verständlich lesbare Weise vertiefen möchte, dem sei das Buch von Bessel van der Kolk empfohlen.[53]

Es folgen zunächst vorweg ein paar knappe historische Schlaglichter.[54] Das Wort „Trauma" stammt aus dem Griechischen („τραῦμα") und bedeutet zunächst schlicht „Verletzung, Wunde, Verwundung", bei Schiffen kann es das „Leck" bezeichnen, im übertragenen Sinne kann es auch „Verlust, Schaden, insbes. Niederlage, Schlappe" bedeuten.[55] Zur Bezeichnung seelischer Wunden wird es ungefähr seit 1900 benutzt, auch wenn es schon seit der Antike Vorstellungen darüber gab, dass

---

[53] VAN DER KOLK (2018): *Verkörperter Schrecken*. Im Literaturverzeichnis findet sich weitere vertiefende Literatur.
[54] S. hierzu: VAN DER KOLK (2018): *Verkörperter Schrecken*, 213–234; FISCHER/RIEDESSER (2003): *Lehrbuch der Psychotraumatologie*, 31–43; SEIDLER (2013): *Einleitung*, in: MAERCKER (Hrsg.): *Posttraumatische Belastungsstörungen*, 4–12.
[55] LANGENSCHEIDT (1981): *Großwörterbuch Griechisch-Deutsch*, Artikel „τραῦμα", 691.

Einflüsse von außen auch seelische Schäden anrichten können.[56] Als einen – inzwischen wiederentdeckten – Pionier der Psychotraumatologie kann man Pierre Janet (1895–1947) bezeichnen. Im Zentrum seiner Theorien stehen die traumatischen Erinnerungen[57] und von ihm stammt auch das erste Phasenmodell zur Behandlung von Traumafolgen, das bis heute im Prinzip nichts an Aktualität verloren hat, auch wenn man inzwischen phasenorientierte Modelle durch eine Verschränkung von Stabilisierung und Konfrontation abgelöst hat (s. Kapitel 2.4). Auch seine Definition von Trauma aus dem Jahr 1919 ist ebenfalls immer noch aktuell (s. Kapitel 2.3.1).[58]

Insbesondere die beiden Weltkriege haben in unvorstellbar großer Zahl Menschen traumatisiert. Rückten im Ersten Weltkrieg insbesondere die als sog. „Kriegszitterer" von den Schlachten heimkehrenden Soldaten in den Fokus von Medizin und Psychiatrie, so kamen nach dem Zweiten Weltkrieg vor allem die Überlebenden des Holocaust hinzu. Interessant ist, dass das Thema der Kriegstraumatisierung und damit auch der transgenerationalen Weitergabe dieser erlebten und vielfach verschwiegenen und verdrängten Erfahrungen erst in letzter Zeit stärker thematisiert und erforscht werden (Stichwort „Kriegsenkel").[59] Es war schließlich der Vietnamkrieg, der dazu führte, dass – beginnend in Amerika – die Psychotraumatologie einen „Durchbruch" (Seidler) erlebte.[60] Die Studien von Mardi Horowitz zum Wesen und zur Verarbeitung von traumatischem Stress und „einem ersten Vorschlag eines spezifischen posttraumatischen Symptommusters" waren wichtige Meilensteine auf dem Weg zu einer offiziellen Diagnose „Posttraumatische Belastungsstörung" (abgekürzt: PTBS) (engl.: „Posttraumatic Stress Disorder", abgekürzt: PTSD). Sie findet sich erstmals 1980 im DSM-III (Diagnosemanual der American Psychiatric Association). Ebenso findet sie sich seit Ende der achtziger Jahre im ICD-10. Inzwischen liegen auch sehr viele neurobiologische Befunde zu psychischen Traumata vor (s. Kapitel 2.3).

Noch ein Hinweis zur verwendeten Terminologie: Von „Trauma" spreche ich, wenn es um das objektive, äußere, potenziell traumatisierende Ereignis geht; von „Traumatisierung", wenn es um die Folgen eines solchen potenziell traumatisierenden Ereignisses geht.[61] Des Weiteren bevorzuge ich den Begriff „Traumafolgen-Therapie" gegenüber „Traumatherapie", weil hier sprachlich präzise ausgedrückt wird,

---

[56] KIRSCHT (2014): *Der Emmaus-Weg*, 60–61.
[57] LEVINE (2016): *Trauma und Gedächtnis*, 9–10.
[58] VAN DER HART, Onno/BROWN, Paul/VAN DER KOLK, Bessel A. (1989): *Pierre Janet's Treatment of Post-traumatic Stress*, in: Journal of Traumatic Stress, Vol. 2, No. 4, 379–395. Eine Biographie von Janet findet sich in: ELLENBERGER (2005): *Die Entdeckung des Unbewußten*, 449–560.
[59] Stellvertretend seien genannt: RADEBOLD, Hartmut (2010): *Abwesende Väter und Kriegskindheit. Alte Verletzungen bewältigen*, Klett-Cotta: Stuttgart; BODE, Sabine (2013): *Kriegsenkel. Die Erben der vergessenen Generation*, Klett-Cotta: 11. Auflage, Stuttgart; REDDEMANN, Luise (2018): *Kriegskinder und Kriegsenkel in der Psychotherapie. Folgen der NS-Zeit und des Zweiten Weltkriegs erkennen und bearbeiten – eine Annäherung*, Klett-Cotta: 5. Auflage, Stuttgart.
[60] VAN DER KOLK (2018): *Verkörperter Schrecken*, 16–32.
[61] STAHL (2019): *Traumasensible Seelsorge*, 21, unterscheidet in inhaltlich ähnlicher Weise zwischen „Verwundung" und „Verwundet-Sein" (s. Kapitel 5.5.3 und 6.2.1 in diesem Buch).

worum es bei einer solchen Therapie geht, nämlich die Behandlung von Traumafolgen. Das Trauma an sich ist ein historisches Ereignis und als solches natürlich nicht behandelbar, sondern nur die Reaktionen darauf und das Erleben des Klienten.[62] Oder wie es Luise Reddemann ausdrückt: „Wir behandeln Menschen und keine Traumata oder gar Diagnosen!"[63] Insofern spreche ich auch nicht von seelischen oder psychischen „Störungen" (außer in Zitaten), sondern u.a. von Syndromen, Erkrankungen oder Belastungen.[64]

2.2 Diagnostik psychischer Traumatisierungen: ICD-10 und ICD-11 ergänzt mit DSM-5

Da der Zeitpunkt der Einführung der im Mai 2019 von der 72. Sitzung der WHA (World Health Assembly) verabschiedeten neuen ICD-11 (International Classification of Diseases) in Deutschland noch nicht feststeht (international soll sie am 01. Januar 2022 in Kraft treten inkl. einer folgenden fünfjährigen Übergangszeit), verwende ich für die medizinische Diagnostik die in Deutschland aktuell noch geltende ICD-10[65], ergänzt durch hilfreiche Inhalte aus dem DSM-5[66]. Die traumaspezifischen Neuerungen oder Veränderungen in den diagnostischen Klassifikationen der ICD-11 gegenüber der ICD-10 sind signifikant und sollen deshalb nicht unerwähnt bleiben.[67] Wer das in diesem Kapitel Dargestellte vertiefen möchte, sei auf die beiden aktuellen Leitlinien zur Diagnostik und Behandlung akuter und posttraumatischer Traumafolgesyndrome der AWMF verwiesen (s. Literaturverzeichnis).

Im ICD-10 sind die Traumafolgesyndrome in dem Kapitel F40 – 48 „Neurotische, Belastungs- und somatoforme Störungen" eingeordnet, wo sich außerdem u.a. die Phobischen, die Angst- und die Zwangsstörungen finden. Das Unterkapitel F43 trägt die Überschrift „Reaktionen auf schwere Belastungen und Anpassungsstörungen". Zu einer Traumatisierung (s.o.) kann es nur durch ein Trauma kommen, d.h. mindestens ein ursächliches äußeres Ereignis, das gemäß ICD-10 als „ein außergewöhnlich belastendes Lebensereignis" oder als „eine Situation kürzerer oder längerer Dauer, mit außergewöhnlicher Bedrohung oder katastrophenartigem Ausmaß, die bei fast jedem eine tiefe Verzweiflung hervorrufen würde", definiert wird[68]. Das

---

[62] ZANOTTA (2018): *Wieder ganz werden*, 70.
[63] REDDEMANN (2016): *Imagination*, 24.
[64] KIRSCHT (2014): *Der Emmaus-Weg*, 227–229. Was man gemeinhin „Störungen" nennt, sind für mich Lösungsversuche der Körper-Seele-Geist-Einheit Mensch, um mit äußeren wie inneren Belastungen fertig zu werden.
[65] Die ICD-10 ist zu finden unter: https://www.icd-code.de/icd/code/ICD-10-GM.html (aufgerufen am: 18.04.2020).
[66] APA (2013): *DSM-5*.
[67] Die ICD-11 ist zu finden unter: https://www.dimdi.de/dynamic/de/klassifikationen/icd/icd-11/ (aufgerufen am: 18.04.2020) und liegt z.Zt. nur in einer englischen Fassung vor.
[68] Https://www.icd-code.de/icd/code/F43.-.html (aufgerufen am: 18.04.2020). Es ist auch die Rede von „außergewöhnliche physische oder psychische Belastung" (F43.0).

DSM-5 spricht von „Exposure to actual or threatened death, serious injury, or sexual violation"(DSM-5 308.3/309.81). Maercker folgend nenne ich dies das „objektive Traumakriterium".[69]

Im ICD-11 finden sich gleich mehrere Neuerungen bzw. Veränderungen:

1. Es gibt im ICD-11 eine eigene Kategorie von „Disorders specifically associated with stress", nicht mehr wie bisher ein Gesamtkapitel, in dem u.a. auch Phobien und Ängste zu finden sind. Diese haben ebenfalls ein eigenes Unterkapitel. Dies ist auch die Grundlage für das in diesem Buch vorgestellte *Stress-Informations-System-Modell von Trauma*.

2. Die „Acute stress reaction" findet sich nicht mehr in dem Kapitel der psychischen Erkrankungen („Störungen"), sondern in Kapitel 24, „Factors influencing health status or contact with health services", QE84. Sie wird als eine normale Reaktion eingestuft, die in der Regel innerhalb weniger Tage nach dem traumatischen Ereignis abklingt. Tut sie dies nicht und führt sie zu bleibenden Einschränkungen, die eine traumafolgenspezifische Behandlung angezeigt sein lassen, so hat man jetzt die Möglichkeit, quasi eine „akute PTBS" zu diagnostizieren (s. 3.).[70]

3. Das „Post traumatic stress disorder" findet sich wie bisher bei den psychischen Erkrankungen („Störungen") in Kapitel 06 („Mental, behavioural or neurodevelopmental disorders"), 6B40. Wie auch bei der *Acute stress reaction* ist der Diagnosetext insgesamt kürzer und prägnanter. Er fokussiert auf die drei Hauptsymptome (s.u.), die alle drei vorhanden sein müssen. Das Zeitkriterium verlangt deren Vorhandensein für mehrere Wochen und verursacht signifikante Beeinträchtigungen in wichtigen Funktionsbereichen. Man kann also eine PTBS schon sehr früh diagnostizieren und entsprechende Behandlungsmaßnahmen einleiten.

4. Neu im ICD-11 ist die Diagnose „Complex post traumatic stress disorder" (6B41). Diese Diagnose trägt der Tatsache Rechnung, dass bei frühen und/oder langandauernden Schwerst- und Mehrfachtraumatisierungen zu den drei obengenannten Symptomgruppen (ggf. in komplexerer und stärker chronifizierter Ausprägung) noch die folgenden Symptombereiche hinzukommen: „anhaltende und tiefgreifende Beeinträchtigungen in der Affektregulation, persistierende Überzeugungen vom eigenen Selbst als minderwertig, unterlegen oder wertlos und persistierende Schwierigkeiten, Beziehungen aufrecht zu erhalten" und eine hohe Dissoziationsneigung (im ICD-11 findet sich eine eigene Kategorie „Dissociative disorders").[71]

5. Neu ist ebenfalls die „Prolonged grief disorder". Einerseits ermöglicht diese Diagnose eine kassenfinanzierte Psychotherapie, andererseits ist eine Unterscheidung

---

[69] MAERCKER (2013): *Symptomatik, Klassifikation und Epidemiologie*, in: MAERCKER (Hrsg.): *Posttraumatische Belastungsstörungen*, 13–34, 14.

[70] WULFES et al. (2021): *Psychosoziale Notfallversorgung*, 25.

[71] MAERCKER (2013): *Symptomatik, Klassifikation und Epidemiologie*, in: MAERCKER (Hrsg.): *Posttraumatische Belastungsstörungen*, 13–34, 21–25. Für chronisch traumatisierte Kinder hat van der Kolk eine eigene Diagnose vorgeschlagen, die „Entwicklungstrauma-Störung". Vereinfacht kann man sagen, dass es sich um eine Komplexe Posttraumatische Belastungsstörung handelt, bei der zusätzlich noch die gesamte (Weiter-)Entwicklung des schwer(st) traumatisierten Kindes unter dem Vorzeichen der Traumatisierung steht. Ausführlich hierzu VAN

2.2 Diagnostik psychischer Traumatisierungen

zwischen „normaler" und „pathologischer" Trauer nicht eindeutig zu treffen und u.a. deshalb ist diese neue diagnostische Kategorie nicht unumstritten.[72]

Zu dem oben genannten *objektiven Traumakriterium* muss man relativierend sagen, dass insbesondere bei Kindern Ereignisse traumatisierend wirken können, die für die meisten Erwachsenen in der Regel jenseits jeder Traumatisierungsmöglichkeit lägen, so z.B. der Verlust eines Lieblingskuscheltiers. Deshalb ist der Vorschlag von Peter Levine (exemplarisch neben vielen anderen) hilfreich, demzufolge nicht die objektive traumatische Situation an sich entscheidend dafür ist, ob eine Traumatisierung entsteht, sondern „die *Reaktion* des Organismus auf die *wahrgenommene* traumatische Situation [Hervorhebung i.O.]".[73] In die gleiche Richtung zielt der „stressorbasierte Therapieansatz" von Thomas Hensel.[74] Ich nenne dies das für eine Traumatisierung konstitutive „subjektive Traumakriterium". Denn „nicht jedes Trauma traumatisiert" und nicht alles ist Trauma.[75] Das *subjektive Traumakriterium* lässt sich nach Sack noch einmal differenzieren in das „subjektive[...] Erleben" in der Belastungssituation und in die „persönliche[...] Vulnerabilität" (Genotypen, Epigenetik und bisherige [Umwelt-]Erfahrungen). Diese „subjektive Reaktion auf die erlebte Belastung und die daraus resultierende Symptomatik" sind „entscheidend" für die „Entstehung von Traumafolgestörungen".[76] Und eben genau jene subjektiven Reaktionen werden, wie weiter unten noch gezeigt wird, im Körpergedächtnis eingespeichert. Thomas Fuchs spricht bezogen auf alle Arten von Erfahrungen von einer

---

DER KOLK (2009): *Entwicklungstrauma-Störung*. Auch SACK (2010): *Schonende Traumatherapie*, 13–16, schlägt eine „erweiterte Traumadefinition" vor, bei der die „verschiedenen Formen von körperlicher oder seelischer Vernachlässigung und Gewalt in der Kindheit" und deren weitreichenden (Entwicklungs-)Folgen im Fokus stehen.

[72] ONNASCH (2021): *Trauer und Freude*, 142–144.
[73] ZANOTTA (2018): *Wieder ganz werden*, 65–66. Entsprechend lautet die wichtige Definition von Trauma von FISCHER/RIEDESSER (2003): *Lehrbuch*, 82: Psychisches Trauma ist ein „vitales Diskrepanzerlebnis zwischen bedrohlichen Situationsfaktoren und den individuellen Bewältigungsmöglichkeiten, das mit Gefühlen von Hilflosigkeit und schutzloser Preisgabe einhergeht und so eine dauerhafte Erschütterung von Selbst- und Weltverständnis bewirkt". Ich ersetze in meiner Terminologie das Begriffspaar „Selbst- und Weltverständnis" durch „Re-Konstruktionen von Selbst und Wirklichkeit" im Sinne einer re-konstruktivistischen Erkenntnistheorie (vgl. hierzu KIRSCHT [2014]: *Der Emmaus-Weg*, 94–97 und 239.
[74] HENSEL (2018): *Spezielle Psychotraumatherapie*, 11: „Jede belastende Erfahrung kann Ausgangspunkt für die Entwicklung einer psychischen Störung sein." Hensel entwickelte einen „stressorbasierten Therapieansatz", bei dem belastende Lebenserfahrungen (Stressoren) den Ausgangspunkt bilden. Kommt es zu einer „maladaptiven Verarbeitung" werden sie zu einem „*subjektiv bedeutsamen Stressor*". Das ist „ein als dysfunktional gespeicherte Erinnerung vorliegender Erfahrungsmoment, der in der Gegenwart Stress, Unwohlsein, Bedrohungsgefühle und/oder andere spezifische negative Gefühle auslöst, wenn diese Erinnerung durch äußere und/oder innere Hinweisreize (Trigger) aktualisiert wird" (ebd., 2–48, Zitate: 18–19). S.a. SACHSSE/SACK (2012): *Alles Trauma – oder was?*, Folien 80.
[75] HEPP (2008): *Trauma und Resilienz*, in: WELTER-ENDERLIN/HILDENBRAND (Hrsg.): *Resilienz*, 139–157; SACHSSE/SACK (2012): *Alles Trauma – oder was?*.
[76] SACK (2010): *Schonende Traumatherapie*, 17.

„Inkorporationen von Erfahrungen in Gedächtnisstrukturen [...] Die Umwelt prägt die neuronalen Strukturen, aber die modifizierten Strukturen beeinflussen ihrerseits die künftige Reizverarbeitung und damit die Wahrnehmung der Umwelt".[77] Im Fall von Traumata und Traumatisierungen können diese inkorporierten Erfahrungen auf der Basis neuronaler Netzwerke mittels *Trigger* jederzeit reaktiviert werden, sodass das Individuum sich erneut in der ursprünglichen traumatischen Situation wähnt, weil es sich im Moment des *Flashbacks* (= „plötzliches intensives Wahrnehmen von Traumabestandteilen mit Wiedererlebensqualität"[78]) genau so wieder anfühlt.[79] Van der Kolk nennt dies die „duale Realität" von Trauma: „Die Essenz des Traumas ist, daß es überwältigend, unglaublich und unerträglich ist. Wir müssen [...] akzeptieren, daß wir es mit einer *dualen Realität [Hervorhebung RK]* zu tun haben: mit der Realität einer relativ sicheren und voraussehbaren Gegenwart, die Seite an Seite mit einer bruchstückhaften, ständig präsenten Vergangenheit lebt."[80]

Medizinisch-diagnostisch im Sinne des *objektiven Traumakriteriums* lassen sich die Reaktionen eines Menschen auf ein traumatisches Ereignis in die folgenden drei Haupt-Symptomgruppen fassen[81] (s.a. Graphik D):

1. *Intrusionen/Wiedererleben*
   Mit Intrusionen ist das unwillkürliche und unkontrollierte bzw. scheinbar unkontrollierbare Eindringen traumatischer Inhalte in das Wachbewusstsein und in den Schlaf gemeint. Dabei fühlt sich das aktuelle Erleben so an, als würde sich die traumatische Situation im Hier-und-Jetzt wiederholen, da es in der Regel mit denselben hohen Erregungszuständen einhergeht (s.o. zu *Flashback*). Eine besondere Form von Intrusionen sind die von Sachsse/Sack so bezeichneten „somatoformen Intrusionen". Damit sind Intrusionen gemeint, die sich als immer wiederkehrende, nahezu gleichbleibende Körperbeschwerden äußern.[82]

2. *Vermeidung/Betäubung*
   Traumatisierte Menschen versuchen so gut wie möglich, das intrusive Wiedererleben und die damit verbundenen emotionalen und somatischen Erlebniszustände zu vermeiden. Das kann z.B. auch das Vermeiden von Orten sein, an denen ein Trauma passiert ist. Je nach Schwere der Traumatisierung kann dies bis zu einem kompletten sozialen Rückzug führen. Traumatisierte fühlen sich oft von anderen Menschen entfremdet. Dissoziative Zustände (Beeinträchtigung der bewussten Wahrnehmung der Umwelt, Derealisations- und Depersonalisationserleben)[83], dissoziative (Teil-)Amnesie oder „Numbing"-Zustände, im

---

[77] FUCHS (2017): *Das Gehirn*, 155.
[78] HUBER (2009): *Trauma und die Folgen*, 69.
[79] VAN DER KOLK: Vorwort, in: LEVINE (2016): *Trauma und Gedächtnis*, 9–18.
[80] VAN DER KOLK (2018): *Verkörperter Schrecken*, 235.
[81] Formuliert in Anlehnung an MAERCKER (2013): *Symptomatik, Klassifikation und Epidemiologie*, in: MAERCKER (Hrsg.): *Posttraumatische Belastungsstörungen*, 13–34, 17–21. Zitate daraus werden kenntlich gemacht, aber nicht mehr im Einzelnen nachgewiesen.
[82] SACHSSE/SACK (2012): *Alles Trauma – oder was?*, Folien 57–59.
[83] MAERCKER (2013): *Symptomatik, Klassifikation und Epidemiologie*, in: MAERCKER (Hrsg.): *Posttraumatische Belastungsstörungen*, 13–34, 21. Derealisation bedeutet ein „Gefühl der Losge-

2.2 Diagnostik psychischer Traumatisierungen

Sinne einer generellen Abflachung und Betäubung des emotionalen Erlebens, können auftreten.
3. *Arousal*
Das autonome Nervensystem ist dauerhaft auf Alarm geschaltet, die Reizschwelle ist abgesenkt und auch die Neurozeption ist dauerhaft auf Gefahr eingestellt. Selbst kleinste Belastungen können mit einem hohen Erregungszustand beantwortet werden. Es gilt zwischen *Hyper*-Arousal (Über-Erregung) und *Hypo*-Arousal (Unter-Erregung) zu unterscheiden (ausführlich hierzu Kapitel 2.3.2).

Bei traumatisierten Kindern gibt es einige Besonderheiten, insofern als die intrusiven Träume zu „generalisierten Albträumen von Monstern, davon andere zu retten oder Bedrohungsträumen" werden können. Kleinere Kinder zeigen das Wiedererleben oft in Form von „wiederholte[m] Durchspielen" der ursprünglichen traumatischen Situation(en). Da sie oft nicht in der Lage sind, introspektiv über ihr inneres Erleben zu berichten, fallen die typischen Symptomatiken eher durch äußere Beobachtung auf.

Die drei genannten „Symptomgruppen [...] können jeweils in Form vieler Einzelsymptome bzw. -beschwerden auftreten".[84] Ob es sich um eine akute oder eine posttraumatische Traumareaktion (PTBS) handelt, entscheidet im ICD-10 noch das Zeitkriterium: eine Akute Belastungsreaktion endet nach spätestens vier Wochen, von einer Posttraumatischen Belastungsstörung spricht man frühestens ab vier Wochen nach dem Ereignis.[85] Bei einer Akuten Belastungsreaktion wird ein besonderer Schwerpunkt auf die dissoziative Symptomatik gelegt (s.o. bei 2. Vermeidung/Betäubung), im Sinn einer akuten „Schocksymptomatik".[86] Mit dem ICD-11 kann man zukünftig die differenzierten Diagnosen einer „akuten PTBS", einer PTBS und einer Komplexen PTBS stellen (s.o.).

Bei Traumafolgesyndromen finden sich oft eine Vielzahl an komorbiden Symptomen (Begleitsymptome) und Syndromen, die so im Vordergrund stehen können, dass eine Traumatisierung als Primärsyndrom zunächst nicht erkennbar ist, z.B. Depression oder Suchtverhalten. Das gilt in besondere Weise bei dissoziativen Sym-

---

löstheit von der Umgebung"; Depersonalisation bedeutet ein „Gefühl der Losgelöstheit vom Körper"; es können also entweder die Umwelt oder das eigene Selbst „nicht adäquat" wahrgenommen werden (HUBER [2009]: *Trauma und die Folgen*, 59-62.70). Bisher Vertrautes (inkl. vertrauter Menschen) ist nicht mehr vertraut.

[84] Bei MAERCKER (2013): *Symptomatik, Klassifikation und Epidemiologie*, in: MAERCKER (Hrsg.): *Posttraumatische Belastungsstörungen*, 13–34, 18–19, findet sich eine ausführliche Liste von Einzelsymptomen.

[85] MAERCKER (2013): *Symptomatik, Klassifikation und Epidemiologie*, in: MAERCKER (Hrsg.): *Posttraumatische Belastungsstörungen*, 13–34, 14.

[86] MAERCKER (2013): *Symptomatik, Klassifikation und Epidemiologie*, in: MAERCKER (Hrsg.): *Posttraumatische Belastungsstörungen*, 13–34, 21. Die ICD-10 spricht in F43.0 (Akute Belastungsreaktion) von „einer Art von ›Betäubung‹, mit einer gewissen Bewusstseinseinengung und eingeschränkten Aufmerksamkeit, einer Unfähigkeit, Reize zu verarbeiten und Desorientiertheit".

ptomen/Störungen. Denn der Sinn von Dissoziation ist ja eine Art Schutzmechanismus zur Verhinderung des Kontakts zu traumatischen Erinnerungen. Insofern kann man grob „zwei Patientengruppen unterscheiden: die Gruppe mit deutlichen und typischen Symptomen von Traumafolgestörungen (beispielsweise der PTBS) und die Gruppe mit einem eher diffusen, unklaren Symptombild, in dem ein traumatischer Hintergrund vorerst fehlt bzw. nicht vonseiten der Patienten benennbar ist".[87]

An dieser Stelle ist es noch wichtig, zu erwähnen, dass der biographische Zeitpunkt (also das jeweilige Alter) einer Traumatisierung eine bedeutende Rolle spielt. Denn die „initiale, also erste Traumatisierung legt das Reaktionsniveau und die Art der Repräsentation fest, mit der ein Mensch auf den erneuten Einbruch reagiert. Jede nachfolgende Traumatisierung aktiviert auch wieder das Netzwerk der ersten Traumatisierung, die erste Reaktion wird also gefestigt und bestimmt primär das Niveau der Notfallreaktion."[88] Das bedeutet, dass jemand, der mit fünf Jahren ein Trauma erlebt hat, im Wiedererleben in das kognitiv-emotional-somatische Niveau eines Fünfjährigen zurückfällt, auch wenn er inzwischen erwachsen ist. Er wird sich wie damals als Fünfjähriger fühlen, so denken, die Welt erleben und sich verhalten. Das hat damit zu tun, dass das Erleben und die Reaktionen auf das ursprüngliche Trauma in einem *neuronalen Trauma-Netzwerk* im Körpergedächtnis/impliziten Gedächtnis (s.u. Kapitel 2.3) auf dem Niveau eines Fünfjährigen gespeichert werden. Findet das Trauma zu einem anderen Zeitpunkt statt oder ereignen sich weitere Traumata zu einem anderen Zeitpunkt, werden diese wiederum in neuen Trauma-Netzwerken auf dem Niveau des jeweiligen Alters gespeichert. Bei einem *Flashback* werden dann oft alle Trauma-Netzwerke co-aktiviert und können sich gegenseitig verstärken. Dieses Modell bildet neben anderen die neurobiologische Grundlage für die in der Traumafolgen-Therapie sehr erfolgreich zur Anwendung kommende *Ego-State-Therapie* und das *EMDR* (s. Kapitel 2.4.1 und 6.2.3, b).

Anhand bestehender Klassifikationen der unterschiedlichen Arten von traumatischen Ereignissen erscheint mir die Einteilung in die folgenden vier Typen-Klassen am plausibelsten (s.a. Graphik B):
1. Typ-I-Traumata: Unfälle und (Natur-)Katastrophen, Verlust eines nahestehenden Menschen, nicht absichtsvoll von Menschen herbeigeführt (*not man made*)
2. Typ-II-Traumata: Von Menschen herbeigeführte, absichtsvolle Traumata, z.B. sexualisierte Gewalt, Folter (*man made, interpersonell*) [*Bei beiden obigen Trauma-Typen kann man noch zwischen Traumata bei einem einzelnen Menschen (z.B. einzelnes Opfer einer Gewalttat) und kollektiven Traumata (z.B. im Krieg) unterscheiden.*]
3. Typ-III-Traumata: Zeugenschaft traumatischer Ereignisse (sei es als Privatpersonen, sei es in Ausübung eines bestimmten Berufes, z.B. Rettungsdienste oder Polizei)
4. Typ-IV-Traumata: Transgenerational weitergegebene Traumata

---

[87] FRITZSCHE (2021): *Ego-State-Therapie*, 29–30.
[88] HANTKE/GÖRGES (2012): *Handbuch Traumakompetenz*, 89–90.

2.2 Diagnostik psychischer Traumatisierungen

Zur weiteren Spezifizierung kann man dann noch bestimmen, ob es sich um einmalige/mehrmalige und kurzfristige/langfristige Traumata handelt und in welchem Alter/Altersabschnitt sie stattfanden.[89]

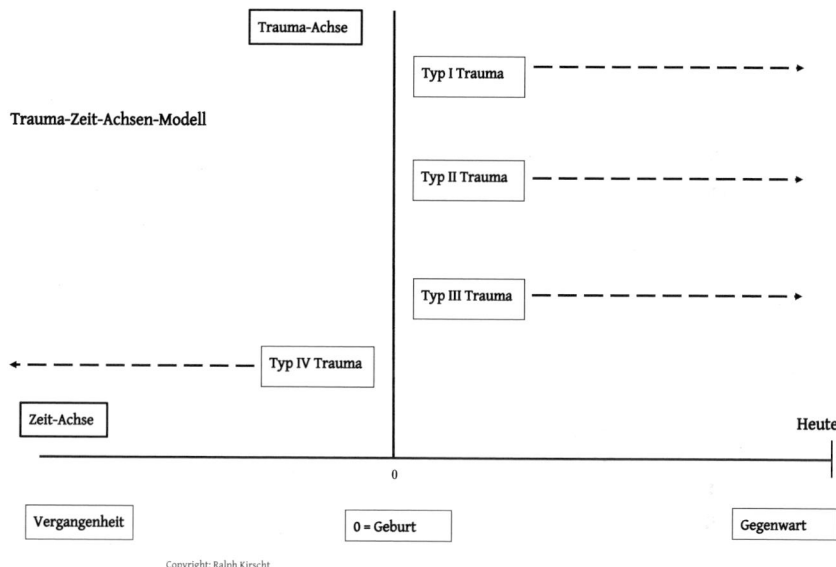

Graphik B - Trauma-Zeit-Achsen-Modell

An dieser Stelle möchte ich noch das BASK-Modell einführen. Dieses Modell unterteilt menschliches Verhalten in vier Ebenen: Verhalten (*Behaviour*) – Affekte und Gefühle (*Affect*) – Körper-Erleben (*Sensation*) – Gedanken und Wissen (*Kognition*) = BASK (s. Graphik C). Mit diesem Modell kann man zum einen das komplexe Erleben eines traumatisierten Menschen in einzelne Verhaltensebenen unterteilen, um sie so eine nach der anderen diagnostisch betrachten und therapeutisch bearbeiten und ggf. im Sinne eines kohärenten Narrativs (s.u.) ergänzen zu können. Zum anderen kann man mit Hilfe dieses Modells immer wieder überprüfen, ob bei einer Traumabehandlung auch alle Ebenen mit einbezogen werden bzw. worden sind. Es handelt sich also auch um eine Art Kontroll- und „Prüfungsinstrument".[90]

---

[89] MAERCKER (2013): *Symptomatik, Klassifikation und Epidemiologie*, in: MAERCKER (Hrsg.): *Posttraumatische Belastungsstörungen*, 13–34, 16.

[90] REDDEMANN (2011): *PITT*, 202–203. Dieses Modell kommt insbesondere bei der „Trauma-Konfrontation" zum Einsatz, z.B. insbesondere bei der Beobachter- und der Bildschirmtechnik (ebd., 205-227.231). Es kann aber auch schon bei einer diagnostischen Erfassung der konkreten Traumasymptomatiken eines Klienten sehr hilfreich sein. Peter Levine (2013, 178–197) hat ein ähnliches Modell entwickelt, das „SIBAM-Modell", bei dem zu den vier BASK-Ebenen noch die Ebene „Meaning = Bedeutungsgebung" als eine eigene Ebene hinzukommt. Diese lässt sich im BASK-Modell jedoch auch unter den Kognitionen als Bedeutungszuschreibungen fassen.

Das BASK-Modell

B ⇒ **Behaviour** (Verhalten)

A ⇒ **Affect** (Affekte und Gefühle)

S ⇒ **Sensation** (Körpererleben)

K ⇒ **Knowledge** (Gedanken und Wissen)

Copyright: Ralph Kirscht

Graphik C - Das BASK-Modell

Abschließend sei noch auf das „Multifaktorielle Rahmenmodell" kurz hingewiesen. Es stellt eine gute Heuristik dar, wenn man der Frage nachgehen will, warum jemand ein Traumafolgesyndrom entwickelt und warum es bei einem anderen Menschen nicht dazu kommt. Hier hilft die Betrachtung von fünf „ätiologische[n] Faktorengruppen", nämlich: „Risiko- und Schutzfaktoren" (im Sinne von individuellen protektiven und Vulnerabilitätsfaktoren vor einer Traumatisierung); „Ereignisfaktoren" (z.B. Schwere und Art des Traumas); „Aufrechterhaltungsfaktoren" („[p]osttraumatische Lebensbelastungen", u.a. in Familie und Beruf) und „[k]ognitiv-emotionale Veränderungen" (im „Selbst- und Weltverständnis" nach Fischer/Riedesser); „Ressourcen und gesundheitsfördernde Faktoren" („Kohärenzsinn [s. Kapitel 2.4.1] und soziale Netzwerke); „Posttraumatische Prozesse und Resultate" (z.B. gelungene psychotherapeutisch begleitete Verarbeitungsprozesse).[91]

Wie kann man nun erklären, dass es zu den in diesem Kapitel beschriebenen Symptomen, den Traumatisierungsphänomenen kommen kann?

---

[91] MAERCKER (2013): *Psychologische Modelle*, in MAERCKER (Hrsg.): *Posttraumatische Belastungsstörungen*, 35–53, Zitate: 36–40.

2.3 Traumatisierung als extreme Stressreaktion: Ein Stress-Informations-System-Modell

2.3.1 Einleitung

Die englischen Bezeichnungen „Acute/Posttraumatic Stress Disorder" (DSM-5 308.3/309.81) machen deutlicher als die deutschen ICD-10-Bezeichnungen, dass es bei Trauma und Traumatisierung zentral um eine Situation von (übermäßig) hohem Stress und den Reaktionen darauf geht (die ICD-11 trägt dem mit ihrer neuen Systematik Rechnung, s. Kapitel 2.2).[92] Horowitz wählte für seine für die Psychotraumatologie wichtige Publikation von 1976 folgerichtig den Titel: „Stress Response Syndroms".[93] Vieles aus seiner Stress- und Informationsverarbeitungstheorie findet sich in neuerer Zeit wieder in einem „Modell der gestörten Informationsverarbeitung", das „in umfassender Weise alle klinischen Merkmale der Traumafolgestörungen, einschließlich der Genese von dissoziativen Symptomen, zu erklären" vermag.[94] Ich folge hier den Darlegungen von Martin Sack, die zusammen mit den Modellen von Mardi J. Horowitz und dem „stressorbasierten Therapieansatz" von Thomas Hensel (s. Kapitel 2.2), dem Modell vom „*Triune Brain*" nach Paul D. Mac-Lean[95] und der „Polyvagaltheorie" nach Stephen Porges (beide s. Kapitel 2.3.3) die

---

[92] Das DSM-5 hat denn auch gegenüber dem Vorläufer DSM-IV ASD und PTSD aus dem Kapitel Angsterkrankungen herausgenommen und in ein eigenes Kapitel „Trauma- and Stressor-Related-Disorders" gefasst. Bei MAERCKER (2013): *Psychologische Modelle*, in MAERCKER (Hrsg.): *Posttraumatische Belastungsstörungen*, 35–53, finden sich verschiedene psychologische Erklärungsmodelle, u.a. Trauma als gelernte Angst oder kognitive Modelle. In der vorliegenden Arbeit und auch als Grundlage für eine traumasensible Seelsorge wird dem von mir so bezeichneten *Stress-Informations-System-Modell* jedoch der Vorzug gegeben.

[93] MAERCKER (2013): *Psychologische Modelle*, in MAERCKER (Hrsg.): *Posttraumatische Belastungsstörungen*, 35–53; HOROWITZ (1997): *Stress Response Syndroms*.

[94] SACK (2010): *Schonende Traumatherapie*, 23. Bereits im Jahr 1919 hat der bereits erwähnte Pierre Janet die folgende Definition von Trauma formuliert, die bis heute nichts an Gültigkeit verloren hat: *„Es ist das Ergebnis des Ausgesetztseins an ein unvermeidlich stressiges Geschehen, das die Mechanismen der Person übersteigt, damit umzugehen. Wenn die Menschen sich zu sehr von ihren Emotionen überwältigt fühlen, können sich die Erinnerungen nicht in neutrale narrative Erfahrungen verwandeln. Der Schrecken verwandelt sich in eine Phobie bezüglich der Erinnerung, was die Integrierung des traumatischen Geschehens verhindert und die traumatischen Erinnerungen fragmentiert, welche so vom normalen Bewusstsein ferngehalten werden und in visuellen Wahrnehmungen, somatischen Befürchtungen und verhältnismäßigem Wiederausagieren organisiert bleiben"* (zitiert nach: BOURQUIN/NAZARKIEWICZ [Hrsg.]: *Trauma und Begegnung*, 10, *Hervorhebung RK*).

[95] MacLeans Modell ist nicht ohne Kritik geblieben, dennoch kann man mit KORRITKO (2016): *Posttraumatische Belastungsstörungen*, 61, sagen: „Obwohl MacLeans Theorie viele Ungenauigkeiten enthält, hilft sie uns beim Verständnis eines komplexen Systems", nämlich des hochkomplexen menschlichen Gehirns. Zur Kritik s.a. DAMASIO (2017): *Im Anfang war das Gefühl*, 150–151.

Grundlage des hier dargestellten *Stress-Informations-System-Modells* bilden.[96] Es handelt sich um ein stimmiges und zugleich relativ leicht verständliches Modell (was der etwas sperrige Name auf den ersten Blick vielleicht nicht vermuten lässt), das sich sowohl in meiner psychotherapeutischen wie meiner seelsorglichen Arbeit mit traumatisierten Menschen unterschiedlichsten Alters theoretisch und praktisch gut bewährt hat. Es kann somit auch als ein gutes Hintergrundmodell für eine traumasensible Seelsorge dienen. Es soll in drei Schritten entsprechend seiner drei Komponenten dargestellt werden.

2.3.2 Trauma und Stress

Stress ist eine normale biologisch basierte Reaktion auf ein im Inneren wie auch im Äußeren erlebtes Ungleichgewicht. Da der menschliche Organismus als komplexes (biologisches) System nach Homöostase (Gleichgewicht, Balance) strebt, dient diese Reaktion der Wiederherstellung einer inneren Balance, sozusagen in der inneren Umwelt des Individuums, aber auch einer Balance zwischen dem Individuum und seiner äußeren Umwelt. Denn niemand lebt für sich allein, sondern ein Individuum ist stets in unterschiedliche Systeme eingebunden, die interagieren (zur „ökosystemischen Perspektive"[97], s. Kapitel 2.3.4). Das (Wieder-)Herstellen von Homöostase dient insgesamt dem (situativ mehr oder weniger stark bedrohten) *Überleben des Individuums*.[98]

Mit Damasio erweitere ich das Verständnis von Homöostase von der rein biologischen Ebene auf alle Ebenen menschlichen Erlebens, Fühlens, Denkens und Verhaltens (BASK). Es geht Menschen stets um ein „grundlegende[s] Gefühl von Wohlbefinden", das mittels unterschiedlicher, dynamischer und unbewusster wie bewusster Steuerungs- und Regulationsmechanismen herzustellen versucht wird.[99] Grawe nennt dieses Prinzip *Konsistenzregulation* und „meint die Übereinstimmung bzw. Vereinbarkeit der gleichzeitig ablaufenden neuronalen/psychischen Prozesse". Für ihn ist diese Konsistenzregulation das „Grundprinzip des psychischen Funktionierens".[100]

---

[96] Sack (2010): *Schonende Traumatherapie*; Horowitz (1997): *Stress Response Syndroms*; Hensel (2018): *Spezielle Psychotraumatherapie*; MacLean (1990): *The Triune Brain in Evolution*; Porges (2019): *Die Polyvagaltheorie und die Suche nach Sicherheit*.
[97] Jegodtka/Luitjens (2016): *Systemische Traumapädagogik*, 31–37.
[98] Thompson (2001): *Das Gehirn*, 512, definiert *Homöostase* als „Vorgang der Aufrechterhaltung des optimalen Niveaus von Körperstoffen und -funktionen, der oft als Gleichgewichtsprozess verstanden wird". Die Bedrohung des eigenen Überlebens kann dabei mehr oder weniger existenziell sein, von dem einfachen Durstgefühl, das ich mit Hilfe der Zufuhr von Wasser ausgleiche, bis hin zu einer lebensbedrohlichen Situation, für die ich andere Mechanismen der Überlebenssicherung benötige.
[99] Damasio (2017): *Im Anfang war das Gefühl*, 62–63.
[100] Grawe (2004): *Neuropsychotherapie*, 186.

2.3 Traumatisierung als extreme Stressreaktion

In dem auch für ein Verständnis von Trauma und Traumatisierung wichtigen *Salutogenese-Modell* (= „Lehre von den Faktoren, die Gesundheit erzeugen"[101]) von Aaron Antonowsky findet sich ein Begriff, der gut zu den beiden oben beschriebenen Modellen der Homöostase und Konsistenz passt, das „Kohärenzgefühl" (*Sense of Coherence*). Dabei handelt es sich um ein Gefühl von Zusammengehörigkeit und Zusammenhang, man könnte sagen das subjektive innere Erleben von Homöostase und Konsistenz (s.a. Kapitel 1.2 und 2.4.1). Antonowsky postuliert ein „Gesundheits-Krankheits-Kontinuum" und geht davon aus, dass „der Mensch ständig den Kräften der Entropie ausgesetzt ist". Entropie bedeutet, „dass geschlossene Systeme unweigerlich zu einem Zustand völliger Unordnung tendieren". Mit Henning Luther und Andrea Bieler könnte man auch von der grundlegenden Fragmentarität und Vulnerabilität des Menschen sprechen (s. Kapitel 1.2.2 und 1.2.3). Angesichts dieser Conditio Humana einer ständigen Gefährdetheit fragte Antonowsky danach, wie Menschen trotzdem gesund bleiben/werden können. „Gesundheit ist in salutogenetischer Sicht immer relativ [...] und sie besteht sozusagen in der erfolgreichen Lebensbewältigung angesichts eines grundsätzlich labilen (Un-)Gleichgewichts der Welt."[102] Das individuelle Kohärenzgefühl eines Menschen gibt an, inwieweit jemand Vertrauen darin hat, dass die Welt verstehbar, handhabbar und sinnhaft ist. Oder in den Begrifflichkeiten von Antonowsky gründet sich das „Kohärenzgefühl (Sense of Coherence)" auf 1. „Manageability (Gestaltbarkeit oder Handhabbarkeit)" oder auch: „Handlungsfähigkeit"[103], 2. „Comprehensibility" (Verstehbarkeit/Fasslichkeit) und eben auch 2. „Meaningfulness" (Bedeutsamkeit/Sinnhaftigkeit).[104] Je stärker dieses Kohärenzgefühl ausgeprägt ist, desto widerstandsfähiger ist ein Mensch (Resilienz).

Wenn Menschen mit etwas Neuem oder Ungewohntem konfrontiert werden, für das sie keine erprobten Reaktionsmuster haben, kann das die normalen biologischen Stressreaktionen auf ein erlebtes Ungleichgewicht (hier: neue Herausforderung – fehlende Bewältigungserfahrungen) auslösen. In einer solchen Situation suchen Menschen zunächst oft erst einmal nach sozialen Vorbildern oder sozialer Unterstützung und Hilfe. Noch befinden wir uns nicht in einem Bereich, indem die Herausforderung als eine existenzielle Bedrohung erlebt wird. Bei Menschen als sozialen und systemischen Wesen aktiviert sich also in vielen Stresssituationen zu-

---

[101] ESCH (2017): *Die Neurobiologie des Glücks*, 187.
[102] PAULS (2013): *Klinische Sozialarbeit*, 102–108.
[103] JEGODTKA/LUITJENS (2016): *Systemische Traumapädagogik,* 206–207.
[104] ESCH (2017): *Die Neurobiologie des Glücks,* 186–190. Ebd. 184-185 weist der Autor auf die „4 Cs" aus der Mind-Body-Medizin hin, die in eine ähnliche Richtung zielen: „Stressresiliente, erfolgreiche oder gesunde [...] Menschen besitzen womöglich ein starkes Gefühl der Kontrolle und Gestaltbarkeit (Control and Confidence), fühlen sich mit anderen Menschen und der Welt [*und ggf. einer höheren Macht, Hinzufügung RK*] verbunden, d.h. sie sind nicht einsam und verfügen über ein Netzwerk (Closeness and Connectedness), erleben Wechsel und Veränderungen als Herausforderungen und Möglichkeit zum Wachsen (Change and Challenge) und tun eine Sache ‚ganz oder gar nicht' (Commitment and Care)." Zum Salutogenese-Modell s. a. BZGA (2001): *Was erhält Menschen gesund?*

nächst eine „Orientierungsreaktion"[105] im Rahmen des *Bindungssystems*[106] bzw. das weiter unter beschriebene „Soziale Kontaktsystem" (s. Kapitel 2.3.3) ist aktiviert[107]. Ist da aber niemand, der uns hilft, oder stellt das, womit wir konfrontiert werden, eine Bedrohung dar, die vielleicht sogar von einem anderen Menschen ausgeht, setzen die Stressreaktionen des Autonomen Nervensystems im Sinne unterschiedlicher biologisch automatisierter Programme zur *Überlebenssicherung* ein. Je nach Art der Bedrohung können diese auch ohne eine vorherige soziale Orientierungsreaktion ausgelöst werden. Diese Programme werden binnen Millisekunden in Gang gesetzt.

Man kann drei Formen oder Stufen von Stress bzw. „hierarchisch gegliederten Notfallmechanismen" im Sinne eines „Stress-Trauma-Kontinuums" unterscheiden[108] (s.a. Graphik D):

1. *Die normale Stressreaktion*

   Bei der normalen Stressreaktion geht es um alle jene Situationen, die uns tagtäglich herausfordern, ohne jedoch unser Überleben existenziell zu bedrohen. Angefangen von körperlichen Mangelzuständen (z.B. Hunger, Durst) über Prüfungssituationen und Herausforderungen im Beruf bis hin zu normalen zwischenmenschlichen Konflikten. Entscheidend bei allen diesen Situationen ist, dass wir trotz der ausgelösten biologischen Stressreaktionen (u.a. veränderte Atmung, Erhöhung von Herzschlag und Puls, Anspannungsgefühle in Armen und Beinen) immer noch weitgehend die kognitive Kontrolle über uns selbst haben. Allerdings gilt: „Je höher die Anspannung, desto weniger differenziert fallen die Reaktionsmöglichkeiten aus" und nimmt die kognitive Kontrolle ab. Andererseits gilt: Eine positiv bewältigte Stresssituation kann eine positive Lernerfahrung darstellen und damit einhergehend zu einer Erweiterung meines „Ressourcenbereichs" führen.[109]

2. *Die Notfallreaktion*

   Eine Notfallreaktion wird in Situationen ausgelöst, die plötzlich eintreten, die eine Lebensbedrohung darstellen können, und in Situationen, die mit Gefüh-

---

[105] HANTKE/GÖRGES (2012): *Handbuch Traumakompetenz*, 59–60. Die obigen Ausführungen über die unterschiedlichen Stressreaktionen lehnen sich an die Ausführungen von HANTKE/GÖRGES, ebd., 57–80, an.

[106] ROTH/STRÜBER (2014): *Wie das Gehirn die Seele macht*, 149–150 und 167–177. Das *Bindungssystem* ist eines der „sechs psychoneuronalen Grundsysteme", dessen Entwicklung in den ersten Wochen nach der Geburt beginnt. Das Bindungssystem ruft (unter Belastung) Bindungsverhalten hervor, wenn es um die Suche nach Schutz vor Gefahren (Hunger, Durst, Krankheit) oder (menschliche) Bedrohungen geht. Das zum Bindungssystem gehörende Hormon heißt Oxytocin, das Beruhigung und Wohlgefühl über soziale Bindungen und menschliche Nähe auslöst, u.a. durch die mit seiner Ausschüttung einhergehende Ausschüttung von endogenen Opioiden und Serotonin.

[107] PORGES (2019): *Die Polyvagal-Theorie*, 47. S.a. LEVINE (2013): *Sprache ohne Worte*, 131–135.

[108] Zitat 1: LEVINE (2013): *Sprache ohne Worte*, 134. Zitat 2: SACHSSE/SACK (2012): *Alles Trauma – oder was?*, Folie 14.

[109] HANTKE/GÖRGES (2012): *Handbuch Traumakompetenz*, 60. Zum „Ressourcenbereich": ebd., 42–45. Es handelt sich dabei um jenen individuell ausgeprägten Bereich, innerhalb dessen

2.3 Traumatisierung als extreme Stressreaktion

len von (großer) Hilflosigkeit und Lebensbedrohung einhergehen. Dadurch wird ein vollautomatisches biologisches Notfallprogramm zur Überlebenssicherung in Gang gesetzt. Drei mögliche Handlungssysteme (= Reaktionsmöglichkeiten, die *F-Reaktionen*) werden damit einhergehend aktiviert: das „Soziale Kontaktsystem"/die „Orientierungsreaktion" bzw. das Bindungssystem (*Face*)[110], das Kampfsystem (*Fight*) und das Fluchtsystem (*Flight*).[111] Die kognitive Kontrolle ist nun weitestgehend bis ganz ausgeschaltet, die Wahrnehmung eingeschränkt. Es geht einzig und allein darum, schnell und effektiv zu reagieren und das eigene Überleben – sei es real oder gefühlt bedroht – zu sichern. Geht das Ganze gut aus, kann die unmittelbare Bedrohung mittels *Face* (Bindung und menschliche Hilfe) oder *Fight* (Kampf) oder *Flight* (Flucht) oder einer Kombination aus diesen automatisierten Handlungsmöglichkei-

---

ein Mensch optimal auf alle seine körperlichen, emotionalen und geistigen Ressourcen und Funktionen zur Lebensbewältigung zugreifen kann.

[110] In der Fachliteratur findet man bisher nur die Begriffe *Fight* und *Flight*. Ich füge *Face* als dritten Begriff von insgesamt fünf *F-Reaktionen* angesichts äußerer (wie auch innerer) bedrohlicher Stimuli hinzu. Dieser soll deutlich machen, dass neben Kampf und Flucht die Suche nach menschlicher Hilfe und sozialer Unterstützung im Sinne einer Orientierungsreaktion ebenfalls zu dem Reaktionsspektrum innerhalb der biologischen Stressreaktionen gehört („Was aber geschieht, wenn die Gefahr die subjektiven Möglichkeiten übersteigt? Der Mensch reagiert in diesem Fall wie alle Säugetiere: Er sucht als Nächstes Hilfe in der Umgebung", ZANOTTA [2018]: *Wieder ganz werden*, 62–64, Zitat: 62). Den Hintergrund für diese terminologische Ergänzung bildet die in Kapitel 2.3.3 beschriebene „Polyvagaltheorie" von Stephen Porges und das von ihm im englischen Original so benannte „social engagement system" (ich gebe mit ZANOTTA [2018]: *Wieder ganz werden*, 59, der Übersetzung dieses Begriff mit „Soziales Kontaktsystem" den Vorzug gegenüber „System für Soziales Engagement" [PORGES [2019]: *Die Polyvagaltheorie*, 41], den ich für missverständlich halte, weil er zu stark eine aktive Tätigkeit suggeriert, weniger ein biologisch verankertes, vielfach unbewusstes Verhalten im Sinne der oben beschriebenen „Orientierungsreaktion"). Dieses System ist für Bindung, Beziehungen, soziale Interaktionen und Gefühle von Beruhigung und Sicherheit wichtig und wird von Porges im ventral-vagalen Teil des Parasympathikus verortet (s. ausführlich Kapitel 2.3.3). Bei diesen Interaktionen spielt das menschliche Gesicht eine große Rolle (PORGES [2019]: *Die Polyvagaltheorie*, 52, spricht von „Face-to-Face-Kommunikation" bzw. „Face-to-Face-Interaktion"), daher meine Wahl des Begriffs *Face*. Einschränkend möchte ich an dieser Stelle noch hinzufügen, dass ein Gefühl von Sicherheit und Beruhigung nicht nur über Bindung hergestellt werden kann, sondern z.B. auch über bewusstes Atmen und sozialen Rückzug in Form von Meditation (ZANOTTA [2018]: *Wieder ganz werden*, 71).

[111] Das Kampfsystem und das Fluchtsystem werden oft als ein zusammengehörendes Kampf-Flucht-System zusammengefasst, als zwei Handlungsmöglichkeiten, die sich aus der sympathischen Erregung ergeben können, je nach (unbewusster) Einschätzung der Erfolgsaussicht. Vgl. z.B. SACHSSE (2012): *Neurobiologische Grundlagen*, in: ÖZKAN et al. (Hrsg.) (2012): *Zeit heilt nicht alle Wunden*, 65–68, der drei Stresssysteme benennt: das „Kampf-Flucht-System", das „Bindungssystem" und das „Erstarrungssystem". BECKRATH-WILKING et al. (2013): *Traumafachberatung*, 68–71, sprechen mit Bezug zu Porges und seiner Polyvagaltheorie von einer „Hierarchie der Verteidigungsreaktionen" im Sinne meiner chronologisch angelegten fünf *F-Reaktionen*.

ten beseitigt werden.[112] Die Stressreaktionen werden nach und nach wieder herunterreguliert, und es kommt zu einer neuen Balance (Homöostase, Konsistenz, Kohärenz). Auch hier kann die Bewältigung einer solchen Bedrohungssituation wieder zu einer positiven Lernerfahrung werden, die den eigenen Ressourcenbereich erweitern kann.

3. *Die traumatische Stressreaktion*

Bei der traumatischen Stressreaktion kann die Bedrohung nicht mittels der drei F-Reaktionen *Face*, *Fight* oder *Flight* bewältigt bzw. beseitigt werden. Die biologischen Stressreaktionen halten weiter an, es gesellen sich nun sehr starke Gefühle von schutzlosem *Ausgeliefert-Sein*, *Ohnmacht* und *Hilflosigkeit* sowie (extremem) *Kontrollverlust* hinzu. Es erfolgt ein Umschalten in den *Freeze*-Zustand, ein Zustand der Erstarrung, der Lähmung bis hin zu Leblosigkeit und Ohnmacht (vierte *F-Reaktion*). Man kann hier von einer Art Schock-Starre sprechen (im Tierreich findet sich dies in Form des sog. „Totstellreflexes"). Dieser Zustand geht einher mit Schmerzunempfindlichkeit, weil die körperlichen Empfindungen nicht an die Wahrnehmungszentren im Gehirn weitergeleitet werden, vergleichbar mit einer anästhetischen Betäubung. Gleichzeitig bleibt der Körper angefüllt mit Stresshormonen. Es handelt sich somit entgegen dem alltagsüblichen Sprachgebrauch auch beim *Freeze* um eine Stressreaktion, eine parasympathische Immobilisierung statt einer sympathischen Mobilisierung, eben um „typische Shutdown-Phänomene" wie „Verlust des Muskeltonus, Ohnmachtsanfälle und Dissoziation" in Folge einer traumatischen Stresserfahrung, um das eigene Überleben zu sichern.[113]

Auf der Ebene des Gehirns kommt es zu einem partiellen Ausfall *cortikaler Funktionen* und Bereiche, u.a. für Sprache, bewusste kognitive Handlungskontrolle und die Orientierung in Zeit und Raum sowie von *Hippocampus* (an der Organisation des Gedächtnisses maßgeblich beteiligter subcortikaler Bereich) und *Thalamus* (Eingangszentrale für alle sensorischen Reize und „Wahrnehmungsfilter").[114] Das ist die fünfte *F-Reaktion*, das *Fragment*. Das Geschehen wird ungefiltert, fragmentiert und oft wie in Zeitlupe wahrgenommen und ebenso fragmentiert und unvollständig und vor allem zumeist implizit in den Gedächtnissystemen gespeichert. Nach dem eigentlichen Ereignis kann es jederzeit – sei es nur durch einzelne isolierte Sinneswahrnehmungen (z.B. ein Geräusch, ein Duft, eine Farbe) – getriggert werden, und es kommt zu *Flashbacks* („unkontrollierten traumaassoziierten Wiedererinnerungen und Erregungszuständen", s.o.).

---

[112] *Face* kann auch bedeuten, dass man – im Fall, dass Kampf und Flucht aussichtslos sind bzw. erscheinen –, eine Haltung der Demut, Hilflosigkeit etc. einnimmt, um so von einem Bedroher verschont zu werden oder von anderen Menschen Hilfe zu bekommen, vgl. BAIERL/FREY (Hrsg.) (2016): *Praxishandbuch Traumapädagogik*, 27–29.

[113] PORGES (2019): *Die Polyvagaltheorie*, 70.

[114] Ausführlich beschrieben bei: VAN DER KOLK (2018): *Verkörperter Schrecken*, 65–90.

2.3 Traumatisierung als extreme Stressreaktion

Das Fatale an der traumatischen Stressreaktion ist, dass sie nicht aufgelöst wird, sondern anhält. Der menschliche Organismus bleibt in einem dauerhaften Zustand der Übererregung im Sinne einer „chronifizierten Stressreaktion". Der betroffene Mensch bzw. sein Organismus findet nicht mehr zurück in das „Toleranzfenster" als einer „Zone optimalen Arousals"[115], sondern reagiert nun auf „Herausforderungen oder Überraschendes" mit einem der beiden folgenden habitualisierten Reaktionsmuster. Entweder mit einem *Hyper-Arousal*, d.h. „hoher Erregung und Aktivierung der Alarmfunktionen des Nervensystems", einhergehend „mit flashbackartigen sensorischen Erinnerungen, hoher Licht- und Geräuschempfindlichkeit, Hyperaktivität, Schreckhaftigkeit, Albträumen und abrupten Stimmungswechseln". Oder mit einem *Hypo-Arousal*, d.h. mit einer Art „habitueller Dissoziation im Sinne eines Shutdowns oder Abschaltens mit Rückzugs- und Vermeidungsverhalten, Bagatellisierung, Depression, Kraftlosigkeit und emotionaler Entrücktheit". „Chronische Hilflosigkeit und Gefühle der Leblosigkeit sind die Folge." Eine dritte Möglichkeit ist ein Wechsel zwischen beiden Reaktionsmöglichkeiten bei ein- und demselben Menschen.[116] Man kann auch von somatischen Dissoziationen und „somatoformen Intrusionen" (Sachsse/Sack) sprechen, das bedeutet, dass Erinnerungen an die traumatischen Erfahrungen als eine Form „impliziter traumatischer Erinnerungen" als „maladaptive somatosensorische Informationen" im Körpergedächtnis gespeichert und jederzeit triggerbar sind.[117]

Abschließend kann man also sagen, dass eine Traumatisierung eine (z.T. extreme) „chronische Stressreaktion" darstellt, einen Zustand von Nicht-Homöostase, von Inkonsistenz (Grawe), dem Verlust des Kohärenz-Gefühls (Antonowsky), „mit zahlreichen körperlichen Folgeerscheinungen". Diese chronifizierte verkörperte Stressreaktion hat auch tiefgreifende Folgen für die normale Informationsverarbeitung im Gehirn (s. das folgende Kapitel mit der zweiten Komponente des *Stress-Informations-System-Modells*). Denn: „Der Körper vergißt nicht."[118] Der Körper spielt somit eine zentrale Rolle sowohl im Prozess der Traumatisierung als auch im Prozess der Behandlung von Traumafolgen und einer möglichen Heilung (s. Kapitel 2.4). Dieses Konzept der verkörperten Erinnerungen erlaubt auch einen Brückenschlag zu vielen biblischen Texten und insbesondere auch zur Vorstellung der Auferweckung und zum Ritual der Eucharistie (s. Kapitel 3).[119]

---

[115] OGDEN et al. (2010): *Trauma und Körper*, 66–82, Zitate: 67.
[116] ZANOTTA (2018): *Wieder ganz werden*, 66–69 (hier finden sich auch die Zitate).
[117] SACHSSE/SACK (2012): *Alles Trauma – oder was?*, Folien 57–59.
[118] VAN DER KOLK (2018): *Verkörperter Schrecken*, 106.
[119] Karen O'Donnell z.B. greift den Ansatz von van der Kolk explizit auf in ihrem 2018 erschienenen Buch *Broken Bodies*: „Central to the understanding of trauma is the concept of somatic memory. Bessel van der Kolk noted: '[T]he imprint of trauma doesn't "sit" in the verbal, understanding part of the brain, but in much deeper regions – amygdala, hippocampus, hypothalamus, brain stem – which are only marginally affected by thinking and cognition.' [...] Rather, argued van der Kolk, the core of trauma lies in somatic memory, not in semantic memory. [...] Bodies and remembering lie at the heart of trauma and trauma recovery" (ebd., Kindle Version, Position 193).

54   2. Phänomenologie psychischer Traumatisierungen

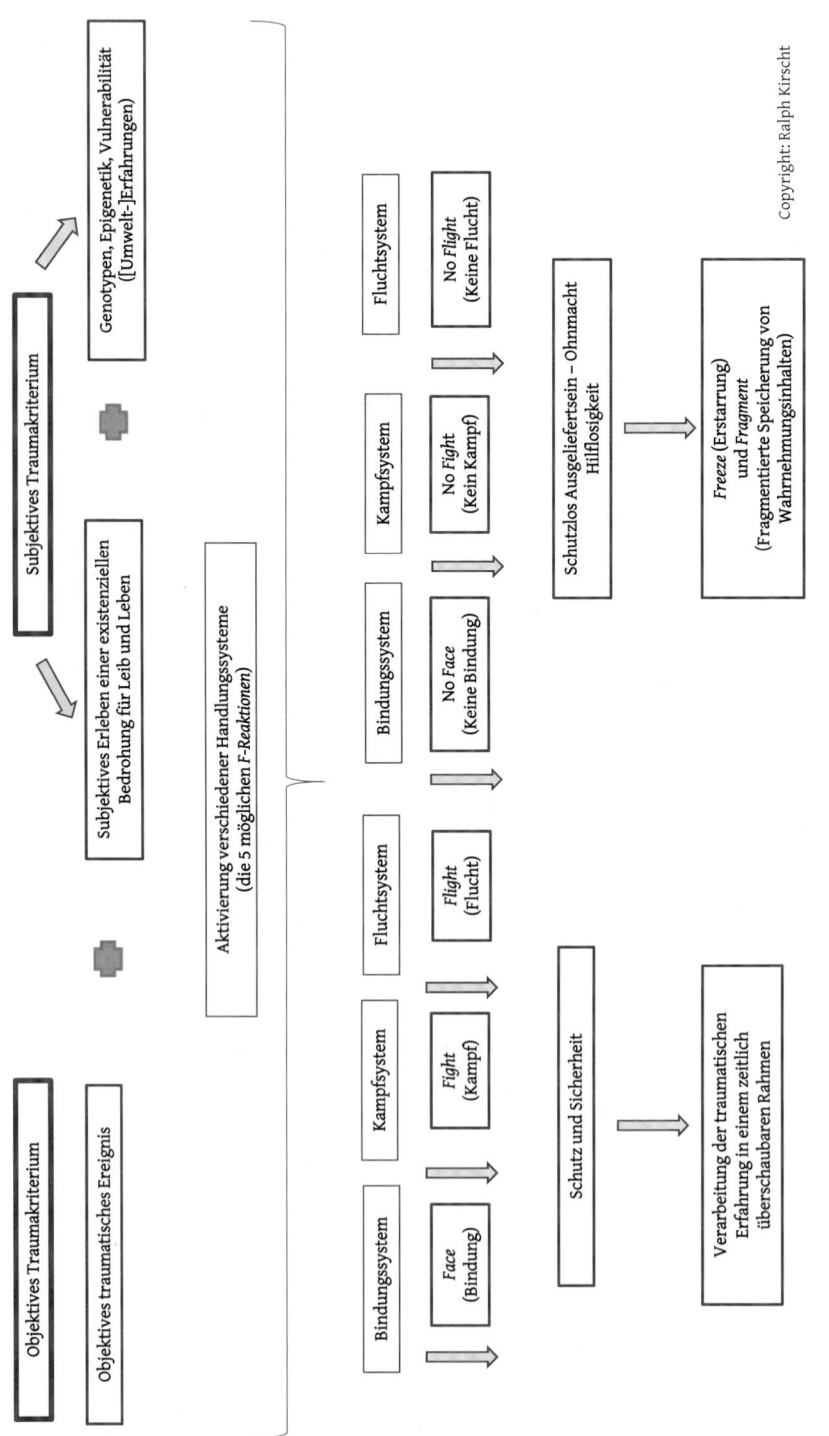

2.3 Traumatisierung als extreme Stressreaktion

Traumafolge-typische Symptom-Trias

Arousal
(physiologische Unter- oder Übererregung)

Intrusionen
(unkontrolliertes Wiedererleben)

Konstriktion
(Vermeidung und Betäubung)

Copyright: Ralph Kirscht

Das autonome Nervensystem ist dauerhaft auf Alarm geschaltet, die Reizschwelle ist abgesenkt und auch die Neurozeption ist dauerhaft auf Gefahr eingestellt. Selbst kleinste Belastungen können mit einem hohen Erregungszustand beantwortet werden. Es gilt zwischen Hyper-Arousal (Über-Erregung) und Hypo-Arousal (Unter-Erregung) zu unterscheiden.

Mit Intrusionen ist das unwillkürliche und unkontrollierte bzw. scheinbar unkontrollierbare Eindringen traumatischer Inhalte in das Wachbewusstsein und in den Schlaf gemeint. Dabei fühlt sich das aktuelle Erleben so an, als würde sich die traumatische Situation im Hier-und-Jetzt wiederholen, da es in der Regel mit denselben hohen Erregungszuständen einhergeht. Eine besondere Form von Intrusionen sind die von Sachsse/Sack so bezeichneten „somatoformen Intrusionen". Damit sind Intrusionen gemeint, die sich als immer wiederkehrende, nahezu gleichbleibende Körperbeschwerden äußern.

Traumatisierte Menschen versuchen so gut wie möglich, das intrusive Wiedererleben und die damit verbundenen emotionalen und somatischen Erlebniszustände zu vermeiden. Das kann z.B. auch das Vermeiden von Orten sein, an denen ein Trauma passiert ist. Je nach Schwere der Traumatisierung kann dies bis zu einem kompletten sozialen Rückzug führen. Traumatisierte fühlen sich oft von anderen Menschen entfremdet. Dissoziative Zustände (Beeinträchtigung der bewussten Wahrnehmung der Umwelt, Derealisations- und Depersonalisationserleben), dissoziative (Teil-)Amnesie oder „Numbing"-Zustände, im Sinne einer generellen Abflachung und Betäubung des emotionalen Erlebens, können auftreten.

Graphik D - Trauma und Stress

2.3.3 Trauma und Information

Die im vorhergehenden Kapitel beschriebenen (chronifizierten) Stressphänomene sind eine der biologischen Grundlagen der zweiten Komponente des *Stress-Informations-System-Modells*, der „gestörten Informationsverarbeitung" (Sack). Um dies besser verstehen zu können, bedarf es zunächst einer ausführlicheren neurobiologischen Vertiefung.

Exkurs: Neurobiologie - Triune Brain und Polyvagaltheorie

Mit Blick auf die Praxis einer traumasensiblen Seelsorge sind insbesondere zwei neurobiologische Modelle wichtig als Hintergrundwissen: das Modell des *Triune Brain* (MacLean) und die *Polyvagaltheorie* (Porges). Betrachtet man das menschliche Gehirn unter dem Aspekt der (hierarchischen) Informationsverarbeitung und Systemsteuerung, so lässt es sich grob in drei architektonische Ebenen einteilen, die sich auch evolutionsgeschichtlich zu unterschiedlichen Zeiten entwickelt haben: Der *Hirnstamm* (er wird manchmal als „Reptilienhirn" bezeichnet) und die Ebene der „sensumotorischen Informationsverarbeitung"; das *Limbische System* (manchmal als „Säugetierhirn" bezeichnet) und die Ebene der „emotionalen Informationsverarbeitung"; der *Neocortex* und die Ebene der „kognitiven Informationsverarbeitung".[120] Paul D. MacLean spricht vom „*Triune Brain*".[121] Roth schlägt ein etwas differenzierteres Modell mit vier Ebenen vor.[122]

Auf der Ebene des *(Neo)Cortex* sei ein im Zusammenhang mit Traumatisierungen wichtiger Bereich besonders hervorgehoben: der *Präfrontale Cortex* (PFC), der

---

[120] OGDEN et al. (2010): *Trauma und Körper*, 41–42. „Das Reptilienhirn, das in der Evolutionsgeschichte zuerst entstanden ist, steuert das Arousal ... die Homöostase des Organismus und den Fortpflanzungstrieb. Außerdem ist es locker verbunden mit der sensumotorischen Ebene der Informationsverarbeitung, einschließlich des Empfindens und programmierter Bewegungsimpulse. Der emotionalen Verarbeitung entspricht das paleomammalische oder limbische Gehirn [*Hervorhebung i.O.*], das bei allen Säugetieren existiert, das Reptilienhirn umgibt und Emotionen, Gedächtnis, einen Teil des Sozialverhaltens und das Lernen vermittelt [...] Phylogenetisch zuletzt entstand der Neocortex, der die kognitive Informationsverarbeitung ermöglicht, beispielsweise in Form des Selbstgewahrseins und des bewußten Denkens, und der große Teile des Balkens ... umfaßt, welcher die rechte und die linke Hemisphäre ... miteinander verbindet ... und zur Konsolidierung der Information beiträgt." S. a. VAN DER KOLK (2018): *Verkörperter Schrecken*, 69–73.

[121] MACLEAN, Paul D. (1990): *The Triune Brain in Evolution*. S. a. VAN DER KOLK (2018): *Verkörperter Schrecken*, 69–73, und SIEGEL (2012): *Mindsight*, 42–54.

[122] Nach Roth lässt sich das Limbische System in drei Funktionsebenen unterteilen, zwei subcorticale Ebenen („untere limbische Ebene" der vitalen Funktionen und „mittlere limbische Ebene" der unbewussten Gefühle und emotionalen Bewertungen) und die corticale limbische Ebene („obere limbische Ebene" der bewussten Gefühle und emotionalen Bewertungen). Letzterer steht eine „kognitiv-sprachliche Ebene" gegenüber, die ihrerseits die Rolle „eines »vernünftigen Beraters«" hat (ROTH/STRÜBER [2014]: *Wie das Gehirn die Seele macht*, 63–

2.3 Traumatisierung als extreme Stressreaktion

Bereich für „Planen und Voraussehen, Empfinden von Zeit und Kontext, Hemmung unangebrachter Handlungen; empathisches Verstehen"[123]. Grob kann man den PFC in einen *kognitiv-sprachlichen Teil* (vor allem Dorsolateraler und Ventrolateraler PFC, Arbeitsgedächtnis, Broca-Areal) und die obere limbische Ebene in der *mittleren Präfrontalregion* unterteilen, die im Gegensatz zu Ersterem über Verbindungen zum emotionalen Gehirn (mittlere limbische Ebene) und zur unteren limbischen Ebene (vegetativ-affektive Ebene) verfügt. Innerhalb der mittleren Präfrontalregion kann man vier Bereiche der bewussten emotionalen Steuerung unterscheiden: der eigentliche *Mediale Präfrontale Cortex* (MPFC), der *Ventrale Präfrontale Cortex (auch: Ventromedialer Präfrontaler Cortex, VMC)*, der *Anteriore Cinguläre Cortex* (ACC) und der *Orbitofrontale Cortex* (OFC, direkt über den Augenhöhlen liegend).[124]

Die mittlere Präfrontalregion stellt ein Zentrum für eine „multidimensionale[...] neuronale[...] Integration dar, dessen Nervenfasern „den gesamten Cortex, das limbische System, den Hirnstamm, den Körper selbst und sogar soziale Systeme miteinander" verbinden.[125] Der Mediale Präfrontale Cortex ist „das corticale und bewusstseinsfähige Gedächtnis für positive und negative Ereignisse" und das „Zentrum des Selbstgewahrseins" (= Interozeption).[126] „[I]n enger Wechselwirkung" mit dem MPFC steht der Insuläre Cortex[127]; er „integriert und deutet den Input der inneren Organe – wozu auch die Muskeln, die Gelenke und das Gleichgewichtsempfinden (die propriozeptive Wahrnehmung) zählen – und erzeugt dadurch ein Gefühl der Verkörperung. Die Insel kann Signale an die Amygdala (mittlere limbische Ebene, s.u.) übermitteln, die Kampf-/Fluchtreaktionen auslösen. Dazu ist weder kognitiver Input noch bewußtes Erkennen [...] erforderlich".[128] Zu dem oben genannten „Gefühl der Verkörperung", das vor allem im Zusammenspiel von MPFC und Insulärem Cortex entsteht und bewusst erlebt werden kann, gehört auch die „primäre Schmerzwahrnehmung (etwas tut mir weh), das „empathische[...] Verstehen" und die „schmerzhaften Empfindungen bei Verlust, Niederlagen und Verzicht".[129]

Nach van der Kolk spielt der MPFC eine entscheidende Rolle, wenn es darum geht, „traumatische Belastungszustände aufzulösen" durch eine „Wiederherstel-

---

94). „Das limbische System wird von Neurobiologen als »Sitz« des Psychischen einschließlich der unbewussten und bewussten Gefühle (Emotionen), Motive und Ziele angesehen. Es hat die für den Organismus zentrale Aufgabe, Ereignisse und Handlungen danach zu bewerten, ob sie positive oder negative Folgen haben. Die Ergebnisse dieser Bewertung werden dann gespeichert und zur Grundlage zukünftigen Verhaltens gemacht" (ebd., 63)

[123] VAN DER KOLK (2018): *Verkörperter Schrecken*, 74.
[124] S. hierzu ausführlich bei ROTH/STRÜBER (2014): *Wie das Gehirn die Seele macht*, 83–91.
[125] SIEGEL (2012): *Mindsight*, 396. Er benennt neun Funktionen der mittleren Präfontalregion: „1. Körperregulierung, 2. aufeinander eingestimmte Kommunikation, 3. emotionale Ausgeglichenheit, 4. Reaktionsflexibilität, 5. Angstmodulation, 6. Empathie, 7. Einsicht, 8. Moral und 9. Intuition" (ebd., 396). Ausführliche Erläuterungen s. ebd., 55–74.
[126] Erstes Zitat: ROTH/STRÜBER (2014): *Wie das Gehirn die Seele macht*, 86; zweites Zitat: VAN DER KOLK (2018): *Verkörperter Schrecken*, 246.
[127] ROTH/STRÜBER (2014): *Wie das Gehirn die Seele macht*, 86.
[128] VAN DER KOLK (2018): *Verkörperter Schrecken*, 295.
[129] Roth/Strüber (2014): *Wie das Gehirn die Seele macht*, 87.

lung der Balance zwischen rationalem und emotionalem Gehirn, um den Traumatisierten das Gefühl zurückzugeben, daß sie ihre Reaktionen und ganz generell ihr Leben beeinflußen können". Van der Kolk nennt dies eine „Therapie für das limbische System" (s. Kapitel 2.4.1) mittels Selbstgewahrsein, d.h. bewusst und achtsam zu registrieren, „was in uns vor sich geht", unser inneres Fühlen und Erleben.[130]

Ein für Seelsorge und Spiritualität wichtiger Teilbereich ist der bereits erwähnte *Orbitofrontale Cortex*, auch ein Teilbereich mit zahlreichen Verbindungen u.a. zu Amygdala und Hippocampus (s.u.), den man vereinfachend als wichtiges System für Werte (auch religiöse Werte, Symbole, Erfahrungen) und Bewertungen (was ist gut, lebenserhaltend oder das Gegenteil davon für mich) bezeichnen kann.[131] Klaus Onnasch bezeichnet den Orbitofrontalen Cortex (in Verbindung mit ACC und Insulärem Cortex [IC]) als „Wertesystem".[132]

Auf der Ebene des besagten *Limbischen Systems* finden sich die *Amygdala* (das körpereigene Alarmsystem) und der *Hippocampus* (maßgeblich beteiligt an der Organisation des Gedächtnisses). Zwei weitere Teile sind hier noch zu nennen: der *Thalamus* als eine Art Schaltstelle der sensorischen Reize und Wahrnehmungsfilter und der *Hypothalamus*, über den zusammen mit dem Hirnstamm die Signale der Amygdala in körperliche Reaktionen umgesetzt werden (s. Graphik E/1 - *Triune Brain* und Vier-Ebenen-Modell). MacLeans Rede von der Struktur des Gehirns als *Triune Brain* soll nicht nur deutlich machen, dass man das Gehirn in drei Struktur- und Funktionsebenen einteilen kann (oder mit Roth in vier), sondern auch, dass diese drei bzw. vier Ebenen untrennbar miteinander verknüpft sind und interagieren im Sinne eines „komplexen Systems"[133], dessen einzelne Teile auf vielfältige neuronale Weise wechselseitig miteinander verbunden sind und sich daher auch wechselseitig beeinflussen können. Ebenso wie cortikale Bereiche Funktionen der limbischen Bereiche oder des Hirnstamms modifizieren oder gar hemmen können (*Top-down*-Prozesse), so können umgekehrt Hirnstamm und Limbisches System (insbesondere die Amygdala) cortikale Funktionen modifizieren oder gar hemmen (*Bottom-up*-Prozesse). Letzteres geschieht insbesondere im Kontext (hoch) stresshafter Ereignisse, somit auch bei traumatischen Erfahrungen (s. Graphik E/2). Allerdings ist es so, dass mehr neuronale Bahnen von unten nach oben verlaufen als

---

[130] VAN DER KOLK (2018): *Verkörperter Schrecken*, 245–247.

[131] ROTH/STRÜBER (2014): *Wie das Gehirn die Seele macht*, 83.

[132] ONNASCH (2021): *Trauer und Freude*, 38–41, beschäftigt sich ausführlich mit dem OFC im Kontext von Trauer, Verlusterfahrungen und Freude.

[133] Ein „System" definiert sich als „eine Ansammlung aufeinander bezogener Elemente, die ein Ganzes bilden, wobei gewissermaßen jedes Element ein Teil des Ganzen ist, das Ganze jedoch mehr ist als die Summe seiner Teile. Demnach steht jedes Element zu anderen Elementen des Systems oder zum System als Ganzen in Beziehung" (VAN DER HART et al. [2008]: *Das verfolgte Selbst*, 17), und zwar so, dass die einzelnen „Teile in nichtlinearer Weise interagieren" (SCHIEPEK, Günter [2008]: *Psychotherapie als evidenzbasiertes Prozessmanagement. Ein Beitrag zur Professionalisierung jenseits des Standardmodells*, in: Nervenheilkunde Vol. 27, Heft 12, S. 1138–1146, 1141). Komplexe Systeme funktionieren selbstorganisiert und verfügen über kreiskausal miteinander zusammenhängende *Bottom-up*- und *Top-down*-Prozesse.

2.3 Traumatisierung als extreme Stressreaktion

von oben nach unten. Im Zweifel haben die mittlere und unteren Ebene das „Sagen".[134]

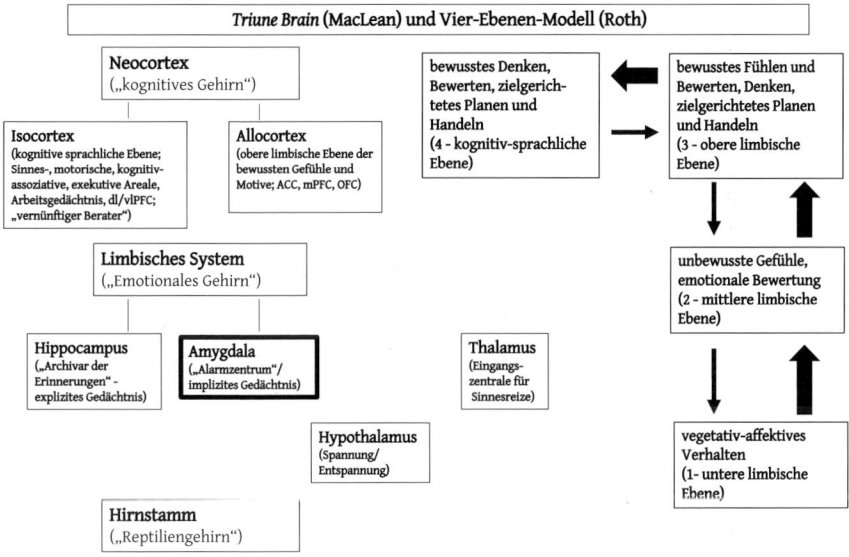

Graphik E/1 - *Triune Brain* und Vier-Ebenen-Modell

Treffen nun sensorische Reize von außen im Thalamus ein, werden sie von der Amygdala emotional bewertet und vom Hippocampus mit im Gedächtnis gespeicherten Vorerfahrungen verglichen. Werden die Reize als ungefährlich eingestuft, so können sie ungehindert in den Neocortex und damit ins Bewusstsein gelangen. Werden die sensorischen Reize jedoch von Amygdala und Hippocampus als gefährlich oder gar als eine Gefahr für das eigene Überleben eingestuft, übernimmt die Amygdala bildlich gesprochen das Kommando und die in Kapitel 2.3.2 beschriebenen Stressreaktionen werden in Gang gesetzt mit den geschilderten partiellen Funktionsausfällen von Thalamus, Hippocampus und neocorticalen Teilen. Dies ist in der folgenden Graphik schematisch dargestellt.

---

[134] ROTH/STRÜBER (2014): *Wie das Gehirn die Seele macht*, 64.

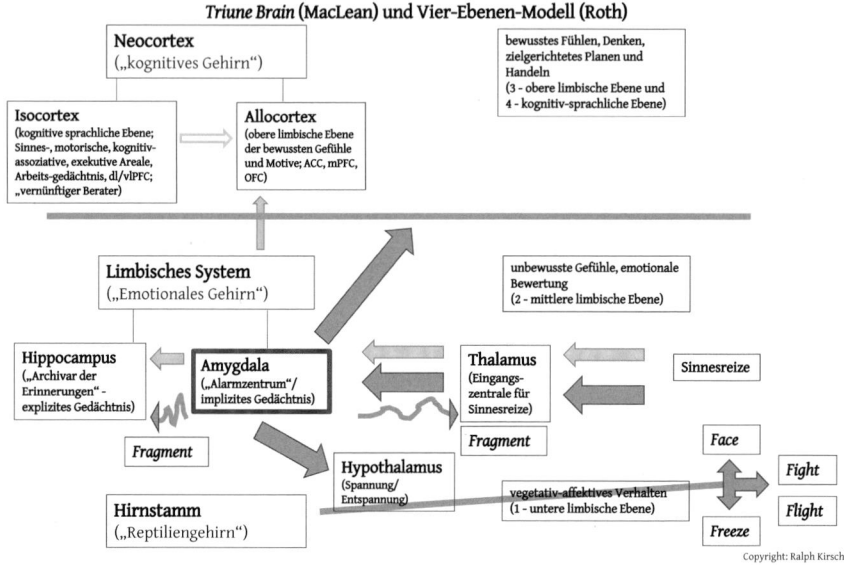

Graphik E/2 - *Triune Brain* und traumatische Situation

Den drei miteinander interagierenden Ebenen entsprechen drei unterschiedliche Weisen der Interaktion mit und Reaktion auf die Umwelt: „grundlegende instinktbasierte Handlungstendenzen und Gewohnheiten, die mit primitiven Aspekten des Überlebens zusammenhängen"; „affektives Wissen: subjektive Empfindungen und emotionale Reaktionen auf Ereignisse in der Umwelt"; „deklaratives Wissen ... propositionale Information über die Welt".[135] Bei der grundlegenden Aufgabe des Gehirns als Teil des Nervensystems, nämlich der Überlebenssicherung, kann eine Ebene gegenüber den anderen dominieren und innere wie äußere Reaktionen bestimmen, was dann zu den in Kapitel 2.3.2 beschriebenen Reaktionen führt.

---

[135] OGDEN et al. (2010): *Trauma und Körper*, 41–42.

2.3 Traumatisierung als extreme Stressreaktion

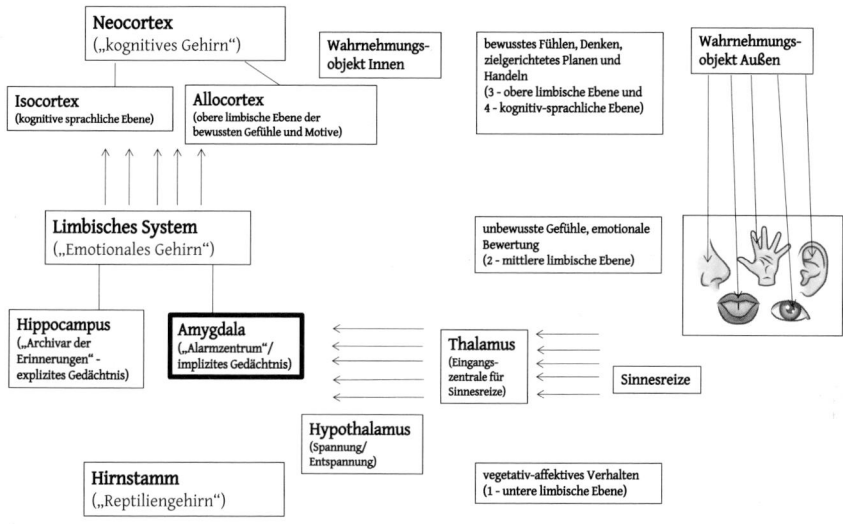

Graphik E/3 - *Triune Brain* und Verarbeitung von Sinnesreizen

Graphik E/3 zeigt die Art und Weise der Verarbeitung von sensorischen Reizen aus der inneren wie äußeren Umwelt. Die Reize aus den einzelnen Sinnesorganen durchlaufen einen hierarchisch organisierten und komplizierten Verarbeitungsprozess und werden erst in den sensorischen Arealen des Neocortex zu einer ganzheitlichen Wahrnehmungsgestalt zusammengebunden („Bindungsproblem" und „Synchronisation").[136] Der Mensch re-konstruiert mit Hilfe von Sinnesorganen und Gehirn die wahrgenommenen Phänomene aus seiner Umwelt. Es handelt sich also nicht um einen 1:1 Abbildungsprozess. Man könnte dies als die neurobiologische Begründung der philosophischen Erkenntnistheorie des (Re-)Konstruktivismus bezeichnen (s. Kapitel 1.3.2).

Die Einspeicherung von wichtigen Inhalten in die Gedächtnissysteme geschieht in Form neuronaler Netzwerke mittels „Bahnung". Solche Netzwerke sind ein Leben lang prinzipiell veränderbar. Man spricht von einer erfahrungs- und nutzungsabhängigen „neuronalen Plastizität".[137] Um diese in Form neuronaler Netzwerke in die Gedächtnissysteme des Körpers eingespeicherten Erinnerungen, man spricht auch von „Engrammen"[138], verändern zu können, müssen sie zuerst aktiviert werden. Danach befinden sie sich für einen bestimmten Zeitraum in ei-

---

[136] GRAWE (2004): *Neuropsychotherapie*, 62–69.
[137] GRAWE (2004): *Neuropsychotherapie*, 131–141. Das menschliche Gehirn ist somit ein Leben lang bis in seine neuronalen Strukturen hinein veränderbar. Es gilt die sog. „Hebbsche Regel": „Neurons that fire together wire together" und der Spruch: „Use it or loose it" (ebd.).
[138] RÜEGG (2009): *Traumagedächtnis*, 8. „Engramme sind durch physiologische Reize verursachte, dauerhafte strukturelle Veränderungen im Gehirn, also vereinfacht gesagt Gedächtnisspuren" (https://lexikon.stangl.eu/72/engramm/, aufgerufen am 04. 01. 2021).

nem Zustand *neuronaler Labilität*, sodass die Engramme entweder *verändert* (*dekonsolidiert*) oder *verstärkt* (*rekonsolidiert*) werden können.[139] Hierbei handelt es sich um einen allgemeinen Mechanismus der Gedächtnisbildung, jenseits von Trauma und Traumatisierung.[140]

Allerdings braucht es für nachhaltige Veränderungen im Gehirn und seinen neuronalen Netzwerken zum einen oft wiederholte, intensive und langanhaltende Einwirkungen oder innere Abläufe bzw. über einen längeren Zeitraum hinweg gemachte reale Lebenserfahrungen; zum anderen müssen diese für die betreffende Person eine emotionale Bedeutung haben.[141] Dies alles gilt z.B. in besonderer Weise für (langanhaltende und schwere) traumatische Erfahrungen. Darüber hinaus können einzelne Bereiche des Gehirns in ihrer Anatomie und Funktionsweise verändert werden, z.B. eine vergrößerte und in ihrer Funktion hochsensibel eingestellte Amygdala bei vielen schwer traumatisierten Menschen oder eine gehirnhemisphärische Dominanz.[142] Andererseits bedeuten Neuroplastizität und Labilität auch, dass neuronale Traumanetzwerke bzw. Resonanzmuster (zu dem Begriff s.u.) verändert werden *können*, was eine wichtige Basis für die *Behandlung* von Traumafolgen darstellt.

An dieser Stelle möchte ich mit Siegel noch einmal einen möglicherweise zu engen (neuro)biologischen Blick auf das Gehirn ganzheitlich erweitern, im Sinne eines komplexen Systems. Für Siegel findet „die Aktivität dessen, was wir »Gehirn« nennen, nicht nur im Kopf statt", sondern im ganzen Körper (so auch Zanotta[143]). Siegel meint, wenn er von „Gehirn" spricht, „die ganze wunderbare Komplexität des Körpers, der eng mit seiner chemischen Umgebung sowie dem Anteil neuronalen Gewebes im Kopf vernetzt ist. Dies ist das Gehirn, das den Geist sowohl formt wie von diesem geformt wird [...] Wenn wir das Gehirn als verkörpertes System betrachten, das über den Schädel hinausgeht, können wir einen Sinn im ineinanderfließenden Austausch zwischen Gehirn, Geist und zwischenmenschlichen Beziehungen erkennen. Wir können zudem das Potenzial der Neuroplastizität dazu heranziehen, geschädigte Verbindungen zu reparieren und neue, befriedigendere Muster im Alltag zu schaffen."[144]

---

[139] HENSEL (2018): *Spezielle Psychotraumatherapie*, 29: „Grundlage dieser Veränderungsmöglichkeit ist die Entdeckung, dass eine Erinnerung durch ihre Aktivierung im Bewusstsein biochemisch labil und damit *veränderungsoffen* wird. Aktuell wird davon ausgegangen, dass es ein Zeitfenster von 4-5 Stunden gibt, in dem nach der emotionalen Aktualisierung einer Erinnerung neue Erfahrungselemente hinzugefügt werden können."

[140] MONYER/GESSMANN (2017): *Das geniale Gedächtnis*, 36–38.

[141] GRAWE (2004): *Neuropsychotherapie*, 141.

[142] RÜEGG (2007): *Gehirn, Psyche und Körper*, 152–156.

[143] ZANOTTA (2018): *Wieder ganz werden*, 55–58. In den „menschlichen Kardio- und Entero-Systemen" haben „Neurowissenschaftler [...] komplexe neuronale Netzwerke" entdeckt, „die von ihrer Funktion her als »Gehirne« bezeichnet werden". Es gibt also neben dem „Kopf-Gehirn" noch ein „Herz-Gehirn" und ein „Bauch-Gehirn", die untereinander u.a. über den Vagus-Nerv eng verbunden sind (ebd., 84–85).

[144] SIEGEL (2012): *Mindsight*, 81–83.

2.3 Traumatisierung als extreme Stressreaktion

Wenigstens erwähnen möchte ich abschließend zu dieser ganzheitlichen Sicht auf das Gehirn als ein in das Gesamtsystem Lebewesen eingebundenes Organ zum einen die „phänomenologisch-ökologische Konzeption" des Gehirns als eines „Beziehungsorgans" von Thomas Fuchs[145], die ich an anderer Stelle ausführlich gewürdigt habe[146]. Von diesem Modell inspiriert spreche ich auch statt von im Zusammenspiel von „Gehirn, Organismus und Umwelt" entstandenen, geformten, geprägten „neuronalen Netzwerken" lieber von „neuronalen Resonanzmustern" als in den Körper (inkl. Gehirn) eingeschriebene (Lebens-)Erfahrungen.[147] Von diesen ganzheitlichen neurobiologischen Ansätzen lässt sich dann sehr gut eine Brücke zum biblischen Menschenbild schlagen, für das der Mensch ebenfalls eine Einheit aus Körper, Seele und Geist darstellt.[148]

Zum anderen bezieht der Arzt und Psychoanalytiker Klaus Madert in sein Modell einer Verbindung von Spiritualität und Trauma Sichtweisen und Modelle aus der Quantenphysik ein. Diese erlaubt ebenfalls keinen (neurobiologischen) Reduktionismus von Wirklichkeit mehr. Wichtige Stichworte sind hier: „Quantenphysik als Beziehungsphysik" und eine „immaterielle Grundstruktur der Wirklichkeit", die sich in „Potenzialiät" offenbart. Dies ermöglicht u.a., dass „auch die eigene Biografie im Laufe der Entwicklung neu bewertet und teilweise verändert werden" kann. Und über das spiegelneuronale Resonanzsystem (s.u.) vermittelt kann es zu einem „empathische[n] Einschwingen zwischen zwei Menschen" im Sinne einer „empathischen Verschränkung [...] mit gegenseitigem Informationsaustausch und kreativem Potenzial" kommen. Solche „empathischen Verschränkungen" könnten auch eine weitere Erklärung dafür sein, warum Beziehung und Bindung der wichtigste Wirkfaktor in der *Psycho-Sozialen Begleitung* sind (s. Kapitel 1.3.4) und warum es in System- bzw. Struktur-Aufstellungen zu höchst erstaunlichen Dynamiken und Prozessen kommen kann (s. Kapitel 6.2.3, b).[149]

Eine wichtige Ergänzung zum Modell des *Triune Brain* ist die *Polyvagaltheorie* von Stephen Porges. Derzufolge kann man das Autonome Nervensystem als Teil des Peripheren Nervensystems (Gehirn und Wirbelsäule bilden das Zentrale Nervensystem) in drei (statt bisher zwei) entwicklungsgeschichtlich unterschiedlich alte physiologische Reaktions- und Zustandssysteme differenzieren. Bei allen drei Systemen spielt der X. Hirnnerv (der Vagusnerv) eine wichtige Rolle. Dieser im Hirnstamm entspringende Nerv zieht sich vom Gehirn über Herz und Lunge (ventraler Vagus) bis hinunter in die Zwerchfell-, Magen- und Darmbereiche (dorsaler

---

[145] FUCHS (2017): *Das Gehirn - ein Beziehungsorgan*.
[146] KIRSCHT (2014): *Der Emmaus-Weg*, 183–194.
[147] FUCHS (2017): *Das Gehirn*, 178–179, spricht von „Resonanz" zwischen Gehirn und Umwelt. S.a. SCHEUERLE (2016): *Das Gehirn ist nicht einsam*. Zu meinem Begriff „Resonanzmuster" s. ausführlich KIRSCHT (2014): *Der Emmaus-Weg*, 176–194.
[148] SCHROER/STAUBLI (1998): *Die Körpersymbolik der Bibel*.
[149] MADERT (2012): *Trauma und Spiritualität*, Zitate: 98, 111 und 113.

Vagus) und innerviert sie. Das bedeutet, dass er die entscheidende Verbindung zwischen dem Gehirn im Kopf und den inneren Organen darstellt (s.o.).

Die drei Teile des Autonomen Nervensystems sind[150]:

1. Das *myelinisierte oder ventrale Vagussystem* (als ein Teil des Parasympathikus): Dieses System, auch „Soziales Kontaktsystem" (im englischen Original: „social engagement system", s. FN 110 zu *Face*) genannt[151], aktiviert im Gefahrenfall die oben beschriebene soziale Orientierungsreaktion, das *Face*. Dieses System ist auch aktiviert, wenn die *Neurozeption* (s.u.) Sicherheit signalisiert. In diesem Fall ist das sympathische Nervensystem nicht für *Fight* oder *Flight* aktiviert und das dorsale Vagussystem (s. 3.) erzeugt ein angenehmes und beruhigendes Bauchgefühl (die „Vagusbremse"). Der Mensch ist kontakt- und spielfreudig.[152]

2. Das *Sympathische Nervensystem*: Dieses System wird aktiviert, wenn die Neurozeption Gefahr signalisiert und diese nicht durch soziale Unterstützung (*Face*) abgewendet werden kann. Es geht dann um eine Aktivierung des Nervensystems für *Fight* oder *Flight*.

3. Das *nicht-myelinisierte oder dorsale Vagussystem* (als zweiter Teil des Parasympathikus): Dieses System bewirkt die Immobilisation, das *Freeze*, für den Fall, dass weder *Face* noch *Fight* oder *Flight* möglich sind. Es hat also zwei funktionelle Seiten („Vagus-Paradox"): Die unter 1. beschriebene viszerale Beruhigung bei äußerer Sicherheit und Aktivierung des ventralen Vagussystems, aber auch die physiologische Bremse bis hin zu Erstarrung und kompletter Immobilität. Als ältestes und primitivstes der drei Systeme kann es die beiden anderen Systeme vollständig blockieren.

---

[150] Ausführungen formuliert in Anlehnung an LEVINE (2013): *Sprache ohne Worte*, 130–138; ZANOTTA (2018): *Wieder ganz werden*, 55–69; VAN DER KOLK (2018): *Verkörperter Schrecken*, 91–104.

[151] PORGES (2019): *Die Polyvagal-Theorie*, 47.

[152] ZANOTTA (2018): *Wieder ganz werden*, 60. „Hat ein Mensch Zugang zu seinen Fähigkeiten für soziale Kontakte, ist das an seiner Mimik, speziell an den Lachfältchen der Augenpartie, und an der angenehmen Prosodie seiner Stimme erkennbar. Die sozialen Signale, die dabei ausgesendet werden, laden zum Näherkommen und Interagieren oder gar Spielen ein und zeigen an, dass es nicht gefährlich ist, sich mit dem Artgenossen einzulassen."

2.3 Traumatisierung als extreme Stressreaktion

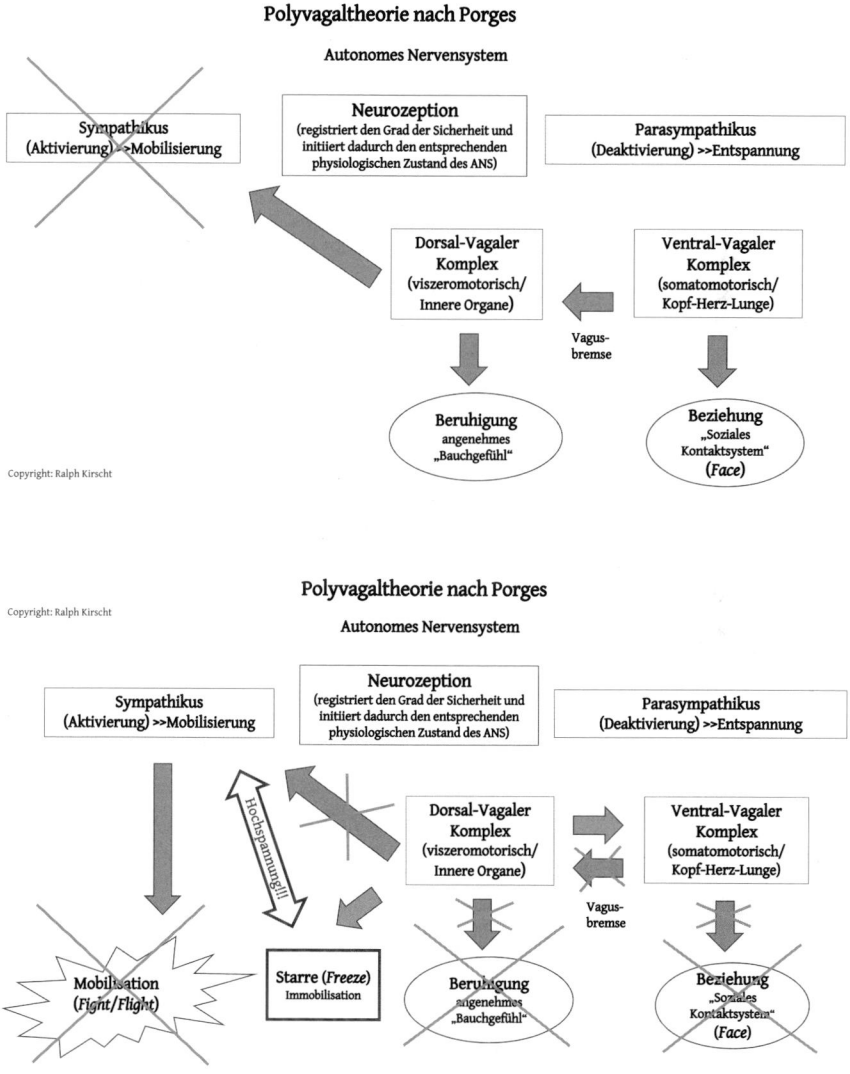

Graphik F - Die Polyvagaltheorie

Mit Hilfe der oben erwähnten *Neurozeption* scannt der menschliche Organismus (unbewusst) permanent seine innere Welt wie seine äußere Umwelt auf ihren Sicherheits- oder Bedrohungsgrad hin, um jederzeit binnen Millisekunden ggf. mit *Face, Fight* oder *Flight* oder *Freeze* und *Fragment* reagieren und das eigene Überleben sichern zu können (s. Graphik F). Diese „physiologischen Schaltkreise oder Zustände werden nicht durch einen Willensakt" ausgewählt.[153] Bei der in Kapitel 2.3.2 beschriebenen chronifizierten Stressreaktion ist die Neurozeption sehr hoch und

---

[153] PORGES (2019): *Die Polyvagal-Theorie*, 74.

überfein eingestellt, was zu den beschriebenen habituellen Reaktionen von *Hyper-* bzw. *Hypo-Arousal* führt. Innere wie äußere Welt werden als permanent bedrohlich wahrgenommen, oft, ohne dass es dem Betroffenen selbst bewusst ist. Körperliche Beschwerden werden dann häufig nicht ursächlich als Folgen der Traumatisierung (s.o. Kapitel 2.3.2) erkannt und wahrgenommen, was deren effektive Behandlung verhindern kann.[154] Van der Kolk hat die Bedeutung der Polyvagaltheorie für das Verständnis psychischer Traumata, ihrer Folgen und deren Behandlung wie folgt beschrieben[155]:

> Die Polyvagaltheorie ermöglicht uns ein differenzierteres Verständnis der biologischen Implikationen von Gefühlen der Sicherheit und Gefährdung, das auf dem subtilen Zusammenwirken der viszeralen Empfindungen unseres eigenen Körpers mit den Stimmen und Gesichtern der Menschen in unserer Umgebung Rechnung trägt […] ein freundliches Gesicht oder eine beruhigend klingende Stimme [können] sich stark auf unsere Gefühle auswirken [*ebenso natürlich auch das Gegenteil, Anmerkung RK*] […] Die Polyvagaltheorie hat uns auch zu verstehen gegeben, warum uns eine fokussierte Form des Einklangs mit einem anderen Menschen aus desorganisierten und von Furcht geprägten Zuständen befreien kann […] [*Es gilt*] in den Mittelpunkt unserer Bemühungen, Traumata zu verstehen, die sozialen Beziehungen zu stellen […]

Prägnant formuliert: Im Wissen um die drei biologisch verankerten Reaktionsweisen auf Sicherheit bzw. Bedrohung gilt es im professionellen Umgang mit traumatisierten Menschen, das „Soziale Kontaktsystem" zu aktivieren und zu nutzen. Und zwar durch die Art und Weise, wie wir als TherapeutInnen, PädagogInnen oder SeelsorgerInnen die professionelle Beziehung gestalten und welche Methoden wir verwenden (zu Trauma und Bindung s. Kapitel 2.3.4 und 2.4.1). Das Ziel ist dabei, die körperlichen Erregungszustände eines chronifizierten *Fight-/Flight*-Modus oder kompletten Abgeschaltet-Seins in der Immobilität (*Freeze/Fragment*-Modus und Dissoziation) zu entkoppeln und bestenfalls aufzulösen. Mehr dazu in Kapitel 2.4.1.

Die im vorangehenden Exkurs beschriebenen neurobiologischen Vorgänge lassen nun die zweite Komponente des *Stress-Informations-System-Modells*, die gestörte Informationsverarbeitung, besser verstehen. Bei einem Trauma bzw. einer Traumatisierung werden – wie oben beschrieben – aufgrund des partiellen Ausfalls cortikaler Funktionen sowie von Thalamus und Hippocampus die sensorischen Informationen unvollständig wahrgenommen und eingespeichert. Dies führt dazu, dass keine vollständige Narration (mit einem Anfang, einem Mittelteil und einem Ende) der gesamten Ereignisse entstehen kann. Man kann hier von einer (fragmentierten) *Trauma-Narration* sprechen. Zusammen mit dem auf der somatischen Ebene fortdauernden hohen physiologischen Erregungszustand, dem *Arousal*, wird im

---

[154] ZANOTTA (2018): *Wieder ganz werden*, 68. Das kann bei permanentem *Hyper-Arousal* als Reaktionsmuster zu Beschwerden am Bewegungsapparat führen. Und bei permanentem *Hypo-Arousal* „klagen [*Betroffene*] über unerklärliche Müdigkeit und Verdauungsprobleme, über Erschöpfung, depressive Zustände, Gleichgültigkeit oder Taubheitsempfinden" (ebd.).
[155] VAN DER KOLK (2018): *Verkörperter Schrecken*, 95-96.

2.3 Traumatisierung als extreme Stressreaktion

Körpergedächtnis die „Falschinformation (= unverarbeitete Erinnerungsfragmente und dysfunktionale Kognitionen hinsichtlich einer andauernden Bedrohungssituation)" abgespeichert, dass die traumatische Situation fortbesteht. Hierbei spielt die physiologische Tatsache eine wichtige Rolle, dass „[s]tarke Stressreaktionen begünstigen, dass sich Traumaerinnerungen in das Gedächtnis einprägen", je länger sie nach dem Ereignis andauern, desto stärker werden diese Erinnerungen im Langzeitgedächtnis „konsolidiert" (s.o. zur neuronalen Plastizität und Labilität).[156] Diese trauma-assoziierten „impliziten Erinnerungen"[157] bzw. „subjektiv bedeutsamen Stressoren"[158] – im Sinne des AIP-Modells im EMDR kann man sie auch „pathogene Erinnerungen" nennen (s. Kapitel 6.2.3, b)[159] – sind jederzeit triggerbar und werden dadurch wieder rekonsolidiert (s.o.). Das Ganze erklärt auch, warum diese impliziten Erinnerungen und verzerrten Informationen so schwer veränderbar erscheinen. In Anhang A.2 findet sich eine sehr gute Zusammenfassung des „Informationsverarbeitungsmodells" von Martin Sack. Die folgende Graphik zeigt anschaulich ein *Eisberg-Modell der unterschiedlichen Erinnerungs- und Gedächtnisformen.*

---

[156] SACK (2010): *Schonende Traumatherapie*, 30. MADERT (2007): *Trauma und Spiritualität*, 137, spricht von „Informationstrauma".

[157] SACK (2010): *Schonende Traumatherapie*, 27, unterscheidet zwischen „impliziten" (= unbewussten) und „expliziten Erinnerungen" (= bewussten). Analog dazu gibt es bei den menschlichen Gedächtnissystemen ein implizites und ein explizites Gedächtnis (ausführlich hierzu: LEVINE [2016]: *Trauma und Gedächtnis*, bes. 43–89). Speziell im Zusammenhang mit Traumatisierungen spricht man auch vom „hot system of memory under stress" und vom „cool system of memory under stress" (Huber [2007]: *Trauma und die Folgen*, 44). Bei Grawe findet sich die daraus abgeleitete Unterscheidung von „impliziter und expliziter Funktionsmodus" (Grawe [2004]: *Neuropsychotherapie*, 123–125).

[158] HENSEL (2018): *Spezielle Psychotraumatherapie*, 19.

[159] HOFMANN (Hrsg.) (2014): *EMDR*, 37.

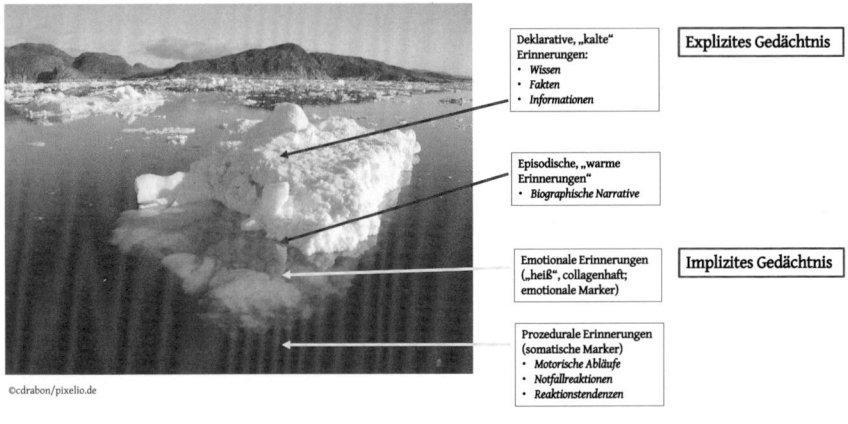

Formuliert in Anlehnung an Roth/Ryba, Coaching, 171. Copyright: Ralph Kirscht

Graphik G - Das Eisberg-Modell

Fortan leben traumatisierte Menschen in der in Kapitel 2.2 beschriebenen „dualen Realität" (van der Kolk). Dies beschreibt auch der Begriff der *Dissoziation*. Nach van der Kolk ist sie

> die Essenz des Traumas. Das überwältigende Erlebnis wird abgespalten und aufgeteilt, so daß die Emotionen, Geräusche, Bilder, Gedanken und physischen Empfindungen, die mit dem Trauma verbunden sind, ein Eigenleben zu führen beginnen. Die sensorischen Erinnerungsfragmente dringen in die Gegenwart ein und werden buchstäblich wiedererlebt. So lange das Trauma noch nicht aufgelöst ist, bleiben die Streßhormone, die der Körper zu seinem Schutz produziert aktiv, und die defensiven Augenblicke und emotionalen Reaktionen der ursprünglichen traumatischen Situation wiederholen sich unablässig.[160]

2.3.4 Trauma und System

In den vorangehenden Kapitel stand eine eher „*individuumzentrierte*[...] Sicht" auf ein Trauma und seine Folgen im Mittelpunkt. Doch: Niemand wird für sich alleine traumatisiert, Trauma passiert immer in irgendeinem Systemzusammenhang, z.B. in der Familie, in Beziehungen, und es hat Folgen für mein Verhältnis zu meiner sozialen Umwelt. Deshalb gilt es, eine „systemische Sicht" als weiteren Fokus hinzuzunehmen, die dritte Komponente des *Stress-Informations-System-Modells*. Das macht

---

[160] VAN DER KOLK (2018): *Verkörperter Schrecken*, 82–83. MADERT (2007): *Trauma und Spiritualität*, 7, formuliert prägnant: „Trauma ist im [chronischen] Schock", nicht im Ereignis" und „Trauma ist im Nervensystem, nicht im Ereignis". Unter https://emmaus-institut.de/trauma/ findet sich zur Veranschaulichung eine Liste mit „wesentliche[n] Aspekten dissoziativen Erlebens" nach JEGODTKA/LUITJENS (2016): *Systemische Traumapädagogik*, 92-93.

2.3 Traumatisierung als extreme Stressreaktion

zweifach Sinn: Zum einen geschieht Trauma und Traumatisierung – wie oben bereits gesagt - in Systemen, d.h. man fragt dann z.B. nach Einflussfaktoren für die Aufrechterhaltung der Traumafolgen. Und es sind Systeme von den Traumafolgen oft mitbetroffen, z.B. Eltern, deren Kind ein Opfer außerhäuslicher Gewalt wurde. Zum anderen können in den sozialen Systemen eines traumatisierten Menschen wertvolle materielle wie menschlich-soziale Ressourcen liegen insbesondere natürlich menschliche Beziehungen und Bindungen (wie bereits mehrfach erwähnt zugleich der wichtigste Wirkfaktor in *Psycho-Sozialen Begleitungen*).

Eine sehr wichtige neuronale Grundlage für die grundlegende Beziehungs- und Bindungsfähigkeit des Menschen bildet das *spiegelneuronale Resonanzsystem*. Es kann davon ausgegangen werden, dass seine Funktionen verbunden sind mit dem Autonomen Nervensystem (s. Kapitel 2.4.2). Andere Menschen lösen durch verschiedene Aspekte ihres Verhaltens, sofern es absichtsvoll ist, in mir neuronale Reaktionen aus, bildlich gesprochen wie Resonanzen zwischen (mit)schwingenden Saiten zweier Musikinstrumente.[161] Allein durch das visuelle oder akustische Wahrnehmen (aber auch bei den anderen Sinneskanälen) werden bei mir nahezu die gleichen neuronalen Netzwerke aktiviert wie bei dem Menschen, der das von mir wahrgenommene Verhalten tatsächlich ausführt. Bei Menschen aus meinem sozialen Nahbereich kommt es sogar zu stabilen neuronalen Netzwerken, in denen diese Person in mir wie fest installiert ist. Menschen in langjährigen, innigen Partnerschaften wissen, wovon hier die Rede ist.[162] „Unsere Spiegelneuronen registrieren, was in anderen Menschen vor sich geht, und unser eigener Körper paßt sich innerlich an das an, was wir bei anderen bemerken. Ebenso signalisieren die Muskeln unseres eigenen Gesichts anderen, wie ruhig oder begeistert wir uns fühlen, ob unser Herz rast oder ruhig ist und ob wir kurz davor sind, sie anzugreifen oder davonzulaufen."[163]

In traumatischen Stresssituationen kann es zu einer massiven Beeinträchtigung des Spiegelneuronensystems kommen. Man fühlt sich wie abgeschnitten von anderen Menschen, die bisherigen intuitiven, über die spiegelneuronalen Resonanzphänomene vermittelten Vorhersagen über das Verhalten anderer Menschen werden erschwert. Das kann zu großer Verunsicherung und Ängsten führen. Und: „[...] Traumatisierte [werden] fast immer nicht gesehen, nicht gespiegelt und ganz generell übergangen [...] Eine Traumabehandlung muß die Fähigkeit zu gefahrlosem Spiegeln und Gespiegeltwerden wiederherstellen, aber auch die Fähigkeit, der Versuchung zu widerstehen, sich von den negativen Emotionen anderer Menschen »kapern« zu lassen".[164]

Beziehungen geben somit Sicherheit, sie lassen Angst und innere Unruhe sich beruhigen, geben Sinn und Lebensfreude etc. Und für eine Heilung seelischer Belastungen ist die Kategorie menschliche Beziehung/Bindung der wichtigste Faktor,

---

[161] Das spiegelneuronale Resonanzsystem reagiert nur auf absichtsvolle Handlungen anderer, vgl. SIEGEL (2012): *Mindsight*, 105.
[162] Ausführlich bei: BAUER (2016): *Warum ich fühle, was du fühlst;* KEYSERS (2011): *Unser empathisches Gehirn.*
[163] VAN DER KOLK (2018): *Verkörperter Schrecken,* 96.
[164] VAN DER KOLK (2018): *Verkörperter Schrecken,* 75.

so zeigen die Ergebnisse der Psychotherapieforschung.[165] Im Umkehrschluss kann man erahnen, was es (nicht nur spiegelneuronal) bedeutet, in Beziehungen traumatisiert zu werden, vielleicht sogar noch von primären Bindungspersonen und warum die *man-made* Traumata oftmals schwerwiegendere Folgen haben können als Unfälle oder Naturkatastrophen.[166]

Zu dem bisher Gesagten passen aktuelle Forschungsergebnisse aus der *Epigenetik*. Sie zeigen ein Zusammenspiel von Genen, Umwelt und Erfahrungen (der alte Anlage-Umwelt-Streit). Nach Gerhard Roth wirken drei Faktoren in einer Gen-Erfahrungs-Umwelt-Interaktion zusammen:

1. Unterschiedliche *Genotypen* als Vorbelastungsfaktor
2. Frühe (Umwelt-)*Erfahrungen* (vorgeburtlich und frühkindlich) verändern die Epigenetik, d.h. die Genexpression und legen darüber fest, wie die daran angeschlossenen neuromodulatorischen und anderen Regulationssysteme (die „sechs psychoneuronalen Grundsysteme" nach Roth[167]) funktionieren
3. Spätere *Umweltereignisse* kommen hinzu (bei PTBS ursächlich)

Das Ganze funktioniert auch über einen „transgenerationalen Transfer" mittels (a) „direkte[r] genetischer Vererbung von Anfälligkeitsfaktoren" und (b) „durch die Auswirkungen elterlichen Verhaltens auf das Gehirn des Kindes". Das bedeutet, dass „bestimmte Kinder aufgrund ihres Temperamentes oder ihrer genetischen Ausstattung für die Auswirkungen von positiven wie negativen Umwelteinflüssen empfindlicher sind als andere. Diese Kinder können mehr als andere von einer positiven Umwelt profitieren, werden aber auch öfter von schwierigen frühen Lebensbedingungen negativ beeinflusst." Nach Roth entscheiden genetische Varianten in Auseinandersetzung mit der Umwelt also mit darüber, wie sich das kindliche Gehirn im Allgemeinen und die unterschiedlichen „psychoneuronalen Grundsysteme" im Besonderen entwickeln und ausprägen und damit auch über die Anfälligkeit oder Widerstandskraft (Resilienz) gegenüber frühkindlichem Stress und wie man später als Erwachsener auf innere wie äußere Stressoren reagiert.[168]

Der oben genannte „transgenerationale Transfer" passiert auch bei der *transgenerationalen Weitergabe von Traumatisierungen* der Eltern auf deren Kinder bzw. dann weiter auf deren Kinder (die Enkelgeneration). In besonderer Weise wurde man auf dieses Phänomen im Rahmen der Holocaust-Forschung aufmerksam. Es ist aber natürlich bei allen Formen traumatisierender „Verfolgungs-, Gewalt und Vernichtungserfahrungen, den Verlust von Angehörigen, Besitz oder des sozialen und kul-

---

[165] KIRSCHT (2014): *Der Emmaus-Weg*, 260–263.
[166] MAERCKER (2013): *Symptomatik, Klassifikation und Epidemiologie*, in: MAERCKER (Hrsg.): *Posttraumatische Belastungsstörungen*, 13–34, 15.
[167] ROTH/STRÜBER (2014): *Wie das Gehirn die Seele macht*, 144–152. Es sind dies das „Stressverarbeitungssystem", das „interne Beruhigungssystem", das „interne Bewertungs- und Belohnungssystem", das „Impulshemmungssystem", das „Bindungssystem" und das „System des Realitätssinns und der Risikobewertung".
[168] Ausführlich beschrieben bei ROTH/STRÜBER (2014): *Wie das Gehirn die Seele macht*, 92–94 und 95–152 sowie 153–159, 256–259, 267 und 273 (die einzelnen Zitate finden sich auf diese Stellen verteilt).

2.3 Traumatisierung als extreme Stressreaktion

turellen Umfelds" möglich und zu finden. Wenn Menschen diese Erfahrungen nicht verarbeiten und in die eigenen Lebensgeschichten integrieren können, beeinflusst das den „Umgang mit den eigenen Kindern". Hier spricht man von „sekundärer Traumatisierung". Verarbeiten diese Kinder diese Erfahrungen erneut nicht und geben sie dann wiederum weiter an ihre Kinder, spricht man von „transgenerationaler Weitergabe i.e.S.". „Auf diese Weise können die traumatisierenden Erfahrungen u.a. Auswirkungen auf die Träume und Phantasien, das Selbstbild, das emotionale Erleben und unbewusste Agieren mehrerer Generationen von Nachkommen haben."[169] Solche Weitergaben können sich auch auf innerfamiliäre Konflikte beziehen und müssen nicht nur mit Krieg, Flucht etc. zu tun haben.

Als Erklärungsmodelle für diesen Transfer werden neben biologisch-epigenetischen Modellen, psychoanalytische, sozialisationstheoretische sowie systemisch-familienkommunikationstheoretische Modelle herangezogen und sinnvollerweise zu einer „integrativen ‚Transmissionstheorie'" miteinander verbunden.[170] M.a.W. erfolgt eine mögliche transgenerationale Weitergabe traumatischer Erfahrungen auf biologischem Weg über die genetisch-epigenetische Weitergabe, auf psychologisch-pädagogischem Weg über familiäre Bindungs- und Kommunikationsmuster, unbewusste Identifikationsprozesse und mehr oder weniger bewusste Sozialisationsprozesse.[171] Wie bei allen Formen psychischer Traumatisierungen ist es auch hier wichtig, sich den eigenen „Ängsten und deren Ursachen zu stellen, damit das Trauma nicht in die nächste Generation weitergetragen wird". Im besten Fall kann man die „verborgene Geschichte [...] rekonstruieren" und sie auch hier wieder einem *Damals* sowie den zu diesem Damals dazugehörenden Personen zuordnen und die Last fremder Erfahrungen im *Heute* ablegen, um ein eigenes und selbstbestimmtes Leben führen zu können und eine erneute Weitergabe an die nächste Generation zu unterbrechen.[172]

Menschliche Bindungen und Beziehungen sind somit von Geburt an (und noch davor) von zentraler Bedeutung für das (Über-)Leben von uns Menschen.[173] Dies

---

[169] DEUTSCHER BUNDESTAG (2017): *Sachstand*, 4–5.
[170] DEUTSCHER BUNDESTAG (2017): *Sachstand*, 4–5.
[171] DEUTSCHER BUNDESTAG (2017): *Sachstand*, 5–8. Zur weiteren Vertiefung: NAZARKIEWICZ/BOURQUIN (2018): *Einflüsse der Welt*, varia; QUINDEAU/RAUWALD (2016): *Transgenerationale Weitergabe von Traumatisierungen*, in: WEISS et al. (Hrsg.) (2016): *Handbuch*, 385–393; DREXLER (2017): *Ererbte Wunden heilen*, zu Erklärungsmodellen und Phänomenologie s. 16–30; REDDEMANN (2018): *Kriegskinder und Kriegsenkel*.
[172] EISENSTECKEN (2012): *Transgenerationale Weitergabe*, 7–8. Die systemische Beratung und Therapie bietet hier zahlreiche methodische Zugänge, wie z.B. die Arbeit mit Genogrammen und Aufstellungen.
[173] HÜTHER (2018): *Was wir sind*, 44: „All jene Bereiche und Regionen, in denen sich das menschliche Gehirn von dem unserer nächsten tierischen Verwandten am stärksten unterscheidet und von denen all jene Funktionen gesteuert werden, die wir als spezifisch menschliche Leistungen betrachten, werden erst nach der Geburt durch eigene Erfahrungen endgültig herausgeformt. Die wichtigsten Erfahrungen, die einen heranwachsenden Menschen prägen und die in Form komplexer neuronaler Verknüpfungen und synaptischer Verschaltungen in seinem Gehirn verankert werden, sind solche, die in lebendigen Beziehungen mit

steht in einem untrennbaren Zusammenhang mit der in diesem Buch vertretenen anthropologischen Grundkategorie der Verwundbarkeit (Vulnerabilität) des Menschen (s. Kapitel 1.2) und einem dadurch bedingten Angewiesen-Sein auf andere Menschen und soziale Bindungen und Beziehungen. Eines der psychoneuronalen Grundsysteme nach Roth ist das Bindungssystem, dessen Ziel darin besteht „Schutz und Fürsorge" zu erreichen und Bindungsverhalten auszulösen (s.o. im Exkurs das „Soziale Kontaktsystem" nach Porges). Es ist bei Kindern noch sehr stark aktiv und zeigt sich bei Erwachsenen später dann vor allem bei „starker Belastung[...], Krankheit oder Angst".[174] Die Art und Weise der Bindung zu den primären Bezugspersonen in der Kindheit (von sicher-gebunden über unsicher-vermeidend/-ambivalent bis hin zu desorientiert/desorganisiert gebunden) spiegelt sich in der Art und Weise des Bindungs- und Beziehungsverhaltens des Erwachsenen (von sicher-autonom über unsicher-distanziert/-verwickelt bis hin zu ungelöst-desorganisiert).[175] Man kann erahnen, was es für Kinder (und Jugendliche) bedeutet, in ihren primären Bindungsbeziehungen traumatisiert zu werden. Aber auch im Erwachsenenalter kann ein *man-made* Trauma schwere Auswirkungen auf das Bindungserleben und -verhalten eines Menschen haben (z.B. nach einer Vergewaltigung).[176] Hierzu passt, dass der wichtigste Wirkfaktor in Psychotherapie (wie in *Psycho-Sozialer Begleitung* insgesamt) inner- und außertherapeutische Beziehungen sind (s. Kapitel 1.3.4 und 6.2.2).[177] In Anhang A.1 findet sich eine kurze Übersicht über Bindungsstile in der Kindheit und das Bindungsverhalten als Erwachsene.

Abschließend noch etwas zum Thema *Trauma und Gender* (Gender nicht als Bezeichnung für das biologische, sondern für das soziale Geschlecht). Dieses in den letzten Jahren verstärkt in den wissenschaftlichen Fokus genommene Thema kann im Rahmen des vorliegenden Buches aus Platzgründen leider nicht vertiefend behandelt werden. Es sei jedoch zumindest auf einige Veröffentlichungen verwiesen, u.a. von Silke Gahleitner.[178] An dieser Stelle kann mit Gahleitner nur das Folgende, auch schon sehr Erhellende, gesagt werden:

---

anderen Menschen gemacht werden. In all jenen Bereichen, in denen es sich von tierischen Gehirnen unterscheidet, wird das menschliche Gehirn durch Beziehungserfahrungen mit anderen Menschen geformt und strukturiert. Unser Gehirn ist also ein soziales Produkt und als solches für die Gestaltung von sozialen Beziehungen optimiert. Es ist ein Sozialorgan." Thomas Fuchs spricht auch vom Gehirn als „Beziehungsorgan" (FUCHS [2017]: *Das Gehirn – ein Beziehungsorgan*) und der „Relationalität" als menschlicher Grundkategorie (ebd., 300).

[174] ROTH/STRÜBER (2014): *Wie das Gehirn die Seele macht*, 167–168.
[175] ROTH/STRÜBER (2014): *Wie das Gehirn die Seele macht*, 167–177. S.a. BECKRATH-WILKING et al. (2013): *Traumafachberatung*, 94–104, und LAMMEL et al. (Hrsg.) (2015): *Klinisch-therapeutische Soziale Arbeit*, 45–62.
[176] S. hierzu: BECKRATH-WILKING et al. (2013): *Traumafachberatung*, 94–104, und SCHWERWATH/FRIEDRICH (2012): *Soziale und pädagogische Arbeit*, 36–39.
[177] KIRSCHT (2014): *Der Emmaus-Weg*, 262–263. Zu den anderen Wirkfaktoren s. Kapitel 1.2.2, d) und GRAWE (2005): *Empirisch validierte Wirkfaktoren*, 311.
[178] GAHLEITNER, Silke B./GUNDERSON, Connie Lee (Hrsg.) (2008): *Frauen Trauma Sucht. Neue Forschungsergebnisse und Praxiserfahrungen*, Asanger Verlag: Kröning; dies. (2009): *Gender Trauma*

2.3 Traumatisierung als extreme Stressreaktion

> „Die Grundreaktion auf ein in der Kindheit erlebtes Trauma ist erst einmal universell [...] Kleine Mädchen und Jungen reagieren ähnlich. Bald nach dem Geschehen verdrängen und verleugnen sie, was ihnen passiert ist." Später aber, wenn sich die geschlechtliche Identität stärker ausbildet, zeigt sich die Verschiedenheit. Die Jungen seien dann eher extrovertiert, die Mädchen nach innen gewandt. In der Jugendphase verstärke sich dieses Verhalten extrem. „Die Jungen erzählen oft von irgendwelchen Täterfantasien, von aggressiven Bedürfnissen oder ausgelebter Aggression." Die Mädchen hingegen fühlen sich Gahleitner zufolge völlig gelähmt, als handlungsunfähige Opfer. Neu an Gahleitners Studie ist nun, dass die Jungen und Mädchen genau dann eine spürbare Verbesserung im Verarbeitungsprozess ihres Traumas erleben, wenn sie zur gegengeschlechtlichen Strategie greifen. Die Jungen trauen sich plötzlich, über Gefühle zu sprechen. Sie geben zu, dass sie verletzt sind, dass sie endlich einen Ausdruck für den Kloß im Hals gefunden haben, der immer irgendwie da war. Die Mädchen hingegen empfinden Wut, Kraft und Aggression. Sie steigen aus den Gefühlen aus, die sie stets nur gegen sich selbst gerichtet haben.[179]

Für eine praktische Umsetzung einer solchermaßen systemischen Sicht auf Trauma und Traumatisierung kann man sich eines speziellen Methodeninventars bedienen. Dabei ist es wichtig, dieses systemische Methodeninventar nicht von seinem ursprünglichen theoretischen Kontext zu lösen, sodass diese Methoden zu reinen Techniken und zu „Mogelpackung[en]" werden mit einer „linearen Vorgehensweise, die kaum Berührungspunkte zum systemischen Selbstverständnis" hat. Dieses beschreiben Jegodtka/Luitjens mit den Worten der „Systemischen Gesellschaft" wie folgt: „Zentrales Arbeitsmittel systemischer Praxis ist der öffnende Dialog [...] Systemische Praxis verfolgt gemäß ihrem theoretischen Ansatz weder das Ziel, die Probleme diagnostisch zu erkunden und zu klassifizieren, noch sie kausal zu verändern. Vielmehr versucht sie, im Dialog mit den Betroffenen Beschreibungen zu entwickeln, die die Möglichkeiten aller Beteiligten, wahrzunehmen, zu denken [*zu fühlen, Hinzufügung RK*] und zu handeln, erweitern. Sie sucht also nach Bedingungen, mit deren Hilfe die Klienten ihre Ressourcen aktivieren können."[180]

Reinert Hanswille und Annette Kissenbeck sprechen in ihrem Ansatz einer „Systemische[n] Traumatherapie"[181] von einem „bifokalen Blick auf Individuum und System". Ergänzend zu den in Kapitel 2.2 genannten Trauma-Typen schlagen sie aus systemischer Sicht eine Kategorisierung nach „außerfamiliär" und „inner-

---

Sucht. Neues aus Forschung, Diagnostik und Praxis, Asanger Verlag: Kröning; TRAUMA & GEWALT, Themenheft *Trauma und Gender - ein Phänomen mit vielen Gesichtern*, Heft 03/August 2014, Klett-Cotta: Stuttgart.
[179] MEYER (2008): *Gender, Trauma, Sucht*, 523.
[180] JEGODTKA/LUITJENS (2016): *Systemische Traumapädagogik*, 186–187.
[181] HANSWILLE/KISSENBECK (2014): *Systemische Traumatherapie*. Die folgenden Zitate finden sich in der Reihenfolge auf den Seiten 24, 29–30. Zur Anwendung des „5-Achsen-Modells" in Diagnostik und Therapie s. ebd. 262–286 und 294–310. Ebd., 105-156, finden sich [k]onzeptionelle Überlegungen für eine systemische Traumatherapie mit den bekannten systemtheoretischen Begriffen wie u.a. „Kybernetik 2. Ordnung, Beobachterposition und Wirklichkeitskonstruktion"; „Ressourcenorientierung"; „Lösungs-, Zukunfts- und Alltagsorientierung"; „Musterorientierung"; „Respektlosigkeit und Humor".

familiär verursachte[n] Traumata" vor und entwickeln ein „systemische[s] 5-Achsen-Modell" als Basis für Diagnose und Therapie traumatisierter Systeme:
1. Achse: „Traumaauslöser" (außer-/innerfamiliär; *man-made/not man-made*; Grundthemen: Verluste, Gewalt, Körperversehrung, Lebensbedrohung)
2. Achse: „Traumakontext" (der soziale Kontext)
3. Achse: „Traumadosis" (Dauer, Schwere, Anzahl)
4. Achse: „Traumafokus" (je nachdem wer traumatisiert ist: das Individuum, ein Subsystem oder das Gesamtsystem)
5. Achse: „Traumabeziehungsmuster" (interaktionell zwischen Systemmitgliedern, transgenerationale Weitergabe, fragmentiert in Form einer Weitergabe dissoziativer Muster oder desorganisierter Bindungserfahrungen)

Die beiden Autoren benennen vier Ebenen, auf denen die systemische Arbeitsweise genutzt werden kann:
1. Ebene: „Allgemeine Nutzung systemischer Perspektiven, Theorien und Methoden" in allen möglichen therapeutischen Settings
2. Ebene: „Einbindung der [...] Systemmitglieder in die Stabilisierung von traumatisierten Menschen"
3. Ebene: „Nutzung von Subsystemen in der Behandlung von traumatisierten Kindern und Jugendlichen bei innerfamiliären Traumatisierungen"
4. Ebene: „Arbeit mit der gesamten Familie"

Ergänzend zu dem Modell systemischer Traumatherapie von Hanswille und Kissenbeck soll hier noch kurz der von Renate Jegodtka und Peter Luitjens entwickelte „ökosystemische Ansatz"[182] vorgestellt werden, bei dem die „Wechselbeziehungen zwischen Menschen und ihrer materiellen und sozialen Umwelt" in den Blick genommen werden. Dadurch hat man die Möglichkeit, „Aspekte von Traumatisierungen, die im Individuum liegen, mit denen der umliegenden Welt in Bezug zu setzen und sie zugleich als prozesshaftes Geschehen zu verstehen". So benennen die beiden Autoren sechs diesbezügliche Betrachtungsebenen:
1. Ebene: „Die Personebene – das Erleben des einzelnen überwältigten Menschen" (Perspektive auf das traumatisierte Individuum)
2. Ebene: „Die Ebene der Mikrosysteme – kein Mensch ist für sich allein traumatisiert" (Perspektive auf die nahestehenden Bezugspersonen, d.h. Familie)
3. Ebene: „Die Ebene der Mesosysteme – von System zu System" (Perspektive auf die verschiedenen Mikrosysteme, d.h. das soziale Netzwerk)
4. Ebene: „Die Ebene der Exosysteme – von außen nach innen" (Perspektive auf die äußeren Systeme, d.h. rechtliche, institutionelle etc. Bedingungen)

---

[182] JEGODTKA/LUITJENS (2016): *Systemische Traumapädagogik*, 30–37. Die folgenden Zitate finden sich in der Reihenfolge auf den Seiten 31–37.

2.3 Traumatisierung als extreme Stressreaktion

5. Ebene: „Die Ebene des Makrosystems – was unternimmt eine Gesellschaft für ihre Kinder? (Perspektive auf das gesellschaftliche System, d.h. soziale, kulturelle, politische Bedingungen)
6. Ebene: „Das Chronosystem – es war einmal und es wird werden" (Perspektive auf die Zeitlinie *Damals-Heute* und *Morgen*, d.h. das langfristige Weiterwirken der Traumafolgen im Individuum und den familiären, sozialen und gesellschaftlichen Bezugssystemen, das Überlebt-Haben inkl. hilfreicher Ressourcen etc. dabei und Visionen einer möglichen Zukunft befreit vom Bann des Traumas)

Der Einbezug systemischer (Theorie-)Modelle, Sichtweisen und Methoden in das Verständnis von Entstehung und Folgen psychischer Traumatisierungen und deren Behandlung erweitert – wie eingangs gesagt – einen auf das traumatisierte Individuum zentrierten Blickwinkel auf die psycho-*sozialen* (und damit auch gesellschaftlichen) Aspekte von Traumatisierungen. Denn einerseits kann Traumatisierung soziale Isolation zur Folge haben, zum anderen können wichtige Ressourcen in der sozialen Umwelt eines traumatisierten Individuums liegen. Denn systemisch zu denken und zu arbeiten, bedeutet mit einer Art ressourcen- und lösungsorientiertem Rundumblick auf das Überleben und die Widerstandskraft von Menschen trotz widriger Umstände zu schauen. Und genau hier liegt auch ein wichtiger Anknüpfungspunkt für eine traumasensible Seelsorge.

Passend zu dieser systemischen Sicht auf Trauma, möchte ich noch zwei kurze Gedanken zum Thema *Trauma und Flucht*, das aus Platzgründen nicht ausführlicher behandelt werden kann, anfügen. In ihrem Praxisleitfaden zum Umgang mit Geflüchteten kritisiert die Bundesweite Arbeitsgemeinschaft der psychosozialen Zentren für Flüchtlinge und Folteropfer (BAfF) eine Reduktion des Themas Trauma bei Geflüchteten auf individualisierende medizinische Diagnosen und daraus folgende Behandlungen. So wichtig diese auf der einen Seite seien, so sei es auf der anderen Seite genauso wichtig, auch den gesellschaftlichen Ursprung von Trauma und Flucht klar und deutlich zu benennen. Trauma ist auch eine Antwort auf soziale und politische Verhältnisse, die massive Gewalt zulassen. Traumatisierte Geflüchtete sind „Überlebende*[...] von Menschenrechtsverletzungen"![183] Was hier speziell für den Bereich Trauma und Traumatisierungen bei Geflüchteten gesagt wird, gilt es für mich bei Trauma und Traumatisierung immer im Blick zu haben: der gesellschaftliche (und damit systemische) Aspekt, diejenigen Strukturen also, die Gewalt, Menschenrechtsverletzungen und Traumatisierungen zulassen, ja oft genug ermöglichen. In Kapitel 6.2.4 wird dem für eine traumasensible Seelsorge insofern Rechnung getragen, als es in dem Modell *Wandlungs-Räume* hierfür einen eigenen Raum gibt, den *Handlungs-Raum*.

Als zweiten Gedanken benenne ich wenigstens das im Kontext mit Trauma und Flucht wichtige Modell der „Sequentiellen Traumatisierung". Ursprünglich stammt dieses Modell von dem deutsch-niederländischen Arzt und Psychoanalytiker Hans

---

[183] BAfF (2017): *Traumasensibler und empowernder Umgang*, 15.

Keilson, der es im Kontext seiner Arbeit mit jüdischen Kriegswaisen entwickelte. In seiner Weiterentwicklung durch David Becker ist es heute ein wichtiges Modell zur Beschreibung der Tatsache, dass im Kontext von Flucht Traumata nicht einmalige, voneinander losgelöste Ereignisse sind, sondern sozusagen eine Ereigniskette mit sechs Sequenzen.[184] Und in jeder einzelnen dieser sechs Sequenzen können sich (oftmals situationsspezifische) Traumata und Traumatisierungen ereignen, die sich kumulieren und gegenseitig verstärken. Denn: „Nur aus der emotionale und kognitive Anteile integrierenden Analyse der Extremerfahrungswelt zwangsmigrierter Kindern und Jugendlicher [*und auch erwachsener Geflüchteter und Zwangsmigrierter, Hinzufügung RK*] können angemessene Unterstützungsangebote entwickelt werden."[185] Das gilt für alle Formen *Psycho-Sozialer Begleitung* von geflüchteten Menschen.

Aus der in den Kapiteln 2.2 und 2.3 beschriebenen Phänomenologie psychischer Traumatisierungen und dem hier vorgelegten *Stress-Informations-System-Modell von Trauma* folgen die entsprechenden therapeutischen Behandlungsprinzipien. Darum soll es in Kapitel 2.4 gehen.

2.4 Ganzheitliche Traumafolgen-Therapie und Traumapädagogik

2.4.1 Behandlungsprinzipien einer ganzheitlichen Traumafolgen-Therapie

Aus der in Kapitel 2.3 beschriebenen Konzeptualisierung („Störungsmodell") von Trauma und Traumatisierung mit dem *Stress-Informations-System-Modell von Trauma* ergibt sich folgerichtig auch die Art und Weise einer effektiven (psycho)therapeutischen Behandlung der Traumafolgen und Traumafolgeerkrankungen. Ich folge hier in weiten Teilen den Ausführungen von Ulrich Sachsse und Martin Sack[186], ergänzt durch eigene Überlegungen und Erfahrungen. Anstelle des bisher formulierten und vielfach praktizierten „klassischen psychotherapeutischen Drei-Schritte-Ver-

---

[184] ZIMMERMANN (2016): *»Geprügelte Hunde reagieren so«*, in: WEISS et al. (Hrsg.) (2016): *Handbuch Traumapädagogik*, 200–209, 201–203, benennt und beschreibt die sechs Sequenzen: „Sequenz eins: vor der Zwangsmigration"; „Sequenz zwei: auf der Flucht"; „Sequenz drei: die Anfangszeit am Ankunftsort"; „Sequenz vier: Chronifizierung der Vorläufigkeit"; Sequenz fünf: bedrohliche Rückkehr"; „Sequenz sechs: aus Flüchtlingen werden Migranten".

[185] ZIMMERMANN (2016): *»Geprügelte Hunde reagieren so«*, in: WEISS et al. (Hrsg.) (2016): *Handbuch Traumapädagogik*, 200–209, 207.

[186] SACHSSE/SACK (2012): *Alles Trauma – oder was?* Alle kenntlich gemachten und nicht im Einzelnen nachgewiesenen Zitate im Haupttext sind hier zu finden. Zur psycho-sozialen Versorgung von Menschen mit akuten Traumatisierungen sei verwiesen auf die entsprechende S2k-Leitlinie der AWMF, den Aufsatz von WULFES et al. (2021) sowie Kapitel 10 bei MAERCKER (2013), s. Literaturverzeichnis.

2.4 Ganzheitliche Traumafolgen-Therapie und Traumapädagogik

fahrens – Stabilisierung, Traumabearbeitung und Wiederanknüpfung" kann man gemäß dem Grundprinzip „Stabilisierung durch Konfrontation" und „Konfrontation durch Stabilisierung" grob zwei miteinander eng verzahnte Hauptzielrichtungen benennen. Hier passt sehr gut das Bild von Levine, der von einem quasi rhythmischen „Pendeln" zwischen Belastung und Entlastung spricht[187], eben von einem *Pendeln zwischen Stabilisierung und Konfrontation*. Auch aus der am Ende von Kapitel 2.3.4 beschriebenen systemischen Sicht auf psychische Traumata und Traumatisierungen macht es Sinn, „die Phasen nicht als statische Stufen zu sehen, die »abgearbeitet« werden müssen, sondern eher als dynamisch ineinander verwobene Elemente, die es zu berücksichtigen gilt".[188] So ist während des ganzen therapeutischen Prozesses stets auf Stabilität und Stabilisierung (inkl. der Fähigkeit, sich selbst mehr und mehr zu stabilisieren) beim Klienten sowie eine prinzipielle Ressourcen- und Körperorientierung zu achten (s.u.). Auch aus systemischer Sicht lässt sich der gesamte Verarbeitungsprozess „als ein Pendeln zwischen Entlastung, Stabilisierung der Ressourcen einerseits und Belastung, Konfrontation, Integration andererseits beschreiben".[189]

Zum einen geht es also um Beziehungsaufbau (Beziehung/Bindung als wichtigster therapeutischer Wirkfaktor, s. Kapitel 2.3.3), *Stabilisierung* und die (Wieder-)Herstellung eines Gefühls von Sicherheit sowie eine Reduzierung der aktuellen körperlichen Stresssymptomatiken (als Folgen der traumatischen Erfahrung[en]). „Im Verlaufe eines erfolgreichen Genesungsprozesses muß ein allmählicher Übergang von einem Grundgefühl ständiger unberechenbarer Gefahr zu einem Gefühl verläßlicher Sicherheit" passieren.[190] Man kann auch von einer immer stärker selbstkontrollierten und dauerhaften Rückkehr in den „Ressourcenbereich"[191] oder das „Toleranzfenster" als einer „Zone optimalen Arousals"[192] sprechen. Van der Kolk nennt dies „Therapie für das limbische System" und meint damit eine „Wiederherstellung der Balance zwischen rationalem und emotionalem Gehirn" (s. Kapitel 2.3.3).[193]

Hinzu kommt von Anfang an eine die gesamte Behandlung permanent begleitende *Ressourcenaktivierung*. Traumafolgen-Therapie ist ganz grundlegend eine *ressourcenfokussierte Form von Psychotherapie*, aber auch eine *körper-/leiborientierte*.[194] Das folgt aus dem in Kapitel 2.3 beschriebenen *Stress-Informations-System-Modell* inkl. seiner neurobiologischen Grundlagen (insbesondere das *Triune Brain*-Modell und die Polyvagaltheorie). Denn die traumatischen Erfahrungen sind in den Körper bzw.

---

[187] LEVINE (2013): *Sprache ohne Worte*, 108–112. S.a. ZANOTTA (2018): *Wieder ganz werden*, 89–91 und 220–221.
[188] HANSWILLE/KISSENBECK (2014): *Systemische Traumatherapie*, 44.
[189] HANSWILLE/KISSENBECK (2014): *Systemische Traumatherapie*, 44.
[190] HERMAN (2018): *Die Narben der Gewalt*, 216.
[191] HANTKE/GÖRGES (2012): *Handbuch Traumakompetenz*, 42–45 und 64–66.
[192] OGDEN et al. (2010): *Trauma und Körper*, 66–82, Zitate: 67. S. Kapitel 2.3.2.
[193] VAN DER KOLK (2018): *Verkörperter Schrecken*, 245.
[194] Ein grundlegendes Buch zum Thema Körper in der Psychotherapie und Körperpsychotherapie: GEUTER (2015): *Körperpsychotherapie*.

Leib eingeschrieben, sozusagen inkorporiert, „embedded and embodied"[195]. Und die „dysfunktionalen Emotionen und Kognitionen" gehen stets mit traumaspezifischen Körperreaktionen einher bzw. lösen sich vice versa aus. Traumatisierung bedeutet immer einen „verkörperten Schrecken".[196] Die vielleicht bedeutendsten Faktoren bei alledem sind menschliche (in diesem Fall vor allem die therapeutische) Bindungen und korrigierende Beziehungs- und Bindungserfahrungen.[197] Sachsse/Sack nennen dieses erste Behandlungsprinzip „Traumaspezifische Stabilisierung und Ressourcenaktivierung".[198]

Zum anderen geht es darum, aufbauend auf Stabilisierung und Ressourcenaktivierung bzw. davon kontinuierlich begleitet, die fragmentierten und verzerrten traumatischen Erinnerungen und „Falschinformationen" in einem Zustand neuronaler Labilität (durch Triggerung traumaassoziierter neuronaler Netzwerke) durch Korrektur und „Hinzulernen realitätsrelevanter Informationen" zu verändern, zu dekonsolidieren, die *Trauma-Konfrontation* (s. Kapitel 2.3.3). Prägnant formuliert: Mit Hilfe neocortikal gesteuerter Prozesse müssen traumatisierte Menschen in einem Kontext von Sicherheit und Stabilität körperlich-leiblich erfahren, dass das Trauma vorbei ist. Auf der biographischen Zeitlinie muss ein *Damals* entstehen, dem das Trauma chronologisch und mit einer vervollständigten Narration (ich spreche nun im Gegensatz zur *Trauma-Narration* von *Heilungs-Narration* s.o.) zugeordnet ist, und zugleich ein *Heute*, in dem das Trauma vorbei ist und das Individuum sich in Sicherheit befindet.[199] „Während dieser Rekonstruktionsarbeit werden die traumatischen Erinnerungen gewissermaßen um*gewandelt*, damit ihre Integration

---

[195] THEISSEN/GEMÜNDEN (2007): *Erkennen und Erleben*, 28. Zum Konzept des Embodiment s. STORCH et al. (2017): *Embodiment*. „[...] unter Embodiment (deutsch etwa »Verkörperung«) verstehen wir, dass der Geist (also: Verstand, Denken, das kognitive System, die Psyche [*und damit auch die Emotionen*, Hinzufügung RK]) mitsamt seinem Organ, dem Gehirn, immer in Bezug zum gesamten Körper steht. Geist/Gehirn und Körper wiederum sind in die restliche Umwelt eingebettet [...] Zudem sind die Zusammenhänge nicht ein- sondern wechselseitig ausgestattet (zirkuläre Kausalität/Bidirektionalität)" (ebd., 15).

[196] VAN DER KOLK (2018): *Verkörperter Schrecken*. „Der Körper vergißt nicht. [...] Wird die Erinnerung an ein Trauma im Körper in Form herzzerreißender und qualvoller Emotionen, Autoimmunkrankheiten und muskulo-skelettaler Probleme enkodiert und ist andererseits die Kommunikation zwischen Geist, Gehirn und Körper der Königsweg zur Emotionsregulation", dann folgt daraus eine stets körperorientierte Form von Psychotherapie. Denn der „Körper kennt den Lösungsweg" (Madert [2012]: *Trauma und Spiritualität*, 54). Im Grunde eine logische Angelegenheit, wenn man dem bio-psycho-soziokulturellen (und spirituellen) Gesundheits- bzw. Krankheitsmodell folgt (s. Kapitel 1.2.1).

[197] LANG (2016): *Bindung und Trauma*, in: WEISS et al. (Hrsg.) (2016): *Handbuch Traumapädagogik*, 272–281. S. a. MADERT (2012): *Trauma und Spiritualität*, 54–61.

[198] SACHSSE/SACK (2012): *Alles Trauma – oder was?*, Folien 79. „Stabilisieren heißt: Förderung der Alltagsfunktionalität" und „Ressourcenaktivierung heißt: Veränderungspotentiale aktivieren" (Folien 30).

[199] SACK (2010): *Schonende Traumatherapie*, 29–33, Zitate: 30. S.a. HANTKE/GÖRGES (2012): *Handbuch Traumakompetenz*, 103ff; VAN DER KOLK, *Verkörperter Schrecken*, 243–274.

2.4 Ganzheitliche Traumafolgen-Therapie und Traumapädagogik

in die Lebensgeschichte möglich wird."[200] Der einstige und manchmal bis in die Gegenwart reichende Zustand des oft unbewussten „Ausgeliefertsein[s] an einen bildhaft erlebten wortlosen Panikzustand (speechless terror)"[201] wird in ein bewusstes „kohärentes Narrativ"[202] verwandelt. Ein Narrativ, „dass [...] im Gegensatz zu den bisher im körperlich-leiblichen Traumagedächtnis gespeicherten [*fragmentierten, „pathogenen", Hinzufügung RK*] traumatischen Erinnerungen zeitlich und räumlich klar verankert ist, es eine klare Struktur mit einem Anfang und einem Ende gibt, dass dazwischen eine erkennbare *Handlungsstruktur* [Hervorhebung i.O.] vorliegt, und auch die agierenden Figuren und ihre Handlungen sind deutlich auszumachen, d.h. z.B. dass eindeutig benannt und voneinander unterschieden wird, wer Opfer und wer Täter/Täterin ist".[203] In diesem *Wandlungs-Prozess* vollzieht sich auf der neurobiologischen Ebene die Dekonsolidierung der Trauma-Engramme und es entstehen modifizierte, korrigierte und vervollständigte Engramme. Zugleich wird das einstige Trauma als das entlarvt, was es heute ist, nämlich eine „Illusion" darüber, dass es immer noch anhält und in meiner eigenen Gegenwart „die vernichtende Bedrohung nach wie vor besteht".[204]

Es geht hier (wie auch bei Psychotherapie, Beratung und *Psycho-Sozialer Begleitung* überhaupt) um „verkörperte ganzheitliche Erfahrungen [BASK-Ebenen] bei gleichzeitig [= zeitgleich] aktiviertem impliziten und expliziten Funktionsmodus", die neue, nicht-traumadominierte neuronale Netzwerke anstelle der bisherigen, traumadominierten Netzwerke entstehen lassen („Bahnung"),[205] eben um die „Therapie für das limbische System" (van der Kolk). Das bedeutet im Fall der Traumafolgenbehandlung auf der Basis einer stabilen und sicheren Verankerung im Hier-und-Jetzt die Nutzung einer „dualen Aufmerksamkeit" im Sinne einer „gleichzeitige[n] Fokussierung auf eine belastende Erinnerung und einen zweiten Wahrnehmungsfokus".[206] Dieser zweite Wahrnehmungsfokus muss wenigstens trauma-neutral, am besten jedoch trauma-unverträglich sein. Es geht darum, den Fokus auf das Angst und Stress machende posttraumatische Erleben, das seinen Ursprung in der Vergangenheit hat, mit einem Fokus auf ein sicheres, nicht-traumatisches Hier-und-Jetzt zu konfrontieren. Man kann z.B. traumaassoziierte Erinnerungsbilder mit den Bildern eines „inneren Wohlfühlortes" oder der „inneren Stärke"[207] konfrontieren. Auch hierfür passt wieder das Levinsche Bild vom *Pendeln* (s.o.). Luise Reddemann

---

[200] HERMAN (2018): *Die Narben der Gewalt*, 247 (*Hervorhebung RK*). S. hierzu das Prinzip „Wandlung" im *Emmaus-Weg-Modell* (Kapitel 3.3.3 b).
[201] FISCHER/RIEDESSER (2003): *Lehrbuch*, 93.
[202] SACK (2010): *Schonende Traumatherapie*, 109.
[203] KIRSCHT (2014): *Der Emmaus-Weg*, 294–298, Zitat: 294–295.
[204] GESSNER (2017): *Trauma, Illusion und Spiritualität*, in: BOURQUIN/NAZARKIEWICZ (Hrsg.): *Trauma und Begegnung*, 263–273, 268.
[205] KIRSCHT (2014): *Der Emmaus-Weg*, 267. GRAWE (2004): *Neuropsychotherapie*, 423–440 (zu Aktivierung und Bahnung s. bes. 423–433). Bahnung erfolgt nach dem „Hebbs-Prinzip": „Neurons that fire together wire together" (ebd., 429).
[206] HENSEL (2018): *Spezielle Psychotraumatherapie*, 27.
[207] FRITZSCHE (2014): *Praxis*, 221–243.

spricht davon, „Gegenbilder zu den" bzw. ein „Gegengewicht für die Schreckensbilder[n]" zu finden. Hierfür hat sie zahlreiche Imaginationsübungen entwickelt (u.a. der bekannte „innere Ort der Geborgenheit", früher: „innerer sicherer Ort")[208]. Im Übrigen kann man das Gegenüber auch immer wieder im therapeutischen Raum (real und im übertragenen Sinn) re-orientieren, der ja ein sicherer (Gegen-)Ort in der Gegenwart ist. Ich verwende neben dem *Pendel*-Begriff für dieses Prinzip den Begriff *Dualer Wahrnehmungsfokus*.

Sachsse/Sack nennen dies: „Konfrontative Behandlung der Traumafolgensymptomatik", „(Re-)Konstruktion eines Narrativs über das Trauma", „Bearbeitung traumaassoziierter emotionaler Reaktionen und Kognitionen" und „Bearbeitung maladaptiver impliziter Körpererinnerungen". Hinzu kommt die „Behandlung dissoziativer Symptome".[209]

Zur Konkretisierung seien an dieser Stelle ein paar methodische Beispiele exemplarisch genannt[210]. Prinzipiell geht es – vor dem Hintergrund der neurobiologischen Erkenntnisse, insbesondere des Modells vom *Triune Brain* mit dem mPFC als „Zentrum des Selbstgewahrsein" (Interozeption) und der „multidimensionalen neuronalen Integration" (s. Kapitel 2.3.3) – bei allem methodischen Handeln darum, bei gleichzeitig aktiviertem expliziten und impliziten Funktionsmodus sowohl *Top-Down*- wie *Bottom-Up*-Prozesse als integrative *Mind-Body*-Interventionen (im Sinne der *Mind-Body*-Medizin und des *bio-psycho-sozio-spirituellen Modells*) zu initiieren, also ganzheitlich zu arbeiten.[211] Man kann auch von einem „neurosequenzielle[n] Modell der Therapie" (NMT) sprechen[212] oder mit van der Kolk von der „Therapie für das limbische System" (s.o.). Diese ganzheitlich-integrativen Modelle werden – wie

---

[208] REDDEMANN (2016): *Imagination*, 51–75.

[209] SACHSSE/SACK (2012): *Alles Trauma – oder was?*, Folien 79.

[210] Ausführlich z.B. bei: SACK (2010): *Schonende Traumatherapie*; VAN DER KOLK, *Verkörperter Schrecken*; HANTKE/GÖRGES (2012): *Handbuch Traumakompetenz*; REDDEMANN (2011): *PITT*.

[211] ZANOTTA (2018): *Wieder ganz werden*, 205–206. Bei der *Mind-Body*-Medizin handelt es sich um einen ganzheitlichen Ansatz in der Medizin, bei der sowohl körperliche wie geistig-seelische Prozesse in ihrem Einfluss auf Gesundheit und Krankheit berücksichtigt werden (ESCH [2017]: *Die Neurobiologie des Glücks*, 52). Wenn ich in diesem Buch den Begriff *Mind* verwende, sollen darin die „verschiedenen Aspekte von Geist und Seele", sprich „unserer geistig-seelischen oder auch psychosozialen Existenz" bezeichnet werden (Ebd., 202).

[212] HANTKE/GÖRGES (2012): *Handbuch Traumakompetenz*, 116–129. Das Prinzip lautet: „[... D]ie Behandlung und Veränderung von Verhaltensweisen und Körpersymptomen [muss] sich an der Art der Verarbeitung der Hirnbereiche orientieren, die dafür primär zuständig sind" (ebd., 117). Man stellt sich die Frage: „Was könnte in welchem Alter passiert sein, um bestimmte Symptome beim betroffenen Kind auszulösen, und was können wir dann tun?" (ebd., 505). Auch aus der Perspektive eines erwachsenen Klienten macht diese Frage Sinn, wenn man davon ausgeht, dass aktuelles, ggf. dysfunktionales Verhalten mit traumatisierenden Ereignissen während bestimmter Entwicklungsphasen in Kindheit und Jugend zu tun hat. Für die Behandlung bedeutet das nach dem NMT, passgenaue Interventionen auf der jeweiligen betroffenen Gehirnebene anzubieten und durchzuführen.

2.4 Ganzheitliche Traumafolgen-Therapie und Traumapädagogik

in Kapitel 1.3.3 bereits erwähnt – in Kapitel 6 zur Grundlage meines Modells von *Neurosequenzieller Seelsorge*, den *Wandlungs-Räumen*.

Bei *Top-Down*-Methoden geht es schwerpunktmäßig um „Kognition sowie die Steuerung der Aufmerksamkeit oder achtsame Körperwahrnehmung" mit dem Fokus auf „Bedeutung und Verstehen".[213] Konkret seien genannt: Psychoedukation, Achtsamkeitsübungen (z.B. das Ressourcenbarometer), Reorientierungsübungen und Dissoziationsstops, aber auch spirituelle Methoden wie Meditation; narrative Methoden und die Arbeit an inneren Glaubenssätzen.

Bei *Bottom-Up*-Methoden geht es schwerpunktmäßig darum, „das Zusammenspiel von Empfindung und Bewegung zu erkunden". Der Klient richtet „seine Aufmerksamkeit auf somatosensorische Erfahrungen und beobachtet deren Wechselwirkung mit Gefühl und Gedanken".[214] Konkret seien genannt: Atem- und Körperentspannungsübungen; Bewegungs- und (Selbst-)Berührungsübungen; Übungen zu Körperhaltungen und Gesichtsausdruck; traumasensibles Yoga, Qi Gong, Tanz; das Pendeln nach Levine; Rollenspiele.

Bei den bekannten Imaginationsübungen werden beide Prozess-Ebenen miteinander kombiniert, ebenso bei der Arbeit mit *Ego-States* (innere Persönlichkeitsanteile) und *Ressourcen EMDR*. *Ego State Arbeit*[215] und *EMDR*[216] sind auch wichtige und sehr effektive Behandlungsmethoden im Rahmen der Traumakonfrontation.

Darüber hinaus wird in der Traumakonfrontation mit Distanzierungstechniken (Beobachter- und Bildschirmtechnik)[217] und dem dualen Wahrnehmungsfokus (s.o.) gearbeitet. Aus einer systemischen Traumatherapie kann man methodisch u.a. noch ergänzen: Skulptur- und Aufstellungsarbeit, Familien- und Systembrett, Genogrammarbeit, Zeitlinienarbeit (*Timelines*), Ressourcenfokussierte Techniken (bes. Fragetechniken, insbes. die „Wunderfrage"; Körperarbeit; Kreativtechniken, z.B. therapeutisches Schreiben [„Regentagebrief"] oder der „Notfallkoffer").[218]

Das Ziel einer Behandlung der Traumafolgen ist die Fähigkeit, sich an das Geschehene als eines *Damals* (ein damaliges Geschehen) ganzheitlich erinnern zu können (aber nicht mehr zu müssen!), ohne im *Heute* (ein heutiges Geschehen) erneut unkontrolliert in die traumafolgentypischen Symptomatiken zu fallen (*Trauma-Synthese und -Integration*). An dieser Stelle ist mir eine Sache noch wichtig festzuhalten: „Eine erfolgreiche Therapie muss nicht zwangsläufig bedeuten, dass das Trauma vollends durchgearbeitet wird"[219] oder es zu einer vollständigen Heilung kommt, was auch immer das bedeuten soll. Es gibt keinen *Zwang zur Trauma-Konfrontation*, ohne die ein neues Leben nach dem Trauma nicht möglich wäre.

---

[213] ZANOTTA (2018): *Wieder ganz werden*, 205.
[214] ZANOTTA (2018): *Wieder ganz werden*, 205.
[215] FRITZSCHE (2014): *Praxis*.
[216] HOFMANN (Hrsg.) (2014): *EMDR*.
[217] REDDEMANN (2016): *PITT*, 205–227; Huber (2006): *Wege*, 255–273; Adaption für die Traumapädagogik: HANTKE/GÖRGES (2012): *Handbuch*, 400–419.
[218] HANSWILLE/KISSENBECK (2014): *Systemische Traumatherapie*, 157–214.
[219] SCHWEITZER/VON SCHLIPPE (2006): *Lehrbuch II*, 133.

Ich benutze seit vielen Jahren in meiner therapeutischen und seelsorglichen Arbeit mit traumatisierten Menschen das *Bild von der Schwarzen Insel*. Ein traumatisierter Mensch weiß, dass es in seinem Leben eine solche *Schwarze Insel* gibt, als eine Metapher für all das erlittene traumatische Leid und dessen Folgen bis in die Gegenwart hinein. Und er kann sich nun vorstellen, dass er in einem *sicheren* Boot sitzt – innerlich stabil und selbstkontrolliert (statt von den Folgen der Traumatisierung fremdkontrolliert) – und um diese *Schwarze Insel* herumfährt. Er betrachtet sich diese Insel (und damit seine traumatischen Erfahrungen) sozusagen von außen. Und er weiß, was sich auf dieser Insel befindet. Dennoch hat er die Freiheit, entscheiden zu können, sie niemals betreten zu wollen oder zu müssen. Allein diese Freiheit zu haben bzw. sich erarbeitet zu haben und das Wissen darum, können genügen, um es einem Menschen möglich zu machen, sein Leben im Hier-und-Jetzt befreit vom Bann des Traumas und seiner Folgen zu leben. Heilung ist also immer ein individuell zu definierender Zielzustand, der sich allerdings menschlicher Verfügbarkeit und therapeutischer Machbarkeit letztendlich entzieht. Ich spreche deshalb von der *Sehnsucht* nach Heil- und Ganz-Werden. Und Michaela Huber spricht nicht umsonst von einem „Wunder", wenn es um gelungene Heilungsprozesse geht[220] (s. hierzu ergänzend das Heilungsverständnis, wie es sich aus der Emmaus-Erzählung ergibt, in Kapitel 3.3.3 b).

„Nachdem der Patient seine traumatische Vergangenheit erforscht und akzeptiert hat, steht er vor der Aufgabe, sich eine Zukunft aufzubauen."[221] Hinzu kommt im Laufe der Behandlung ein weiterer, sehr wichtiger Aspekt: „Trauerarbeit nach Verlusten, bei bleibenden Schädigungen, nicht mehr nachholbaren Entwicklungsbehinderungen".[222] Es geht um verpasste Lebenschancen, verlorene Lebenszeit und eingeschränkt bleibende Lebensmöglichkeiten (Judith Herman nennt ihre zweite Phase folgerichtig „Erinnern *und* Trauern").

Und passend zu diesen Fragestellungen geht es schließlich auch noch um einen besonderen Aspekt von Trauma: Trauma als „Sinndestruktor" und die spirituelle Ebene von Trauma (neben den drei anderen Ebenen).[223] „Menschen sind sinn- und bedeutungsstiftende Geschöpfe", so van der Kolk et al.[224] Das bedeutet im Kontext von Trauma und Traumatisierung, dass die traumabedingten Veränderungen im „Selbst- und Weltverständnis" (Fischer/Riedesser) traumatisierter Menschen, sich auf das „Wertesystem, das der menschlichen Erfahrung Sinn verleiht", negativ auswirken können. Die Welt ist fortan kein sicherer Ort mehr, man kann nicht mehr

---

[220] HUBER (2006): *Wege der Traumabehandlung*, 296.
[221] HERMAN (2018): *Die Narben der Gewalt*, 279. Herman nennt dies „Wiederanknüpfung" (ebd.). Ich spreche im Kontext meiner psychotraumatologischen Deutung der Emmaus-Erzählung (Lk 24,13-35) und dem darauf aufbauenden *Emmaus-Weg-Modell* von „Neuwerdung" (s. Kapitel 3.3.3 b).
[222] SACHSSE/SACK, *Alles Trauma – oder was?*, Folien 26.
[223] WIRTZ, Ursula (2006): *Flügel trotz allem*, 3. Die drei anderen Ebenen sind die objektive (= medizinische etc.) Ebene, die subjektive und die intersubjektive Ebene (s. KIRSCHT [2014]: *Der Emmaus-Weg*, 230–232).
[224] VAN DER KOLK et al. (Hrsg.) (2000): *Traumatic Stress*, 324.

2.4 Ganzheitliche Traumafolgen-Therapie und Traumapädagogik

auf eine „natürliche oder göttliche Ordnung" vertrauen und gerät so auch in eine „existentielle Krise".[225] Deshalb vertritt insbesondere Ursula Wirtz (aber auch Karl-Klaus Madert) ganz dezidiert die „spirituelle Dimension der Traumatherapie", als einem „potentiell transformative[n], spirituelle[n] Prozess".[226] Ich selbst habe mit meinem *Emmaus-Weg-Modell* ebenfalls einen dezidiert spirituellen Ansatz von Traumafolgen-Therapie entwickelt. Mit Geßner sei präzisiert, dass es im Kontext von Trauma und Traumatisierung um eine Spiritualität gehen muss, die den Kontakt zur eigenen Lebendigkeit im Hier-und-Jetzt fördert, und nicht um eine quasi dissoziative, die Traumatisierung eher aufrechterhaltende Flucht aus der Gegenwart.[227] Von hier aus ist der Brückenschlag zu einer traumasensiblen Seelsorge, wie er in Kapitel 6 versucht wird, am offenkundigsten. Eine solche Seelsorge kann zu einer Partnerin von Traumafolgen-Therapie werden in einer gemeinsamen und miteinander abgesprochenen heilsamen Begleitung von traumatisierten Menschen. Übrigens auch bei Sachsse/Sack findet sich in ihrer „Integration der Traumatherapie in die allg. Psychotherapie" bei dem dritten Punkt „Wachstum und Reifung", der Unterpunkt: „Wertorientierung und Sinnfindung".[228]

Ein solcher Punkt findet sich bereits im Salutogenese-Konzept von Aaron Antonowsky (s. Kapitel 2.3.2). Unter den zentralen, gesundheitsfördernden und -erhaltenden Begriff des „Kohärenzgefühls (Sense of Coherence)" fasst er die drei, diesen begründenden Unterbegriffe „Manageability (Gestaltbarkeit oder Handhabbarkeit)" oder auch: „Handlungsfähigkeit"[229], „Comprehensibility" (Verstehbarkeit/Fasslichkeit) und eben auch „Meaningfulness" (Bedeutsamkeit/Sinnhaftigkeit).[230] Was für eine ganzheitliche Sicht- und Behandlungsweise psychischer Traumatisierungen aus diesem Modell zum einen gezogen werden kann, ist das Verhältnis von Gesundheit und Krankheit als die beiden entgegengesetzten Pole auf einem Kontinuum: „Statt die Aufmerksamkeit ausschließlich auf die kränkenden Folgen von Trauma und Gewalt zu lenken, kann nun danach gefragt werden, was traumatisierte Menschen darin unterstützen kann, sich auf dem Gesundheits-Krankheits-Kontinuum in eine von ihnen als gesund empfundene Richtung zu bewegen."[231] Zum anderen, dass es wichtig ist, in der Arbeit mit traumatisierten Menschen (und Systemen) immer das im Blick zu haben, wofür der Begriff „*Kohärenzgefühl*" (ähnlich wie Homöostase und Konsistenz, s. Kapitel 2.3.2) steht: Dass Menschen ein Gefühl davon bekommen, was wie miteinander *zusammenhängt* und dass sie Teil eines größeren Ganzen sind und nicht isolierte Individuen; dass sie *verstehen*, wie es zu

---

[225] HERMAN (2018): *Die Narben der Gewalt*, 77.
[226] WIRTZ (2006): *Flügel trotz allem*, 4. Ausführlich bei MADERT (2012): *Trauma und Spiritualität*, 253–298 („Traumen werfen die Sinnfrage auf und stellen oft die bisherige Weltanschauung in Frage", ebd., 280)
[227] GESSNER (2017): *Trauma, Illusion und Spiritualität*, in: BOURQUIN/NAZARKIEWICZ (Hrsg.): *Trauma und Begegnung*, 263–273, 272.
[228] SACHSSE/SACK, *Alles Trauma – oder was?*, Folien 82.
[229] JEGODTKA/LUITJENS (2016): *Systemische Traumapädagogik*, 206–207.
[230] ESCH (2017): *Die Neurobiologie des Glücks*, 186–190.
[231] JEGODTKA/LUITJENS (2016): *Systemische Traumapädagogik*, 43.

einer Traumatisierung kam und welche typischen (und normalen!) Folgen daraus resultieren; dass ein wichtiger Teil eines möglichen Heilungsweges die Aufhebung der traumafolgentypischen Fragmentierung in ein wieder kohärentes Ich mit einer kohärenten (Lebens-)Narration darstellt; dass sie lernen, wie sie mit den Folgen *umgehen* oder sogar sich von ihnen befreien können, auch weil sie ganz viele innere und äußere Ressourcen haben (Antonowsky spricht von „generalisierten Widerstandsressourcen"[232]); dass sie zu der Überzeugung gelangen und dies leibhaftig erfahren, dass sie *bedeutsam* für andere Menschen und die Systeme, in denen sie leben, sind.

Zumindest erwähnt werden soll an dieser Stelle das Konzept des „Posttraumatic Growth".[233]

2.4.2 Nicht nur Therapie: Ganzheitliche Traumapädagogik als Beispiel lebensbegleitender Arbeit mit traumatisierten Menschen

a)   Einleitung

Die „ab Mitte der 90er Jahre" in „stationären und teilstationären Einrichtungen der Kinder- und Jugendhilfe" entstandene Fachdisziplin der „Traumapädagogik"[234] kann im Kontext von Modellen einer traumasensiblen Seelsorge eine wichtige und hilfreiche Vorbildfunktion erfüllen. Handelt es sich doch bei der Traumapädagogik um eine „traumasensible" nicht-medizinisch-psychiatrische oder nicht-psychotherapeutische professionelle Begleitung traumatisierter Menschen – hier insbesondere von Kindern und Jugendlichen – in deren Alltag (ganz im Sinne meiner De-

---

[232]   Antonowsky siedelt diese „Widerstandsressourcen" auf verschiedenen Ebenen an: Individuum, sozialer Nahraum, gesellschaftliche und kulturelle Ebene. Bei nicht verfügbaren Ressourcen auf einer oder mehreren dieser Ebenen spricht er von „generalisierten Widerstandsdefiziten" (JEGODTKA/LUITJENS [2016]: *Systemische Traumapädagogik*, 48–49).

[233]   Das von Richard G. Tedeschi und Lawrence Calhoun entwickelte Konzept des „Posttraumatic Growth kann als Weiterführung des Resilienzkonzepts und der Salutogenese verstanden werden [...] Tedeschi et al. gehen (ohne das traumatische Erlebnis zu bagatellisieren) davon aus, dass traumatische Erfahrungen im Leben nicht nur Leid und psychische Erkrankungen bewirken, sondern auch einen Reifungsprozess auslösen können. Dies zeigt sich in drei Bereichen: Veränderung der Selbstwahrnehmung (z. B. Selbstwahrnehmung als Überlebender versus Opfer), Veränderung interpersoneller Beziehungen (Öffnung gegenüber anderen, vermehrtes Zulassen von Emotionen und Einfühlungsvermögen), Veränderung der Lebenseinstellung (veränderte Prioritäten und Lebensziele, Beschäftigung mit existenziellen und spirituellen Fragen)" (HEPP [2008]: *Trauma und Resilienz*, in: WELTER-ENDERLIN/HILDENBRAND [Hrsg.]: *Resilienz*, 151). Ein sehr persönliches Buch zum Thema hat Luise REDDEMANN (2018): *Überlebenskunst*, geschrieben.

[234]   Die obigen Ausführungen beziehen sich auf WEISS (2016): *Traumapädagogik: Entstehung, Inspirationen, Konzepte*, in: WEISS et al. (2016): *Handbuch Traumapädagogik*, 20–30. Die einzelnen kenntlich gemachten Zitate aus diesem Aufsatz werden nicht mehr eigens nachgewiesen.

2.4 Ganzheitliche Traumafolgen-Therapie und Traumapädagogik

finition in Kapitel 1.3.4).[235] Man könnte von einer traumasensiblen professionellen psycho-sozialen Lebensbegleitung über z.T. längere Zeiträume hinweg sprechen. Sie nimmt dabei Erkenntnisse aus der Psychotraumatologie, „der Sozialen Arbeit, Bindungstheorie, Resilienzforschung, Gesundheitslehre und der therapeutischen Wissenschaften" auf und passt sie an die besonderen Erfordernisse der pädagogischen Arbeit und des pädagogischen Settings an. Auch für eine traumasensible Seelsorge könnte eine solche Wesensbeschreibung gelten. Insofern macht es sehr viel Sinn, die in der Traumapädagogik entwickelten Grundhaltungen und praktischen Modelle in der gebotenen Kürze zu betrachten und auf die Möglichkeit einer ggf. modifizierten Übernahme für eine traumasensible Seelsorge hin zu prüfen. Ersteres geschieht in diesem Kapitel, letzteres in Kapitel 6.

Man kann sagen, dass die „Fachkräfte der Sozialen Arbeit und (Heil-)Pädagogik mit Abstand den größten Teil der Traumaversorgung" leisten. Sind sie es doch, die viele Stunden im (trauma-)pädagogischen Alltag versuchen, „traumatisierten Kindern und Jugendlichen positive und korrigierende Bindungsangebote in einem sicheren Lebensrahmen zu bieten. So kann neues Vertrauen entstehen, Selbstwirksamkeit gefördert, Aggression abgebaut und damit ihr Selbstwertgefühl und Entwicklungspotenzial gesteigert werden."[236]

b) *Traumapädagogische Grundhaltungen*

Allen in Abschnitt c) beschriebenen traumapädagogischen Inhalten und Modellen ist „eine traumasensible Grundhaltung" gemeinsam, „in deren Zentrum die *Annahme des guten Grundes* [Hervorhebung i.O.] steht: Das Verhalten des Kindes ist entwicklungsgeschichtlich verstehbar als eine normale Reaktion auf eine außerordentliche Belastung". Wie insbesondere in Kapitel 2.3 dargestellt, handelt es sich um normale (neuro-)biologische Reaktionen auf objektive und/oder subjektiv so erlebte extrem belastende Stresssituationen. Insofern kann man das Konzept der *Annahme des guten Grundes* in der professionellen Arbeit mit traumatisierten Menschen jedweden Alters anwenden, egal ob in Traumafolgen-Therapie, Traumapädagogik oder Traumafolgen-Seelsorge. Auch spielen in diesem Zusammenhang eine

---

[235] BECKRATH-WILKING et al. (2013): *Traumafachberatung*, 287: „Zwischen spezifischer Psychotherapie und Traumapädagogik sollte [muss!, Hinzufügung RK] unterschieden werden. Im pädagogischen Alltagssetting findet keine Traumakonfrontationsbehandlung statt. Aber das traumapädagogische Vorgehen und die Haltung des gesamten Teams ermöglichen sehr wohl eine *partiell integrative Traumarbeit* [Hervorhebung RK]. Im Idealfall unterstützen und verstärken sich Psychotherapie und Traumapädagogik in ihrer heilenden Wirkung gegenseitig." In Kapitel 6 werde ich diesen Gedankengang aufnehmen für das Verhältnis zwischen Traumafolgen-Psychotherapie und traumasensibler Seelsorge.

[236] BECKRATH-WILKING et al. (2013): *Traumafachberatung*, 285.

traumapädagogische Diagnostik und eine traumasensible Biographiearbeit eine wichtige Rolle.[237]

Auf der Basis obiger Grundannahme findet sich in allen traumapädagogischen Konzepten „ein gemeinsames Menschenbild und eine gemeinsame Haltung":
1. „Die Annahme des guten Grundes" – „Alles, was ein Mensch zeigt, macht Sinn in seiner Geschichte!"[238]
2. „Wertschätzung" – „Es ist gut so, wie du bist!"
3. „Partizipation" – „Ich traue dir was zu und überfordere dich nicht!"
4. „Transparenz" – „Jeder hat jederzeit ein Recht auf Klarheit!"
5. „Spaß und Freude" – „Viel Freude trägt viel Belastung!" (formuliert in Anlehnung an ein Positionspapier der BAG Traumapädagogik[239])

Alle diese Grundhaltungen dienen dazu, dass traumatisierte Kinder und Jugendliche „korrigierende Beziehungserfahrungen" machen können. Deshalb steht – wie bei jeder Art professionellen helfenden Handelns – eine bewusste Gestaltung von Beziehung und Bindung auch im Zentrum der traumapädagogischen Arbeit. Solche Erfahrungen zu ermöglichen, dienen die im folgenden Abschnitt beschriebenen Inhalte und Modelle.

c) *Traumapädagogische Inhalte und Modelle*

In der Traumapädagogik gibt es sechs Konzepte, die als „handlungsleitende Inhalte" gelten:
1. „Pädagogik des Sicheren Ortes [...][240]
2. Pädagogik der Selbstbemächtigung [...]
3. Traumapädagogische Gruppenarbeit [...]
4. Stabilisierung und (Selbst-)Fürsorge für Pädagog/innen als institutioneller Auftrag [...]
5. Traumapädagogik in der Schule [...]

---

[237] BAIERL/FREY (Hrsg.) (2016): *Praxishandbuch Traumapädagogik*, 72–79.

[238] Eine der „zentralen Prämissen des systemischen Modells" und damit auch systemischer Therapie, Pädagogik und Seelsorge kann man prägnant so formulieren: „jedes Verhalten macht Sinn, wenn man den Kontext kennt" (ABEL [2000]: *Grundlagen systemischer Therapie*, 25). Ein solcher Kontext wäre im Fall der Traumapädagogik eben die traumatisierende(n) Erfahrung(en) und deren Folgen.

[239] BAG TRAUMAPÄDAGOGIK (2011): *Standards*. Die Bedeutung von „Lebensfreude" in der Arbeit mit traumatisierten Kindern und Jugendlichen wird in BAIERL/FREY (Hrsg.) (2016): *Praxishandbuch Traumapädagogik*, 131–156, ausführlich beschrieben. Vieles von dem dort Dargelegten kann auch auf die Arbeit mit traumatisierten Erwachsenen übertragen werden. Zu der hohen Bedeutung von Werten und Haltungen in der Traumapädagogik, s. BAIERL/FREY (Hrsg.) (2016): *Praxishandbuch Traumapädagogik*, 47–55.

[240] BAIERL/FREY (Hrsg.) (2016): *Praxishandbuch Traumapädagogik*, 56–71, sprechen von den „fünf sicheren Orte[n]": „äußerer sicherer Ort, personaler sicherer Ort, das Selbst als sicherer Ort, Spiritualität als sicherer Ort, innerer sicherer Ort".

2.4 Ganzheitliche Traumafolgen-Therapie und Traumapädagogik

    6. Milieutherapeutische Konzepte [...]"[241]

Aufgrund des besonderen Augenmerks auf den Zusammenhang von Bindung und Trauma/Traumatisierung im Allgemeinen und in der Traumapädagogik im Besonderen füge ich dieser Auflistung von Wilma Weiß als einen eigenen Punkt hinzu:

    7. „Korrigierende Beziehungserfahrungen" und heilsame Bindungen[242]

Traumapädagogik kann zentral als ein Prozess der *Selbstbemächtigung* in einem Kontext von bedingungsfreier Annahme und Sicherheit verstanden werden. Dieses Konzept wurde vornehmlich von Wilma Weiß, einer Pionierin der Traumapädagogik, entwickelt.[243] Dabei geht es um „den Wechsel von der Opferrolle in den Subjektstatus" als einer Voraussetzung, um von anderen Menschen verursachte Traumata zu bewältigen.[244] Wesentlich ist dabei im Einzelnen:

1. „die Veränderungen von dysfunktionalen Einstellungen und Überzeugungen;
2. die Möglichkeit, das Geschehene in die eigene Lebensgeschichte einzuordnen;
3. die Chance, im Leben, im »Jetzt« einen Sinn zu finden;
4. die Entwicklung von Körpergewahrsein und Körperpflege;
5. die Selbstregulation von traumatischen Erinnerungsebenen und von traumatischem Stress;
6. Vertrauen in Beziehungen;
7. die Entwicklung einer respektierenden Haltung den eigenen Wunden/ Schwierigkeiten/Beeinträchtigungen gegenüber;

---

[241] WEISS (2016): *Traumapädagogik: Entstehung, Inspirationen, Konzepte*, in: WEISS et al. (2016): *Handbuch Traumapädagogik*, 20–30, 23.

[242] Zur Bedeutung von Bindung und Bindungstheorien in der Traumapädagogik s. die Aufsätze von GAHLEITNER et al., *Bindungstheorie*, und LANG, *Bindung und Trauma*, in: WEISS et al. (2016): *Handbuch Traumapädagogik*, 115–122 und 272–281, sowie SCHWERWATH/FRIEDRICH (2012): *Soziale und pädagogische Arbeit*, 36–39 und 80–92, und BECKRATH-WILKING et al. (2013): *Traumafachberatung*, 94–104 und 129–136.

[243] WEISS (2016): *Die Pädagogik der Selbstbemächtigung*, in: WEISS et al. (2016): *Handbuch Traumapädagogik*, 93–105 und 290–302.

[244] WEISS (2016): *Die Pädagogik der Selbstbemächtigung*, in: WEISS et al. (2016): *Handbuch Traumapädagogik*, 93–105, 103. „Die Pädagogik der Selbstbemächtigung unterstützt als wesentlicher Teil der emanzipatorischen Pädagogik und Traumaarbeit den Wechsel von der Objektrolle in die Subjektrolle. Mit der Transformation der Annahme des Guten Grundes, der Anerkennung der Lebensleistung und der Bedeutung der Expertenschaft in die Pädagogik begleiten wir die Entwicklung von Stärke und dem Gefühl, sich selbst zu sein. Durch die körperliche Selbstregulation im Kontext traumatischer Erinnerungsebenen erobern sich die Kinder und Jugendlichen die Kontrolle zurück. Der blockierte Zugang zu ihren inneren Möglichkeiten steht wieder offen, sie können – Stück für Stück – werden, was sie sind und mit diesem Gefühl soziale Beziehungen im nahen und weiteren Umfeld eingehen" (WEISS (2016): *Die Pädagogik der Selbstbemächtigung*, in: WEISS et al. (2016): *Handbuch Traumapädagogik*, 290–302, 301).

8. Chancen für soziale Teilhabe [...]"[245]

Ein weiteres besonderes Augenmerk wird in der Traumapädagogik auf die „Selbstfürsorge" und den Schutz vor „Sekundärer Traumatisierung" und Burnout gelegt. Das von Hantke und Görges entwickelte Modell der „empathische[n] Zeugin" (besser: *mitfühlende Zeugin*, s. Kapitel 6.3.6) sei hier beispielhaft genannt. Es dient dazu, trotz allen Mitgefühls die notwendige und gebotene professionelle Distanz zu wahren und nicht als „Retter" in das „Traumaviereck" von „Täter – Opfer – Retter – Mitwisser" hineinzugeraten.[246]

In dem Arbeitsfeld von Sozialer Arbeit und (Heil-)Pädagogik haben es professionell Helfende mit einer hohen Zahl an traumatisierten Menschen zu tun. Es sind Menschen, die z.T. bisher noch niemand unter einem traumasensiblen Blickwinkel betrachtet hat und ihnen entsprechend traumasensibel begegnet ist. Die für diesen Arbeitsbereich entwickelte Traumapädagogik ist für mich ein sehr gutes Beispiel dafür, wie eine Sensibilisierung für psychische Traumatisierungen, ihre Entstehung und deren Folgen sowie eine entsprechende fachliche Qualifizierung und Professionalisierung wesentlich dazu beitragen, dass mit diesen Menschen auf eine bestmögliche, nämlich traumasensible Weise umgegangen werden kann. Dieses Beispiel ist vorbildhaft für das in Kapitel 6 dargestellte Modell *Wandlungs-Räume* einer traumasensiblen Seelsorge.

2.5 Statt einer Zusammenfassung: Grundhaltungen im Umgang mit traumatisierten Menschen

Aus dem in den vorangehenden Unterkapiteln von Kapitel 2 dargestellten Inhalten kann man *zwei Grundhaltungen* und diesen *beiden* Grundhaltungen zugeordnet *sieben Grundregeln* im professionellen Umgang mit traumatisierten Menschen formulieren, und zwar unabhängig von der jeweiligen spezifischen Profession (die eigentliche, in Kapitel 2.4.1 beschriebene traumafolgentherapeutische *Trauma-Konfrontation* erfolgt natürlich nur im Rahmen eines psychotherapeutischen Settings durch entsprechend ausgebildete und erfahrene Traumatherapeut[inn]en!). Sie sind somit auch Basis für eine traumasensible Seelsorge (s. Kapitel 6, dort finden sich auch noch einmal Überlegungen zum Verhältnis von Traumafolgen-Therapie

---

[245] WEISS (2016): *Traumapädagogik: Entstehung, Inspirationen, Konzepte,* in: WEISS et al. (2016): *Handbuch Traumapädagogik,* 20–30, 23.

[246] Die ausführlichen Überlegungen zur Selbstfürsorge inkl. praktischer Anleitungen finden sich bei HANTKE/GÖRGES (2012): *Handbuch Traumakompetenz,* 158–180, Zitate: 158, 164 und 168, sowie SCHERWATH/FRIEDRICH (2012): *Soziale und pädagogische Arbeit,* 179–196. S.a. JEGODTKA/LUITJENS (2016): *Systemische Traumapädagogik,* 195–210, dort finden sich ebenfalls sehr hilfreiche und praktische Überlegungen, u.a. ein „Salutogramm" (ebd., 206), s. Kapitel 7.3.4, c, Punkt h. und 7.6.5; BECKRATH-WILKING et al. (2013): *Traumafachberatung,* 365–378; BAIERL/FREY (Hrsg.) (2016): Praxishandbuch Traumapädagogik, 264–275; MAERCKER (2013): *Besonderheiten bei der Behandlung und Selbstfürsorge für Traumatherapeuten,* in: MAERCKER (Hrsg.): *Posttraumatische Belastungsstörungen,* 159–174.

2.5 Grundhaltungen im Umgang mit traumatisierten Menschen

und traumasensibler Seelsorge). Denn Heilung von den Folgen einer Traumatisierung kann auch in anderen als psychotherapeutischen Kontexten geschehen.

> **Die beiden übergeordneten Grundhaltungen:**

Grundhaltung 1:   Bedingungsfreie Wertschätzung und „Annahme des guten Grundes"[247]

Grundhaltung 2:   Ressourcenfokussierung und Körper-/Leiborientierung

> **Die den beiden Grundhaltungen zugeordneten sieben Grundregeln:**

Grundregel 1:   *Safety First!*[248] *und Aktivierung des „Sozialen Kontaktsystems"*

Das bedeutet, dem Gegenüber zum einen ein Höchstmaß an äußerer Sicherheit zu bieten. Hierzu gehört es unabdingbar auch, klare, verlässliche und transparente Hilfe-Strukturen zu schaffen. Zum anderen gilt es, das Gegenüber dabei zu unterstützen, ein Gefühl innerer Sicherheit im professionellen Raum und in der professionellen Beziehung zu entwickeln, inklusive korrigierender Bindungs- und Beziehungserfahrungen. Dabei ist insbesondere auf eine sensible, positiv-emotional zugewandte und Sicherheit vermittelnde Kommunikation bzw. Interaktion zu achten.

Grundregel 2:   *Traumasensibler Blick und Psychoedukation*

Alle Verhaltensäußerungen des traumatisierten Menschen (BASK-Modell) müssen vor dem Hintergrund der Traumatisierung und deren typischer Folgeerscheinungen verstanden werden (der „gute Grund"), ich nenne das den *traumasensiblen Blick*, mit aller gebotenen Vorsicht könnte man auch von einer „Traumabrille" spre-

---

[247] Die „Annahme des guten Grundes" steht im Zentrum einer traumasensiblen Grundhaltung innerhalb der „Traumapädagogik". Sie besagt, dass „[d]as Verhalten des [*traumatisierten, Hinzufügung RK*] Kindes [...] entwicklungsgeschichtlich verstehbar [ist] als eine normale Reaktion auf eine außerordentliche Belastung" (WEISS [2016]: *Traumapädagogik: Entstehung, Inspirationen, Konzepte*, in: WEISS et al. [Hrsg.]: *Handbuch Traumapädagogik*, 20–32, Zitat: 23). Die „Annahme des guten Grundes" gilt für mich gleichermaßen für Kinder wie Erwachsene, die unter den Folgen einer Traumatisierung leiden.

[248] KORRITKO (2016): *Posttraumatische Belastungsstörungen*, 107: „Anstelle von »Trauma first« gilt heute »Safety First«. Die Heilung liegt nicht in der Aufdeckung der Vergangenheit, sondern in positiven Erfahrungen in der Gegenwart. Dies schließt auch Ansätze ein, die nach einer Stabilisierungsphase eine »sanfte Konfrontation« befürworten. Traumatisierte Menschen benötigen Sicherheit in der Welt, in Beziehungen und in sich selbst. Und sie benötigen in Beratung und Therapie Kontexte und Bedingungen, die eine Selbstheilung ermöglichen oder wahrscheinlicher machen. Systemische Ansätze betonen besonders intensiv die Prozesse, die zur ressourcenorientierten Selbstwirksamkeit führen, und beziehen zwischenmenschliche bzw. innerfamiliäre Kommunikationsmuster sowie die gegenseitige Beeinflussung von biologischen, psychischen und interaktionellen Prozessen ein."

chen.²⁴⁹ Zudem muss dem traumatisierten Gegenüber genau erklärt werden, was mit ihm bzw. ihr los ist und dass es sich um normale und automatisierte biologische Reaktionen handelt (Psychoedukation).

Grundregel 3:   *Herstellen von Stabilität, Sicherheit und Selbstkontrolle*
Über traumatische Inhalte nicht (ausführlich) sprechen, ohne ausreichende Stabilität und das Gefühl von Sicherheit im traumatisierten Gegenüber installiert zu haben (s. Grundregel 1). Deshalb gilt es von Anfang an, dem traumatisierten Menschen zu helfen, eine gewisse innere und äußere Stabilität und Selbstkontrolle auf allen vier Verhaltens- und Erlebensebenen (BASK-Modell) wiederzuerlangen und selbstständig aufrechterhalten bzw. immer wieder selbst herstellen zu können, gemäß dem Prinzip „Stabilisierung durch Konfrontation" und „Konfrontation durch Stabilisierung" (Sachsse/Sack). Im Sinne des Prinzips der „dualen Aufmerksamkeit" (Hensel) oder des „Pendelns" (Levine) werden belastenden inneren Bildern, Gefühlen, Gedanken oder Körperempfindungen entlastende innere Bilder (Imaginationen), Gefühle, Gedanken oder Körperempfindungen entgegengesetzt. Dabei müssen expliziter und impliziter Funktionsmodus gleichzeitig aktiviert sein.

Grundregel 4:   *„Es ist vorbei."*²⁵⁰*:*
                                     Unterscheidung zwischen Damals *und* Heute
Dem Gegenüber vermitteln, dass es auf der eigenen biographischen Zeitlinie ein *Damals* gibt, dem das Trauma (traumatische Situation) als historisches Ereignis, das vorüber ist und das das Individuum überlebt hat, zuzuordnen ist. Und dass es auf dieser biographischen Zeitlinie ein *Heute* gibt, in dem die Folgen der einstigen Traumatisierung auf der Ebene von Körper, Emotionen und Kognitionen suggerieren, dass das Trauma sich permanent zu wiederholen und die einstige Bedrohungssituation weiter zu bestehen scheint. Diese „Falschinformation" gilt es konsequent immer wieder zu benennen. „Es geht darum, das Trauma selbst immer tiefer als Illusion zu erkennen und die unbedrohte Gegenwart als Wirklichkeit wahrzunehmen."²⁵¹ Und dass es vom *Heute* aus gesehen eine *Zukunft* gibt, in der ich gelernt haben werde, mit den Folgen der Traumatisierung so zu leben, dass dieses Leben mir lebenswert ist.

---

[249] Nicht als Trauma-Trance-Brille, sondern als Gleitsichtbrille, die Traumatisierung und Überlebt-Haben/Ressourcen im Blick hat (s. JEGODTKA/LUITJENS [2016]: *Systemische Traumapädagogik*, 37–38).

[250] Bei den auch in einer Traumafolgen-Therapie gut einsetzbaren „Lebenskarten" findet sich eine Karte, die den Titel trägt „Es ist vorbei." (https://www.lebenskarten.de/de, aufgerufen am 14.09.2020).

[251] GESSNER (2017): *Trauma, Illusion und Spiritualität*, in: BOURQUIN/NAZARKIEWICZ (Hrsg.): *Trauma und Begegnung*, 263–273, 273.

2.5 Grundhaltungen im Umgang mit traumatisierten Menschen

Grundregel 5:   *Eröffnen von neuen „Möglichkeitsräumen"*[252]
Hilflosigkeitserfahrungen im Kontakt mit dem Gegenüber sind bestenfalls zu vermeiden, stattdessen soll das Gegenüber Kontrollerfahrungen in der Interaktion mit dem professionell Begleitenden wie mit anderen Menschen im sozialen Umfeld machen. Aus einem einstmaligen Opfer kann so ein/e Überlebende/r werden, für den/die das Überlebt-Haben eine große „Überwindungsleistung" darstellt.[253] Professionelle Begleitung hilft dem traumatisierten Menschen, sich neue *Möglichkeitsräume* in der Gegenwart und auf Zukunft hin zu eröffnen, die nicht traumadominiert sind. Sie begleitet Menschen in ihrer *Sehnsucht* nach Heil- und Ganz-Werden (Kohärenz).

Grundregel 6:   *Niemand ist für sich alleine traumatisiert*
Menschen leben in sozialen Bezügen, in unterschiedlichen Systemen. Eine systemische Betrachtungsweise der Entstehung und der Folgen psychischer Traumatisierungen und deren Behandlung erweitert einen auf das traumatisierte Individuum zentrierten Blickwinkel auf die psycho-*sozialen* (und damit auch gesellschaftlichen) Aspekte von Traumatisierungen. Denn Traumatisierungen haben oft soziale Isolation zur Folge. Auch können gesellschaftliche Faktoren und Bedingungen Traumata (mit)verursachen bzw. erst ermöglichen. Aber in der sozialen Umwelt eines traumatisierten Individuums können auch viele wertvolle Ressourcen zu finden sein. Systemisch zu denken und zu arbeiten bedeutet, mit einer Art ressourcen- und lösungsorientiertem Rundumblick auf das Überleben und die Widerstandskraft von Menschen trotz widriger Umstände zu schauen.

Grundregel 7:   *Selbstfürsorge, Psychohygiene und*
                                 Mitgefühl des professionell Begleitenden
Auch der professionelle Helfer/die professionelle Helferin praktizieren Selbstfürsorge und Psychohygiene als Schutz vor sekundärer Traumatisierung und Erschöpfung bzw. Helferermüdung. Sie achten dabei darauf, eine Haltung des *Mitgefühls* (statt Empathie oder Mitleid)[254] und einer *mitfühlenden Zeugin/eines mitfühlenden*

---

[252] Den Begriff übernehme ich aus VON SCHLIPPE/ SCHWEITZER (2016): *Lehrbuch I,* 200–201. Er findet sich z.B. auch bei HANTKE/GÖRGES (2012): *Handbuch,* 155, den sie in Bezug setzen zur „Ressourcenorientierung" (s. Grundhaltung 2) als „Bewegung im Möglichkeitsraum".

[253] KIRSCHT (2014): *Der Emmaus-Weg,* 277. Wirtz spricht von der Wiedererlangung eines „Heimatrechts im Leben" (WIRTZ [2006]: *Flügel trotz allem,* 6).

[254] Hilfreich ist die bewusste Unterscheidung und Einnahme einer Haltung von Mitgefühl (im Sinne einer nichtidentifikatorischen achtsamen und wertschätzenden Resonanz) statt Empathie (im Sinne eines Mit-**Leidens**). Beiden voneinander zu unterscheidenden sozialen Emotionen liegen offensichtlich unterschiedliche neuronale Netzwerke zugrunde. Bei Mitgefühl werden neuronale Netzwerke aktiviert, die mit positiven Affekten, prosozialem Verhalten und Gefühlen von Zugehörigkeit, Liebe und positiven Emotionen einhergehen und die eigene Resilienz stärken. Bei Empathie werden neuronale Netzwerke aktiviert, die mit negativen Affekten und Schmerzempathie einhergehen und zu Burnout führen können. S. hierzu: KLIMECKI et al. (2013): *Empathie versus Mitgefühl,* in: SINGER/BOLZ (Hrsg.): *Mitgefühl in Alltag und Forschung,* 282–295. S.a. REDDEMANN (2016): *Mitgefühl,* 14: „Empathie ist genau

Zeugen einzunehmen, die vor negativen Affekten und Burnout schützen können (s. Kapitel 6.3).

---

genommen Einfühlung und insoweit neutral. Sie kann sich in Richtung Ablehnung, ja sogar Hass entwickeln oder in Richtung Mitgefühl."

3. Trauma in der Bibel: Bilder von Schmerz und Heilung

3.1 Vorbemerkungen

Psychische Traumata sind allgegenwärtig in der Bibel. Sie wäre nicht das „Buch des Lebens", wenn sich in ihr nicht diese Grundkategorie und Grunderfahrung menschlichen Lebens über Zeiten und Kulturen hinweg wiederfände. So kann man eine Vielzahl an Texten identifizieren, die eine psychotraumatologische Deutung nahelegen.[255] Es ist hier nicht der Ort, dieses Thema umfassend darzulegen, dazu bedarf es eigener Publikationen, von denen es inzwischen glücklicherweise eine stetig wachsende Anzahl gibt.[256] Auch geht es nicht um einen exegetischen Blick auf einzelne biblische Texte im Sinne der klassischen historisch-kritischen Exegese, sondern einer psychologischen Exegese, deren Sinn und Legitimität bereits an anderer Stelle nachgewiesen wurde.[257] Näherhin geht es um einen Blick auf biblische Texte „through the lens of trauma".[258] Das hier vertretene eigene Modell einer „phänomenologisch-psychotraumatologischen" Exegese, die sich im größeren Rahmen einer sozialwissenschaftlichen Exegese verortet, dient den dargestellten Deutungsversuchen biblischer Texte als „Korrektiv und Hintergrund".[259] Letzteres ist insofern wichtig, als es bei einer solchen psychologisch-psychotraumatologischen Exegese nicht darum geht, irgendetwas in die antiken Texte *hineinzulesen*, sondern sie als Zeugnisse möglicher Traumaerfahrungen und deren Verarbeitung zu deuten. Was diese Texte so ungemein hilfreich und fruchtbar für heutige traumatisierte Menschen machen kann.

So gilt es, eine Auswahl aus einer Vielzahl an möglichen Texten zu treffen, und zwar mit Blick auf das Thema dieses Buches. Insofern sollen in diesem Kapitel Texte mit einem möglichen Traumahintergrund angeführt werden, die zugleich in besonderer Weise wichtig für eine traumasensible Seelsorge sind, bzw. die in der Seel-

---

[255] JOST (2004): *Deborah in der neuen Welt*, 271, fasst zusammen: „In biblischen Texten finden sich neben Beschreibungen von traumatischen Erlebnissen von Krieg, Hunger, Gewalt und Vergewaltigung auch Ansätze von Heilungsmöglichkeiten, die sich mit den Ergebnissen moderner Traumaforschung und -therapie in Verbindung bringen lassen."

[256] Zu diesem Thema sind in den letzten Jahren zahlreiche Publikationen erschienen. S. hierzu die entsprechenden Titel im Literaturverzeichnis. Verweise auf Übersichtsartikel finden sich in BOASE/FRECHETTE (Hrsg.) (2016): *Bible through the Lens of Trauma*, 1.

[257] KIRSCHT (2014): *Der Emmaus-Weg*, 79–82.

[258] BOASE/FRECHETTE (Hrsg.) (2016): *Bible through the Lens of Trauma*.

[259] KIRSCHT (2014): *Der Emmaus-Weg*, 51. „Phänomenologisch" bedeutet „[a]ls Forschungsmethode eine Haltung unvoreingenommener Wahrnehmung und Beschreibung von unmittelbar vorhandenen Phänomenen" (FISCHER/RIEDESSER [2003]: *Lehrbuch der Psychotraumatologie*, 371). Durch die Wortverbindung „phänomenologisch-psychotraumatologisch" soll ausgedrückt werden, dass es um eine Beschreibung wahrnehmbarer Phänomene im Licht psychotraumatologischer Theorie und Praxis geht.

sorge*praxis* mit traumatisierten Menschen hilfreich und heilsam sein und wirken können. Insbesondere in Kapitel 6.2 werden Formen der praktischen Seelsorgearbeit mit biblischen Texten im Kontext von Trauma und Traumafolgen beschrieben.

Bei einer solchen phänomenologischen Deutung geht es also im Sinne des (gemäßigten) philosophischen (Re-)Konstruktivismus um *ein legitimes Deutungsangebot neben anderen.*[260] Zum einem, um zu einem neuen, manchmal vielleicht überraschenden, in jedem Fall bestehende klassische Textdeutungen bereichernden (nicht sie ersetzenden!) Verständnis der antiken Texte zu gelangen. Zum anderen – und das ist der Blickwinkel der vorliegenden Arbeit – damit „die biblisch-literarischen Wege des An- und Aussprechens von lebenszerstörenden und -vernichtenden Erfahrungen und des göttlichen und menschlichen Umgangs damit für das Verstehen von gegenwärtigen Unheilserfahrungen, womöglich auch für *therapeutische und seelsorgliche Prozesse* [Hervorhebung RK] in Beziehung zu traumatisierten Einzelnen und Gemeinschaften fruchtbar gemacht werden"[261] können.

Um den Rahmen dieses Buches nicht zu sprengen, bedeutet es notwendigerweise auch, eine Fokussierung auf individuelle Traumatisierungen und den seelsorglichen Umgang damit vorzunehmen und einen Verzicht auf die Auseinandersetzung mit kollektiven Traumatisierungen und den Umgang damit.[262] Worauf jedoch auch bei dieser individuellen Fokussierung nicht verzichtet werden kann, ist die gesellschaftliche Dimension auch individueller Traumatisierungen sowie die individuellen Erfahrungen in einem kollektiven Trauma (wie z.B. im Ezechielbuch). Und genau an dieser Stelle kommt eine ganz zentrale biblische Tradition in den Blick, die eng mit den Propheten und deren Sozial- und Gesellschaftskritik verknüpft ist, in die sich auch Jesus von Nazareth stellt (s.u. Kapitel 3.2.4).

3.2 Trauma in der hebräischen Bibel

3.2.1 Die Vergewaltigung Tamars: 2 Sam 13,1–22

Am Anfang der Ausführungen zu Trauma in der hebräischen Bibel steht eine fast klassisch zu nennende Geschichte von sexualisierter Gewalt und Vergewaltigung im sozialen Nahraum: Tamar, die von ihrem eigenen Halbbruder Amnon hinterhältig und brutal vergewaltigt wird. Anhand dieser Erzählung lässt sich einmal zeigen, dass es biblische Geschichten gibt, die der klassischen psychologischen Traumadeu-

---

[260] Ausführlich dargelegt in KIRSCHT (2014): *Der Emmaus-Weg*, 30–49; 84–98.
[261] POSER (2012): *Das Ezechielbuch als Trauma-Literatur*, 6.
[262] Exemplarisch zum Thema „kollektive Traumatisierungen" seien hier die Ausführungen zum Thema von POSER (2012): *Das Ezechielbuch als Trauma-Literatur*, 78–105, genannt. Zum Thema „kollektive Traumata" und „transgenerationale Weitergabe von Traumata" und den therapeutischen Umgang damit s. NAZARKIEWICZ/BOURQUIN (Hrsg.) (2018): *Einflüsse der Welt*.

3.2 Trauma in der hebräischen Bibel

tung entsprechen. Zum anderen, wie solche Texte durch ihre Leerstellen seelsorglich oder therapeutisch fruchtbar gemacht werden können.

In der traumatischen Situation selbst zeigen sich die in Kapitel 2.3 dargestellten typischen Reaktionsmuster: Da weder Bindung (*Face*), noch Kampf (*Fight*) und Abwehr der Tat, noch Flucht (*Flight*) möglich sind, tritt die Erstarrung (*Freeze*) ein, begleitet von Gefühlen extremer Ohnmacht und Hilflosigkeit. Nach der Tat zeigen sich bei Tamar typische Folgesymptome einer Reaktion auf eine schwere Traumatisierung, die sich der damaligen Zeit entsprechend sowohl in spontan-individuellen wie „geprägten Ausdrucksformen" äußern: einerseits Schreien und motorische Unruhe (*Arousal*), andererseits die Asche-, Kleid-zerreißen- und Hand-auf-den-Kopf-legen-Rituale (V19).[263]

Nach der Tat zeigen sich aber nicht nur die individuellen typischen Traumafolgereaktionen, sondern auch bis heute typische Reaktionen des sozialen Umfelds: das Opfer wird zum Schweigen gebracht (verdammt) und sozial isoliert. Auf der einen Seite bricht der Täter den lebendigen Widerstand des Opfers nach der Tat und wirft die vergewaltigte Frau vor die Tür und kappt jede Beziehung zu ihr, durch die das geschehene Unrecht an die Öffentlichkeit kommen könnte, und entzieht sich so seiner Verantwortung (V15–18); auf der anderen Seite beschwichtigt das familiäre Umfeld (und spielt damit dem Täter in die Hände) in Form von Tamars Bruder Abschalom, indem er sie anweist zu schweigen und nicht weiter an das Geschehen zu denken (V20), auch eine Art zu verhindern, dass die Tat an die Öffentlichkeit gelangt.[264] Heute wie damals sind dies äußerst zynische und das Opfer erneut traumatisierende Reaktionen. In ihr eigenes Haus und damit – so könnte man sagen – in ihr zuvor freies und selbstbestimmtes Leben (im Rahmen der damaligen Grenzen, die einer Frau gesetzt wurden) kann Tamar nicht mehr zurückkehren. Sie wohnt nach der Tat in Abschaloms Haus, aber sie lebt dort wie eine lebende Tote („eine Art lebendiges Totsein infolge unbewältigter [*menschlicher, Hinzufügung RK*] Gewalteinwirkung") in traumatischer Erstarrung (zu dem an dieser Stelle verwendeten Lexem שמם s. Kapitel 3.2.3).[265] Wenig wird Tamar dabei in ihrem Leid geholfen haben, dass ihr Vater, König David, sehr zornig über das Geschehene war und dass Abschalom seinen Bruder Amnon hasste und nicht mehr mit ihm redete. Tamars weiteres Schicksal wird jedenfalls nicht mehr erzählt, sie verschwindet wie so viele (weibliche) Opfer/Betroffene von Gewalt im Dunkel der Geschichtslosigkeit. Berichtet wird nur davon, dass ihr Bruder Abschalom den Täter nach zwei Jahren erschlagen ließ.

Bail lenkt in ihrer Auslegung der Erzählung die Aufmerksamkeit auf das in meinem Seelsorge-Modell (*Wandlungs-Räume*) zentrale Thema „Räume" (s. Kapitel 6). Sie spricht von der Ambivalenz von Räumen: einerseits können hinter deren verschlossenen Türen „schwerste Verbrechen" geschehen, andererseits kann ein Raum Schutz gewähren und ein Platz für heilsame Prozesse sein, besonders für

---

[263] BAIL (2006): *Hautritzen*, 57.
[264] BAIL (1998): *Gegen das Schweigen klagen*, 160–161.
[265] POSER (2012): *Das Ezechielbuch als Trauma-Literatur*, 314–315. BAIL (1998): *Gegen das Schweigen klagen*, 153–154.

jene, die durch (schwere) traumatische Erfahrungen in die „Ortlosigkeit" geworfen wurden.²⁶⁶

Bail stellt auch eine Verbindung her zwischen der Erzählung von der Vergewaltigung Tamars und Psalm 6 (einem individuellen Klagepsalm), dessen „Unbestimmtheitsstellen" man (neben verschiedener „Notsituationen") eben auch mit der Erfahrung von Vergewaltigung und sexualisierter Gewalt füllen könne, sodass er zu einem „Klagelied Tamars, der die Gewalt Körper und Sprache zerstört hat" wird, „[z]u sprechen gegen das Schweigen".²⁶⁷ Der Psalm wird so zu einem „Sprachraum", in dem die „Mauern des Schweigens, die Tamar umgeben, durchbrochen" werden.²⁶⁸

Die Überlegungen von Bail in ihre eigene Interpretation der Tamar-Erzählung einbeziehend, versucht Juliana Claassens auf der Basis von Judith Hermans klassischem Drei-Phasen-Modell die Geschichte von Tamar nicht bei V20 enden zu lassen, sondern sie zeigt auf, dass man die Geschichte nicht nur als eine tragische Erzählung lesen kann, sondern auch unter dem Aspekt der Genesung, also der dritten Phase nach Herman, der „Wiederanknüpfung" (im engl. Original: „recovery").

„To retell Tamar's story from the victim's perspective with a focus of survival and recovery is an act of resistance in itself. To imagine Tamar's recovery is to give her agency, to contemplate her mourning the tragic events, and to interrupt the process of victimization and erasure of the subject started in the biblical account." Natürlich kann keine Lesart die tagtägliche sexualisierte Gewalt gegen Frauen und Kinder, aber auch Männer, ungeschehen machen. Wohl aber kann die Lektüre der Tamar-Erzählung als Geschichte einer Überlebenden und das Trauma Überwindenden (im Sinne der „recovery") diese Erzählung zu einem „living monument" werden lassen, „raising awareness and challenging readers then and now to resist (sexual) violence".²⁶⁹

Sowohl Bail als auch Claassens tun etwas, dass biblische Texte auf wunderbare Weise lebendig werden lässt für heutige Menschen, im vorliegenden Kontext eben für traumatisierte Menschen. Kombiniert man einen solchen Text wie die Tamar-Erzählung mit ihren „Unbestimmtheitsstellen" und Leerstellen mit einer Methode wie dem „Bibliodrama" bzw. in der von mir entwickelten Variante als *Biblische Skulptur- und Aufstellungsarbeit* kann das zu sehr eindrucks- und kraftvollen Aktualisierungen und *Recovery*-Erfahrungen führen (s. Kapitel 6.2.3, b).

---

[266] BAIL (1998): *Gegen das Schweigen klagen*, 155–158.
[267] BAIL (1998): *Gegen das Schweigen klagen*, 163.
[268] BAIL (1998): *Gegen das Schweigen klagen*, 159–160.
[269] CLAASSENS, L. Juliana M. (2016): *Trauma and Recovery: A New Hermeneutical Framework for the Rape of Tamar (2 Samuel 13)*, in: BOASE/FRECHETTE (Hrsg.) (2016): *Bible through the Lens of Trauma*, 177–192, Zitat: 191.

3.2.2 Psalmen: Schreckensbilder und Gegenbilder

Die Psalmen sind Gebetstexte, in denen sich verschiedenste menschliche Erfahrungen widerspiegeln. Es sind spirituelle Texte, die seit Jahrhunderten jüdischen wie christlichen Gläubigen helfen, ihre eigenen positiven wie negativen Erfahrungen in Worte zu fassen und zu verarbeiten. Solches gilt sicherlich auch für Menschen, die sich keiner der beiden Religionen zuordnen würden, die sich aber dennoch von diesen Texten (spirituell) angesprochen fühlen. Zu diesen Erfahrungen zählen ebenso Lob und Freude, Dank und (Gottes-)Vertrauen, wie auch Klage und Anklage, Trauer und Schmerz bis hin zu tiefen Krisen- und Bedrohungserfahrungen sowie Traumata. Mit Blick auf eine traumasensible Seelsorge lassen sich in den Psalmen zwei wichtige Beobachtungen machen. Zum einen finden sich Passagen, in denen sehr deutliche Formulierungen zu finden sind, die an die Phänomenologie psychischer Traumatisierungen denken lassen. So konstatieren KERSTNER et al. folgerichtig,

> dass die Beter vielfältige Symptome von Depression und traumatischem Erleben beschreiben. Sie sind verzweifelt und sprachlos, fühlen sich überschwemmt, leiden unter Ess- und Schlafstörungen, Hoffnungslosigkeit und Ohnmacht, Scham und dem Gefühl der Schande, unter sozialer Isolation und Verzweiflung. Orientierungslosigkeit und Heimatlosigkeit plagen sie. Symptome von innerer Erstarrung kommen hinzu und die ewige Frage nach der Ursache ihres Leidens.
> Die lange Liste des Leidens ist solchen Menschen, die dem Menschen zum Opfer fielen, auch heute noch nicht unvertraut. Therapeuten würden von Depressionen, Symptomen einer akuten Belastungsreaktion oder von Symptomen einer posttraumatischen Belastungsstörung sprechen.[270]

Zum anderen finden sich Beschreibungen von Orten oder Zuständen, die man mit dem in der Stabilisierungsarbeit im Rahmen einer Traumafolgen-Therapie zentralen „inneren Ort der Geborgenheit" (Reddemann) in Verbindung setzen kann, ja die diesen Ort bilderreich darstellen und so zu Angeboten für traumatisierte Menschen werden können (zur praktischen Umsetzung s. Kapitel 6).[271]

Ich will dies exemplarisch an Psalm 55 konkretisieren.[272] Bei Psalm 55 handelt es sich um einen individuellen Klagepsalm, in dem sich wunderbar kontrastiert individuelle Traumasymptomatik und die Sehnsucht nach einem sicheren Ort finden lassen (zu diesem Psalm im Kontext traumasensibler Seelsorge s. Kapitel 6.2.2, b und 6.2.3, a). In den Versen 3b–5 heißt es:

> 3b Klagend irre ich umher und bin verstört
> 4 wegen des Geschreis des Feindes,

---

[270] KERSTNER et al. (Hrsg.) (2016): *Damit der Boden wieder trägt*, 38.
[271] BIELER (2017): *Verletzliches Leben*, 219–227, beschreibt beide Pole des in Kapitel 2.4.1 beschriebenen *Pendelns* zwischen belastenden und entlastenden Bildern mit Hilfe von Psalmen, insbesondere Psalm 55 und 23.
[272] Eine psychotraumatologische Deutung von Psalm 55 im Kontext von sexualisierter Gewalt gegen Frauen findet sich bei BAIL (1998): *Gegen das Schweigen klagen*.

> unter dem Druck des Frevlers.
> Denn sie überhäufen mich mit Unheil
> und befehden mich voller Grimm.
> 5 Mir bebt das Herz in der Brust;
> mich überfielen die Schrecken des Todes.
> 6 Furcht und Zittern erfassten mich;
> ich schauderte vor Entsetzen.

Innere Unruhe, (Todes-)Angst und Verstörung begleitet von der typischen körperlichen Übererregung prägen das Erleben des Beters oder der Beterin. In den Versen 7–9 bricht sich die Sehnsucht nach einem *sicheren Ort* Bahn, wenn es heißt:

> 7 Da dachte ich:
> Hätte ich doch Flügel wie eine Taube,
> dann flöge ich davon und käme zur Ruhe.
> 8 Siehe, weit fort möchte ich fliehen,
> die Nacht verbringen in der Wüste.
> 9 An einen sicheren Ort möchte ich eilen vor dem Wetter,
> vor dem tobenden Sturm.

Das Bild von der Taube, die davonfliegt und zur Ruhe kommt, lässt sich metaphorisch deuten als die Fähigkeit, sich mit Hilfe von inneren Bildern und Vorstellungen an einen anderen Ort zu begeben und innerlich zur Ruhe zu kommen, sich zu stabilisieren. Das ist das Prinzip der von Luise Reddemann formulierten heilsamen Imaginationen[273] (s. hierzu Kapitel 6.2.2, b).

Im Folgenden sollen noch drei weitere Psalmen benannt werden, die für das Thema Stabilisierung und (innere) sichere bzw. geborgene Orte bedeutsam sind. Zunächst die Psalmen 27 und 84. Sie bilden die biblische Grundlage für die in Anlehnung an die Imagination zum *Inneren Garten* von Reddemann entwickelte Imagination zum *Inneren Heiligen Ort* (s. Kapitel 6.2.2, b und 7.3.2, a). In Psalm 27 heißt es:

> 4 Eines habe ich vom HERRN erfragt,
> dieses erbitte ich:
> *im Haus des HERRN zu wohnen alle Tage meines Lebens;*
> *die Freundlichkeit des HERRN zu schauen*
> *und nachzusinnen in seinem Tempel.*
> 5 Denn er birgt mich in seiner Hütte am Tag des Unheils;
> *er beschirmt mich im Versteck seines Zeltes,*
> er hebt mich empor auf einen Felsen.

---

[273] REDDEMANN (2019): *Imagination*, bes. 31–75. Zur neurobiologischen Grundlage der Arbeit mit Imaginationen und inneren Vorstellungen s. Kapitel 6.2.2, b. BAIL (1998): *Gegen das Schweigen klagen*, 213ff, deutet das Bild von der Taube im Kontext von Dissoziationen als einer Überlebensstrategie bei Traumaopfern (s. Kapitel 2 in diesem Buch), pointiert formuliert bezeichnet sie Psalm 55 als ein „Überleben im Bild der Taube" (164).

3.2 Trauma in der hebräischen Bibel

Und in Psalm 84 heißt es:

> 2 Wie liebenswert ist deine Wohnung,
> du HERR der Heerscharen!
> *3 Meine Seele verzehrt sich in Sehnsucht nach den Höfen des HERRN.*
> Mein Herz und mein Fleisch,
> sie jubeln dem lebendigen Gott entgegen.
> 4 Auch der Sperling fand ein Haus und die Schwalbe ein Nest,
> wohin sie ihre Jungen gelegt hat -
> deine Altäre, HERR der Heerscharen, mein Gott und mein König.
> *5 Selig, die wohnen in deinem Haus, die dich allezeit loben.*
> *6 Selig die Menschen, die Kraft finden in dir,*
> *die Pilgerwege im Herzen haben.*
> *7 Ziehen sie durch das Tal der Dürre,*
> *machen sie es zum Quellgrund und Frühregen hüllt es in Segen.*
> 8 Sie schreiten dahin mit wachsender Kraft und erscheinen vor Gott auf dem Zion. Wie liebenswert ist deine Wohnung, Herr der Heerscharen!

Das sind genau die Bilder, die zu „Gegenbilder[n] zu den Schreckensbildern" oder zu einem „Gegengewicht" werden können.[274]

So auch die folgende Passage aus Psalm 91. Nachdem der Beter oder die Beterin von den Schrecken der Nacht (hier kann man an nächtliche Albträume und Intrusionen als eine Traumafolgensymptomatik denken) und anderen Schrecken und Bedrohungen am Tage gesprochen hat, folgen diese Worte der Zuversicht und des Trostes:

> 9 Ja, du, HERR, bist meine Zuflucht.
> Den Höchsten hast du zu deinem Schutz gemacht.
> 10 Dir begegnet kein Unheil,
> deinem Zelt naht keine Plage.
> 11 Denn er befiehlt seinen Engeln,
> dich zu behüten auf all deinen Wegen.
> 12 Sie tragen dich auf Händen,
> damit dein Fuß nicht an einen Stein stößt;
> 13 du schreitest über Löwen und Nattern,
> trittst auf junge Löwen und Drachen.
> Denn der Herr ist deine Zuflucht,
> du hast dir den Höchsten als Schutz erwählt.

Die Engel können hier zu Beispielen für die Vorstellung von „inneren hilfreichen Wesen"[275] werden. Zusätzlich kann man diese Art der Imaginationen mit Musik kombinieren (s. hierzu Kapitel 6.2.2, b, „Gottes Engel weichen nie" aus Kantate 149).

Als letztes Beispiel ein Psalm – der vielleicht bekannteste und sicherlich ein Stück Spirituelles Welterbe der Menschheit (s.o. die einleitenden Sätze zu Beginn dieses Kapitels) –, der beim Thema Trauma und Psalmen m.E. nach nicht fehlen

---

[274] REDDEMANN (2019): *Imagination*, 40–60 und 61–67.
[275] REDDEMANN (2019): *Imagination*, 59–60.

darf: Psalm 23. In ihm findet sich zwar keine explizite konkrete Traumasymptomatik, dafür aber würde ich ihn als den paradigmatischen Psalm für sichere Orte bezeichnen, im Inneren wie im Äußeren, für Stabilisierung, Ressourcenfokussierung und Körper-/Leiborientierung. Deshalb kommt ihm in meinem traumasensiblen Seelsorgemodell neben der Emmaus-Erzählung und der Erzählung vom achtsamen und mitfühlenden Samariter (s.u.) eine basale Bedeutung zu.

> 1 Der HERR ist mein Hirt,
> nichts wird mir fehlen.
> 2 Er lässt mich lagern auf grünen Auen
> und führt mich zum Ruheplatz am Wasser.
> 3 Meine Lebenskraft bringt er zurück.
> Er führt mich auf Pfaden der Gerechtigkeit,
> getreu seinem Namen.
> 4 Auch wenn ich gehe im finsteren Tal,
> ich fürchte kein Unheil; denn du bist bei mir,
> dein Stock und dein Stab, sie trösten mich.
> 5 Du deckst mir den Tisch vor den Augen meiner Feinde.
> Du hast mein Haupt mit Öl gesalbt, übervoll ist mein Becher.
> 6 Ja, Güte und Huld werden mir folgen mein Leben lang
> und heimkehren werde ich ins Haus des HERRN für lange Zeiten.

In Psalm 23 werden alle drei Ebenen des *Triune Brain* angesprochen (s. Kapitel 2.3.3), einmal *kognitiv* die Sprache der Beruhigung der unteren Gehirnebenen durch die oberste Gehirnebene, die den ganzen Psalm durchzieht, im Sinne der *Top-down*-Bewegung; als zweites die *emotional* positiv aufgeladene Bilderwelt von Ruhe, Sicherheit, Begleitet-Werden und unerschütterlicher Zuversicht; schließlich die *somatische* Komponente im Bild vom gedeckten Tisch und dem gefüllten Becher (körperliches Nähren) und im Ritual der Salbung (körperliche heilsame Berührungen).

Bei Serene Jones findet sich eine interessante und für die Seelsorgearbeit mit traumatisierten Menschen sehr inspirierende Parallelisierung der Einteilung der Psalmen in drei Kategorien durch den Genfer Reformator Johannes Calvin in seinem umfangreichen Psalmenkommentar und der drei Phasen der (klassischen und inzwischen modifizierten) Phasen-Modelle in der Traumafolgen-Therapie (s. Kapitel 2.4.1) nach Judith Herman in ihrem Klassiker „Trauma and Recovery" (dt. „Narben der Gewalt"). Calvin teilt die Psalmen nämlich ein in „psalms of deliverance" (Psalmen der Befreiung bzw. Erlösung), dem entspricht bei Herman die Phase der „Sicherheit" (*Stabilisierung*); „psalms of lamentation" (Klage-Psalmen), bei Herman die Phase von „Erinnern und Trauern" (*Trauma-Konfrontation*); und „psalms of thanksgiving" (Dank-Psalmen), bei Herman die Phase der „Wiederanknüpfung" an das Leben (*Trauma-Synthese und -Integration*). Die Einteilung der Psalmen nach Calvin lässt sich auch mit dem Ansatz von Sachsse und Sack („Stabilisierung durch Konfrontation" und „Konfrontation durch Stabilisierung", s. Kapitel 2.4.1) vereinbaren.

3.2 Trauma in der hebräischen Bibel

Schließlich geht es in den klassischen Phasen-Modellen ebenso wie in den neueren Modellen letztendlich um dieselben psychotherapeutischen *Wirkprinzipien*.[276]

Jones resümiert ihre Überlegungen mit dem sehr wichtigen Hinweis darauf, dass Traumaheilung nicht bedeutet, dass Traumata und Gewalt auf wundersame Weise durch Erinnern und Trauern von der Erde verschwinden, sondern dass die traumatische Realität auch in den Dank-Psalmen wie eine Art Echo durchscheint. Entscheidend ist, dass die Macht, die die traumatischen Erfahrungen über den Einzelnen haben, weniger wird. Und Hoffnung kann im Lob Gottes inmitten von Leid und Elend aufscheinen und Menschen können neue Kraft und neuen Mut zu einem Weiterleben-Trotzdem schöpfen.[277]

In Kapitel 6.2 wird näher auf den Einsatz von Psalmen in der Seelsorgepraxis mit traumatisierten Menschen eingegangen, auch mit Blick auf die im vorangehenden Absatz beschriebenen Verbindungen zwischen Psalmen und Prozessen auf dem Weg der Behandlung von Traumafolgen von Jones. Schon jetzt sei die Leserin, der Leser eingeladen, sich auf eine eigene Spurensuche in die beeindruckende, heilsame, aber auch starke und manchmal verstörende Sprach- und Bilderwelt zu begeben und jene Texte für sich zu entdecken, die für die eigene Seelsorgepraxis passend und stimmig sein könnten.[278]

3.2.3 Das Ezechielbuch als Traumaliteratur

Als ein Meilenstein in der Verwendung der Deutungskategorie „Psychisches Trauma" in der Bibelexegese im deutschsprachigen Raum darf das Buch von Ruth Poser (2012, *Das Ezechielbuch als Traumaliteratur*) bezeichnet werden. Hier ist nicht der Ort diese beeindruckende und richtungsweisende Arbeit zu würdigen. Vielmehr soll es nur darum gehen, in aller gebotenen Kürze darzustellen, wie einzelne Aspekte des Ezechielbuchs hilfreich sein können für die Seelsorge mit traumatisierten Menschen.

Poser benutzt Trauma als „hermeneutische[n] Schlüssel" zur Deutung des Ezechielbuchs „als Trauma-Literatur", „dem sich individuelle und kollektive Gewalterfahrungen eingeschrieben haben".[279] Im Ezechielbuch lassen sich nach Poser Phänomene (auch im Sinne [trauma-]diagnostischer Kategorien und Symptomatiken) individueller wie kollektiver Traumatisierungen finden, die eng miteinander verknüpft sind und bei denen die Person des Ezechiel als „wesentliche Schnittstelle für

---

[276] JONES (2018): *Trauma and Grace*, 55–63, und die drei Phasen der Genesung traumatisierter Menschen bei HERMAN (2018): *Die Narben der Gewalt*, 216. Zur Modifikation der klassischen Phasen-Modelle s. Kapitel 2.4.1.

[277] JONES (2018): *Trauma and Grace*, 63.

[278] Als Anregung für die eigene Entdeckung sei hier noch eine persönliche Auswahl weiterer Psalmen aus der praktischen Arbeit des Autors genannt: Psalmen 6, 13, 22, 38, 88, 143 (Traumasymptomatik); Psalm 63 (sicherer Ort); Psalm 116 (Traumasymptomatik und innere Beruhigung).

[279] POSER (2012): *Das Ezechielbuch als Trauma-Literatur*, 4–5.

die Verbindung von kollektivem und individuellem Trauma" verstanden werden kann.[280] Darüber hinaus kann das Ezechielbuch „als Trauma-Literatur verstanden werden, weil es das für Traumata kennzeichnende paradoxe Verhältnis von der Unmöglichkeit des Erzählens auf der einen, der Notwendigkeit des Erzählens auf der anderen Seite [...] explizit und implizit thematisiert".[281]

Obwohl es in der hebräischen Bibel keinen wie im heutigen Sinne verwendeten Traumabegriff gibt, identifiziert Poser – wie in Kapitel 3.2.1 bereits erwähnt – dennoch ein bestimmtes Lexem als „Trauma-Wort", das sich auch an verschiedenen Stellen im Ezechielbuch findet. Es handelt sich um das Lexem שמם, das man Ruth Poser folgend zum einen mit „(schreckens-)erstarrt" und „sprachlos" im Sinne „einer kurzfristigen Schreckensreaktion" übersetzen kann, zum anderen beschreibt es auch „eine Art lebendiges Totsein infolge unbewältigter oder unbewältigbarer (menschlicher) Gewalteinwirkung". Man kann dies in Beziehung setzen zu den beiden trauma(folge)typischen Phänomenen von *Freeze* und *Fragment* (s. Kapitel 2.3.2).[282]

Wichtig für eine traumasensible Seelsorge sind zum einen das Kapitel Ezechiel 37,1–14, die Vision von der Erweckung der toten Gebeine zu einem neuen Leben.[283] Die Formulierungen erinnern an das Gefühl von Zersplittert-Sein, von Fragmentierung, das traumatisierte Menschen erfüllt.[284] Man ist dem Tode näher als dem Leben, eine Art Grabes-Existenz, der eine eindrückliche Heilungsvision entgegengesetzt wird (ganz im Sinne einer *Neuwerdung*, s. Kapitel 4):

> 11 Er sagte zu mir: Menschensohn, diese Gebeine sind das ganze Haus Israel. Siehe, sie sagen: Ausgetrocknet sind unsere Gebeine, unsere Hoffnung ist untergegangen, wir sind abgeschnitten.
> 12 Deshalb tritt als Prophet auf und sag zu ihnen: So spricht GOTT, der Herr: Siehe, ich öffne eure Gräber und hole euch, mein Volk, aus euren Gräbern herauf. Ich bringe euch zum Ackerboden Israels.
> 13 Und ihr werdet erkennen, dass ich der HERR bin, wenn ich eure Gräber öffne und euch, mein Volk, aus euren Gräbern heraufhole.
> 14 Ich gebe meinen Geist in euch, dann werdet ihr lebendig und ich versetze euch wieder auf euren Ackerboden. Dann werdet ihr erkennen, dass ich der HERR bin. Ich habe gesprochen und ich führe es aus – Spruch des HERRN.

Zum anderen die Kapitel 40,1 – 44,3, in denen von dem neuen Tempel die Rede ist. Nach Poser erinnert die Schilderung dieses nur in der Vorstellung existierenden

---

[280] POSER (2012): *Das Ezechielbuch als Trauma-Literatur*, 650.
[281] POSER (2012): *Das Ezechielbuch als Trauma-Literatur*, 663.
[282] POSER (2012): *Das Ezechielbuch als Trauma-Literatur*, 312-334.
[283] POSER (2012): *Das Ezechielbuch als Trauma-Literatur*, 541-543. Poser verwendet hier den Begriff des „empowerment", ein u.a. auch im Kontext von ressourcenfokussierter Arbeit mit traumatisierten Menschen sehr wichtiger Begriff bzw. wichtiges Konzept, s. z.B. VERWEY, Martine (Hrsg.) (2000): *Trauma und Ressourcen. Trauma and Empowerment*, VWB-Verlag: Berlin.
[284] HUBER (2009): *Trauma und die Folgen*, 43-44.

Tempels an die Imagination eines „inneren Ortes der Geborgenheit" im Sinne vom Reddemann.[285]

Am Ende ihres Buches hält Poser fest, dass die „Ezechielerzählung" dazu anstößt, „erlittene Gewalt nicht zu verschweigen, sondern auszusprechen oder aufzuschreiben". Wichtig ist im Kontext der Traumatisierung, dass es eine „sinngebende Geschichte" (im Sinne der *Trauma-/Heilungs-Narration*) gibt, die wichtig ist „im Hinblick auf Überleben und Neuanfang". Dabei sind die Inhalte selbst eher sekundär gegenüber dem „Erzählen selbst" als ein „Angehen gegen traumatische Erstarrung, Vernichtung und Tod". Insofern „eröffnet das Ezechielbuch einen *narrativen Raum* [Hervorhebung RK], in dem (die Folgen) göttliche(r) und menschliche(r) Gewalt angesichts JHWHs zur Sprache kommen und bearbeitet werden können".[286] Diese Raummetapher ist grundlegend für das in Kapitel 6 dargestellte Modell traumasensibler Seelsorge, was ja bereits im Namen *Wandlungs-Räume* deutlich wird.

Das folgende Zitat von KERSTNER et al. über das Ezechielbuch bringt das in Kapitel 3.2 über „Trauma in der hebräischen Bibel" insgesamt Dargestellte sehr gut auf den Punkt[287]:

> Im Ezechielbuch begegnet uns ein exemplarisch-paradigmatisch Traumatisierter. Ezechiel musste Krieg, Angst, Unmenschlichkeit, Zerstörung, Gefangenschaft, den Zerfall sozialer Bindungen und lange andauernde Ungewissheiten aushalten. Darüber hinaus musste er als ehemaliger Priester auch die Zerstörung seines spirituellen Zentrums – des Tempels in Jerusalem ertragen. Im Ezechielbuch begleiten wir einen Menschen, der sein spirituelles Zentrum ganz neu und mühsam wieder aufbauen muss.
> Im Leben von Menschen, die durch sexuelle Gewalt traumatisiert wurden, finden wir immer wieder die Klage, dass ihre Fähigkeit zu vertrauen – auch zum Vertrauen in Gott – gestört, beschädigt und manchmal zerstört ist. Nicht allen Opfern wird geschenkt, was Ezechiel möglich war: Der Wiederaufbau von Sicherheit im Leben und Vertrauen auf einen guten Gott.

3.2.4 Das erste Gottesknechtslied: Jesaja 42,1–9

Im Jahr 2009 wurde zu einem Kongress der Deutschen Gesellschaft für Pastoralpsychologie zum Thema „Trauma – Therapie – Theologie" mit dem folgenden Motto eingeladen: „Wenn das geknickte Rohr zu brechen droht ...".[288] Diese Anspielung auf Vers 3 aus dem sog. „Ersten Gottesknechtslied" (Jes 42,1–9) zeigt, dass man diesen Text (wie auch einige andere aus dem Jesajabuch[289]) nicht nur sehr gut heranziehen kann für die seelsorgliche (und therapeutische) Arbeit mit traumatisierten Menschen, sondern er kann auch gedeutet werden als eine Art biblischer Wesensbe-

---

[285] POSER (2012): *Das Ezechielbuch als Trauma-Literatur*, 627–637.
[286] POSER (2012): *Das Ezechielbuch als Trauma-Literatur*, 681–686.
[287] KERSTNER et al. (Hrsg.) (2016): *Damit der Boden wieder trägt*, 29.
[288] KIESSLING, Klaus (2010): *Wenn das geknickte Rohr zu brechen droht*, in: Wege zum Menschen, 62. Jg., 99–105.
[289] Jes 49,9d-13; 61,11-11 und 65,16e-25.

schreibung von traumasensibler Seelsorge. Letzteres stellt einen Perspektivwechsel z.B. gegenüber der Arbeit von Morrow zu Deuterojesaja und insbesondere dem sog. vierten Gottesknechtslied (Jes 53) dar[290]. Hier zunächst der gesamte Text in der Einheitsübersetzung:

> 1 Siehe, das ist mein Knecht, den ich stütze; das ist mein Erwählter, an ihm finde ich Gefallen. Ich habe meinen Geist auf ihn gelegt, er bringt den Nationen das Recht.
> 2 Er schreit nicht und lärmt nicht und lässt seine Stimme nicht auf der Gasse erschallen.
> 3 Das geknickte Rohr zerbricht er nicht und den glimmenden Docht löscht er nicht aus; ja, er bringt wirklich das Recht.
> 4 Er verglimmt nicht und wird nicht geknickt, bis er auf der Erde das Recht begründet hat. Auf seine Weisung warten die Inseln.
> 5 So spricht Gott, der HERR, der den Himmel erschaffen und ausgespannt hat, der die Erde gemacht hat und alles, was auf ihr wächst, der dem Volk auf ihr Atem gibt und Geist allen, die auf ihr gehen.
> 6 Ich, der HERR, habe dich aus Gerechtigkeit gerufen, ich fasse dich an der Hand. Ich schaffe und mache dich zum Bund mit dem Volk, zum Licht der Nationen,
> 7 um blinde Augen zu öffnen, Gefangene aus dem Kerker zu holen und die im Dunkel sitzen, aus der Haft.
> 8 Ich bin der HERR, das ist mein Name; ich überlasse die Ehre, die mir gebührt, keinem andern, meinen Ruhm nicht den Götzen.
> 9 Siehe, das Frühere ist eingetroffen, Neues kündige ich an. Noch ehe es zum Vorschein kommt, mache ich es euch bekannt.

Man kann diesen Text als eine Art Beschreibung der Art und Weise lesen, wie Seelsorgerinnen und Seelsorger oder auch Therapeut(inn)en mit traumatisierten Menschen, versinnbildlicht in den Metaphern vom „geknickten Rohr" und dem „glimmenden Docht", umgehen sollen. Es ist eine leise, hochsensible, zarte, ja auch zärtliche Arbeit (auch in einem ganz basalen verkörperten Sinn). Oder mit Nelly Sachs zu sprechen: „Wir Geretteten bitten euch: Zeigt uns langsam eure Sonne. Führt uns von Stern zu Stern im Schritt. Lasst uns das Leben leise wieder lernen."[291] Denn es könnte passieren, wenn die Gangart zu schnell oder zu laut ist,

---

[290] MORROW, William (2004): *Post-Traumatic Stress Disorder and Vicarious Atonement in the Second Isaiah*, in: ELLENS/ROLLINS (Hrsg.): *Psychology and the Bible*, Volume 1, 167–183. „Vor dem Hintergrund eines Verständnisses von traumatischen Erfahrungen und deren Folgen als u. a. einer existenziellen Zerstörung von sinnhaftem Erleben in Bezug auf mein Selbst und meine Weltsicht stellen die literarisch-poetischen Texte (insbesondere Jes 53) und persönlichen Handlungen des Propheten Deuterojesaja inmitten der Gruppe der exilierten Israeliten den Versuch dar, auf narrativ-poetische Weise und mit mythologischen Bildern einer stellvertretenden Sühne („vicarious atonement") die von Scham, Trauer, Wut und Hass gegen sich selbst und gegen ihren Gott JHWH geprägte Selbst- und Weltsicht der Exilierten , unter denen er sich als „enlightened witness" bewegt, einem grundlegenden kognitiv-emotionalen Reframing (Umstrukturierung) zu unterziehen" (KIRSCHT [2014], *Der Emmaus-Weg*, CD-Anhang CD-Bd 4.2, 48).

[291] SACHS, Nelly (1946): *Chor der Geretteten*, in: https://www.deutschelyrik.de/chor-der-geretteten.html (aufgerufen am 02.11.2020)

dass die Geretteten (= die Opfer, die Überlebenden) „zu Staub zerfallen", oder in den Bildern von Jesaja gesprochen, dass das geknickte Rohr vollständig zerbricht, der glimmende Docht komplett erlischt. Dies entspricht der psychotraumatologischen Grundhaltung, dass jegliche psychotherapeutische Arbeit mit Menschen, die unter (schweren) Traumafolgen leiden, immer auf Stabilisierung und Sicherheit zu achten hat (s. Kapitel 2.4.1). Das gilt uneingeschränkt auch für eine traumasensible Seelsorge (s. Kapitel 6).

In V4–6a kommt zum Ausdruck, dass der seelsorglich Begleitende sehr gut auf sich achtet, auch gestärkt durch Gott selbst, der ihn an der Hand hält, sodass er selbst nicht verbrennt in seinem Einsatz für traumatisierte Menschen. Hier wird die Gottesbeziehung oder abstrakt formuliert die spirituelle Basis des Seelsorgers/der Seelsorgerin zu einer Burnout-Prophylaxe. Der achtsame und mitfühlende (s. Kapitel 2.4.1), sensible und zarte Umgang mit dem anderen wird übertragen auf einen ebensolchen Umgang des Helfenden mit sich selbst. Und das Ziel seiner Arbeit besteht darin, Menschen zu helfen, aus ihrer traumatischen Dunkelheit wieder ins Licht des Lebens zu kommen und sich aus den Gefängnissen der Traumafolgen zu befreien.

In dem Jesaja-Text kommt aber auch noch ein zweiter wichtiger Aspekt bei der Arbeit mit Traumaüberlebenden in den Blick. Aufgrund der besonderen Aufgabenstellung in psychotherapeutischen Kontexten kommt er dort nicht vor oder kann auch gar nicht vorkommen. Insofern stellt er sicherlich ein Proprium einer biblisch fundierten (traumasensiblen) Seelsorge dar. Ich meine die prophetische Dimension. In dem obigen Jesaja-Text finden sich beide Dimensionen auf wunderbare Weise miteinander verschränkt, was diesen Text für eine traumasensible Seelsorge so wertvoll macht. Neben die individuelle Heilungsdimension tritt eine gesellschaftliche Dimension. Es geht um eine Veränderung gesellschaftlicher Verhältnisse, die Traumatisierungen zulassen, ja selbst traumatisierend wirken. An die Seite der individuellen Klage, wie sie sich z.B. in den individuellen Klage-Psalmen Gehör verschafft, tritt die kollektive An-Klage, wie wir sie in den Prophetenbüchern finden. „Die Opfer von Gewalttaten brauchen nicht nur Stabilisierung, sie brauchen auch Veränderung der Gewaltstrukturen. Die Möglichkeit zur Kritik an den gegenwärtigen Verhältnissen ist für Religion unaufgebbar." Diese u.a. in der prophetischen Tradition der hebräischen Bibel stehende „Infragestellung und Kritik des Vorfindlichen" besitzt ein hohes „befreiendes und erlösendes Potential".[292] Deshalb be-

---

[292] AUGST (2012): *Auf dem Weg*, 153. S.a. ebd., 185–186. So betont auch die Schweizer Traumatherapeutin Ursula Wirtz das heilungsfördernde Potenzial gesellschaftlichen Engagements: „Menschen, die Opfer von Gewalt wurden, sind auch Opfer struktureller Gewalt, und Reparations- und Restitutionsversuche auf persönlicher Ebene greifen zu kurz, um wirklich heilungsfördernd zu sein. Das Bedürfnis auch die soziale Struktur zu verändern, die solche Traumata möglich macht und fortschreibt, hat viele Traumatisierte politisch aktiv werden lassen." Wirtz spricht hier von einer Art „spiritueller Fürsorge", die eine „Berufung", eine „Mission im besten Sinne" darstellt, „beim Wieder-Mensch-werden mitzuhelfen und dabei selbst ein Stück menschlicher zu werden" (WIRTZ [2006]: *Flügel trotz allem*, 19–20).

kommt in dem Modell *Wandlungs-Räume* dieser Aspekt auch einen eigenen Raum (s. Kapitel 6.2.4).

3.3 Trauma im Neuen Testament

3.3.1 Trauma als ein sozialgeschichtlicher Hintergrund des Neuen Testaments

Den sozialgeschichtlichen Hintergrund von Jesus von Nazareth und seiner Bewegung bilden die sog. „mediterranen Gesellschaften" des ersten Jahrhunderts unserer Zeitrechnung.[293] Im Gegensatz zu dem individualistischen Denken moderner westlicher Industriegesellschaften zeichnen sich die mediterranen Gesellschaften durch die folgenden kulturellen Charakteristika aus. Diese Gesellschaften sind sehr stark geprägt sind von einem Denken in den Kategorien von Ehre und Scham/Schande. Das Persönlichkeitsmodell ist kollektivistisch, d.h. der Einzelne wird stets in seinen sozialen Bezügen und Beziehungen betrachtet, und das Menschenbild ist ganzheitlich (hier lässt sich eine Brücke schlagen zu heutigen ganzheitlichen Anthropologien). Das gilt übrigens auch für das Verständnis von Gesundheit und Krankheit, das man mit den beiden „kulturellen Konzepte[n]" von „disease" (die Krankheit an sich) und „illness" (das mit der Krankheit verbundene individuelle und soziale Leiden) aus der Medizinethnologie beschreiben kann.[294]

Auch wenn die heutige medizinische und psychologische Deutungskategorie *Psychisches Trauma* in der damaligen Zeit nicht existierte, das Phänomen *Trauma* als ein Menschheitsphänomen selbst existierte natürlich.[295] Jesus und seine Bewegung bewegten sich in einem historisch-gesellschaftlichen Kontext, der zutiefst geprägt war von individuellen und kollektiven Traumata. Die römische Besatzungszeit war nämlich eine Zeit von brutaler und unmenschlicher Unterdrückung. Widerstandsbewegungen wurden gewaltsam niedergeschlagen und das Leben der Einzelnen in diesen „Zeiten von Fremdherrschaft und Unterdrückung" war gezeichnet von „traumatische[n] Verletzungen durch physischen Zwang und kulturelle Demütigung. Unabhängig davon war das Leben in der Antike für viele von Kind an mit unvorstellbaren Härten und Gefährdungen verbunden", insofern kann man „bei vielen antiken Menschen traumatische Erfahrungen voraussetzen".[296]

---

[293] Ausführlich hierzu: STEGEMANN (2010): *Jesus und seine Zeit*, 236–262.
[294] VOIGT (2008): *Die Jesusbewegung*, 78–135, bes. 81–82. Allgemein zur Medizinethnologie: GREIFELD, Katarina (Hrsg.) (2013): *Medizinethnologie. Eine Einführung*, Dietrich Reimer Verlag: Berlin. STAHL (2019): *Traumasensible Seelsorge*, 20–23, greift diese Unterscheidung in seinem Konzept auf (s. hierzu Kapitel 2.1 und 5.5.3).
[295] POSER (2012): *Das Ezechielbuch als Trauma-Literatur*, 59:
[296] THEISSEN (2007): *Erleben und Verhalten der ersten Christen*, 243.

3.3.2 Trauma, Krankheit und Heilung in den Evangelien

a) Besessenheit, Körper und Heilung im Kontext von Trauma

Wie die Texte der hebräischen Bibel u.a. die Traumata des Exils widerspiegeln, so tragen auch die neutestamentlichen Geschichten Spuren der Traumata ihrer Zeit. Besonders plastisch wird dies an Erzählungen, in denen Besessenheit und körperliche Leiden eine zentrale Rolle spielen. Aus Platzgründen sollen nur einige exemplarische Erzählungen aus den Evangelien näher betrachtet werden.

Das Phänomen der Besessenheit von Dämonen lässt sich sehr gut in Bezug zu seelischen Traumata und deren Folgen setzen. Ich folge hier den Ausführungen des Neutestamentlers Gerd Theißen. Zum einen erleben sich traumatisierte Menschen als von den Folgen eines Traumas fremdbestimmt. Der Kontrollverlust in der ursprünglichen traumatischen Situation setzt sich fort in Form von *Intrusionen* und *Flash-Backs*, die sich in machtvoller Weise über das Erleben im Hier und Jetzt stülpen und die Vergangenheit gefühlt zur Gegenwart werden lassen, ohne dass man sich dagegen wehren könnte. Dieses Besetztsein von einer fremden Macht ist das Vergleichsmoment – hier das Trauma und seine Folgen, dort die Dämonen und deren Machtausübung. Ein weiteres modernes Interpretationsmodell sind die traumafolgentypischen dissoziativen Phänomene, das Aufspalten oder Auseinanderfallen unterschiedlicher Ebenen des Wahrnehmens und Erlebens, je schwerer, komplexer und chronischer die Traumatisierungen, desto stärker sind diese Aufspaltungen (im Sinne von Schutz- und Überlebensmechanismen, s. Kapitel 2.3). Das kann bis hin zu einer sog. „Dissoziativen Identitätsstörung" führen, bei der sich die einzelnen Ebenen in Form eigenständiger Persönlichkeiten manifestieren. Ebenso finden wir sowohl in den biblischen Erzählungen von Dämonenbesessenheit wie in heutigen Fallberichten (schwer) psychisch traumatisierter Menschen selbstschädigendes und selbstverletzendes Verhalten sowie eine für viele traumatisierte Menschen typische soziale Isolierung.

Ein kurzer Blick auf die Erzählungen von Besessenen in den Evangelien zeigen alle das Besetztsein von einer fremden Macht, den Dämonen, bizarres und unkontrolliertes Verhalten (Mk 1,23–26 par.), im Fall des Besessenen von Gerasa (Mk 5,1–20 par.) kommt selbstverletzendes Verhalten hinzu, bei dem besessenen Jungen (Mk 9,14–29) findet sich laut Theißen eine „multiple Störung", eine Mischung aus Epilepsie, Mutismus und Autoaggressionen.[297]

In seinen Heilungen von Besessenen setzt Jesus der (traumatischen) Fremdbestimmung ein Ende, das dissoziativ aufgesplitterte Ich wird wieder zu einer Einheit und übernimmt die Kontrolle in Verhalten und Erleben. Jesus tut dies, indem

---

[297] Ausführlich hierzu THEISSEN (2007): *Erleben und Verhalten der ersten Christen*, 241–246. Unter Mutismus versteht man „eine emotional bedingte Störung der Kommunikation, bei der das Kind unfähig ist, in bestimmten Situationen zu sprechen". Auslöser können vereinzelt psychische Traumata sein, oft ist der Mutismus „Ausdruck von Angst", LEMPP, Thomas (2016): *Kinder- und Jugendpsychiatrie. Basics*, Urban & Fischer: 3. Auflage, München, 28.

er sich nicht von der dramatischen Symptomatik (den „Dämonen") beeindrucken oder ängstigen lässt, sondern den darin „verborgenen Hilferuf" hört, an der Seite dieser Menschen aushält (die zentrale Beziehungsebene!) und ihnen hilft, sich von ihren inneren Schreckensbildern, den negativen Introjekten und deren körperlich-seelischer Macht zu befreien. Dies tun heutige TraumatherapeutInnen ebenso, indem sie das – oftmals bizarre oder befremdliche – Verhalten ihrer KlientInnen als Traumafolgen interpretieren und ihm dadurch das „Dämonische" nehmen. „Der traumatisierte Mensch muss darin unterstützt werden, die Abbilder der Peiniger und Folterer aus sich zu entfernen und sich ihnen gegenüber abzugrenzen."[298] Und am Ende dieses Prozesses kehrt der einstmals traumatisierte Menschen – wie der Besessene von Gerasa – zurück in die soziale Gemeinschaft, um ein befreites und geordnetes Leben zu führen.[299]

In der Erzählung von einer verkrümmten Frau (Lk 13,10–17) wird als Ursache der Krankheit zwar auch wie in den obigen Erzählungen eine externe Macht benannt (ein „Dämon", V11), also wiederum deutbar als eine von außen einwirkende mögliche traumatische Erfahrung. Der Fokus der Erzählung liegt allerdings auf einer anderen Kategorie von sichtbaren Symptomatiken, die als Folgen traumatischer Erfahrungen gedeutet werden können, nämlich Einschränkungen in der körperlichen Funktionsfähigkeit. Bei der Frau in Lk 13,10–17 zeigen diese sich in der gekrümmten Körperhaltung der Frau, die man als „somatoforme dissoziative Symptome", als den „Verlust der motorischen Funktionsfähigkeit" in Folge traumatischer Erfahrungen deuten kann.[300] Bei der Art der Traumatisierung ließe sich z.B. an sexualisierte Gewalt einhergehend mit schweren körperlichen und seelischen Demütigungen denken.

Nicht alle körperlichen Symptome werden im Neuen Testament explizit auf das Wirken von Dämonen zurückgeführt. Manche werden lediglich als Symptome beschrieben, die allerdings im Kontext von psychischen Traumata und deren Folgen hinreichend bekannt sind. Ein gutes Beispiel hierfür ist der Mann mit der vertrockneten Hand (Mk 3,1–6 par.), auch eine Art von körperlich-motorischer Funktionseinschränkung. In heutigen Fallberichten findet sich z.B. der Fall einer schwer traumatisierten jungen Frau, deren rechte Hand an einer starken Kontraktur, also einer Verkürzung oder Schrumpfung des Gewebes mit einer Bewegungseinschränkung bzw. Zwangsfehlstellung litt.[301] Man könnte auch hier von einer „vertrockneten Hand" sprechen.

---

[298] Beide Zitate: THEISSEN (2007): *Erleben und Verhalten der ersten Christen*, 244.
[299] Mk 5,15: „Sie kamen zu Jesus und sahen bei ihm den Mann, der von der Legion Dämonen besessen gewesen war. Er saß ordentlich gekleidet da und war wieder bei Verstand." Einige Verse weiter schickt Jesus diesen Mann zurück zu seiner Familie (V19).
[300] VAN DER HART (2008): *Das verfolgte Selbst*, 121–122. SACHSSE/SACK (2012): *Alles Trauma – oder was?*, Folien 57, sprechen von „Somatoforme[n] Intrusionen".
[301] VAN DER HART (2008): *Das verfolgte Selbst*, 122.

3.3 Trauma im Neuen Testament

In Mk 2,1–12 par. lesen wir die Geschichte eines am gesamten Körper gelähmten Mannes, der durch die tatkräftige Unterstützung seiner Freunde und die heilende Begegnung mit Jesus seine volle Bewegungsfähigkeit wiedererlangt.[302]

Als Folge einer traumatischen Erfahrung kann es auch zu einem (temporären) Verlust der Sehfähigkeit kommen (eine sog. „psychogene Blindheit", s. ICD-10 F44). In diesem Sinne könnte man die Heilung eines Blinden bei Jericho (Mk 10,46–52 par.) deuten, der „wieder sehen" können möchte. Es gab also eine Zeit, da er sehen konnte. Irgendein traumatisches Ereignis in seinem Leben könnte zu dieser temporären Erblindung geführt haben.

Eine andere Erzählung von der Heilung eines Blinden wird in Mk 8,22–26 erzählt. Auch wenn sich in der Geschichte auf den ersten Blick kein psychotraumatologischer Hintergrund zeigt, ist sie doch in mehrfacher Hinsicht eine für eine traumasensible Seelsorge wichtige Erzählung.

> 22 Sie kamen nach Betsaida. Da brachte man einen Blinden zu Jesus und bat ihn, er möge ihn berühren.
> 23 Er nahm den Blinden bei der Hand, führte ihn vor das Dorf hinaus, bestrich seine Augen mit Speichel, legte ihm die Hände auf und fragte ihn: Siehst du etwas?
> 24 Der Mann blickte auf und sagte: Ich sehe Menschen; denn ich sehe etwas, das wie Bäume aussieht und umhergeht.
> 25 Da legte er ihm nochmals die Hände auf die Augen; nun sah der Mann deutlich. Er war wiederhergestellt und konnte alles ganz genau sehen.
> 26 Jesus schickte ihn nach Hause und sagte: Geh aber nicht in das Dorf hinein!

Der Blinde wird von anderen Menschen begleitet und unausgesprochen ermutigt, sich auf einen Heilungsprozess einzulassen. Jesus nimmt den Mann weg von dem Lärm der Menge in den Raum einer geschützten Zweier-Beziehung. Das An-die-Hand-nehmen kann man als ein Symbolbild für die seelsorgliche Begleitung verstehen. Der eigentliche Heilungsvorgang ist ein sich über einen gewissen Zeitraum hin erstreckender Prozess, bei dem zum einen das körperliche Element konstitutiv ist, zum anderen vollzieht sich die Heilung in zwei Schritten. Der Mann braucht Zeit, Schritt für Schritt wird er an die Konfrontation mit der ihn umgebenden Wirklichkeit herangeführt. Man kann hier eine Verbindung ziehen zu dem Prinzip des „Pendelns" nach Peter Levine in der psychotherapeutischen Arbeit mit traumatisierten Menschen (s. Kapitel 2.4.1). Schließlich schickt ihn Jesus nicht zurück in das Dorf. Er soll erst einmal nach Hause gehen, um das Geschehene in Ruhe nachwirken und sich konsolidieren zu lassen, bevor er als Geheilter zurückkehrt in die alte Umwelt mit ihren möglicherweise ihn belastenden Reaktionen auf seine Veränderung. Hier wird Heilung als ein intimes, schrittweises, behutsames und körperlich-leibhaftiges Geschehen geschildert.

---

[302] In dem Lexem παραλυτικός steckt das Verb παραλύω, das mit „auflösen, entkräften, schwächen" übersetzt werden kann, s. BAUER (1971): *Griechisch-Deutsches Wörterbuch*, Art. παραλύω, 1230. Mögliche Ursachen hierfür könnten traumatische Erfahrungen sein.

In dem Film „Das Geheimnis der Heilung" von Joachim Faulstich[303] wird unter anderem die Geschichte eines Mädchens aus dem Iran erzählt, dessen Wunden nicht heilen wollen. Erst als ihr Hausarzt bei ihr eine komplementärmedizinische Behandlung mit Handauflegung durchführt, bei der es zur Aufdeckung und Auflösung einer traumatischen Erfahrung kommt, schließen sich die Wunden der jungen Frau. Hier mag man eine Parallele ziehen zu Mk 5,25–34 par., der Frau, die seit Jahren an Blutungen litt, die nicht zu stillen waren. Interessanterweise spielt sowohl in dem beschriebenen filmischen Beispiel aus der heutigen Zeit wie in der antiken neutestamentlichen Erzählung das Moment der körperlichen Berührung eine entscheidende Rolle im Heilungsprozess. Eine Besonderheit in dieser Erzählung ist allerdings, dass die Heilung Suchende von sich aus den Heiler berührt.

Schaut man auf die Heilungserzählungen Jesu in den drei synoptischen Evangelien insgesamt, so fällt auf, dass in der Mehrzahl der einzelnen Erzählungen wie auch der Summarien körperliche Berührungen im Heilungsprozess eine zentrale Rolle spielen. Mit Blick auf das Lukasevangelium, in dem sich die meisten Hinweise auf körperliche Berührungen im Heilungsprozess finden lassen bzw. der u.a. in einem markinischen Summarium (Mk 1,32–34) das dort nicht erwähnte Element der körperlichen Berührung noch ergänzt (Lk 4,40–41) – also scheint ihm dies wichtig, ja vielleicht sogar ein konstitutives Element jesuanischer Heilungen zu sein –, kann man vier Kategorien von körperlichen Handlungen benennen:

1. Direkte körperliche Berührungen in Form von Handauflegen oder Berührungen mit den Händen, z.T. Berührung des kranken Körperteils mit den Händen: Lk 4,40; 5,13; 7,14; 8,54; 13,13; 14,4
2. Körperliche Berührungen, die von den Heilung Suchenden ausgehen: Lk 6,19; 7,38; 8,44
3. Körperliche Nähe ohne direkte Berührungen im Sinne von (verbal vermittelten) Beziehungshandlungen: Lk 4,39; 6,10; 8,28-35; 9,42; 17,16; 18,40-43
4. Allgemeine Segenshandlungen durch Handauflegen: Lk 18,15

In all diesen Erzählungen wird deutlich, was in der modernen *ganzheitlichen* Medizin und Psychotherapie inzwischen als Konsens bezeichnet werden kann: Es geht um den Blick auf den ganzen Menschen als einer bio-psycho-sozialen Einheit. Das bedeutet, dass Körper, Seele und Geist untrennbar und auf vielfältigste Weise miteinander verbunden sind und interagieren. Jesus wendet sich in den Erzählungen an den ganz Menschen als Körper-Seele-Geist-Einheit, ja er geht noch über das heutige bio-psycho-soziale Modell hinaus, indem er eine vierte, ganz wesentliche Komponente, ebenfalls mit einbezieht: der Mensch als ein spirituelles Wesen (s. Kapitel 1.2.1).

---

[303] Zu finden unter: https://www.youtube.com/watch?v=jeEzS5gE5do (eingesehen am 19.11.2020).

3.3 Trauma im Neuen Testament

b) *Achtsamkeit, Mitgefühl und Trauma: Lk 10,25-37*

In der bekannten lukanischen Sonderguterzählung vom sog. „Barmherzigen Samariter" kommt als einziger Stelle im Neuen Testament das Substantiv „τραῦμα" vor. Es bezieht sich hier jedoch eindeutig auf die körperlichen Wunden des unter die Räuber gefallenen Mannes.[304] Dennoch erscheint mir diese Erzählung für das Thema psychische Traumata wichtig – im Sinne eines Perspektivwechsels wie in Kapitel 3.2.4 – als biblische Grundlage für die große Bedeutung, die „Achtsamkeit" und „Mitgefühl" in der Traumafolgen-Therapie inzwischen haben. Nicht zuletzt kann man dies dem über zwei Jahrzehnte währenden Engagement von Luise Reddemann zu diesen beiden Haltungen zuschreiben und neuesten Forschungsergebnissen (s. Kapitel 2.5).

Deshalb möchte ich die Erzählung auch gerne umbenennen in: „Der achtsame und mitfühlende Samariter". Eines der entscheidenden Momente der Erzählung ist nämlich, dass der Samariter der Einzige ist, der aus der achtsamen Wahrnehmung der Not eines anderen Menschen heraus mit Mitgefühl reagiert und sich des notleidenden anderen annimmt. In seiner Haltung zeigt sich das in Kapitel 2.5 vertretene Verständnis von Mitgefühl als einer Haltung – basierend auf Achtsamkeit –, aus der heraus man sein Herz für einen anderen Menschen in Not öffnet, ohne dabei sein eigenes Herz zu verlieren. Der achtsame und mitfühlende Samariter kümmert sich in der gebotenen Weise und professionell um einen anderen Menschen, der Hilfe braucht. Er tut das, was notwendig ist, aber nicht mehr. Und er verliert sich selbst dabei nicht aus dem Auge. Er trifft Vorsorge für die weitere Behandlung des Verletzten und geht dann wieder seinen eigenen Weg weiter. Im *Modell der Mitfühlenden Zeugin/des mitfühlenden Zeugen* (s. Kapitel 6.3.6) gesprochen, spielt sich der Samariter nicht als allmächtiger Retter eines armen Opfers auf, sondern er handelt als mitfühlender aber zugleich klar abgegrenzter Zeuge. Weder identifiziert er sich mit dem Betroffenen, noch verliert er sein eigenes Leben aus den Augen. Insofern kann er als biblisches Vorbild dienen für eine achtsame und mitfühlende Grundhaltung in der *Psycho-Sozialen Begleitung* von traumatisierten Menschen, und damit auch für Seelsorgerinnen und Seelsorger in der traumasensiblen Seelsorge.

Auf der Ebene der Lexeme finden sich für das Thema „Achtsamkeit und Mitgefühl" zwei signifikante Verben. In V33 ist es zum einen das Verb „ὁράω" für „sehen, erblicken, bemerken", aber auch für „erleben, erfahren" sowie im übertragenen Sinne für „geistige Wahrnehmung", also „bemerken, erkennen, einsehen", also das Moment der Achtsamkeit.[305] Zum anderen ist es das Verb „σπλαγχνίζομαι" als Reaktion auf das Wahrnehmen. Bauer übersetzt mit „sich erbarmen" und „Mitleid empfinden". Das dazugehörige Substantiv „σπλάγχνον" bedeutet zunächst „Eingeweide", dann im übertragen Sinne entspricht es unserer Verwendung von

---

[304] Als Verb kommt das Lexem noch an zwei anderen Stellen vor, bei denen es aber ebenfalls nur um körperliche Wunden geht: Lk 20,12 und Apg 19,16.
[305] BAUER (1971): *Griechisch-Deutsches Wörterbuch*, Art. ὁράω, 1144–1147.

Herz als dem vermuteten Sitz von Gefühlen wie Liebe und Mitgefühl.[306] Das Verb „σπλαγχνίζομαι" kommt neben dieser Textstelle noch an ein paar anderen Stellen in den Evangelien vor und beschreibt dort „ein leiblich situiertes Mitleid" (besser: Mitgefühl) bei Jesus als eine „Reaktion auf eine Notschilderung". Es handelt sich um eine Passiv-Form, d.h. das Empfinden von Mitgefühl ist etwas, das mir widerfährt in Resonanz auf die Not und das Leid eines anderen Menschen. Und es ist ein zutiefst verkörpertes, leibhaftiges Gefühl. So verwendet Bieler als Übersetzung für dieses Lexem „es jammert ihn": „In der passivischen Formulierung ‚es jammert ihn' ist eindrücklich umschrieben, wie die Eindrücke, Geräusche, Atmosphären und Gefühle sich Jesus in der Begegnung mit den Facetten der Vulnerabilität aufdrängen und ihm quasi auf den Leib rücken."[307]

Nach biblischer Vorstellung also handelt es sich bei Mitgefühl um ein verkörpertes, leibhaftiges Gefühl, dass aus dem tiefen Inneren eines Menschen kommt. Es ist eine echte und ehrliche Reaktion auf menschliche Notlagen, die ihrerseits wieder zu deren Beseitigung *notwendige* Handlungsimpulse auslöst, ohne sich jedoch in einem falsch verstandenen Mitleid zu verlieren oder das Gegenüber zu entmündigen oder zu entwürdigen. Hier lässt sich ein Bogen zu der in Kapitel 2.3.3 beschriebenen Polyvagaltheorie von Stephen Porges schlagen: der zehnte Hirnnerv, der Vagusnerv, verbindet das Gehirn mit den inneren Organen Herz, Lunge und Magen/Darm (die Eingeweide!).

3.3.3 Die Kreuzigung Jesu als christliches Urtrauma

> Im Zentrum der christlichen Verkündigung steht ein Trauma [...] Das Kreuz und der Weg dorthin lassen sich als Traumatisierung begreifen. Die ersten Reaktionen der JüngerInnen bestehen aus ‚fight' und ‚flight' [...] Der römische Machthaber verschleiert [*in ‚guter' Tätermanier, Hinzufügung RK*] die Verantwortung und ‚wäscht die Hände in Unschuld'[...] Aus der Ferne sehen, wie paralysiert, einige Frauen bei der Kreuzigung zu (Mk 15,40f.), auf das leere Grab reagieren sie mit Zittern und Entsetzen. Das Markusevangelium selbst endet mit Furcht und Sprachlosigkeit (Mk 16,8). Die kollektive Traumatisierung durch den öffentlichen Foltertod Jesu war Ziel der römischen Machthaber. Das Kreuz ist eben nicht nur Symbol oder ein metaphysisches Heilsereignis, sondern Realität [...][308]

Die Frage nach der Bedeutung der Kreuzigung eines Menschen im Kontext der mediterranen Gesellschaften des 1. Jahrhunderts n.Chr. muss einerseits sicherlich vor dem Hintergrund der zentralen Werte von Ehre und Scham/Schande beantwortet werden (s. Kapitel 3.3.1). Die Kreuzigung galt im Herrschaftsbereich des römischen Machthabers (im Römischen Reich) als „entehrendste [...] aller Kapitalstrafen". Insofern kann man „die Kreuzigungsszene" Jesu als „eine Entehrung ohnegleichen"

---

[306] BAUER (1971): *Griechisch-Deutsches Wörterbuch*, Art. σπλαγχνίζομαι und σπλάγχνον, 1511. Zum sog. „Bauch-Gehirn" und den „Bauch-Gefühlen" s. Kapitel 2.3.3.
[307] BIELER (2017): *Verletzliches Leben*, 82–85, Zitate: 82–83.
[308] AUGST (2012): *Auf dem Weg*, 175.

3.3 Trauma im Neuen Testament

bezeichnen, denn es handelte sich um eine zutiefst „entehrende[...] Zurschaustellung des (wohl nackten) Delinquenten" und einen „entwürdigenden, quälenden Tod" (inklusive eines Verlustes der Kontrolle über die eigenen Körperfunktionen beim Sterben). Die vollkommene Entehrung durch tierischen Leichenfraß wurde im Falle Jesu durch eine Bergung und Bestattung des Leichnams verhindert. „In crucifying Jesus the Romans used a time-tested strategy to obliterate movements they deemed dangerous, devastating his followers."[309]

Andererseits – aus psychotraumatologischer Sicht – kann mit hoher Wahrscheinlichkeit behauptet werden, dass die Zeugenschaft (Augenzeugenschaft wie Ohrenzeugenschaft) eines solchen grausamen, gewalttätigen und zutiefst unmenschlichen Geschehens sowie die potenzielle Bedrohung für das eigene Leben als Jesusanhänger/in bei den Jesus nahestehenden Jüngerinnen und Jüngern schwere akute Traumareaktionen ausgelöst hat – im Sinne eines Typ-III-Traumas (s. Kapitel 2.2). In Lk 23,27 und 48 finden sich diesbezügliche textliche Hinweise: Hier wird geschildert, dass auf dem Weg zur Kreuzigung zunächst die Frauen, dann nach Jesu Tod alle Zeuginnen und Zeugen der Kreuzigung sich die Brust schlugen, ein – ritualisiertes – „Zeichen der Zerknirschung und Trauer", indem dennoch „echte" Gefühle von Trauer und Schmerz zum Ausdruck kommen können.[310] Von hier kann man einen Bogen schlagen zu den beiden Emmaus-Jüngern auf ihrer Flucht aus Jerusalem, von denen es heißt, dass sie „traurig aussahen" und einen „trüben Blick" hatten (Lk 24,17). Im Folgenden werden einige Textstellen aus den Evangelien vor diesem Hintergrund gedeutet.

a) „Endless Trauma": Mk 16,1–8

Andreas Bedenbender schreibt in seinem Buch „Frohe Botschaft am Abgrund", dass das Markusevangelium

> ein Evangelium des Schreckens und der Angst [ist]. In dieser Besonderheit liegt eine Stärke des Textes. Denn wer im Evangelium nicht einfach nur Trost, Halt und Gewissheit sucht, sondern auch die bleibenden Beschädigungen des eigenen Lebens ernstgenommen wissen möchte, kann etwas anfangen mit Jüngergeschichten, in denen der Schrecken den Sturm überdauert [...] und mit einem Jesus, dem die Erfahrung, von Gott verlassen zu sein, nicht fremd ist.[311]

Und mit einem Evangelium, so kann der Gedankengang Bedenbenders fortgeführt werden, an dessen Ende ebenfalls wieder „Flucht" (man denke an *Fight-Flight-Freeze*), „Zittern und Außersichsein" (körperliches *Arousal*), (große) „Furcht" (emotio-

---

[309] CARR (2014): *Holy Resilience*, 161.
[310] KIRSCHT (2014): *Der Emmaus-Weg*, 153.
[311] BEDENBENDER (2013): *Frohe Botschaft am Abgrund*, zitiert nach: KERSTNER et al. (2016): *Damit der Boden wieder trägt*, 32.

nale Reaktion) stehen und natürlich: Schweigen.³¹² Allesamt zeigen die vom Grab flüchtenden Frauen solche traumafolgentypische Reaktionen und Symptomatiken. Die Erzählung bricht quasi ab, und es gibt keine Auflösung in Form eines für den Prozess der Verarbeitung eines Traumas und dessen Folgen so wichtigen kohärenten Narrativs, die „duale Realität" mit ihrem „speechless terror" und dem „verkörperten Schrecken" bleibt bestehen (s. Kapitel 2.2 und 2.3). Mit Jones kann man sagen, dass der Horror und Terror traumatischer Erfahrungen, individuell im Text die traumatisierende Erfahrung der Zeugenschaft des grausamen Todes Jesu, kollektiv der zeitgeschichtliche Hintergrund der Kriegsschrecken und Gräuel rund um die Zerstörung von Tempel und Stadt Jerusalem (70 n. Chr.)³¹³, nicht mittels Auferstehungstriumph beseitigt werden, sondern fortbestehen. Der offene Schluss des Markusevangeliums zeigt uns, das Kreuz und Trauma „unending" oder – wie man auch sagen könnte – „endless" sind: ohne ein (gutes) Ende und endlos weitergehend über Zeiten, Räume und Kulturen hinweg.³¹⁴

Mit Jones kann man auch sagen, dass das offene Ende des Markusevangeliums ein „Skript der Stille" angesichts des traumatischen Geschehens erlaubt, ja fordert. Eine Stille, in die hinein dann eine tiefere Sprache der Gesten spricht, eine verkörperte Kommunikation im Angesicht traumatischer Realitäten: „[...] when sacred rhetoric meets the embedded realities of traumatic images, perhaps silence, accommpanied by *gesture*, is the only appropriate response."³¹⁵ Deshalb gibt es in meinem Seelsorge-Modell auch eigene *Wandlungs-Räume*, in denen (verkörperte) Sprache und Leibarbeit eine wichtige Rolle spielen (s. Kapitel 6.2.3).

Denn das ist ja – wie oben bereits beschrieben – genau die Erfahrung vieler Traumatisierter, die in den Endlosschleifen der „dualen Realität" (van der Kolk)

---

312   Die Lexeme im griechischen Originaltext lassen eine solche traumanahe Übersetzung zu. S. hierzu die entsprechenden Artikel in BAUER (1971): *Griechisch-Deutsches Wörterbuch* zu „τρόμος" („Zittern" und „Beben aus Furcht"), „ἔκστασις" („Außersichsein", „Verwirrung", „Ratlosigkeit", „Staunen", „Entsetzen") und „φοβέω" („Angst haben", „in Furcht geraten", „erschrecken").

313   Sehr anschaulich und drastisch geschildert bei KERSTNER et al. (2016): *Damit der Boden wieder trägt*, 31: „Als es während der sechsmonatigen Belagerung von Jerusalem zu einer Hungersnot kam, raubten die Aufständischen die eigenen Leute aus. Sie ermordeten Mitbürger/innen, die im Verdacht standen, noch Lebensmittel zu haben oder zu den Römern überlaufen zu wollen. Vor den Toren der Stadt wurden täglich mindestens 500 Jerusalemer, die versuchten, dem Hunger und der Gewalt in Jerusalem zu entkommen, von den Römern gekreuzigt. Die Römer hatten bei den Kreuzigungen ihren Spaß. Am 10. August des Jahres 70 n. Chr. wurde Jerusalem dann dem Erdboden gleichgemacht. Man schätzt, dass der Großteil der Bewohner – etwa 60.000 Menschen – ums Leben kam." CARR (2014): *Holy Resilience*, 234, vertritt die These, dass die Zerstörung des Tempels und ganz Jerusalems laut dem Autor des Markusevangeliums zwar dieses Ereignis textlich widerspiegelt, aber „[...] the Temple's destruction was no tragedy to be mourned. It was God's just punishment of the corrupt leadership of Jerusalem. And the book of Mark projects this perspective back into the Jesus story. According to it, Jerusalem was destroyed for one main reason: because Jewish leaders [...] killed Jesus [...]".

314   JONES (2019): *Trauma and Grace*, 85–97.

315   JONES (2019): *Trauma and Grace*, 94–96.

gefangen sind. Und in einer zweiten Endlosschleife kommen immer wieder neue Menschen hinzu, die traumatische und sie traumatisierende Erfahrungen machen. Aber ein solches Ende ohne (vorgezeichnetes) Ende, ein ganz leises Ende, ein Ende im Schweigen (s. Nelly Sachs: „zeigt uns langsam eure Sonne [...] lasst uns das Leben leise wieder lernen"), birgt erneut in sich eine wichtige Möglichkeit, ja Chance. Offen Bleibendes und Leerstellen können mit den eigenen traumatischen Erfahrungen gefüllt werden. Und zwar ohne ein vorgegebenes Ende, ohne vorgegebene Zeitabläufe, was Traumatisierte zwingen würde, heil werden zu müssen. Dies trägt ebenso die Möglichkeit und reale Erfahrung vieler Traumatisierter in sich, dass manches (oder auch alles) unheil bleibt. Dass man wie Tamar weiterhin in seinen eigenen traumageprägten Lebensräumen umherirrt, ohne einen Ausweg daraus zu finden (s. Kapitel 6.2.3, b, die *Biblische Skulptur- und Aufstellungsarbeit* mit Leerstellen).

b) *Paradigma eines individuellen Heilungsweges von Traumafolgen: Die Emmaus-Erzählung (Lk 24,13–35)*

An anderer Stelle wurde bereits ausführlich dargestellt, dass man die Emmaus-Erzählung psychotraumatologisch gelesen als eine „Traumaverarbeitungserzählung" deuten kann, die ihrerseits zur biblisch-spirituellen Grundlage wurde für das Modell einer „Spirituellen Traumafolgen-Therapie", dem „Emmaus-Weg-Modell".[316] Im Folgenden soll nun diese psychotraumatologische Deutung kurz zusammenfassend dargestellt werden. In Kapitel 4 wird dann das auf dieser Deutung basierende *spirituelle* Therapiemodell für die Behandlung von Traumafolgen vorgestellt. Dieses allgemeine Modell ist dann zugleich eine Basis für das in dem vorliegenden Buch beschriebene traumasensible Seelsorgemodell *Wandlungs-Räume*.[317]

In der Emmaus-Erzählung lässt sich in paradigmatischer Weise ein möglicher spiritueller Heilungsweg nach einer (schweren) traumatischen Erfahrung dargestellt finden. In der Überschrift zu diesem Kapitel ist von einem individuellen Heilungsweg die Sprache, der jedoch eingebettet ist in einen systemischen Kontext, sowohl der Dyade der beiden Emmaus-Jünger als auch des Kollektivs der gesamten engeren Jünger(innen)schaft Jesu. Bei dem Trauma handelt es sich um die Zeugenschaft der Jüngerinnen und Jünger Jesu vom gewaltsamen Sterben ihres Meisters, ja man kann durchaus auch sagen: Freundes Jesus von Nazareth. Ein Mensch, mit dem sie auf das engste verbunden waren, der ihrem Leben einen Sinn und eine Richtung gab, auf den sie all ihre Hoffnungen projiziert hatten (V21). Im Anhang A.3 findet sich zum einen eine eigene Übersetzung des Textes mit der aus der psychotraumatologischen Deutung sich ergebenden Gliederung in drei Teile, die mit

---

[316] KIRSCHT (2014): *Der Emmaus-Weg*. Bei JONES (2019): *Trauma and Grace*, findet sich ebenfalls eine ganz ähnliche psychotraumatologische Deutung von Lk 24,13–35 und der sich anschließenden literarischen Weiterführung in Lk 24,36ff.

[317] Die Emmaus-Erzählung als Basis für Seelsorgemodelle zu nehmen, ist kein völlig neues Unterfangen, s. BAUMGARTNER (1990): *Pastoralpsychologie*, und das sog. „Celler Modell" in der Sterbebegleitung.

den Begriffen *Wunde*, *Wandlung* und *Neuwerdung* überschrieben sind, zum anderen findet sich eine diagnostische und psychotherapeutische Vers-für-Vers (Verlaufs-) Deutung des Textes.[318]

Ausgangspunkt der Erzählung ist die Flucht der beiden schwer akut traumatisierten Jesus-Jünger (ICD-10, F43.0[319]) weg von dem Ort der Traumatisierung, nämlich der Stadt Jerusalem (V13). In ruminatorischen Endlosschleifen[320] (V14) reden sie immer wieder und wieder über die grausamen Ereignisse in Jerusalem einige Tage zuvor, ohne dass dies in irgendeiner Weise aktuell hilfreich wäre, etwas an ihrem inneren Zustand ändern würde, im schlimmsten Fall wirkt es eher die Traumafolgen rekonsolidierend (d.h. verstärkend). Das Einzige, was vielleicht zu helfen bzw. etwas zu trösten vermag, ist die Tatsache, dass die beiden Jünger in diesen wahrscheinlich schwersten Stunden ihres Lebens zusammen auf dem Weg sind und nicht jeder für sich allein. Ich nenne diesen Abschnitt auf dem *Emmaus-Weg* die *Wunde*.[321] In diesem Abschnitt geht es darum, die Wunde und Verwundung anzuerkennen und zu benennen, ohne irgendeinen Veränderungsimpuls. Der eigentliche Veränderungsprozess beginnt erst in dem folgenden Abschnitt des *Emmaus-Weges*. Man kann es vergleichen mit dem Zustand heutiger traumatisierter Menschen vor Beginn einer Traumafolgen-Behandlung. Sie stehen ganz im Bann des Traumas und seiner sich immer wieder aktualisierenden Folgen im Hier-und-Jetzt, eben der *traumatischen Wunden*.

Mit dem Hinzutreten von Jesus, den sie in ihrer dissoziativen Bewusstseinseinengung und Desorientiertheit (Derealisation und Depersonalisierung)[322] als Folge der akuten Traumatisierung nicht erkennen können, beginnt die *begleitete spirituelle Reise*[323] (V15–16), der Wegabschnitt der *Wandlung*, mit dem der eigentliche Veränderungsprozesses in Gang gesetzt wird (durchaus auch ganz leibhaftig zu verstehen), das Pendeln zwischen *Stabilisierung* und *Konfrontation* (s. Kapitel 2.4.1). Dieser Abschnitt lässt sich noch einmal in zwei Unterabschnitte differenzieren (s. im Folgenden). Im gemeinsamen Gehen (*Körperorientierung*) entsteht so etwas wie eine heilsame und Sicherheit gebende stabilisierende Beziehung (traumafolgentherapeutisch:

---

[318] Ausführlich erläutert in KIRSCHT (2014): *Der Emmaus-Weg*, 311–364.
[319] Zur Diagnostik s. Kapitel 2.2.
[320] SACK (2010): *Schonende Traumatherapie*, 30–31. Rumination meint eine Art „Wiederkäuen" der Erinnerungen im Sinn eines „Versprachlichen der Erinnerung sowie ein wiederholter Abgleich der traumatischen Erfahrungen" mit bisherigen Erfahrungen.
[321] Gegenüber früheren Publikationen (z.B. KIRSCHT [2014]: *Der Emmaus-Weg*) vermeide ich inzwischen den Begriff „Phase", da ich mittlerweile dem Modell von Sachsse und Sack folge, die anstelle des früheren „klassischen psychotherapeutischen Drei-Schritte-Verfahrens" vom Grundprinzip „Stabilisierung durch Konfrontation" und „Konfrontation durch Stabilisierung" in der Behandlung von Traumafolgen sprechen (SACHSSE/SACK [2012]: *Alles Trauma – oder was?*, Folien 33). S. hierzu die Darstellung des *Emmaus-Weg-Modells* in Kapitel 4.
[322] Vgl. ICD-10, F43.0 (Akute Belastungsreaktion): „Die Symptomatik zeigt typischerweise ein gemischtes und wechselndes Bild, beginnend mit einer Art von ›Betäubung‹, mit einer gewissen Bewusstseinseinengung und eingeschränkten Aufmerksamkeit, einer Unfähigkeit, Reize zu verarbeiten und Desorientiertheit" (vgl. Kapitel 2.2).
[323] KIRSCHT (2014): *Der Emmaus-Weg*, 312–318.

3.3 Trauma im Neuen Testament

Ressourcenorientierung und das Prinzip der *Stabilisierung*[324]) als Basis für den ersten der beiden Wandlungsprozesse von der *Trauma-Narration zur Heilungs-Narration* (V15–27). Mit seiner – zugleich auch in der Fremdwahrnehmung den Zustand der Jünger von außen spiegelnden – Frage an die Jünger wird das ruminatorische Muster unterbrochen (V17a). Für einen kurzen Moment halten die beiden inne, noch einmal zeigt sich auf ihren Gesichtern und wahrscheinlich auch in ihrer Körperhaltung die tiefe emotionale Erschütterung (V17b). In ihrer Fassungslosigkeit, dass jemand nichts von den Ereignissen in Jerusalem die Tage zuvor mitbekommen haben sollte, wird ebenfalls ihr absolutes Besetztsein durch die traumatische Erfahrung deutlich (V18).

Mit seiner Frage, um welche Ereignisse es denn gehe (V19a), setzt Jesus die heilsame Konfrontation (traumafolgentherapeutisch: das Prinzip der *Trauma-Konfrontation*) in Gang (V19b–27). Im Rahmen der sicheren und stabilisierenden Beziehung sind die Jünger aufgefordert und in der Lage, ihre ganz persönliche *Trauma-Narration* in einer narrativen Ordnung (normaler Erzählablauf) zu erzählen (V19b–24). In dieser Konfrontation mit den traumatischen Ereignissen in Jerusalem werden die neuronalen Traumanetzwerke der beiden Jünger angetriggert und aktiviert und sind somit innerhalb eines gewissen Zeitfensters labil und plastisch und damit offen für eine Dekonsolidierung, d.h. einen neuronalen Veränderungsprozess (s. Kapitel 2.3.3 und 2.4.1). Hierfür bedarf es einer Rekonstruktion und Vervollständigung, im Sinne der „Korrektur einer Falschinformation" und dem „Hinzulernen realitätsrelevanter Informationen (über das Geschehen damals und die Realität heute)" (V25–27).[325] Es geht um neuronale und kognitive Umstrukturierungen und neue Sinn- und Bedeutungsstiftungen, zugleich auch darum, die Erinnerung an die traumatische Erfahrung emotional aushalten zu können, ohne in *Arousal*, Vermeidung und Betäubung zu verfallen. Dies tut Jesus, indem er das traumatische Ereignis in Zeit und Raum verortet, und so die *Trauma-Narration* zu einer kohärenten *Heilungs-Narration* wird (das bedeutet keine Relativierung des ursprünglichen Traumas!). Dieser Prozess passiert schwerpunktmäßig auf der kognitiven Ebene (dem Neocortex) mit emotionalen, den Wandlungsprozess verstärkenden Anteilen (V32, die „brennenden Herzen") (s. das Modell vom *Triune Brain* in Kapitel 2.3.3).

Damit es jedoch zu einer vollständigen Heilung kommen kann (Jesus wird von den beiden Jüngern ja an dieser Stelle immer noch nicht [wieder]erkannt), braucht es aber noch einen zweiten Wandlungsprozess in Form einer *verkörperten Erfahrung* mit Schwerpunkt auf der somatisch-emotionalen Ebene (V28–31). (Es sei hier an das zu Körper und Trauma sowie zum Körpergedächtnis in Kapitel 2.2 und 2.3.2 Gesagte erinnert.) Dies geschieht in Form einer körperlich-leibhaftigen Symbolhandlung, die an frühere Ressourcen im Leben der Jünger mit Jesus anknüpft, nämlich die kontinuierliche Mahlgemeinschaft mit Jesus und sein Brotbrechen, weiterhin im Rahmen einer sicheren Beziehung. Hinzu kommt nun noch: Die Symbolhandlung passiert an einem (äußerlich) sicheren Ort, nämlich dem Haus in Emmaus (V29c–

---

[324] Zu den Prinzipien in der Behandlung von Traumafolgen s. Kapitel 2.4.1.
[325] SACK (2010): *Schonende Traumatherapie*, 30.

30). Und erst jetzt werden die (vom Trauma und seinen Folgen) gehaltenen Augen[326] geöffnet, der gesamte Wandlungsprozess bzw. die Traumakonfrontation oder das Durcharbeiten ist nun komplett und kann abgeschlossen werden.

Dass Jesus an dieser Stelle wieder verschwindet, passt in die Logik des Heilungsprozesses. Seine Abwesenheit erst ermöglicht es den beiden Jüngern, wieder ihr eigenes Herz zu spüren, ihr inneres Brennen vom Angerührt-Werden ihrer *Sehnsucht* nach Heil(ung) (= Erlösung, Befreiung, Rettung, s. FN 328) (V32 in Kombination mit V21). Und seine Abwesenheit – genauso wie bei Maria von Magdala in Joh 20,11–18 (s. das folgende Kapitel) – ermöglicht auch, dass die beiden Jünger loslaufen können in ihr eigenes, verwandeltes Leben.[327] Sie brauchen niemanden mehr, der leibhaftig an ihrer Seite geht, sie hierfür sozusagen an die Hand nimmt, sie können fortan auf ihren eigenen Beinen stehen und ihrem eigenen Herzen folgen. Was bleibt und auch bleiben muss, ist die Erinnerung und das bewusste Erinnern an die ihnen beiden widerfahrene Heilung, die *begleitete spirituelle Reise* mit Jesus: hier das gemeinsame Mahl und das Brechen des Brotes (später die Eucharistie), als Ort der Begegnung mit dem Auferweckten, als Ort der Gemeinschaft mit ihm und untereinander, als Ort der verkörperten Erinnerung an das einstige Trauma und dessen Verwandlung. Das gemeinschaftliche Brechen des Brotes, später die Eucharistie, wird so zu einem verkörperten Ort der Erinnerung an die heilende Liebe Gottes, der das historische Jesus-Geschehen damals immer wieder lebendig hält. Dieser Ort der verkörperten Erinnerung kann von diesem Ausgangspunkt aus zu einem Zeiten und Kulturen übergreifenden Ort des Trostes, der Hoffnung und möglicher Wandlungs- und Heilungsprozesse im Hier-und-Jetzt von traumatisierten Menschen nachfolgender Generationen bis heute werden. In Kapitel 3.3.4 entfalte ich noch einmal eigens das Thema jesuanische Mahlfeiern, Eucharistie, (verkörperte) Erinnerungen und Trauma.

Exkurs: Lukas und die Theologie der Sehnsucht

Weiter oben fiel bereits der Begriff der Sehnsucht (ein zentraler Begriff in meinem Seelsorgemodell, s. Kapitel 1.2, 4 und 6.1). In diesem kurzen Exkurs schlage ich einen Bogen zurück zum Anfang des Lukasevangeliums, nämlich von Lk 24,21 (die Sehnsucht der Jünger nach Erlösung: „Wir aber hofften lange Zeit, dass er der zukünftige Erlöser Israels sei.") und Lk 24,31–32 (den geöffneten Augen und den brennenden Herzen) zu den von Sehnsucht nach Erlösung durchzogenen ersten beiden Kapiteln. An mehreren Stellen finden sich psalmenartige Texte, in denen vom Warten der Menschen auf Rettung und Erlösung die Rede ist: der Lobpreis der Maria (Lk 1,46–55), der Lobpreis des Zacharias (Lk 1,68–79), das Dankgebet des Simeon (Lk 2,29–32) und der indirekte Lobpreis der Prophetin Hanna (Lk 2,36–38). Wie in der Emmaus-Erzählung in V21 und VV31–32 geht es in allen diesen Texten um

---

[326] Im griechischen Originaltext finden sich in V16 und 31 Passivkonstruktionen.
[327] Vgl. BIELER (2017): *Verletzliches Leben*, 96–97. Sie spricht von diesen Begegnungs-Erzählungen mit dem Auferstanden als „Traumanarrative".

3.3 Trauma im Neuen Testament

die Sehnsucht der Menschen nach Heil und Heilung, um Licht für Menschen, die in todesähnlicher Finsternis und Dunkelheit sitzen, um Barmherzigkeit und Sehnsucht nach Erlösung. Wie in der Emmaus-Erzählung in V21 ist an zwei Stellen explizit vom Warten der Menschen auf Erlösung die Rede (Lk 1,68 und 2,38).[328] Und so wie die Augen der beiden Emmaus-Jünger geöffnet werden, um ihre grundlegende Wandlung und Heilung erkennen zu können, sehen die Augen des Prototyps eines sehnsüchtigen Menschen, Simeon, des ein Leben lang auf das Heil Wartenden, am Ende seines Lebens ebendieses.[329]

Liest man diese Texte „through the lens of trauma", so kann man sagen, dass auch diese *Sehnsuchts-Lieder* heilsame Gegenbilder entwerfen, die traumatisierten Menschen, denen todesähnliche Finsternis, Isolation, Angst oft sehr vertraut sind, helfen können, aus Erstarrung in neue Lebendigkeit zu finden. Denn in diesen Texten findet sich die in Kapitel 2.4.1 beschriebene *Pendel*-Bewegung und die für traumatisierte Menschen so immens wichtige Unterscheidung zwischen einem traumatischen *Damals* und einem sicheren *Heute*. Und diese biblischen Texte benennen den Motor, der diese *Pendel*-Bewegung in Gang setzen kann, nämlich die *Sehnsucht nach Erlösung* (= Heilung von allem, was mich in seinem traumatischen Bann hält).[330] Insofern spreche ich gerne von Lukas als dem *Theologen der Sehnsucht*, seine *Theologie der Sehnsucht* greife ich in meinem Seelsorgemodell auf (s. Kapitel 1.2, 6.1 und 6.2.3, a).

Zum Abschluss dieses Exkurses und zur Illustration sei beispielhaft das Lied des Zacharias in Lk 1,67–79 zitiert. Es enthält von den vier genannten *Sehnsuchts-Liedern* in den ersten beiden Lukaskapiteln die eindrücklichsten Heilungsbilder und auch die zuvor erwähnten besonderen Lexeme (beides im Text hervorgehoben). Es ist somit auch in besonderer Weise für eine traumasensible Seelsorge geeignet:

67 Sein Vater Zacharias wurde vom Heiligen Geist erfüllt und begann prophetisch zu reden:
68 Gepriesen sei der Herr, der Gott Israels!
Denn er hat sein Volk besucht und ihm Erlösung („λύτρωσις") geschaffen;
69 er hat uns einen starken Retter („σωτηρία") erweckt im Hause seines Knechtes David.
70 So hat er verheißen von alters her durch den Mund seiner heiligen Propheten.
71 Er hat uns errettet („σωτηρία") vor unseren Feinden und aus der Hand aller, die uns hassen;
72 er hat das Erbarmen („ἔλεος") mit den Vätern an uns vollendet und an seinen heiligen Bund gedacht,
73 an den Eid, den er unserm Vater Abraham geschworen hat;
74 er hat uns geschenkt, dass wir, aus Feindeshand befreit, ihm furchtlos dienen
75 in Heiligkeit und Gerechtigkeit vor seinem Angesicht all unsre Tage.

---

[328] Im griechischen Originaltext findet sich an allen drei Stellen das Lexem „λύτρωσις" bzw. „λυτροῦσθαι" für „Erlösung" bzw. „befreien, erlösen, erretten" (vgl. BAUER [1971]: *Griechisch-Deutsches Wörterbuch*, Artikel „λύτρωσις" und „λυτρόω", 954).

[329] Im griechischen Originaltext findet sich das Lexem „σωτηρία" bedeutet das religiöse konnotierte „Heil", aber auch „Bewahrung in Gefahr" und „Errettung aus Todesnot" (vgl. BAUER [1971]: *Griechisch-Deutsches Wörterbuch*, Artikel „σωτηρία", 1586–1587).

[330] Man könnte auch die in den vorhergehenden Kapiteln angeführten Texte vielfach als *Sehnsuchts-Texte* bezeichnen, insbesondere natürlich die Psalmen und die prophetischen Texte.

> 76 Und du, Kind, wirst Prophet des Höchsten heißen; denn du wirst dem Herrn vorangehen und ihm den Weg bereiten.
> 77 Du wirst sein Volk mit der Erfahrung des Heils beschenken in der Vergebung seiner Sünden.
> 78 Durch die barmherzige Liebe („σπλάγχνα ἐλέους") unseres Gottes wird uns besuchen das aufstrahlende Licht aus der Höhe,
> 79 um allen zu leuchten, die in Finsternis sitzen und im Schatten des Todes („ἐπιφᾶναι τοῖς ἐν σκότει καὶ σκιᾷ θανάτου καθημένοις"),
> und unsre Schritte zu lenken auf den Weg des Friedens.

In V32, unmittelbar im Anschluss an die vorausgehende Symbolhandlung, erfolgt die Reflexion und die gegenseitige Bestätigung und Anerkennung des geschehenen Wandlungs- bzw. Heilungsprozesses. Zunächst geschieht dies in der Dyade der beiden Emmaus-Jünger. In einem zweiten Schritt dann noch einmal ausführlich und als eigener, dritter Abschnitt auf dem *Emmaus-Weg*, der *Neuwerdung*, in V33–35.

In V33 brechen die beiden Jünger, ohne zu zögern, auf ("zur selben Stunde") und kehren zurück nach Jerusalem, d.h. sie sind in der Lage an den Ort der Traumatisierung und in die traumabedingt auseinandergefallene Jünger(innen)gemeinschaft zurückzukehren. Horowitz spricht hier von einem „relative end of mourning", das beinhaltet, dass man mit dem ursprünglichen Trauma in Berührung kommen kann, sei es als Erinnerungen, sei es in Form von traumarelevanten Orten, ohne dass man direkt wieder in die traumafolgentypischen Reaktionen verfällt. Es folgt in VV34–35 die gegenseitige Bestätigung und Anerkennung der Wandlungsprozesse sowohl der beiden Emmaus-Jünger als auch der anderen elf Jünger plus weiterer Jünger(innen). *Neuwerdung* bedeutet nicht die Rückkehr in das alte Leben vor dem Trauma, sondern in ein neu geordnetes und gestaltetes Leben mit neuem „Selbst- und Weltverständnis" (Fischer/Riedesser, oder in meiner Terminologie mit neuen „Re-Konstruktionen von Selbst und Wirklichkeit", s. Kapitel 2.2). Hierzu gehört auch das Bild von einem Gott, der selbst im Moment größten traumatischen Leids – der Kreuzigung selbst wie auch deren Zeugenschaft – an der Seite der Opfer/Betroffenen bleibt und der Tod bzw. durchkreuztes Leben in neues Leben verwandeln kann.

Abschließend sei noch das Heilungsverständnis erwähnt, dass man – wie ich meine – aus der Emmaus-Erzählung ableiten kann: Heilung kann hier verstanden werden als ein von außen angestoßenes Widerfahrnis und ein dynamisches Beziehungsgeschehen.[331]

c) *Ein leeres Grab, verschlossene Türen und bleibende Wunden: Joh 20,1.11–29*

Der johanneische Jesus mag auf den ersten Blick wie ein Gottmensch anmuten, der selbst noch in den dunkelsten Stunden seiner Passion „den Überblick behält", da er um seine Göttlichkeit weiß (Joh 19,25–30). Dennoch finden wir wenigstens

---
[331] Ausführlich hier: KIRSCHT (2014): *Der Emmaus-Weg*, 361–362.

3.3 Trauma im Neuen Testament

zwei Stellen, die uns einen zutiefst menschlichen und (mit)fühlenden Jesus zeigen: der sich zunächst innerlich aufregende und dann um seinen verstorbenen Freund Lazarus weinende Jesus (Joh 11,35) und der angesichts des drohenden eigenen Leidensweges und Todes in „Bestürzung und Schrecken" geratende Jesus (Joh 12,27).[332] Bedeutsam für den Gegenstand des vorliegenden Buches ist einmal die Erzählung von der Begegnung Marias, der „Magdalenerin", mit dem auferweckten Jesus (Joh 20,1.11–18); zum anderen das, was sich hinter den verschlossenen Türen zwischen den verängstigten Jüngern und dem auferweckten Jesus abspielt (Joh 20,19–29).

1. Maria am Grab (Joh 20,1.11–18). Das Buch „Trauma und Trauer" von GAST et al. handelt davon, dass sich in den Passionsgeschichten „Arten der Traumaverarbeitung" finden lassen und dass die darin handelnden Personen „Identifikationsmöglichkeiten" für Menschen eröffnen, die ihrerseits unter schweren Verlusterfahrungen oder den Folgen von Traumatisierungen leiden. Sie gehen – neben anderen Figuren in den Passionserzählungen – auch auf Maria, die Magdalenerin, ein.[333]

Die Geschichte beginnt im Dunkeln. Psychotraumalogisch gelesen, hält Maria nichts im Bett, sie findet keinen oder nur wenig Schlaf, vielleicht geplagt von Albträumen (typische Traumafolgen-Symptomatiken). Vielleicht ist es auch die Angst vor den Römern oder den jüdischen Autoritäten, die sie im Schutz der Dunkelheit zum Grab gehen lassen. In jedem Fall korrespondieren die äußere Dunkelheit und die traumatische Dunkelheit in Marias Innerem.[334] Lässt man die VV 2–10 einmal außer Acht, dann findet sich in V 11 vor dem Grab eine weinende Maria wieder, der man neben dem grausamen und traumatisierenden Verlust des geliebten Menschen nun auch noch den Ort genommen hat, an dem sie hätte trauern können: Das Grab ist leer.

Wie bei den beiden Emmaus-Jüngern (s. Kapitel 3.3.3, b) tritt auch hier Jesus unvermittelt in die Szene ein und reißt einen trauernden und im Trauma gefangenen Menschen aus seiner „Traumatrance".[335] Hier wie dort findet sich das Nicht-erkennen, deutbar als traumafolgenbedingte Derealisation; hier wie dort stehen die Akteure unter dem Bann der Vergangenheit und der dort geschehenen furchtbaren Ereignisse. Hier wie dort sind es Fragen, die den Wandlungsprozess in Gang setzen. Zuerst sind es die beiden Engel in V 13, dann in V 15 der vermeintlich Fremde, die Maria dieselbe Frage stellen, nämlich: „Frau, was weinst du?" Beide Male antwortet

---

[332] BAUER (1971): *Griechisch-Deutsches Wörterbuch*, Art. ταράσσω, 1593–1594.
[333] GAST et al. (2009): *Trauma und Trauer*, 91–137, zu Maria Magdalena s. 102–113. Die obigen Überlegungen lehnen sich den Ausführungen von Gast et al. an.
[334] Das Lexem „σκοτία" kann einmal „Finsternis" und das „Dunkel" bedeuten, aber auch „Verfinsterung des Geistes und Gemütes", s. BAUER (1971): *Griechisch-Deutsches Wörterbuch*, Art. σκοτία, 1500. Er schreibt außerdem: „Bes. im joh. Sprachgebr. als gottfeindl. Kategorie, alles Irdische, Teuflische umfassend" (ebd.), wozu man auch Traumata und deren Folgen zählen kann.
[335] DREWERMANN (2003): *Das Johannes Evangelium*, 296, schreibt treffend: „Sie möchte sich klammern an die Reste des Verstorbenen [...] ein Leben als Totenkult, eine Zukunft als Erinnerung und als ein endloses Weinen." Den Begriff „Traumatrance" übernehme ich von MADERT (2007): *Trauma und Spiritualität*, 94.

Maria mit dem Verlust des Körpers des toten Jesus, was sie erneut in ihrer Traumatisierung *triggert*. Maria bittet den vermeintlichen Gärtner, ihr den Leichnam wieder zurückzugeben, damit sie ihn wieder ins Grab legen kann und sie so einen Ort für ihre (rückwärtsgerichtete) Trauer und Totenklage hat. Maria steht noch ganz unter dem Bann der vergangenen, traumatischen Ereignisse, die ihr Denken, Fühlen, Körperempfinden und Handeln in typischer Weise beherrschen. Und dann passiert, was man auch wieder – wie bei den Emmaus-Jünger – eine *Wandlung* (s.o.) nennen kann: Als Jesus Maria bei ihrem Namen nennt, erwacht sie aus ihrer inneren Lähmung, sie wendet sich körperlich-leibhaftig um und sieht nun, wer da wirklich ihr gegenübersteht: der auferweckte Jesus. „[...] mit der Nennung ihres Namens durch Jesus [*wendet Maria sich, Hinzufügung RK*] wieder dem Leben zu [...] In ihr wandelt sich Tod zum Leben, Verzweiflung zu Auferstehung",[336] vergangenheitsfixierte Traumalähmung in neue gegenwärtige und zukunftsgerichtete Lebendigkeit.

V17 wird traditionell so übersetzt, dass Maria Jesus nicht berühren solle. Genaugenommen bedeutet die griechische Wendung „μή μου ἅπτου" jedoch: „fasse mich nicht länger an! = lasse mich los!".[337] Maria soll die traumatische Vergangenheit loslassen, das *Damals*, und im *Heute* bleiben. Sie soll den Blick wenden und damit in ein sich auf Zukunft hin öffnendes Leben zurückkehren (zur zentralen Unterscheidung zwischen *Damals* und *Heute* in der Behandlung von Traumafolgen s. Kapitel 2.4.1). Folgerichtig muss Jesus an dieser Stelle wie bei den beiden Jüngern in Emmaus wieder verschwinden, damit Maria nun in ihr eigenes, neugewordenes Leben aufbrechen kann (s. Kapitel 3.3.3, b). Dazu gehört auch die Wiederaufnahme sozialer Beziehungen: Maria kehrt als Verwandelte und Neugewordene zurück in die Gemeinschaft der (einstigen) Jesusanhänger(innen) (wie die beiden Emmaus-Jünger, s.o.), denen jedoch zu diesem Zeitpunkt eine solche Wandlungserfahrung noch nicht zuteilgeworden ist, wie die folgende Erzählung zeigt.

Man kann sagen, dass sich in den Ereignissen rund um Maria am leeren Grab wesentliche Elemente eines Heilungsprozesses von Traumafolgen in komprimierter Zeitrafferform zeigen. Und auch diese Erzählung eignet sich für die seelsorgliche (und therapeutische) Arbeit mit traumatisierten Menschen. GAST et al. zeigen ein schönes Beispiel hierfür in Form eines „symbolische[n] Trauerweg[s] mit Maria Magdalena".[338]

---

[336] GAST et al. (2009): *Trauma und Trauer*, 106. Eine interessante Beobachtung: Im griechischen Originaltext spricht Jesus Maria mit „Μαριάμ" an (wie sie dann auch im Erzähltext in V18 genannt wird), der aramäischen Form des Namens „Μαρία" bzw. hebr. „מרים". Zuvor wurde sie im Johannesevangelium immer als „Μαρία" bezeichnet, mit oder ohne den Zusatz „ἡ Μαγδαληνή". Eine solche äußerliche Namensänderung könnte psychotraumatologisch gedeutet mit der sich ereignenden inneren Veränderung korrespondieren. Vgl. Jes 43,1b: „Fürchte dich nicht, denn ich habe dich ausgelöst, ich habe dich beim Namen gerufen, du gehörst mir!"

[337] So übersetzt es BAUER (1971): *Griechisch-Deutsches Wörterbuch*, Art. μή, 1020–1024 (Übersetzung von „μή μου ἅπτου": 1022) und Art. ἅπτω, 203–204.

[338] GAST et al. (2009): *Trauma und Trauer*, 107–113.

3.3 Trauma im Neuen Testament

2. Verschlossene Türen und bleibende Wunden (Joh 20,19–29). In keinem der anderen Evangelien haben die Wunden, die der Auferweckte (als von Gott Verwandelter und Neugewordener) immer noch an sich trägt, eine so zentrale Bedeutung wie im Johannesevangelium. Markus und Matthäus erwähnen sie überhaupt nicht. Und bei Lukas finden wir sie quasi nur indirekt erwähnt, wenn Jesus zur Wiedererkennung seiner Person seinen Jüngern seine Hände und Füße zeigt (Lk 24,39–40). Es ist ebenso ein Wiedererkennungszeichen wie das anschließende Essen eines Stückes Fisch.

Im Johannesevangelium geht es um mehr. Zunächst kann man sagen, dass sich der erste Teil der Erzählung (V19–23) in 8 Schritten entwickelt, die man mit der „Traumalinse" gelesen wie folgt deuten kann:

1. Ausgangspunkt ist das Kreuzigungstrauma: Die Jünger[339] stehen unter seinem Bann, (Lebens-)Angst ist das vorherrschende Gefühl, die (Lebens-)Türen sind verschlossen; auch hier wieder eine Art unter dem Bann der Vergangenheit stehende Traumatrance wie bei Maria (s.o.).
2. Jesus tritt in die Mitte: Die Jünger werden zentriert um den gegenwärtig Auferweckten herum, nicht mehr um das vergangene Trauma (Trennung von *Damals* und *Heute* wie bei Maria, s.o.).
3. Den ersten Friedensgruß kann man als ein von Jesus geschenktes Gegengefühl verstehen, das Körper, Seele und Geist, die traumatisiert sind, stabilisiert und von Angst befreit.[340]
4. Nach der Stabilisierung erfolgt die körperlich-leibhaftige Konfrontation mit dem einstigen Trauma: Jesus zeigt seine Kreuzigungs-Wunden, die aber durch die Auferweckung eine Umdeutung erfahren haben. Das Trauma als Vergangenheit ist in den Wunden bleibend sichtbar, es wird nicht verleugnet, aber es wird zu dem verwandelt, was es ist: Vergangenheit. Folgerichtig ist die Reaktion der Jünger Freude. Die ursprüngliche (Lebens-)Angst ist verwandelt worden in (Lebens-)Freude.
5. Den zweiten Friedensgruß kann man als eine Verstärkung und Bestätigung des neuen positiven Lebensgefühls von Freude deuten.
6. Die Sendung verleiht dem durch das einstige Kreuzigungs-Trauma sinnlos gewordenen ehemaligen Leben mit Jesus einen neuen zukunftsgerichteten Lebenssinn („sich eine Zukunft aufzubauen"[341]). Genau darum geht es in der letzten Phase/dem dritten Prinzip einer Traumafolgen-Therapie, der „Wiederanknüpfung" (Herman) bzw. in meiner Terminologie, der *Neuwerdung* (s. Kapitel 2.4.1).

---

[339] Die ausschließliche Verwendung der männlichen Form folgt dem griechischen Text. Das bedeutet aber nicht, dass nicht auch Jüngerinnen im Raum anwesend gewesen sein könnten. Sie werden allerdings antikem Sprachgebrauch entsprechend nicht eigens erwähnt, so wie z.B. in Lk 24,22, wo explizit von „einigen Frauen aus unserem Kreis" die Rede ist.

[340] „εἰρήνη" als griechisches Äquivalent zu „שלום" kann auch „Wohlbefinden" und „Heil" bedeuten (auch „messianisches Heil") und damit ist für mich auch „Heilung" mit im Wortsinn enthalten, s. BAUER (1971): *Griechisch-Deutsches Wörterbuch*, Art. εἰρήνη, 450–451.

[341] HERMAN (2018): *Narben der Gewalt*, 221.

7. Mit dem „heiligen Geist" haucht Jesus seinen Jüngern die Kraft zur Nutzung immer noch vorhandener eigener sowie neuer (spiritueller) Ressourcen für ihr neues Leben ein.
8. Die Gabe der Sündenvergebung ist der Inhalt der neuen Lebensaufgabe der Jünger. Die einstmals durch das Trauma ohnmächtig Gemachten, werden mit einer machtvollen Aufgabe ausgestattet.

Es folgt danach der zweite Teil der Erzählung (V24–29). Auch hier kann man wieder einzelne Schritte im Fortgang der Erzählung benennen und psychotraumatologisch deuten:

1. Ausgangspunkt ist der traumatisierte Jünger Thomas, der dem Zeugnis der anderen Jünger keinen Glauben schenken kann, weil er deren Erfahrung nicht am eigenen Leib gemacht hat. Es geht hier nicht um Unglauben, es geht darum, dass man von den Heilungserfahrungen anderer nicht selbst heil wird, sondern man muss den ganzen Prozess selbst durchleben. Und zwar ganz basal körperlich-leibhaftig-ganzheitlich.
2. Zu diesem Zweck wird die Versammlung der Jünger reinszeniert inkl. der verschlossenen Türen. Bis in die (griechische) Wortwahl hinein gleichen sich die beiden Textstellen, allerdings mit einem bedeutsamen Unterschied: Es ist bei dieser zweiten Versammlung hinter verschlossenen Türen nicht mehr von der Angst die Rede. Das würde auch keinen Sinn machen, da von Thomas abgesehen alle anderen der anwesenden Jünger ihren Heilungsprozess bereits durchlaufen und abgeschlossen haben. Es geht nur noch um Thomas und seine *Recovery*.
3. Jesus tritt in die Mitte: Erneut werden die Jünger inkl. des immer noch unter dem Bann des Traumas stehenden Thomas um den gegenwärtig Auferweckten herum (anstelle des Traumas) zentriert.
4. Es folgt der stabilisierende Friedensgruß an alle inkl. Thomas, dann rückt letzterer in den Fokus.
5. Und wiederum erfolgt nach der Stabilisierung nun die körperlich-leibhaftige Konfrontation mit dem einstigen Trauma – dieses Mal für Thomas und dieses Mal noch expliziter und stärker körperorientiert: Jesus zeigt seine Kreuzigungs-Wunden, die aber durch die Auferweckung eine Umdeutung erfahren haben, und lässt Thomas sie mit den eigenen Händen berühren. Dazu spricht Jesus Worte der Ermutigung und Heilung. Durch die hand-greifliche Berührung der verwandelten jesuanischen Wunden und Jesu begleitende Worte verwandelt sich auch etwas in Thomas. Der „Glaube" an die (All-)Macht des Traumas wird zum „Glauben" an das neue Leben: „Mein Herr und mein Gott!" Der neues Leben schenkende Gott steht nun im Zentrum von Thomas neugewordenen Leben, und nicht mehr Trauma und Tod. Die Wunden bleiben sichtbar, sie müssen bleiben

3.3 Trauma im Neuen Testament

als Erinnerung an erlittenes, aber vergangenes (im doppelten Wortsinn!) Unrecht.[342]

6. Die Schlussworte von Jesus setzen den Schlusspunkt unter das ganze Evangelium: Zusammen mit den bleibenden Wunden sind sie eine Art von Hoffnungsworten für alle Traumatisierten, sich ihrem Trauma und dessen Folgen zu stellen und sich bei dessen Verwandlung durch den verwundeten Auferweckten oder den durch diesen Prozess bereits hindurchgegangenen Jüngerinnen und Jüngern begleiten zu lassen. Denn fortan müssen die Jüngerinnen und Jünger Jesu (aller Zeiten) ohne seine leibliche Anwesenheit ihr Leben meistern (s. Kapitel 3.3.3, b). In der johanneischen Theologie ist es der Heilige Geist (auch: der Geist der Wahrheit), der ihnen als Helfer und Beistand („παράκλητος", Joh 14,16.26; 15,26) gesendet wird. So kann mit Hilfe des göttlichen Beistands und durch das Bleiben in der Liebe und das Erinnern an die Liebe Jesu (Joh 15,6.9–10) eine bleibende Erinnerungs- und Solidargemeinschaft der Liebenden, einander Beistehenden, miteinander Hoffenden und Glaubenden entstehen als Gegenwirklichkeit zur alltäglichen Traumawirklichkeit dieser Welt zu allen Zeiten. Denn „nur im Erinnern [ist] wirkliche Nähe zu ihm möglich",[343] da er selbst vorangegangen ist zum Vater (Joh 14,1-6).

Shelly Rambo entwickelt in ihrer Deutung der Erzählungen von den Jüngern hinter den verschlossenen Türen, insbesondere des Abschnittes über Thomas, das Bild vom „Upper Room", in dem sich Wege über die traumatischen Wunden hinaus hin zu einem „Afterlife of Trauma" eröffnen:

> The vision of the disciples in the Upper Room can provide a response to the question of goodness. In a "posttraumatic" climate, this room is a site of reckoning with pasts. It is a place where wounds are touched, and where shame, grief, and anger are released. It is a place of tenderness and courage. The resurrection scene directly speaks to the affective formation of a community struggling with death and loss. The capacities cultivated there require attunement to truths that rarely come to the surface. Infused with breath, each turns to those gathered in the room. A collective forms in the after-living. To be awakened to these realities is not easy work, but the razors will continue to cut us from within until we find ways to release them. This community meets at the junctures of histories and discerns points of crossing, embodying new configurations of life. Amid the ongoingness of violence, there are paths forged across wounds.[344]

---

[342] AUGST (2012): *Auf dem Weg*, 195: „Das Gewaltopfer ist an seinen Wunden erkenn- und identifizierbar, und gleichzeitig bestimmen sie es nicht mehr."
[343] NOUWEN (2015): *Suche nach Einklang*, 40.
[344] Rambo (2018): *Resurrecting Wounds*, 153.

d) Die Überwindung des urchristlichen Traumas durch kollektives Reframing

Für Shelly Rambo in ihrem Buch „Resurrecting Wounds" stellt die Rückkehr Jesu vom Tod ins Leben, seine Auferweckung, keinen triumphalen Neubeginn dar, keine Überwindung des Todes im Sinne einer „Theologie der Herrlichkeit"[345], sondern es geht darum, dass es möglich ist, dass Leben auferweckt werden kann inmitten einer Welt, in der Tod fortbesteht und auch Menschen weiter tagtäglich traumatisierenden Ereignissen ausgesetzt sind. Der immer noch seine Wunden tragende auferweckte Jesus, der in die Mitte seiner verängstigten und traumatisierten Jünger tritt, sagt uns etwas darüber, dass selbst schwer verwundetes Leben neu erschaffen („recreated") werden kann. „The return of Jesus reveals something about life in the midst of death. If we take the line between death and life to be more porous, as the context of trauma suggests, then resurrecting is not so much about life overcoming death as it is about life resurrecting amid the ongoingness of death. *The return of Jesus marks a distinct territory for thinking about life as marked by wounds and yet recreated through them* [Hervorhebung RK]."[346]

Dieser „recreating"-Prozess kann mit Carr auch als eine kollektive Reinterpretation des die Jesus-Anhängerschaft zunächst schwer traumatisierenden Kreuzestodes Jesu verstanden werden, der ihnen einerseits bei der individuellen wie der kollektiven (als soziale Gruppe) Bewältigung und Verarbeitung half. Zum anderen machte diese Reinterpretation dem Versuch der römischen Machthaber, die Jesusbewegung komplett zu zerstören, sozusagen einen Strich durch die machtpolitische Rechnung. Aus dem Trauma-Symbol des Kreuzes wurde mittels radikaler Reinterpretation (mit modernen psychotherapeutischen Fachbegriffen ausgedrückt: mittels *Reframing* bzw. *Kognitiver Umstrukturierung*, s. Kapitel 6.2.3, a) das „founding event of the movement and not it's end".[347] Wie in Kapitel 3.3.3, b anhand der Emmaus-Erzählung (Lk 24,13–35) gezeigt wird, kann man auch hier von einem für den Heilungsprozess einer traumatischen Erfahrung und deren Folgen so zentralen *Wandlungs-Prozess* von einer *Trauma-Narration* in eine *Heilungs-Narration* sprechen (ausführlich s. dort und Kapitel 2.4.1). Dieses Mal auf der kollektiven Ebene der Jesusbewegung. Carr zeigt dies am Markusevangelium als ältestem Evangelium bzw. in der ihm zugrunde liegenden älteren Passionserzählung der Anhänger/innen der ersten Stunde. Hier wie dort in der lukanischen Erzählung geschieht diese *Wandlung* bzw. das *Reframing* durch einen Rückgriff auf die heiligen Schriften der hebräischen Bibel („Moses und die Propheten", s. Lk 24,27). Carr nennt hier in erster Linie Hosea 6,2 und Jes 53 sowie die Moses-Geschichte.[348]

---

[345] LUZ (2018): *Theologia crucis*, in: ders. *Theologische Aufsätze*, 7-28.
[346] RAMBO (2017): *Resurrecting Wounds*, 7.
[347] CARR (2014): *Holy Resilience*, 162.
[348] CARR (2014): *Holy Resilience*, 162–171.

„The Roman symbol of ultimate defeat became the Christian symbol of ultimate victory."[349] Auch hier wie bei Jones geht es nicht um einen das Trauma und das damit verbundene, teilweise schier unerträgliche Leid simplifizierenden Schritt „from suffering to redemption", sondern um ein in dieser umgedeuteten Geschichte Jesu liegendes immenses Heilungspotenzial für „future unspeakable suffering": „[...] the figure of Jesus, the crucified savior, became a picture of divine solidarity that comforted Jesus' followers facing other kinds of unspeakable pain".[350] Und genau in diesem Sinne eines unschätzbar wertvollen Heilungspotenzials auch für heutige leidende und schwer traumatisierte Menschen gewinnen die biblischen Erzählungen insgesamt und die Erzählungen von Jesu Leiden, Tod und Auferweckung in ihrer psychotraumatologischen Deutung eine hochaktuelle Bedeutung.[351] Man könnte – hart ausgedrückt – auch sagen, sie werden von theologischen Entstellungen im Laufe der 2000 Jahre Christentumsgeschichte befreit und in ihrem ursprünglichen Sinn wiederentdeckt. Dieser lag und liegt in der zentralen Botschaft, dass auch ein von schwersten Wunden gezeichnetes, durch-*kreuztes* Leben durch diese Wunden hindurch zu einem neuen Leben auferweckt werden kann, oder noch einmal mit Rambo, von „life resurrecting amid the ongoingness of death" und von „life [...] marked by wounds and yet recreated through them"[352].

3.3.4 Gebrochenes Brot und gebrochene Menschen: Eucharistie und Trauma

Während seines gesamten Erwachsenendaseins hat der historische Jesus von Nazareth mit anderen Menschen Mahl gehalten. Es ist für sein Wirken so konstitutiv wie seine Heilungen und seine Verkündigungstätigkeit. Jesus erweist sich mit allen diesen drei Tätigkeiten durchaus als ein Kind seiner Zeit.[353]

Es geht auch bei Jesus nicht allein darum, satt zu werden, sondern seine Mahlpraxis ist in dem oben genannten Sinne zutiefst und wesenhaft ein Beziehungsgeschehen, das auf die teilnehmenden Menschen eine verwandelnde Wirkung ausübt. So z.B. beim Mahl Jesu mit den Zöllnern, durch das sich Kranke in Gesunde und Sünder in Gerechte verwandeln (Lk 5,27–32 par.); so auch die Frau in der Erzählung Lk 7,36–50. Bei der Speisung der 5000 in Lk 9,10–17 werden Verkündigung, Heilung

---

[349] CARR (2014): *Holy Resilience*, 162.
[350] CARR (2014): *Holy Resilience*, 171–172.
[351] CARR (2014): *Holy Resilience*, 172–173, zeigt dies am Beispiel der schwarzafrikanischen Sklaven in den USA, und zitiert dabei das Spiritual „Nobody knows the trouble I've seen, nobody knows but Jesus". Er schließt mit den Worten: „The cross the Romans intended to bring despair instead became a beacon of hope."
[352] RAMBO (2017): *Resurrecting Wounds*, 7.
[353] MALINA/ROHRBAUGH (2003): *Social-Science Commentary*, 323 schreiben: „Throughout the Gospel of Luke, as indeed in Mediterranean culture in general, table fellowship is seen as the litmus test [*Feuerprobe, Anmerkung RK*] of social solidarity. Eating together meant that a bond ran deeply among all participants." S. a. ebd., 381–382.

und Mahlgemeinschaft auf engste Weise miteinander verknüpft. Jesus überwindet durch sein Handeln die soziale und gesellschaftliche Isolation, in der sich körperlich und seelisch Kranke zu seiner Zeit befanden.[354] Lk 9,10–17 ist auch insofern interessant, als sich in der lukanischen Komposition an die Speisung die sog. erste Leidensankündigung Jesu anschließt (Lk 9,18–22). Diese Verbindung von Mahlhalten und Leiden und Tod findet sich wieder in Jesu prominentestem und wirkungsgeschichtlich bedeutsamstem Mahl, seinem letzten Mahl mit dem engsten Jüngerkreis am Abend vor seinem Tod.[355]

Man kann also festhalten, dass der jesuanischen Mahlpraxis und einer durch sie gestifteten engen Beziehungsgemeinschaft der daran teilnehmenden Menschen mit ihm und untereinander zeit seines Lebens eine stark verwandelnde und heilsame Wirkung auf der somato-psychischen Ebene innewohnt. Dies gilt in besonderer Weise für Jesu letztes Mahl, das die Jüngerinnen und Jünger nach seinem Tod zu seinem Gedächtnis feiern sollen. Insbesondere die Emmaus-Erzählung (Lk 24,13–35) zeigt, dass es beim Brotbrechen nicht um ein bloßes historisches Gedenken geht, ein Damals, sondern die beiden Emmaus-Jünger erfahren am eigenen Leib im Moment des Brotbrechens die endgültige Wandlung und Heilung von den bio-psycho-sozio-spirituellen Folgen der sie (akut) traumatisierenden Zeugenschaft von Jesu extrem grausamen Leiden und Sterben.

So nimmt es nicht Wunder, wenn sich nach Jesu Tod seine Anhängerinnen und Anhänger in den frühen Gemeinden zum gemeinsamen Brotbrechen (mehr und mehr auch mit geteiltem Wein) versammeln als Ausdruck ihrer innigen Gemeinschaft miteinander wie auch mit dem auferweckten Herr (im Sinne einer von ihnen so erfahrenen „Realpräsenz") (Apg 2,42.46).[356] Das Brotbrechen wird zu einem sich immer neu aktualisierenden, verkörperten Ort der Erinnerung an die *Wunde* des am Kreuz gebrochenen Jesus von Nazareth und seine *Wandlung* und *Neuwerdung* in der Auferweckung. Es ist ein körperlich-leiblich spürbares und erfahrbares Ritual der Hoffnung und des Trostes für mögliche Wandlungs- und Heilungsprozesse somato-psychisch leidender, insbesondere traumatisierter Menschen. Dieses Ritual wird in den auf die Augenzeugen folgenden Generationen von Jesusanhängerinnen und -anhängern zu einer lebendigen Brücke von der Gegenwart in die Vergangenheit, die Zukunft ermöglicht. Mit Henri Nouwen kann man sagen, dass „[f]ür die biblische Tradition [...] es zentral [ist], daß Gottes Liebe nicht in Vergessenheit ge-

---

[354] VOIGT (2008): *Die Jesusbewegung*, 132–135.

[355] Hier ist nicht der Ort zu diskutieren, was historisch tatsächlich geschehen sein mag. Erzähltes und Symbolisches erhält seine Kraft nicht allein aus der Faktizität, sondern in viel größerem Maße aus einer kontextübergreifenden lebendigen und unmittelbaren bio-psycho-sozio-spirituellen Erfahrbarkeit. So kann man die (Natur-)Wissenschaften auch als einen Mythos bezeichnen, der auf einer bestimmten, sich am Sichtbaren und Messbaren orientierenden Form der Re-Konstruktion von Wirklichkeit basiert, so auch NEWBERG et al. (2008): *Der gedachte Gott*, 233.

[356] Zu Brotbrechen als zentralem Ritual in den frühen Gemeinden und einer Fortführung von Jesu irdischer Mahlpraxis und den nachösterlichem Gemeinschaftsmahlen auch im Sinne eines realpräsentischen Erfahrungskontinuums s. BRADSHAW (2004): *Eucharistic Origins*, 57.

3.3 Trauma im Neuen Testament

raten darf. Sie soll auch jetzt bei uns bleiben. Wenn alles finster erscheint, wenn wir von Stimmen der Verzweiflung umgeben sind, wenn wir keinen Ausweg mehr sehen [*für traumatisierte Menschen eine sehr reale und bekannte Erfahrung, Hinzufügung RK*], dann können wir Rettung in der Erinnerung an eine Liebe finden, an eine Liebe, die nicht einfach nur ein sehnsüchtiges Zurückdenken an Vergangenes ist, sondern eine lebendige Kraft, die uns in der Gegenwart trägt. Durch die Erinnerung überschreitet die Liebe die Grenzen der Zeit und gibt Hoffnung in jedem Augenblick unseres Lebens."[357]

Die Verbindung von eucharistischer Praxis und somato-psychischer Heilung hält sich durch die folgenden Jahrhunderte hindurch.[358] Dabei wird die „medizinische Wirkung" der Eucharistie nicht allein geistig oder spirituell verstanden, sondern den ganzen Menschen in seiner Körper-Seele-Geist-Einheit umfassend.[359]

Nimmt man eines der zentralen Momente bei einer Traumatisierung, nämlich das *Fragment*, die Fragmentierung, Zersplitterung oder wie man auch sagen könnte – das *Gebrochen-Werden*[360], dann lässt sich eine symbolisch-verkörperte Verbindung herstellen zwischen dem gebrochenen Brot und in der Traumatisierung gebrochenen Menschen. Im jesuanisch-urchristlichen Ritual des *Brotbrechens* geht es um die Sehnsucht wie um die reale Erfahrung, „wieder ›ganz‹ zu werden nach Fragmentierung und Dissoziation",[361] nach all den Brüchen und dem Gebrochen-Werden in der traumatischen Erfahrung. Im Brotbrechen und später im Ritual der Eucharistie geht es um das Mysterium von Tod und Auferweckung Jesu Christi, von *wundhafter Brechung, (Ver-)Wandlung* und *Neuwerdung* eines Menschen, und dem daraus erwach-

---

[357] NOUWEN (2015): *Suche nach Einklang*, 36–37.
[358] So z.B. der Kirchenvater Ignatius von Antiochien (†ca.110) in seinem Epheserbrief:. „Kommt nur alle, ... gemeinsam, alle in Gnade, einzeln zusammen in dem einen Glauben und in Jesus Christus, dem Menschensohn und Gottessohn ... das eine Brot brechend, das die Arznei der Unsterblichkeit ist, und Gegengift, das man nicht stirbt, sondern lebt in Jesus Christus immerdar!" S. hierzu: STÖHR (2005): *Eucharistie als medicinis corporis et animae*.
[359] STÖHR (2005): *Eucharistie als medicinis corporis et animae*, 462-464. Bemerkenswert ist, dass außer bei Jesu letzten Abendmahl, das Brot im Zentrum der Mahlhandlung steht (s. auch die johanneische Deutung in Johannes 6). Darin spiegelt sich sicherlich seine Bedeutung als wichtigstes Nahrungsmittel der in ihrer Mehrzahl armen Bevölkerung zur damaligen Zeit. Diese Praxis der alleinigen Verwendung von Brot bei einem eucharistischen Gedächtnis- und Gemeinschaftsmahl der ersten Christen setzt sich noch bis ins vierte Jahrhundert fort, ja es existierte eine Vielzahl an eucharistischen Mahlformen. S. hierzu BRADSHAW (2004): *Eucharistic Origins*, 59–60.
[360] HUBER (2009): *Trauma und die Folgen*, 43–44, greift das Bild des zersplitterten Spiegels auf.
[361] WIRTZ (2006): *Flügel trotz allem*, 3.

senden Trost-, Hoffnungs- und Heilungspotenzial für traumatisierte Menschen über Zeiten und Kulturen hinweg.[362]

Psychisch traumatisierte – gebrochene, fragmentierte – Menschen bewegen sich oftmals an der Grenze des Todes, in den „dead zones"[363]. Sie können ein tiefes Gefühl der Verlorenheit und Verlassenheit des spirituellen Selbst, das sich wie tot anfühlt, in sich spüren. In einem therapeutischen Prozess – so kann man mit Hilfe dieser Bilder sagen – wird versucht, diese Gebrochenheitserfahrung in eine Auferweckungserfahrung aus diesen „dead zones" heraus zurück ins Leben zu verwandeln. Spirituelle bzw. christliche Rituale *im Allgemeinen* können in einem solchen Prozess „stabilisieren durch ihre Vertrautheit und ihre Handlungsoptionen, Gebete ermöglichen eine Versprachlichung, biblische Hoffnungsbilder können den Bildern des Grauens entgegengestellt werden. Solche Imaginationen und symbolische Handlungen dienen dazu, die Angst, Bedrohung und Ohnmacht, die eine traumatische Situation dominieren, zu kompensieren"[364]. Rituale bewirken u. a. eine „psychische Angstbewältigung und Euphorisierung, sofern sie eine Balance zwischen der Stimulierung von Emotionen und Distanzierung von ihnen herstellen".[365] Es sei an das in der Traumafolgenbehandlung zentrale Prinzip des *Pendelns* erinnert (s. Kapitel 2.4.1). Ja, Psychotherapie kann man auch als eine Art von Ritual verstehen, „das Klienten in einem wohldefinierten Rahmen einen Statusübergang vom Problemzustand zum Nicht-Problemzustand ermöglicht".[366]

Im Kontext von psychischer Traumatisierung, ihrer Folgen und Heilung kann das Ritual der Eucharistie *im Besonderen* als ein zentrales christliches Heilungs- und Wandlungs-Ritual und -Symbol verstanden werden. Es verbindet Tod und Leben, Kreuzigung und Auferweckung, *Wunde, Wandlung* und *Neuwerdung*: „Practicing the Eucharist makes the tortured body visible; it resists isolation and makes the claim that pain can be shared and transformed into resurrected life."[367] Die Eucharistie als ein verkörpertes Symbol (im Sinne von *Embodiment*[368]) verweist auf den zentralen Ort der Einwirkung einer traumatischen Erfahrung, nämlich den Körper, und ihres Fortbestehens in Form verkörperter Erinnerungen (s. Kapitel 2.3.2). Aber zugleich ist der Körper auch der zentrale Ort der Heilung (s. Kapitel 2.4.1).

---

[362] O'DONNELL (2018): *Broken Bodies*, schreibt zum Zusammenhang von Trauma, Körper und Eucharistie: "If the core of trauma is to be found in somatic memory, then, the somatic memory of the Christian faith must be explored. If bodies are key to understanding trauma then it is with bodies that one must begin. The place in which body and memory come together, for Christians, is in the celebration of the Eucharist" (2018-12-31T22:58:59). Sie bezieht sich hier auf Bessel van der Kolk und sein körper-/leiborientiertes Verständnis von Trauma (s. VAN DER KOLK [2018]: Verkörperter Schrecken).

[363] MCBRIDE/ARMSTRONG (1995): *The Spiritual Dynamics*, 14.

[364] AIGNER (2010): *Leben nach der Katastrophe*, 676.

[365] THEISSEN (2007): *Erleben und Verhalten*, 346, näher erläutert 345–346.

[366] VON SCHLIPPE/SCHWEITZER (2016): *Lehrbuch I*, 330.

[367] BIELER (2006): *Real Bodies*, 84.

[368] Zur Begriffserklärung s. FN 15 und 195.

3.3 Trauma im Neuen Testament

Auch für weniger kirchlich-konfessionell sozialisierte Menschen kann vor dem Hintergrund der Vielfalt frühchristlicher Mahlfeiern und der kulturübergreifenden Bedeutung von Miteinander-Mahl-Halten die verkörperte Symbolhandlung des gesegneten, gebrochenen und miteinander geteilten Brotes (ggf. unter Hinzunahme von Wein oder Traubensaft) zu einem sie ansprechenden und anrührenden Symbol werden.

So hebt auch der Psychologe C. G. Jung die „therapeutische Kraft" der Eucharistie hervor,[369] „das eucharistische Mysterium [*verwandelt, Hinzufügung RK*] die Seele des empirischen Menschen, der nur ein Teil seiner selbst ist, in ihre Ganzheit, die durch Christus ausgedrückt ist"[370]. Sabine Bobert spricht in Anlehnung an Jungsche Terminologie im Zusammenhang der Eucharistie von „zentrierende[r] Menschwerdung" als einer „Zentrierung der Persönlichkeitsfragmente" und einer „Zusammensetzung von Zerstückeltem",[371] was sich sehr gut in Bezug setzen lässt zu den Fragmentierungsphänomenen in Folge einer psychischen Traumatisierung (s. Kapitel 2.2 und 2.3) und dem Heilungsprozess als einem Weg zu neuer Ganzheit (*Trauma-Synthese und -Integration*)[372].

Mit dem evangelischen Theologen Klaus Onnasch, der eine Brücke schlägt von den urchristlichen Mahlfeiern zu heutigen heilsamen Ritualen für trauernde und traumatisierte Menschen, kann man sagen:

> Mit der Zeit entstehen in den christlichen Gemeinden Rituale, bei denen regelmäßig in bestimmten Formen der Kelch gereicht und das Brot gebrochen wird, das Trauma erinnert, die Bewältigung und das neue Leben sinnlich gefeiert wird. Solche Rituale können Trauernde [*und traumatisierte Menschen, Hinzufügung RK*] entlasten, sie müssen nicht ständig für sich alleine eine eigene Gestaltungsweise suchen, sondern können sich mit ihren Verletzungen und schmerzhaften Erinnerungen aufgenommen und in der Gemeinschaft aufgehoben fühlen; allerdings ist es notwendig, dass in solchen von Ritualen bestimmten Feiern genügend Raum bleibt, dass sich Trauernde [*und Traumatisierte, Hinzufügung RK*] mit ihren eigenen persönlichen Erfahrungen einbringen können. So besteht die Chance, dass die traumatischen Gedächtnisinhalte bewusst erinnert, emotional wie kognitiv bearbeitet werden und zur Sprache kommen; auch können so die Grundbedürfnisse nach Bindung und Orientierung wahrgenommen werden."[373]

---

[369] BOBERT (2010): *Jesus-Gebet*, 411. Bobert bezieht sich in ihren Ausführungen auf zwei Vorlesungen von Jung aus dem Jahr 1941 über „Das Wandlungssymbol in der Messe", Literaturnachweis: ebd., 411.

[370] JUNG, Carl Gustav, zitiert nach BOBERT (2010): *Jesus-Gebet*, 416.

[371] BOBERT (2010): *Jesus-Gebet*, 415–416.

[372] Man kann das auch in Beziehung setzen zu den Spiegelresonanzphänomenen auf der Basis des sog. spiegelneuronalen Resonanzsystems (s. Kapitel 2.3.3) in der Beziehung zwischen traumatisierten Menschen und Jesus Christus, dem am Kreuz „zersplitterten" und in der Auferweckung wieder *defragmentierten* und *neugewordenen* Gottmenschen. Dies findet seinen rituell verkörperten und spirituell-mystisch erfahrbaren Ausdruck in der Eucharistie.

[373] ONNASCH, in: GAST et al. (2009): *Trauma und Trauer*, 165.

Insofern kann man von der Eucharistie auch als einem „sicheren Ort" sprechen[374]; ein Ort, an dem traumatisierte Menschen zur Ruhe kommen, innere Stabilität wiedererlangen und neue Kraft zum Weiterleben trotz alledem finden können.

3.4 Statt einer Zusammenfassung: Biblische Impulse für eine Psycho-Soziale Begleitung traumatisierter Menschen – 11 Thesen

Ich habe in Kapitel 3 versucht darzulegen, dass es in den Schriften der hebräischen Bibel wie des Neuen Testaments Texte gibt, die sich durch eine „Lens of Trauma" sinnvoll lesen und deuten lassen. In diesen Texten – wie den exemplarisch von mir oben angeführten[375] – werden Phänomene beschrieben, die sich mit heutigen (medizinisch-psychologischen) Beschreibungen von traumatischen Erfahrungen, deren Folgen und auch deren Verarbeitung vergleichen lassen. Diese exemplarischen Texte (sowie eine Vielzahl anderer, die aus Platzgründen nicht genannt werden können) spielen eine wichtige Rolle in einer traumasensiblen Seelsorge. Für mein in Kapitel 6 beschriebenes Modell einer traumasensiblen Seelsorge sind es vor allem noch einmal in besonderer Weise drei Texte, denen eine herausragende, basale Bedeutung zukommt: Psalm 23, die Emmaus-Erzählung (Lk 24,13–35) und der achtsame und mitfühlende Samariter (Lk 10,25-37).

Im Folgenden wird in Thesenform der Ertrag einer solchen phänomenologisch-psychotraumatologischen Exegese für eine biblische Fundierung traumasensibler *Psycho-Sozialer Begleitung* zusammengefasst. Um dem Missverständnis vorzubeugen, es gehe hier generell um alle biblischen Texte, nenne ich diese speziellen Texte *Biblische Traumatexte*.

1. *Biblische Traumatexte* zeichnen ein Bild von Gott als einem mit den Opfern/Betroffenen von traumatischen Erfahrungen, von Gewalt, Unterdrückung und Ungerechtigkeit solidarischen mütterlichen und väterlichen Gott. In Jesus Christus zeigt er ein menschliches Antlitz und durchlebt am eigenen Leib, was Menschen an Gewalterfahrungen machen müssen. Das letzte Wort hat dabei jedoch die schöpferische Geistmacht Gottes, die Tod in neues Leben verwandeln kann.
2. *Biblische Traumatexte* laden heutige Opfer bzw. Überlebende psychischer Traumatisierungen ein zur Identifikation mit traumatisierten Menschen aus einer

---

[374] MARKERT/SCHOLLAS und ONNASCH, in GAST et al. (2009): *Trauma und Trauer*, 98 und 163.
[375] Es gibt noch eine große Zahl weiterer Texte, die sich phänomenologisch-psychotraumatologisch sinnvoll deuten und für die seelsorgliche wie psychotherapeutische Praxis applizieren lassen. Die Leserin, der Leser ist eingeladen, sich hier auf eine eigene Spurensuche gemäß den oben dargestellten exegetischen Prinzipien zu begeben.

3.4 Biblische Impulse für eine Psycho-Soziale Begleitung

anderen Zeit und Welt, die aber in ähnlicher Weise unter den direkten und indirekten Folgen leiden bzw. gelitten haben.

3. *Biblische Traumatexte* sind vielfach Sehnsuchts-Texte. In ihnen kommt die tiefe Sehnsucht von traumatisierten Menschen, die ein Leben in „Finsternis und Todesschatten" (Lk1,79) leben müssen, nach Erlösung aus einem solchen Leben, zur Sprache. Diese Sehnsucht kann Menschen aus der Erstarrung in die Bewegung bringen.
4. *Biblische Traumatexte* bieten eine reiche Auswahl an Hoffnung und Mut machenden, bestärkenden Bildern und Imaginationen für traumatisierte Menschen an, die in der *Psycho-Sozialen Begleitung* als Gegenbilder zu deren Schreckensbildern, für Stabilisierung und Empowerment und als Ressourcen dienen können.
5. *Biblische Traumatexte* ermutigen dazu, erlittenes Unrecht individuell zu beklagen (individuelle Klage), wie auch öffentlich zu machen, gerade auch da, wo es mit gesellschaftlichen Unrechtsstrukturen einhergeht (prophetische An-Klage).
6. *Biblische Traumatexte* zeichnen ein Bild vom Menschen als einem ganzheitlichen Lebewesen, einer Einheit aus Körper, Seele und Geist. Alle drei Ebenen sind in Psycho-Sozialen Begleitungs- und Heilungsprozessen gleichwertig miteinbezogen.
7. *Biblische Traumatexte* verstehen Heilung als ein von außen angestoßenes Widerfahrnis und dynamisches Beziehungsgeschehen zwischen Menschen im Angesicht eines solidarischen und mitfühlenden Gottes. Heilung kann dann gelingen, wenn es Menschen schaffen, ihren in die Vergangenheit gerichteten Blick auf das einstige traumatische Geschehen umzuwenden in eine Gegenwart bzw. Zukunft, die die bleibenden Wunden des Traumas nicht leugnet, und trotz ihrer eine Rückkehr ins Leben zu wagen.
8. *Biblische Traumatexte* zeichnen ein Bild von traumasensibler *Psycho-Sozialer Begleitung* als einer leisen, hochsensiblen, achtsamen, mitfühlenden und zarten bzw. zärtlichen Begleitung. Der Begleitende geht in gleicher achtsamer und mitfühlender Weise mit dem zu Begleitenden wie auch mit sich selbst als Helfendem um. So werden Retraumatisierungen auf beiden Seiten vermieden.
9. Man kann die *Kreuzigung Jesu* als christliches Urtrauma für seine Jüngerinnen und Jünger verstehen. In den Evangelien finden sich entsprechend unterschiedliche Weisen des Umgangs mit dieser traumatischen Erfahrung: das offene Ende des Markusevangeliums zeigt, dass traumatische Erfahrungen ein wesenhafter Bestandteil menschlicher Geschichte(n) bleiben; die johanneischen Erscheinungsgeschichten zeigen Menschen, die in der Begegnung mit dem Auferweckten und dessen bleibenden Wunden eigene Heilungserfahrungen machen; schließlich kann man den Auferstehungsglauben der Jesus-Anhängerschaft als ein kollektives *Reframing* zur Verarbeitung des Kreuzestraumas verstehen.

10. Die *Emmaus-Erzählung* kann als eine exemplarische Traumaverarbeitungs-Erzählung verstanden werden. Sie eignet sich in besonderer Weise als Paradigma für einen ganzheitlichen spirituellen Begleitungs- und Heilungsprozess von traumatisierten Menschen mit den drei Dimensionen von *Wunde*, *Wandlung* und *Neuwerdung*. Sie kann als eine *begleitete spirituelle Reise im Angesicht Gottes* verstanden werden. Die Begleitung ist sowohl menschlicher wie göttlicher Natur.
11. Im Kontext von psychischer Traumatisierung, ihrer Folgen und Heilung kann das Ritual der *Eucharistie*, insbesondere das Brechen des Brotes, als ein zentrales christliches Heilungs- und Wandlungs-Ritual und -Symbol verstanden werden. Es verbindet Tod und Leben, Kreuzigung und Auferweckung, Fragmentierung (Gebrochen-Werden) und Ganzwerdung, *Wunde*, *Wandlung* und *Neuwerdung*. Die Eucharistie als ein verkörpertes Symbol verweist auf den Körper des traumatisierten Menschen als zentralem Ort der Einwirkung einer traumatischen Erfahrung, ihres Fortbestehens in Form verkörperter Erinnerungen, aber auch der Heilung.

4. Das *Emmaus-Weg-Modell* einer Spirituellen Traumafolgen-Therapie

4.1 Einleitung

Bei dem an anderer Stelle ausführlich beschriebenen *Emmaus-Weg-Modell*[376] handelt es sich um eine spezifisch *Spirituelle* Traumafolgen-Therapie. Sie basiert zum einen auf der in Kapitel 3.3.3, b kurz dargelegten psychotraumatologischen Deutung der Emmaus-Erzählung (s. a. Anhang A.3). Zum anderen integriert das Modell Theorie und Praxis heutiger Traumafolgen-Therapien sowie weitere wissenschaftliche Erkenntnisse aus den Human- und Sozialwissenschaften, insbesondere den Neurowissenschaften, der Medizin und der Psychologie. Als drittes und wesentliches Element haben biblisch-christliche und andere spirituelle Inhalte und Traditionen Eingang in das Modell gefunden.

4.2 Das Modell

Dem Modell liegt ebenfalls das in Kapitel 1.2.1 dargestellte ganzheitliche *bio-psycho-sozio-spirituelle Menschenbild* zugrunde. Psychotherapie wird im *Emmaus-Weg-Modell* definiert als eine *begleitete spirituelle Reise im Angesicht Gottes*. Heilung wird in diesem Modell als ein Widerfahrnis verstanden, das sich der Verfügbarkeit und reinen technischen Machbarkeit entzieht. Sowohl bei einer Spirituellen Psychotherapie im Allgemeinen wie auch einer Spirituellen Traumafolgen-Therapie im Besonderen geht es prinzipiell um „verkörperte (leibhaftige, embodied) und erfahrungsorientierte ganzheitliche Psychotherapie, die sich primär in zwischenmenschlichen Beziehungen (inner- wie außertherapeutisch) als wichtigstem Wirksamkeitsfaktor realisiert".[377] Wichtig ist für therapeutische und überhaupt psycho-soziale Veränderungsprozesse, dass eine Veränderung nur dann wirklich nachhaltig realisierbar ist, wenn im therapeutischen bzw. psycho-sozialen Prozess im Sinne von Grawe gleichzeitig expliziter [= bewusst] und impliziter [= unbewusst] Funktionsmodus aktiviert sind (s. Kapitel 2.4.1).[378] Ganzheitlich bedeutet hier auch eine bewusste Einbeziehung aller drei Ebenen des *Triune Brain* bzw. der vier Ebenen nach Roth (s. Kapitel 2.3.3) und des BASK-Modells (s. Kapitel 2.2).

Zu einem spezifisch christlichen Menschenbild gehört hierbei auch, den Menschen als Gegenüber zu einem – immer wieder in Texten der hebräischen Bibel und des Neuen Testaments beschriebenen – menschenfreundlichen, barmherzigen, liebevollen und zärtlichen Gott zu betrachten. Eines Gottes, der in seiner Solidari-

---

[376] KIRSCHT (2014): *Das Emmaus-Weg-Modell*.
[377] KIRSCHT (2014): *Das Emmaus-Weg-Modell*, 266–267.
[378] GRAWE (2004): *Neuropsychotherapie*, 123–129.

tät bis zum Äußersten geht, indem er sich an die Seite der Opfer/Betroffenen von Gewalt stellt (s. Kapitel 3). Diese Solidarität hat in Jesus Christus ein menschliches Antlitz und eine menschliche Bezugsperson bekommen.

Spirituelle Traumafolgen-Therapie ist eine beziehungs-, ressourcen-, körper/leib- und sinnfokussierte Therapie, die von einem pluralen Wirklichkeitsverständnis ausgeht. Das bedeutet, dass ein naturwissenschaftliches Wirklichkeitsverständnis dieselbe Berechtigung hat wie eine spirituelle oder religiöse Deutung von Wirklichkeit, die mit der Existenz einer transzendenten, göttlichen Realität rechnet, die zwar nicht erkennbar, aber erfahrbar ist. Insofern lassen sich in ein solches Therapie-Modell problemlos Praxis- und Erfahrungswissen nicht nur naturwissenschaftlicher Erforschung der Welt integrieren, sondern auch dasjenige uralter Menschheitstraditionen (seien sie östlich-buddhistisch, jüdisch-christlich oder das Wissen von Naturvölkern und schamanischen Kulturen).[379] Das hat auch Konsequenzen für die in einem solchen Modell zur Anwendung kommenden Methoden: Neben dem klassischen psycho- und traumafolgentherapeutischen Methodeninventar kommen auch spirituelle Methoden zur Anwendung. In Kapitel 6 finden sich viele dieser Methoden wieder in ihrer Einbindung in eine traumasensible Seelsorge. An dieser Stelle seien nur einige Beispiele genannt: Imaginationen mit göttlichen Schutzmächten und hilfreichen Wesen; Arbeit mit spirituellen (z.B. biblischen) Texten; spirituelle Rituale wie Handauflegungen, Segnungs- und Salbungshandlungen; kontemplative und meditative Übungen; *Biblische Skulptur- und Aufstellungsarbeit*.

Konkret orientiert sich das Modell an den drei Heilungsschritten in der Emmaus-Erzählung, im Sinne von Prinzipien und *Möglichkeitsräumen*, nämlich *Wunde*, *Wandlung* und *Neuwerdung*. Diese korrespondieren mit den Handlungsprinzipien heutiger Traumafolgen-Therapien, wie sie in Kapitel 2.4 beschrieben wurden. Im Folgenden deshalb nur noch einmal eine kurze Zusammenfassung.

1. *Die Wunde*

Der bio-psycho-sozio-spirituelle Mensch mit seiner je individuellen Lebensgeschichte, seinen Prägungen und Vulnerabilitäten (Genetik, Epigenetik und [Umwelt-]Erfahrungen) sowie seinen sozialen Netzwerken und Systemzugehörigkeiten wird in den Blick genommen. Beziehungsarbeit und die individuellen Traumasymptomatiken, die traumatischen Wunden, sind der Ausgangspunkt der therapeutischen Arbeit. Zusätzlich zur üblichen Diagnostik, Psychoedukation, Stabilisierung und Ressourcenanamnese und -aktivierung wird ein besonderes Augenmerk auf mögliche spirituelle und sinnstiftende Ressourcen und Methoden gelegt.

---

[379] KIRSCHT (2014): *Das Emmaus-Weg-Modell*, 377–378. Zur Unterscheidung von Wirklichkeit und Realität s. ebd., 94–97.

2. Die Wandlung

In diesem Schritt geht es um die beiden Wandlungsprozesse, die in der Emmaus-Erzählung hintereinandergeschaltet, aber im heutigen psychotherapeutischen Prozess miteinander verzahnt sind. Wesentlich ist dabei eine Konfrontation in einem sicheren Kontext mit den traumatischen Erinnerungen und den sie begleitenden kognitiven, emotionalen und somatischen Symptomen in Form der fragmentierten *Trauma-Narration*. Diese wird im Rahmen einer sicheren und stabilen therapeutischen Beziehung und innerer wie äußerer „sicherer Orte" im Idealfall in eine *Heilungs-Narration* umgewandelt. Dabei spielen kognitive wie emotionale und körperlich-leibhaftige methodische Elemente eine gleichbedeutende Rolle. Es geht um eine *Wandlung* auf allen drei Ebenen des *Triune Brain* (bzw. der vier Ebenen nach Roth) und des BASK-Modells unter Einbeziehung spiritueller Ressourcen und Methoden.

3. Die Neuwerdung

In diesem Schritt geht es noch einmal explizit um eine abschließende „Integration der (zuvor) erarbeiteten Veränderungen", was „in gewisser Weise [...] fortlaufend während der gesamten Therapie" erfolgt, um eine „Einordnung in das jetzige Leben" der Patientinnen und Patienten. Als besondere – jeweils individuell auszugestaltende – Ziele nennt Martin Sack „Trauerarbeit", „Neuaufbau von zwischenmenschlichen Beziehungen" und das „Entwickeln einer Zukunftsperspektive"[380] bzw. eines neuen „Selbst- und Weltverständnis" oder „neuer Re-Konstruktionen von Selbst und Wirklichkeit" (s. Kapitel 2.4.1). Aus den vielen kleinen neueröffneten Möglichkeitsräumen während der bisherigen Therapie soll insgesamt ein neuer umfassender *Möglichkeitsraum* eines befreiten Lebens ohne die symptomatischen Folgen der Traumatisierung werden, eine „neue biopsychosoziospirituelle Heimat". Wichtige Inhalte sind dabei „Bilanz", „Trauerarbeit", „Zukunftstrance", „Anschluss" und „Abschluss". Letzterer kann mit spirituellen Ritualen begangen werden.[381]

4.3 Graphische Umsetzung: Emmaus-Wege zwischen Fragment und Kohärenz

Das im vorangehenden Kapitel in aller gebotenen Kürze erläuterte *Emmaus-Weg-Modell* lässt sich aufgrund des gleichen Menschenbildes nahtlos in die in Kapitel 1.2 dargelegte Anthropologie und deren graphische Umsetzung integrieren.

---

[380] SACK (2010): *Schonende Traumatherapie*, 201–208.
[381] KIRSCHT (2014): *Das Emmaus-Weg-Modell*, 406–408.

138 4. Das *Emmaus-Weg-Modell* einer Spirituellen Traumafolgen-Therapie

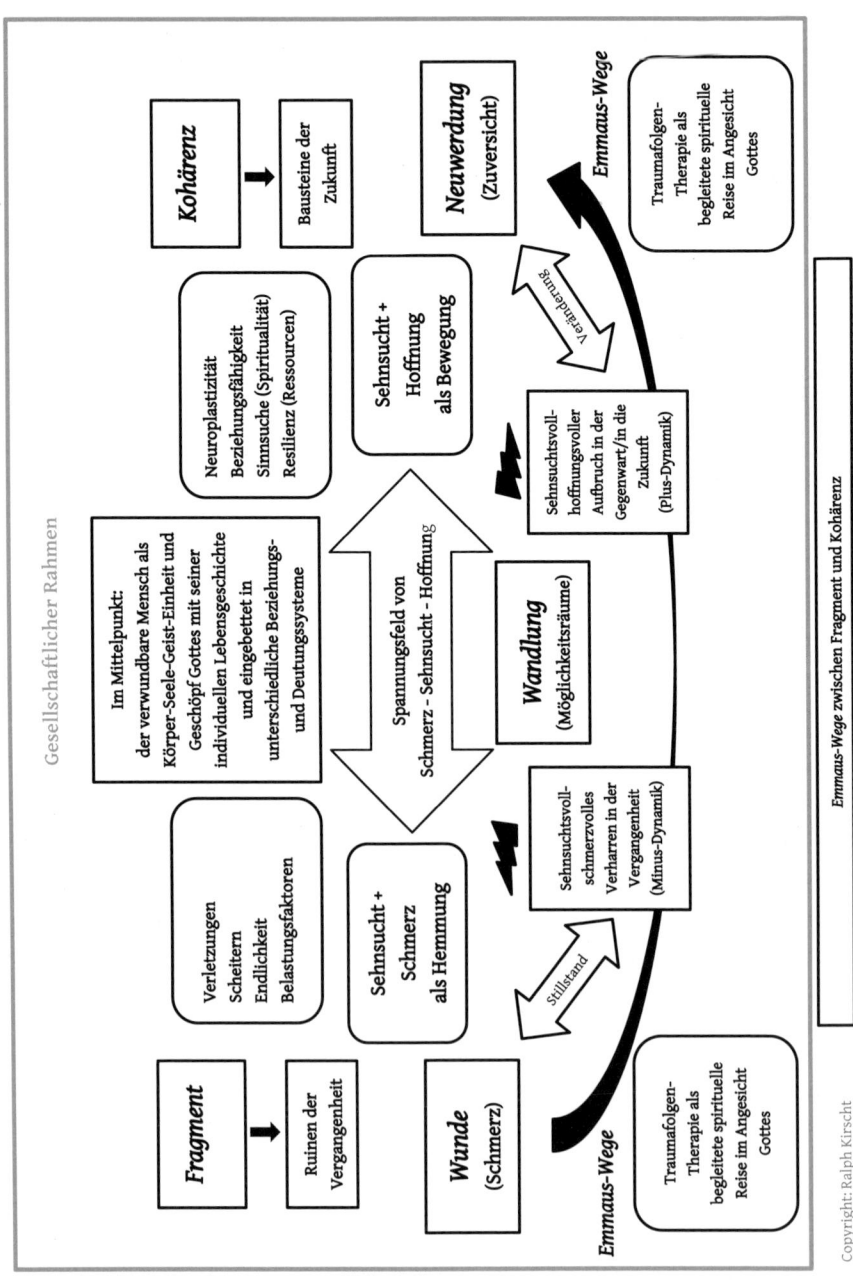

Graphik H - Das *Emmaus-Weg-Modell*

5. Auf dem Weg zu einer traumasensiblen Seelsorge – wichtige Impulse ausgewählter Forschungsarbeiten

5.1 Einleitung

In diesem Kapitel geht es um einen kurzen Überblick über wichtige Forschungsarbeiten (Aufsätze und Monographien) auf dem Weg zur Konzeptualisierung einer traumasensiblen Seelsorge. Aus Platzgründen kann kein klassischer systematischer Forschungsüberblick gegeben werden. Ein solcher findet sich bei Stahl[382] und Schult[383]. Stattdessen werden ausgewählte Arbeiten kurz vorgestellt, die wichtige Impulse für das in Kapitel 6 entwickelte eigene Modell einer traumasensiblen Seelsorge gegeben haben. Hierbei geht es wiederum nicht um eine Gesamtwürdigung der einzelnen Arbeiten, sondern darum, kurz zu beschreiben, worin deren jeweilige Bedeutung für die Entwicklung einer traumasensiblen Seelsorge liegt, und darum, jene Impulse für das eigene Modell kurz darzustellen.

Am Anfang der in der „Mitte der 90er Jahre durch erste Zeitschriften- und Lexikonartikel" beginnenden Auseinandersetzung mit dem Thema Trauma und einem adäquaten seelsorglichen Umgang mit traumatisierten Menschen kamen wichtige Impulse aus der sich entwickelnden Notfallseelsorge in Deutschland. Insbesondere auch sind es einzelne schreckliche Ereignisse wie z.B. das „Zugunglück von Eschede, der 11. September 2001, die Tsunami-Flutkatastrophe 2004 und die Amokläufe von Erfurt und Winnenden".[384] Explizit an letzteres Ereignis knüpft die erste der im Folgenden dargestellten Arbeiten an.

5.2 Trauma als Herausforderung für die Seelsorge – drei wichtige Aufsätze

5.2.1 Kerstin Lammer: Seelsorge nach traumatischen Ereignissen

Für Kerstin Lammer[385] gehört „Erinnern und erzählen lassen, dabei auf die Gefühle fokussieren [...] zum kleinen Einmaleins von Seelsorgern und Psychologen" (1). Das

---

[382] STAHL (2019): *Traumasensible Seelsorge*, 28–37.
[383] SCHULT (in Vorbereitung): *Ein Hauch von Ordnung*.
[384] STAHL (2019): *Traumasensible Seelsorge*, 28–37.
[385] LAMMER (2009): *Seelsorge nach traumatischen Erlebnissen*. Bei allen wörtlichen Zitaten werden die einzelnen Nachweise im Fließtext mit in Klammern gesetzten Seitenzahlen angegeben ohne weitere Fußnoten.

ist auch der Fall bei „seelsorglicher erster Hilfe", gilt jedoch in keinem Fall für eine Seelsorge mit traumatisierten Menschen, wo dies eher schaden kann im Sinne von Re-Traumatisierungen. Im zweiten Teil ihres Aufsatzes zeigt Lammer auf, dass es bei „Traumaseelsorge" grundlegend darum geht („Seelsorgeverständnis"), „Menschen zu verhelfen, ihre Kompetenzen und Möglichkeiten, ihre Handlungsspielräume (wenn sie auch noch so eingeschränkt seien) zu entdecken und freizusetzen" (4, s. Kapitel 2.5, die fünfte Grundregel: *Eröffnen von neuen „Möglichkeitsräumen"*). In einem ersten Schritt sollen Seelsorgerinnen und Seelsorger „nicht schaden (nihil nocere[386])" (5). Als Grundregel kann gelten: „Das traumatische Erleben soll nicht reaktiviert werden, weil die erneute Reiz- und Angstüberflutung die Traumatisierung vertieft" (6), z. B. durch unkontrolliertes Erinnern und Erzählen oder Fokussieren auf Gefühle, stattdessen sollen re-traumatisierende Erzählvorgänge unterbrochen werden. Dazu braucht es auf Seiten der Seelsorgenden trauma-diagnostisches Fachwissen, um eine Traumatisierung beim Gegenüber überhaupt erkennen zu können.

Positiv gewendet, kann Seelsorge auf der Basis von eben jenem traumaspezifischen Fachwissen traumatisierten Menschen „prätherapeutische Angebote" im Sinne einer „Seelsorgliche[n] Erste[n] Hilfe" machen (6). Sie nennt drei zentrale Methoden:

1. „Stabilisieren": z. B. in Sicherheit bringen; unterstützende Rituale; erleben und Stärken eigener Kompetenzen; positive Erlebnisse anregen; Techniken der Selbstberuhigung ([biblische] Imaginationsübungen und Körperübungen; Achtsamkeit) (6–7)
2. „Orientieren", z. B. im Hier und Jetzt verorten; Unterscheidung zwischen Damals (= traumatische Situation) und Heute (= es ist vorbei); Realitätsprüfung; Psychoedukation; Anerkennung von Unrecht (7)
3. „Ressourcen aktivieren": z. B. persönliche Versorgung; soziales Netz aktivieren; Religion/Spiritualität als Ressourcen; Einordnen der Ereignisse in ein kohärentes Wirklichkeitskonzept (8)

Gerade die (präventive) Vermittlung eines kohärenten und in Belastungen tragenden Selbst- und Weltkonzeptes (Lammer knüpft hier an das Salutogenese-Konzept von Antonowsky an, Kapitel 2.3.2 und 2.4.1) kann eine wichtige Aufgabe von „religiöser Erziehung und kirchlicher Bildungsarbeit" sein (8).

---

[386] Lammer spielt hier auf ein wahrscheinlich auf den Arzt Scribonius Largus am Hof von Kaiser Tiberius Claudius (um 50 n.Chr.) zurückgehendes Zitat an, das vollständig lautet: „primum non nocere, secundum cavere, tertium sanare" (dt.: erstens nicht schaden, zweitens vorsichtig sein, drittens heilen).

5.2.2 Sabine Haupt-Scherer und Uwe Scherer: Einen Schritt voran folgen

Für Sabine Haupt-Scherer, Seelsorgerin und systemische Beraterin, und Uwe Scherer, Pädagoge und Ehe- und Lebensberater,[387] ist das „Leitbild" ihres Verständnisses von „traumazentrierter Seelsorge und Beratung" ein Paradoxon: „Einen Schritt voran zu folgen" bedeutet „[d]em Gegenüber die Führung überlassen in seinen Bildern und Zielen, und doch einen Schritt voran sein im erkennen, verstehen, erklären, wie ein Trainer einen Plan davon haben, wie das gegenüber sein Ziele erreichen kann: weniger Raum geben, sondern steuern und dosieren, unterbrechen und beruhigen" (569).

Wichtige Impulse ziehen Haupt-Scherer und Scherer nicht nur aus der Traumatherapie, sondern – wie auch in meinen konzeptionellen Überlegungen zu einer traumasensiblen Seelsorge – aus der Traumapädagogik (s. Kapitel 2.4.2). Auch verorten sie eine traumasensible Seelsorge in der Stabilisierungsarbeit, die sie von der „Durcharbeitung des Traumas im therapeutischen Kontext unterscheiden" (568). Aus alledem ergeben sich sechs Aufgaben „für die Begleitung in der traumazentrierten Seelsorge und Beratung" (568–569):

1. „erkennen" der Traumafolgen in der präsentierten Symptomatik
2. „verstehen" des Verhaltens als „Rest einer traumatischen Situation oder als Reaktion darauf in eingefrorenem Zustand"
3. „erklären" der (neuro)biologischen Reaktionen und Grundlagen als normal und daraus neue Handlungsoptionen entwickeln; verstehen der Traumadynamik und würdigen der Symptome als Überlebensstrategien
4. „reorientieren" im Hier und Jetzt als Gegensatz zur traumatischen Vergangenheit, die sich noch stets präsent anfühlt, aber vergangen ist
5. „stabilisieren" durch entsprechende Übungen und Ressourcen; die linke Gehirnhälfte (rational) unterstützende und die rechte Gehirnhälfte (emotional) beruhigende Gesprächsführung; Herstellen eines kohärenten Narrativs

Eine traumasensible[388] Haltung in der Seelsorge verändert die eigene Seelsorgepraxis und die eigenen Haltungen dabei. Haupt-Scherer und Scherer benennen aus ihrem eigenen professionellen Entwicklungsprozess die folgenden sechs Punkte (569–571):

1. Seelsorge wird nicht nur als Begleitung verstanden, sondern als eine Mitarbeit an Heilung und Veränderung

---

[387] HAUPT-SCHERER/SCHERER (2011): *Einen Schritt voran folgen*. Bei allen wörtlichen Zitaten werden die einzelnen Nachweise im Fließtext mit in Klammern gesetzten Seitenzahlen angegeben ohne weitere Fußnoten.
[388] Ich gebe dieser Begrifflichkeit den Vorzug gegenüber dem Begriff „traumazentriert" der beiden Autoren.

2. Würdigung von symptomatischem Verhalten als Überlebensstrategie
3. mehr Wertschätzung für die Menschen (und ihre Überlebensleistung) statt Sorge um die Menschen
4. „eindeutig wertend[e]" Haltung gegenüber „Gewalt, gewalttätige[m] Verhalten und Täterverhalten"
5. zentrale Bedeutung von „Schutz und Sicherheit" und Mitverantwortung für deren Realisierung
6. die Person des Seelsorgers, der Seelsorgerin rückt stärker in den Fokus: zum einen muss er/sie, mögliche eigene Traumata gut im Blick und bearbeitet haben; zum anderen gilt es, bewusst Selbstfürsorge gegen sekundäre Traumatisierungen zu praktizieren

Abschließend nennen die beiden Autoren einige Beispiele für Elemente aus der „Tradition kirchlicher Seelsorge [...], die eine traumazentrierte Stabilisierungsarbeit gut unterstützen können"(571): stabilisierende Rituale; eine gelebte positive Gottesbeziehung zur Beruhigung des Bindungssystems; Gebete als Hilfe zur Versprachlichung gegen den „speechless terror" und als Orte zur Ablage von innerem „Gepäck"; Gott und Engel als innere Helfer (als eine spirituell oder religiös erweiterte Form der Imaginationsübungen); „biblische Hoffnungsbilder" werden „Bildern des Grauens" entgegengesetzt; Segen kann als „eine Imagination von Sicherheit" wirken.

5.2.3 Maria Elisabeth Aigner: Leben nach der Katastrophe

Auch Maria Elisabeth Aigner[389] unterscheidet bereits zwischen „Trauma" als dem „grenzverletzenden Geschehen" und „Traumatisierung" als „das, was durch das Trauma ausgelöst wird" (671). Solchermaßen traumatisierte Menschen brauchen dreierlei: „Ressourcen, Trost und Resilienz". Vorbehaltlose Annahme, Respekt und Wertschätzung sind basale Haltungen im Kontakt. Und Sicherheit ist das, was traumatisierte Menschen zuerst brauchen, sei es durch Abstand vom Täter oder Tatort, sei es durch die tröstende Anwesenheit eines anderen. Schwierige Verhaltens- und Reaktionsmuster sind als traumatisierungsbedingte „Gegenübertragungsreaktionen" zu erkennen (674–675).

Kennzeichen seelsorglicher Beratung und Begleitung nach traumatischen Erlebnissen sind nach Aigner (675–676):
1. Traumasensible Seelsorge geht „angemessen" nur mit psychotraumatologischen „Basiskenntnisse[n].
2. Es gilt die Symptomatiken als typische Folgen einer Traumatisierung zu erklären, „nicht zu pathologisieren" und sie „als Überlebensstrategie zu würdigen".

---

[389] AIGNER (2013): *Leben nach der Katastrophe*. Bei allen wörtlichen Zitaten werden die einzelnen Nachweise im Fließtext mit in Klammern gesetzten Seitenzahlen angegeben ohne weitere Fußnoten.

5.2 Trauma als Herausforderung für die Seelsorge

3. Zu einer Reorientierung „benötigen" traumatisierte Menschen „ein Gegenüber, das Zeugnis gibt von einem Selbst-, Welt- und [...] Gottesbild jenseits der Traumatisierung".
4. Stabilisierend können (biblische) „Gedanken und Bilder von Sicherheit", „Rituale" und „Gebete" wirken.
5. Seelsorgerinnen und Seelsorger sind in besonderer Weise herausgefordert „präsent zu sein, hinzuhören und die jeweilige Situation einzuordnen".
6. Traumasensible Seelsorge orientiert sich stärker am Verhalten als an den Emotionen des Gegenübers. Sie arbeitet stärker rational, psychoedukativ und strukturierend, als es etwa in anderen Seelsorgebereichen der Fall ist. Allerdings soll sie dabei immer noch „genug Raum für die eigenen Entwicklungsschritte [...] lassen".
7. Bezugnehmend auf Victor Turners Ritualtheorie und dem zentralen Begriff der Liminalität lässt sich traumasensible Seelsorge in ihrer „performativen Dimension" beschreiben, als eine Begleitung zwischen „Struktur" und „Schweben". Diese Beschreibung lässt sich gut in Beziehung setzen zu dem in Kapitel 2.4.1 beschriebenen Pendeln, auch das eine Art „Schwebezustand" zwischen Belastung und Entlastung.

Am Ende ihres Aufsatzes formuliert Aigner „fünf Thesen" darüber, „[w]as Seelsorge und Theologie vom Trauma lernen können" (678–679):

1. „Traumatisierte sind Zeuginnen und Zeugen menschlicher Vulnerabilität und weisen auf die nicht zu relativierende Bedeutung von Ressourcen hin."
2. „Traumatisierungen bringen in einem doppelten Sinn das Fragment ans Licht: das Leben im Fragment und die Fragmentierung Gottes."
3. „Traumatische Erfahrungen konfrontieren Seelsorge und damit auch die Theologie mit Schuld."
4. „Traumata erweitern und vertiefen die Verantwortung von Seelsorgerinnen und Seelsorgern sich selbst als wichtigstes Werkzeug im Blick zu behalten [*insbesondere bei eigenen traumatisierenden Erfahrungen, Hinzufügung RK*]."
5. „Das Trauma erinnert Seelsorge und Theologie an ihr »Ambivalenz-Potenzial« (d.h. „kein Glaube ohne Zweifel, keine Sicherheit ohne Unsicherheit")."

Passenderweise endet Aigner ihren Aufsatz mit Jes 42,3, dem Bild vom geknickten Rohr und dem glimmenden Docht, aus dem ersten Gottesknechtslied (Jes, 42,1–9), das in Kapitel 3.2.4 als paradigmatischer biblischer Text für eine Wesensbeschreibung traumasensibler Seelsorge gedeutet wird.

5.3 Trauma und Theologie

5.3.1 Kristina Augst: Auf dem Weg zu einer traumagerechten Theologie

In ihrem Buch „Auf dem Weg zu einer traumagerechten Theologie" aus dem Jahr 2012 entwirft Kristina Augst m.W. den ersten großen Entwurf einer Theologie im Angesicht von Trauma.[390] Von der feministischen Theologie herkommend ist sie „trotz aller patriarchalen Verstrickungen" davon überzeugt, dass „das Christentum heilvolles und heilendes Potential besitzt und einen Beitrag zum Heil-Werden nach Traumatisierungen leisten kann" (19). Vor dem Hintergrund der Arbeit einer der Pionierinnen der Psychotraumatologie, Judith Herman („Die Narben der Gewalt"), der sie sechs Analysekategorien entnimmt (52), setzt sie sich kritisch mit drei „Traumaheilungskonzepten" der bekannten deutschen Psychotraumatologen Gottfried Fischer, Luise Reddemann und Michaela Huber auseinander. Insbesondere geht es ihr in ihrem Resümee (149–155) um das in diesen Ansätzen zutage tretende Heilungsverständnis und das Verhältnis zu Religion und Spiritualität.

„Das Heilungsverständnis ist von vier Aspekten geprägt: dem Gedanken der Selbstbeteiligung, dem Moment der Unverfügbarkeit von Heilung, dem Zentralbegriff der Integration und der sozialen Dimension des Geschehens." M.a.W.: Durch die jedem Menschen innewohnenden Selbstheilungskräfte – seien sie auch noch so verschüttet – ist ein traumatisierter Mensch immer auch aktiv an seinem eigenen Heilungsprozess beteiligt. Heilung kann gelingen oder auch nicht, es besteht jedenfalls keine Verfügbarkeit darüber seitens des Therapeuten/der Therapeutin. Darüber hinaus bedeutet Heilung nicht ein Ungeschehen-Machen des Traumas, sondern dessen Integration in das eigene biographische Narrativ als etwas, das Vergangenheit ist. Und so wie eine traumatische Erfahrung ein relationales, soziales Geschehen zwischen Individuum und Umwelt/Außen ist, ist auch Heilung ein soziales Geschehen, sodass das gesamte (Lebens-)System des traumatisierten Individuums miteinbezogen werden muss, bis hin zu einer „soziale[n] Anerkennung des Unrechts und eine[r] Wiederherstellung der gesellschaftlichen Ordnung".

Augst ergänzt die psychotraumatologischen Ansätze durch eine auch „kritische" und „irritierende" Dimension von Religion, die die vorgefundene (zum Teil Traumata bedingende oder zulassende) Wirklichkeit überschreitet: „Die Opfer von Gewalttaten brauchen nicht nur Stabilisierung, sie brauchen auch Veränderung der Gewaltstrukturen. Die Möglichkeit zur Kritik an den gegenwärtigen Verhältnissen

---

[390] AUGST (2012): *Auf dem Weg zu einer traumagerechten Theologie*. Bei allen wörtlichen Zitaten werden die einzelnen Nachweise im Fließtext mit in Klammern gesetzten Seitenzahlen angegeben ohne weitere Fußnoten.

5.3 Trauma und Theologie

ist für Religion unaufgebbar" (153). Zum anderen fehlt ihr die soziale und gemeinschaftliche Dimension von Religion und Spiritualität (153–154).

Von diesen Ansatzpunkten aus entwirft Augst zwischen den beiden Polen, Lernen von psychotherapeutischen Ansätzen und eigenen theologischen Beiträgen zum Thema Trauma, ihre „Leitlinien einer traumagerechten Theologie" (156–212). Sie werden entfaltet anhand von drei „Leitgedanken" (156–186):

1. Die spezifischen Erfahrungen der traumatisierten Menschen werden in den Mittelpunkt gerückt, so z.B. „Beziehungsstörung/Nicht-Zugehörigkeit/Misstrauen", die „Erschütterung der Identität und Sinnverlust" und „Körper als Orte des traumatischen Geschehens" (158–160).
2. Heil, Heilung und Heil-Werden sind sowohl Vision wie Realität. Trauma macht in besonderer Weise die Fragmentarität der menschlichen Existenz deutlich (Augst bezieht sich hier ebenfalls auf den evangelischen Theologen Henning Luther und seine „Konzeption einer fragmentarischen Ich-Identität" [173–174], die auch in meinem Modell von Seelsorge eine wichtige Rolle spielt). So kann auch Heilung, die als ein Beziehungsprozess verstanden wird (das biblische Bild vom Menschen als relationalem Wesen), fragmentarisch bleiben. Ausdrücklich weist Augst darauf hin, dass „im Zentrum der christlichen Verkündigung [...] ein Trauma" steht (175) und „gerade das Kreuz in seiner historischen Gestalt besäße die Möglichkeit, die brutale, gewaltsame Realität sowohl im 1. als auch im 21. Jahrhundert im Blick auf TäterInnen und Opfer, MitläuferInnen und PassantInnen, mit Verrat und Solidarität zu untersuchen und darzustellen" (179).
3. „Gott ist im Heilungsprozess präsent", und er stellt eine „gegenwärtige, gerechtigkeitsschaffende Beziehungsmacht" dar (180). Seelsorge geht im Gegensatz zu psychotherapeutischer Begleitung nicht ohne die Präsenz Gottes. Diese Präsenz realisiert sich sowohl in individuellen Heilungsprozessen wie in gesellschaftlichen Prozessen, in denen es um Recht und Gerechtigkeit geht.

Abschließend beschreibt Augst „Elemente einer traumagerechten Theologie und religiösen Praxis" (186–212). Hiervon sind für meinen eigenen Ansatz insbesondere drei Punkte wichtig:

1. Es geht um das Einüben von „Gegenwärtigkeit" und Achtsamkeit als Gegenpol zu dem traumatischen Vergangenheitsbezug, der sich u.a. in *Flashbacks* und Dissoziationen zeigt. Es geht um die Anerkennung des erlittenen Unrechts und Leids, um Klage darüber, was einstmals geschah (das *Damals*), und um die Wiedergewinnung von „Sich Freuen und Danken als eine Form gegenwärtigen Lebens" (das *Heute*) (186–192).
2. Es geht um „Heilsames Erzählen" und „Entwickeln einer Traumaerzählung" (ich spreche lieber von einer *Heilungs-Narration* als Gegensatz zu der ursprünglichen *Trauma-Narration* im Sinne einer kohärenten Narration, s. Kapitel 2.4.1), um biblische Heilungserzählungen als grundlegende „Annahmeerzählungen" von Gott berührter und dadurch geretteter Menschen (192–198).
3. Seelsorgerinnen und Seelsorger sind Zeugen im Sinne von „wounded healers", und sie stehen mit den von ihnen begleiteten Menschen in einem Raum der

„radikalen Transzendenz" im Sinne einer dritten, göttlichen Kraft (was traumasensible Seelsorge von einer nicht-spirituellen Traumafolgen-Psychotherapie unterscheidet). Seelsorgliche Begegnung wird als ein „Möglichkeitsraum" bezeichnet (s. a. Kapitel 2.5, Grundregel 5).

5.3.2 Jennifer Baldwin: Trauma-Sensitive Theology

Auf die Frage "What is trauma-sensitive theology?" hin benennt Jennifer Baldwin, selbst eine Traumaüberlebende, in ihrem 2018 veröffentlichten Buch[391] vier „primary commitments" (Verpflichtungen), an denen sich jede Theologie messen lassen muss, will sie traumasensibel sein. Alle vier Punkte sind auch für mein eigenes Modell einer traumasensiblen Seelsorge von großer Bedeutung.

1. Die Priorität körperlicher/leiblicher Erfahrungen, denn traumatische Erfahrungen sind zutiefst körperlich/leiblich verankert und haben tiefgreifende Auswirkungen auf dieser Ebene. Insofern muss eine traumasensible Theologie immer die körperliche Dimension miteinbeziehen, gerade auch wenn sie sich auf einen spirituellen Begleitungsprozess mit traumatisierten Menschen einlässt.
2. Es gilt die Erzählungen traumatisierter Menschen („trauma narratives") stets als wahr zu akzeptieren, sie nicht zu relativieren oder gar in Frage zu stellen, und dadurch traumatisierte Menschen zu beschämen oder gar zu re-traumatisieren. Die Rolle von Seelsorgerinnen und Seelsorgern besteht nicht darin, die „facts of trauma" zu beurteilen, sondern „to advocate for safety, to support and facilitate the repair of traumatic injury, and to promote recovery and resiliency".
3. Ein Persönlichkeitsmodell, das von einer psychologischen Multiplizität in Form unterschiedlicher innerer Anteile ausgeht (z.B. wie das in diesem Buch dargestellte *Ego-State-Modell*, s. Kapitel 6.2.3, b). Diese ist sowohl wichtig für ein Anerkennen dessen, was das traumatisierte Gegenüber im tiefsten Inneren fühlt, als auch für die Suche und das (Wieder-)Entdecken der inneren (Überlebens-)Ressourcen.
4. Der „robuste Glaube" an die menschliche Resilienz, auch wenn der Weg dorthin manchmal „lang und mühsam" ist. Denn nach Überzeugung der Autorin kann ein Trauma Wunden schlagen, es muss aber Menschen nicht brechen („Trauma does wound; it doesn't have to break.")

Am Ende ihres Buches spricht Baldwin von traumasensibler Seelsorge als „attuned care", d.h. als einer eingestimmten Zuwendung/Begleitung der ganzen Person (wie auch beim BASK-Modell und dem Modell der *Neurosequenziellen Seelsorge*, s. Kapitel 1.3.3 und 2.2). Die oben genannten vier „commitments provide a foundation for attuned, informed, compassionate care that can attend to all dimensions of traumat-

---

[391] BALDWIN (2018): *Trauma-Sensitive Theology*, Ebook, die folgenden Zitate sind zu finden: 7, 8–9, 10, 18, 162–163 und 164–165.

ic wounding". Abschließend zitiere ich Baldwins „A Survivors Creed", mit dem sie ihr sehr inspirierendes und persönliches Buch abschließt:

> **A Survivor's Creed**
> I believe survivors of trauma,
> In the promise of strength and resiliency.
> I believe in God, divine energy and presence,
> who draws into order the waters of the deep,
> Spirit hovering in communion,
> present at the gift of creation,
> vivifying breath to the good and beloved human.
> I believe in Jesus, the Christ,
> fully Self led and vision of optimal relationality,
> who experienced the full weight of trauma,
> disconnected from the source of life,
> resurrected, renewed, and offering the Spirit of life.
> I believe in the welcoming of all parts,
> the honor of the body,
> the grace of companionship,
> the healing of wounds,
> the resurrection of the exiles,
> and the renewal of authentic life. Amen.

5.4 *Trauma, Bibel und Spiritualität*

5.4.1 Trauma und Bibel

In Kapitel 3 findet sich eine ausführliche Darstellung psychotraumatologischer Deutungen biblischer Texte, die am Ende mit 11 Thesen zu biblischen Impulsen für eine *Psycho-Soziale Begleitung* traumatisierter Menschen zusammengefasst wird (Kapitel 3.4). Im Folgenden sollen nur zwei Publikationen noch einmal eigens genannt werden, die in besonderer Weise mein eigenes Modell inspiriert haben.

5.4.2 Ursula Gast et al.: Trauma und Trauer

Ursula Gast und ihre MitautorInnen[392] sehen in den Passionserzählungen Weisen der Verarbeitung der beiden großen Traumen des Judentums bzw. der ersten Christen des 1. Jahrhunderts n.Chr.: dem Tod Jesu (ca. 33 n.Chr.) und der Zerstörung des Jerusalemer Tempels (70 n.Chr.) (92–93). Die Passionserzählungen und insbesondere die darin agierenden Figuren laden traumatisierte Menschen zu einer „Identifi-

---

[392] GAST et al. (2009): *Trauma und Trauer.* Bei allen wörtlichen Zitaten werden die einzelnen Nachweise im Fließtext mit in Klammern gesetzten Seitenzahlen angegeben ohne weitere Fußnoten.

kation" ein (96). Zentrales Moment für Wandlungsprozesse aus traumabedingten Erstarrungen, Fragmentierungen, körperlichen Über- oder Untererregungszuständen etc. sind Kreuz und Auferstehung Jesu als ein Weg von äußerster Dunkelheit ins helle Licht, von Sinnlosigkeit zu Sinn, von Hoffnungslosigkeit zu Hoffnung, von Sprachlosigkeit zu neuer Sprache, von Lähmung in Bewegung, von einem Leben, das sich unter dem Bann des Traumas mehr wie tot anfühlt, zu einem Leben in neuer Lebendigkeit (97–101; s. die in Kap. 2 beschriebene Phänomenologie einer traumatischen Erfahrung und ihrer Folgen). Figuren wie Maria Magdalena, Petrus, der sog. Lieblingsjünger, aber auch Judas, die beiden Emmaus-Jünger (Lk 24,13–35) und die hinter verschlossenen Türen und Fenstern sitzenden Jesusjünger (Joh 20,19–23) können zu (symbolisch verdichteten) Wegbegleiterinnen und Wegbegleitern werden von ebenso traumatisierten Menschen wie diese Figuren selbst auf einem Weg der Transformation und inneren wie äußeren Heilung (101–137).

Über Prozesse der Identifikation, des Modelllernens und (spiegelneuronal basierter) Spiegelphänomene können diese Figuren auf „inneren" wie „äußeren Bühnen" ihre heilsame Wirkung entfalten.[393] Dies kann sowohl im Kontext traumasensibler Einzelseelsorge (z. B. in Form von Imaginations-, Stabilisierungs- und Ressourcenarbeit mit einzelnen Figuren oder Erzählungen, Schreib-, Gestaltungs- und Szenoarbeit oder über das Reaktivieren gespeicherter Resonanzmuster von früheren positiven spirituellen Erfahrungen mit biblischen und christlichen Traditionen im Rahmen von Biographie- und Erinnerungsarbeit), wie auch in Gruppenkontexten (z. B. in Form von systemischer *Skulptur- und Aufstellungsarbeit* wie auch bibliodramatischen oder narrativen Zugangsweisen) geschehen (186–246).

5.4.3 Shelly Rambo: Resurrecting Wounds

Shelley Rambo geht es in ihrem Buch darum, zu erkunden, wie ein „posttraumatisches Leben" aussehen könnte angesichts der Tatsache, dass die traumatischen Wunden bleiben. Ein „Living in the Afterlife of Trauma", so der Untertitel zu ihrem sehr inspirierenden und originellen Buch.[394] Anknüpfbar an die prinzipielle Vulnerabilität des menschlichen Lebens, wie es Andrea Bieler beschreibt (s. Kapitel 1.2.3), betont Rambo die bleibenden Wunden Jesu auch nach seiner Auferweckung, sie spricht von „Resurrecting Wounds", ein Bild mit Doppelsinn. Zum einen erstehen die Wunden mit Jesu wieder auf und werden sichtbar, so wie sie auch bei traumatisierten Menschen wieder an die Oberfläche kommen und sichtbar werden, wenn diese sich auf einen Bearbeitungs- und Heilungsprozess einlassen. Zum anderen gibt es trotz dieser bleibenden traumatischen Wunden ein Leben nach dem Trauma, mit in ein neues Leben hinein auferstandenen Wunden. In Kapitel 3.3.3, c und

---

[393] Zum Prinzip der Bühnen s. FRITZSCHE (2014): *Praxis*, 101–130.
[394] RAMBO (2017): *Resurrecting Wounds*.

d finden sich weitere Gedanke aus Rambos Buch, die an dieser Stelle nicht noch einmal wiederholt werden müssen.

5.5 Trauma und Seelsorge

5.5.1 Erika Kerstner et al.: Damit der Boden wieder trägt

Erika Kerstner und ihren beiden Mitautorinnen[395] wenden sich mit ihrem Buch vor allem an zwei Zielgruppen: Seelsorgerinnen und Seelsorger, die traumatisierte Menschen begleiten, und traumatisierte Menschen, die „im christlichen Glauben nach Sinn und Solidarität suchen" (7). In den beiden letzten Kapiteln finden sich daher sehr wertvolle und wichtige Ausführungen zu den Fähigkeiten, die Seelsorgerinnen und Seelsorger in der Arbeit mit traumatisierten Menschen brauchen (konkretisiert an der Arbeit mit Betroffenen von sexualisierter Gewalt), und was Traumatisierte von Seelsorgerinnen und Seelsorgern brauchen.

Zum ersten Punkt einige wenige Stichworte (135–172). Es gilt für Seelsorgerinnen und Seelsorger, die „eigene Rolle [zu] klären", denn sie sind BegleiterInnen nicht HeilerInnen und Seelsorge ist nicht Therapie. Wichtig ist, anzuerkennen, dass es ein Machtgefälle in der Seelsorgesituation gibt, mit dem sensibel umgegangen werden muss. Seelsorgerinnen und Seelsorger müssen die eigenen Grenzen und inneren Landschaften kennen. Sie müssen ihre „eigenen Lebensthemen bearbeitet" haben und lernen, sich vor Überforderung und Sekundärtraumatisierung zu schützen. Neben dem prinzipiellen fachlichen Wissen müssen sie mit Übertragungen und Gegenübertragungen rechnen, sie erkennen und professionell mit ihnen umgehen können.

Um „Vertrauen aufbauen" zu können, soll ihre Haltung klar, ehrlich und verlässlich im Sinne von Transparenz sein. Seelsorgerinnen und Seelsorger brauchen in der Arbeit mit traumatisierten Menschen ein „Gespür für Nähe und Distanz", da gerade die Opfer/Betroffenen von sexualisierter Gewalt oft extreme Grenzüberschreitungen erlebt haben. Sie sollen den „Opfern zuhören und lernbereit sein" sowie deren Würde achten, die jenseits aller Leistungsfähigkeit liegt. Auch gilt es, die „Verantwortungsübernahme" beim Gegenüber zu „stärken".

Zum zweiten Punkt wiederum einige wenige Stichworte (173–210). Traumatisierte brauchen von sie begleitenden Seelsorgerinnen und Seelsorgern eine spirituelle Präsenz, die bedeutet, dass man weder vorschnell oder banalisierend von Gott spricht noch ganz auf die Rede von ihm verzichtet. Das gilt auch für einen „sorgsamen und differenzierten" Umgang mit Vergebung. Es braucht keine vor-

---

[395] KERSTNER et al. (2016): *Damit der Boden wieder trägt*. Bei allen wörtlichen Zitaten werden die einzelnen Nachweise im Fließtext mit in Klammern gesetzten Seitenzahlen angegeben ohne weitere Fußnoten. S.a. die Webseite von Erika Kerstner und KollegInnen, auf der sich viele Informationen, Hinweise zu Hilfsangeboten, Literatur etc. finden: https://www.gottes-suche.de/.

schnelle und damit falsche Vergebung, denn „Vergebung braucht den Kontext der Befreiung". Wichtig ist es auch, sich selbst vergeben zu können, dass man ein Opfer geworden ist.

Seelsorgerinnen und Seelsorger übernehmen auch „stellvertretende Aufgaben" für Traumatisierte, indem sie zum Sprachrohr werden und zu ZeugInnen, auch und gerade innerhalb kirchlicher (Täter-)Kontexte. Trauer gilt es auszuhalten und Hoffnung zu bewahren trotz tiefer Abgründe. Hier hilft es auch, „Ressourcen und Hoffnung" zu „stärken". Traumatisierte Menschen brauchen „berührbare" Gegenüber (wie im buchstäblichen Sinne bei Jesus) und ein „Mitgefühl als bedingungsloses Interesse am Menschen". Seelsorge mit traumatisierten Menschen ist oft ein sehr langwieriger Prozess, der „einen langen Atem" und sehr viel Zeit und Geduld (auf beiden Seiten!) braucht. Traumatisierte erleben sich oft als heimatlos und sozial isoliert. Diesen „Heimatlosen" gilt es, eine „Heimat an[zu]bieten". Traumasensible Seelsorgerinnen und Seelsorger stehen immer „parteilich an der Seite des Missbrauchsopfers".

5.5.2 Miriam Schade: Dem Schrecklichen Begegnen

Miriam Schade entwickelt in ihrem Buch[396] ein eigenes – bisher so nicht vorhandenes – Modell für die Seelsorgepraxis mit Kindern im Alter von 0 - 10 Jahren. Dass es ein solches eigenes Modell für Kinder gegenüber Modellen für Erwachsen braucht, liegt daran, dass es einen bedeutenden Unterschied macht, ob ich ein oder mehrere Trauma(ta) in meinen ersten Lebensjahren oder als Erwachsener erlebe (s. Kapitel 2.2). Damit ist keine Relativierung der möglichen Schwere individueller Traumafolgen Erwachsener gegenüber der von Kindern (und Jugendlichen) gemeint, sondern dass frühe Traumata die gesamte Entwicklung und die einzelnen Entwicklungsaufgaben eines heranwachsenden Menschen grundlegend und äußerst negativ beeinflussen können, im Sinne der Herausbildung einer traumageprägten Persönlichkeit (bis hinein in die Gehirnstrukturen), die das gesamte weitere Leben bestimmen kann.

Für Schade ist der Kern traumasensibler Seelsorge das „Umgehen-Können mit belastenden Emotionen" (478). Diese Kernkompetenz bekommt bei Kindern noch einmal eine ganz besondere Dimension durch die Tatsache, dass Kinder sich aufgrund des jeweiligen kindlichen Entwicklungsstands meist nicht selbst helfen können und auf die Hilfe und das Verständnis Erwachsener in einer sehr viel existenzielleren Weise angewiesen sind. Um dies leisten zu können, entwickelt sie ein Modell von „Seelsorge als emotionspsychologisches Interaktionsgeschehen". In ihrem „Emotionspsychologischen Interaktionsmodell der Seelsorge" benennt sie sechs Kategorien von Emotionen. Zunächst die problematischen: „Lähmende Emo-

---

[396] SCHADE (2019): *Dem Schrecklichen begegnen*. Bei allen wörtlichen Zitaten werden die einzelnen Nachweise im Fließtext mit in Klammern gesetzten Seitenzahlen angegeben ohne weitere Fußnoten.

tionen" („Überforderung, Hilflosigkeit und Ohnmacht"; „Schmerz, Traurigkeit und Trauer"; „Angst und Einsamkeit"); „Aktionistische/agierende Emotionen" („Ärger, Schuld und Scham"); „Ablehnende Emotionen" („Ekel und Verachtung"); dann die hilfreichen Emotionen: „Annehmende/motivierende Emotionen" („Mitleid" und „Zuneigung"); „Handlungsvorbereitende Emotionen" („Interesse"); „Tragende/ stützende Emotionen" („Freude und Zufriedenheit").

In den abschließenden „Praktischen Handreichungen und Methoden" (371–476) finden sich sehr viele ganz konkret-praktische Handreichungen (z.B. zu Kontaktaufnahme, Ritualen, Vertrauensaufbau und -festigung, Körperkontakt und Kreativität) für den niemals alltäglichen Seelsorgealltag mit Kindern, die unter den oftmals komplexen Folgen psychischer Traumatisierungen leiden.

> Seelsorge mit traumatisierten Kindern ist eine Arbeit, die anstrengt, an die eigenen Grenzen bringt und manchmal auch darüber hinaus, die die eigene Person hinterfragt, eigene Verletzungen berührt und Verdrängtes aufwühlt. Aber sie ist auch eine Arbeit, die bereichert, die das persönliche emotionale und psychische Wachstum fördert, die Siege erringt und mit Niederlagen umgehen lehrt. Es ist eine Arbeit, die sich lohnt, denn sie unterstützt Kinder darin, ihre traumatischen Erfahrungen zu beherrschen, statt sich von ihnen beherrschen zu lassen. In diesem Sinne ist eine Seelsorge, die sich mit traumatisierten Kindern beschäftigt, eine Arbeit, die sowohl das Kind als auch den Seelsorger in die Freiheit führt (480).

Die obigen Worte können für eine traumasensible Seelsorge mit traumatisierten Menschen jedweden Alters gelten.

5.5.3 Andreas Stahl: Traumasensible Seelsorge

Andreas Stahl[397] definiert Seelsorge als eine „Dimension diakonischen Handelns", deren Proprium die Bezogenheit auf den christlichen Glauben ist und die „Lebensgestaltung und Lebensbewältigung unterstützen" will (19–20). Wichtig finde ich auch die Übernahme einer Unterscheidung zwischen „Krankheit" und „Krank-Sein" aus der Medizinethnologie: Stahl spricht von „Verwundung" („das Trauma an sich"), also eine eher objektive Ebene, und „Verwundet-Sein" (als „existenzielle Verfasstheit"), also die subjektiven Reaktionen und Folgen einer Traumatisierung (21).[398] Dies entspricht einem Konsens in der Psychotraumatologie, dass für eine

---

[397] STAHL (2019): *Traumasensible Seelsorge*. Bei allen wörtlichen Zitaten werden die einzelnen Nachweise im Fließtext mit in Klammern gesetzten Seitenzahlen angegeben ohne weitere Fußnoten.

[398] Wichtig finde ich an dieser Stelle, dass Stahl Heilung als einen „Weg bzw. ein Kontinuum" (im Gegensatz zu einem Zustand) versteht. Die Metapher des (prozesshaften) Weges ist das Grundbild meines auf der Emmaus-Erzählung basierenden *Emmaus-Weg-Modells*. Sie ist auch eine der beiden Grundmetaphern (Weg und Raum) des in diesem Buch dargestellten traumasensiblen Seelsorge-Modells *Wandlungs-Räume*. Des Weiteren betont er, dass Seelsorge sich dem Verwundet-Sein zuwendet, nicht der Verwundung, und eine grundlegende Be-

Traumatisierung konstitutiv sowohl medizinisch-objektive als auch individuell-subjektive Faktoren sind (s. Kapitel 2.1).

Religiosität und Spiritualität können bei der Bewältigung von Traumafolgen sowohl negativ wie positiv wirken, sind aber in jedem Fall eine wichtige, zu berücksichtigende Größe. In ihrer möglichen positiven Wirkung liegen die Grundlagen für eine traumasensible Seelsorge. In Kapitel E (205–263) reflektiert Stahl daher kritisch aus der Perspektive der Psychotraumatologie einzelne Aspekte der christlichen Tradition (z.B. biblische Gewalttexte, die Abwertung von Frauen und die Sexualmoral) sowie „zentrale Topoi christlicher Theologie" (z.B. Sünde, Schuld, Leiden und Kreuz) und kommt zu dem Schluss: „Traumasensibel reflektiert [...] können die unterschiedlichen Themenbereiche nicht nur bestimmte Lebensrealitäten und -fragen Betroffener auf weiterführende Weise deuten und erschließen, sondern auch für die Theologie insgesamt vertiefend wirken" (361).

In Kapitel F (265–357) schließlich zeigt der Autor Grundlinien einer traumasensiblen Seelsorge auf. Sie basiert nach Stahl auf fünf Prinzipien, die dem Thema „Trauma und Traumatisierung" angemessen, „nicht nur methodischer [...] sondern auch ethischer Natur" sind: „Christlicher Horizont" (der allgemeine weltanschauliche Rahmen jedweder Form von christlicher Seelsorge)[399]; „Stärkung der individuellen betroffenen Person"[en, Hinzufügung RK] („Traumasensible Seelsorge wendet sich dem Verwundet-Sein des betroffenen Menschen zu und fragt, was diesen stärkt."); „Positionalität" (traumasensible Seelsorge ist nicht neutral, sondern „geschieht aus einer Haltung der Solidarität heraus" mit den Opfern von Gewalt); „Konfliktfähigkeit" (Trauma und Traumatisierung enthält ein hohes Potenzial an Konflikten, Gewalt, Spaltungen und sekundären Traumatisierungsphänomenen für die Helfenden); „Qualifikation" (mit traumatisierten Menschen kann man nur wirklich professionell als Seelsorgerin und Seelsorger arbeiten, wenn man entsprechend theoretisch und methodisch qualifiziert ist). Diese fünf Prinzipien entfaltet er konkret im Anschluss in drei Bereichen:

1. Der „einzelne traumasensible Seelsorgende" (271–296): Das im Folgenden skizzenartig Zusammengefasste ist zugleich die Grundlage für die beiden folgenden Punkte. „Traumasensible Seelsorgende" unterstützen in der „Lebensgestaltung und -bewältigung", was „dann gelungen" ist „je stärker das Verwundet-Sein als primäres Existenzerleben zurücktritt [*Hervorhebung i.O.*]. Dies ist besonders dann der Fall, wenn sich der Mensch in seinen Beziehungsgefügen zu Selbst, Welt und Gott als gestärkt erlebt" (s. die Definition von Fischer/Riedesser in Kapitel 2.2). Mögliche eigene traumatische Erfahrungen müssen hinreichend aufgearbeitet und integriert sein. Eine entsprechende fachliche

---

ziehungsdimension hat (STAHL [2019]: *Traumasensible Seelsorge*, 22). Dies entspricht sowohl der christlichen Religion als einer Beziehungsreligion (ebd., 23), als auch den Ergebnissen der Psychotherapieforschung, derzufolge Beziehung der wichtigste Wirkfaktor ist (s. Kapitel 1.3.4 und 2.3.3).

[399] STAHL (2019): *Traumasensible Seelsorge*, 266, zitiert Michael Klessmann: „Seelsorge ist ‚eine Form der Lebensbegleitung und Lebensdeutung im Horizont des christlichen Glaubens'."

5.5 Trauma und Seelsorge

psychotraumatologische Qualifikation ist ebenso unabdingbare Voraussetzung wie eine regelmäßige externe fachliche Begleitung (z.B. in Form von Supervision). Stahl zieht hier die seit den 90er Jahren in Deutschland entstandene Fachdisziplin der „Traumapädagogik" als ein mögliches Vorbild heran, insofern Traumapädagogik und traumasensible Seelsorge „vor ihrem jeweils eigenen fachlichen Hintergrund eine Übersetzungsleistung von psychotraumatologischem Wissen erbringen" (so auch ein Ansatzpunkt in meinem Modell, s. Kapitel 2.4.2 und 6). Seelsorgerinnen und Seelsorger müssen gut vernetzt sein, um dann, wenn sie in ihrer Arbeit an ihre Grenzen kommen, die sie sehr gut kennen und beachten müssen (z.B. die Abgrenzung zu einer Traumafolgen-Psychotherapie), passende fachliche Hilfe vermitteln zu können. Gegen mögliche sekundäre Traumatisierungen hilft eine bewusste „Selbstsorge". Eine „traumasensible Beziehungsgestaltung" basiert grundlegend auf Vertrauen, das herzustellen manchmal sehr viel Zeit und Geduld beanspruchen kann. Als eine „Leitfrage traumasensibler Seelsorge" bezeichnet Stahl die Frage: „Was ist notwendig, damit Sicherheit erfahren werden kann?" Im „Zentrum traumasensibler Seelsorge steht die Stärkung der individuellen Person", die „Personenzentrierung" (290).

2. Eine „traumasensible Kirche" (297–314): Kirche hat zum einen eine Verantwortung nach innen, da sie selbst ein Ort von Traumatisierungen war und immer noch ist; zum anderen hat sie eine Verantwortung nach außen, indem sie in „prophetischer" Weise „gesellschaftliche Probleme mutig" benennt. Die einzelnen Ortsgemeinden als religiöse Primärorte können zu „traumasensiblen Gemeinden" werden, wenn sie „informierte und sichere Orte" sind, „Raum für Initiativen" geben (z.B. traumabezogene Projekte oder Selbsthilfe- und Unterstützungsgruppen) und eine „heilsame Gemeinschaft" bilden (im Sinne heilsamer Bindungs- und Beziehungsorte).

3. Eine „traumasensible Spiritualität" (315–357): Prinzipien einer „traumasensiblen Spiritualität" sind nach Stahl: die eigene „Kompetenz der Betroffenen"; „der Einsatz für die Gerechtigkeit der betroffenen Person und den weiteren gesellschaftlichen Kontext"; „unterstützende, zwischenmenschliche Beziehungen"; „metaphorisch/nonverbale" und verbale „Ausdrucksformen für Unsagbares" (z.B. Malen, ein Gedicht/Psalm schreiben, Komponieren und Anhören von Musikstücken[400]; die „Bedeutung des Körpers" im Sinne einer verkörperten bzw. verleiblichten christlichen Spiritualität; die „Kraft der Rituale" in ihren persönlichen wie gemeinschaftlichen Vollzugsformen und ihrer „ordnenden und orientierenden" und damit Sicherheit gebenden und stabilisierenden Funktion; die biblischen Texte (s. hierzu ausführlich Kapitel 3 in diesem Buch).

---

[400] STAHL (2019): *Traumasensible Seelsorge*, 323–324, nennt als ein wichtiges Beispiel Johann Sebastian Bach und bezieht sich dabei auf das äußerst lesenswerte und für die Traumafolgenarbeit hilfreiche Buch von Luise REDDEMANN (2016): *Überlebenkunst*. Ganz persönlich bedeutsam ist für mich in meiner eigenen Lebensgeschichte die Matthäuspassion von Bach geworden. Sie enthält viele traumarelevante Dimensionen, wie Trauer, Schmerz, Klage, soziale Isolation und Einsamkeit, aber auch Trost, Hoffnung, Beziehung.

In den auf die Prinzipien folgenden „Applikationen" taucht mehrfach die auch für das in Kapitel 6 dargestellte eigene Modell zentrale Metapher vom „Raum" auf. Nach Stahl bietet „eine traumasensible christliche Spiritualität Raum für Trauer, Zweifel und Klage" und auch für „Zorn". Die „Kraft der Natur" (Schöpfung) kann ein wichtiges praktisches Element sein für Beruhigung und Stabilisierung, ebenso wie „Orte der Heimat und des Friedens" im Glauben wie in der christlichen Gemeinschaft. Abschließend benennt Stahl noch „Freude" (und Dankbarkeit als Ressourcen für eine Erhöhung der Qualität des Lebens im Hier und Jetzt), „Identität" (im Rahmen der Rekonstruktion des erschütterten Selbst- und Weltbildes, s. o.) und die „Suche nach Sinn" (wichtig sind hier die „Sinnpotentiale der christlichen Religion"[401]).

Am Ende zeigt der Autor selbst vier mögliche weiterführende Anknüpfungspunkte an seine Arbeit auf (364–365). Am wichtigsten erscheinen mir davon zum einen die praktisch-methodische Konkretisierung einer traumasensiblen Seelsorge, zum anderen die Spezifizierung einer traumasensiblen Seelsorge für Kinder und Jugendliche. Zu Letzterem liegt mit der Arbeit von Miriam Schade (s. Kapitel 5.5.2) ein solcher wichtiger Anknüpfungspunkt vor. Meine vorliegende Arbeit verstehe ich als einen Anknüpfungspunkt zum ersten Punkt. Stahl schreibt hierzu: „Es wurden Grundlinien für eine traumasensible Seelsorge entwickelt. In einem nächsten Schritt wäre es notwendig, diese anknüpfend daran zu konkretisieren und anhand von Fallbeispielen, Verbatims und zusätzlichem Material näher an die Praxis zu rücken. So können sie für eine konkrete Ausbildung und Schulung weiterentwickelt werden" (364).

5.6 Zusammenfassung

Im Folgenden fasse ich kurz in thesenartiger Form die wichtigsten Erkenntnisse aus dem vorangehenden Forschungsüberblick zusammen.

1. Traumasensible Seelsorge ist anders als „herkömmliche" Seelsorge, da sie es mit einem Gegenstand mit spezifischen Erscheinungsformen zu tun hat. Diesem gilt es in angemessener Weise Rechnung zu tragen.
2. Traumasensible Seelsorge verfügt über ein ausreichendes diagnostisches Wissen über psychische Traumatisierungen, deren Folgen und den Umgang damit.
3. Traumasensible Seelsorge achtet in besonderer Weise auf die Gestaltung der Beziehung zu dem jeweiligen Gegenüber. Dabei stehen bedingungsfreie Wert-

---

[401] STAHL (2019): *Traumasensible Seelsorge*, 357: „Der christliche Glaube erzählt die Geschichte von einem Gott, der sich besonders denen zuwendet, die aus dem Zentrum der Gesellschaft an ihre Ränder gestoßen wurden, und besonders jenen Menschen, die Gewalt erlitten haben. Die individuelle Sinnfindung und eigene Verortung in dieser Geschichte ist dabei ein existenzieller Vorgang. Eine wissenschaftliche Darstellung kommt hier an ihr Ende. Die weiteren Schritte sind innerer Weg."

5.6 Zusammenfassung

schätzung, äußere wie innere Sicherheit und Stabilisierung und die Vermeidung von Re-Traumatisierungen durch ungeschütztes und unkontrolliertes Erzählen, Erinnern und emotionales Wiedererleben im Zentrum. Wichtig ist auch ein gutes „Umgehen-Können mit belastenden Emotionen".

4. Traumasensible Seelsorge arbeitet sehr stark strukturierend und psychoedukativ. Sie hilft ihrem Gegenüber, zu verstehen und das eigene Erleben und Verhalten einordnen zu können als Folgen der Traumatisierung.
5. Traumasensible Seelsorge orientiert sich an den Ressourcen des Gegenübers bzw. versucht dessen Blick darauf zu fokussieren. Sie stellt das Überleben und Weiterleben in den Mittelpunkt. Sie unterscheidet zwischen einem traumatischen Damals und einem Hier-und-Jetzt, in dem das traumatische Geschehen vorbei ist (nicht dessen Folgen!).
6. Traumasensible Seelsorge ist eine körper- bzw. leiborientierte Seelsorge. Sie geht sehr sensibel mit Nähe und Distanz sowie Berührungen im Kontakt um.
7. Traumasensible Seelsorge ist eine narrative und biographische Seelsorge. Sie geht dabei sehr achtsam mit Sprache und Bildern (insbesondere auch Gottesbildern) um.
8. Traumasensible Seelsorge setzt biblische Texte und leibhaftige Rituale ein, um traumatisierten Menschen heilsame Erfahrungen von Identifikation, Begleitet-Werden von einer höheren Macht und möglichen Heilungsszenarien zu ermöglichen.
9. Traumasensible Seelsorge fordert den Seelsorger, die Seelsorgerin in sehr viel stärkerem Maße in seiner eigenen Person heraus. Das erfordert ein angemessenes Wissen um und einen selbstreflektierten Umgang mit eigenen lebensgeschichtlichen Wunden und ggf. Traumata.
10. Traumasensible Seelsorge ergreift eindeutig Partei für die Betroffenen von traumatischer Gewalt. Sie ist eine prophetische und gesellschaftskritische Seelsorge.
11. Traumasensible Seelsorge braucht als Rahmen traumasensible Gemeinschaften und Gemeinden, und eine traumasensible Kirche.

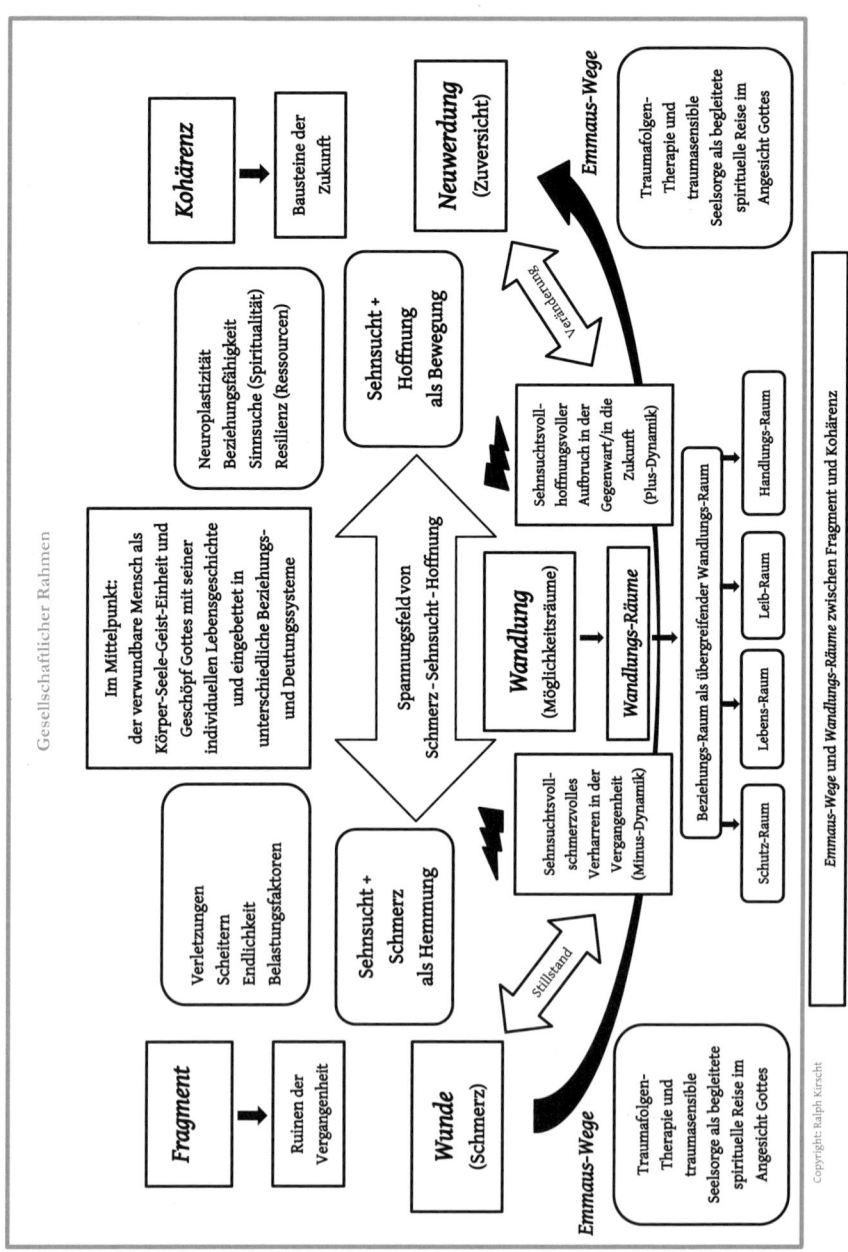

Graphik I - Das Modell *Wandlungs-Räume (siehe S. 159)*

6. Wandlungs-Räume – Das Modell einer traumasensiblen Seelsorge

6.1 Das Modell und seine theoretischen Grundlegungen

6.1.1 Einleitung

In diesem Kapitel erfolgt nun die praktische Umsetzung der in den vorhergehenden Kapiteln dargestellten theoretischen und praktischen Inhalte. In das von mir sog. Modell *Wandlungs-Räume*[402] fließt das in Kapitel 2 beschriebene psychotraumatologische Wissen ein. Hinzukommen die in Kapitel 3 aufgezeigten Möglichkeiten einer traumasensiblen Deutung biblischer Texte und deren Umsetzung im Rahmen eines spirituellen Modells von Traumafolgen-Therapie. Ebenso fließen wichtige Impulse aus aktuellen Forschungsarbeiten zum Thema Trauma und Seelsorge (Kapitel 5) in das Modell mit ein.

Zunächst wird ein kurzer Überblick über das Modell und seine insgesamt fünf *Wandlungs-Räume* gegeben und deren graphische Integration in die Graphiken aus den Kapiteln 1.2.4 und 4.3. Es folgen allgemeine theoretische Grundhaltungen, Inhalte und Modelle einer traumasensiblen Seelsorge. Diese werden am Ende in 12 Thesen zusammengefasst. Anschließend wird die praktische Seelsorgearbeit im Rahmen der einzelnen *Wandlungs-Räume* dargestellt. Die konkreten Methoden, Übungen und Interventionen werden nur benannt und ggf. kurz umschrieben, die ausführlichen Übungsanleitungen finden sich in Kapitel 7. Abgerundet wird die Darstellung des Modells mit Gedanken zur Person der Seelsorgerin, des Seelsorgers und zu dessen/deren Selbstfürsorge. Am Schluss dieses sechsten Kapitels findet sich eine kurze Zusammenfassung.

6.1.2 Das Modell *Wandlungs-Räume* - ein Überblick

Der Begriff *Wandlungs-Räume* kombiniert auf der sprachlichen Ebene zwei Kern-Begriffe aus unterschiedlichen Bereichen miteinander. Zum einen den Begriff *Wandlung* als einen Schritt innerhalb des *Emmaus-Weg-Modells* einer Spirituellen Traumafolgen-Therapie. Zum anderen den Begriff „Möglichkeitsraum" aus der Systemischen Therapie und Beratung (s. Kapitel 2.4.3, Grundregel 5). Im Sinne Aigners handelt es sich um „liminale Räume" (s. Kapitel 5.2.3), in denen Veränderungen passieren, sich Wandlungen und Übergänge bei traumatisierten Menschen vollziehen *können* (!). Das Modell ist ein traumasensibles *Seelsorge*modell, insofern klar von Psychotherapie abgegrenzt, aber ihr zuordenbar als eine mögliche Form heilsamer *Spi*-

---

[402] S. die erste Veröffentlichung zu diesem Modell in: KIRSCHT (2017): „*Wandlungs-Räume*".

ritueller Psycho-Sozialer Begleitung neben der traumafolgenspezifischen psychotherapeutischen Arbeit, der psycho-sozialen Beratung und der Traumapädagogik, und zwar während des gesamten Prozesses. Mit Beckrath-Wilking gesprochen handelt es sich um „partiell integrative Traumaarbeit" (mehr dazu s. Kapitel 6.2.1).

Das Modell *Wandlungs-Räume* basiert auf denselben neurobiologischen Erkenntnissen und Modellen, dargestellt in Kapitel 2, wie das *Emmaus-Weg-Modell* (s. Kapitel 4) und dem in Kapitel 1.2 dargestellten Menschenbild sowie den in Kapitel 1.3.3 beschriebenen Prinzipien einer neurobiologisch fundierten *neurosequenziellen Seelsorge*. Dieses Modell orientiert sich an dem BASK-Modell (s. Kapitel 2.2), insofern es alle vier Ebenen menschlichen Verhaltens ansprechen und in die seelsorgliche Arbeit unter durchgängiger Verwendung der Raum-Metapher einzubeziehen versucht. Ebenso spielen die allgemeinen Wirkfaktoren von *Psycho-Sozialer Begleitung* (in Anlehnung an Grawe) eine zentrale Rolle, insbesondere die professionelle Beziehung als wichtigster Faktor sowie das erfahrungsorientierte Grundprinzip von *Psycho-Sozialer Begleitung*, nämlich leibhaftige Erfahrungen bei gleichzeitiger Aktivierung von explizitem und implizitem Funktionsmodus zu ermöglichen (s. Kapitel 1.3.4 und 2.4.1).

Die einzelnen fünf *Wandlungs-Räume* sind[403]:

1. *Der Beziehungs-Raum* kann als ein übergreifender Raum im Sinne des Hauptwirkfaktors *Psycho-Sozialer Begleitung*, nämlich menschlicher Beziehungen, verstanden werden. Es geht in diesem Raum um den grundlegenden Aufbau einer tragenden, stabilen, sicheren und positiven professionellen Beziehung zum Gegenüber in der Seelsorge sowie um die Einbeziehung positiver Beziehungsressourcen im näheren und weiteren sozialen Umfeld der Hilfesuchenden. Hierzu zählt auch die Beziehung zum trinitarischen Gott (selbst ein Gott in Beziehung).
2. *Der Schutz-Raum*: Der Schwerpunkt in diesem Raum liegt auf Stabilisierung, Ressourcenaktivierung und Psychoedukation.
3. *Der Lebens-Raum*: Der Schwerpunkt liegt auf kreativ-narrativer biographischer Arbeit.
4. *Der Leib-Raum*: Den Schwerpunkt bildet hier Körper- und Leibarbeit.
5. *Der Handlungs-Raum*: In diesem Raum geht es um eine Umsetzung der prophetisch-gesellschaftskritischen Funktion von Seelsorge und Religion und öffentlicher Zeugenschaft im Sinne von Augst.

Die oben genannten fünf Räume werden um der systematischen Darstellung willen getrennt voneinander aufgeführt und als eigene Räume behandelt, sie stehen aber im Sinne des ganzheitlichen bio-psycho-sozio-spirituellen Menschenbildes und Be-

---

[403] In Weiterentwicklung des in KIRSCHT (2017): *„Wandlungs-Räume"*, zuerst dargestellten Modells haben sich die Anzahl und die Bezeichnung der einzelnen Räume (jetzt im Singular) verändert.

6.1 Das Modell und seine theoretischen Grundlagen

handlungsansatzes zueinander in enger wechselseitiger Beziehung. Sie folgen der inneren Logik eines sich langsamen Annäherns an die traumatischen Inhalte, bleiben aber stets im Sinne der „partiell integrativen Traumaarbeit" im Bereich von Stabilisierung und Ressourcenarbeit, und es findet keine einer traumafolgenspezifischen Psychotherapie vorbehaltene Traumakonfrontation statt. Das schließt jedoch nicht aus, dass es in der Seelsorge zu einer gewissen Auseinandersetzung mit den eigenen traumatischen Erfahrungen kommen kann, aber eben in den Grenzen und mit den Möglichkeiten einer traumasensiblen Seelsorge. Ich werde immer wieder einmal bei der Darstellung der praktischen Seelsorgearbeit auf diese Grenzen hinweisen.

So ergibt sich auch die übergeordnete Einteilung der einzelnen Räume in *Stabilisierung 1 mit Beziehungs-Raum und Schutz-Raum* und *Stabilisierung 2 mit Lebens-Raum und Leib-Raum*. Der *Handlungs-Raum* stellt eine eigene, politisch-gesellschaftliche Kategorie dar. Eingebettet sind alle fünf Räume in den Kontext christlicher Spiritualität und christlichen Glaubens, sie sind aber offen für Adaptionen an andere spirituelle und religiöse Kontexte.

6.1.3 Graphische Umsetzung: *Emmaus-Wege* und *Wandlungs-Räume* zwischen Fragment und Kohärenz

In der folgenden Graphik wird das Modell *Wandlungs-Räume* in die graphische Umsetzung des *Emmaus-Weg-Modells* aus Kapitel 4.3 integriert.

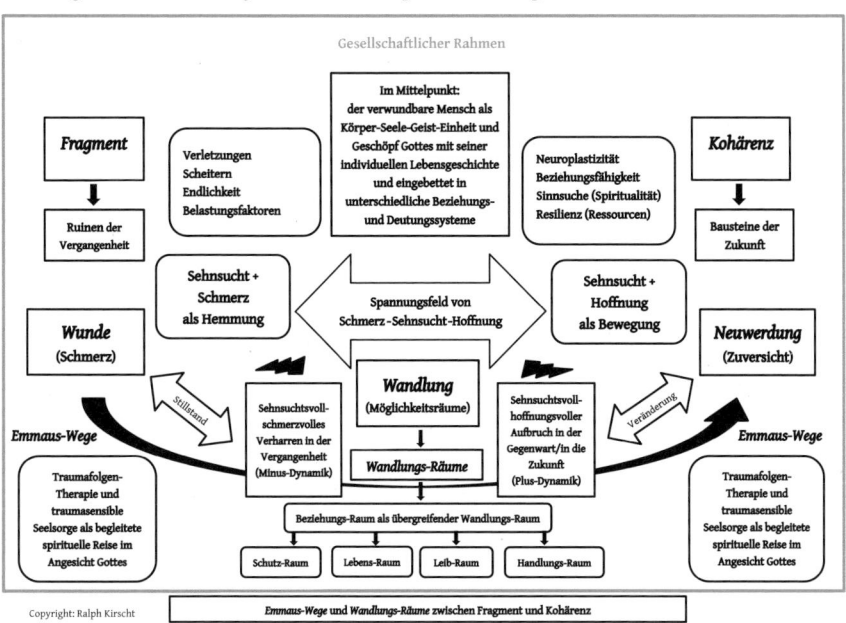

Graphik I - Das Modell *Wandlungs-Räume (größere Darstellung siehe S. 156)*

6.1.4 Theoretische Grundhaltungen, Inhalte und Modelle in der traumasensiblen Seelsorge nach dem Modell *Wandlungs-Räume*

Aus dem in den vorangehenden Kapiteln bisher Dargestellten ergeben sich die im Folgenden kurz thesenartig formulierten prinzipiellen theoretischen Grundhaltungen, Inhalte und Modelle einer traumasensiblen Seelsorge nach dem Modell *Wandlungs-Räume*. In Kapitel 6.1.5 werden die folgenden Ausführungen noch einmal in einsätzigen Kernthesen zusammengefasst. In Kapitel 6.2 folgen dann die praktischen Entfaltungen des Modells *Wandlungs-Räume*. Ich darf an dieser Stelle noch einmal an das im Vorwort Gesagte bzgl. der Möglichkeit einer Adaption meines Ansatzes einer christlichen Seelsorge an andere religiöse oder spirituelle Weltanschauungen erinnern.

1. Traumasensible Seelsorge ist eine *trauma-informierte und neurobiologisch fundierte Seelsorge*. Sie geht von der grundlegenden Verwundbarkeit (Vulnerabilität) des Menschen aus und weiß um die Entstehung sowie die Folgen psychischer Traumatisierungen für das Verhalten, Fühlen, Denken und körperliche Erleben (BASK-Modell) eines Menschen. Sie verfügt über ein angemessenes diagnostisches Wissen, wie in Kapitel 2 beschrieben. Zugleich ist sie über *Trauma informierende Seelsorge*, d.h. sie kann Menschen auf der kognitiven Ebene erklären, was deren Erleben, Denken, Fühlen und Handeln mit Trauma und Traumatisierung zu tun hat (Psychoedukation). In ihrem seelsorglichen Handeln orientiert sie sich an den besonderen Notwendigkeiten im Umgang mit traumatisierten Menschen auf der Basis eines *neurosequenziellen Modells von Seelsorge* (s. Kapitel 2.4 und 6.2). Insofern handelt es sich auch um eine Form von Seelsorge, die sich z.T. wesentlich von anderen, allgemeinen Seelsorgeansätzen unterscheidet.

2. Traumasensible Seelsorge ist *bedingungsfrei wertschätzende und mitfühlende Seelsorge*. Sie fragt stets nach dem „Guten Grund" für das Erleben und Verhalten des Gegenübers (s. 1.). Zugleich ist traumasensible Seelsorge *selbstbemächtigende Seelsorge*. Das bedeutet insbesondere eine „Förderung des (kognitiven) Selbstverstehens" und „Unterstützung der Selbstakzeptanz" sowie eine „Förderung der Selbstregulation" und „Körperwahrnehmung".[404]

3. Traumasensible Seelsorge ist *bindungs- und beziehungsachtsame Seelsorge*. Sie ermöglicht dem Gegenüber im Kontakt heilsame (neue) und korrigierende Beziehungserfahrungen und kann das Beziehungsverhalten des Gegenübers im Kontext erlernter und traumatisch geprägter Bindungsmuster verstehen und

---

[404] In Anlehnung an die von Wilma Weiß formulierten Ziele einer „Pädagogik der Selbstbemächtigung" innerhalb der Traumapädagogik (Weiß [2016]: *Die Pädagogik der Selbstbemächtigung*, in: WEISS et al. [Hrsg.] [2016]: *Handbuch Traumapädagogik*, 290–302).

6.1 Das Modell und seine theoretischen Grundlagen

angemessen darauf reagieren (s. Kapitel 2.3.4). Sie achtet dabei stets auf die Grenzen im Kontakt und sorgt für maximale Transparenz. Der Seelsorger, die Seelsorgerin versteht sich daher auch als *mitfühlende/r Zeuge/Zeugin* an der Seite des traumatisierten Menschen. Sie ist dezidiert und grundlegend eine *Seelsorge des Sicheren Ortes*. Das bedeutet, dass traumasensible Seelsorgerinnen und Seelsorger traumatisierten Menschen helfen sollen, ein wachsendes Gefühl von Sicherheit im eigenen Inneren wie im Äußeren zu entwickeln, indem sie exemplarisch im Raum der seelsorglichen Begegnung einen Ort größtmöglicher äußerer wie innerer Sicherheit schaffen. Sie ist daher auch eine Seelsorge, die den Begleitungsprozess aktiver strukturiert, sie „folgt mit einem Schritt voran" (Haupt-Scherer et al.).

4. Traumasensible Seelsorge ist *ressourcenfokussierte Seelsorge*. Sie hilft Menschen, Ressourcen aus der Vergangenheit wiederzuentdecken, sich gegenwärtiger Ressourcen zu vergewissern, und begleitet dabei, neue, zukünftige Ressourcen zu entwickeln. Sie eröffnet *Möglichkeitsräume* als Antwort auf die *Sehnsucht nach Neuwerdung und Kohärenz*. Der Fokus liegt stets auf der inneren Überlebenskraft und der biologischen Tendenz zur Wiederherstellung von Homöostase und innerer Konsistenz. Sie ist deshalb auch *salutogenetische Seelsorge*, die Menschen begleitet auf ihrem Weg von traumatischer Zersplitterung und menschlicher Fragmentarität hin zu einer je individuellen neuen Kohärenz, indem sie Menschen anleitet, wie sie die eigene Handlungsfähigkeit, das Verstehen und die Sinnhaftigkeit neu entdecken und ihre Gesundung fördern können.

5. Traumasensible Seelsorge ist *körperorientierte und leibhaftige Seelsorge*. Sie arbeitet nach dem allgemeinen Prinzip, dass es für nachhaltige Veränderungen in der *Psycho-Sozialen Begleitung* wichtig ist, dass Menschen „verkörperte ganzheitliche Erfahrungen [BASK-Ebenen] bei gleichzeitig [= zeitgleich] aktiviertem impliziten und expliziten Funktionsmodus" machen. Denn Wissen allein genügt nicht. Es geht vor allem darum, den im impliziten Gedächtnis gespeicherten alten emotionalen und prozeduralen Erinnerungen neue Erfahrungen entgegenzusetzen und sie dadurch in ihrem Festgeschriebensein im Körper aufzuweichen und unvollendet gebliebene (Handlungs-)Impulse zur Vollendung zu führen (gemäß dem Eisbergmodell in Kapitel 2.3.3).[405] Das beginnt von der ersten Sekunde mit der Art und Weise, wie die seelsorgliche Beziehung gestaltet wird (s. 3.).

---

[405] LEVINE (2016): *Trauma und Gedächtnis*, 71–87. Er spricht bei diesem Prozess von „Neuverhandeln".

6. Traumasensible Seelsorge ist *narrative (und kognitive) Seelsorge*. Mit Hilfe der Wirkmacht, Kreativität und dem „Zauber der Sprache"[406] begleitet sie Menschen dabei, fragmentierte *Trauma-Narrationen* in kohärente *Heilungs-Narrationen* zu verwandeln und in die eigene Biographie mit einem klar und chronologisch voneinander unterschiedenen *Damals* und *Heute* einzuordnen (Re-Konstruktion einer neuen Wirklichkeit).

7. Traumasensible Seelsorge ist *emotions- und affektsensible und -kontrollierende Seelsorge*. Man kann sie als ein „emotionspsychologisches Interaktionsgeschehen" (Schade) verstehen, in dem traumatisierte Menschen lernen, mit den belastenden Emotionen und Affekten kontrolliert umzugehen, statt sie wie automatisiert auszuagieren.

8. Traumasensible Seelsorge ist *systemische Seelsorge*. Sie betrachtet das individuelle Gegenüber immer in seinen sozialen Kontexten (Systemen). In diesen Kontexten können sowohl Traumatisierungen passiert sein bzw. immer noch passieren als auch Ressourcen für deren Überwindung liegen. Im Sinne des Selbstbemächtigungs-Konzeptes aus der Traumapädagogik geht es auch um eine Begleitung zurück in soziale Bezüge bzw. die Hilfe bei der Suche nach neuen solchen Bezügen.[407]

9. Traumasensible Seelsorge ist eine *werte- und sinnorientierte Seelsorge*. Sie versteht sich als eine spirituelle bzw. religiöse *Psycho-Soziale Begleitung*. Für christliche Seelsorgerinnen und Seelsorger vollzieht sich diese Seelsorge im Angesicht und in der Präsenz eines mit den Opfern/Betroffenen von Gewalttaten solidarischen väterlich-mütterlichen Gottes, der in Jesus Christus ein menschliches Antlitz hat und der in der Geistkraft neue, heilsame Dynamiken entstehen lassen kann. Sie schöpft aus den Schätzen und Ressourcen der biblischen Quellen und kirchlichen Traditionen. Traumatisierte Menschen können sich mit Hilfe dieser Quellen neue Ressourcen für ihre innere wie äußere Stabilisierung, ihr geistig-seelisches Wachstum, ihre menschliche und spirituelle Reifung und Persönlichkeitsentwicklung erschließen. Biblische Bilder können als Gegenbilder zu den traumatischen Schreckensbildern dienen im Sinne des „Pendelns" (Levine) oder der „dualen Aufmerksamkeit" (Hensel) (s. Kapitel 2.4.1). Wichtig ist dabei, auf die entsprechenden Vorerfahrungen mit Bibel, Christentum und Kirche der Gegenüber zu achten, denn diese können ebenso positiv wie negativ sein (s. 10.).

---

[406] BAMBERGER (2015): *Lösungsorientierte Beratung*, 100.
[407] In Anlehnung an die von Wilma Weiß formulierten Ziele einer „Pädagogik der Selbstbemächtigung" innerhalb der Traumapädagogik (Weiß [2016]: *Die Pädagogik der Selbstbemächtigung*, in: WEISS et al. [Hrsg.] [2016]: *Handbuch Traumapädagogik*, 290–302).

10. Traumasensible Seelsorge ist in ihrer christlichen Form *heilsame Seelsorge in einem christlich-kirchlichen Kontext*. Sie realisiert den Heilungsauftrag Jesu an seine Jüngerinnen und Jünger und sie vollzieht sich nicht in einem luftleeren Raum, sondern in einem christlich-kirchlichen Kontext. Sie bietet dadurch die Möglichkeit einer Einbindung von traumatisierten Menschen in geistliche Lebensgemeinschaften, traumasensiblen Kirchengemeinden o.ä. als äußere sichere Orte. An solchen Orten können traumasensibel gestaltete Rituale und Symbolhandlungen eine heilsame Wirkung entfalten. Dabei ist sehr genau auf die bisherigen Erfahrungen mit Kirche, Religion und Gottesbildern zu achten. Denn diese können oft vorbelastet und Teil der traumatischen Erfahrungen sein. Hier gilt es, alternative Erfahrungen und Bilder anzubieten bzw. gemeinsam zu erarbeiten (z.B. mit Hilfe entsprechender *Biblischer Traumatexte*, s. Kapitel 3).

11. Traumasensible Seelsorge ist *prophetische Seelsorge*. Sie wirkt aufklärend und Unrecht klar benennend in den jeweiligen gesellschaftlichen Kontext hinein. Sie verleiht denen eine Stimme und eine Lobby, die von gesellschaftlich mitverursachten oder schweigend hingenommenen Traumatisierungen stumm gemacht und an die sozialen Ränder gedrängt werden.

12. Traumasensible Seelsorge ist *selbstfürsorgliche Seelsorge*. Der einzelne Seelsorger, die einzelne Seelsorgerin achtet sehr genau auf die eigenen Belastungsgrenzen und schützt sich vor sekundärer Traumatisierung. Der Seelsorger, die Seelsorgerin hat sich bewusst und aktiv mit der eigenen Biographie und den darin geschehenen Verwundungen und ggf. auch eigenen Traumatisierungen auseinandergesetzt. Er oder sie erkennt, wenn im seelsorglichen Prozess Eigenes berührt und getriggert wird, und kann damit so umgehen, dass es den seelsorglichen Prozess nicht beeinträchtigt ggf. sogar fördert im Sinne des Prinzips des „verwundeten Heilers".

6.1.5 Statt einer Zusammenfassung: Kurzfassung der 12 Thesen zu einer traumasensiblen Seelsorge

1. Traumasensible Seelsorge ist eine trauma-informierte, neurobiologisch fundierte und über Trauma informierende Seelsorge (*neurosequenzielle Seelsorge*).
2. Traumasensible Seelsorge ist eine bedingungsfrei wertschätzende und mitfühlende und zugleich selbstbemächtigende Seelsorge.
3. Traumasensible Seelsorge ist eine bindungs- und beziehungsachtsame Seelsorge des Sicheren Ortes.

4. Traumasensible Seelsorge ist eine ressourcenfokussierte, Möglichkeitsräume eröffnende, Menschen in ihrer Sehnsucht nach Neuwerdung begleitende und salutogenetische Seelsorge.
5. Traumasensible Seelsorge ist körperorientierte und leibhaftige Seelsorge.
6. Traumasensible Seelsorge ist narrative und kognitive Seelsorge.
7. Traumasensible Seelsorge ist emotions- und affektsensible und -kontrollierende Seelsorge.
8. Traumasensible Seelsorge ist systemische Seelsorge.
9. Traumasensible Seelsorge ist eine werte- und sinnorientierte Seelsorge, die in ihrer christlichen Form aus den Schätzen und Ressourcen biblischer Quellen und kirchlicher Traditionen schöpft.
10. Traumasensible Seelsorge ist in ihrer christlichen Form heilsame Seelsorge in einem christlich-kirchlichen Kontext.
11. Traumasensible Seelsorge ist prophetische Seelsorge.
12. Traumasensible Seelsorge ist selbstfürsorgliche Seelsorge.

6.2 Das Modell und seine praktische Umsetzung

6.2.1 Einleitung

In den folgenden Unterkapiteln werden nun die praktischen Wege und Möglichkeiten traumasensibler Seelsorge nach dem *Wandlungs-Räume*-Modell dargestellt. Es handelt sich um ein *neurosequenzielles Modell von Seelsorge* (in Anlehnung an das Modell von Bruce Perry et al., s. Kapitel 2.4.3), d.h. auf der Basis neurobiologischen Wissens (Kapitel 2.3.3) versucht man theoretisch und methodisch passgenau diejenige(n) Gehirnebene(n) anzusprechen, die die neuronale Grundlage für das jeweilige gezeigte traumasymptomatische Erleben und Verhalten (BASK) sind. Immer eingedenk, dass es um Seelsorge geht, nicht um Therapie!

Die Unterkapitel gliedern sich nach den einzelnen fünf Räumen. Die Unterteilung in einzelne Räume mit einem jeweiligen Schwerpunkt folgt zum einen dem BASK-Modell aus der Traumafolgen-Therapie (s. Kapitel 2.2), das es ermöglicht, mit den KlientInnen seelsorglich an einzelnen Aspekten des traumafolgengeprägten Erlebens und Verhaltens zu arbeiten und so das Gegenüber nicht zu überfordern; zum anderen ermöglicht es eine übersichtlichere Darstellung der einzelnen Inhalte und eine klarere Zuordnung der einzelnen praktischen Methoden. Alle Räume sind jedoch miteinander verbunden und der Seelsorger, die Seelsorgerin bewegt sich mit seinem/ihrem Gegenüber immer in dem aktuell passenden Raum, hat aber alle anderen Räume stets im Hinterkopf präsent. So kann er oder sie die aktuelle Arbeit in einem Raum stets ggf. durch inhaltlich-methodische Elemente aus anderen Räumen ergänzen. Dem *Beziehungs-Raum* kommt dabei eine übergreifende, übergeordnete Funktion innerhalb der fünf *Wandlungs-Räume* zu, da traumasensib-

6.2 Das Modell und seine praktische Umsetzung

le Seelsorge zuallererst ein Beziehungsgeschehen ist, das sich über den gesamten Seelsorgeprozess hinweg erstreckt.

Zwei Beispiele: 1. Bereits im *Beziehungs-Raum*, wo es um die traumasensible Gestaltung der Seelsorge-Beziehung geht, spielen Ressourcenaktivierung, Umgang mit Sprache und Körper-/Leiborientierung eine wichtige Rolle, ausführlich dargestellt werden diese Elemente jedoch in anderen Räumen (*Schutz-Raum* und *Leib-Raum*). 2. Die kreativ-narrative Arbeit im *Lebens-Raum* löst natürlich auch Gefühle und Körperempfindungen aus, diese einordnen und selbstständig regulieren zu können, ist ein wichtiges Thema im *Schutz-Raum*. Es gilt also, die dortigen Inhalte und Methoden im Hinterkopf und einsatzbereit zu haben, wenn man im *Lebens-Raum* miteinander an der Biographie des traumatisierten Gegenübers arbeitet.

Die innere Logik der Darstellung folgt der allgemeinen Vorgehensweise in der *Psycho-Sozialen Begleitung* traumatisierter Menschen nach dem Prinzip „Stabilisierung durch Konfrontation" und „Konfrontation durch Stabilisierung" (Sachsse/Sack). Es beginnt also mit dem Aufbau einer professionellen begleitenden Beziehung als dem grundlegenden Fundament für die *begleitete spirituelle Reise* (wie auch für jede andere Form *Psycho-Sozialer Begleitung*) und dem wichtigsten Wirkfaktor *Psycho-Sozialer Begleitung* überhaupt. Sie zu gestalten und aufrechtzuerhalten, ist einer der beiden roten Fäden im gesamten Begleitungsprozess. Es folgen die (Wieder-) Herstellung äußerer wie innerer Sicherheit, Stabilisierungs- und Ressourcenarbeit als zweiter roter Faden (der natürlich bereits mit dem Aufbau einer sicheren Beziehung als wichtigem Stabilisierungsfaktor und Ressource seinen Anfang nimmt). Erst wenn genügend Sicherheit und Stabilität in der seelsorglichen Beziehung und in der Person des Begleiteten selbst vorhanden sind, kann man sich langsam und behutsam dem eigentlichen Trauma und seinen Folgen behutsam *seelsorglich* annähern – natürlich nur wenn das Gegenüber dazu bereit ist und das möchte. Und zugleich immer eingedenk der Grenzen seelsorglichen Handelns. Die einzelnen Räume bewegen sich so entlang des am Ende von Kapitel 2.3.3 vorgestellten *Eisberg-Modells der unterschiedlichen Erinnerungs- und Gedächtnisformen*.

Aus der Tatsache, dass die eigentliche Traumakonfrontation bzw. -exposition speziell psychotraumatologisch ausgebildeten PsychotherapeutInnen vorbehalten bleibt und es bei Seelsorge um „partiell integrative Traumaarbeit" (Beckrath-Wilking et al.) geht, erklären sich – wie bereits gesagt – die Überschriften von Kapitel 6.2.2, *Stabilisierung 1: Beziehung, Sicherheit und Ressourcen*, in dem *Beziehungs-Raum* und dem *Schutz-Raum*, und Kapitel 6.2.3, *Stabilisierung 2: Erinnerung, Trauer und Bewegung*, in dem *Lebens-Raum* und dem *Leib-Raum* dargestellt werden. Im letzten Raum, dem *Handlungs-Raum*, weitet sich der Blick traumasensibler Seelsorge von der individuellen seelsorglichen Begleitung traumatisierter Menschen zum kritischen Engagement in der Gesellschaft (Kapitel 6.2.4). Den Abschluss bilden Überlegungen und Methoden zur unverzichtbaren Selbstfürsorge für alle, die als traumasensible Seelsorgerinnen und Seelsorger arbeiten.

Da die meisten der vorgestellten Methoden aus der Traumafolgen-Therapie und der Traumapädagogik stammen, muss bei der Adaption für eine traumasensible Seelsorge zum einen darauf geachtet werden, dass die Methoden für den Seelsorgekontext geeignet sind, und zum anderen, dass bei ihrer Anwendung die Grenzen seelsorglichen Handelns eingehalten werden. Für das vorliegende Buch musste darüber hinaus aus Platzgründen aus der inzwischen bestehenden Vielzahl an geeigneten Methoden eine Auswahl getroffen werden. Dabei sollen jeweils für eine bestimmte Methodengruppe exemplarische einzelne Methoden und Übungen und die je eigene Art und Weise der Adaption dieser Methoden(gruppe) an ihre Verwendung im Rahmen einer traumasensiblen Seelsorge dargestellt werden. Im Fließtext werden die Methoden und ihre Zielrichtung nur kurz benannt. In Kapitel 7 finden sich dann die ausführlichen Übungs- und Methodenanleitungen.

An dieser Stelle möchte ich noch etwas zu den möglichen Settings von traumasensibler Seelsorge sagen. Das in diesem Buch vorgestellte Modell geht zunächst einmal von der Annahme aus, dass Seelsorge im Sinne eines *psycho-sozialen Begleitungsprozesses* vor allem in einem Einzelsetting zwischen Seelsorger/in und Gegenüber stattfindet. Weitere mögliche, aber sicherlich nicht so häufig anzutreffende Settings für solche Prozesse wären eine Seelsorge-Gruppe sowie ein Paar- bzw. Familiensetting. Insofern ist bei der Darstellung der Inhalte, Methoden und Übungen zunächst einmal vor allem das Einzelsetting im Blick. Viele der Inhalte, Methoden und Übungen lassen sich jedoch auch in einem Gruppensetting realisieren. Man kann dabei zum einen mit einem/r Einzelnen in der Gruppe arbeiten und die Gruppe dient als Ressource und Resonanzkörper bzw. als Stellvertreterinnen und Stellvertreter bei (Biblischen) Einzelaufstellungen und Skulpturen im Gruppenkontext. Zum anderen arbeitet man mit der Gruppe als Gesamteinheit, z.B. indem man eine *Duale Timeline mit Dreh* in der Gruppe durchführt und hinterher in den Gruppenaustausch geht. Dieser kann die einzelnen Gruppenmitglieder (be)stärken und zu einer mitfühlenden Solidarisierung in der Erfahrung traumatischen Leids in der jeweiligen Biographie führen und wirkt somit wiederum als Ressource. Die *Biblische Skulptur- und Aufstellungsarbeit* in der Großform ist in besonderer Weise für die Durchführung in einer Gruppe geeignet.

In Kapitel 1.3.4 wurde der Begriff der *Psycho-Sozialen Begleitung* als verbindender Oberbegriff für die unterschiedlichsten Formen professionellen helfenden Handels eingeführt und definiert, und Seelsorge wird als *Spirituelle Psycho-Soziale Begleitung* in christlichen wie auch anderen spirituellen bzw. religiösen Kontexten verstanden. Vor diesem Hintergrund muss an dieser Stelle noch einmal das Verhältnis von Traumafolgen-Therapie, Traumapädagogik und traumasensibler Seelsorge mit den je spezifischen Unterschieden kurz bestimmt werden. Ich folge hier den Überlegungen von Andreas Stahl, die von anderen Autor(inn)en geteilt werden, so z.B. Miriam Schade[408]. Ausgehend von seiner Unterscheidung zwischen „Verwundung" (= „das Trauma an sich") und „Verwundet-Sein" (= „die existenzielle Verfasstheit, in die ein Mensch durch eine solche Verwundung geraten kann")[409] bleibt es der Traumafolgen-Therapie als an entsprechende Ausbildungen und Zulassungen ge-

---

[408] SCHADE (2019): *Dem Schrecklichen begegnen*, 116–126.
[409] STAHL (2019): *Traumasensible Seelsorge*, 21.

koppelte Heilbehandlung vorbehalten, direkt an der Verwundung in Form der Traumakonfrontation bzw. Traumaexposition mit (z.T. traumafolgenspezifischen) psychotherapeutischen Methoden zu arbeiten. Dabei gilt es auch, die Schwere der Traumatisierung bzw. des Traumafolge-Syndroms zu berücksichtigen (z.B. komplexe PTBS, komorbide Borderlinestörung etc.). Traumasensible Seelsorge (ebenso wie Traumapädagogik) kann man mit Beckrath-Wilking als eine „partiell integrative Traumaarbeit" verstehen, bei der es sicherlich eine große Überschneidung zu einer Traumafolgen-Therapie gibt, insbesondere wenn es um Beziehungsarbeit, Stabilisierung und Ressourcenfokussierung geht. Auch für die traumasensible Seelsorge gilt, was Beckrath-Wilking über das Verhältnis von Psychotherapie und Traumapädagogik sagt: „Im Idealfall unterstützen und verstärken sich Psychotherapie und Traumapädagogik in ihrer heilenden Wirkung gegenseitig."[410] Insbesondere die spirituellen und religiösen (Re-)Konstruktionen von Wirklichkeit und der Glaube an eine höhere göttliche Macht und die sich daraus ergebenden Methoden stellen sicherlich ein Wesensmerkmal der Seelsorge dar. Ungeachtet der Tatsache, dass es Psychotherapeut/inn/en gibt, die auch spirituell arbeiten oder dafür offen sind.[411]

So kann man sagen, dass Traumafolgen-Therapie auf der einen Seite und traumasensible Seelsorge (und Traumapädagogik) auf der anderen Seite viele inhaltliche und methodische Überschneidungen aufweisen, die Grenzen der Letzteren beginnen an dem Punkt, wo eine spezifische psychotherapeutische, mit dem Trauma konfrontierende Aufarbeitung der Traumafolgen mit den entsprechenden Methoden angezeigt ist. Um diese Grenze erkennen und auch einhalten zu können, bedarf es zum einen einer entsprechenden Fachausbildung in traumasensibler Seelsorge, zum anderen eines hohen Maßes an Sensibilität und Selbstreflexion (mehr dazu in Kapitel 6.3). Ich werde immer wieder im Verlauf dieses sechsten Kapitels entsprechende Hinweise geben.

6.2.2 Stabilisierung 1: Beziehung, Sicherheit und Ressourcen

a) *Der Beziehungs-Raum*

Beziehung und Bindung sind auch in der traumasensiblen Seelsorge als einer Form *Psycho-Sozialer Begleitung* Basis und wichtigster Wirkfaktor. Da der *Beziehungs-Raum* den gesamten Seelsorgeprozess begleitet und mehr oder weniger explizit immer mit im Spiel ist, wird er als eigener Punkt thematisiert. Man könnte von ihm auch als einem besonderen Schutzraum sprechen (s. nächstes Kapitel), der so grundlegend ist, dass er eigens dargestellt werden muss.

---

[410] BECKRATH-WILKING et al. (2013): *Traumafachberatung*, 287
[411] Zwei gute Beispiele sind hier: PARGAMENT (2011): *Spiritually Integrated Psychotherapy* und MADERT (2012): *Trauma und Spiritualität*.

In der Beziehungsgestaltung mit traumatisierten Menschen gilt in besonderer Weise das Prinzip: „Maximaler Kontrast zur traumatischen Situation".[412] Traumatisierte Menschen haben oftmals absolute Ohnmacht, Hilflosigkeit, Kontrollverluste erlebt, die „mit Demütigung, Beschämung und Entwürdigung" verbunden sind und ein tiefes Gefühl von „traumatischer Scham" auslösen können.[413] Oftmals finden diese traumatisierenden und entwürdigenden Erfahrungen in vermeintlich schützenden Beziehungen statt und oftmals haben diese Menschen keine sicheren frühen Bindungen erlebt, sodass ihre physiologischen Prozesse permanent auf das Erkennen von Gefahren und die Sicherung des Überlebens eingestellt sind. Deshalb können traumatisierte Menschen selbst auf traumasensibel gestaltete Beziehungsangebote sehr unterschiedlich und zunächst nicht im vielleicht vom Seelsorger „gewünschten" Sinne reagieren. Es ist oft der Fall, dass zunächst der Selbstschutz im Vordergrund steht, deshalb können Misstrauen, Kontrolle der Situation, „Tests", ob das Gegenüber wirklich vertrauenswürdig ist, Ängste, Scham- und Schuldgefühle, aber auch Aggressionen, die ersten Antworten sein. Auch eine Art Unterwerfung (wie gegenüber dem Täter/der Täterin) oder Rettungsfantasien können sich einstellen. Ganz gleich wie die ersten Reaktionsweisen ausfallen, sie sind stets im Sinne des „Guten Grundes" im Kontext traumainformierten Wissens zu verstehen und in keiner Weise zu be- oder abzuwerten. Die meisten Verhaltensweisen (BASK) des Gegenübers können als Ausdrucksformen einer der fünf *F-Reaktionen* (*Face, Fight, Flight, Freeze, Fragment*) gedeutet werden. Manchmal wechseln die *F-Reaktionen* sich auch ab, je nachdem welcher Aspekt der traumatischen Erfahrung(en) gerade (an-)getriggert wird. Es geht also darum, dem Gegenüber mit einem Höchstmaß an Respekt, bedingungsfreier Wertschätzung und Mitgefühl zu begegnen und einer Anerkennung der „Würde der Verletzlichkeit und des Scheiterns".[414] In keiner Weise dürfen sich die einstmaligen Ohnmachts- und Beschämungserfahrungen im seelsorglichen Kontakt wiederholen, z.B. durch zu schnelles und unsensibles Thematisieren des erfahrenen Leids oder auch dessen Relativierung. Wenn das Gegenüber nicht in der Lage ist, den Blickkontakt zu halten oder überhaupt ihn herzustellen, kann das ein Zeichen für starke Schamgefühle sein,[415] auf die es im Sinne von Luise Reddemann wiederum mit viel Mitgefühl und Würde zu reagieren gilt.

Vom ersten Moment der Begegnung an und während der gesamten Zeit der seelsorglichen Begleitung muss die Beziehung von der Seelsorgerin aktiv so gestaltet werden, dass das Gegenüber ein Gefühl maximal möglicher Sicherheit ent-

---

[412] BECKRATH-WILKING (2013): *Traumafachberatung*, 129.
[413] REDDEMANN (2007): *Würde als Gegenstand*, 1. Ausführlich zum Thema Scham in der traumasensiblen Seelsorge s. SCHADE (2019): *Dem Schrecklichen begegnen*, 309–323, und STAHL (2019): *Traumasensible Seelsorge*, 235–239. Renja Rentz beschreibt Scham wie folgt: „Scham geht tief. Sie betrifft das Wesen eines Menschen, seine ganze Person. Scham ist das Gefühl, dass das Innerste vor den Blicken Anderer aufgedeckt ist und von ihnen abgelehnt und missbilligt wird" (RENTZ, Renja [2016]: *Schuld in der Seelsorge: Historische Perspektiven und gegenwärtige Praxis*, Kohlhammer-Verlag: Stuttgart, 140).
[414] REDDEMANN (2011): *PITT*, 78.
[415] VAN DER KOLK (2018): *Verkörperter Schrecken*, 125–126.

6.2 Das Modell und seine praktische Umsetzung

wickeln kann. Neurobiologisch spielt hierbei das spiegelneuronale Resonanzsystem eine wichtige Rolle. Über gegenseitige Spiegelungen kann ein gemeinsames Sich-Einstimmen (*Tune-in*) auf die Beziehung und den Seelsorgeprozess stattfinden. Es gilt das „Soziale Kontaktsystem" (Porges) zu aktivieren und der *Neurozeption*, die die Umwelt und damit auch das Seelsorgesetting und den Seelsorger ständig unbewusst nach möglichen Gefahren absucht, zu signalisieren, dass in der Beziehung zur Seelsorgerin keine Gefahren drohen (s. Kapitel 2.3.3), auch kein plötzlicher Beziehungsabbruch, wenn das Gegenüber irgendwann von seinen traumatischen Erfahrungen erzählt[416]. Nach Porges kann man dieses Gefühl von Sicherheit fördern durch „Therapeutische Präsenz", übertragen auf traumasensible Seelsorge spreche ich von *Seelsorglicher Präsenz*. Genau wie bei der „therapeutischen Präsenz" bedeutet *Seelsorgliche Präsenz*, dass Seelsorgerinnen und Seelsorger sich „während ihrer Arbeit völlig im gegenwärtigen Augenblick befinden", und zwar „in mehreren sich gleichzeitig manifestierenden Dimensionen", nämlich „der physischen, emotionalen, kognitiven und relationalen". Da sich diese Präsenz insbesondere am Gesichtsausdruck ablesen lässt, spielen Gesicht und Stimme eine zentrale Rolle dabei, dem Gegenüber Sicherheit zu signalisieren (ähnlich wie in der Mutter-Kind-Dyade, s.u.)[417] und damit auch der Umgang mit Sprache. Körperhaltungen und Körpersprache (nonverbale Kommunikation) insgesamt haben eine große Bedeutung. Auch hier ist vom Seelsorger/von der Seelsorgerin eine hohe achtsame Präsenz gefordert.

An den einzelnen Dimensionen (sie entsprechen dem BASK-Modell) der *Seelsorglichen Präsenz* wird das Ineinandergreifen der einzelnen *Wandlungs-Räume* noch einmal sehr deutlich. Insofern gilt es, bei der präsenzhaften und aktiven traumasensiblen Beziehungsgestaltung von Anfang an auch Elemente aus dem *Schutz-Raum* (z.B. Sicherer Ort, Ressourcenaktivierung, emotionale Kontrolle und Vermeiden emotionaler Überforderung), dem *Lebens-Raum* (z.B. Umgang mit Sprache und deren Wirkmacht) und dem *Leib-Raum* (z.B. leibhaftige Erfahrungen und Körperwahrnehmung) im Blick zu haben und einzelne Übungen ggf. bereits hier einzuführen. Explizit möchte ich an dieser Stelle das *Ressourcen-Barometer* nennen, das es in zwei Varianten gibt, je nachdem ob man ohne oder mit Körperverankerung arbeitet

---

[416] VAN DER KOLK (2018): *Verkörperter Schrecken*, 253: „Während der Kontakt zu anderen Menschen und das Erleben des Einklangs mit anderen die physiologische Selbstregulation fördern, weckt das Versprechen der Nähe häufig die Angst, verletzt, verraten und verlassen zu werden. Scham spielt bei alldem eine wichtige Rolle. »Irgendwann werden Sie schon noch merken, wie verdorben und ekelhaft ich bin. Und wenn Sie schließlich dahinter kommen, werden Sie mich fallen lassen.« Unaufgelöste Traumata können eine entsetzliche Wirkung auf Beziehungen haben. Wenn Sie noch nicht darüber hinweggekommen sind, daß Sie von einem Menschen, den Sie geliebt haben, angegriffen wurden, geht es Ihnen wahrscheinlich in erster Linie darum, nicht mehr verletzt zu werden, und Sie haben Angst, sich einem Menschen, den Sie noch nicht kennen, zu öffnen. Vielleicht versuchen Sie sogar, ohne es selbst zu merken, die andere Person zu verletzen, bevor diese Sie verletzen kann."

[417] PORGES (2019): *Die Polyvagal-Theorie*, 189–214, Zitat: 192, zu Gesicht und Stimme: 204. Bei Präsenz sind das ventrale Vagussystem und der für viszerale Beruhigung zuständige Modus des dorsalen Vagussystem aktiviert, bei Nicht-Präsenz der Sympathikus oder der Immobilisierungsmodus des dorsalen Vagussystems (s. Kapitel 2.3.3).

(s. Kap. 7.2.2), und die in Kap. 7.3.1 beschriebenen Basisübungen zu Achtsamkeit, Stressreduktion, Selbstberuhigung, Distanzierung und Re-Orientierung im Hier- und-Jetzt. Auch eine mögliche Überforderung des Seelsorgers, der Seelsorgerin durch Belastungen in der traumageprägten Beziehungsgestaltung des Gegenübers und seine Selbstfürsorge kommen hier in den Blick (s. Kapitel 6.3).

Die Befriedigung basaler menschlicher Bindungsbedürfnisse[418] (wie Gesehen-Werden, Gehalten-Werden, Geschützt-Werden und ein gutes Nähe-Distanz-Verhältnis), wie sie Traumatisierte oft vielleicht schon von Beginn ihres Lebens an nicht erleben durften, stehen im Mittelpunkt einer gleichbleibend wertschätzenden, respektvollen, warmherzigen, zugewandten, mitfühlenden und zugleich aktiv strukturierenden Gestaltung des *Beziehungs-Raums* durch den Seelsorger, die Seelsorgerin. In der Traumapädagogik ist von „korrigierenden Beziehungserfahrungen" die Rede, und in Abwandlung kann man mit Zanotta Seelsorge als „Bindungswerkstatt" bezeichnen. In einer solchen „Werkstatt" kann man alte, negative Bindungserfahrungen durch neue positive Bindungserfahrungen korrigieren, vielleicht sogar „reparieren".[419] Auch hier wieder das Prinzip des „maximalen Kontrasts" (s.o.).

Eine gute Orientierungshilfe für diese basalen Bedürfnisse kann das sichere frühe Beziehungs- und Bindungsverhalten zwischen Mutter und Kind sein (das sich übrigens besonders über Gesicht und Stimme gestaltet, neben der körperlichen Komponente).[420] Das Besondere von traumasensibler Seelsorge ist nun an dieser Stelle, dass die rein menschliche Beziehungsebene erweitert und hin zu einer Beziehung zum christlichen trinitarischen Gott geöffnet werden kann, der in sich selbst Beziehung ist. Man kann so den Bezug entweder zu einem mütterlich-väterlichen Schöpfergott herstellen, als auch zu einem Menschen Jesus von Nazareth oder einer Lebendigkeit schenkenden Geistkraft. Zum einen für den traumatisierten Menschen als eine ebenfalls basale Bindungsbedürfnisse befriedigende spirituelle Beziehung, zum anderen stehen alle an dem Seelsorgeprozess Beteiligten in einer gemeinsamen spirituellen Beziehung zu einer höheren göttlichen Macht. An dieser Stelle sei nur schon einmal das Bild vom „nachträglichen Nähren" aus der *Ego-Sta-*

---

[418] GRAWE (2004): *Neuropsychotherapie*, hat ein Konzept von vier menschlichen psychischen Grundbedürfnissen entwickelt, deren Befriedigung in enger Korrelation zu dem Faktor „psychische Gesundheit" steht. Eines der vier Grundbedürfnisse ist das „Bindungsbedürfnis", das laut Grawe „als das empirisch am besten abgesicherte Grundbedürfnis angesehen werden [kann], gerade auch aus einer neurobiologischen Sicht". Die anderen drei Grundbedürfnisse sind: das „Bedürfnis nach Orientierung und Kontrolle" (ich ergänze hier noch *Sinn* als ein wichtiges Grundbedürfnis, s. Kapitel 1.2.1 und KIRSCHT [2014]: *Der Emmaus-Weg*, 197–198), das „Bedürfnis nach Selbstwerterhöhung und Selbstwertschutz" und das „Bedürfnis nach Lustgewinn und Unlustvermeidung" (GRAWE [2004]: *Neuropsychotherapie*, 183–371, zum „Bindungsbedürfnis: ebd., 192–230, Zitat: 192).

[419] ZANOTTA (2018): *Wieder ganz werden*, 19–23.

[420] ZANOTTA (2018): *Wieder ganz werden*, 27–28, spricht vom „Da-Sein, Aushalten und begrenzendem Halten, auch *Containment* [...] genannt". Beziehungsqualitäten, wie sie gerade in der Seelsorge konstitutiv sind.

6.2 Das Modell und seine praktische Umsetzung

te-Arbeit genannt (s. Kapitel 6.2.3, b).[421] Hier realisieren sich die grundlegenden Prinzipien einer *neurosequenziellen Seelsorge*, nämlich nachzuspüren, auf welcher Gehirnebene man mit welcher Intervention ansetzt.

Um angemessen auf das Gegenüber reagieren und die Beziehung passgenau gestalten zu können, ist es auch hilfreich, schon einmal wichtige Daten von dessen/deren biographischer Entwicklung zu erheben (mit einem besonderen Blick auch auf die spirituelle Lebensgeschichte und die in diesem Bereich gemachten Erfahrungen). Dies geschieht ausführlich im *Schutz-Raum* und weiter vertiefend im *Lebens-Raum*. An dieser Stelle können traumatische Erfahrungen und ihre zeitlich-biographische Verortung kurz benannt, aber dürfen auf keinen Fall erzählerisch vertieft werden. So bekommen Seelsorgerinnen und Seelsorger wenigstens schon einmal eine Ahnung von Umfang und Ausmaß der Traumatisierungen und können die Feinheiten ihrer Beziehungsgestaltung entsprechend daran ausrichten. Solche traumatischen Inhalte, so sie denn in dieser Anfangsphase vom Gegenüber überhaupt zur Sprache gebracht werden können, sollen im Sinne einer sensiblen Zeugenschaft wahrgenommen und als tatsächliches Geschehen angenommen werden. Der Seelsorger sollte behutsam, mit Wertschätzung und Respekt für das Gegenüber und seine/ihre Erlebnisse ein zu weit und zu tief gehendes Erzählen und damit verbunden körperlich-emotionales Wiedererleben stoppen und damit eine Retraumatisierung verhindern (emotionale Kontrollerfahrungen). Es kann der Hinweis gegeben werden, dass man zu einem späteren Zeitpunkt und nach einer sorgfältigen äußeren wie inneren Vorbereitung über das Erlebte ausführlicher sprechen kann. Es kann auch hilfreich sein, hier schon einmal das Element der Psychoedukation, das ich im *Schutz-Raum* verortet habe, zu nutzen, indem man dem Gegenüber das Phänomen der Retraumatisierung erklärt. Ebenso liegt von Beginn der Fokus ebenfalls auf den Ressourcen des Gegenübers, auf seinen Stärken und das, was ihn/sie hat überleben lassen. Insbesondere natürlich auch die spirituellen und religiösen Ressourcen. Insofern können auch bereits zu Beginn des Seelsorgeprozesses biblische Text mit einbezogen werden, die z.T. den gesamten Prozess begleiten und in den einzelnen Räumen auf unterschiedliche methodische Weise erfahrungsmäßig aktualisiert und verlebendigt werden können. Ich persönlich verwende bevorzugt *Psalm 23* wie eine Art biblischen roten Faden, den man im *Beziehungs-Raum* schwerpunktmäßig als einen *Beziehungs-Psalm* lesen und vorlesen kann (andere Lesarten folgen in den weiteren *Wandlungs-Räumen*). Die Bekanntheit des Psalms weit über innere kirchliche Kreise hinaus ist hier von großem Vorteil.

Neben diesen inneren Elementen der Gestaltung des *Beziehungs-Raums* gibt es auch äußere Elemente. Zu den äußeren Elementen gehört die auf Sicherheit, Transparenz und angemessene Kontrollmöglichkeiten durch das Gegenüber achtende Gestaltung des äußeren Raums, in dem die seelsorgliche Begegnung stattfindet. So soll das Gegenüber entscheiden können, wo und wie im Raum er oder sie sitzen möchte, wie genau der körperliche Abstand zur Seelsorgerin gewünscht wird und in welchem Winkel man sitzt. Oder ob diese statische Sitzanordnung mittels Bewe-

---

[421] FRITZSCHE (2014): *Praxis*, 171–173.

gung im Raum oder auch außerhalb ergänzt oder anfänglich ersetzt werden muss. Der Raum muss insgesamt den Eindruck vermitteln, dass in ihm nichts Unerwartetes oder Bedrohliches passieren kann. Und es darf natürlich auch nichts Derartiges passieren (z.B. das plötzliche Klingeln eines Telefons oder jemand Drittes betritt den Raum). Falls im Raum *Trigger* vorhanden sein sollten, gilt es diese durch eine genaue Beobachtung des Gegenübers wahrzunehmen bzw. das Gegenüber danach zu fragen. In der Regel sind sie zunächst einmal aus dem Raum zu entfernen.

Generell bedeutet Transparenz in der Beziehungsgestaltung, den anderen am gesamten (Beziehungs-)Prozess aktiv zu beteiligen: Z.B. durch wiederholtes fürsorgliches (nicht den Eindruck von Kontrolle erweckendes) Nachfragen nach der aktuellen Befindlichkeit; durch Erklären des eigenen Handelns und Einholen des Einverständnisses für alle einzelnen Schritte im Begleitungsprozess; und auch durch eine genaue einfühlende Wahrnehmung der verbalen und nonverbalen Äußerungen des Gegenübers.

b) Der Schutz-Raum

Über der Tür zu diesem Raum hängt - bildlich gesprochen - ein Schild, auf dem der Satz aus der 1. Grundregel steht: „Safety first!" (s. Kapitel 2.5). Es geht also in diesem Raum schwerpunktmäßig um die Begleitung zur Erlangung von (mehr) innerer wie äußerer Sicherheit, Psychoedukation, Stabilisierung und Ressourcenaktivierung bei gleichzeitig aktiviertem expliziten und impliziten Funktionsmodus gemäß den Prinzipien einer *neurosequenziellen Seelsorge* (s. Kapitel 1.3.3). Dies geschieht weiterhin im Rahmen einer den gesamten Seelsorgeprozess überspannenden sicheren professionellen Beziehung. Letztere kann man den ersten beiden der von Martin Baierl (für die traumapädagogische Arbeit mit Kindern und Jugendlichen) formulierten „fünf sicheren Orte" zuordnen, die im Folgenden als Gliederungshilfe für dieses Kapitel dienen. Es sind dies:

1. „Äußerer sicherer Ort", das bedeutet, „sich an einem äußeren sicheren Ort [zu] befinden, an dem keine Gefahren drohen";
2. „Personaler sicherer Ort", das bedeutet, „sich bei Menschen [zu] befinden, die sie beschützen und alle Gefahren abwehren" bzw. die sie dabei unterstützen, dies selbst tun zu können;
3. „das Selbst als sicherer Ort", das bedeutet, „Sicherheit bei sich selbst [zu] finden, also auf sich selbst [zu] vertrauen und davon aus[zu]gehen, alle Herausforderungen und Gefahren sicher meistern zu können";
4. „Spiritualität als sicherer Ort", das bedeutet, „sich von spirituellen Mächten behütet und geborgen [zu] fühlen" (diesen Ort stelle ich abweichend von dieser Reihung als letzten in diesem Kapitel vor);

6.2 Das Modell und seine praktische Umsetzung

5. „innerer sicherer Ort", das bedeutet, „alle äußere Gefahr sowie sie [*gemeint sind die traumatisierten Menschen, Anmerkung RK*] bedrängende innere Bilder ausblenden und sich an einen inneren sicheren Ort begeben können".[422]

Neben der Seelsorgebeziehung als *äußerem sicheren Ort* kann es wichtig sein, mit dem Gegenüber zu schauen, wie es um seine/ihre Sicherheit im äußeren (materiellen) Leben bestellt ist. Hier kann es um solche Fragen gehen wie: Gibt es noch Täterkontakte? Fühlt sich jemand in seinem äußeren Lebensumfeld wohl und sicher, z.B. auch in der eigenen Wohnung? Wenn nicht: Was müsste ich verändern, damit ich mich sicherer und besser fühle? Dabei kann es auch darum gehen, das eigene Wohnumfeld (neu) schön zu gestalten (analog zu der weiter unten beschriebenen Körperhygiene). Gibt es spezielle äußere Orte, an denen sich das Gegenüber gut und sicher fühlt? Hier kann man insbesondere an mögliche positive (!) Erfahrungen mit spirituellen Orten beim Gegenüber anknüpfen. Das können z.B. Kirchengebäude sein, die man immer wieder besuchen kann, um sich beschützt zu fühlen, oder Klöster, besondere spirituelle Kraftorte etc. Zu den äußeren sicheren Orten gehört auch die Frage nach der materiellen Sicherheit und Absicherung im monetären Sinne. Auch wenn es nicht Aufgabe der Seelsorge sein kann, Finanz- und Sozialberatung etc. zu leisten, so kann man das Gegenüber im Bedarfsfall ermutigen, solche bei Dritten in Anspruch zu nehmen. Denn oft findet man bei traumatisierten Menschen (insbesondere bei frühen Traumatisierungen) das Phänomen, dass sie nicht gut für sich sorgen können. Es geht hier also um die materiellen Aspekte einer „sozialen Stabilisierung" als Teil eines „Herausführen[s] aus Handlungsunfähigkeit und Abhängigkeit zu mehr Selbstwirksamkeit, Handlungsmöglichkeit, persönlicher Freiheit und Selbstverantwortung (empowerment)".[423]

Mit dem *personalen sicheren Ort* betrachtet man den humanen Teil der sozialen Stabilisierung sowie erste Ressourcenanamnesen und -aktivierungen. Dabei schaut man mit dem systemischen Blick auf das Gegenüber, sein soziales Umfeld und mögliche Bindungsressourcen. Der Seelsorger/die Seelsorgerin stellt dem Gegenüber u.a. folgende Fragen: Welche Menschen in Ihrer Umgebung gibt es, bei denen Sie sich sicher fühlen, die Sie unterstützen können? Falls es da wenig sozial-humane Unterstützung gibt, kann man Suchprozesse anregen, welche neuen Bindungsressourcen das Gegenüber für sich erschließen könnte. Aber auch dazu einladen, sich die Frage zu stellen: Wer tut mir nicht gut, von wem sollte ich mich besser fernhalten? Methodisch kann man hier das „Soziale Atom" und die „VIP-Karte/VIP-Skulptur" einführen und nutzen (s. Kap. 7.3.4, c, Punkt f und g).

Innerhalb des dritten sicheren Ortes, des *Selbst als sicherer Ort*, kommt ein dritter Aspekt der sozialen Stabilisierung hinzu: die körperliche Selbstfürsorge. Hierzu gehört die persönliche Hygiene, gute Ernährung, ausreichend Flüssigkeitszufuhr, Bewegung etc. Um das eigene Selbst als sicheren Ort erleben zu können, braucht es allerdings noch mehr, nämlich Psychoedukation inkl. einer Triggeranamnese,

---

[422] BAIERL/FREY (2016): *Praxishandbuch*, 56–71 (Zitate: 56 und 71).
[423] BECKRATH-WILKING (2013): *Traumafachberatung*, 169–170.

basale Stabilisierungs- und Distanzierungstechniken, eine erste ausführliche Ressourcenanamnese (inkl. kurzer Belastungs- und Traumaanamnese) und Ressourcenaktivierung sowie Imaginationsübungen.

Ich beginne mit der Psychoedukation, deren Sinn darin besteht, „den Betroffenen [zu helfen, Hinzufügung RK], ihre Symptomatik als Selbstheilungsversuch und Reaktion des Körpers auf Extremstress zu erkennen", als eine „normale Reaktion auf eine verrückte oder extrem unnormale Situation" verstehen zu lernen („Normalisierungsintervention").[424] Möglicher Inhalt der Psychoedukation kann alles sein, was in Kapitel 2 ausführlich dargestellt wird. Es gilt, die Auswahl der einzelnen Inhalte der Situation und der Aufnahmefähigkeit des Gegenübers anzupassen. *Unverzichtbare Inhalte* sind die Erklärung der Reaktionen auf dem Stress-Trauma-Kontinuum inkl. der fünf *F-Reaktionen*; die Symptom-Trias (Intrusionen, Vermeidung, *Arousal*); das Modell des *Triune Brain* inkl. grundlegender Funktionsweisen wie Bahnung und Neuroplastizität; die beiden Funktionsmodi, Interozeption sowie *Top-Down-* und *Bottom-Up-*Interventionen; Neurozeption und Vagussysteme; das *Eisberg-Modell*; die Unterscheidung zwischen *Damals* und *Heute* und das Salutogenese-Modell von Antonowsky. Hilfreich sind einfache und anschauliche graphische Darstellungen der Inhalte, wie die Graphiken in Kapitel 2 oder die Schaubilder von Hantke/Görges.[425] Natürlich kann man auch selbst angefertigte Schaubilder verwenden. Erinnern möchte ich an dieser Stelle auch an das *Ressourcen-Barometer 1 + 2* aus dem *Beziehungs-Raum*, das auch hier parallel zur Anwendung kommen kann zur (Selbst-)Einschätzung des jeweiligen Belastungsniveaus (s. Kap. 7.2.2).

An dieser Stelle kann man auch schon einen ersten groben Überblick geben über das mögliche methodische Repertoire, mit dem man im Verlauf des Seelsorgeprozesses arbeiten könnte. Das dient der Transparenz, schafft zusätzliches Vertrauen und weckt oft auch schon so etwas wie Neugier oder eine positive Erwartungshaltung. Im Einzelnen kann man benennen: Psychoedukation, Entspannungsübungen (inkl. Achtsamkeit, Stressreduktion und Verankerung im Hier-und-Jetzt), Ressourcenanamnese und -aktivierung mit systemisch-lösungsorientierten Fragen und verschiedenen Schreib- und graphischen Methoden, imaginative Arbeit mit inneren Vorstellungen und Bildern, *Timeline*-Arbeit und narrativ-biographische Arbeit, *Biblische Skulptur- und Aufstellungsarbeit*. Alle diese Methoden sind konkrete Entfaltungen der in Kapitel 2.4.3 benannten beiden Grundhaltungen (*Grundhaltung 1*: Bedingungsfreie Wertschätzung und „Annahme des guten Grundes" und *Grundhaltung 2*: Ressourcenfokussierung und Körper-/ Leiborientierung). In allen Erläuterungen gilt das Prinzip der „Normalisierungsintervention" (s.o.).

Als Teil der Psychoedukation (z.B. beim Thema *Trigger* und *Flash-Backs*) bzw. in deren Anschluss ist eine ausführliche *Trigger*-Anamnese durchzuführen. Man versucht zusammen mit dem Gegenüber die individuellen Auslöser (*Trigger*) für *Flashbacks* und Intrusionen zu identifizieren und trägt sie auf einer eigenen *Trigger*-Liste

---

[424] BECKRATH-WILKING (2013): *Traumafachberatung*, 160–161. Zum Begriff der „Normalisierungsintervention" s. HANTKE/GÖRGES (2012): *Handbuch Traumakompetenz*, 113.

[425] HANTKE/GÖRGES (2012): *Handbuch Traumakompetenz*, varia in Teil I.

6.2 Das Modell und seine praktische Umsetzung

oder einem *Trigger*-Diagramm inkl. Skalierung (wie stark ist der *Trigger* zwischen 0 und 10/100?) ein. Man kann dafür auch gut das *Ressourcen-Barometer 1* verwenden (s. Kap. 7.2.2) und die einzelnen Trigger den Zahlenwerten zuordnen. Später kann man dann diesen *Triggern* die Ressourcen zuordnen, mit denen man deren Wirkung entschärfen, eindämmen oder gar nicht erst aufkommen lassen kann, im Sinne eines *Trigger*-Managements (s. im Folgenden).

Was das Gegenüber bereits sehr früh im Seelsorgeprozess erlernen kann und sollte (s. Kapitel 6.2.2, a), auch zum Umgang mit *Triggern*, sind basale Methoden der Achtsamkeit, der Stressreduktion, Selbstberuhigung und Affektregulation sowie der (Re-)Orientierung im Hier-und-Jetzt. Das sind im Sinne von schnell zu erlernenden Basisübungen im Einzelnen die in Kapitel 7.3.1 beschriebenen Atem- und Körperentspannungsübungen, Übungen zu Körperhaltungen und Gesichtsausdruck sowie weitere körperorientierte Übungen (hier insbesondere die Basisübung zur Körperwahrnehmung, die *Erdungsübungen*, die *Schmetterlings-Übung*, die *Wiege-Übung*, der *Pilger-Schritt*) und zur (Re-)Orientierung die *1-2-3-4-5-Übung*. An dieser Stelle verweise ich noch exemplarisch auf das „Body2Brain"-Konzept der Ärztin und Psychotherapeutin Claudia Croos-Müller, die auf der Basis neurobiologischer Erkenntnisse „ganz bewusst körperliche Aktivitäten für emotionales Wohlbefinden" nutzt.[426] Diese im Rahmen eines allgemeinen Resilienztrainings von ihr entwickelten Übungen sind so grundlegend, dass sie auch sehr gut in der Arbeit mit traumatisierten Menschen angewendet werden können. Einige dieser Übungen finden sich in den oben genannten Übungsanleitungen. Alle diese Übungen zu Achtsamkeit, Stressreduktion, Selbstberuhigung und Affektregulation sowie zur (Re-)Orientierung im Hier-und-Jetzt lassen sich sehr gut mit spirituellen Inhalten kombinieren (s. u.).

In der einschlägigen Literatur findet sich vielfach der Begriff „Skills" und „Skillstraining". Beides spielt eine wichtige Rolle z.B. in der Dialektisch-Behavioralen-Therapie von Linehan[427] oder im START-Manual für die Erststabilisierung hoch belasteter Kinder und Jugendlicher[428]. Darin werden *Skills* definiert als grundlegende „Fertigkeiten, die kurzfristig und langfristig helfen können", wie „zum Beispiel Atemspannungstechniken […] positive Gedanken, beruhigende Vorstellungen, sensorische Reize, Sport, Tanzen, Bewegung, Singen, Musik hören, Ablenkungsübungen bei Hyperarousal, Übungen zum Wahrnehmen von Gefühlen, antidissoziative Übungen, Übungen zur Akzeptanz".[429] Im Rahmen meines Modells einer traumasensiblen Seelsorge verwende ich den Begriff *Skills* eingeschränkt auf alle die materialbasierten Techniken für eine schnelle somatosensorische Hilfe zur akuten Anspannungs- und Stressreduktion (s. Kap. 7.3.1, Punkt i).

Alle oben genannten Basisübungen und auch die *Skills* sind Teil einer umfassenden Ressourcenanamnese und Ressourcenaktivierung. Dieser zweite rote Faden

---

[426] CROOS-MÜLLER, Claudia (2015): *Kraft*, Zitat: 40.
[427] LINEHAN, Marsha M. (2008): *Dialektisch-Behaviorale Therapie der Borderline-Persönlichkeitsstörung*, Psychosozial Verlag: Gießen.
[428] DIXIUS/MÖHLER (2016): *START*.
[429] DIXIUS/MÖHLER (2016): *START*, 7.

(s. Kapitel 6.2.1) zieht sich durchgängig durch den gesamten Seelsorgeprozess. Man kann die Ressourcenanamnese unter verschiedenen Blickwinkeln durchführen. Man kann ganz allgemein nach Ressourcen aus Vergangenheit, Gegenwart und für die Zukunft fragen. Hier sind die speziell für die Ressourcenarbeit entwickelten „ressourcenorientierten Fragen"[430] innerhalb der Gesamtheit der systemisch-lösungsorientierten Fragen sehr hilfreich (s. Kap. 6.2.3, a und 7.2.3, dort finden sich noch weitere Fragetechniken). Wichtig ist dabei in jedem Fall, dass diese Fragen nur wirklich einen Sinn machen und hilfreich sind, wenn sie nicht rein als *Techniken* eingesetzt werden, sondern im Rahmen einer prinzipiellen ressourcenfokussierten *Haltung* (s.o.).[431]

Die gefundenen Ressourcen kann man zunächst entweder auf einer Ressourcen-Liste oder in Form eines chronologischen *Ressourcen-Diagramms* sammeln, „dessen äußere Form vom Patienten selbst festgelegt werden" sollte[432]. Oder man verwendet die *einfache Timeline* (s.u.), die dann zu einem späteren Zeitpunkt weiterverwendet werden kann (s. *Lebens-Raum*). Wichtig für jedwede Form der *Psycho-Sozialen Begleitung* von traumatisierten Menschen ist an dieser Stelle der Hinweis von Beckrath-Wilking et al., dass es „von großer Bedeutung [ist], dass bei aller Hinwendung zu einer ressourcenorientierten Sichtweise die Würdigung und Anerkennung des Leids und der Probleme der Klientin zu Beginn von großer Bedeutung sind".[433] Eine solche Haltung ist ja gerade in der Seelsorge basal (s. Kapitel 6.2.3, a - Exkurs und am Ende des Kapitels), hier ist vielleicht eher die konsequente Ressourcenfokussierung etwas neu zu Erlernendes. Zum Thema *Trauer und Trauern* in der traumasensiblen Seelsorge, das sicherlich an vielen Stellen im Seelsorgeprozess auftauchen kann, gehe ich eigens am Ende von Kapitel 6.2.3, a ein.

Aus obigen Überlegungen heraus folge ich daher in meiner Seelsorgearbeit mit traumatisierten Menschen der Empfehlung von Michaela Huber, die auch von Beckrath-Wilking et al. aufgegriffen wird, nämlich „sowohl ein Ressourcen- als auch ein Belastungsdiagramm zu erstellen".[434] Ich verwende hierfür tatsächlich zwei verschiedene Diagramme auf jeweils eigenen Papierblättern (s. Kap. 7.3.4, a) bzw. zwei eigene *einfache Timelines* (s.u.). Wichtig ist es, bei den Ressourcen durchaus ausführlicher zu fokussieren und bei den belastenden, traumatischen Dingen nur stichwortartig zu benennen.

Sehr gut eignet sich als zusätzliche Übung/Variante auch eine von mir auf der Basis der Arbeiten von Claudia Cross-Müller (s.o.) und Tobias Esch[435] graphisch auf-

---

[430] HANTKE/GÖRGES (2012): *Handbuch Traumakompetenz*, 370–381.
[431] HANTKE/GÖRGES (2012): *Handbuch Traumakompetenz*, 370.
[432] SACK (2010): *Schonende Traumatherapie*, 77–79, Zitat: 78.
[433] BECKRATH-WILKING (2013): *Traumafachberatung*, 165.
[434] BECKRATH-WILKING (2013): *Traumafachberatung*, 165. S. bei HUBER (2006): *Wege der Traumabehandlung*, 102–104.
[435] CROOS-MÜLLER (2015): *Kraft*, 22–28; ESCH (2017): *Die Neurobiologie des Glücks*, 211–239, zu den Tugenden insbes. 224–225. Die Arbeit mit Tugenden und Charakterstärken ist ein wichtiger Bereich in der Positiven Psychologie. Christopher Peterson und Martin Seligman haben z.B. ein Analyseinstrument entwickelt, die „Values in Action Classification of Strengths" (VIA)

6.2 Das Modell und seine praktische Umsetzung

bereitete *Stärken-Tugenden-Biographie* (s. Kap. 7.3.4, a). Ebenso wie die weiter unten beschriebene *Ressourcen-Timeline* kann sie in der narrativ-biographischen Arbeit im *Lebens-Raum* weiterverwendet werden.

Weitere Methoden zur Sammlung bzw. sinnlichen Vergegenwärtigung von (bereits gesammelten) Ressourcen (s.o.) nutzen u.a. die heilsame Kraft des Schreibens und kreative Gestaltungstechniken, die auch noch in anderen Methoden zur Anwendung kommt (s.u.).[436] Eine Übung nenne ich in Anlehnung an Daniel Siegel *Mein inneres Meer*.[437] Dann gibt es den bekannten „Notfallkoffer", in den ich alles hineinpacke, was mir in aktuellen schwierigen und belastenden Situationen helfen kann. Ich empfehle tatsächlich eine Kiste oder einen kleinen Koffer zu nehmen. Man kann diese Dinge – zu denen auch all die oben genannten Übungen zählen – auf eine Liste oder einzelne Karteikarten schreiben oder sie (real-)symbolisch hineinlegen. Weitere wertvolle Übungen sind der „Regentagebrief", die *Ressourcen-Schatzkiste* und der *Ressourcen-Zettelkasten* sowie die *Bohnen-Übung* und das *Ressourcentagebuch*. Auch das „Soziale Atom" und die „VIP-Karte/VIP-Skulptur" (s.o.) können thematisch modifiziert werden z.B. zum *Ressourcen-Atom* und man kann auch eine *Ressourcen-Aufstellung* mit stellvertretenden Symbolen machen oder ein *Ressourcen-Bild* bzw. eine *Ressourcen-Collage* gestalten (ggf. zusätzlich zum oder anstelle des obigen *Ressourcen-Diagramms*, alle in diesem Absatz genannten Übungen s. Kap. 7.3.4, c). Auf der Basis des Salutogenese-Modells von Antonovsky haben Jegodtka und Luitjens das „Salutogramm" für die Selbstfürsorge der Helfenden entwickelt. Es lässt sich aber auch sehr gut in der Ressourcenanamnese einsetzen. Das Gegenüber wird gebeten, mit Hilfe dreier Aspekte („Handlungsfähigkeit", „Verstehen", „Bedeutsamkeit/Sinn") sein aktuelles Kohärenzgefühl zu beschreiben. Die Fragestellung dazu lautet: „In welchen Bereichen ist mein Kohärenzgefühl gut entwickelt? Wo kann ich gezielt etwas zur Stärkung tun? Was kann das sein?"[438] So kann man auch gut bereits vorhandene *und* noch zu entwickelnde Ressourcen sammeln (s. Kapitel 7.3.4, c, Punkt h und 7.6.5).[439]

An dieser Stelle führe ich eine weitere – oben bereits genannte – zentrale Methode für die traumasensible Seelsorge ein, die vor allem im folgenden Raum, dem *Lebens-Raum*, im Mittelpunkt steht: die Arbeit mit *Timelines* aus der systemischen *Psycho-Sozialen Begleitung*.[440] Dabei geht es darum, eine Zeitlinie für einen definierten Zeitraum entweder auf einem Blatt aufzumalen oder sie vor sich auf einem Tisch mit einer Schnur oder im Raum mit einem Seil auszulegen. Letztere Variante ermöglicht ein stärkeres sinnliches Erleben während der Arbeit mit der Zeitlinie,

---

mit sechs Tugenden und 24 Charakterstärken (s. https://www.viacharacter.org/character-strengths).
[436] VAN DER KOLK, *Verkörperter Schrecken*, 275–295. S. a. PENNEBAKER (2019): *Heilung durch Schreiben*, und die Bücher von Silke Heimes.
[437] SIEGEL (2012): *Mindsight*, 13.
[438] JEGODTKA/LUITJENS (2016): *Systemische Traumapädagogik*, 206–208.
[439] Ein hilfreiches Buch zur Ressourcenaktivierung mit viel praktischem Material auch für Seelsorgende ist: GRUBER (2020): *Therapie-Tools Ressourcenaktivierung*.
[440] VON SCHLIPPE/SCHWEITZER (2016): *Lehrbuch I*, 291–292.

benötigt aber gerade im Kontext traumasensibler Arbeit eine hinreichende Stabilität des Gegenübers und sollte ggf. erst zu einem späteren Zeitpunkt angewendet werden (s.u.). Ich empfehle daher an dieser Stelle der Ressourcenarbeit im *Schutz-Raum* erst einmal mit der *einfachen Timeline* auf Papier mit einem ausführlichen Fokus auf positiven Lebensereignissen und Ressourcen, die im Laufe des bisherigen Lebens erworben wurden, zu arbeiten (s. Kap. 7.3.4, b). Parallel dazu erstellt man eine zweite *einfache Timeline* für die belastenden und traumatischen Lebensereignisse. Diese werden jedoch nur stichwortartig benannt und in die Lebenslinie eingetragen. Zu einem späteren Zeitpunkt können diese beiden *Timelines* dann zur *Dualen Timeline mit Dreh* und weiteren Varianten erweitert werden (s. *Lebens-Raum*). Das ist ein weiterer Grund, weshalb die beiden *Timelines* an dieser Stelle am besten nur auf Papier gestaltet und festgehalten werden sollten. Die sinnliche Vergegenwärtigung und Intensivierung mit einem Seil sollte dann erst für die *Duale Timeline mit Dreh* zum Einsatz kommen (s. Kap. 7.3.4, b). Mit einer solchen Aufteilung auf zwei eigene graphische Darstellungen nutzt man implizit das Prinzip des *Dualen Wahrnehmungsfokus* und des *Pendelns* (s. Kapitel 2.4.1).

Im Rahmen des *inneren sicheren Orts* lässt sich für eine traumasensible Seelsorge sehr gut die Arbeit mit inneren Bildern und Vorstellungen adaptieren. Darunter fasse ich sowohl die klassischen Imaginations-Übungen als auch die klassischen Distanzierungstechniken, die ja ebenfalls mit Bildern und Vorstellungen arbeiten. Das Prinzip hinter diesen Methoden ist, „gezielt assoziieren und dissoziieren zu lernen."[441] Dissoziation ist ja ein biologisch verankerter Schutzmechanismus in überfordernden traumatischen Stresssituationen (s. Kapitel 2.). Diesen Mechanismus nutzt man hier nun gezielt, um traumatisierten Menschen zu helfen, sich bewusst in angenehme somato-psychische Zustände zu versetzen bzw. sich von traumabedingten intrusiven Erinnerungen, bildhaften Fragmenten und Körperzuständen und überschießenden Emotionen zu distanzieren. Das Ganze dient der Stressreduktion, Selbstberuhigung und Emotionsregulation mit Hilfe bestimmter Vorstellungsbilder und Imaginationen. Neurobiologisch nutzt man das Phänomen, dass nahezu dieselben Hirnareale aktiviert sind, unabhängig davon, ob ich etwas tatsächlich erlebe oder es mir nur vorstelle. Und beides kann zu nachweisbaren (neurobiologischen) Veränderungen führen.[442] Die sicherlich bekanntesten und auch für eine traumasensible Seelsorge wichtigsten Imaginations-Übungen sind der „innere Wohlfühlort" (früher: „innerer sicherer Ort"), der „innere Garten" und die „inneren Helfer". Ich persönliche schätze noch sehr die „Baum-Übung". Sie lassen sich gut mit einer Basisübung zur achtsamen Körperwahrnehmung kombinieren (s. insgesamt Kap. 7.3.2). Diese vier sowie eine Vielzahl weiterer Übungen sind sehr gut bei Reddemann[443] und Huber[444] beschrieben. Bei der Anwendung der Imaginationsübungen ist stets eine transparente und klare Absprache und eine Erläuterung

---

[441] HUBER (2006): *Wege der Traumabehandlung*, 99.
[442] REDDEMANN (2011): *PITT*, 96–97. S. a. HÜTHER (2015): *Die Macht der inneren Bilder*.
[443] REDDEMANN (2011): *PITT*, 96–103 und 149–163.
[444] HUBER (2006): *Wege der Traumabehandlung*, 113–115.

des Vorgehens und der Inhalte wichtig, denn diese Übungen können bei manchen Menschen auch zu Belastungen führen, indem z.B. der Ruhe- und Entspannungszustand eher Angst auslöst oder in einem solchen Zustand belastende Gedanken oder Gefühle getriggert werden können. Dann arbeitet man eben mit anderen Methoden, die mehr auf der sprachlich-kognitiven Ebene liegen.[445] Eine wichtige imaginative Distanzierungsmethode ist die *Safe- oder Tresorübung* (s. Kap. 7.3.1, Punkt h).[446]

Eine besondere Form des Einsatzes von Imaginationen und Inneren Bildern stellt die *Pendel-Übung* dar (s. Kap. 7.3.2, c). In Kapitel 2.4.1 ist viel vom *Pendeln* nach Peter Levine und dem *Dualen Wahrnehmungsfokus* die Rede als einem rhythmischen Wechsel zwischen Belastung und Entlastung im Sinne einer Konfrontation von Gegensätzlichem und Miteinander-Unvereinbarem. Das bedeutet eine *top-down* gesteuerte, bewusste Konfrontation von einem inneren Wohlfühlort und dem durch diese Vorstellung ausgelösten beruhigenden somato-psychischen Erleben mit belastenden Erinnerungen und den entsprechend dadurch ausgelösten somato-psychischen Erlebniszuständen. Durch dieses Pendeln zwischen Entlastung und Belastung und der Konfrontation von Unverträglichem nimmt der Grad der somato-psychischen Belastung in der Regel nach und nach ab. So kann das Gegenüber die Erfahrung machen, Kontrolle über das eigene Empfinden und Erleben zu haben, statt ihm hilflos ausgeliefert zu sein.

Speziell zur Affekt- und Emotionsdifferenzierung und -kontrolle verwende ich eine Tabelle, die auf einer neueren Untersuchung amerikanischer Forscher basiert, die 27 „states of emotion" benennt,[447] und ein Diagramm zur Affekt- und Gefühlsdifferenzierung. Hier kann das Gegenüber anhand der aufgelisteten emotionalen Zustände und seiner/ihrer eigenen bisherigen Lebenserfahrungen lernen, dass es eine breite Differenzierung im affektiv-emotionalen Erleben gibt. In das Diagramm werden dann auch Methoden zum Umgang mit den jeweiligen Emotionen eingetragen (s. Kap. 7.3.3).[448]

Zwei Modelle und Methoden, die ebenfalls mit inneren Bildern und Vorstellungen arbeiten und auf einem Teile-Persönlichkeitsmodell basieren und die für eine traumasensible Seelsorge genutzt werden können, sind die Arbeit mit dem „Inneren Team" von Friedemann Schulz von Thun und die speziell für den Kontext Traumafolgen-Therapie konzipierte Arbeit mit *„Ego-States"* (nach Helen und John Wat-

---

[445] SACK (2010): *Schonende Traumatherapie*, 94–95.
[446] HUBER (2006): *Wege der Traumabehandlung*, 98–127.
[447] Eine aktuelle Studie von Forschern der Universität Berkeley erweitert die früher in der Literatur zu findenden Grundgefühle (in der Regel sechs bis neun Stück) auf siebenundzwanzig „states of emotions" (Gefühlszustände) (https://www.pnas.org/content/pnas/early/2017/08/30/1702247114.full.pdf). SIEGEL (2012): *Mindsight*, 200–201, unterscheidet zwischen „kategorischen Gefühlen" und „primären Gefühlen" im Sinne von wechselnden „Gemütsverfassungen". Auch bei ROTH (2019): *Warum es so schwierig ist*, 159ff, findet sich eine Abkehr von früheren Publikationen und dem Konstrukt universeller „Grundgefühle".
[448] Sehr gute theoretische Ausführungen und eine reichhaltige Sammlung von praktischen Methoden zur Analyse und Regulation von Emotionen findet man bei: EISMANN/LAMMERS (2017): *Therapie-Tools Emotionsregulation*.

kins). Beide kann man sicherlich schon in der Anfangsphase des Seelsorgeprozesses einführen, indem man z.B. auf die allgemein menschliche Erfahrung verweist, dass es in einem selbst ganz unterschiedliche, manchmal sogar widerstreitende innere Stimmen oder Persönlichkeitsanteile gibt, z.B. jemand Ängstliches, jemand Kreatives, ein Innerer Kritiker, ein Realist etc. Sodass man auch von einzelnen inneren Personen sprechen könnte, bildhaft gesprochen wie bei einem inneren Team, einer inneren Familie oder *Ego-States* (Ich-Zustände). Man kann diese Modelle bereits im Rahmen der Psychoedukation sowie der Ressourcenanamnese und Ressourcenaktivierung (Suche nach inneren ressourcenhaften Anteile) nutzen. Das Modell von Schulz von Thun wurde für einen nicht dezidiert psychotherapeutischen Rahmen entwickelt, insofern ist es sicherlich einfacher in der eigenen Seelsorgepraxis anzuwenden. Für das *Ego-State-Konzept* gilt, dass man hier sehr genau auf die Trennlinie zwischen traumasensibler Seelsorge und Traumafolgen-Therapie achten muss. Ich empfehle daher, sich in diesem Konzept ausbilden oder schulen zu lassen. Analog zu seinem Einsatz in der Traumapädagogik halte ich es dennoch für ein auch für die traumasensible Seelsorge nutzbares und hilfreiches Modell und Methodeninventar. Da ich selbst vornehmlich mit dem *Ego-State-Modell* arbeite, stelle ich dieses Modell und seine Verwendungsmöglichkeiten im Rahmen traumasensibler Seelsorge in Kapitel 6.2.3, b, dem *Leib-Raum*, dar. Für die Arbeit mit dem „Inneren Team" verweise ich auf die Homepage des Schulz von Thun Instituts und die entsprechende Literatur.[449]

Ich komme nun zu dem letzten sicheren Ort nach Baierl, nämlich *Spiritualität als sicherer Ort*. Da Seelsorge ein wesenhaft spirituelles Geschehen ist, kann man sagen, dass sowohl die vier anderen sicheren Orte nach Baierl als auch alle fünf *Wandlungs-Räume* sichere *spirituelle* Orte sind bzw. sein können. Es handelt sich bei Spiritualität – wie bereits gesagt – somit um etwas Umfassendes und zugleich etwas, dass jedes der vorgestellten Modelle und jede der beschriebenen Methoden und Techniken erweitern und anreichern kann. Ich will dies kurz mit Hilfe des bisher Dargestellten nun für die Schutzräume konkretisieren.

Die Übungen zur Achtsamkeit und Selbstberuhigung kann man sehr gut mit spirituellen Mantren kombinieren, z.B. indem man bei den Atemübungen im Rhythmus des Ein- und Ausatmens passende Worte oder Kurzsätze denkt oder ausspricht. Man kann auch einzelne der Bilder aus Psalm 23 – hier nun als *Schutz-Psalm* verstanden – hierfür nehmen, die für das Gegenüber aktuell besonders wichtig und beruhigend sind. Man kann auch den gesamten Psalm Halbvers für Halbvers im Atemrhythmus beten (selbstverständlich kann das Gegenüber auch andere Psalmen, biblische Worte oder Gebetsverse für sich auswählen). An dieser Stelle kann man auch bereits mit Elementen aus der *Biblischen Skulptur- und Aufstellungsarbeit* (eine von mir entwickelte Verbindung von Bibliodrama und systemischer Skulptur- und Aufstellungsarbeit) arbeiten, wiederum eignet sich Psalm 23 in besonderer

---

[449] HUBER (2006): *Wege der Traumabehandlung*, 98–127.

6.2 Das Modell und seine praktische Umsetzung

Weise für an dieser Stelle einsetzbare „Kleinformen"[450], die ein stärkeres sinnliches Erfahren des Textes ermöglichen (s. Kap. 7.5.3).

Die Liedverse aus Taizé eignen sich ebenfalls sehr gut für eine Kombination mit den Atemübungen. Auch die *Erdungs-*, die *Schmetterlings-* und die *Wiege-Übung* sowie prinzipiell alle *Skills* lassen sich auf dieselbe Weise spirituell füllen (die genannten Übungen finden sich in Kap. 7.3.1). Ich lade die Leserin, den Leser hier ein, eigene kreative Ideen und Formen zu entwickeln. Es können auch Meditations- und Kontemplationsübungen aus der christlichen Tradition zur Anwendung kommen.[451] So entsteht durch regelmäßiges Durchführen (neuronale Bahnung) nach und nach eine sichere Verankerung des traumatisierten Menschen im Hier-und-Jetzt und Heute.

Bei der Ressourcenanamnese und -aktivierung im Allgemeinen und im Besonderen mit der *Ressourcen-Timeline* kann man speziell einen Fokus auf spirituelle und religiöse Ressourcen (im Laufe der Lebensgeschichte) beim Gegenüber richten, z.B. als Teil der *Stärken-Tugenden-Biographie*, wo es eine eigene Rubrik „Transzendenz" gibt. Dasselbe gilt für einen speziellen spirituellen Fokus beim Packen des „Notfallkoffers", Schreiben des „Regentagebriefs" und *Ressourcen-Tagebuchs*, Erkunden der *Ressourcen-Schatzkiste*, der *Bohnen-Übung*, des *Ressourcen-Atoms*, Gestalten von *Ressourcen-Bildern/-Collagen*, der *Ressourcen-Aufstellung* und des „Salutogramms". Und auch die oben genannten biblischen Psalmen eignen sich als Vorbilder dafür, eigene persönliche Ressourcen-, Schutz-, Selbstberuhigungs-, Sicherheits- und Stabilitätspsalmen zu schreiben. Diese kann man sich immer wieder selbst laut vorlesen oder als Sprachaufnahme anhören, immer bei sich tragen wie ein Schutzamulett etc.

Auch die Imaginations- und die Distanzierungsübungen lassen sich spirituell modifizieren. Man kann hierzu aus dem vollen Reichtum biblischer Bilder schöpfen, von denen einige in Kapitel 3 vorgestellt werden. Gemeinsam mit dem Gegenüber kann man nach den passenden Bildern suchen, vielleicht hat man ja schon etwas bei der Ressourcenanamnese entdecken können. Aber auch der Seelsorger, die Seelsorgerin mag biblische Bilder haben, die ihm/ihr besonders bedeutsam sind und die in den Seelsorgeprozess einfließen können. Als ein Beispiel mögen erneut die Psalmen dienen. Mit den Bildern von Psalm 23 sowie Psalm 55 sowie 27 und 84 kann man naturverbundene oder heilige innere Orte imaginieren, z.B. die *Imagination zum inneren Tempel* (s. Kap. 7.3.2, a). Als *Innere Helfer* können die Engel aus Psalm 91 dienen (zu den angeführten Psalmen s. Kapitel 3.2.2). Bei diesen Imaginationsübungen kann man die heilsame Wirkung von Musik sehr gut praktisch konkretisieren, indem man sie mit der Arie „Gottes Engel weichen nie" aus der Kantate 149 von Johann Sebastian Bach verbindet (das ist eine von meinen Standardübungen).

---

[450] Diesen Begriff übernehme ich von DERKSEN et al. (2016): *Bibliodrama als Seelsorge*, 177–184, den diese für „Bibliodramatische Kleinformen" mit Gruppen für kleine Zeitfenster benutzen. Ich erweitere diese Arbeit in Kleinformen in meiner *Biblischen Aufstellungsarbeit* auf die Arbeit mit Einzelnen bzw. Einzelarbeit in der Gruppe. Dabei kann die Gruppe bei Bedarf als Ressource miteinbezogen werden, aber im Fokus steht der Einzelne mit seinem Thema.

[451] In BOBERT (2010): *Jesus-Gebet*, 267–345, wird dies ausführlich und neurobiologisch fundiert beschrieben.

Möglich ist aber auch jede andere Musik, die für das Gegenüber eine beruhigende, stabilisierende, heilsam-wohltuende Wirkung hat.[452]

Bei der *Safe-* oder *Tresorübung* und anderen Distanzierungsübungen kann man z.B. belastendes Traumamaterial in der Vorstellung vor Gott ablegen, in einem himmlischen Tresor, der von Engeln bewacht wird, oder in sensu wie in vivo vor einer Taizé-Ikone ablegen. In meiner Seelsorgearbeit mit traumatisierten Menschen verwende ich die Ikone von Jesus mit seinem Freund.[453] Bei der Arbeit mit Teile-Persönlichkeitsmodellen schließlich kann man nach spirituellen inneren Persönlichkeitsanteilen oder *Ego-States* suchen.

An dieser Stelle möchte ich noch einmal kurz auf die ersten beiden Punkte zurückkommen, den äußeren und den personalen sicheren Ort. Für eine Kombination aus beiden und dem inneren sicheren Ort könnte man mit traumatisierten Menschen nach äußeren spirituellen Orten und geistlichen Personen, die diese Orte mit spirituellem Leben und Angeboten füllen, suchen, die für Traumatisierte zu äußeren *Schutz-Räumen* werden können. *Schutz-Räume*, an denen sie sich innerlich sicher und geborgen fühlen, äußerlich wie innerlich zur Ruhe und zu sich selbst kommen können. Orte, an denen das körperliche *Arousal* runterfahren kann, nichts *triggert* und *Flashbacks* auslöst, wo man im wahrsten Sinne des Wortes ruhig atmen kann. Orte ganz im Sinne von Psalm 55, an die man fliehen und beschützte Seelennächte verbringen kann und sich einfach nur sicher fühlt vor dem tobenden Sturm im Inneren. Die oben genannten spirituellen Angebote können u.a. besondere Gottesdienste und Liturgien sein, wie z.B. nach dem Vorbild der anglikanischen *Healing-Services*[454] oder Oasengottesdienste, schlichte, meditative und traumasensibel gestaltete Eucharistiefeiern (s. Kapitel 3.3.4) und andere meditative oder kontemplative Rituale und Settings in Gemeinden, Klöstern etc.

Für alle in diesem Kapitel beschriebenen Übungen und Settings gilt es, vor einer Durchführung mit dem Gegenüber genau zu prüfen, ob die jeweilige Übung und das jeweilige Setting auch wirklich im individuellen Fall geeignet sind. So können z.B. Übungen mit einem Fokus auf den Atem oder Übungen mit inneren Bildern in Kombination mit Körperwahrnehmung Ängste auslösen oder gar *triggern*. Für die Betroffenen von sexualisierter Gewalt in kirchlichen Kontexten können Kirchenräume retraumatisierende Flashbacks auslösen, statt zu Orten äußerer und innerer Beruhigung zu werden.

---

[452] Zu Musik als Ressource s. REDDEMANN (2016): *Überlebenskunst*; HÜTHER (2004): *Ebenen* und KIRSCHT (2014): *Der Emmaus-Weg*, Anhang CD-Bd 4.17. Bei der Bach-Arie verwende ich die Aufnahme mit dem Knabensopran Alan Bergius und dem Concentus Musicus unter Leitung von Nikolaus Harnoncourt (Warner Classics 1985).

[453] https://de.wikipedia.org/wiki/Christus_und_Abbas_Menas.

[454] https://www.churchofengland.org/prayer-and-worship/worship-texts-and-resources/common-worship/wholeness-and-healing. Eine Heilungsliturgie nach anglikanischem Vorbild in deutscher Sprache mit Textauswahl findet sich bei KIRSCHT (2014): *Der Emmaus-Weg*, Anhang CD-Bd 4.20.

6.2.3 Stabilisierung 2: Erinnerung, Trauer und Bewegung

a) Der Lebens-Raum

Sowohl den im *Lebens-Raum* als auch den im folgenden *Leib-Raum* vorgestellten Arbeitsweisen und Methoden wohnt eine doppelte Möglichkeit inne: Man kann mit ihnen sowohl das leibhaftige Erleben intensivieren, als auch sich davon distanzieren und aus einer Beobachterposition heraus Belastendes betrachten und bearbeiten.[455] Das ist von essenzieller Bedeutung, denn ein Wesensmerkmal traumatischer Erfahrungen und deren Folgen ist ja der durch den hohen traumatischen Stress ausgelöste (partielle) Ausfall der bewussten emotionalen und sprachlich-kognitiven Gehirnebenen im Neocortex (s. Kapitel 2.3.3) und die Einspeicherung fragmentierter, quasi zeitloser Erinnerungen gekoppelt mit hohen physiologischen und emotionalen Erregungsniveaus in die Gedächtnissysteme des Körpers. Diesen „speechless terror" (s. Kapitel 2.4.1) gilt es auf der Basis der vorangehenden Beziehungs-, Stabilisierungs- und Ressourcenarbeit mit Hilfe von Sprache und der Ebene der *bewussten* kognitiven und emotionalen Funktionen im *Triune Brain* bei gleichzeitig aktiviertem expliziten und impliziten Funktionsmodus (*Top-Down* und *Bottom-Up*) behutsam und der inneren Geschwindigkeit des Gegenübers folgend Schritt für Schritt in einem narrativen Prozess von einer fragmentierten *Trauma-Narration* umzuwandeln in neue kohärente Narrative von Selbst und Welt, eine *Heilungs-Narration*. Es geht um eine „Neu(er)findung der Sprache"[456] und die kohärente narrativ-biographische Einordnung der traumatischen Erfahrungen, die die bisherigen (Re-)Konstruktionen von Selbst und Welt fundamental erschüttert haben. Dies kann helfen, die Welt nach dem Trauma, in der ein traumatisierter Mensch weiterleben muss (und bestenfalls will), sich wieder als Heimat zurückzuerobern, ein „Heimatrecht im Leben" (Wirtz) wiederzuerlangen. Nach van der Kolk geht es darum, „das eigene Entsetzen in einen Sinnzusammenhang zu stellen und mit anderen darüber zu kommunizieren".[457]

Und ein Weg hierzu führt über das (Neu-)Erzählen von Geschichten, die (neue) Lebenswirklichkeiten (re-)konstruieren.[458] Denn Sprache ist mehr als nur ein „Kommunikationsmittel", sie ist ein analog wie das Bewusstsein funktionierendes „Wahrnehmungsorgan". Mit beidem (re-)konstruieren wir „eine konstante und kontinuierliche Welt des Erlebens, überbrücken wir »blinde Flecken« des Bewusstseins und stabilisieren so unsere Welt in einem aktiven und selbstorganisierten Prozess [...] Menschen sind unverbesserliche und geschickte Geschichtenerzähler, und sie haben die Angewohnheit, zu den Geschichten zu werden, die sie erzählen. Durch Wiederholung verfestigen sich Geschichten zu Wirklichkeiten, und manch-

---

[455] Hanswille/Kissenbeck (2014): *Systemische Traumatherapie*, 157–158.
[456] HANTKE/GÖRGES (2012): *Handbuch Traumakompetenz*, 124.
[457] VAN DER KOLK (2018): *Verkörperter Schrecken*, 279.
[458] Zur „Re-Konstruktion des Welt- und Selbstkonzepts" durch „heilsames Erzählen" und „heilsame Erzählungen" als „Annahme-Erzählung" s. AUGST (2012): *Auf dem Weg*, 192–198.

mal halten sie die GeschichtenerzählerInnen innerhalb der Grenzen gefangen, die sie selbst erzeugen halfen".[459] Die neurobiologische Basis für alles das ist das in Kapitel 2.3 beschriebene *Stress-Informations-System-Modell* und die daraus folgenden Behandlungsprinzipien (Kapitel 2.4.1).

Erste kognitiv-sprachliche Elemente finden sich bereits in Form der von Sprache begleiteten, bewussten Gestaltung der Seelsorgebeziehung, bei der Psychoedukation und bei der Ressourcenanamnese und -aktivierung. In Sprache gefasste (biblische) Bilder helfen bei der Stabilisierung und inneren Beruhigung und Stressreduktion im Körper. Erste Erfahrungen mit der heilsamen Wirkung des Schreibens werden z.B. beim Verfassen des „Regentage-Briefs" oder des *Ressourcen-Tagebuchs* gesammelt.

Im *Lebens-Raum* nun rückt Sprache, sprachlicher Ausdruck und kreatives Gestalten und Erleben in vielfältigen Formen einer ganzheitlichen narrativ-biographischen Arbeit in den methodischen Fokus. Es geht um den Drei-Schritt von *Wahr-Nehmen – Nach-Denken – In-Worte-Fassen* im Sinne einer phänomenologisch-(re-)konstruktivistischen Erkenntnistheorie.[460] So entsteht in kleinen Schritten eine neue bewusste „Sicht auf die Welt", ein neues kohärentes biographisches Narrativ, in dem es klar voneinander abgegrenzt ein *Damals* und ein *Heute* gibt. Ich lerne in Worte zu fassen, was damals geschehen ist, was es bisher für mein derzeitiges Heute bedeutet hat und wie ich mir ein zukünftiges Heute schaffen kann. Bestenfalls verlasse ich die alten Grenzen meiner bisherigen und von der traumatischen Erfahrung geprägten Lebensnarrationen, indem ich den Erinnerungen an die Vergangenheit (das traumatische *Damals*) ihre immer noch gegenwärtige Macht nehme, weil ich sie chronologisch dort verorte, wo sie hingehören. Ebenso wie die im *Schutz-Raum* beschriebenen Übungen zur Stabilisierung, Distanzierung und (Re-)Orientierung im Hier-und-Jetzt, ja wie insgesamt die Ressourcenfokussierung in der traumasensiblen *Psycho-Sozialen Begleitung*, dient auch die narrative Arbeit dazu, die gestörte oder verloren gegangene „Fähigkeit, sich im Hier und Jetzt aufzuhalten" (wieder-)herzustellen.[461] Dabei kann man dem Erzählen von dieser Vergangenheit nach und nach seinen Schrecken nehmen, weil dem Gegenüber im Erzählen immer bewusster wird: „Es ist vorbei!" „Der Schwerpunkt der Zielsetzung liegt nicht darauf, ‚Was ist uns Schlimmes widerfahren', sondern ‚Wie sind wir mit dem Schlimmen bis jetzt fertig geworden und was kann uns helfen, damit in Zukunft noch besser fertig zu

---

[459] VON SCHLIPPE/SCHWEITZER (2016): *Lehrbuch I*, 151–152. So auch DAMASIO (2017): *Im Anfang war das Gefühl*, 15.

[460] KIRSCHT (2014): *Der Emmaus-Weg*, 94–97 und 183–194. „Erfahren und Wahrnehmen der Wirklichkeit" wird verstanden als „ein aktiver Re-Konstruktions- und Deutungsprozess". „Wahr-Nehmung" ist „eine aktive Kommunikation mit der Welt", die nicht-wertend die sich dem Wahr-Nehmenden darbietenden Erscheinungen (Phänomene) betrachtet und im Licht der eigenen Erfahrungen und im Horizont der eigenen bio-psycho-sozio-spirituellen Möglichkeiten deutet. Hierbei spielen die Teile des Gehirns eine wichtige Rolle, die für eine emotionale Bewertung und die Gedächtnisbildung zuständig sind, vor allem das limbische System (Zitate: ebd., 189).

[461] ZANOTTA (2018): *Wieder ganz werden*, 42.

6.2 Das Modell und seine praktische Umsetzung

werden?'", so formuliert Silke Gahleitner Zitate von Luise Reddemann aufnehmend den Sinn und Zweck *traumasensibler Biographiearbeit*.[462]

Für diese sprachlich-kognitiv gesteuerte Auseinandersetzung mit diesem *Damals* brauche ich all die in den beiden vorangehenden Kapiteln erarbeiteten äußeren und inneren *Beziehungs- und Schutz-Räume*. Nur so kann ich mich langsam mit meiner eigenen Biographie ganzheitlich auseinandersetzen, ohne wieder zurückzufallen in die lebensbedrohliche Gefühlswelt der traumatischen Vergangenheit. Eine direkte Auseinandersetzung mit Letzterer kommt ggf. erst später und ist u.U. nicht mehr Teil des Seelsorgeprozesses, sondern einer Traumafolgen-Therapie.

Da es um Seelsorge im Sinne „partiell integrativer Traumaarbeit" (Beckrath-Wilking et al.) geht, führen wir als Seelsorgerinnen und Seelsorger keine solche traumafolgentherapeutische Konfrontation oder Exposition durch, sondern wir begleiten dabei, alte Geschichten in ihrer Bedeutung zu relativieren und in den Lebensfluss einzuordnen und neue Geschichten zu „erfinden", uns eine neue Zukunft „zurechtzulegen".[463] Alte Geschichten vom Opfer-Sein und Opfer-Bleiben, die eine alte Wirklichkeit narrativ geschaffen und aufrechterhalten haben, werden verändert durch neue Geschichten vom Überlebt-Haben und vielleicht sogar von *Posttraumatic Growth* (Tedesci/Calhoun). Solche Geschichten können dabei helfen, eine neue Identität zu entwickeln, in der ich (wieder) aktiv Gestaltende/r meines Lebens bin. Traumasensible Seelsorge ist hier narrative Seelsorge, der es – ähnlich wie in einer „narrativen Beratung" – „um die Reflexion solcher Wirklichkeitsbeschreibungen" geht. Sie versucht, „alte und problemevozierende Geschichten [...] durch eine neue Geschichte zu verändern, indem diese neue Geschichte Denkanstöße vermittelt und dadurch neue Erzählungen in Gang bringt".[464] Hierfür können Seelsorgerinnen und Seelsorger auf einen reichen Schatz biblischer Geschichten zurückgreifen, in denen genau davon erzählt wird: von Aufbrüchen und Neuanfängen, von Zusammenbrüchen bisheriger Lebensentwürfe und von Gott geschenkter biographischer Auferweckungserfahrungen. Die in diesen Narrationen agierenden Menschen können zu Vorbildern, Mutmachern und positiven Identifikationsfiguren (Gast et al.) werden.[465] Im *Lebens-Raum* bedeutet vornehmlich auf der kognitiv-sprachlichen Ebene mit diesen Geschichten und den individuellen Biographien zu arbeiten, eine stärker kontrollierte Form ganzheitlichen Erlebens, ganz im Sinne des dualen Leitsatzes: Stabilisierung durch Konfrontation/Konfrontation durch Stabilisierung. Im *Leib-Raum* folgt dann das stärker emotionale und körperlich-leib-

---

[462] GAHLEITNER: *Biografiearbeit und Trauma*, in: MIETHE (2017): *Biografiearbeit*, 142–152, Zitat: 146.
[463] DAMASIO (2017): *Im Anfang war das Gefühl*, 15.
[464] BAMBERGER (2015): *Lösungsorientierte Beratung*, 132.
[465] BAMBERGER (2015): *Lösungsorientierte Beratung*, 132. Mit Wolf SCHMID (2005): *Elemente der Narratologie*, Narratologia 8, Walter de Gruyter: Berlin und New York, 13–14, verstehe ich Narration und Narrativität als das Darstellen von Zustandsveränderungen. Deshalb sind nicht nur Erzählungen im klassischen Sinne für die narrative Arbeit geeignet, sondern z.B. auch poetische Texte wie die Psalmen. Denn auch sie erzählen von Zustandsveränderungen, z.B. der Errettung des Betenden aus einer bedrohlichen Situation. Man kann Psalmen somit als poetische Erzähltexte verstehen.

haftige Eintauchen in die biblischen Geschichten und die eigene Biographie. Der obige Drei-Schritt wird dann erweitert durch ein *Nach-Fühlen* und ein *Nach-Spüren* (emotionale und körperliche Ebene) im *Leib-Raum* (s. Kapitel 6.2.3, b) mit z.T. einem anderen bzw. erweiterten Methodeninventar als bei der sprachlich-kognitiv kontrollierten Arbeit.

Im Folgenden entfalte ich die praktisch-methodische Arbeit im *Lebens-Raum* in drei Schritten.

1. *Biblische Narrationen*: die kreativ-narrative Arbeit mit biblischen Texten als grundlegender „Annahmeerzählungen" (Augst) von Gott berührter und dadurch geretteter Menschen
2. *Biographische Narrationen*: kreativ-narrative Arbeit mit der eigenen Biographie
3. *Trauma- und Heilungs-Narrationen*: narratives Einordnen der traumatischen Ereignisse in die Gesamtbiographie und deren Um- bzw. Neudeutungen

Bei dem zweiten und dritten Punkt wird die ggf. bereits im *Schutz-Raum* begonnene biographische Arbeit weitergeführt. Ich empfehle tatsächlich auch in der obigen Reihenfolge vorzugehen. Dahinter steckt die *innere Logik von Distanzierungstechniken* (Beobachter- und Bildschirmtechnik). Behutsam und ohne das Gegenüber zu überfordern, nähert man sich so langsam, quasi beobachtend oder wie auf einem Bildschirm wahrnehmend, und Schritt für Schritt erst über die biblischen Texte und stellvertretende Identifikationsprozesse der eigenen Biographie an. Das eigene Leben *wahr-zu-nehmen*, darüber *nach-zu-denken* und es *in-Worte-zu-fassen*, ist dann der zweite Schritt. Um dann in einem letzten Schritt die traumatischen Erlebnisse auf der biographischen Zeitlinie einzuordnen und im Licht des gesamten bisherigen Lebens neu zu deuten. So verhindert man eine Überforderung des Gegenübers oder eine Re-Traumatisierung. Man kann sehr genau steuern, wie nahe man sich gemeinsam mit dem Gegenüber den eigentlichen traumatischen Inhalten nähern möchte oder kann bzw. wie weit man auf Distanz bleiben will oder muss. An dieser Stelle kann traumasensible Seelsorge auch an eine Grenze stoßen, die bedeutet, an andere, psychotherapeutische Unterstützungsangebote weiterzuvermitteln. Wie im gesamten Seelsorgeprozess braucht es hierfür eine achtsame Wahrnehmung der eigenen professionellen (und persönlichen) Grenzen.

Hilfreich für eine ressourcenorientierte Biographiearbeit sind die systemisch-lösungsorientierten Fragen bzw. Fragetechniken als Ausdruck bestimmter Haltungen, von denen im vorangehenden Kapitel bereits eine Gruppe vorgestellt wurde. Ich beginne deshalb zunächst mit der Erweiterung des Fragenrepertoires aus Kapitel 6.2.2. Nach meinem Dafürhalten gibt es keine andere Theorie und Praxis von *Psycho-Sozialer Begleitung*, die den „Zauber der Sprache" (Bamberger) im Allgemeinen und die Kunst des Fragens so sehr in den Mittelpunkt gerückt und systematisiert hat, wie die auf konstruktivistischen sowie system- und kommunikationstheoretischen Modellen basierende Systemische Therapie und Beratung.[466]

---

[466] VON SCHLIPPE/SCHWEITZER (2016): *Lehrbuch I*, 31–171, beschreiben sehr anschaulich die geschichtlichen und theoretischen Entwicklungen der Systemischen Therapie und Beratung und erklären die wichtigsten theoretischen Modelle.

6.2 Das Modell und seine praktische Umsetzung

Wie in unterschiedlichen Kapiteln bereits dargestellt, bilden diese systemischen Denk- und Arbeitsweisen eine zentrale Grundlage meines Verständnisses von Seelsorge im Allgemeinen und traumasensibler Seelsorge im Besonderen. Für letztere existenziell wichtig sind dabei – wie bereits gesagt – die Haltungen der bedingungsfreien Wertschätzung (und des „Guten Grundes"), der Ressourcenfokussierung (und damit implizit auch der Lösungsorientierung) und der erweiterte Blick auf die Systembezüge. Methodisch ist es eine bestimmte Art und Weise des Fragens, in denen sich diese Grundhaltungen konkretisieren. Denn: „Zuhören und Fragen sind die Seele des Gesprächs"[467] und es geht um „Hinschauen [*und Fragen, Hinzufügung RK*] statt Deuten"[468], ganz im Sinne des oben genannten phänomenologisch-(re-)konstruktivistischen Dreischritts von *Wahr-Nehmen – Nach-Denken – In-Worte-Fassen*. Hier ist es insbesondere die „Lösungsfokussierte Kurztherapie" nach Steve de Shazer und Insoo Kim Berg, die einen ganzen Methodenkoffer voller Fragen entwickelt haben. Die vielleicht bekannteste und „Mutter aller Fragen" ist die sog. „Wunderfrage" (s. Kap. 7.2.4).[469] Daneben zählt Bamberger weitere 24 wichtigste lösungsorientierte Fragen auf[470] (s. u. den Exkurs und Kap. 7.2.3).

An dieser Stelle gehe ich noch auf eine klassische Basismethode des systemischen und lösungs- und ressourcenfokussierten Denkens und Fragens ein, nämlich das *Reframing*. Von Schlippe und Schweitzer bezeichnen das *Reframing* als eine der „wichtigsten systemischen Interventionen". Es handelt sich um „eine Neubewertung einzelner, bislang als negativ bewerteter, störender Verhaltensweisen, Erlebnisweisen oder größerer Interaktionsmuster (»Probleme«, »Störungen«, »Symptome«) vor dem Hintergrund eines systemischen Bezugsrahmens". Man verändert die Perspektive und den Rahmen eines bestimmten (dysfunktionalen) Erlebens und Verhaltens, indem man entweder nach dem (momentanen) positiven Sinn fragt („Inhaltsreframing"), deren Bedeutung verändert („Bedeutungsreframing") oder es in einen anderen, ggf. sinnvollen Kontext stellt („Kontextreframing").[471] Bamberger unterscheidet zwischen Verhaltens- und Motivationsdiversifizierendem sowie Situationsutilisierendem *Reframing*.[472] Das *Reframing* kann auch sehr hilfreich sein bei obigem Dreischritt: man kann nämlich versuchen, die Dinge auch einmal anders *wahr-zunehmen*, darüber einmal anders *nach-zudenken* und sie auch einmal anders *in-Worte-zufassen* (s. Kap. 7.2.4 und Anhang A.4). In der Psychoedukation geschieht ebenfalls ein *Reframing*, wenn das Gegenüber lernt, dass die von ihm bisher als unnormal oder verrückt erlebten Traumafolgensymptome ganz normale Reaktionen auf unnormale Situationen sind (s. Kapitel 6.2.2, b). Mit Blick auf die in

---

[467] BAMBERGER (2015): *Lösungsorientierte Beratung*, 75.
[468] DE SHAZER/DOLAN (2018): *Mehr als ein Wunder*, 151.
[469] Ausführlich beschrieben in: DE SHAZER/DOLAN (2018): *Mehr als ein Wunder*, 70–101.
[470] BAMBERGER (2015): *Lösungsorientierte Beratung*, 328–334.
[471] SCHWEITZER/VON SCHLIPPE (2006): *Lehrbuch I*, 312–317, Zitat: 312. In der kognitiven Verhaltenstherapie gibt es die sog. „kognitive Umstrukturierung", eine Arbeit an dysfunktionalen Gedanken und Überzeugungen (EINSLE, Franziska/HUMMEL, Katrin v. (2015): *Kognitive Umstrukturierung. Techniken der Verhaltenstherapie*, Beltz-Verlag: Weinheim-Basel).
[472] BAMBERGER (2015): *Lösungsorientierte Beratung*, 126–139.

Kapitel 2.3.3 und 2.4.1 beschriebenen neurobiologischen Prozesse der allgemeinen und traumatischen Gedächtnisbildung könnte man sagen, dass alle in den einzelnen *Wandlungs-Räumen* angewendeten Methoden auf ein *neuronales Reframing* explizit abzielen bzw. ein solches sich quasi implizit mitvollzieht.

Alle diese lösungs- und ressourcenfokussierten bzw. -orientierten Fragen und auch im Besonderen das *Reframing* können natürlich im gesamten Seelsorgeprozess und in allen *Wandlungs-Räumen* zur Anwendung kommen, auch als methodischer Ausdruck einer bestimmten inneren Haltung. Insofern empfehle ich allen Seelsorgerinnen und Seelsorgern, sich wenigstens mit dem Fragenrepertoire und der Technik des *Reframings* vertraut zu machen, bestenfalls mit dem Ansatz einer „Lösungsorientierten Beratung" und den fundamentalen Grundhaltungen insgesamt. Neben den Büchern von Steve de Shazer (und Insoo Kim Berg) empfehle ich das darauf basierende Modell von Günter G. Bamberger (s. den folgenden Exkurs).

Exkurs: Lösungsorientierte Beratung und Seelsorge

In seinem „Lehrbuch" bezeichnet Bamberger das grundlegende Wesen „lösungsorientierter Beratung" als: „[...] ein kooperativer kommunikativer Prozess, um psychische Lebensqualität zu erweitern".[473] Das ist ein Satz, den ich auch als Seelsorger voll und ganz unterschreiben kann. Man könnte es auch mit Joh 10,10 biblisch sagen: „Ich bin gekommen, damit sie das Leben haben, und es in Fülle haben." Geht es genau darum nicht zentral in der Bibel, die voll ist von Trost- und Ermutigungstexten? Insbesondere natürlich in den von mir in Kapitel 3 exemplarisch aufgeführten *biblischen Traumatexten*.

Sehr gut kompatibel mit einer (traumasensiblen) seelsorglichen Haltung sind die vier „Werkzeuge" des lösungsorientierten Beraters von Bamberger, verbunden mit den entsprechenden Intentionen[474]:

1. „*zuhören*, und zwar in Form einer achtsamen Zuwendung zum Klienten – mit der Intention »*Einlassung*«"
2. „*fragen*, und zwar unter einer ressourcenfokussierten Wahrnehmung des Klienten – mit der Intention »*Perspektivenerweiterung*«"
3. „*wertschätzen*, und zwar durch bewusste Fokussierung der identifizierten Kompetenzen und Ressourcen – mit der Intention »*Verstärkung*«"
4. „*ermutigen*, und zwar zur Nutzung dieser Kompetenzen und Ressourcen bei der Realisierung zieldienlicher Aktivitäten – mit der Intention »*Wachstum*«"

Aus seelsorglicher Sicht möchte ich ein fünftes „Werkzeug" ergänzen, das gerade für eine traumasensible Seelsorge unverzichtbar ist:

5. *aushalten und trösten*, und zwar mit einem bedingungsfreien Mitgefühl für das Gegenüber und seine/ihre leidvollen Erfahrungen – mit der Intention *bedingungsfreie Annahme*

---

[473] BAMBERGER (2015): *Lösungsorientierte Beratung*, 71.
[474] BAMBERGER (2015): *Lösungsorientierte Beratung*, 71–72, [Hervorhebungen RK].

6.2 Das Modell und seine praktische Umsetzung

Diese Werkzeuge sollen auf Seiten des Klienten (auch des seelsorglichen Gegenübers) die folgenden „komplementären Prozesse der Selbstorganisation" ermöglichen:
1. „*sich öffnen*, und zwar als Einlassung auf die Begegnung mit dem Berater und mit sich selbst – mit der Intention »*Selbsterkundung*«"
2. „*sich wahrnehmen*, und zwar als jemanden mit vielen Potenzialen – mit der Intention »*Selbstbilderweiterung*«"
3. „*sich mit sich selbst befreunden*, und zwar voller Stolz auf dieses erweiterte Selbstbild – mit der Intention »*Selbstwertstärkung*«"
4. „*sich motivieren*, und zwar als Energetisierung für ein zieldienliches Tun – mit der Intention »*Selbstermutigung*«"

Aus traumasensibler seelsorglicher Sicht möchte ich komplementär zu dem obigen fünften Werkzeug ergänzen:
5. *sich bedingungsfrei angenommen fühlen*, und zwar als eine Erfahrung des Begleitet-Werdens mit einem bedingungsfreien Mitgefühl für das Gegenüber und seine/ihre leidvollen Erfahrungen – mit der Intention *Selbstannahme*

Zu diesen auch für die Seelsorge im Allgemeinen und die traumasensible Seelsorge im Besonderen sehr gut geeigneten fünf „Werkzeugen" kann man noch die fünf „Lösungsschlüssel" von Bamberger hinzunehmen, mit denen man sich auf die Suche nach „Unterschieden" (ein wichtiger systemtheoretischer Begriff[475]) machen kann. In diesen Unterschieden liegen die Ressourcen und Lösungen verborgen bzw. treten darin mehr oder weniger offen zutage. Mit den fünf „Lösungsschlüsseln" fasst Bamberger die Fülle an konkreten ressourcen- und lösungsorientierten Fragen (s.o. und Kap. 7.2.3 und 4) unter die folgenden fünf Kategorien:
1. „Lösungstendenzen: Was hat sich seit der Anmeldung zur Beratung und dem heutigen ersten Gespräch vielleicht schon positiv verändert?"
2. „Ausnahmen: Gibt es auch Zeiten, in denen das Problem weniger stark oder überhaupt nicht auftritt?"
3. „Hypothetische Lösungen: Was wäre im Verhalten des Klienten anders, wenn das Problem wie durch ein Wunder plötzlich gelöst wäre?"
4. „Reframing: Gibt es auch irgendwelche positiven Aspekte dadurch, dass dieses Problem (noch) existiert?"
5. „Universallösung: Gibt es etwas, irgendetwas, das der Klient in seinem Verhalten [*BASK-Modell, Hinzufügung RK*] ändern könnte?"[476]

Versteht man die oben genannten Werkzeuge des Beraters, der Beraterin und die komplementären Prozesse auf Seiten des Klienten sowie die fünf „Lösungsschlüssel" in einem nicht-mechanistischen und nicht-technischen Sinne als *Haltungen*, dann können sie auch für Seelsorgerinnen und Seelsorger eine gute Richtschnur für ihr Denken und Handeln sein. Der Glaube an die wundersame Macht der inneren Ressourcen, die ausnahmslos jeder Mensch in sich trägt, und die Fokussierung darauf, verstehe ich als einen modernen Ausdruck jener Haltung Jesu, wenn er in

---

[475] BERGHAUS (2011): *Luhmann leicht gemacht*, 38–60.
[476] BAMBERGER (2015): *Lösungsorientierte Beratung*, 100–103, Zitat: 103.

vielen der Heilungserzählungen zu dem Gegenüber sagt: „Dein Glaube hat Dir geholfen!" Will sagen: Deine inneren Ressourcen, dein innerer Reichtum, deine inneren Schätze in Kombination mit einem mitfühlenden, wertschätzenden und an dich glaubenden spirituellen Wegbegleiter - all das kann dir helfen, um selbst aus tiefem traumatisch bedingtem, todesähnlichem Leid wieder aufzuerstehen ins Leben. Das lehrt uns das Schicksal Jesu, das lehrt uns die Erzählung der Emmaus-Jünger, davon singen die Psalmen.

Damit komme ich zum ersten Punkt der oben genannten drei Schritte, der *kreativ-narrativen Arbeit mit biblischen Texten*. Gemäß dem Prinzip einer behutsamen, schrittweisen Annäherung an eine Auseinandersetzung mit traumatischen Inhalten arbeiten Seelsorger/innen mit und an biblischen Texten. Für diese Arbeit eignen sich natürlich in besonderer Weise traumanahe Texte, wie die von mir in Kapitel 3 beschriebenen Beispiele für *biblische Traumatexte*. Ich persönlich arbeite sehr gerne mit bestimmten Psalmen (bes. Psalm 23), der Emmaus-Erzählung (Lk 24,13-35) und den johanneischen Ostererzählungen (Joh 20,1.11-29). Ich stelle im Folgenden die einzelnen methodischen Herangehensweisen etwas ausführlicher dar, da alle diese Methoden auch bei Punkt 2. und 3. verwendet werden (können).

Ausgewählte *Psalmen* und auch die *Lukanischen Sehnsuchts-Lieder* aus der Kindheitsgeschichte des Lukas-Evangeliums (s. Kapitel 3.3.3, b - Exkurs) kann man als einen *Biblischen Sprachraum* (in Anlehnung an die Begrifflichkeit bei Bail, s. Kapitel 3.2.1) nutzen (s. Kap. 7.4.1, a). Über die Achtsamkeits- und Imaginationsübungen mit diesen Texten hinaus (*Schutz-Raum*) kann man sie als Modell dafür nehmen, einen persönlichen Psalm bzw. *Sehnsuchts-Lied* zu schreiben. Man aktualisiert die Bilder aus den Psalmen und den anderen vier Texten für sein eigenes Leben, füllt sie neu, findet neue Bilder, trägt eigene Erfahrungen, Hoffnungen, Sehnsüchte, Ängste etc. in den Text ein. Je nach Stabilität des Gegenübers kann man entweder einen Psalm bzw. Ausschnitte aus einem Psalm oder *Sehnsuchts-Lied* wählen, in denen die Schutz- und Ressourcenbilder dominieren (Psalm 23, 27, 84; falls man einen solchen Ressourcen-Psalm nicht schon im Rahmen des Schutz-Raums geschrieben hat). Oder man geht schon etwas näher an die Traumathematik heran und wählt einen Psalm, der sowohl Traumasymptomatik als auch den sicheren Ort thematisiert, wie z.B. Psalm 55. Den eigenen Psalm-/*Sehnsuchts-Lied*-Text kann man dann gut sichtbar bei sich in der Wohnung aufhängen, immer bei sich tragen, sich täglich laut vorlesen oder via Sprachaufnahme vorlesen lassen, besonders in belastenden Momenten oder Situationen.

Insbesondere mit rein erzählerischen Texten kann man auf verschiedene kreative Weisen arbeiten. Gute Methoden, um mit dem Text aus guter Distanz ins *Gespräch* zu kommen, sind einmal der „Bibliolog"[477] (s. Kap. 7.4.1, b), bei dem man sich eine Person oder nacheinander verschiedene Personen aus einer biblischen Erzählung auswählt und in deren Rolle schlüpft und aus deren Perspektive spricht. Dies kann man im Kontext des Seelsorgegesprächs tun, der Seelsorger kann dann

---

[477] Ausführlich zum Bibliolog s. POHL-PATALONG (2013): *Bibliolog*.

6.2 Das Modell und seine praktische Umsetzung

behutsam auf die Äußerungen des Gegenübers reagieren (im Sinne des „echoing" und „interviewing") oder in Form einer schriftlichen Identifizierung und Auseinandersetzung mit den einzelnen Personen. Zum anderen eignet sich gut der von mir entwickelte *Biblische Dyalog* (s. Kap. 7.4.1, c). Den Begriff „Dyalog" habe ich von Michael Lukas Moeller entlehnt. Er hat die Methode der „wesentlichen Zwiegespräche" entwickelt und später in Zusammenarbeit mit Célia Maria Fatia in „Dyalog" (= „Dialog der Dyade") umbenannt.[478] Den Titel seines ersten Buches „Die Wahrheit beginnt zu zweit" könnte man auch als Motto über den *Biblischen Dyalog* und auch über die gesamte traumasensible Arbeit mit biblischen Texten, ja über die traumasensible Seelsorge insgesamt setzen. Bei diesem monologischen Dialog wählt man aus einem Text eine Person aus, mit der man mündlich oder schriftlich in einen *Dyalog* treten will. Am Beispiel der Emmaus-Erzählung kann man in die Rolle des zweiten, namenlosen Jüngers schlüpfen und als solcher mit Kleopas in einen *Dyalog* treten (weitere mögliche Texte finden sich in Kapitel 3). Man kann auch zwischen zwei Rollen hin und her wechseln und den *Dyalog* aus zwei Perspektiven führen. Beide Varianten sind wiederum sowohl im Kontext des Seelsorgegesprächs als auch schriftlich zuhause möglich. Im ersten Fall kann die Seelsorgerin mehr oder weniger aktiv den *Dyalog* mitgestalten.

Eine weitere kreative Methode im traumasensiblen seelsorglichen Umgang mit biblischen Texten ist das *Biblische Drehbuch*. Diese Methode orientiert sich an der Bildschirmtechnik, bei der ein Klient sich eine belastende/traumatische Situation als Zuschauer wie einen Film auf der Leinwand/im Fernsehen anschaut, und der *Imagery Rescripting and Reprocessing Therapy* von Mervin R. Smucker und Constance V. Dancu, bei der traumatische Narrative aktiv verändert werden[479] (s. Kap. 7.4.1, d). Beim *Biblischen Drehbuch* kann man entweder zunächst ein schriftliches Drehbuch verfassen und das dann im Seelsorgegespräch auf verschiedene Weise inszenieren. Oder man gestaltet ein Drehbuch spontan mündlich im Gespräch mit dem Seelsorger. Beides kann im Modus des Erzählens bleiben oder man benutzt hierfür die Leinwand/den Fernseher. Es gibt drei Drehbuch-Varianten: 1. ich erzähle eine biblische Geschichte so nach oder formuliere sie so um oder neu, als wäre es meine eigene Geschichte, in der ich selbst mitspiele (z.B. meine persönliche Emmaus-Geschichte oder meine Rettung durch den Samariter); 2. ich erzähle eine biblische Geschichte mit positiven Akzenten weiter bzw. zu Ende (z.B. Tamars Geschichte endet nicht im Umherirren im Haus des Bruders, sondern die Täter werden benannt und verurteilt und sie macht eine Traumafolgen-Therapie und findet Heilung); 3. ich greife verändernd in einen Text ein, ich schreibe ihn um, sodass die Narration anders abläuft und positiv endet, nämlich im Sinne einer Bewältigungs- oder Heilungserfahrung (z.B. in Tamars Geschichte kommt es nicht zur Vergewaltigung, Tamar kann sich wehren und fliehen oder es eilt ihr jemand zu Hilfe; oder die Ge-

---

[478] MOELLER, Michael Lukas (2014): *Die Wahrheit beginnt zu zweit. Das Paar im Gespräch*, Rowohlt Verlag: 33. Auflage Hamburg. S. a. http://www.dyalog.de/index.php?id=3.

[479] SMUCKER/KÖSTER (2014): *Praxishandbuch IRRT*. Eine kurze Beschreibung der Methode findet sich bei SACK (2010): *Schonende Traumatherapie*, 147–151.

schichte von David und Jonathan endet nicht mit dem David traumatisierenden Tod seines über alles geliebten Freundes Jonathan, sondern es gibt ein Weiterleben als Freundespaar, 1. und 2. Buch Samuel, varia).

Insgesamt dient diese kreative, Texte mehr oder weniger stark modifizierende Methode dazu, aus einer guten Distanz heraus und ggf. mit Hilfe von stellvertretenden Figuren damit zu experimentieren, wie man emotional belastende Situationen entschärfen kann, wie es ist, belastende Erfahrungen mit Bewältigungserfahrungen zu konfrontieren (Pendeln) oder zu überschreiben (Dekonsolidieren von neuronalen Traumanetzwerken). Man nutzt hier wie bei den Imaginationsübungen aus Kapitel 6.2.2, b die neuronale Identität von Vorgestelltem und tatsächlich sich Ereignendem. Zugleich dient die stellvertretende Arbeit an den Texten der Vorbereitung des nächsten Schritts, nämlich der Auseinandersetzung mit der eigenen Biographie, die ich im Folgenden beschreibe.

In der narrativ-kreativen Arbeit mit der eigenen Biographie (Punkt 2.) sowie den traumatischen Anteilen darin (Punkt 3.) kann man zum einen auf der Ressourcenanamnese und Ressourcenaktivierung aus dem *Schutz-Raum* aufbauen und diese z. T. methodisch fortsetzen. Zum anderen kann man auf alle oben beschriebenen Methoden in der biblischen Textarbeit zurückgreifen. Eine Auseinandersetzung des Gegenübers mit seiner/ihrer eigenen Biographie setzt voraus, dass der Einzelne einerseits dies auch wirklich selbst möchte, andererseits er/sie äußerlich und innerlich so stabil ist und in der Lage, die traumabedingten Anteile des eigenen Erlebens und Verhaltens selbstbemächtigt zu regulieren. In manchen Seelsorgeprozessen ist Letzteres der dominierende und für das Gegenüber ausreichende Inhalt, um das eigene Leben besser, d.h. entlasteter und selbstbestimmter weiterführen zu können. Manch einer/eine möchte jedoch auf der Basis der Erfahrungen mit der eigenen Selbstwirksamkeit und Selbstbemächtigung in den beiden vorgehend beschriebenen *Wandlungs-Räumen* noch einen Schritt weitergehen und den eigenen Traumatisierungen sozusagen direkt ins Auge sehen. Die individuellen Voraussetzungen und der schützende Rahmen hierfür sind ausreichend in Kapitel 2.4, 2.5 und 6.2.2 beschrieben und müssen an dieser Stelle nicht wiederholt werden.

Mit den beiden *Diagrammen* zu Ressourcen (insbesondere auch spiritueller Ressourcen) und Belastungen und den beiden *einfachen Timelines* mit positiven und belastenden Lebensereignissen im Hintergrund kann man nun die Biographie-Arbeit mit einem zweifachen Fokus und entsprechend dazu passender Methoden aus der systemischen Beratung und Therapie fortführen. Zum einen kann man mit dem Gegenüber zusammen den Fokus generationsübergreifend auf die Herkunftsfamilie und die familiären Ressourcen legen. Methodisch verwendet man ein ressourcen- und „lösungsorientiertes Genogramm"[480] und das „Systembrett", eine „Variation der systemischen Skulpturarbeit"[481] (s. Kap. 7.4.2). Zum anderen kann man mit

---

[480] BODIRSKY (2017): *Lösungsorientierte Psychotraumatologie und Aufstellungen,* in: BOURQUIN/NAZARKIEWICZ (Hrsg.) (2017): *Trauma und Begegnung,* 139–151. Zum Genogramm allgemein: VON SCHLIPPE/SCHWEITZER (2016): *Lehrbuch I,* 228–230.

[481] VON SCHLIPPE/SCHWEITZER (2016): *Lehrbuch I,* 285.

6.2 Das Modell und seine praktische Umsetzung

dem Gegenüber zusammen den Fokus auf die individuelle biographische Lebenslinie und die darin zu findenden erlernten und erlebten, d.h. durch Erfahrungen erworbenen Ressourcen legen und hierfür methodisch die *Duale Timeline mit Dreh* durchführen (s. Kap. 7.3.4, b, Punkt c).[482] Selbstverständlich lassen sich die beiden unterschiedlichen biographischen Perspektiven auch sehr gut miteinander kombinieren, denn beide vereint der gemeinsame Oberfokus Ressourcen, Bewältigungsstrategien, Stärken etc. Über die Reihenfolge des Vorgehens in diesem Fall kann man sich gemeinsam mit dem Gegenüber verständigen.

Mit einem *Genogramm* kann ich auf graphisch anschauliche Weise Familiensysteme über mehrere Generationen hinweg darstellen. In der Regel beschränkt man sich auf drei Generationen, die auf eine bestimmte Weise symbolhaft zu Papier gebracht werden. Im Anschluss bewegt man sich fragend von bestimmten wichtigen äußeren Fakten hin zu den „weichen Informationen", z.B. zugeschriebene Eigenschaften, emotionale Beziehungsmuster etc.[483] Bei einem *ressourcen- und lösungsorientierten Genogramm* kommt hinzu: „Ein lösungsorientiertes Genogramm besteht aus einer Erweiterung durch lösungsorientierte Fragen, mit denen die emotionalen Verbindungen ausgemacht und festgehalten werden, und der Ermittlung eines »Familien-Slogans«. Damit soll erreicht werden, dass nicht nur die problematischen Seiten einer Familie, sondern auch deren Ressourcen gesehen werden können."[484]

Das *Systembrett* oder spezifiziert das *Familienbrett* aus der Skulpturarbeit ist im Grunde ein dreidimensionales *Genogramm*. Hier werden die einzelnen System- bzw. Familienmitglieder mit Hilfe von stellvertretenden Figuren oder Klötzchen vom Gegenüber aufgestellt und so zueinander platziert, wie der/die Aufstellende meint oder auch erlebt hat, dass die einzelnen Personen zueinander in Beziehung stehen bzw. gestanden haben. Über die Visualisierung im Raum lassen sich Beziehungskonstellationen stärker erleben und erspüren als bei einem zweidimensionalen Genogramm auf Papier, ganz im Sinne der Beobachter- und Bildschirmtechnik. Bei beiden Methoden lassen sich daher auch sehr gut über die kognitiv-sprachliche Ebene Distanz und Nähe im emotionalen und somato-sensorischen Erleben beim Gegenüber regulieren. Hier kann sowohl die Seelsorgerin als auch das Gegenüber selbst dieses Regulieren steuern. Wiederum können im *Leib-Raum* diese beiden Methoden in Form der *Skulptur- und Aufstellungsarbeit* emotional und somato-sensorisch vertieft und intensiviert werden (s. das folgende Kapitel).[485]

An dieser Stelle sei auf das in Kapitel 2.3.4 über die *transgenerationale Weitergabe von Traumatisierungen* verwiesen. Solche Traumata können bei der Biographiearbeit

---

[482] Der Begriff „Dreh" bezieht sich auf den deutschen Titel eines Buches von DE SHAZER (2019): *Der Dreh*.

[483] VON SCHLIPPE/SCHWEITZER (2016): *Lehrbuch I*, 228–229.

[484] BODIRSKY: *Lösungsorientierte Psychotraumatologie und Aufstellungen*, in: BOURQUIN/NAZARKIEWICZ (Hrsg.) (2017): *Trauma und Begegnung*, 144. Bei HANTKE/GÖRGES (2012): *Handbuch Traumakompetenz*, 476–486, findet sich sehr anschaulich beschrieben die Übung „Ressourcenfamilie", ebenfalls eine ressourcen- und lösungsorientierte Variante der Genogrammarbeit.

[485] Bei HANTKE/GÖRGES (2012): *Handbuch Traumakompetenz*, 487–500, findet sich wiederum eine sehr anschaulich beschriebene Variante, die Übung „Bonbonaufstellung".

zutage kommen. Hier geht es dann darum, die für eine Verarbeitung psychischer Traumatisierungen so essentielle Unterscheidung zwischen *Damals* und *Heute* in einem weiteren zeitlichen Rahmen vorzunehmen, also zurück bis zu den Generationen, die die ursprünglichen traumatischen und traumatisierenden Erfahrungen gemacht haben. Und von da aus sozusagen die Übertragungswege und -formen aufzudecken und deren Folgen zu bearbeiten. Rituale können hier helfen, sich von den traumatischen Erfahrungen der Eltern- und Großeltern-Generationen zu distanzieren und sich von der eigenen unbewussten Übernahme fremder Erfahrungen zu befreien, indem man sie denen zurückgibt, zu denen sie gehören. Dabei geht es vor allem um Versöhnung und Respekt vor dem Leid der Vorfahren, nicht um Schuldzuweisungen, und auch oft um Trauern.[486] Möglicherweise muss eine solche Bearbeitung wiederum in einem psychotherapeutischen Kontext erfolgen und Seelsorge kommt hier an ihre Grenzen. Nämlich dann, wenn es nicht gelingt, sich von den transgenerational weitergegebenen Traumatisierungen zu distanzieren oder sich zu befreien und die Belastung bleibt bzw. sich im Seelsorgeprozess noch verstärkt. Dann kann es angezeigt sein, dass das Gegenüber sich in eine traumafolgenspezifische Psychotherapie begibt, in der eine Traumakonfrontationsbehandlung durchgeführt wird. Wann immer Seelsorge an einen solchen Punkt im Begleitungsprozess kommt, ist zum einen ein ehrliches Eingeständnis der eigenen professionellen Grenzen des Seelsorgers/der Seelsorgerin unabdingbar, auch gegenüber dem begleiteten Menschen. Zum anderen rücken explizit Stabilisierung und Ressourcenarbeit zurück in den Fokus der seelsorglichen Begleitung. Eine solche achtsame Selbstbegrenzung gilt je mehr, je mehr man sich mit dem Gegenüber dessen eigentlichen traumatischen Erfahrungen nähert.

Die *Duale Timeline mit Dreh* (s. Kap. 7.3.4, b, Punkt c) stellt für mich das methodische Herzstück in der Arbeit mit der eigenen Biografie dar. „Dreh" bedeutet dabei ein *Reframing* (s.o.) vorzunehmen, indem der Seelsorger/die Seelsorgerin sowohl bei den als positiv als auch bei den als belastend erlebten und erinnerten biographischen Ereignissen gleichermaßen in einem zweiten Schritt nach dem fragt, was das Gegenüber aus den jeweiligen Ereignissen an Ressourcen, an Widerstandskräften, Fähigkeiten, Schätzen etc. mitgenommen hat für sein/ihr weiteres Leben. Auch hier geht es wieder um einen *Dualen Wahrnehmungsfokus* (s. Kapitel 2.4.1). Dabei helfen die ebenfalls weiter oben beschriebenen lösungs- und ressourcenfokussierten Fragen. In dem Dreischritt von *Wahr-Nehmen*, *Nach-Denken* und *In-Worte-Fassen* bezogen auf die eigene Biografie können auch die an den biblischen Texten gemachten Erfahrungen und angewandten Methoden hilfreich und unterstützend zum Einsatz kommen. Nicht zuletzt soll es ja auch darum gehen, bisherige Sichtweisen, Überzeugungen, Kognitionen, Narrative etc. auf und über das eigene Leben wertschätzend im *Dyalog* mit sich selbst und dem Seelsorger in Frage zu stellen und das *Drehbuch* des eigenen Lebens (re-)konstruktiv teilweise um- oder neuzuschrei-

---

[486] SALVADOR: *Die transgenerationale Weitergabe von Traumata*, in: BOURQUIN/NAZARKIEWICZ (Hrsg.) (2017): *Trauma und Begegnung*, 79–95. Salvador verwendet im Zusammenhang mit der „Trauerarbeit" den Begriff der „Vorfahrentrauer" (ebd., 88).

6.2 Das Modell und seine praktische Umsetzung

ben. Die äußeren harten Fakten können selbstverständlich nicht verändert werden, wohl aber deren Deutung und den Umgang damit. Konkret: Bin ich in meiner bisherigen Lebensgeschichte wirklich immer nur Opfer, oder bin ich Bewältiger, Überlebendse, Auferstehender, den genau die dabei erworbenen Ressourcen in folgenden Situationen stark und resilient gemacht haben und für Gegenwart und Zukunft machen können.

Da man diese Übung idealerweise in der Bewegung entlang eines die eigene Lebenslinie symbolisierenden Seils macht, mit Karteikarten, auf denen die einzelnen Ereignisse mit kurzen Stichworten niedergelegt werden, kann man diese Karten im buchstäblichen Sinne drehen und auf die Rückseite des jeweiligen Ereignisses die Ressource(n) etc. niederschreiben. Dieses langsame Entlanggehen an der eigenen Lebenslinie, das kurze Eintauchen in die vergangenen Ereignisse und Situationen (Antriggern und Labilisieren) und der jeweilige Dreh stellen eine sehr eindrückliche und auch innerlich bewegende Vorgehensweise dar, die kognitiv gesteuert auch die emotionalen und körperlichen Anteile des eigenen Erlebens aktiviert und berührt. Und zwar – das ist das Entscheidende – mit dem klaren Fokus auf das Ressourcenhafte, das Stärkende, das Bewältigungspotenzial, die Widerstandskraft. Oder mit Antonowsky gesprochen: die „Widerstandsressourcen" (s. Kapitel 2.4.1). Man schlägt damit zugleich eine Brücke zum *Leib-Raum* (Kapitel 6.2.3, b), in dem diese Art zu Arbeiten im Fokus steht. Ein weiterer wichtiger Effekt dieser Methode ist die Erfahrung und Selbstwahrnehmung, die durch die Konfrontation mit den belastenden Erfahrungen und Situationen im Leben ausgelösten emotionalen und körperlichen Zustände kontrollieren und steuern zu können. Das ist eine gute weitere Vorbereitung für den dritten Schritt, die mögliche Konfrontation mit den traumatischen Erfahrungen, zu dem ich jetzt komme.

In einer Traumafolgen-Therapie ist die direkte Konfrontation mit den traumatischen und traumatisierenden Ereignissen oft ein ganz wichtiger Schritt zur Heilung. Das zentrale Kriterium für eine erfolgreiche Traumafolgen-Therapie ist die Fähigkeit, (selbst-)kontrolliert mit den traumatischen Erinnerungen ganzheitlich umgehen zu können, ohne wieder automatisch in unkontrollierte Intrusionen und *Flashbacks* zu fallen, die zurückkatapultieren in das traumatische *Damals*. Wenn es einem traumatisierten Menschen gelingt, an das *Damals* denken zu können und dabei innerlich wie äußerlich stabil im *Heute* bleiben zu können, hat er/sie die Macht des Traumas gebrochen. „Aus unerträglichen und unkontrollierten Intrusionen und Flashbacks sollen erträgliche und kontrollierbare Erinnerungen werden"[487] (s. a. Kapitel 2.4.1). Da traumasensible Seelsorge keine Traumafolgen-Therapie ist und keine Traumakonfrontationen im Sinne einer Exposition in der Seelsorge durchgeführt werden und auch nicht durchgeführt werden dürfen, muss man als Seelsorgerin an dieser Stelle große Vorsicht walten lassen. Wenn es sich gezeigt hat, dass das Gegenüber durch die bisherige Biographie-Arbeit weiter stabilisiert und innerlich gestärkt wurde, kann man in einem letzten Schritt in die *Duale Timeline mit Dreh* noch die traumatischen Ereignisse eintragen und den *Dreh* und das *Reframing* voll-

---

[487] SACHSSE/SACK (2012): *Alles Trauma – oder was?*, Folien 26.

ziehen. Dabei muss darauf geachtet werden, wieviel Antriggern dieser Ereignisse man zulässt. Das hängt davon ab, wie gut das Gegenüber das eigene Erleben und Verhalten kontrollieren und sich selbst beruhigen und im Hier-und-Jetzt bleiben kann. Das ist eine Gratwanderung zwischen auf der einen Seite einem bloßen Benennen und schriftlichem Niederlegen der Ereignisse, um die biographische Zeitlinie zu vervollständigen, ohne erlebnismäßig in die Ereignisse selbst einzutauchen, und auf der anderen Seite einem kontrollierten Wiedererleben und erlebnismäßigem Einordnen der Ereignisse als etwas Vergangenem, bei dem es dem Gegenüber gelingt, das eigene Erleben und Verhalten bewusst steuern zu können. Bei beiden Polen geht es jedoch immer nur darum, zum einen die traumatischen Ereignisse als ein vergangenes Geschehen in einem klar zeitlich definierten *Damals* zu verorten, und zum anderen danach zu fragen: „Was hat geholfen, diese Erfahrungen zu überleben?"; „Was hat mich ggf. daran stark gemacht?"; „Was habe ich daraus für mein Leben gelernt?"; „Welche Ressourcen sind mir daraus erwachsen im Sinne von *Posttraumatic Growth*?" Im Zweifelsfall behandelt man die traumatischen Ereignisse wie in dem in Kapitel 2.4.1 beschriebenen *Bild von der Schwarzen Insel*. Man weiß darum, kann es sogar mit Abstand benennen, aber man hält sich kontrolliert davon fern, kann aber im Notfall etwas gegen unkontrollierte Intrusionen und *Flashbacks* tun. Das nämlich, was man sich in den bisherigen *Wandlungs-Räumen* erarbeitet hat. In jedem Seelsorgeprozess mit einem traumatisierten Menschen gilt es individuell zu entscheiden, wo die Grenze verläuft, die man miteinander nicht überschreiten will und auch darf bzw. wann der Zeitpunkt gekommen ist, an eine Traumafolgen-Therapie weiterzuvermitteln.

Der *Lebens-Raum* ist ja derjenige der *Wandlungs-Räume*, indem es ausführlich und dezidiert um das Erinnern geht, im Rahmen einer kognitiv-explizit gesteuerten Auseinandersetzung mit der eigenen Lebensgeschichte. Deshalb macht es Sinn, am Ende dieses Kapitels kurz über das Thema Trauer zu schreiben, das sicherlich im gesamten Seelsorgeprozess immer wieder eine Rolle spielt, aber gerade beim Erinnern in besonderer Weise zutage tritt. Schon Judith Herman verbindet „Erinnern und Trauern" eng miteinander. In Martin Sacks „Schonender Traumatherapie" ist „Trauerarbeit" ein wichtiges Moment, denn eine Auseinandersetzung mit den eigenen Traumatisierungen bedeutet auch, nicht gelebtes Leben, verunmöglichte Lebenschancen, traumageprägte „Entwicklungsbehinderungen" (Sack), kurz all das Fragmentarische (Luther) im eigenen Lebensverlauf zu betrauern. Nach Stahl „verdrängt" traumasensible Seelsorge „den wichtigen Prozess der Trauer nicht, sondern gibt ihm Raum und Formen".[488]

Trauer ist „eine normale, gesunde Reaktion auf einen Verlust",[489] bei dem nach und nach eben dieser Verlust anerkannt wird und damit bestenfalls in die eigene Biographie integriert werden kann, genauso wie traumatische Erfahrungen. Indem ich über diese traumabedingten Verluste an Lebensmöglichkeiten trauere, erkenne ich sie als einen realen Teil meines Lebens an, der – und das ist wiederum das Ent-

---

[488] STAHL (2019): *Traumasensible Seelsorge*, 334.
[489] BECKRATH-WILKING et al. (2013): *Traumafachberatung*, 245.

6.2 Das Modell und seine praktische Umsetzung

scheidende – zu einem *Damals* gehört. Was damals nicht möglich war, verunmöglicht wurde durch Traumata und deren oftmals über lange Zeiträume anhaltende Folgen, kann ich heute vielleicht hinter mir lassen und mich einer neuen Gegenwart und Zukunft zuwenden. Dabei können mir auch Glaube und Spiritualität helfen.

Eigens erwähnen möchte ich noch das „Spielraum-Modell" von Klaus Onnasch und Ursula Gast. Der heilsame Trauerprozess ereignet sich in einem „Spielraum", indem es „zu einem Wechselspiel von Vermeidung und Auseinandersetzung, von Spannung und Entspannung, von Verwirrung und Orientierung" kommt. Alte Phasenmodelle von Trauer werden hier abgelöst durch ein Pendel-Modell, ähnlich wie in der Traumafolgen-Therapie (s. Kapitel 2.4.1).[490] Insofern passt dieses „Spielraum-Modell" auch sehr gut zu dem hier vertretenen Ansatz einer *neurosequenziellen Seelsorge*.

> Beraterinnen wie Therapeuten [*und Seelsorgerinnen und Seelsorger, Hinzufügung RK*] sollten die Trauer der Klienten um das eigene Schicksal und das verpasste Stück Leben begleiten, ohne zu beschönigen. Trauer über die vermisste Liebe, Zuwendung, Geborgenheit, nicht gewährte Chancen und darüber, dass all die schlimmen Erfahrungen wirklich zum eigenen Leben gehörten und wie viele Einschränkungen und anhaltende Schädigung sie bewirkten, ist ein wesentlicher und notwendiger Teil der Genesung. Dazu gehört auch, nicht mehr zu verleugnen, wie sehr man von nahen Menschen verraten und verletzt wurde. Oft auch sich selbst zu vergeben, dass man als Kind nicht anders konnte, als sich an die Täter loyal zu binden und ‚mitzumachen'. Nur dann wird man sich jetzt und in Zukunft nicht mehr auf schädigende Beziehungen einlassen und wirklich unterscheiden dürfen, was guttut und was nicht. Auch weil man innerhalb der beratenden und therapeutischen [*und seelsorglichen, Hinzufügung RK*] Beziehungen Halt und Vertrauen in sich selbst aufbauen konnte [...][491]

Für diese Art von Trauern und Trauerbegleitung (ich spreche bewusst nicht von Trauer*arbeit*) verfügt (traumasensible) Seelsorge als ein Proprium über eine Vielzahl an Ritualen, mit denen das Trauern auf eine heilsame Weise unterstützt werden kann.[492] Am Ende von Kapitel 6.2.2, b werden bereits meditativ-kontemplative Rituale und liturgische Formen beschrieben, die sich auch für eine rituelle Unterstützung von Trauerprozessen eignen (s. a. die Ausführungen zu Eucharistie und Trauma in Kapitel 3.3.4). Auch die Arbeit mit biblischen Texten, wie sie im Rahmen des *Schutz-Raums* (Kapitel 6.2.2, b) und auch weiter oben in diesem Kapitel beschrieben wird, kann für das Trauern und die Trauerbegleitung hilfreich sein. Man kann z.B. einen *persönlichen Trauer-Psalm* nach dem Vorbild von Psalm 22 und ähnlichen „Klagelieder[n] des Einzelnen" schreiben, denen die besondere und typische Dynamik eines „Wechsel von der ausgedrückten Gottverlassenheit zur Rettungsge-

---

[490] ONNASCH/GAST (2019): *Trauern mit Leib und Seele*, 71–95, Zitat: 75. S.a. ONNASCH (2021): *Trauer und Freude*, 122–132.
[491] BECKRATH-WILKING et al. (2013): *Traumafachberatung*, 245.
[492] Zur Bedeutung von Ritualen in der traumasensiblen Seelsorge, s. STAHL (2019): *Traumasensible Seelsorge*, 326–331 und 334–338; viele praktische Beispiele finden sich in GAST et al. (2009): *Trauma und Trauer*, 154–220, bes. 197–220.

wissheit" innewohnt.[493] Oder man tritt in einen *Biblischen Dyalog* mit Kleopas aus der Emmaus-Erzählung (Lk 24,13-35) oder mit der weinenden Maria im Garten (Joh 20,11-18). Die Leserin/der Leser sind hier eingeladen, die Methoden entsprechend kreativ in der eigenen Seelsorgearbeit für die Trauerbegleitung traumatisierter Menschen zu modifizieren und mit eigenen biblischen Texten zu füllen. Im *Leib-Raum* finden sich weitere, noch stärker den Körper einbeziehende Formen von Ritualen und Übungen, wie z.B. die *Emmaus-Weg-Übung* und die *Emmaus-Liturgie mit Emmaus-Mahl*, die man auch mit einem Trauer-Schwerpunkt durchführen kann. Auch mit *Biblischen Skulpturen und Aufstellungen* insbes. der Emmaus-Erzählung kann man Trauerprozesse begleiten (s. Kapitel 6.2.3, b). Alle diese Rituale, Methoden und Übungen (die auch für die Trauerbegleitung geeignet sind) werden insgesamt bei den *Heilsamen Körper- und Bewegungsübungen* dargestellt. Ansonsten erfolgen entsprechende Hinweise zu einer Modifizierung mit Bezug zum Thema Trauer bei den anderen Methoden und Übungen.

b) Der Leib-Raum

Wie schon im *Lebens-Raum* erfordert die methodische Arbeit im *Leib-Raum*, in dem die Körperebene und das somato-sensorische Erleben und Verhalten und die in das Körpergedächtnis eingeschriebenen somatischen und emotionalen Erinnerungen dezidiert im Vordergrund stehen, eine hohe Sensibilität des Seelsorgers, der Seelsorgerin für die Belastungsgrenzen des Gegenübers. Mancher traumasensible Seelsorgeprozess bewegt sich erst gar nicht in den *Leib-Raum*, weil dieser Schritt für manch einen traumatisierten Menschen nur im Rahmen einer Traumafolgen-Therapie möglich ist. Man bleibt dann bei einer Einbeziehung des Körpers und der in diesem Kapitel beschriebenen Methoden im Rahmen der Stabilisierungs- und Ressourcenarbeit, bei spirituellen Ressourcen und Ritualen sowie ggf. der traumasensiblen Biographiearbeit. Zudem erfordert die Seelsorge-Arbeit insbesondere mit *Ressourcen-EMDR*, *Biblischer Skulptur- und Aufstellungsarbeit* und *Ego-States* von Seelsorgerinnen und Seelsorgern ein fortgeschrittenes Maß an theoretischem Wissen und praktischer Erfahrung in der Arbeit mit traumatisierten Menschen sowie unbedingt fachliche Schulungen zu diesen Methoden. Das sind sicherlich keine Methoden für den Anfang praktischer traumasensibler Seelsorge. Dies erfordert von Seelsorger/innen einen klaren und demütigen Blick für die eigenen Grenzen.

Methodisch geht es im *Leib-Raum* um die Arbeit mit heilsamen traumasensiblen Körper- und Bewegungsübungen sowie körperorientierten Ritualen, *Ressourcen-EMDR* (Bilaterales Gehen und Absorptionstechnik), *Biblischen Skulpturen und Aufstellungen*, Inneren Persönlichkeitsanteilen (*Ego-State-Arbeit*) sowie einer weiteren Variante der *Timeline*-Arbeit, den *Lösungs-Timelines mit Futur 1 und Futur 2*.

Bereits in den vorhergehenden Räumen spielt der Körper selbstverständlich eine Rolle, da sich traumatische Erfahrungen tief in den Körper einschreiben, und

---

[493] Zu den Psalmengattungen s. https://www.bibelwissenschaft.de/bibelkunde/themenkapitel-at/psalmengattungen/, aufgerufen am 11.01.2021.

6.2 Das Modell und seine praktische Umsetzung

es insbesondere die Traumafolgen auf der körperlichen Ebene sind, die von vielen traumatisierten Menschen als besonders belastend und schwer verstehbar und kontrollierbar empfunden werden. Und weil traumasensible Seelsorge wie alle *Psycho-Soziale Begleitung* eine ganzheitliche Begleitung darstellt, sozusagen *Mind-Body-Seelsorge*, bei der es natürlich je nach Thema Schwerpunkte auf einer der vier Ebenen des BASK-Modells geben kann. Insofern spielen von Anfang an Entlastungen auch für den Körper eine große Rolle. Im *Beziehungs-Raum* spielen auch körperliche Aspekte von Nähe und Distanz in der Seelsorgebeziehung und im konkreten Raum, in dem der Seelsorgeprozess stattfindet, eine wichtige Rolle. Im *Schutz-Raum* bilden Methoden zur Beruhigung, Stabilisierung und Selbstregulierung des traumabedingten körperlichen *Arousals* sowie der Herstellung eines Gefühls von Sicherheit im eigenen Körper einen Arbeitsschwerpunkt. Im *Lebens-Raum* schließlich gilt es, das somato-sensorische Erleben und Verhalten stets im Blick zu haben, insbesondere dann, wenn das Gegenüber sich mit seiner eigenen Biographie und ggf. auch den darin gemachten traumatischen Erfahrungen auseinandersetzt. Im *Leib-Raum* nun ist das somato-sensorische Erleben und Verhalten vielfach der dezidierte Ausgangspunkt für mögliche *Wandlungs-Prozesse*.

Bei den *heilsamen Körper- und Bewegungsübungen* kann man inzwischen auf eine sehr große Anzahl an methodischen Möglichkeiten zurückgreifen und sie z.T. sehr gut in die traumasensible Seelsorge integrieren. Insofern kann ich hier nur eine kleine Auswahl aus den Methoden vorstellen, die ich persönlich in meiner Seelsorge einsetze. Hier ist jede Seelsorgerin, jeder Seelsorger gefragt, eine für die eigene individuelle Arbeitsweise passende Auswahl zu treffen. Ich möchte Seelsorgerinnen und Seelsorger ausdrücklich ermutigen, den Kreis nicht zu eng zu ziehen und auch bisher eher Unbekanntes oder dem eigenen Denken und Handeln Fernstehendes wenigstens auszuprobieren. Vielleicht beginnt man zunächst mit einem Selbstversuch, bevor man eine Methode in einem Seelsorgeprozess anwendet. Man kann dabei manche inspirierende und die eigene Arbeit weitende Entdeckung machen. Von den bekannten „großen" Methoden seien an dieser Stelle nur die Folgenden im Kontext traumasensibler Arbeit häufig zu Findenden genannt und nicht näher beschrieben: (traumasensibles) Yoga und Theaterspiel[494], Chi Gong und Breema[495], T'ai Chi (wird sehr viel im englisch-sprachigen Raum in Kliniken angewendet)[496] und schließlich Übungen aus dem Somatic Experiencing von Peter Levine (außer dem „Pendeln", s. Kapitel 2.4.1 und 6.2.2, b)[497] sowie der Bioenergetik[498]. Pat Ogden et al. haben einen eigenen „sensumotorisch orientierte[n] psychotherapeutische[n]

---

[494] VAN DER KOLK (2018): *Verkörperter Schrecken*, 313–328 und 392–411.
[495] REDDEMANN (2016): *Imagination*, 111–122.
[496] S. z.B. https://khironclinics.com/blog/trauma-informed-tai-chi/ (aufgerufen am 16.01.2021).
[497] LEVINE (2013): *Sprache ohne Worte*, 152–171.
[498] BERCELLI (2018): *Körperübungen*.

Ansatz" zur Behandlung von Traumfolgen entwickelt.[499] Ein aktuelles Buch zum Thema „Tanztherapie" hat Susanne Bender 2020 vorgelegt.[500]

Mit den im *Schutz-Raum* (Kapitel 6.2.2, b) beschriebenen körperorientierten Übungen zu einer achtsamen Körperwahrnehmung im Rahmen von Stabilisierung und Ressourcenarbeit kann man sich auch näher an die traumatischen Erfahrungen heranbegeben. Man kann „somatoforme Intrusionen" (s. Kapitel 2.2) explorieren, die sich u.a. in körperlichen Schmerzen und/oder (Ver-)Spannungshaltungen zeigen. Anschließend kann man versuchen, sie über achtsame Körperwahrnehmung, Imaginationen oder mit Hilfe biblischer Texte, die Identifikationsmöglichkeiten bieten (s. die Texte in Kapitel 3.3.2, a), und der Arbeit mit Körperhaltungen aus den *Kleinformen Biblischer Skulptur- und Aufstellungsarbeit* zu verändern, umzuwandeln, sich von ihnen zu distanzieren oder sie aufzulösen (s. Kap. 7.5.3).

Am Ende der Ausführungen zum *Lebens-Raum* finden sich Gedanken und Methoden zum Thema Trauer und Trauerbegleitung in der traumasensiblen Seelsorge. Die *heilsamen körperorientierten Rituale* ergänzen diese methodisch und fokussieren dabei noch stärker auf den Einbezug des Körpers und Leibarbeit[501]. Es handelt sich dabei einmal in Anlehnung an die imaginativen Methoden von Reddemann und Huber um Energie- und Reinigungsrituale[502], die für die traumasensible Seelsorge christlich-spirituell gefüllt werden können. So entstehen dann Rituale mit Segnungshandlungen und ggf. unter Einbeziehung von gesegnetem Wasser („Weihwasser") sowie gesegneten (Duft-)Ölen und Weihrauch. Man kann sehr gut auch biblische Texte in diese Rituale einbeziehen, z.B. der schon vielfach erwähnte Psalm 23, der u.a. das wunderbare und passende körperorientierte Bild von der Salbung des Kopfes mit Öl enthält (zu allen diesen Ritualen s. Kap. 7.5.1), und auch die ebenso wirkmächtigen Bilder vom gedeckten Tisch und gefüllten Becher. Von hier aus lässt sich ein Bogen schlagen zur Emmaus-Erzählung (Lk 24,13–35), die sich aufgrund ihrer Vielschichtigkeit und auch den darin enthaltenen rituellen Elementen wiederum in besonderer Weise für *heilsame körperorientierte Rituale* eignet. In den Übungsanleitungen finden sich zwei exemplarische Übungen/Rituale mit der Emmaus-Erzählung: die *Emmaus-Weg-Übung* und die *Emmaus-Liturgie mit Emmaus-Mahl* (s. Kap. 7.5.1, b und c). Es sei an dieser Stelle auch noch einmal an die Ausführungen zum Thema „Eucharistie und Trauma" in Kapitel 3.3.4 erinnert. Und auch hier wieder der Hinweis an die Leserin/den Leser, sich von den Übungen für eigene kreative Schöpfungen (auch mit anderen biblischen Texten) inspirieren zu lassen. Das gilt

---

[499] OGDEN et al. (2009): *Trauma und Körper*, in Kapitel 9 finden sich viele praktische Übungen.

[500] BENDER (2020): *Grundlagen der Tanztherapie*. Speziell zum Thema Tanz und Trauma s. TRIPOLT (2011): *Der Tanz aus dem Trauma*.

[501] In der „Initiatischen Therapie" von Karlfried Graf Dürckheim findet sich der Begriff „Personale Arbeit am Leib", in seiner Nachfolge wird auch einfach nur von „Leibarbeit" gesprochen (https://www.duerckheim-ruette.de/18/info.php?DOC_INST=6, aufgerufen am 18.01.2021).

[502] REDDEMANN (2016): *PITT*, 153–155, und HUBER (2006): *Wege*, 118–120. Bei HANTKE/GÖRGES (2012): *Handbuch*, 361–369, findet sich die Übung „Eine Tarnkappe voll Kraft – Schutzmantel oder Schutzhülle".

6.2 Das Modell und seine praktische Umsetzung

auch für die Einbeziehung weiterer Formen *heilsamer körperorientierter Rituale* aus der eigenen Lebens- und Berufspraxis.

EMDR[503] (= *Eye Movement Desensitization and Reprocessing*) ist ein in den 80er Jahren des letzten Jahrhunderts von Francine Shapiro in den USA entwickeltes, hocheffektives „dynamisch-behaviorales Verfahren" zur Behandlung von Traumafolgeerkrankungen in der Psychotherapie. In Deutschland ist diese Methode auch schon seit Längerem sehr stark verbreitet und mittlerweile weitet sich das Einsatzspektrum auch immer weiter auf andere psychische Erkrankungen aus (z.B. Depressionen und Suchtmittelabhängigkeiten). Theoretischer Mittelpunkt und Wirkmodell im EMDR ist das sog. „Modell der adaptiven Informationsverarbeitung (AIP-Modell)". Vereinfacht ausgedrückt besagt dieses Modell, dass es sich bei „pathogenen Erinnerungen" um Erinnerungen handelt, die nicht auf den normalen Verarbeitungswegen und Verarbeitungsebenen im *Triune-Brain* positiv-funktional verarbeitet werden konnten. Es fand also keine „adaptive" (= sich anpassend) sondern eine „maladaptive" (= sich schlecht anpassend) Verarbeitung statt. Diese Erinnerungen konnten somit auch nicht positiv-funktional in die Gedächtnissysteme integriert werden. Sie bilden vielfach „die Grundlage vieler psychischer und psychosomatischer Störungen". „Frühere dysfunktional abgespeicherte Erfahrungen, die als Erinnerungen vorliegen, bestimmen das aktuelle Erleben und Verhalten, wenn sie durch Situationseinflüsse aktiviert werden."[504] „Pathogene Erinnerungen machen sich durch sensorische Intrusionen und kognitive Wahrnehmungsverzerrungen bemerkbar." Ähnliches besagt auch die auf dem Modell der „gestörten Informationsverarbeitung" (Sack) basierende zweite Komponente meines in Kapitel 2.3 dargestellten *Stress-Informations-System-Modells* psychischer Traumatisierungen.

Belastende, nicht verarbeitete Lebenserfahrungen und die fortdauernden physisch-psychisch negativ besetzten Erinnerungen daran, bilden somit zugleich eine Erklärung der Entstehung psychischer Erkrankungen, insbesondere der Traumafolge-Erkrankungen, wie den Ausgangspunkt von deren Behandlung. Dabei geht es darum, die quasi steckengebliebenen Verarbeitungsprozesse wieder in Gang zu bringen und zu einer Vollendung der Verarbeitungsprozesse zu führen. Dies geschieht mit Hilfe schneller (!) „bilateraler Stimulation" (rhythmisierter Wechsel von rechts nach links), z.B. über Augenbewegungen oder Klopfen („*Tappen*"). Dadurch wird die gemeinsame Aktivierung unterschiedlicher Gehirnebenen im *Triune Brain* stimuliert (Hofmann spricht von einem „lösungsorientierten Selbstheilungssystem" im Gehirn) im Dienst einer ganzheitlichen Verarbeitung der „pathogenen Erinnerungen" auf allen Ebenen des BASK-Modells „hin zu einer adaptiven Lösung". EMDR ist eine hochstrukturierte Methode, man spricht hier von „Protokollen" (z.B. das grundlegende achtphasige „Standardprotokoll"), in denen die einzelnen Abläufe chronologisch und inhaltlich genau festgelegt sind. Auch der Arbeit mit EMDR

---

[503] Die folgenden Ausführungen basieren auf HOFMANN (Hrsg.) (2014): *EMDR*, Zitate in der Reihenfolge: 30, varia 38–39, zur „bilateralen Stimulation": 86–87, zum Begriff „Protokoll": 100, zur Ressourcenarbeit mit EMDR: 65–70 und 109–112. Zur vertiefenden Lektüre: SHAPIRO (2013): *EMDR*.

[504] HENSEL (2018): *Spezielle Psychotraumatherapie*, 13.

liegt das Prinzip der gleichzeitigen Aktivierung der expliziten und impliziten Funktionsmodi zugrunde (s. Kapitel 1.3.3 und 1.3.4 sowie 2.4.1).

Neben diesem traumakonfrontativen Einsatz vom EMDR mit den schnellen bilateralen Stimulationen zur Bearbeitung von traumaassoziierten Netzwerken, kann man mit EMDR auch sehr gut an Ressourcen-Netzwerken und deren Verstärkung und somato-psychischen Verankerung arbeiten. Dies geschieht mit langsamen bilateralen Stimulationen. Beim Standardprotokoll kommen diese zum Ende hin nach dem Durcharbeiten/Reprozessieren der traumaassoziierten Netzwerke (Phase 4) in Phase 5 („Verankerung") zum Einsatz. Für die ressourcenfokussierte Arbeit mit EMDR gibt es ein ausführliches „Protokoll zur Ressourcenverankerung" und eine Kurzform davon, die „Absorptionstechnik".

Über den ressourcenfokussierten Einsatz von EMDR und das auch für die traumasensible Seelsorge zentrale Prinzip der gleichzeitigen Aktivierung der beiden Funktionsmodi lässt sich eine Brücke von EMDR als Psychotherapie-Modell zu dessen begrenzter Anwendung in der Seelsorge bauen. Im Grunde handelt es sich wieder um die generelle Begrenzung von Seelsorge auf „partiell integrative Traumaarbeit" ohne die Komponente der direkten traumakonfrontativen Arbeit. Im Folgenden geht es also um die Möglichkeiten von EMDR in der traumasensiblen Seelsorge im Rahmen von Stabilisierung und Ressourcenaktivierung.

Bereits an anderer Stelle finden sich Übungen, in denen EMDR-Elemente enthalten sind, ohne dass dies explizit benannt wurde, nämlich die oben beschriebenen langsamen bilateralen Stimulationen beim ressourcenfokussierten EMDR. Dabei geht es um zwei Zielrichtungen. Bei den körperorientierten Übungen zur Stabilisierung, wie z.B. den *Erdungsübungen* und der *Schmetterlings-Übung*, dienen die langsamen bilateralen Stimulationen zum einen der direkten körperlichen Beruhigung und Stressreduktion, zum anderen der Verstärkung und Verankerung von durch diese Übungen erreichten Zuständen körperlich-emotionaler Beruhigung und Stabilisierung. In beiden Fällen kommt es „[d]urch die abwechselnden Rechts- und Linksreize [...] zu einer Beruhigung der Hirnaktivität".[505] Diese Verstärkung und Verankerung positiver innerer Zustände durch EMDR – Croos-Müller spricht von einem „Festzurren" von „hilfreiche[n] Gedanken oder Verhaltensweisen im Gehirn"[506] – kann auch bei den Imaginationsübungen zum Einsatz kommen, indem man z.B. den gefundenen *Inneren Wohlfühlort* am Ende der Übung mit langsamen bilateralen Stimulationen verankert und verstärkt. Auch bei der *Pendel-Übung* nutzt man implizit den Rechts-Links-Wechsel von der einen entlastenden Seite auf die andere, belastende Seite und wieder zurück. Auch die gestalteten Ressourcen-Sammlungen (Symbolaufstellungen, Bilder, Collagen, Kärtchensammlungen etc.) kann man auf diese Weise verstärken und verankern. Bei den *Timelines* werden insbesondere am Ende der *Dualen Timeline mit Dreh* die gefundenen Ressourcen mit langsamen bilateralen Stimulationen verankert und verstärkt.

---

[505] CROOS-MÜLLER, Claudia (2015): *Kraft*, 51–52.
[506] CROOS-MÜLLER, Claudia (2015): *Kraft*, 52.

6.2 Das Modell und seine praktische Umsetzung

Neben diesen Übungen mit EMDR-Anteilen eignen sich zwei komplette EMDR-Übungen zum Einsatz in der (traumasensiblen) Seelsorge. Zum einen die auf Thom Hartmann zurückgehende *Walking-Your-Blues-Away-Übung* (s. Kap. 7.5.2, b). Die ursprüngliche Form dieser Übung besteht aus einem festen Ablauf mit fünf Phasen, bei dem rhythmisches bilaterales Gehen mit einem zuvor bestimmten Thema, für das man eine Lösung sucht, im Zentrum des Bearbeitungsprozesses (Reprozessieren) steht. Ich habe diese Übung auf zweierlei Weise weiterentwickelt: Zum einen variiere ich das Gehen, indem ich Nordic Walking mit Stöcken als Gehform zum Einsatz bringe. Dabei kann man mit dem Gehtempo spielen und die Stöcke verstärken die parallelen Überkreuzarmbewegungen beim rhythmisierten Gehen. Zum anderen verwende ich diese Übung nicht nur zum Bearbeiten von Problemstellungen und Belastungen, sondern auch um Ressourcen zu verankern und zu verstärken, z.B. neue positive Leitsätze für das eigene Leben, die man sich passend zum Bewegungsrhythmus laut oder stumm sagt.

Die *Absorptionstechnik* übernehme ich 1:1 von einer Arbeitsvorlage aus meiner Ausbildung beim EMDR-Institut Deutschland. Das Prinzip dieser Übung besteht darin, für eine vom Gegenüber formulierte Problemstellung, eine Belastungssituation, einen Veränderungswunsch o.ä. auf bestimmte Situationen aus der eigenen Biographie zurückzugreifen, in denen man über Ressourcen verfügte, die man heute für das aktuelle Problem sehr gut gebrauchen könnte. Zum konkreten Vorgehen s. Kap. 7.5.2, a.

Abschließend darf ich noch einmal an das im ersten Abschnitt zu diesem Kapitel Gesagte erinnern, dass die Arbeit mit den beiden zuletzt beschriebenen Methoden viel Erfahrung auf Seiten des Seelsorgers, der Seelsorgerin im Umgang mit traumatisierten Menschen voraussetzt. Nicht zuletzt, um zu erkennen, wann traumaassoziierte Netzwerke getriggert werden und die Gefahr eines *Flashbacks* oder einer Retraumatisierung besteht.

Die *Biblische Skulptur- und Aufstellungsarbeit* (s. Kap. 7.5.3) verbindet Bibliodrama und systemische Skulptur- und Aufstellungsarbeit miteinander. „Bibliodrama ist das inszenierte Abenteuer der Begegnung zwischen einer oder mehreren Personen mit einem biblischen Text", es geht also um ein kreativ-spielerisches *Textverstehen*, bei dem es auch zu Prozessen der Selbsterkenntnis kommen kann.[507] Dieses *Selbstverstehen* mittels identifikatorischer Prozesse durch Übernahme von in einem Text

---
[507] „Bei allen Lebensaspekten, die zur Sprache kommen, bleibt also die Glaubensbeziehung die Hauptsache. Dies ist nur möglich, wenn die biblische Erzählung stehenbleibt und bei aller menschlichen Erfahrung und Problematik nicht aus dem Blickfeld verschwindet", so ANDRIESSEN/DERKSEN (1989): *Lebendige Glaubensvermittlung*, 22. Auch gibt es keinen „Protagonisten", es handelt sich um ein „intensives Gruppengeschehen" und der „Raum wird [...] durch den Spielleiter eingeteilt" (ebd., 22, Anm. 1). „Während im Psychodrama in therapeutischer Absicht Situationen aus der Biografie nachgespielt werden, ist die Zielsetzung des Bibliodrama nicht die Therapie. Zwar ist es möglich, dass im Spiel Krisen neu durchlebt und gelöst werden und es daher als heilend erfahren wird, aber das persönliche Drama ist nicht der eigentliche Gegenstand des Bibliodramas [...] Statt zur Biographie führt das Bibliodra-

vorhandenen Rollenangeboten ist bei einer *Biblischen Aufstellung* hingegen Mittelpunkt, Sinn und Zweck. Deshalb kann es bei einer *Biblischen Aufstellung* passieren, dass der ursprüngliche Bibeltext z.T. einschneidende Veränderungen inhaltlicher Art oder im Erzählablauf durch das Spiel-/Aufstellungsgeschehen erfährt, oder die biblische Geschichte gegenüber den menschlichen Einzelgeschichten teilweise oder komplett in den Hintergrund tritt und persönliche Themen in den Vordergrund treten. Auch kann es passieren, dass sich das Aufstellungsgeschehen von einem Gruppengeschehen in ein Einzelgeschehen im Gruppenkontext verwandelt. Auch wird der Raum von den Teilnehmenden selbst eingeteilt und sie nehmen einen selbstgewählten Ausgangsplatz in diesem Raum ein. Der Beginn einer *Biblischen Aufstellung* bis zum eigentlichen Spielgeschehen, das mit der Raumeinteilung beginnt, folgt jedoch dem Vorgehen wie bei einem Bibliodrama (zum genauen Ablauf s. Kap. 7.5.3, c).

Bei der *Skulpturarbeit* (ursprünglich: „Familienskulptur") und den sog. „Systemischen Strukturaufstellungen" von Insa Sparrer und Matthias Varga von Kibéd kann man sehr gut Familien- und Beziehungskonstellationen und persönliche Themen (zunächst) aufstellen und so im Raum leibhaftig erfahrbar machen und ggf. diese ursprünglichen Skulpturen und Aufstellungen dann in Richtung Lösungen und Auflösungen verändern (im Sinne eines kreativen Such- und Ausprobierprozesses).[508] Bei der *Biblischen Skulpturarbeit*, die biblische Texte einbezieht (manchmal auch nicht) und die ebenfalls sowohl im Einzel- wie im Gruppensetting angewendet werden kann, arbeitet man stärker mit Körperhaltungen, einzelnen Aufstellungsbildern oder Körper-Raum-Bildern, weniger mit einem Spielgeschehen. Diese Haltungen und Bilder erfahren dann im Verlauf des Prozesses Veränderungen, in denen mögliche Lösungen oder Auflösungen für problematische und belastende Themen liegen können. Man könnte es auf die Formel bringen: Skulpturen sind statische Aufstellungen, und Aufstellungen sind dynamische Skulpturen.

Die *Biblischen Skulpturen und Aufstellungen* kann man ähnlich wie ihre systemischen Vorbilder entweder in einem Gruppenkontext oder als Einzelarbeit durchführen. Beim Gruppensetting unterscheide ich zwischen zwei Kleinformen (einmal mit Körperhaltungen, zum anderen mit Thema), die sowohl als Einzelarbeit in der Gruppe als auch als Gesamtgruppenarbeit gestaltet werden können sowie einer eher statischen und einer dynamischen Großform mit und ohne Thema. Bei der Einzelarbeit in der Gruppe dient die Gruppe als Ressource für Anregungen, Ideen, Inspirationen, Lösungsvorschläge etc. und quasi als Resonanzkörper. In der Einzelseelsorge gibt es zwei Varianten: die eine Variante sind *Kleinformen* mit Körperhaltungen zu einem bestimmten, vom Gegenüber gewählten Thema oder einem gewählten bzw. vorgegebenen Text; die zweite Variante ist ähnlich wie beim *Familien-/Systembrett* die Aufstellung mit Figuren, Klötzchen etc. zu einem Thema oder Text. Im Gegensatz zum *Familienbrett* jedoch erfolgt die Aufstellung im Raum und mit Be-

---

ma immer zurück zum Bibeltext [...]" (https://www.bibelwissenschaft.de/stichwort/15309/, aufgerufen am 11.01.2021).

[508] Ausführlich hierzu: SPARRER (2014): *Wunder, Lösung und System*.

6.2 Das Modell und seine praktische Umsetzung

wegung in diesem Raum. Die einzelnen konkreten Anleitungen hierzu finden sich in Kap. 7.5.3.

In Kapitel 3 ist an mehreren Stellen von „Unbestimmtheitsstellen" (Bail) und Leerstellen in einzelnen biblischen Texten die Rede, so z.B. bei der Tamar-Erzählung (Kapitel 3.2.1) und dem offenen Ende des Markusevangeliums (Kapitel 3.3.3, a). Und sowohl in der Emmaus-Erzählung (Lk 24,13–35) als auch in den johanneischen Ostererzählungen (Joh 20,1.11–29) weitet sich am Ende der jeweiligen Texte die Perspektive hin auf eine neue, vom Bann des Traumas und seiner Folgen befreite Zukunft. Solche Texte eignen sich in besonderer Weise für *Biblische Skulpturen und Aufstellungen*, weil diese Unbestimmtheiten, Leerstellen und Zukunftsperspektiven mit dem eigenen Leben und den eigenen Erfahrungen gefüllt werden können und die Einladung zu offenen Weiterentwicklungen bereits im Text angelegt ist. Und sie passen in ganz besonderer Weise zu dem von von Schlippe und Schweitzer mit Blick auf die „Strukturaufstellungen" von Sparrer und Varga von Kibéd formulierten Ziel dieser Methoden, das für alle meine Formen der *Biblischen Skulptur- und Aufstellungsarbeit* gelten kann: „Immer geht es um das Finden eines »guten Bildes«, das sich ergibt, indem die Rollenspieler (die »Teile«) an einen anderen Platz verschoben werden und zumindest eine deutliche Verbesserung im Vergleich zum alten Platz erleben, manchmal werden auch neue Teile gesucht (etwa eine weitere Ressource, die einem bislang noch gar nicht bewusst war). Die Beraterin sucht gemeinsam mit den Repräsentanten und der Ratsuchenden nach einer Form von Gleichgewicht",[509] man könnte auch sagen Konsistenz bzw. Kohärenz.

In der *Biblischen Skulptur- und Aufstellungsarbeit* realisiert sich in besonderer Weise das allen Wirkfaktoren *Psycho-Sozialer Begleitung* zugrunde liegende Grundprinzip von *Veränderung durch leibhaftige Erfahrungen* (s. Kapitel 1.3.3 und 1.3.4). Diese in der Einzelseelsorge mit *Biblischen Skulpturen und Aufstellungen* möglichen leibhaftigen Erfahrungen können in einem Gruppensetting in ihrer Wirkung nochmals intensiviert, verstärkt und vertieft werden – immer mit Blick auf die aktuelle Stabilität der Teilnehmenden und deren Belastungsgrenzen. Insofern ist es gut, dass man als Seelsorger bzw. Seelsorgerin aus einer Reihe symbolisierender Methoden mit einer Varianz an Abstraktion und Erlebnisaktivierungsgrad wählen kann: Von der „gedankliche[n] Aufstellung, ausgelöst durch zirkuläres Fragen", über Darstellungen auf Papier oder am Tisch mit Kärtchen, Symbolen, Figuren bis hin zu Skulpturen und Aufstellungen mit Personen.[510]

Gleich in welchem konkreten Setting dienen *Biblische Skulpturen und Aufstellungen* keinem spielerischen Selbstzweck, sondern auch hier geht es um leibhaftige *Wandlungs-Erfahrungen*: vom Opfer zum Überlebenden und Gestalter des eigenen Lebens; von belastenden traumatischen Erfahrungen, in deren Bewältigung große Kraft-Ressourcen liegen können; aus der Ohnmacht und inneren Lähmung heraus in die Selbstbemächtigung und eine neue Lebendigkeit; von fragmentierten und dissoziierten biographischen Erfahrungen, die in die Gesamtheit der eigenen Le-

---

[509] Von Schlippe/Schweitzer (2016): *Lehrbuch I*, 290.
[510] Sparrer (2014): *Wunder*, 111.

bensbiographie integriert werden; vom Be-Trauern zum Los-Lassen und Neu-Beginnen. Biblisch gesprochen geht es um leibhaftige Auferweckungs-/Auferstehungserfahrungen angestiftet durch im Äußeren wie Inneren bewegende und in Bewegung bringende biblische Texte. Worte vermögen hier nur unzulänglich zu beschreiben, was bei einer solchen *Biblischen Skulptur- und Aufstellungsarbeit* konkret geschehen kann, insofern sei dem Leser/der Leserin empfohlen, Selbsterfahrungen mit dieser Methode zu machen und sich dann in jedem Fall unter fachlicher Anleitung hierfür ausbilden zu lassen (s. den Hinweis am Anfang des Kapitels).

Die *Ego-State-Therapie* wurde von Helen und John Watkins auf der Basis psychodynamischer und hypnotherapeutischer Konzepte sowie Konzepten zur Dissoziation (insbes. von Pierre Janet) in den 70er/80er Jahren des letzten Jahrhunderts konzipiert.[511] Sie erfuhr in den letzten Jahrzehnten zahlreiche Weiterentwicklungen, insbesondere durch die Einbeziehung neuester neurobiologischer Forschungsergebnisse und Modelle (u.a. auch das *Triune-Brain*-Modell und die Polyvagaltheorie) sowie körperorientierter Ansätze. In der deutschsprachigen Traumafolgen-Therapie wurde das Modell u.a. von Luise Reddemann als wichtiger Bestandteil in ihre Arbeit integriert[512] und auch Jochen Peichl und dessen Publikationen sind hier zu nennen[513]. Neben Luise Reddemann sind für meine eigene therapeutische Arbeit vor allem noch zwei weitere Personen und deren Ansätze wichtig und prägend. Zum einen Woltemade Hartmann, in dessen Modell einer „Strategischen Ego-State-Therapie" sich verschiedene Elemente wiederfinden, die auch im vorliegenden Modell einer traumasensiblen Seelsorge von großer Bedeutung sind, nämlich: „Neurobiologie, systemische Prinzipien, Erikson'sche Techniken, Utilisationsprinzip, Körperorientiert, Lösung- und Ressourcenorientiert".[514] Zum anderen Kai Fritzsche, der 2013 ein wichtiges Praxisbuch zur *Ego-State-Therapie* vorgelegt und ganz aktuell (Anfang 2021) ein neues Buch zum Thema veröffentlich hat.[515]

Das *Ego-State-Modell* findet nicht nur in der Traumafolgen-Therapie Anwendung, sondern auch bei vielen anderen somato-psychischen Belastungen (z.B. Ängste, Depressionen, Schmerzsymptomatiken) und in der Traumapädagogik.[516] Aufgrund eigener sehr guter und immer wieder neu faszinierender Erfahrungen mit diesem Arbeitsansatz in Traumafolgen-Therapie und Traumapädagogik lag es nahe, dieses Konzept auch für die Seelsorge im Allgemeinen und die traumasensible Seelsorge im Besonderen zu nutzen. Da es sich um ein Therapie-Modell handelt, gilt auch es hier wieder, genau auf die Grenzen zwischen Psychotherapie und Seelsorge zu

---

[511] WATKINS, John G./WATKINS, Helen H. (2019): *Ego-States – Theorie und Therapie. Ein Handbuch*, Carl-Auer-Verlag: 4. Auflage Heidelberg.

[512] REDDEMANN (2011): *PITT*, 110–116 und 164–187

[513] Exemplarisch seien zwei neuere Publikationen genannt: PEICHL (2019): *Einführung*, und ders. (2012): *Hypno-analytische Teilearbeit*.

[514] HARTMANN (2017): *Einführung*, Zitat: Folie 27.

[515] FRITZSCHE (2014): *Praxis der Ego-State-Therapie*, und ders., (2021): *Ego-State-Therapie*.

[516] S. die entsprechenden Kapitel bei HANTKE/GÖRGES (2012), JEGODTKA/LUITJENS (2016) und BECKRATH-WILKING et al. (2013).

achten. Da es ein sehr stark erfahrungsorientiertes und somato-psychisches Erleben aktivierendes Arbeiten darstellt, habe ich es dem *Leib-Raum* zugeordnet. Wie bereits erwähnt, können einzelne Elemente aus dem Modell für bestimmte Ziele auch in anderen *Wandlungs-Räumen* zum Einsatz kommen, insbes. zur Ressourcenanamnese und -aktivierung und zur Biographiearbeit im *Schutz-Raum* und im *Lebens-Raum*. Im Folgenden stelle ich meine Form der Adaption des *Ego-State-Modells* für die Seelsorge vor.

Was sind *Ego-States*? Übersetzen könnte man diesen Begriff mit „Ich-Zuständen", „Ich-Anteilen" oder „Persönlichkeits-Anteilen". Es handelt sich also um ein Konzept, dem ein Persönlichkeitsmodell zugrunde liegt, das von einer Vielheit an Persönlichkeitsanteilen ausgeht. Das ist nichts unbedingt Neues und deckt sich auch mit der menschlichen Alltagserfahrung von inneren widerstreitenden Stimmen oder Motivationen (z.B. der „innere Schweinehund", den es zu überwinden gilt bei den guten Vorsätzen am Anfang eines neuen Jahres). Insofern kann man mit diesem Modell sehr gut an den Erfahrungen von Menschen anknüpfen. Ein weiterer wichtiger Hintergrund ist das biologisch verankerte Phänomen der Dissoziation, das von einer wohl jedem bekannten Alltagstrance (Abschalten bei hohem Lärmpegel an der Supermarktkasse oder Tagträumen) über dissoziative Abspaltungen bei Traumatisierungen bis hin zu einer Dissoziativen Identitätsstörung bei schwerst traumatisierten Menschen reichen kann.[517]

Die einzelnen *Ego-States* entstehen im Lauf einer Individualbiographie, manche werden als schon immer, d.h. von Geburt an, zur Persönlichkeit gehörend erlebt. Manche sind stärker im Bewusstsein verankert, manche weniger bis gar nicht. Sie haben somit selbst eine Art Biographie mit Namen, Alter und einer Funktion im Sinne von Bewältigungs- und Anpassungsreaktionen für bestimmte Problemlagen in den Entstehungszeiträumen. An dieser Stelle sei an das in Kapitel 2.2 zum biographischen Zeitpunkt einer traumatischen Erfahrung Gesagte erinnert und damit dem Entstehungszeitpunkt eines *Ego-States*. Dieser *Ego-State* bleibt auch in der Wiederaktualisierung oder Aktivierung auf dem BASK-Niveau des ursprünglichen Entwicklungsstands zur Zeit seiner Entstehung. Das bedeutet, dass jemand so denkt, empfindet, körperlich fühlt und sich verhält, als wäre er immer noch derjenige, der er/sie in dem entsprechenden Alter war. Wie weit man sich die einzelnen herausgearbeiteten *Ego-States* beim Gegenüber im Seelsorgeprozess quasi als eigene Personen vorstellen und mit ihnen arbeiten mag, entscheidet sich je nach den individuellen Vorstellungen sowohl des Seelsorgers, der Seelsorgerin wie auch des traumatisierten Gegenübers. Hier gilt es, sich sensibel und achtsam auf die Wünsche und Möglichkeiten des Gegenübers einzulassen. Auf jeden Fall eröffnen sich hier vielfältige, kreative methodische Möglichkeiten (s. Kapitel 7.5.4).

Die Entstehung von *Ego-States* „als Reaktion auf ein Trauma [...] als kreative Lösung, Traumata zu bewältigen", ist eine von drei möglichen Entstehungsweisen nach Beckrath-Wilking et al. In diesem Fall können *Ego-States* „das Trauma in sich aufbewahren und den Schmerz von anderen Persönlichkeitsanteilen fernhalten".

---

[517] HUBER (20007): *Trauma und die Folgen* 53–65.

Aber sie können auch als „negative Introjekte in selbstzerstörerischer Form auf [treten, Hinzufügung RK], etwa als eine innere Stimme, die Strafe androht oder zum Suizid auffordert". Die beiden anderen Weisen sind einmal „normale Anpassungs- und Differenzierungsvorgänge". Man kann das auch als unterschiedliche Rollen bezeichnen, mit denen wir in den verschiedenen Situationen und Umfeldern unseres Lebens agieren. Es handelt sich also um *Ego-States*, die z.T. gar nichts Dysfunktionales und Pathologisches haben. Und zum anderen die Entstehung eines *Ego-State* „durch Introjektion bedeutsamer Bezugspersonen", z.B. primäre Bindungspersonen wie Eltern. „Sie sorgen dafür, dass die Person so mit sich umgeht, wie einst die Bezugspersonen mit ihr umgegangen sind" – im Positiven wie im Negativen.[518]

Fritzsche zieht als Erklärungsmodell für die Entstehung von *Ego-States* das Modell der Konsistenzregulation von Grawe (s. Kapitel 2.3.2) heran, um zu veranschaulichen, dass *Ego-States* dazu dienen, „um eine innere Konsistenz herzustellen oder zu erhalten sowie um Grundbedürfnisse zu befriedigen". Er ordnet die einzelnen möglichen *Ego-States* drei Bereichen zu: „grundsätzlich ressourcenreiche Ego States/weitgehend konfliktfreie Ego-States/gesunde Anteile", „traumatisierte Ego-States/Ego-States, die das überwältigende traumatische Erleben »tragen«/erlebende Anteile" und „bewältigende/traumakompensatorische Ego-States/destruktiv wirkende Ego-States/Ego-States, die eine Bewältigungsstrategie entwickeln, die sich meist in Form von Psychopathologien zeigt".[519] *Ego-States* liegen jeweils neuronale Netzwerke zugrunde, was sicherlich eine wichtige Erklärung dafür ist, dass manche *Ego-States* als sehr stabil und manchmal auch veränderungsresistent erlebt werden.[520]

In der traumasensiblen Seelsorge mit dem *Ego-State*-Modell geht es um *Verstehen – Annehmen – Integrieren*, was wiederum nicht passiert, ist eine Traumakonfrontation oder ein Durcharbeiten, sie bleibt „partiell integrative Traumaarbeit" (Beckrath-Wilking et al.). „In der beratenden Arbeit ist allerdings zu beachten, mit Klienten nicht ‚zu tief' und zu traumanah in die innere Arbeit einzusteigen, sondern ‚weg vom Trauma' mehr zur Gegenwartsorientierung und die Ressourcen der Anteile zu betonen und auszubauen. Psychoedukation, Stabilisierung der Alltagsfunktionen und der Ego-States mit Versorgung der jüngeren Ichs im Jetzt sind die Domäne traumaberatender Arbeit"[521] und auch einer *Ego-State*-Arbeit in der traumasensiblen Seelsorge. Der Fokus liegt somit neben dem Ressourcenfokus auf der jeweiligen Funktion der einzelnen *Ego-States* im Sinne von Bewältigungsversuchen, die im *Damals* ihrer Entstehung durchaus sinnvoll und hilfreich waren, im *Heute*

---

[518] BECKRATH-WILKING et al. (2013): *Traumafachberatung*, 90–91. S.a. FRITZSCHE (2014): *Praxis*, 43–47. Bei den Introjekten stellt Fritzsche als Beispiel den „aufmunternden inneren Trainer" einem „kritisierenden inneren Vater" gegenüber (ebd., 47).

[519] FRITZSCHE (2021): *Ego-State-Therapie*, 77.

[520] „Ego-States sind komplexe neuronale Netzwerke, die Gefühle, Körperempfindungen, Kognitionen und Verhaltensweisen in einem bestimmten Zeitraum festhalten", so PEICHL (2007), zitiert nach Woltemade HARTMANN (2017): *Einführung in die Ego-State-Therapie*, Ausbildungs-Manual, nicht veröffentlicht.

[521] BECKRATH-WILKING et al. (2013): *Traumafachberatung*, 218.

6.2 Das Modell und seine praktische Umsetzung

allerdings dysfunktional und nicht mehr sehr hilfreich sein können. In ihrer Funktionalität für den Zeitabschnitt, in dem sie entstanden sind, können also Segen und Fluch liegen. Auch hier zeigt sich wieder der prinzipielle duale Blickwinkel und die biographische Einordnung wahrgenommener Phänomene.

Es gilt *ressourcenreiche Ego-States* für das Hier-und-Jetzt zu nutzen. Hier eignen sich für die traumasensible Seelsorge zum einen vor allem die Übungen zur „Inneren Stärke" inkl. der meist vorgeschalteten, damit kombinierten Übung zum „Inneren Wohlfühlort", die es in mehreren Varianten des Vorgehens und Stufen der somato-psychischen Erlebnisaktivierung gibt. Zum anderen kann man noch ergänzend mit „Inneren Helfern und Beobachtern" arbeiten.[522] Den *verletzten Ego-States* gilt es, Schutz und Geborgenheit zu geben. Hierfür eignen sich für die traumasensible Seelsorge Interventionen zur behutsamen Kontaktaufnahme und zum „Nachträglichen Nähren". Für beide Arbeitsfelder gibt es auch nichthypnotherapeutische Techniken, die von in dieser Arbeit nicht ausgebildeten Seelsorgerinnen und Seelsorgern verwendet werden können.[523]

Den heute *verletzenden, destruktiv wirkenden Ego-States* gilt es, mit Verständnis und Respekt für ihre einstmaligen Leistungen zu begegnen, ihnen wenn möglich schonend ihre heutige Dysfunktionalität vor Augen zu führen und sie zu einer Art „Umschulung" einzuladen, indem man mit ihnen neue Aufgaben sucht, um der Person heute hilfreich und bewältigend zur Seite zu stehen. Letzteres kann sich jedoch als sehr schwierig und die betreffenden *Ego-States* sich als einsichts- und veränderungsresistent erweisen, sodass auch hier wieder die Empfehlung für und Weitervermittlung an eine spezielle Traumafolgen-Therapie geboten sein können.[524]

Die konkreten Vorgehensweisen bei der *Ego-State-Arbeit* in der traumasensiblen Seelsorge werden exemplarisch in Kap. 7.5.4 beschrieben.

Im *Schutz-Raum* und im *Lebens-Raum* habe ich bereits zwei Varianten der Arbeit mit *Timelines* vorgestellt, die *einfache Timeline* und die *duale Timeline mit Dreh*. Die nun vorzustellende dritte Variante sind die beiden *Lösungs-Timelines mit Futur 1 und Futur 2*.[525] Der Fokus bei dieser dritten Variante liegt auf einer Kombination aus körperlicher Bewegung in Richtung Zukunft kombiniert mit einer Lösungs-Imagination oder auch Lösungs-Trance. Bei dieser stelle ich mir auf allen möglichen Sinneskanälen so konkret und anschaulich wie möglich bei Futur 1 die Lösung meines zuvor formulierten Problems als erreicht vor; bei Futur 2 blicke ich aus einer noch weiter in der Zukunft liegenden Perspektive zurück auf die erreichte Lösung bei Futur 1 und stelle mir vor, dass sowohl Problem als auch Lösung schon einen bestimmten

---

[522] FRITZSCHE (2014): *Praxis*, 221–243. Prinzipielles zur Kontaktaufnahme mit *Ego-States* findet sich ebd., 146–179.
[523] FRITZSCHE (2014): *Praxis*, 244–298.
[524] FRITZSCHE (2014): *Praxis*, 299–324.
[525] In THEURETZBACHER/NEMETSCHEK (2011): *Coaching*, 58–76 und 114–122, wird diese Variante der *Timelines* ausführlich in zwei getrennten Vorgehensweisen beschrieben. Ich persönlich verwende diese beiden *Timelines* in einer gemeinsamen *Lösungs-Timeline* und variiere nur mit dem Zukunftspunkt (Futur 1 und Futur 2).

Zeitraum hinter mir liegen. Richtet sich bei den beiden schon genannten, anderen Varianten der *Timelines* der Blick von der Gegenwart zurück in die Vergangenheit und meine darin gesammelten biographischen Ressourcen, so richtet sich der Blick bei den *Lösungs-Timelines* von der Gegenwart in die Zukunft. Damit soll ein kreativer Suchprozess nach möglichen Lösungen und dazu passenden Ressourcen initiiert und zusätzlich mit Hilfe ganzheitlicher Imaginationstechniken dafür motiviert werden. Alle Varianten der Timelines nutzen in besonderer Weise die in Kapitel 1.3.3 und 1.3.4 formulierten Prinzipien *leibhaftiger Erfahrbarkeit im expliziten und impliziten Funktionsmodus*. In Kap. 7.3.4, b, Punkt d ist das konkrete Vorgehen bei den *Lösungs-Timelines mit Futur 1 und Futur 2* beschrieben.

Eine sehr schöne Ergänzung der in die Zukunft gerichteten Arbeit mit diesen beiden *Lösungs-Timelines* sind zwei besondere *Imaginations-Übungen*, die mit zukunftsorientierten Vorstellungen arbeiten (zur Arbeit mit Imaginations-Übungen s. Kapitel 6.2.2, b), nämlich einmal der *Besuch in der Zukunft* und der *Besuch beim Hundertjährigen*. Man könnte diese beiden Übungen auch als *Ego-State-Arbeit* durchführen, sozusagen mit *ressourcenreichen Ego-States aus der Zukunft* (s. Kap. 7.3.2, b)

Am Ende dieses Kapitels und damit auch der vier Wandlungs-Räume, in denen es um die individuelle traumasensible Seelsorge mit den traumatisierten Menschen geht, möchte ich noch einmal an dessen Anfang zurückkehren und mit einem Zitat von Elisabeth Christa Markert aus dem Buch „Trauma und Trauer" von Ursula Gast et al. über die Emmaus-Erzählung, ein in meinem Seelsorgemodell ja zentraler biblischer Text, schließen:

> Das ist das Geschenk, das die Emmausgeschichte uns macht, dass wir uns begleitet fühlen können. Emmaus steht für einen Lebens- und Trauerweg, mit dem man niemals fertig ist. Er lädt ein, sich jeweils neu zu verorten, um sich so zu erkennen und Impulse zu empfangen, neu loszugehen und sich begleitet zu fühlen.
> Die Emmausgeschichte kann zum Spiegel werden, der zeigt, dass Wege, die Menschen gehen, ob schwer oder leicht, schon immer begleitet und eingewoben sind in ein großes Ganzes. Es sind Stationen unseres Lebensweges, auf dem Brüche heilen und Scherben sich zusammenfügen können. Verlorenes kann in anderer Form wieder gefunden werden, indem wir das Brot miteinander teilen und Trauerwege gemeinsam gehen.[526]

6.2.4 Der prophetische Auftrag traumasensibler Seelsorge: Der *Handlungs-Raum*

Im letzten der fünf *Wandlungs-Räume* (nicht chronologisch zu verstehen) weitet sich der Blick traumasensibler Seelsorge von der Arbeit mit dem einzelnen traumatisierten Menschen, sei es im Individualsetting, sei es im Gruppensetting, hinaus in den Raum der Gesellschaft und der Welt. Einer Gesellschaft und Welt, in der tagtäglich Menschen traumatisiert werden; in denen strukturelle Bedingungen herrschen, die Traumatisierungen zulassen, sie teilweise erst ermöglichen, ja sogar auf der

---

[526] GAST et al. (2009): *Trauma und Trauer*, 203.

6.2 Das Modell und seine praktische Umsetzung

Existenz von Traumatisierungen basieren, z.B. in Regimen, die zum eigenen Machterhalt mit systematischer Folter und Erniedrigung arbeiten. Hier kommt nun das in den Blick, was eine Besonderheit der jüdisch-christlichen religiösen Tradition und dem darin zu findenden Gottesbild ist: die prophetische, gesellschaftskritische und bestehende soziale Wirklichkeiten in Frage stellende Dimension. Kristina Augst stellt dieser weltlichen Wirklichkeit eine göttliche Gegenwirklichkeit entgegen, in der die bestehenden Machtverhältnisse auf dieser Erde auf den Kopf gestellt werden: „Gott wird durch seine/ihre Option für die Armen bzw. Marginalisierten gekennzeichnet. *Gott steht auf der Seite der Traumatisierten* [*Hervorhebung RK*]. Er/sie verortet sich in den weltlichen Gewaltstrukturen. Diese Selbstpositionierung geht so weit, dass sich Gott mit den Ohnmächtigen identifiziert. Eine Gewalttat gegen ein Kind oder ein wehrloses Volk ist ein Gewaltakt gegen Gott."[527]

Diese „Option für die Armen", das „Leitwort der Befreiungstheologie"[528], lässt sich vielerorts in biblischen Texten finden, insbesondere natürlich in den Prophetenbüchern und der Tradition der Propheten Israels (s. Kapitel 3.2.4).[529] Norbert Lohfink zeigt dies am Beispiel des Jesajabuches und schlägt eine Brücke von Jesaja 61,1–3 zu Jesus von Nazareth, der in seiner programmatischen *Antrittsrede* in der Synagoge von Nazareth (Lk 4,16–30) genau an diesem Text und dieser prophetischen Tradition explizit anknüpft.[530] Auch Jesus weiß sich von Gott gesandt, „den Armen eine gute Nachricht zu bringen" für all diejenigen, die unter Ungerechtigkeit, Unterdrückung, Gewalt und körperlicher wie seelischer Not und Krankheit leiden. „Kein Zweifel: Die Ansage des erneuten und endgültigen Eingreifens Gottes zugunsten seiner Armen, wie sie von der Exilszeit an vor allem im Jesajabuch festgehalten wurde, gehört als Einheit zusammen mit dem Auftreten Jesu. Dieses bringt ihre Erfüllung. Das Evangelium Jesu ist kein anderes als das des Deutero- und Trito-Jesaja: die frohe Nachricht für Jahwes Arme, daß Gott nun alles wendet."[531]

Und von hier muss man dann eine Brücke schlagen zu einer Seelsorge in der Nachfolge Jesu im Allgemeinen und zu traumasensibler Seelsorge im Besonderen. Sie steht im größeren Rahmen eines prophetischen Auftrags von Kirche, Ortsgemeinden und Seelsorgerinnen und Seelsorgern, nämlich dass sie an der Seite der „Armen" dieser Welt zu stehen und ihnen eine Stimme zu verleihen haben, und mehr noch, sie dabei zu unterstützen haben, ihre eigene Stimme (wieder)zufinden und selbst für ihr Recht eintreten zu können. Das hat auch mit der Rückgewinnung von Würde zu tun (s. Kapitel 6.2.2, a) und ist ein wichtiger Aspekt in der Aussage, dass traumatisierte Menschen dabei unterstützt werden sollen, sich vom Opfer zum Überlebenden zu wandeln (s. Kapitel 2.4.3, Grundregel 5).

---

[527] AUGST (2012): *Auf dem Weg*, 185.
[528] So Norbert Lohfink im Untertitel zu einer Publikation: https://publikationen.uni-tuebingen.de/xmlui/bitstream/handle/10900/105321/LohfinkN_445.148.pdf?sequence=1&isAllowed=y (aufgerufen am 22. 01. 2021).
[529] S. hierzu z.B. WOLFF (2010): *Anthropologie*, 272–288.
[530] LOHFINK (o. J.): *„Option für die Armen"*, 59–60.
[531] LOHFINK (o. J.): *„Option für die Armen"*, 60.

Wie in Kapitel 3.2.4 am Beispiel des ersten Gottesknechtsliedes (Jes 42,1–9) dargelegt wird, steht traumasensible Seelsorge somit in einem Spannungsfeld zwischen Individualsorge für den einzelnen traumatisierten Menschen auf der einen Seite und dem prophetischen Auftrag von Kritik an den bestehenden gesellschaftlichen Gewaltverhältnissen sowie einer Mitarbeit an deren Veränderung auf der anderen Seite. An dieser Stelle möchte ich noch einmal auf die von mir so genannten *Lukanischen Sehnsuchts-Lieder* hinweisen (s. Kapitel 3.3.3, b und 6.2.3, a). Es sind *Biblische Traumatexte*, in denen ebenfalls genau dieses Spannungsfeld in einer ebenso sprachlich-poetischen wie inhaltlich-eindeutigen Weise zum Ausdruck kommt. Und so können diese Texte nicht nur in der seelsorglichen Begleitung traumatisierter Menschen eine wichtige und heilsame Rolle spielen (s. Kapitel 6.2.3, a), sondern auch als programmatische Texte, die von einer umfassenden Sehnsucht nach einer radikalen Veränderung der bestehenden Unrechts- und Gewaltverhältnisse singen. In ihnen kommt das zum Ausdruck, was Augst als dritten „Leitgedanken" für eine „traumagerechte Theologie" so formuliert: „Gott ist im Heilungsprozess präsent – Gott als gegenwärtige, gerechtigkeitsschaffende Beziehungsmacht". Davon singen die *Lukanischen Sehnsuchts-Lieder*, das ist die zentrale Botschaft der Prophetinnen und Propheten Israels und das hat mit Jesus von Nazareth ein menschliches Antlitz bekommen. „Gottes Präsenz" in diesem Jesus ist „Voraussetzung", Zuspruch und Anspruch in der traumasensiblen Seelsorge.[532] Ihr entspricht auf Seiten der Seelsorgerin/des Seelsorgers die in Kapitel 6.2.2, a beschriebene *Seelsorgliche Präsenz*.

Augst benennt – Michael Klessmann – folgend „drei Aspekte" von „prophetischer Rede" im Kontext von Seelsorge:

> 1. Der Prophet deckt die Missstände der Gegenwart wie Ungerechtigkeit und Machtmissbrauch der Herrschenden auf.
> 2. Der dahinter liegende Appell fordert die Menschen auf, Gottes Bund zu entsprechen, indem sie sich an Recht, Barmherzigkeit und Gerechtigkeit orientieren.
> 3. Aus der Gegenüberstellung von jeweiliger Situation und Vision und Verheißung des Gottesreiches erwachsen Forderungen für die Veränderung der Gegenwart.[533]

Was heißt das konkret? Hier einige Ideen und Beispiele im Sinne von ersten Anregungen zum Weiterdenken.

1. Sensibilisierung und Schulung von allen in der Seelsorge Tätigen; eine spezielle Ausbildung in traumasensibler Seelsorge für ein eigenes Angebot einer *Traumasensiblen Seelsorge*, sei es auf Gemeindeebene, sei es regional oder überregional[534]; mein eigenes Curriculum findet sich in Anhang A.8.

---

[532] AUGST (2012): *Auf dem Weg*, 180–186, Zitat: 180.
[533] AUGST (2012): *Auf dem Weg*, 186.
[534] Zum Beispiel: https://www.pastoralpsychologie-freiburg.de/traumaseelsorge/. Fort- und Weiterbildungen des Autors zum Thema finden sich unter https://www.ksa-heidelberg.de, von hier kann man sich weiterklicken zu den beiden Formaten, Ein-Tages-Kurs (auch online) und eine 4-modulige Weiterbildung.

6.2 Das Modell und seine praktische Umsetzung

2. Schulung von Mitarbeitenden in kirchlichen Einrichtungen der Kinder- und Jugendhilfe, Beratungsstellen, Bildungshäusern, Akademien etc. und Einrichtungen für ältere Menschen.
3. Transparenter und an den Betroffenen orientierter Umgang mit (sexualisierter) Gewalt in den eigenen Reihen.
4. Gottesdienste zum Thema Trauma und Traumatisierung, einmal im Sinne von Aufklärung und Wissensvermittlung, zum anderen traumasensibel gestaltete besondere Gottesdienste und Eucharistiefeiern für traumatisierte Menschen, u.a. mit stabilisierend-beruhigenden Elemente, biblischen Texten zum Thema Trauma, Trauer, Trost, Hoffnung etc. und heilsamen Ritualen.
5. Öffentliche Veranstaltungen zu Trauma und Traumatisierung in Gemeinden sowie auf regionaler und überregionaler Ebene.
6. Präventions- und Beratungsarbeit in speziellen Beratungs- bzw. Anlaufstellen für die Opfer/Betroffenen von sexualisierter Gewalt,[535] für Opfer politischer Gewalt, geflüchtete Menschen etc.
7. Organisation bzw. Mitarbeit bei runden bzw. eckigen Tischen zum Thema Trauma und (sexualisierte) Gewalt.
8. Kirchliche Lobbyarbeit mit speziellem Traumafokus für alle die, die keine Stimme haben bzw. diese nicht zu Gehör bringen können, z.B. soziale benachteiligte Kinder- und Jugendliche, Flüchtlinge und ältere Menschen.

Abschließen möchte ich dieses Kapitel mit den Schlussworten von Kristina Augst aus dem letzten Kapitel in ihrem Buch „Auf dem Weg zu einer traumagerechten Theologie", in dem sie den Seelsorger/innen die Rolle des Zeuge-/Zeugin-Seins zuweist, gerade auch mit seinen/ihren eigenen Wunden im Sinne eines „»wounded healers«" und – in meiner Terminologie – auch mit seinen/ihren eigenen Wandlungsprozessen. Wie auch in meinem Modell wird bei Augst Seelsorge als ein *Möglichkeitsraum* verstanden.

> In diesem Möglichkeitsraum kann die traumatische Erfahrung de- und re-konstruiert werden, hier kann dem Trauma biographische Bedeutung verliehen und ihm sein Platz im individuellen Sinngefüge zugewiesen werden. Man kann es mit Bedeutung für den weiteren Lebensweg ausstatten oder es als sinnlos klassifizieren. Unrecht und Gewalt bekommen Gestalt, die sie sprachfähig und damit beklagbar macht. Das Leid wird durch die bezeugende SeelsorgerIn an-erkannt und vor Gottes Augen und Ohren gebracht. Gottes Handeln wird in dem Unheil von Trauma und daraus folgender Symptomatik gesucht und aufgespürt. Gottes Gerechtigkeit wird dem Unrecht gegenüber gestellt. Die traumatisierten Menschen können die Opfer-Identität überschreiten. Gottes radikale Präsenz und Transzendenz weitet den Raum. Gottes gnädige Annahme gilt

---

[535] Zum Beispiel für die römisch-katholische Kirche: https://www.ebfr.de/erzdioezese-freiburg/erzbischoefliches-ordinariat/hauptabteilung-6-grundsatzfragen-und-strategie/praevention/. Und für die evangelische Kirche in Deutschland z.B.: https://www.ekd.de/missbrauch-23975.htm und https://www.evangelische-jugend.de/praevention/praevention-sexualisierter-gewalt; auf landeskirchlicher Ebene z.B. https://www.ekiba.de/seelsorge-und-beratung/sexueller-missbrauch/.

den ‚Ungeheilten', dem, was nicht heil ist und nie heil werden wird. Und gerade darum ist Heil-Werden hoffnungsvolle Vision und erfahrbare Wirklichkeit.[536]

6.3 Die Person traumasensibler Seelsorgerinnen und Seelsorger: Selbstfürsorge und Schutz vor sekundärer Traumatisierung

6.3.1 Einleitung

In kaum einem Buch über die professionelle Begleitung traumatisierter Menschen fehlt wenigstens ein Kapitel zum Thema Selbstfürsorge, Schutz vor sekundärer Traumatisierung und Burn-Out-Prophylaxe (s. hierzu die entsprechenden Fachbücher im Literaturverzeichnis). Als ein sehr anschauliches Beispiel möchte ich die ganz praktischen Empfehlungen zur Psychohygiene von Luise Reddemann nennen (s. Anhang A. 6).[537] Es sei an die Einteilung in vier Trauma-Typen in Kapitel 2.2 erinnert, mit den Typ-III-Traumata, bei denen es um die Zeugenschaft von traumatischen Ereignissen geht. Das gilt für die unmittelbaren Zeugenschaft ebenso wie die vermittelte durch die Erzählung davon. Insofern sind auch traumasensible Seelsorgerinnen und Seelsorger in der Gefahr, einen „Burn-Out" oder eine „sekundäre Traumatisierung" zu erleiden, weil „die Konfrontation mit Unerträglichem durch Zuhören, Helfen oder Miterleben [...] extrem belastend wirken [kann], bis hin zur Entstehung oder zum Wiederaufflammen eigener Traumasymptome".[538] Es sei ebenfalls an die Forschungsarbeiten von Tania Singer et al. zur Unterscheidung von „Mitgefühl" und „Mitleid" bzw. „Empathie" erinnert. Beiden sozialen Emotionen liegen unterschiedliche neuronale Netzwerke zugrunde. Bei Mitgefühl werden neuronale Netzwerke aktiviert, die mit positiven Affekten, prosozialem Verhalten und Gefühlen von Zugehörigkeit, Liebe und positiven Emotionen einhergehen und die eigene Resilienz stärken. Bei Mitleid/Empathie werden neuronale Netzwerke aktiviert, die mit negativen Affekten und Schmerzempathie einhergehen und zu Burnout führen können (s. Kapitel 2.4.3, Grundregel 7).[539]

Meine eigenen Gedanken, Erfahrungen und Empfehlungen zum Thema Selbstfürsorge in der *Psycho-Sozialen Begleitung* traumatisierter Menschen und im Besonderen für traumasensible Seelsorgerinnen und Seelsorger fasse ich im Folgenden jeweils in vier prägnant formulierte Abschnitte, die alle mit „Selbstfürsorge ist ..." beginnen und bestimmte Schlüsselwörter enthalten. Als Fazit präsentiere ich in

---

[536] AUGST (2012): *Auf dem Weg*, 207–212, Zitat: 212.
[537] REDDEMANN (2011): *PITT*, 244–245.
[538] HANTKE/GÖRGES (2012): *Handbuch Traumakompetenz*, 171–173.
[539] KLIMECKI et. al. (2013): *Empathie versus Mitgefühl*, in: SINGER/BOLZ (Hrsg.): *Mitgefühl in Alltag und Forschung*, 282–295, 295: „Während empathische Resonanz zum Burnout führen kann, eignet sich das Mitgefühl offenbar als trainierbare Strategie, um die Prosozialität zu erhöhen und negative Erfahrungen durch Resilienzstärkung zu überwinden."

Kapitel 6.3.6 abschließend zwei Modelle: zum einen in Anlehnung an ein Modell von Hantke/Görges[540] das *Modell der Mitfühlenden Zeugin/des Mitfühlenden Zeugen* als Standortbestimmung für traumasensible Seelsorger/innen im professionellen Hilfesystem; zum anderen das BERN-Modell aus der *Mind-Body*-Medizin als praktische Anleitung für das Erlernen bzw. Einüben der im Folgenden beschriebenen Selbstfürsorge, insbesondere der *Acht Haltungs-Perlen für ein selbstfürsorgliches Leben*. Und als letztes benenne ich exemplarische Bibeltexte und verweise auf passende kreativ-narrative Methoden zum Thema Selbstfürsorge.

6.3.2 Selbstfürsorge ist ... eine Frage des Wissens

Eine fundierte Wissensaneignung, z.B. durch Schulungen und Ausbildungen zu Trauma, Traumatisierung, deren Folgen und Behandlung ist nicht nur eine essenzielle professionell-fachliche Anforderung an die traumasensiblen Seelsorger/innen[541], sondern auch ein wichtiger Baustein in der Selbstfürsorge. Das solchermaßen angeeignete theoretische und praktische Wissen helfen mir, das Erleben und Verhalten eines traumatisierten Gegenübers besser (oder auch überhaupt erst) verstehen und einschätzen zu können, um so auch angemessen darauf reagieren zu können. Dies gibt der eigenen Arbeit ein sicheres Fundament. Auch für traumasensible Seelsorger/innen gilt *Safety First* (s. Grundregel 1 in Kapitel 2.5). Ein weiteres unverzichtbares fachliches Element ist die regelmäßige Supervision und/oder kollegiale Intervision des eigenen professionellen Handelns.

6.3.3 Selbstfürsorge ist ... eine Frage der Übung(en)

Übung im Singular bedeutet, sich mit dem erworbenen psychotraumatologischen Wissen (s.o. Kapitel 6.3.2) in der praktischen traumasensiblen Seelsorgearbeit einzuüben, dabei Erfahrungen zu sammeln, sich einen eigenen Arbeitsstil anzueignen und bei alledem an Sicherheit (*Safety First!*) zu gewinnen. Einüben durch gelebte Praxis muss man auch die in Kapitel 6.3.5 genannten Haltungen.

Übungen im Plural bezieht sich ganz praktisch auf die in den vorangehenden Unterkapiteln von Kapitel 6 vorgestellten und in den Übungsanleitungen in Kapitel 7 beschriebenen Übungen für die Arbeit mit den traumatisierten Menschen. Alle diese Übungen sind auch für die Selbstanwendung der Seelsorger/innen sehr gut geeignet, sei es für sich alleine, sei es im Kontext einer Intervisions- oder Supervisionsgruppe (s. a. am Ende von Kapitel 6.3.6). Hantke/Görges formulieren es in Bezug auf die in ihrem Buch vorgestellten Übungen sogar so: „Grundsätzlich empfehlen wir Ihnen, keine Übungen mit Klienten zu machen, die Sie nicht an sich selbst aus-

---

[540] HANTKE/GÖRGES (2012): *Handbuch Traumakompetenz*, 137–143 und 164–170.
[541] STAHL (2019): *Traumasensible Seelsorge*, 273–277. In Anhang A.8 findet sich ein Ausbildungs-Curriculum „Traumasensible Seelsorge".

probiert und erfahren haben. Warum auch sollten wir nur unseren Klienten diese wunderbaren Übungen zugutekommen lassen?"[542]

6.3.4 Selbstfürsorge ist ... eine Frage der Selbstkenntnis

Sich selbst und seine eigene Biographie mit den lebensgeschichtlichen Belastungen und eigenen (ggf. traumatischen) Wunden so weit und so gut zu kennen und bearbeitet zu haben (ggf. mit externer Begleitung), dass damit in professionell-beruflichen Kontexten mit selbstreflektierter Distanz umgegangen werden kann, ist nicht nur eine zweite essenzielle professionell-fachliche Anforderung an traumasensible Seelsorgerinnen und Seelsorger[543] (s. Kapitel 6.3.2), sondern auch ein dritter wichtiger Baustein in der Selbstfürsorge. So weiß ich, was meine Wunden berührt, welches meine *Trigger* sind, welche meiner *Ego-States* ich im beruflichen Umgang mit traumatisierten Menschen besonders gut im Auge haben muss, sei es um sie zu schützen, sei es um ggf. das Gegenüber vor ihnen zu schützen, und welche *Ego-States* besonders hilfreich für meine Seelsorgearbeit mit traumatisierten Menschen sind. In Anknüpfung an Kapitel 6.3.3 kann man die eigene Biographie und das eigene Innen-Leben sehr gut mit den im *Lebens-Raum* (insbesondere Genogramm, Familienbrett und *Timeline*) und im *Leib-Raum* (insbesondere die *Biblischen Skulpturen und Aufstellungen* sowie die *Ego-State-Arbeit*) genannten Methoden und Übungen erkunden.

6.3.5 Selbstfürsorge ist ... eine Frage der Haltung(en)

Im Folgenden stelle ich meine *Muschel-Kette der 8 Haltungs-Perlen für ein selbstfürsorgliches Leben* mit jeweils kurzen Gedanken dazu vor. Inspiriert von Insa Sparrer und Günter Bamberger[544] formuliere ich das bewusst so, denn es handelt sich um so grundlegende Haltungen oder mit Esch gesprochen „Tugenden", dass sie sich auch ganz allgemein als Lebenshaltungen eignen. Beruf und Arbeit werden dann zu einem Teilaspekt meines Lebens, für den diese Haltungen im gleichen Maße gelten. So wird auch das eigene Leben zu etwas Ganzheitlichem, von der Grundhaltung der Spiritualität Getragenen, in dem alles mit allem – im besten Fall auf eine gute und salutogenetische Weise – zusammenhängt. Dies soll auch das Bild von der Muschel und den aus ihr geborenen Perlen sagen, die man sich aufgehängt auf einer Kette rund um diese Muschel herum vorstellen kann und die in einer logischen inneren Reihung aufeinander folgen und aufbauen. Am Ende schließt sich die Kette und alle

---

[542] HANTKE/GÖRGES (2012): *Handbuch Traumakompetenz*, 179.
[543] SCHADE (2019): *Dem Schrecklichen begegnen*, 130, und STAHL (2019): *Traumasensible Seelsorge*, 271–273.
[544] SPARRER (2014): *Wunder*, 430–445, schlägt eine „Lösungsorientierte Lebensführung" für alle Lebensbereiche vor. In eine ähnliche Richtung gehen die Überlegungen zu einer *lösungsorientierten SelfCare* von BAMBERGER (2015): *Lösungsorientierte Beratung*, 302–325.

6.3 Die Person traumasensibler Seelsorgerinnen und Seelsorger

acht Perlen zusammen ergeben ein wunderbares Schmuckstück, das einen durch das weitere Leben begleiten kann.

Copyright: Ralph Kirscht

Graphik I - Die Muschel-Kette der 8 Haltungs-Perlen

0. Die Grundhaltung: Spiritualität, Religiosität und Glaube

Spiritualität ist für mich deshalb die Grundhaltung, weil sich in ihr ein existenzielles Grundverständnis vom *Mensch-Sein* (Anthropologie) und *In-der-Welt-Sein* (ethische Haltung) ausdrückt. *Mensch-Sein* wird verstanden als ein Eingebunden-Sein in einen größeren, meine eigene Person übersteigenden oder umfassenden Sinnzusammenhang. Dieses spirituelle Grundverständnis vom Mensch-Sein kann sich in den unterschiedlichsten Formen zeigen, u.a. als eine humanistische Spiritualität, als eine religiöse Spiritualität (z.B. Buddhismus) oder als der spirituelle Glaube an den christlichen Gott, der in sich Beziehung ist (Trinität) und aus sich heraus in Beziehung zu den Menschen tritt als Vater/Mutter, Sohn (Jesus Christus) und lebendig machender und beseelender Geist. Dieses spirituelle Grundverständnis vom Mensch-Sein bedeutet für das *In-der-Welt-Sein*, dass man eine ethische begründete Haltung zur Welt (Lebensraum Erde, Schöpfung) und den anderen Menschen sowie allen anderen Lebewesen einnimmt, mit Albert Schweitzer auf den Punkt gebracht: die bedingungsfreie „Ehrfurcht vor dem Leben".[545] Hinzu kommt, dass man zur Sinnhaftigkeit

---

[545] ALBERT SCHWEITZER: „Der denkend gewordene Mensch erlebt die Nötigung, allem Willen zum Leben die gleiche Ehrfurcht vor dem Leben entgegen zu bringen wie dem seinen. Er erlebt das andere Leben in dem seinen. Als gut gilt ihm, Leben erhalten, Leben fördern, entwickelbares Leben auf seinen höchsten Wert bringen. Als böse: Leben vernichten, Leben schädigen, entwickelbares Leben niederhalten. Dies ist das denknotwendige, universelle,

dieser Welt seinen ganz persönlichen Beitrag leisten möchte und mit seinem Leben leistet. Hier treffen sich humanistische und religiöse Spiritualität. Letztere hat als Besonderheit in ihrer christlichen Variante noch eine Art Urvertrauen darin, von einer höheren Macht begleitet zu werden, die sich in ihren drei Gesichtern zeigen kann. Man könnte von einer Art *göttlicher Psycho-Sozialer Lebensbegleitung* sprechen.

1. Perle: Achtsamkeit
„Achtsamkeit ist das ruhige und gelassene Wahrnehmen von allem, was um und in uns auftaucht. Das können auch beunruhigende oder schmerzhafte Gefühle und Gedanken sein. Achtsamkeit erlaubt uns, sie ohne Scheu zu betrachten. Sich dabei von inneren Bewertungen frei zu machen, kann helfen, Blockaden zu überwinden, Stress abzubauen und besser mit Ängsten und Schmerzen umzugehen. Dazu braucht es allerdings Übung."[546]
Achtsamkeit oder der schöne englische Begriff „*Mindfulness*" basiert neurobiologisch auf der menschlichen Resonanzfähigkeit mittels des *spiegelneuronalen Resonanzsystems* und den cortikalen Steuerungsfunktionen der mittleren Präfrontalregion als dem „Zentrum des Selbstgewahrseins", der *Interozeption* (van der Kolk, s. Kapitel 2.3.3). Achtsamkeit als eine bewusst gesteuerte Form der nicht-wertenden Aufmerksamkeit hilft zum einen „die autoregulativen Schaltkreise für die Emotions- und Affektkontrolle bzw. -steuerung auf[zu]bauen und [zu] stärken".[547] Das hat natürlich ebenfalls positiv-beruhigende Auswirkungen auf das Körpergefühl im Sinne einer auch physiologischen Stressreduktion und der Herstellung eines inneren Gleichgewichts (Homöostase, Konsistenz). Und je weniger Stress, desto mehr Gesundheit. Meine „Präsenz" in der Gegenwart erhöht sich (s. Kapitel 6.2.2, a), die Macht vergangener Belastungserfahrungen und ggf. „pathogener Erinnerungen" (s. Kapitel 6.2.3, b) daran reduziert sich. Ich habe die *Perle der Achtsamkeit* bewusst an den Anfang der Reihung gestellt, weil sie die Grundlage bildet, auf der alle anderen sieben Haltungen basieren. Denn neben der oben beschriebenen Stärkung der Emotions- und Affektkontrolle wird auch „die neuronale Resonanzfähigkeit für Mitgefühl [...] durch eine innere Offenheit befördert".[548] Diese „innere Offenheit" ist für mich die

---

absolute Grundprinzip des Ethischen" (in: https://albert-schweitzer-stiftung.de/ueber-uns/menschen/albert-schweitzer/zitate).
[546] So lautet die Definition des „Verbands der Achtsamkeitslehrenden". Mit „Übung" im letzten Satz ist das von Jon Kabat-Zinn in den 1970er Jahren entwickelte Programm der „Mindfulness-Based Stress-Reduction (MBSR)" gemeint.
[547] ESCH (2017): *Neurobiologie des Glücks*, 194.
[548] ESCH (2017): *Neurobiologie des Glücks*, 194. Ebd., 195–196 und 235–236 finden sich praktische Anleitungen und Übungen zur Achtsamkeit.

6.3 Die Person traumasensibler Seelsorgerinnen und Seelsorger

Voraussetzung für alles andere, was nun in der Darstellung folgt. Übungen zur Achtsamkeit finden sich in Kapitel 7.

2. Perle: Mitgefühl
Zum Thema Mit*gefühl* im Gegensatz zu Mit*leid* wurde das Wichtigste bereits an anderer Stelle gesagt (s. o. Kapitel 6.3.1 sowie Kapitel 2.5 und 3.3.2, b). Bei der ersten Perle wird darüber hinaus auf den Zusammenhang zwischen Achtsamkeit und Mitgefühl hingewiesen. Diese achtsame, nichtwertende innere Offenheit bedeutet zunächst einmal, Mitgefühl für sich selbst zu empfinden und gut mit sich selbst umzugehen (auch im Sinne der noch folgenden Haltungen), und dann erst in einem zweiten Schritt dieses Mitgefühl auf andere Menschen im privaten wie beruflichen Kontext auszuweiten. Ganz im Sinne des biblischen Tripelgebots der Gottes-, Selbst- und Nächstenliebe, das nicht zufällig der Ausgangspunkt für die jesuanische Erzählung vom achtsamen und mitfühlenden Samariter ist (s. Kapitel 3.3.2, b).[549]

3. Perle: Demut
Demut ist eine Tugend, die sich in vielen denkerischen Zusammenhängen als eine philosophische und religiöse Grundhaltung findet. Erich Fromm thematisiert sie für die Psychologie in seinem Buch „Die Kunst des Liebens". Und sogar in modernen Managementtheorien taucht sie als eine Haltung auf, die eine gute Führungskraft ausmacht.[550] Für mich speist sich Demut zum einen aus einer religiösen Haltung der eigenen Geschöpflichkeit. Ich bin der bescheidene Teil eines größeren, von Gott geschaffenen Ganzen, ausgestattet mit einer unverbrüchlichen Würde. Auch in den jesuanischen Bildern von den Blumen, Vögeln und dem wahren Herzensschatz (Lk 12,22–34) spiegelt sich für mich eine Haltung von Demut, Bescheidenheit und Einfachheit. Zum anderen speist sich für mich Demut aus der Systemtheorie (Stichwort: Autopoiese) und der für die Systemische Therapie und Beratung geforderten Haltung der Achtung vor der Autonomie der Klient/inn/en und der Bescheidenheit in Bezug auf die eigene professionelle Wirksamkeit.[551] Demut wäre sicherlich auch eine gute grundsätzliche Haltung im Umgang mit unserem Planeten Erde und dessen begrenzten Ressourcen und unserer Verantwortung für bestehende und kommende Generationen.

4. Perle: Dankbarkeit
Dankbarkeit ist nicht nur ein wichtiger direkter wie indirekter Bestandteil vieler Psalmen (Psalm 9, 30 und 107 sind regelrechte „Danklieder") oder bei

---

[549] SCHADE (2019): *Dem Schrecklichen begegnen*, 134–136, spricht von Selbstliebe und von dem „anthropologischen Dreieck" von „Selbstliebe […] Liebe zum Nächsten und die Liebe zu Gott" (ebd., 134).
[550] Der Einfachheit halber verweise ich auf den diesbezüglichen Artikel über „Demut" bei Wikipedia: https://de.wikipedia.org/wiki/Demut (aufgerufen am 22.01.2021).
[551] VON SCHLIPPE/SCHWEITZER (2016): *Lehrbuch I*, 111–114 und 199–211.

Johann Sebastian Bach Ausdruck von Gotteslob und „Überlebenskunst"[552], sondern auch viele Jahrhunderte später eine wichtige Haltung und Emotion für Glück und Wohlbefinden in der Positiven Psychologie. Gar als „eine machtvolle Metastrategie zum Glücklichsein" wird sie hier bezeichnet und so finden sich bei Esch sehr schöne Beispiele für Dankbarkeitsübungen[553] (einige davon s. Kap. 7.6.2). Für Croos-Müller ist Dankbarkeit eine „Charaktertugend", die Resilienz stärkt, „Kraft gibt" und „ein energetischer Motor" ist. Dankbare Menschen fühlen sich „nicht nur subjektiv besser", sondern laut vieler Studien sind sie „tatsächlich auch gesünder" und schlafen besser. Insgesamt sind dankbare Menschen „zuversichtlicher, optimistischer und belastbarer – alles Merkmale der Resilienz". Sie besitzen „ein gutes Selbstwertgefühl", haben „ihre Gefühle besser unter Kontrolle" und können „ihre Probleme leichter lösen". „Sie haben insgesamt positive Bewältigungsstrategien und sind weniger anfällig für Suchtverhalten."[554] Wenn das kein Grund zur Dankbarkeit ist!

5. Perle: Happiness
Laut Tobias Esch hat der Begriff *Happiness* nicht nur Eingang „in wirtschafts-, sozial-, geisteswissenschaftliche[...], medizinische[...], psychologische[...] und naturwissenschaftliche[...] Fachjournale[...]" gefunden, sondern „entspricht ziemlich genau dem Glücksbegriff, der sich in den letzten Jahren auch in der medizinisch-psychologischen Fachliteratur besonders hervorgetan hat". Es handelt sich bei „Glück im Sinne von Happiness [...] primär [um] ein emotionales, weniger ein rationales oder kognitives Phänomen".[555] Neurobiologisch lässt sich Glück bestimmten funktionellen Teilen im Gehirn zuordnen, u.a. limbischen Strukturen, die mit den Motivations- und Belohnungssystemen sowie den Stress- und Alarmsystemen zu tun haben.[556] Menschen, die glücklich im Sinne von *Happiness* sind, verfügen über bestimmte (erlernbare!) Eigenschaften und Haltungen, wie z.B. auch die oben beschriebene Achtsamkeit und mitfühlende Resonanzfähigkeit sowie die im Folgenden beschriebene Übereinstimmung mit sich und der (Um-)Welt (Kohärenz), ebenso eine leibhaftige sowie ressourcen- und lösungsfokussierte Lebenshaltung (s. 7. und 8. Perle). Esch hat eine entsprechende Liste mit Merkmalen von „Happy People" zusammengestellt[557], die ich so anschaulich wie bedeutsam finde, dass ich sie in Anhang A5 komplett zitiere. Man sieht auch hier wieder, dass alle acht Perlen inhaltlich miteinander zusammenhängen, sich gegenseitig bedingen und voraussetzen und ein untrennbares Ganzes ergeben.

---

[552] REDDEMANN (2016): *Überlebenskunst*, 91–96.
[553] ESCH (2017): *Neurobiologie des Glücks*, 219–221.
[554] CROOS-MÜLLER, Claudia (2015): *Kraft*, 136–137.
[555] ESCH (2017): *Neurobiologie des Glücks*, 171.
[556] Ausführlich und sehr informativ hierzu: ESCH (2017): *Neurobiologie des Glücks*, 118–163.
[557] ESCH (2017): *Neurobiologie des Glücks*, 172.

6. Perle: Kohärenz

Auch über das zentrale Modell von Kohärenz mit den drei Konstitutiven „Manageability (Gestaltbarkeit oder Handhabbarkeit)" oder auch: „Handlungsfähigkeit", „Comprehensibility" (Verstehbarkeit/Fasslichkeit) und „Meaningfulness" (Bedeutsamkeit/Sinnhaftigkeit) wurde schon einiges an anderer Stelle gesagt (s. Kapitel 1.2 und 2.4.1). Es sei auch an die spezielle Übung zum eigenen Kohärenzgefühl, das „Salutogramm" (s. Kapitel 6.2.2, b und Kap. 7.3.4, c, Punkt h) erinnert. Sie eignet sich wiederum in gleichem, gutem Maße ebenso für Klient/inn/en wie professionell *Psycho-Sozial Begleitende*. Der Seelsorger, die Seelsorgerin kann sich in dieser Übung mit seinem/ihrem jeweils aktuellen Kohärenzgefühl im eigenen Leben insgesamt oder in einzelnen Teilbereichen davon, wie z.B. dem beruflichen Bereich, auseinandersetzen. Und sich mit den Ergebnissen dieser Selbstreflexion die Fragen stellen: Welche Bereiche meines aktuellen Kohärenzgefühls möchte ich wachsen lassen? Was bräuchte ich dafür (z.B. an Ressourcen)? und Was wäre der erste/nächste Schritt?[558] Das Salutogramm eignet sich auch sehr gut für eine „dialogische Reflexion" mit Fachkolleg/inn/en, z.B. im Rahmen von Supervision/Intervision.

7. Perle: Leibhaftigkeit

Leibhaftige Selbstfürsorge bedeutet, den eigenen Körper bewusst mit einzubeziehen. Das beinhaltet z.B. gesunde Ernährung und Genuss, ausreichend gesunde tägliche Bewegung, guten Schlaf, ausreichende Pausen für Körper, Seele und Geist (= Leib) im Tagesablauf, gutes Arbeitsmaterial und Mobiliar (z.B. ergonomische Stühle), Stressreduktion, wohltuende Körperbehandlungen wie Massage, Sauna, Meeres- und Ölbäder, Aromatherapie, Yoga u.v.a.m. Der eigenen Phantasie und dem eigenen Engagement in diesem Bereich sind keine Grenzen gesetzt.

8. Perle: Ressourcen- und Lösungsfokussierung

Ressourcenorientierung ist Bewegung im Möglichkeitsraum [*s. Kapitel 2.4.3, Grundregel 5, Hinzufügung RK*]. Ressourcenorientierung heißt auch, dass wir sammeln, was jemand schon kann, welche Fähigkeiten er hat, welche Möglichkeiten, sich zu entspannen, und all die guten Erinnerungen, die irgendwo unbeachtet herumliegen. Zuallererst - und wir glauben, dass das eine Besonderheit des hypno-systemischen Ansatzes ist - heißt Ressourcenorientierung für uns, dass wir unsere eigene Aufmerksamkeit trainieren, um wahrzunehmen, was die Klienten an kraftvollen, stärkenden, hilfreichen Ansätzen selbst formulieren [*können, Hinzufügung RK*] und wie wir diese aufgreifen können.[559]

Ressourcen- und Lösungsfokussierung (oder auch -orientierung) sind somit nicht nur systemische Methoden und Techniken, es sind professionelle Haltungen. Sie können sogar zu einer *Lebenshaltung* und Lebenseinstellung werden. Wie das gehen kann inkl. zwölf praktischer Übungen, stellt Insa Sparrer in ih-

---

[558] JEGODTKA/LUITJENS (2016): *Systemische Traumapädagogik*, 186–187.
[559] HANTKE/GÖRGES (2012): *Handbuch*, 155–156.

rem Buch „Wunder, Lösung und System" dar. Als vier zentrale Punkte im Geist der „Wunderfrage" (s. Kap. 7.2.4) benennt sie hierfür:

a. „Änderung der eigenen Haltung statt der äußeren Welt" und einem „Anerkennen, was ist" (ein „übergreifendes Grundprinzip der Aufstellungsarbeit") und dennoch eine Lösung für möglich halten (und sei es, dass sie gerade nur in einer Änderung der eigenen Einstellung zum Problem besteht).

b. „Keine Vermeidung von Problemen", sondern eine Fokussierung auf deren Lösungen im Sinne der Wunderfrage.

c. „Nicht Bewerten und nicht Verurteilen" im Sinne der phänomenologischen „Epoché" oder fünften Position im Tetralemma, der „Nicht-Position" (oder eine „Haltung des Nichtwissens"), oder des nur vorübergehenden Einnehmens von Standpunkten und einer Offenheit für andere, weitere mögliche Standpunkte, im Sinne von Wirklichkeits-(Re-)Konstruktionen, Möglichkeitsräumen und *Reframing*.

d. „Motivation durch Zielorientierung anstatt durch Leiden", Veränderungen gelingen am besten durch positive Ziele, die man sich setzt, als nur durch den Wunsch, etwas Problemhaftes beseitigen zu wollen.

Abschließend zeigt Sparrer am Beispiel von Nelson Mandela, dass eine Ressourcen- und Lösungsfokussierte Haltung „in extrem restriktiver und feindlich gesinnter Umwelt" möglich ist, durch konsequente „Zielorientierung", Würdigung kleiner Fortschritte, durch „kleine Schritte", die „größere Veränderungen mit sich bringen können", durch die Bereitschaft zu „hohen Opfern" und einer Einnahme der „Perspektive des ‚Gegners'".[560]

Und natürlich gilt es nicht nur auf die Lösungen zu schauen, was bei Sparrer im Fokus steht, sondern auch auf die (eigenen) Ressourcen, Stärken, Fertigkeiten, Begabungen etc., von denen mein Lebensglas wenigstens halbvoll ist. Dies ist ein wichtiger Bestandteil der „lösungsorientierten »SelfCare«" von Bamberger, die eine Anwendung der in seinem Modell von „Lösungsorientierter Beratung" beschriebenen fünf Interventionen auf die eigene Selbstfürsorge darstellt, nämlich „Lösungstendenzen, Ausnahmen, Hypothetische Lösungen, Reframing und Universallösung".[561] Sein zusammenfassendes Schaubild finden Sie in Anhang A.7.

Mit dieser letzten Perle schließt sich die Kette, knüpft zugleich wieder an den Anfang an, die Achtsamkeit, mit der alles beginnt, und legt sich um die Grundhaltung der Spiritualität herum, wie eine Perlenkette um eine Muschel.

---

[560] SPARRER (2014): *Wunder*, 430–445.
[561] BAMBERGER (2015): *Lösungsorientierte Beratung*, 302–325, Zitat: 303.

6.3.6 Fazit: Traumasensible Seelsorgerinnen und Seelsorger als mitfühlende Zeuginnen und Zeugen, das BERN-Modell und biblische Vorbilder

> Es wäre weiterhin eine gefährliche Illusion, Seelsorgende in einer Retter-Funktion zu sehen. Die psychotraumatologische Forschung zeigt deutlich, wie tiefgreifend und langwierig sich Gewaltfolgen im Leben der Betroffenen auswirken können [...] Nicht einmal erfahrene Fachkräfte in Traumatherapie beanspruchen, aus sich selbst heraus Betroffenen eine schnelle Heilung zu ermöglichen. Vor allem Seelsorgende, die keine traumaspezifische Ausbildung haben, sollten ihre eigenen Fähigkeiten und Möglichkeiten nicht überschätzen. Hinzu kommt, dass der Faktor Religiosität und damit der Bereich, in dem Seelsorgende besondere Kompetenz haben, wie vor allem in den quantitativen Studien deutlich wurde, in seiner Wirkkraft nicht überbewertet werden darf [...][562]

Damit Seelsorgerinnen und Seelsorger sich immer wieder ihrer aktuellen Position in einem traumatisierten System vergewissern können und gerade nicht in die Position eines Retters/einer Retterin rutschen oder sich aktiv begeben, haben Hantke und Görges ein auf einem „Trauma-Viereck" basierendes Modell entwickelt, das ganz klar den richtigen Platz für professionelle Helfende in solchen Systemen bestimmt. Ich habe es auf die von mir verwendete Terminologie angepasst und nenne es das *Modell der Mitfühlenden Zeugin/des Mitfühlenden Zeugen*.[563] Das in Kapitel 3.3.2, b beschriebene Vorbild des *achtsamen und mitfühlenden Samariters* kann man als die biblische Variante *der Mitfühlenden Zeugin/des Mitfühlenden Zeugen* verstehen. In der folgenden Graphik ist das Modell schematisch dargestellt und die Position *der Mitfühlenden Zeugin/des Mitfühlenden Zeugen* wird inhaltlich näher gefüllt. Wer mag, kann in das Oval auch den *achtsamen und mitfühlenden Samariter* einsetzen.

---

[562] STAHL (2019): *Traumasensible Seelsorge*, 272.
[563] HANTKE/GÖRGES (2012): *Handbuch Traumakompetenz*, 137–143 und 164–170. Hantke/Görges sprechen von der „empathischen Zeugin".

Das Modell *Mitfühlende Zeugin/Mitfühlender Zeuge*

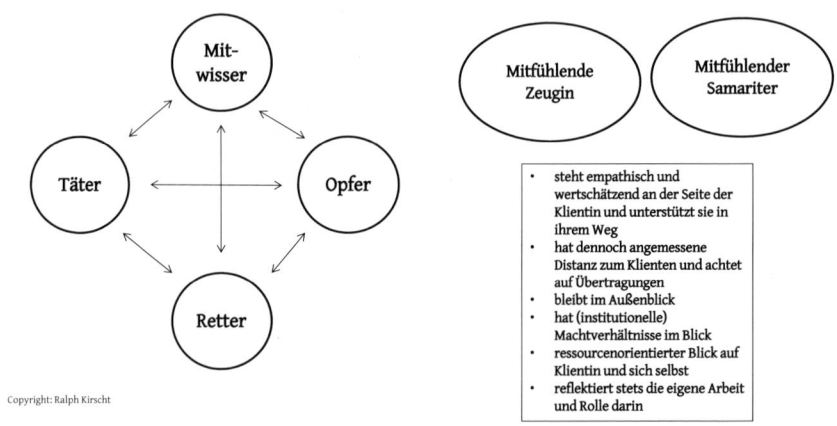

Graphik J - Das Modell *Mitfühlende Zeugin/Mitfühlender Zeuge*

In Kapitel 7.6.3 findet sich ein von Hantke/Görges übernommener kleiner Fragenkatalog zur Selbstexploration des eigenen Erlebens und Verhaltens in professionellen Situationen, der auch für Seelsorgerinnen und Seelsorger hilfreich sein kann.[564]

Als ein beispielhaftes Modell, um die in diesem Kapitel vorgetragenen Gedanken zur Selbstfürsorge in konkrete Taten umsetzen zu können, möchte ich Seelsorgenden wie überhaupt allen professionellen *Psycho-Sozial Begleitenden* noch das BERN-Modell aus der „Mind-Body-medizinischen Stressreduktion (MBMSR)" empfehlen (s. Kap. 7.6.4). Es handelt sich um ein ganzheitliches professionelles Stressmanagement aus *Mind-Body-Medizin* und *Positiver Psychologie* für Körper, Seele und Geist. Selbstverständlich kann man es auch den eigenen Klientinnen und Klienten an die Hand geben.[565]

In Kapitel 3 werden exemplarische *Biblische Traumatexte* dargestellt. Unter diesen Texten finden sich auch solche, die in besonderer Weise für die Selbstfürsorge geeignet sind. Mit diesen Texten kann man sich einzeln oder im Kontext einer Intervisions-/Supervisionsgruppe auseinandersetzen und von ihnen biblisch-spirituelle Impulse empfangen. Methodisch eignen sich hierfür in besonderer Weise die kreativ-narrative Arbeit mit biblischen Texten, u.a. *Biblischer Sprachraum*, Bibliolog und *Biblischer Dyalog, Biblisches Drehbuch* (s. Kapitel 6.2.3, a, bzw. 7.4.1) und *Biblische Skulpturen und Aufstellungen* (s. Kapitel 6.2.3, b,

---

[564] HANTKE/GÖRGES (2012): *Handbuch Traumakompetenz*, 170.
[565] ESCH (2017): *Neurobiologie des Glücks*, 212–219. Ebd., 217 findet sich so etwas wie eine Programmatik der *Positiven Psychologie*, und ebd., 238 ein kurzer Überblick, die ich beide in ihrer Kompaktheit so wertvoll für die Alltagsanwendung finde, dass ich sie als Anhang A.5 in dieses Buch aufgenommen habe.

bzw. 7.5.3). Als Texte eignen sich hierfür z.B.: Jes 42,1–9 (s. Kapitel 3.2.4); 1 Kön 19,1–13a (Elijah am Horeb) und Lk 10,25–37 (s. Kapitel 3.3.2, b).

Zusammenfassend kann man sagen, dass traumasensibel arbeitende Seelsorgerinnen und Seelsorger idealerweise bedingungsfrei wertschätzend, authentisch, echt und humorvoll sind. Sie kennen die eigene Biographie mit ihren Verwundungen und Vulnerabilitäten, haben diese auf eine gute Weise in die Gesamtpersönlichkeit integriert und achten im Seelsorgeprozess stets auf *Trigger*, eigene „Blindheiten" und die eigenen Grenzen. Sie sind darüber hinaus selbstfürsorglich, orientieren sich an den Erkenntnissen der Salutogenese sowie der *Mind-Body-Medizin* und *Positiven Psychologie* und wissen sich und ihre Arbeit sicher eingebunden in einen spirituellen bzw. religiösen Sinnkontext.

6.4 *Eine kurze Zusammenfassung: Traumasensible Seelsorge eröffnet Möglichkeitsräume für Wandlungsprozesse*

Der Grund- bzw. Leitgedanke von traumasensibler Seelsorge, wie er bereits im Namen des in dem vorangehenden sechsten Kapitel dargestellten Modells zum Ausdruck kommt, ist für mich das Eröffnen von *Möglichkeitsräumen* für persönliche *Wandlungsprozesse*. Der Begriff *Möglichkeit* bedeutet, dass Veränderungen und Heilungsprozesse möglich werden können und der Seelsorger, die Seelsorgerin gemeinsam mit dem begleiteten traumatisierten Menschen hierfür einen sicheren Raum und Rahmen schafft. Er bedeutet nicht, dass Verwundetes komplett heil und Fragmentarisches ganz werden *muss* (bzw. überhaupt werden kann)! Eine solche Vorstellung würde dem in diesem Buch vertretenen Menschenbild widersprechen, in dem Verwundbarkeit (Vulnerabilität) die grundlegende Conditio Humana darstellt. So wie die Kreuzigungswunden beim auferweckten Jesus von Nazareth nicht einfach verschwunden sind, sondern weiterhin sicht- und spürbar bleiben, wie uns die Ostererzählungen der Evangelien zeigen, so verschwinden traumatische Wunden ebenfalls nicht einfach. Bis in die neuronalen Netzwerke hinein sind diese Wunden in den Körper eines traumatisierten Menschen eingespeichert, wirken traumatische Erfahrungen auf allen Ebenen des Erlebens und Verhaltens (BASK) leibhaftig nach. Der Begriff *Wandlung* bedeutet, dass man diese Trauma-Netzwerke nicht einfach löschen kann. Man kann sie nur verwandeln, indem man das oftmals nach dem/den eigentlichen traumatischen Ereignis(sen) anhaltende Empfinden, immer noch an Leib und Leben bedroht zu sein, als eine „Illusion" (Geßner) entlarvt. Die Illusion nämlich, dass es nur ein traumatisches *Damals* gibt und dass auch das *Heute*, das Hier-und-Jetzt, in dem jemand lebt, von den Folgen einstiger traumatischer Erfahrungen beherrscht wird und bleibt. Je sicherer dieses Heute für einen traumatisierten Menschen im äußeren Leben und im inneren Erleben wird, je mehr Erfahrungen er/sie macht, dass auch nach und mit einem Trauma in der eigenen Biographie diese Lebensgeschichte weitergehen kann, desto mehr kann man den einstigen Schrecken, den „speechless terror", benennen. Desto mehr kann man ihn in Worte fassen und das eigene Erleben und Verhalten wieder selbstbemächtigter kontrollieren und so das eigene Leben wieder neu gestalten. Desto mehr kann sich ein traumatisierter Mensch aus dem Bann der traumatischen Erfahrung(en) befreien. Seine prinzipielle Verwundbarkeit als Grundkategorie des Menschseins und seine Sehnsucht nach Heil- und Ganz-Werden bleiben jedoch weiterhin bestehen. Heilung – wie auch immer man dies definieren mag – bleibt grundsätzlich menschlicher Verfügbarkeit und Machbarkeit entzogen und ein „Wunder" (Huber).

Traumasensible Seelsorge ist dabei eine Form von *Psycho-Sozialer Begleitung* – neben Traumafolgen-Psychotherapie, (Psycho-Sozialer) Beratung und Traumapädagogik – mit ihren spezifischen Möglichkeiten und ihrem besonderen Fokus auf eine spirituelle Weise der Begleitung, aber auch mit ihren Grenzen. Wie diese Möglichkeiten konkret entfaltet und für die traumasensible Begleitung genutzt werden können, wurde oben dargestellt. Dabei legen die fünf einzelnen *Wandlungs-Räume* je unterschiedliche Schwerpunkte in der traumasensiblen seelsorglichen Begleitung verwundeter und fragmentierter Menschen.

Im *Beziehungs-Raum* wird das Fundament gelegt für den gesamten Seelsorgeprozess. Mit bedingungsfreier Wertschätzung und dem Prinzip des *guten Grundes* folgend, schafft der Seelsorger, die Seelsorgerin einen grundlegend sicheren Ort, an dem das Gegenüber neue Beziehungserfahrungen machen und basale Bindungsbedürfnisse befriedigen kann. Hierfür ist die *seelsorgliche Präsenz* des professionellen Gegenübers eine ganz wesentliche Haltung. Auch gilt es, auf Re-Traumatisierungen beim begleiteten traumatisierten Menschen zu achten, dadurch nämlich, dass zu früh zu viel von den traumatischen Erfahrungen erzählt wird.

Im *Schutz-Raum* setzt sich das Prinzip „Safety first!" fort, das schon im *Beziehungs-Raum* von zentraler Bedeutung ist. Der Seelsorger, die Seelsorgerin arbeitet mit dem Gegenüber daran, die „fünf sicheren Orte" herzustellen. Hierbei geht es inhaltlich-methodisch um äußere Sicherheit und sichere äußere Orte, Psychoedukation, basale Stabilisierungs- und Distanzierungstechniken inkl. der bekannten Imaginationsübungen zu den inneren Orten der Sicherheit sowie Ressourcenanamnese und Ressourcenaktivierung. Schließlich stellt die Frage nach den spirituellen Ressourcen im Inneren wie im Äußeren beim Gegenüber ein wesentliches Moment von traumasensibler Seelsorge an dieser Stelle dar.

Im *Lebens-Raum* geht es um die Arbeit an und mit der eigenen Biographie, um so mit Hilfe von Sprache, zugleich „Kommunikationsmittel" wie „Wahrnehmungsorgan" (von Schlippe/Schweitzer), sich in einem sicheren und stabilen Rahmen zu erinnern. Bestenfalls kann im Laufe dieses Prozesses die eigene Lebensgeschichte neu oder anders erzählt werden. Und zwar in der Form, dass die traumatischen Erfahrungen in die eigene Lebenslinie idealerweise so eingeordnet werden können, dass sie zu einem Teil der *Vergangenheit* werden, vom dem gilt: „Es ist vorbei!" und „Ich habe es überlebt!" *Trauma-Narrationen* können bestenfalls verwandelt werden in *Heilungs-Narrationen*. Für eine solche ressourcenorientierte Biographiearbeit sind systemische Fragetechniken hilfreich, die auf das fokussieren, was hilfreich war,

6.4 Eine kurze Zusammenfassung

um das Widerfahrene überleben und bewältigen zu können. Der Dreischritt von *Wahr-Nehmen – Nach-Denken – In-Worte-Fassen* zeigt die grundlegende Struktur der seelsorglichen Arbeit im *Lebens-Raum*. Weitere wichtige methodische Elemente sind die *kreativ-narrative Arbeit mit biblischen Texten* und die verschiedenen Formen von *Timelines* zur Visualisierung des eigenen Lebensweges und der darin zu findenden Ressourcen und Zukunftsmöglichkeiten. Schließlich kommt auch das Thema *Trauer* und Begleitung im Betrauern traumabedingter Verluste an Lebensmöglichkeiten in den Blick.

Im *Leib-Raum* rücken der Körper und die Körperarbeit in den Fokus. Da sich traumatische Erfahrungen tief in den Körper und seine Gedächtnissysteme einschreiben, spielt natürlich eine Entlastung für den Körper von Beginn an in der traumasensiblen Seelsorge eine große Rolle. Im *Leib-Raum* bildet nun dezidiert das somato-sensorische Erleben und Verhalten den Ausgangspunkt für mögliche Wandlungs-Prozesse. Es geht dabei um *heilsame Körper- und Bewegungsübungen* sowie entsprechende körperorientierte spirituelle *Rituale*. Eine *Biblische Skulptur- und Aufstellungsarbeit*, in der Elemente aus der systemischen Beratung und Therapie und dem Bibliodrama miteinander verbunden werden, ermöglicht leibhaftige Wandlungserfahrungen, lässt traumasensible Seelsorge auch äußerlich in Bewegung kommen. Dabei geht es am Ende immer darum, gute und heilsame (Körper-)Bilder zu finden, die ein Weiterleben trotz traumatischer Erfahrungen unterstützen und ermöglichen. Schließlich können zwei Modelle aus der Traumafolgen-Therapie in entsprechend auf die Möglichkeiten und Grenzen von traumasensibler Seelsorge angepasster Form zur Anwendung kommen: *ressourcenorientiertes EMDR* und *Ego-State-Therapie*. Im *Leib-Raum* spielen das Wissen um und das Achten auf die eigenen fachlichen und persönlichen Grenzen des Seelsorgers, der Seelsorgerin noch einmal eine ganz besondere Rolle.

Im *Handlungs-Raum* schließlich weitet sich der ohnehin systemische Blick in den anderen Räumen noch einmal hin zu den gesellschaftlichen Dimensionen von psychischen Traumata und deren Folgen. Welche gesellschaftlichen Bedingungen und Beziehungsstrukturen lassen Traumata überhaupt erst zu, ja ermöglichen sie, und wie lassen sich diese Bedingungen verändern. Traumasensible Seelsorge knüpft hier an die prophetische Tradition der jüdisch-christlichen Religionen an und wird zur Stimme der Verstummten und Stummgemachten. Das bedeutet selbstverständlich auch, in den eigenen (institutionellen) Kontexten dafür zu sorgen, dass Menschen nicht zu Opfern traumatisierender Gewalt werden.

In allen diesen Räumen und in traumasensibler Seelsorge insgesamt – verstanden als eine „partiell integrative Traumaarbeit" (Beckrath-Wilking et al.) – gilt es stets auch auf die Grenzen von traumasensibler Seelsorge und das Wohlergehen des einzelnen Seelsorgers, der einzelnen Seelsorgerin zu achten. Eine spezifische Traumakonfrontation bzw. -exposition bleibt einer fachpsychotherapeutischen Behandlung vorbehalten und markiert die professionelle Grenze. Eine gute Selbstfürsorge als Schutz vor sekundärer Traumatisierung hilft dem einzelnen Seelsorger, der einzelnen Seelsorgerin, die je individuelle persönliche und fachliche Grenze nicht zu überschreiten und bei aller Konfrontation mit den Schrecken traumatischer Erfahrungen selbst an Körper, Seele und Geist gesund zu bleiben.

Auf diese Weise vermag traumasensible Seelsorge sehr viel Heilsames zu bewirken im Rahmen von Stabilisierung und Ressourcenarbeit. Sie wird so zu einer gleichberechtigten Partnerin im Gesamtteam aller Formen traumasensibler und traumaspezifischer *Psycho-Sozialer Begleitung*.

7. Methoden- und Übungsanleitungen

7.1 Einleitung

In diesem Kapitel finden Sie die praktischen Anleitungen für alle in Kapitel 6 erwähnten und kurz beschriebenen Methoden, Übungen und Techniken. Vieles davon stammt aus Psychotherapie und (Trauma-)Pädagogik und wurde für die traumasensible Seelsorge adaptiert. Auch eignen sich viele der vorgestellten Methoden für die Seelsorge im Allgemeinen sowie für ein (traumasensibles) Gruppensetting.

Bei einigen der Methoden finden Sie im Vorfeld einen *besonderen Hinweis* darauf, dass diese Methoden nur nach entsprechender professioneller Schulung und mit einer entsprechenden Erfahrung in traumasensibler Seelsorge angewendet werden sollen.

Bei allen Übungen, die sich für eine Verankerung und positive Verstärkung mit langsamen bilateralen Stimulationen aus dem EMDR eignen, wird jeweils eigens mit dem folgenden Kürzel darauf hingewiesen: ≻*EMDR-Verankerung*. Die *EMDR-Verankerung* selbst wird in Kapitel 7.3.1, Punkt b beschrieben. Viele der Methoden, Übungen und Techniken lassen sich spirituell erweitern oder anreichern, darauf wird bei Bedarf jeweils im Text hingewiesen. Wo dieser Hinweis nicht gegeben wird, wird eine solche Möglichkeit als selbstverständlich vorausgesetzt. Zumal alle Methoden, Übungen und Techniken ja ohnehin in einen spirituellen Gesamtkontext von (christlicher) Seelsorge eingebettet sind. Wörtliche Zitationen werden nicht durch Fußnoten, sondern mit einem Kurzhinweis in Klammern nach dem Zitat nachgewiesen.

So lade ich Sie mit einem Zitat von Lydia Hantke und Hans-J. Görges ein, sich die folgenden Methoden, Übungen und Techniken kreativ und auch selbstfürsorglich anzueignen und dabei stets auf die Grenzen der Menschen zu achten, die sich mit Ihnen als Seelsorgerinnen und Seelsorger auf den Weg machen, und natürlich auch auf Ihre eigenen Grenzen: „Grundsätzlich empfehlen wir Ihnen, keine Übungen mit Klienten zu machen, die Sie nicht an sich selbst ausprobiert und erfahren haben. Warum auch sollten wir nur unseren Klienten diese wunderbaren Übungen zugutekommen lassen?"[566]

---

[566] HANTKE/GÖRGES (2012): *Handbuch Traumakompetenz*, 179.

7.2 Der Beziehungs-Raum: Methoden und Übungen

7.2.1 Vorbemerkung

In diesem Kapitel stelle ich drei Methoden vor, die grundlegend für die gesamte traumasensible Seelsorgearbeit sind und in allen *Wandlungs-Räumen* wichtig sind und vorkommen können: das *Ressourcen-Barometer* als eine Basismethode achtsamer Wahrnehmung und Einschätzung von Spannungszuständen, die *ressourcen- und lösungsorientierten Fragetechniken* und das *Reframing*.

7.2.2 Das Ressourcen-Barometer 1 + 2

Das *Ressourcen-Barometer* ist die Basismethode zur achtsamen Wahrnehmung und Einschätzung aktueller *Arousal*- und somato-psychischer Stress- bzw. Spannungszustände mit der Skalierungstechnik und deren Verknüpfung mit Methoden etc. zur Spannungsreduktion. Man kann so den aktuellen Zustand des Gegenübers überprüfen und inwieweit er/sie im Hier-und-Jetzt orientiert ist. Neurobiologisch werden explizite Wahrnehmungsebene (Neocortex) und impliziter Funktionsmodus (limbisches System/emotionale Ebene und Hirnstamm/Körperebene) miteinander verknüpft und das *Pendel-Prinzip* bzw. der *Duale Wahrnehmungsfokus* (s. Kapitel 2.4.1) eingesetzt.

a. *Ressourcen-Barometer 1*

Material: Vorgefertigte Skalierungs-Graphik (s. Schaubild 1) oder Papier A4, Buntstifte in grün, gelb und rot, schwarzer Stift, Karteikärtchen oder kleine Post-Its in verschiedenen Farben; ggf. Fotos/Bilder für die einzelnen Methoden zur Spannungsreduktion

Das *Ressourcen-Barometer 1* besteht aus einer einfachen Graphik mit drei in den Ampelfarben abgegrenzten Bereichen, wie im folgenden Schaubild mit verschiedenen Abstufungen von Grau/Schwarz dargestellt.

7.2 Der Beziehungsraum: Methoden und Übungen

Schaubild 1 - Das *Ressourcenbarometer 1*

Man kann dem Gegenüber ein solches vorgefertigtes Schaubild geben oder ihn/sie es selbst malen lassen. Die drei Bereiche stehen für 1. Zustand von Entspannung (0-30), 2. Zustände erhöhter bis hoher Anspannung (30-70) und 3. Zustände sehr hoher bis unerträglicher Anspannung (70-100). Man kann z.B. am Anfang eines Seelsorgegesprächs das Gegenüber den Grad der Anspannung einschätzen lassen und dies immer wieder im Verlauf des Gesprächs und auch an dessen Ende tun lassen. So lernt das Gegenüber eine basale Form der Achtsamkeit gegenüber den eigenen inneren Zuständen und kann erleben, wie diese im Anspannungswert ansteigen bzw. weniger werden. Dabei kann man sich stets fragen, was jeweils dazu geführt hat. Das kann der Klient auch in seinem Alltag immer wieder tun. Um dann selbstregulativ tätig werden und Anspannung reduzieren zu können, kann man mit dem Gegenüber eine eigene Graphik anlegen, in die er/sie bestimmten Zahlenwerten bestimmte Methoden, Übungen, Techniken und Skills zuordnet, die er/sie in dem jeweiligen Anspannungszustand anwenden kann. Die konkreten Methoden etc. werden in Kapitel 7.3.1 bis 7.3.3 beschrieben. Man kann für jede Methode z.B. ein kleines Post-It beschriften und es bei dem entsprechenden Zahlenwert in die Graphik einkleben. Man kann auch Fotos und Symbol-Bilder hierfür nehmen.

b. *Ressourcen-Barometer 2*

Material: Die Skalierungs-Graphik aus Ressourcen-Barometer 1 (s. Schaubild 1)

Beim *Ressourcen-Barometer 2* arbeitet man vornehmlich auf der Körperebene. Zunächst lässt man das Gegenüber den aktuellen Spannungszustand skalieren und im Körper wahrnehmen. Dann fragt man danach, ob es irgendwo im Körper (wo auch immer!) eine Stelle gibt, die sich wenigstens neutral, besser noch entspannt bzw. gut anfühlt.

Man lässt die Stelle skalieren. Sie muss auf jeden Fall unter 50 liegen, besser noch tiefer. Dann bittet man das Gegenüber, sich auf diesen Ort im Körper achtsam zu konzentrieren, um den Unterschied zwischen der Anspannung im restlichen Körper und dieser Stelle wahrzunehmen. Ggf. setzt man zusätzlich die Atem-Entspannungstechnik aus Kapitel 7.3.1 ein. Man erklärt dann dem Gegenüber, dass er/sie gemeinsam mit dem Seelsorger/der Seelsorgerin bei dem nun folgenden Gespräch darauf achten soll, wenn der innere Anspannungszustand wieder steigt aufgrund der erzählten Inhalte. Man vereinbart einen bestimmten Spannungswert auf der Skala, bei dessen Erreichen man das Gespräch unterbricht und das Gegenüber sich wieder auf die neutrale/angenehme Stelle im Körper konzentrieren lässt. So kann man im Verlauf eines Gesprächs über belastende Inhalte immer wieder hin und her pendeln zwischen Belastung und Entlastung. Ggf. unter Hinzunahme basaler Methoden aus Kapitel 7.3.1. Bestenfalls nimmt so die Höhe der Anspannung beim Erzählen immer mehr ab, denn das Gegenüber macht die Erfahrung von selbstregulierter Stressreduktion.

7.2.3 Ressourcen- und lösungsorientierte Fragen

Wie in Kapitel 6.2.3, a) - Exkurs dargestellt ordnet Bamberger die Fülle an möglichen ressourcen- und lösungsorientierten Fragen nach fünf Kategorien, den „Lösungsschlüsseln":

1. „Lösungstendenzen: Was hat sich seit der Anmeldung zur Beratung und dem heutigen ersten Gespräch vielleicht schon positiv verändert?"
2. „Ausnahmen: Gibt es auch Zeiten, in denen das Problem weniger stark oder überhaupt nicht auftritt?"
3. „Hypothetische Lösungen: Was wäre im Verhalten des Klienten anders, wenn das Problem wie durch ein Wunder plötzlich gelöst wäre?"
4. „Reframing: Gibt es auch irgendwelche positiven Aspekte dadurch, dass dieses Problem (noch) existiert?"
5. „Universallösung: Gibt es etwas, irgendetwas, das der Klient in seinem Verhalten [*BASK-Modell, Hinzufügung RK*] ändern könnte?" [567]

In seinem „Glossar lösungsorientierter Fragen" führt er die „25 wichtigsten lösungsorientierten Fragen" auf und erklärt sie, von denen ich 23 im Folgenden nur benenne. Die „Wunderfrage" und das *Reframing* stelle ich in 7.2.4 gesondert dar, da ich ihnen eine besondere Wichtigkeit einräume. Eine gewisse Allgegenwart in meiner Arbeit besitzen die „Skalierungsfragen", bei denen man die Ausprägung, Stärke, Intensität etc. eines (negativen wie positiven) Zustands, einer Ressource, bereits vorhandener Lösungsausprägungen etc. auf einer gedachten oder auch z.B. auf einer Flipchart/einem Blatt Papier visualisierten Skala von 0 – 10 bzw. 0 – 100 einschätzen (skalieren) lässt. Beispiele für die konkrete Anwendung finden sich in zahlreichen der in den folgenden Kapiteln beschriebenen Methoden und Übungen.

a. Ausnahme-Fragen	m. Ressourcen-Screening
b. Coping-Fragen	n. Skalierungsfragen

---

[567] BAMBERGER (2015): *Lösungsorientierte Beratung*, 100–103, Zitat: 103.

7.2 Der Beziehungsraum: Methoden und Übungen   233

c. Evaluative Fragen
d. Externalisierungsfragen
e. Hoffnungsfragen
f. Hypothetische Fragen
g. Immunisierungsfragen
h. Lösungsorientierte Zentralfrage
i. Operationale Fragen
j. Presession-change-Fragen
k. Prozessfragen
l. Reflexive Fragen

o. Splitting-Fragen
p. Start-up-Fragen
q. Systemische Fragen (auch: zirkuläre Fragen)
r. »Und-was-noch?«-Fragen
s. Unterschiedsfragen
t. Universalfrage
u. Verflüssigungsfragen
v. Verschlimmerungsfragen
w. Zielklärungsfragen

7.2.4 Die *Wunderfrage* und das *Reframing*

Die *Wunderfrage* ist vielleicht die berühmteste aller Interventionen von Steve de Shazer und Insoo Kim Berg. In DE SHAZER/DOLAN (2018, 70-101) wird ihre Anwendung ausführlich beschrieben. Ich zitiere an dieser Stelle nur die dort zu findende empfohlene Formulierung (ebd., 70, *Hervorhebung i.O.*):

> „Ich möchte Ihnen jetzt eine ungewöhnliche Frage stellen. *Stellen Sie sich vor,* während Sie heute Nacht schlafen und das ganze Haus ruhig ist, geschieht ein *Wunder*. Das Wunder besteht darin, dass *das Problem, das Sie hierher geführt hat, gelöst ist.* Allerdings wissen Sie nicht, dass *das Wunder geschehen ist*, weil Sie ja schlafen. Wenn Sie also morgen früh aufwachen, *was wird dann anders sein,* das Ihnen sagt, dass ein Wunder geschehen ist und das Problem, das Sie hierher geführt hat, gelöst ist […]?"

> Mit dieser nur scheinbar so einfachen Frage, versucht man Lösungsvisionen zu generieren und mit den genauen Vorstellungen von einer problemfreien Zukunft das Gegenüber zugleich zu motivieren, Schritt für Schritt den Lösungsweg zu gehen. Zugleich suggeriert man, dass es eine Lösung gibt und dass das Gegenüber es auch schaffen kann, diese zu verwirklichen. Das macht diese Frage so *wunder*-bar und hilfreich. Im Kontext von Seelsorge kann man die obige Formulierung der Wunderfrage religiös einfärben, muss es aber nicht. Wunder sind ja eine bekannte Kategorie des Glaubens.

Das *Reframing* könnte man unter das Motto stellen: „Man könnte alles auch ganz anders sehen!" Beim *Reframing* geht es darum, die bisherigen Deutungen und (Re-)Konstruktionen der Wirklichkeit des Gegenübers durch neue Ideen und Vorstellungen zu erweitern, sie ihn einen neuen Bezugsrahmen zu stellen.

a. Bedeutungsreframing

> Hier geht es darum, „die zugeschriebene Bedeutung eines beklagten Verhaltens zu verändern: Welche mögliche andere Bedeutung kann man überlegen, die das Licht, in dem die Geschichte erzählt wird, verändert […]"

b. Kontextreframing

Hier geht es darum zu „fragen, welcher Kontext denkbar wäre, unter dem das Problem sinnvoll wäre, ja vielleicht sogar die beste Lösung darstellen würde". Man betrachtet das Problematische als etwas Sinnvolles oder eine Fähigkeit, die allerdings eines anderen Kontextes bedarf, um ihre positive Wirkung (voll) entfalten zu können.

c. Inhaltsreframing

Hier geht es darum, den Sinn oder den „Guten Grund" (s. Kapitel 2.4.2, b) für das problematische Verhalten herauszufinden, um dann zu überlegen, wie man diesen Zweck auf andere, bessere Weise erreichen könnte.[568]

Tobias Esch hat eine sehr schöne Übung zum *Reframing* bzw. zur Kognitiven Umstrukturierung, wie es in der Verhaltenstherapie heißt, entwickelt. Sie findet sich in Anhang A4.

7.3 Der Schutz-Raum: Methoden und Übungen

7.3.1 Methoden und Übungen zu Achtsamkeit, Stressreduktion, Selbstberuhigung, Distanzierung und Re-Orientierung im Hier-und-Jetzt

Die folgenden Methoden, Übungen und Techniken dienen einer Schulung der achtsamen Wahrnehmung und selbsttätigen Regulation von Zuständen erhöhten Arousals und somato-psychischer Anspannungs- und Stresszuständen. Die einzelnen Übungen sind eine Auswahl aus einer Vielzahl möglicher Übungen und dienen als Beispielübungen und zur Darstellung der jeweiligen Übungsprinzipien. Die Leserin/der Leser ist eingeladen auf deren Basis auch eigene Übungen und Kombinationen von Übungen zu entwickeln (s. a. die in Kapitel 6 angeführten Literaturhinweise). In Kapitel 7.2.1 wurde bereits eine Basisübung zur achtsamen Wahrnehmung vorgestellt, das *Ressourcen-Barometer*. Bis auf die *Skills* (h.) benötigt man für die folgenden Übungen kein Material.

a. Basisübung *Achtsames Atmen*

Die grundlegendste und zugleich einfachste Übung zur Selbstregulation ist das achtsame Atmen. Dabei nimmt man zunächst den aktuellen Atemfluss achtsam wahr. Dann versucht man die Atmung zu vertiefen, indem man bewusst und langsam durch die Nase in das Zwerchfell bzw. den Bauchraum einatmet, was zunächst eher sympathisch aktiviert, und anschließend ganz langsam und lange durch den Mund wieder ausatmet, was unmittelbar das parasympathische Nervensystem aktiviert. Alternativ kann

---

[568] Zitate: SCHWEITZER/VON SCHLIPPE (2006): *Lehrbuch I*, 312–317.

7.3 Der Schutz-Raum: Methoden und Übungen

man auch nur kurz durch die Nase einatmen, um eine sympathische Aktivierung zu vermeiden, und dann wieder ganz langsam durch den Mund ausatmen. Das Gegenüber selbst kann die für ihn/sie passende Form dieser beiden Varianten des *Achtsamen Atmens* herausfinden.

Das *Achtsame Atmen* lässt sich mit ganz vielen der folgenden Übungen kombinieren und im Grunde bei allen beschriebenen Übungen als einfaches und schnelles Instrument zur Selbstberuhigung einsetzen.

b. *Schmetterlings-Übung* und *EMDR-Verankerung*

Bei der Schmetterlings-Übung nutzt man die beruhigende Wirkung langsamer bilateraler Stimulationen aus dem *Ressourcen-EMDR* (s. Kapitel 6.2.3, b).[569] Dazu überkreuzt man die Arme vor der Brust, das vermittelt bei vielen Menschen das positive Gefühl einer Selbstumarmung. Die Fingerspitzen berühren die linke und die rechte Schulter. Nun kann man mit offenen oder geschlossenen Augen im bilateralen Links-Rechts-Wechsel langsam und sanft mit den Fingerspitzen auf die Schulter tippen (das *Tapping*). Man achtet währenddessen nicht-wertend auf positive und beruhigend-entspannende Veränderungen im Körpergefühl. Wie lange man das machen möchte und in wieviel Durchgängen mit kleinen Pausen dazwischen, kann das Gegenüber nach dem eigenen inneren Gefühl entscheiden. Eine Variante der bilateralen körperlichen Stimulation ist das langsame *Tapping* mit den Fingerspitzen auf die Oberschenkel nahe bei den Knien. Darüber hinaus gibt es viele weitere Varianten, z.B. mit den beiden großen Zehen abwechselnd auf den jeweiligen Untergrund leicht *tappen*. Der eigenen Phantasie sind da keine Grenzen gesetzt. Dadurch kann man die beruhigenden bilateralen Stimulationen auch in nahezu allen Situationen ausführen, auch in Gesellschaft Dritter oder in der Öffentlichkeit, ohne dass jemand etwas bemerkt.

Die *Schmetterlings-Übung* und das *Tapping* auf die Oberschenkel nahe bei den Knien sind in der Regel gemeint, wenn bei den einzelnen Übungen der Hinweis „>>EMDR-Verankerung" steht.

c. *Erdungsübungen*

Erdung bedeutet im wahrsten Sinne des Wortes, mit der Erde bzw. dem Boden unter meinen Füßen bewusst in Kontakt zu treten. Das geht im Prinzip in allen Körperlagen, im Stehen, Sitzen oder Liegen. Man fokussiert dann jeweils auf die entsprechenden Körperteile und -regionen, die in Kontakt mit der Unterlage sind. Im Stehen kann man vielleicht am besten den eigenen Körper in Verbindung zur Erde bringen, konkret mit dem Boden unter den Füßen und metaphorisch der Erde, auf der ich lebe. Man kann ganz stillstehen und wahrnehmen, man kann über den Kopf durch den Körper mit dem Atem gehen und in die Füße und den Boden einfließen lassen. Umgekehrt kann man aus dem Boden bzw. von der Erde etwas Kräftigendes, Heilsames oder Beruhigendes in den Körper aufnehmen und nach oben fließen lassen. Das Prinzip dürfte klar sein und der eigenen Phantasie und der des Gegenübers sind da keine Grenzen gesetzt. Und immer wieder kann man bestimmte Haltungen oder Varianten verstärken mit:
>>*EMDR-Verankerung*

---

[569] „Das körperliche bilaterale Stimulieren wird auch ‚Tapping' genannt und ist ebenso als beruhigende Maßnahme, da sie den Parasympathikus stimuliert, wissenschaftlich nachgewiesen (https://traumatherapie-emdr.eu/emdr/).

d. *Wiege-Übung*

Die Wiege-Übung ist ein Beispiel von „neuen Rhythmen für den Hirnstamm" (Hantke/Görges, 118–121) aus dem „neurosequentiellen Modell von Therapie" (s. Kapitel 2.4.1). Eine Variante ist ein Sich-selbst-Wiegen, z.B. leichte Hin-und-Her-Bewegungen des Oberkörpers in Kombination mit der Schmetterlings-Umarmung. Das kann man auch im Liegen machen, auch zusätzlich eingehüllt in eine warme Decke. Aber auch das Schaukeln in einer Hängematte käme hier in Frage. Prinzip und Vorbild ist das Wiegen des Säuglings im Arm der Mutter. Von daher ergibt sich eine zweite Variante, bei der ein anderer mich wiegt. Im Kontext einer Seelsorgebeziehung und bei einem gegenseitigen Einverständnis darüber, dass körperliche Berührungen seitens des Seelsorgers, der Seelsorgerin prinzipiell für das Gegenüber möglich sind, kann man sich neben das Gegenüber setzen und ihm/ihr die Hand an einer für das Gegenüber angenehmen Stelle auf den Rücken legen. Das allein kann schon genügen zur Beruhigung und Stabilisierung. Ggf. kann man mit der Hand in Absprache sanfte Links-Rechts-Wiegebewegungen machen. Es besteht zusätzlich die Möglichkeit, dem Gegenüber anzubieten, sich mit dem Gewicht des Rückens in die Hand zu legen und die Erfahrung des Gehalten-Werdens zu machen. Auch hier wieder stellt man sich ganz auf die Wünsche, Möglichkeiten und Grenzen des Gegenübers ein.

e. *Achtsames Gehen: Der Pilger-Schritt*

Beim *Pilger-Schritt*, einer von vielen Übungen zum achtsamen Gehen, durchquert man einen Raum, indem man ganz bewusst den Vorgang des Gehens quasi wie in sehr langsamer Zeitlupe und mit voller Aufmerksamkeit auf die einzelnen Bewegungssequenzen vollzieht. Auch kann man im Schritt innehalten und eine Art mehrfachen Wiegeschritt vollziehen, bevor man das Gewicht endgültig auf das vordere Bein verlagert und das hintere Bein anhebt. Auch hier kann man wieder phantasievoll eigene Übungsabläufe kreieren.

f. *Achtsame Körper-Haltungen* und *Achtsame Körperwahrnehmung*

„Der Gemütszustand zeigt sich an der Körperhaltung. Aber die Körperhaltung beeinflusst auch den Gemütszustand", so formuliert Claudia Croos-Müller (2015, 41) das hinter diesen Übungen stehende Prinzip. Man kann das dem Gegenüber an zwei Grundhaltungen demonstrieren: Einmal lädt man das Gegenüber ein, Kopf und Schultern hängen zu lassen und auch noch die Mundwinkel bewusst nach unten zu ziehen und dabei den eigenen „Gemütszustand" zu beobachten. Zum anderen bittet man das Gegenüber, sich bewusst aufzurichten, die Wirbelsäule gerade zu machen, die Schultern aufzurichten und den Kopf anzuheben. Zusätzlich kann man ganz bewusst leicht lächeln. Auch hier soll das Gegenüber wieder den eigenen „Gemütszustand" beobachten. Und man kann jetzt beide Übungen und ihre Auswirkungen miteinander vergleichen. Negative Haltungen bewusst einzunehmen, dient letztendlich nur dem Feststellen von Unterschieden. In der Regel geht es darum, positive, kraftvolle, bestärkende etc. Körperhaltungen einzunehmen. Auch kann man im Seelsorgeprozess erarbeitete positive Veränderungen mit entsprechend dazu passenden positiven Körperhaltungen verknüpfen und dadurch somatisch verankern. So genügt es oft einfach nur, diese bestimmte Körperhaltung einzunehmen, um das neu sich um die Veränderung herum bildende neuronale Netzwerk zu aktivieren und damit die Veränderung in Erinnerung

7.3 Der Schutz-Raum: Methoden und Übungen

zu rufen, ggf. durchzuführen und dadurch neu zu verstärken. Und natürlich kann man all dies immer wieder verstärken mit:
>>EMDR-Verankerung

g. *Re-Orientierung im Hier-und-Jetzt: Die 1-2-3-4-5-Übung*

Diese Übung steht beispielhaft für alle Übungen, bei denen es darum geht, ohne äußere Hilfsmittel, wie z.B. die in h. genannten *Skills*, das Gegenüber mit seiner Aufmerksamkeit wieder ganz im Hier-und-Jetzt zu verorten. Dabei bittet man das Gegenüber zunächst nacheinander je eine Sache in der gemeinsamen Umgebung zu benennen, die man sieht und hört und eine Wahrnehmung bezogen auf den eigenen Körper im Raum (keine Gefühle, sondern z.B. kalte/warme Füße, ein Kribbeln in den Fingern etc.). Beim nächsten Durchgang je zwei solcher Wahrnehmungen, dann drei, dann vier, dann fünf. So verlagert sich die konzentrative Aufmerksamkeit immer stärker in das Hier-und-Jetzt im Raum.

h. *Imaginative Distanzierungstechniken: Die Safe- und die Tresor-Übung*

Bei dieser Übung begibt man sich mit dem Gegenüber auf die Suche nach einem „Zwischenlager" für traumatisches Erinnerungsmaterial, „das sicher ist, aber auch wieder geöffnet werden kann, um das dort Abgelegte im stabilen Zustand anzusehen und endgültig einzuordnen" (Hantke/Görges, 323). Auch hier sind wieder der Phantasie keine Grenzen gesetzt. Die bekanntesten Metaphern sind der Safe bzw. Tresor, in dem man das Erinnerungsmaterial sicher verwahren kann. Es lassen sich aber auch alle möglichen anderen Bilder verwenden (Höhlen, Keller, Orte im Universum etc.).

i. *Triggermanagement und schnelle Hilfe bei Stresszuständen: Die Skills*

Material: Die Skalierungs-Graphik aus dem *Ressourcen-Barometer 1* (s. Schaubild 1) und s. Text

Im Rahmen meines Modells einer traumasensiblen Seelsorge verwende ich den Begriff „Skills" eingeschränkt auf alle materialbasierten Techniken für eine schnelle somato-sensorische Hilfe zur akuten Anspannungs- und Stressreduktion. Im Prinzip kann hier eine große Bandbreite an möglichen Materialien zum Einsatz kommen. Das hinter allen in Frage kommenden Materialien liegende Prinzip besteht darin, einen ausreichend starken somato-sensorischen Gegenreiz zu den aktuell bestehenden Stresszuständen zu setzen. Man kann die einzelnen in Frage kommenden *Skills* mit dem Gegenüber gemeinsam erarbeiten und an der entsprechenden Stresszahl im Ressourcen-Barometer eintragen, dabei orientiert man sich an den fünf Sinneskanälen, und kann sie dann ggf. im Ruhezustand ausprobieren. Hier einige Beispiele zu den einzelnen Sinneskanälen:
Schmecken: Chilischoten, Zitrone, Brausetabletten (ohne Wasser lutschen), scharfe Bonbons ...
Riechen: aversive Gerüche wie Essig, Ammoniak, Kampfer ...; angenehme Gerüche wie Lavendel, Rose ...
Berühren: Gummibänder zum Flitschen, Igelbälle, kantige Gegenstände ...
Hören: laute Musik, laute, schrille, dissonante Töne, Naturgeräusche, aber auch angenehme, beruhigende Musik, Töne, Geräusche ...

Sehen: beruhigende Bilder, Kraftbilder, Wahrnehmungsübungen im Raum ...
Und schließlich körperliche Bewegung wie z.B. Sport, Boxsack ...

7.3.2 Imaginations- und Vorstellungsübungen

a) *Innere sichere Orte und andere heilsame Vorstellungen*

Aus der Vielzahl möglicher *Imaginations- und Vorstellungsübungen* habe ich zur exemplarischen Darstellung diejenigen ausgewählt, mit denen ich selbst am häufigsten in Seelsorge, Beratung und Psychotherapie arbeite. Bei den folgenden Übungen gilt es im Vorfeld mit dem Gegenüber abzuklären, ob für ihn/sie eine Fokussierung auf den Atem oder ausführlicher auf die Wahrnehmung des eigenen Körpers zur Entspannung möglich ist oder eher Ängste auslöst (s. hierzu die Hinweise an den entsprechenden Stellen bei Luise Reddemann). Auch kann man diese Übungen sowohl mit geschlossenen als auch mit offenen Augen durchführen. In letzterem Fall sollte man jedoch auf einen Punkt irgendwo im Raum fokussieren und nicht mit dem Blick hin und her wandern. Für wen das stille Sitzen oder Liegen ein Problem darstellt, kann die Übung im Stehen machen, ggf. an einem Fenster, und den Blick auf einen angenehmen Punkt draußen fokussieren, z.B. ein schöner Baum. Auf jeden Fall sollte man dem Gegenüber behutsam in seinen Möglichkeiten folgen und ihn/sie darin achtsam bestärken und auf keinen Fall etwas forcieren oder erzwingen wollen. Das könnte zu Retraumatisierungen führen. Frei nach Steve de Shazer: Was nicht geht, geht eben nicht, dann muss man etwas anderes versuchen!

Bei diesen Übungen nutzt man mit Hilfe hypnosystemischer Methoden und Techniken die Kraft des Unbewussten und die darin (schon) liegenden Ressourcen und Lösungen. Die konkreten sprachlichen Ausformulierungen sind diejenigen, die ich verwende. Sie sollen als Beispiel und Anregung dienen. Man muss sich nicht sklavisch an jede Formulierung halten, sondern kann mit der eigenen Sprache und eigenen Bildern arbeiten. Wichtig ist immer der Weg und das Ziel, nämlich zur inneren Ruhe zu kommen und heilsame Bilder zu finden, die man in seinem Alltag einsetzen kann zur Selbstberuhigung und Stressreduktion. Wichtig ist auch noch, dass man vor der Übung kurz die abschließende Verankerung mit EMDR erklärt und die Schmetterlings-Haltung bzw. das *Tapping* auf die Knie/Oberschenkel kurz vorführt.

Ich formuliere das am Beispiel des *Inneren Wohlfühlorts* exemplarisch ausführlich aus, bei den anderen Übungen gehe ich nur kurz auf die jeweiligen Bilder und ggf. Besonderheiten ein.

Alle Imaginationsübungen eignen sich sowohl für den Kontext Einzelseelsorge als auch für die Arbeit in der Gruppe.

7.3 Der Schutz-Raum: Methoden und Übungen

a. Vorbereitung auf die eigentliche Imagination

Zum Erreichen eines entspannten körperlichen Zustands kann man die Basisübung *Achtsames Atmen* (s. Kapitel 7.3.1, Punkt a) zur Fokussierung und körperlichen Entspannung nehmen. Das wäre die Kurzform. Danach lädt man ein, die Augen zu schließen und mit der Aufmerksamkeit nach innen in die eigene Vorstellungs- und Phantasiewelt zu gehen (entsprechende Modifikationen bei offenen Augen oder/und Stehen am Fenster). Die ausführliche körperliche Vorbereitung besteht in einer achtsamen Körperwahrnehmungsübung, die ich in etwa so gestalte (*ich wechsle meistens in das therapeutische Übungs-Du, ebenfalls bei Gruppen Du und Singular; die drei Punkte ... stehen für eine kurze Redepause, deren Länge man nach dem eigenen Gefühl gestaltet; die Stimme ist entsprechend im Trance-Modus, d.h. langsam, ziehend, die körperliche Entspannung stimmlich nachvollziehend bzw. positiv suggerierend, insbesondere bei den entsprechenden Schlüsselwörtern wie „entspannen", „loslassen", „zur Ruhe kommen" etc.*):

Nimm eine bequeme und angenehme Körperhaltung ein. Du kannst die Übung entweder im Sitzen machen oder im Liegen (*im Folgenden gehe ich in der Anleitung von einer sitzenden Position aus, wenn jemand liegt, muss man das entsprechend verändern*). Schau, ob alles so passt und sich für Deinen Körper angenehm anfühlt ... Wenn Du magst, kannst Du jetzt Deine Augen schließen ... Dann nimm drei bewusste und tiefe Atemzüge und nimm wahr, wie sich Dein Körper langsam entspannt ... Ich lade Dich jetzt ein, mit Deiner Aufmerksamkeit zu Deinen Füßen zu gehen. Nimm wahr, wie sie den Boden unter Dir berühren. Spüre hin, wie es sich anfühlt, in Kontakt mit dem Boden, mit der Erde zu sein. Nimm wahr, wie es sich für Dich anfühlt, vom Boden unter Dir getragen zu werden ... Nimm alles nur wahr, bewerte es nicht ... Und wenn Dir noch Gedanken durch den Kopf gehen, nimm auch sie einfach nur wahr. Nichts ist im Augenblick wichtig, außer die Entspannung, das Zur-Ruhe-Kommen, das Loslassen ... Dann geh weiter mit Deiner Aufmerksamkeit langsam und achtsam die Unterschenkel hinauf und verweile einen Moment bei Deinen Knien. Nimm wahr, wie es sich anfühlt, auch hier loslassen zu dürfen. Deine Knie müssen im Moment nichts tragen, sie dürfen loslassen und zur Ruhe kommen, entspannen ... Dann geh weiter mit Deiner Aufmerksamkeit die Oberschenkel hinauf ... bis zu der Stelle, wo Dein Körper die Sitzfläche des Stuhls berührt. Nimm wahr, wie es sich anfühlt vom Stuhl getragen zu werden, gehalten zu werden und loslassen zu dürfen. Nimm wahr, wie sich die Entspannung ganz langsam in Deinem Körper ausbreitet, Du zur Ruhe kommst ... Dann geh langsam mit Deiner Aufmerksamkeit den Rücken hinauf, wenn Du magst, kannst Du Dir vorstellen, wie Du bewusst und ganz achtsam, Wirbel für Wirbel hinaufsteigst ... Spüre auch die Lehne Deines Stuhls und lass Dich ganz bewusst fallen, Du weißt ja, Du wirst getragen und darfst loslassen und zur Ruhe kommen ... Spüre, wie die Ruhe und Entspannung sich immer mehr in Deinem Körper ausbreiten ... Wenn Du oben bei Deinen Schultern angekommen bist, dann spüre in Deine Schultern hinein und lass auch hier los. Alles, was auf ihnen so lastet, darf für den Moment abfallen. Deine Schultern dürfen entspannen, befreit aufatmen, loslassen und zur Ruhe kommen ... Dann lade ich Dich ein mit Deiner Aufmerksamkeit zu Deinen Händen zu gehen. Nimm ihre Position wahr, wie sie auf Deinen Oberschenkeln oder in Deinem Schoß ruhen, vielleicht halten sie einander. Und auch Deine Hände, die so viel Tag für Tag tun müssen, dürfen jetzt loslassen, zur Ruhe kommen, entspannen ... Nimm wahr, wie Du mehr und mehr mit Deinem ganzen Körper zur Ruhe kommst und entspannst ... Dann geh weiter mit Deiner Aufmerksamkeit die Unterarme entlang ... die Oberarme hinauf, bis Du wieder bei Deinen Schultern ankommst ... Und spüre hin, wie es sich jetzt in Deinen Schultern anfühlt, wo Du immer

tiefer und tiefer entspannst, zur Ruhe kommst und loslässt ... Dann geh Deinen Nacken hinauf. Wenn Du irgendwo einen Schmerz oder eine Verspannung spürst, dann atme für einen Moment bewusst an diese Stelle, oder sende einen heilsamen und entspannenden Impuls dorthin ... Dann geh weiter mit Deiner Aufmerksamkeit hinauf zu Deinem Kopf. Und auch er darf zur Ruhe kommen und entspannen. Und wenn da noch Gedanken sind, die Dir durch den Kopf gehen, dann stell Dir vor, dass sie wie Wolken am Himmel sind. Und lass sie einfach vorüberziehen, halte sie nicht fest. Nichts ist im Moment wichtig, nur dass Du loslassen darfst, zur Ruhe kommen darfst, entspannen darfst ... Nimm wahr, wie Dein ganzer Körper sich tiefer und tiefer entspannt ... Jetzt lade ich Dich ein, für einen Moment bewusst und achtsam Deinem Atem zu folgen. Wie er in Deinen Körper hineinströmt ... und wieder hinausströmt ... ein ... und aus ... ein ... und aus ... Nun lass Deinen Atem wieder von alleine fließen, Du musst nichts tun, Dein Atmen kommt und geht, und Du darfst loslassen, zur Ruhe kommen, tiefer und tiefer entspannen ... Nun lade ich Dich ein, mit Deiner Aufmerksamkeit nach innen zu gehen in Deine innere Welt der Bilder, Phantasien und Vorstellungen. Eine Welt, zu der nur Du Zugang hast, und in der Du Dir alles vorstellen kannst, was Du willst ...
Es folgt nun eine der folgenden Imaginationen.

b. *Der Innere Wohlfühlort*

Material: Keines

... Stell Dir jetzt einen Ort vor, den nur Du kennst. Es ist ein ganz besonderer Ort. Es ist Dein *innerer Wohlfühlort*. Dein innerer sicherer Ort, Dein Ort des Friedens und der vollkommenen Ruhe, oder wie auch immer Du diesen Ort nennen willst. Es ist ein Ort, den Du vielleicht schon kennst, wo Du vielleicht schon einmal warst. Es kann auch ein Ort sein, den es nur in Deiner Phantasie gibt, irgendwo hier auf der Erde, oder im Himmel, oder in der Weite des Universums. Für manche ist dieser innere Wohlfühlort auch ein Klang, ein Musikstück, oder eine Farbe, alles ist möglich. Wichtig ist nur eines: Dein innerer Wohlfühlort, Dein innerer sicher Ort, oder wie auch immer Du selbst ihn nennst, muss absolut sicher sein. Nur Du hast Zugang zu diesem Ort und niemand sonst. Es sei denn, Du erlaubst das.
Wenn Du einen solchen Ort gefunden hast, dann schau Dich um. Nimm wahr, was Du siehst ... Nimm wahr, was Du vielleicht hörst ... Vielleicht hat Dein innerer Wohlfühlort auch einen Geruch ... oder einen Geschmack ... Nimm alles einfach nur wahr und freue Dich darüber, dass es einen solchen Ort für Dich gibt ... Und prüfe jetzt einmal, ob Dein innerer Ort auch wirklich vollkommen sicher ist, vollkommen friedlich, ein Ort, an dem Du Dich vollkommen wohlfühlen kannst ... Wenn noch etwas fehlt, dann füge es hinzu ... Manchmal braucht es einen Zaun oder eine Mauer ... Manchmal andere Sicherheitsvorkehrungen ... oder einen Graben ... was auch immer Du noch brauchst, um diesen Deinen inneren Ort vollkommen sicher zu machen, füge es hinzu ... Schau, ob jetzt alles passt, sonst verändere weiter ... Und wenn Du magst, kannst Du Tiere an Deinen inneren Ort einladen, oder besondere hilfreiche Wesen, zum Beispiel Schutzengel ... Das kannst Du so machen, wie es für Dich passt. Es ist Dein innerer Ort des vollkommenen Friedens. Vielleicht magst Du auch nur ganz alleine dort sein ... Alles ist gut und alles, was für Dich gut ist, ist in Ordnung ... Wenn dann alles so ist, wie es für Dich passt, dann nimm Deinen inneren Ort in all seinen Facetten noch einmal ganz bewusst und intensiv wahr ... Und vielleicht magst Du diesem Deinem inneren Ort einen eigenen Namen geben ... oder ihn mit einem hilfreichen Satz oder einem Schlüsselwort verknüp-

7.3 Der Schutz-Raum: Methoden und Übungen

fen ... oder einem Symbol ... einer Metapher ... Wenn Du so etwas hast, kannst Du Dir einfach nur dieses Wort sagen, den Satz oder an das Symbol denken bzw. es ganz real in die Hand nehmen, und schon bist Du wieder an Deinem inneren Ort des vollkommenen Friedens und der absoluten Sicherheit ... Es geht aber auch ohne all das ... Und das Schöne ist, ab sofort steht Dir dieser Dein innerer Wohlfühlort, oder wie auch immer Du ihn nennst, immer zur Verfügung. Er ist immer für Dich da und Du kannst Dich, wann immer Du das möchtest, an diesen Ort begeben ... bei Tag und bei Nacht ... in entspannten Momenten, aber besonders auch, wenn es unruhig in Dir ist oder um Dich herum, wenn Du Dich angespannt fühlst, oder Ängste in Dir hochkommen ... dann gehst Du einfach an Deinen inneren Ort und kommst zur Ruhe und fühlst Dich sicher ... und je öfter Du Dich an diesen Ort begibst, umso leichter wird es Dir von Mal zu Mal fallen ... Ich lade Dich jetzt ein, noch einmal Deinen inneren Ort des vollkommenen Friedens und der vollkommenen Sicherheit, oder welchen Namen Du ihm gegeben hast, ganz intensiv in Dir zu spüren und wahrzunehmen, wie sich das in Deinem Körper anfühlt ... vielleicht gibt es in Deinem Körper eine bestimmte Stelle, wo Du dies ganz besonders spürst ... Wenn Du Dich jetzt auf dieses Körpergefühl fokussierst und Deinen inneren Ort noch einmal ganz intensiv wahrnimmst, und an seinen Namen, den Satz oder das Symbol denkst, wenn Du so etwas hast, kannst Du Deine Arme vor der Brust überkreuzen oder Deine Hände auf die Oberschenkel, auf Deine Knie legen und Du beginnst ganz langsam im Wechsel rechts und links zu klopfen ... achte darauf, dass Du langsam klopfst und abwechselnd rechts und links ... Mmh ... Dann halte für einen Moment inne, nimm wahr, was in Deinem Körper passiert ... und dann mache diese langsamen Klopfbewegungen noch einmal ... Mmh ... Dann beende das Klopfen und nimm noch einmal alles wahr, was gerade ist ... Dann bedanke Dich bei Deinem inneren Ort, dass es ihn für Dich gibt, dass er von jetzt an immer für Dich da ist, Du ihn immer aufsuchen kannst, wann immer Du das möchtest, oder es Dir guttun würde ... Und dann verabschiede Dich von Deinem inneren Ort *(die Stimme wechselt aus dem Trance-Modus in den Realitäts-Modus, d.h. sie wird lauter und mit normaler Geschwindigkeit)* und komm langsam zurück in diesen Raum, in dem wir uns gerade befinden, strecke und recke Dich, gähne, öffne langsam wieder Deine Augen und reorientiere Dich; wenn Du magst, kannst Du auch aufstehen und ein wenig umhergehen. Mach das so lange, bis Du wieder ganz und gar im Hier-und-Jetzt in diesem Raum bist, in dem wir (alle/beide) uns befinden.

c. Nachbereitung zu den Übungen:

Man sollte nach der Übung eine Pause machen, falls man weiterarbeiten möchte. Man sollte dann beim Wiederanfangen kurz über die Erfahrungen mit der Übung sprechen. Nicht zerreden, aber zumindest die Gelegenheit geben, sich kurz mitzuteilen, wie die Übung war für das/die Gegenüber, was gut geklappt hat, was vielleicht nicht funktioniert hat. Auf jeden Fall lädt man das/die Gegenüber ein, am Anfang die Übung bewusst regelmäßig zu machen, wie eine Art Training (Muskeln muss man ja auch trainieren), am besten erst einmal, wenn man selbst relativ entspannt ist. Zu einem späteren Zeitpunkt kann man die Übung dann unter Stress anwenden. Wenn die Übung bei jemandem sehr schlecht oder gar nicht geklappt hat, ermutigt man entweder dazu, Geduld mit sich zu haben und es einfach noch weitere Male auszuprobieren, oder man stellt fest, dass die Übung für das Gegenüber nicht passt, das kommt vor und ist normal. Dann überlegt man mit dem Gegenüber Alternativen. Falls man die aktuelle Seelsorgebegegnung mit der Übung beendet, macht man die oben beschriebene Reflexion direkt im Anschluss, hält sie aber so kurz es geht. Abschließend empfiehlt man dem Gegenüber, sich nicht direkt ins Auto oder auf das Fahrrad zu setzen oder sich als Fußgänger in den Straßenverkehr zu begeben, sondern noch eine kleine Weile spazieren zu gehen, bis man wieder voll und ganz da ist.

d. *Der Innere Garten*

Material: Keines

Beim *Inneren Garten* lädt man ein, sich einen Garten oder auch ein noch unkultiviertes Stück Land/Natur vorzustellen. Im Verlauf der Übung wird das Gegenüber eingeladen, sich vorzustellen, aus diesem Fleckchen Erde einen ganz individuellen persönlichen Garten zu gestalten. Das Gegenüber kann seiner Phantasie freien Lauf lassen. Wichtig ist es, mit der Metapher vom Er-Blühen und Er-Grünen o.ä. zu arbeiten, um so eine mögliche positive Entwicklung auch für das weitere eigene Leben hypno-systemisch zu suggerieren und dafür zu bestärken und zu ermutigen. Besonders eindrücklich wird es dann, wenn das Erstbild des Gegenübers, das man sich auch kurz beschreiben lassen kann, eher wüst und leer ist. Dann bekommt das anschließende Erblühen einen noch größeren Kontrast und Wirkung. Man kann auch mit einem solchen wüsten Stück Land als Vorgabe beginnen und dieses Land dann nach und nach zum Erblühen bringen lassen.

Am Ende der Übung kann man wieder mit einem Wort, Satz oder (Real-)Symbol und der Stelle im Körper arbeiten und alles insgesamt mit EMDR verankern.

e. *Die Inneren Helfer*

Material: Keines

Bei den *Inneren Helfern* geht es darum, ressourcenreiche innere Figuren zu finden und zu verankern. Das sollten in der Regel keine realen Personen sein, da bei denen immer auch die Möglichkeit einer menschlichen Enttäuschung vorkommen kann, egal wie zugewandt und liebevoll sie dem Gegenüber immer begegnen. Eine Ausnahme wäre z.B. eine verstorbene Großmutter oder ein verstorbener Großvater, zu der/dem eine nur positive Beziehung realiter bestand. Diese kann man dadurch noch verstärken und idealisieren, indem man diesen Menschen sozusagen aus der himmlischen Sphäre engelsgleich agieren lässt. Ansonsten nimmt man idealisierte Wesen, z.B. (Schutz-)Engel, ideale Mutter-/Vater-Figuren, Tiere oder was die Phantasie des Gegenübers sich auszumalen vermag.

Am Ende der Übung kann man wieder mit einem Wort, Satz oder (Real-)Symbol und der Stelle im Körper arbeiten und alles insgesamt mit EMDR verankern. Man kann auch dazu einladen, nach der Übung ein Bild/Bilder von den vorgestellten Wesen zu malen oder sich Fotos und Figuren etc. zu besorgen. Oder auch einen magischen Stein, den man mit dem *Inneren Helfer* verbindet. Auch hier darf sich die Phantasie von Gegenüber und seelsorglichem/r Begleiter/in frei und unbegrenzt im Rahmen der prinzipiellen Ressourcenhaftigkeit entfalten.

7.3 Der Schutz-Raum: Methoden und Übungen

f. Die Baum-Übung

Material: Keines

Bei der *Baum-Übung* stellt man sich z.B. eine wunderschöne grüne Wiese vor, auf der ein ganz besonderer Baum steht: mein ganz persönlicher Baum. Man lädt das Gegenüber dann ein, sich langsam und bewusst auf diesen Baum zuzubewegen und ihn dabei zunächst quasi von außen wahrzunehmen. Dabei achtet man darauf, alle Sinneskanäle anzusprechen. Das kann man entsprechend ausgestalten. Man achtet darauf, dass es ja ganz unterschiedliche Bäume sein können, die sich jemand vorstellt. Ggf. lässt man sich kurz die Art des Baums (Laubbaum, Nadelbaum etc.) benennen, um die Übung individuell anpassen zu können.

In einem nächsten Schritt lädt man dazu ein, mit dem Baum zu verschmelzen, in den Baum hineinzutreten, ein Teil des Baums zu werden. Für wen diese Vorstellung seltsam ist, kann einfach nahe vor dem Baum stehen bleiben oder in einer Umarmung mit ihm verharren. Dann lässt man das Gegenüber die tief in die Erde gehenden Wurzeln, die sich weit in den Himmel reckenden Äste usw. imaginieren. Dann geht man die Jahreszeiten durch und was ein Baum saisonal so erlebt. Wichtig ist bei alledem, dass ein Baum, egal was drumherum passiert, fest in der Erde verwurzelt ist, er quasi den Stürmen des Lebens unerschütterlich standhält; Metaphern und Bilder also, die dem Gegenüber helfen soll, die eigenen Standfestigkeit zu (ver-)stärken und bewusst (weiter-)zuentwickeln.

Danach lädt man das Gegenüber ein, sich etwas vorzustellen, was man jetzt in diesem Moment, im gerade aktuellen Leben, an einer besonderen Nahrung für sich bräuchte. Diese Nahrung kann von körperlicher, geistiger, emotionaler usw. Art sein. Wenn man die Nahrung, das Nährende gefunden hat, lädt man das Gegenüber ein, diese Nahrung jetzt von dem Baum bzw. über den Baum vermittelt zu bekommen. Sei es durch die Wurzeln aus der Erde oder/und über die Blätter, Zweige und Äste aus dem Himmel. Das Nähren sollte so anschaulich und bildhaft-konkret sein wie möglich. Auch hier kann man das wieder körperlich und mit EMDR verankern und verstärken. Nach dem Nähren löst man sich wieder von seinem Baum und tritt ihm wieder mit einem Abstand gegenüber, bedankt sich bei ihm und verabschiedet sich von ihm. Der Seelsorger, die Seelsorgerin weist darauf hin, dass das Gegenüber jederzeit zu seinem/ihrem Baum zurückkehren kann, um sich wieder nähren zu lassen.

g. Der Innere Tempel/das Innere Heiligtum/der Innere Heilige Ort

Material: Keines

Bei dieser Übung, einer bewusst spirituellen bzw. religiösen Variante der Imaginationsübungen, steht die Vorstellung eines inneren heiligen Ortes im Mittelpunkt. Man kann reale Orte des Gegenübers aufgreifen, sofern sie absolut unantastbar sind durch negative Einflüsse. Man kann Gebäude imaginieren lassen, oder heilige Orte in der Natur (z.B. die Wüste, der Ginsterstrauch und der Gottesberg Horeb in 1 Könige 19, oder der Berg Tabor, Ort der Verklärung Jesu in Lukas 9,28-36). Es können vorgestellte Orte der Gottesbegegnung sein, aber auch Orte im Himmel oder in der Trinität, die ja ihrerseits ein absolut sicherer und auch ein Beziehungsort ist. Man kann dabei auch auf weitere biblische Geschichten oder die Psalmen zurückgreifen. Man kann dies im Vorfeld auch mit dem Gegenüber überlegen und dann die vorgestellten Orte in der Imagination körperlich-seelisch verankern. Diese Übung eignet sich auch sehr gut für Menschen, die nicht dezidiert christlich sind, sondern entweder einer anderen Religion angehören oder sich eher dem Buddhismus zugewandt fühlen. Im Rahmen einer christlichen Seelsorge kann man diese Übung entsprechend der konfessionellen Beheimatung des Gegenübers und den darin zu findenden jeweiligen Vorstellungen und Bildern von heiligen oder besonderen spirituellen Kraftorten anpassen.

b) *Zukunftsorientierte Vorstellungen*

a. Vorbereitung auf die eigentliche Imagination und deren Nachbereitung

S.o. Punkt a), a. und c.

b. *Der Besuch bei mir in der Zukunft*

Material: Keines

Bei dieser Übung lädt man das Gegenüber sozusagen zu einer Zeitreise ein. Man kann je nach Ausgangslage oder aktuellem Thema in der Seelsorge unterschiedliche Zeiträume wählen, z.B. das Gegenüber in einem Jahr, in fünf Jahren oder in 15 Jahren oder mit 70 Jahren. Bei der eigentlichen Imagination geht es darum, sich, so konkret es geht, vorzustellen, wie man in dem genannten Zeitraum leben wird. Also, wie und wo man wohnt; welche Menschen es da (noch oder neu) gibt; wie man arbeitet (oder auch nicht mehr) usw. Das heutige Ich besucht das zukünftige Ich quasi ganz real. Man geht durch die Straße, in der das zukünftige Ich wohnt, steht vor dem Haus und/oder der Wohnung, geht in das Haus/die Wohnung hinein, wird von seinem zukünftigen Ich begrüßt, durch die Wohnung geführt. Man kann sich setzen und sich unterhalten und dabei sich erzählen lassen, wie das zukünftige Ich lebt, was ihm wichtig ist, was es denkt und fühlt etc. Man kann auch miteinander nach draußen gehen zu einem Spaziergang, usw. Auch hier kann man der Phantasie freien Raum lassen. Schließlich erhält das heutige Ich von seinem zukünftigen Ich ein Geschenk, eine besondere Ressource. Das kann ein Wort oder Satz, eine Geste, ein Gegenstand, ein Symbol o.ä. sein, was auch immer aus dem Unbewussten auftaucht. Dies nimmt das heutige Ich mit in sein aktuelles Leben als eine Ressource für das, was da gerade ansteht oder gebraucht wird. Das Geschenk, die Ressource kann man am Ende der Übung bzw. nach dem Re-Orientieren noch einmal sich genau vorstellen lassen und dann mit EMDR verankern und verstärken.

c. *Der Besuch bei meinem hundertjährigen Ich*

Material: Keines

Das *hundertjährige Ich* ist ein sehr alter und sehr weiser Mensch mit ganz viel Lebenserfahrung und einer abgeklärten Sicht auf die Dinge dieser Welt. Man begegnet diesem inneren Anteil der eigenen Persönlichkeit (auch als *Ego-State* vorstellbar und einsetzbar, s. Kapitel 6.2.3, b und 7.5.4) an einem ganz besonderen Ort. Das kann ein ebenso alter und ehrwürdiger Baum sein mit einer Bank darunter, oder ein verwunschener Garten, eine besondere Hütte, oder ein hoher Berg, oder ein einsamer naturgewaltiger und Millionen von Jahren alter Gletscher etc. Man kann hier ggf. vom Gegenüber schon genannte besondere Orte aufgreifen und entsprechend integrieren.

7.3 Der Schutz-Raum: Methoden und Übungen

Während des Besuches beim hundertjährigen Ich kann man miteinander ins Gespräch kommen, aber auch schweigend die Energie des weisen Ichs in sich aufnehmen. Das Gegenüber kann dem hundertjährigen Ich eine Frage oder ein Problem vorlegen, für das man um eine Lösung bittet oder einen Weg, den man einschlagen könnte. Am Ende des Gesprächs erhält man in jedem Fall wie in Übung b. ein Geschenk (s. dort). Der Abschluss ist auch wie in Übung b.

Nutzt man diese Imagination auch für die Arbeit mit *Ego-States*, so kann man dieses hundertjährige Ich zu den anderen *Ego-States* hinzugesellen. Dieser *Ego-State* eignet sich sehr gut als abgeklärter Beobachter oder weise Ratgeberin.

c) *Die Pendel-Übung*

Material: Keines

Ausgangspunkt dieser Übung ist ein *Innerer Wohlfühlort* oder eine andere als angenehm, beruhigend und entspannend empfundene innere Vorstellung. Diese lässt man das Gegenüber imaginieren und eine Weile in diesem angenehmen Zustand verharren. Dann bittet man das Gegenüber, sich ein belastendes Ereignis aus der jüngeren Vergangenheit oder etwas noch aktuell Bestehendes auszusuchen. Auf einer Belastungsskala sollte das Ereignis zwischen 60 und 70 liegen, nicht höher. Beim ersten Mal einer Arbeit mit dieser Übung nimmt man auch keine explizit traumatischen Erinnerungen. Wenn das Gegenüber etwas gefunden hat, bittet man darum, kurz in dieses belastende Ereignis einzutauchen, um es anzutriggern. Dabei soll das Gegenüber auf dem *Ressourcen-Barometer* das Ansteigen des inneren Belastungsgrades wahrnehmen. Nach diesem nicht zu lang gehaltenen Antriggern blendet das Gegenüber die Erinnerung aus und geht in der Vorstellung wieder zurück an den *Inneren Wohlfühlort*. Man verweilt dort, bis die Belastung wieder abgesunken ist. Dann erklärt man dem Gegenüber, dass man nun mehrere Male in der Vorstellung zwischen diesen beiden gedanklichen „Orten" hin- und herpendeln werde. Bei der belastenden Vorstellung zählt der Seelsorger abwärts von 5 auf 1 (nicht zu langsam zählen) und fordert bei 1 das Gegenüber auf, wieder zurück in die angenehme Vorstellung zu gehen. Nach einem kurzen Verweilen in dieser Vorstellung – lange genug, damit sich die innere Erregung wieder legen kann – bittet man das Gegenüber, wieder in die belastende Vorstellung zu gehen, die Seelsorgerin zählt wieder von 5 bis 1, das Gegenüber geht zurück in die angenehme Vorstellung. Das wiederholt sich mehrere Male. Dabei beobachtet der Seelsorger genau die körperlichen Reaktionen seines Gegenübers. Wenn er das Gefühl hat, dass das Gegenüber insgesamt ruhiger und entspannter wirkt – auch wenn es sich in der belastenden Vorstellung befindet – beendet er die Übung. Anschließend lässt man sich die Wahrnehmungen während der Übung vom Gegenüber beschreiben. In der Regel wird von einem stetigen Rückgang des Belastungsgrads während der belastenden Vorstellung berichtet. Oftmals auch trüben sich die inneren Bilder von dem belastenden Ereignis ein oder verwischen, werden unscharf.

Man erklärt dem Gegenüber das Prinzip des *Pendelns* und des *Dualen Aufmerksamkeitsfokus* (s. Kapitel 2.4.1) und verstärkt das Gefühl, Kontrolle über das eigene Erleben und den somato-psychischen Umgang mit belastenden Erinnerungen zu haben. Abschließend lädt man das Gegenüber ein, das *Pendeln* in den eigenen Alltag zu integrieren und in akuten Belastungszuständen anzuwenden.

7.3.3 Methoden und Übungen zur Affekt- und Emotionsregulation

In einer neueren amerikanischen Studie ist von 27 „states of emotions" (Gefühlszustände) die Rede (s. Kapitel 6.2.2, b). Eine Liste mit diesen 27 *states* dient mir als Orientierung für die Erarbeitung der konkreten Gefühle beim Gegenüber. Zum einen zeigt sie, dass es eine Vielzahl an Gefühlszuständen gibt, zum anderen kann das Gegenüber im Seelsorgeprozess mit Hilfe der Liste den eigenen, manchmal diffusen Gefühlszuständen Namen geben. Im Folgenden stelle ich exemplarisch meine Standardmethode zur Affekt- und Emotionsregulation dar.

> Material: Liste der 27 „states of emotions" in eigener Übersetzung (s.u.), weißes Papier A4/A3, bunte Stifte
>
> 0. Vorbemerkung: Seelsorger/innen sollen bei der Arbeit insofern in besonderer Weise auf ihre Sprache achten, als die Situationsabhängigkeit und die individuelle subjektive Konstruiertheit von jeweils empfundenen Gefühlen immer wieder sprachlich betont wird. Durch diese hypno-systemische Suggestion kann man die aufgrund der belastenden und traumatischen Erlebnisse oft zu findende Vorstellung beim Gegenüber aufweichen, Gefühle seien etwas Unkontrollierbares.
> Die folgende Methode kann durchaus mehrere Sitzungen in Anspruch nehmen bzw. man arbeitet Sitzung für Sitzung nur an einem einzigen Gefühl und der anschließenden konkreten Umsetzung von Veränderungen im Alltag.
> 1. Ich lege dem Gegenüber meine Liste der 27 Gefühlszustände vor. Ich bitte ihn/sie zunächst einmal, daraus die für ihn/sie wichtigsten (!) Gefühle auszuwählen, die er/sie bei sich kennt. Anschließend soll er/sie für jedes der vom ihm/ihr benannten bzw. ausgewählten Gefühle ein eigenes Blatt im Querformat anlegen und in die Ecke oben links jeweils den Namen des jeweiligen Gefühls schreiben. Dann bittet man das Gegenüber, sich für jedes dieser Gefühle an eine Situation zu erinnern, in der das jeweilige Gefühl sehr stark ausgeprägt war. Die Erinnerung wird mit einem Stichwort jeweils neben das dazugehörende Gefühl auf den einzelnen Blättern eingetragen und in ihrer Gefühlsstärke auf einer daneben aufgezeichneten Skala von 0 bis 10 skaliert. Den Wert trägt man ein. Hinzu kommt eine Einschätzung, ob das jeweilige Gefühl als subjektiv positiv und belastungsfrei oder negativ und belastend eingeschätzt wird. Dies codiert man mit + und -, je nachdem wie stark positiv und negativ das Gegenüber es einschätzt, macht man 1 bis 3 + oder -.
> 2. Nun zeichnet man unter die konkrete und skalierte Beispielsituation eine zweite, ausreichend lange Leer-Skala von 0 bis 10. Und darunter weitere neun solcher Skalen und markiert in Farbe von oben nach unten den jeweils nächsten Zahlenwert, also in der ersten Skala die „0", in der zweiten die „1" usw., dabei lässt man den bereits skalierten Zahlenwert für die Beispielsituation aus. Die Abstände zwischen den einzelnen Linien müssen groß genug sein, dass man Stichworte eintragen kann. Das macht man für alle neun Gefühle.
> 3. Nun geht man Gefühl für Gefühl durch und bittet das Gegenüber für jeden einschrittigen Zahlenwert von 0 bis 10 (außer dem jeweils schon besetzten Wert) eine Beispielsituation aus dem eigenen Leben zu finden, in der das jeweilige Gefühle in der dem jeweiligen Zahlenwert entsprechenden Stärke bzw. Schwäche ausgeprägt war. Falls

7.3 Der Schutz-Raum: Methoden und Übungen 247

man keine echte biographische Situation findet, stellt man sich eine passende mögliche Situation vor. Ebenfalls codiert man die Gefühlsintensität mit den 1 - 3 +/-.
4. Am Ende legt das Gegenüber alle einzelnen Blätter vor sich und der Seelsorger macht mit Blick auf die sehr ausführlichen und sehr differenzierten individuell erarbeiteten Listen das Gegenüber darauf aufmerksam, wie differenziert das menschliche Gefühlsleben ist. Anschließend versucht man herauszuarbeiten, was die Unterschiede macht in den einzelnen Gefühlsintensitäten. Die so gefundenen individuellen Erlebens- und Verhaltensmuster werden ebenfalls mit Stichworten unter die jeweiligen Skalen rechts oder links von dem dort jeweils eingetragenen Ereignis notiert.
5. Nun versucht man gemeinsam mit dem Gegenüber, in den einzelnen Erlebens- und Verhaltensmustern übergreifende Muster herauszuarbeiten, z.B. bei als sehr positiv empfundenen Erlebnissen waren andere wichtige Menschen dabei, oder bei als sehr negativ empfundenen Erlebnissen ging es oft um persönliche Kränkungen oder Abwertungen der eigenen Person. Die dazu gehörenden typischen Erlebens- und Verhaltensmuster waren ... *konkret vom Gegenüber beschreiben lassen* ... und anschließend schriftlich festhalten.
6. Mit Hilfe konkreter einzelner Situationen aus den hohen Negativbereichen fragt man nun das Gegenüber danach, welche Ressourcen, Fähigkeiten, Stärken etc. er/sie bräuchte, um das Erlebte nicht mehr als so negativ und belastend zu empfinden. Man fragt skalierend weiter, was das Gegenüber bräuchte, um z.B. von 9 auf 8 zu kommen. Bei der Suche nimmt man die für die als positiv erlebten Gefühlssituationen herausgearbeiteten Erlebens- und Verhaltensmuster hinzu. Oft liegen darin wichtige Ressourcen etc. für den Umgang mit als negativ und belastend empfundenen Gefühlssituationen.
7. Methodisch kann man auch für einzelne besonders belastende Situationen bzw. Muster das in Kapitel 7.5.2 beschriebene *Ressourcen-EMDR* mit einsetzen. Überhaupt können manche der in den anderen Kapiteln dargestellten Methoden, Übungen und Techniken als Ressourcen zum Einsatz kommen.
8. Man operationalisiert die neu zu erlernenden oder zur Anwendung kommenden Erlebens- und Verhaltensmuster. Das Gegenüber wird nun ermutigt und beauftragt, diese neuen Muster in seinem Alltag auszuprobieren und die Erfahrungen damit schriftlich festzuhalten. Diese Erfahrungen und das schriftliche Material werden dann in den jeweils nächsten Sitzungen durchgearbeitet, ggf. modifiziert, verstärkt etc.
9. Der ganze oben beschriebene Arbeits- und Erprobungsprozess kann über einen längeren Zeitraum laufen und in immer neuen Schleifen bearbeitet werden.

Anhang: Die Liste mit den 27 „states of emotions"/Gefühlszuständen:
admiration – Bewunderung; adoration – Verehrung; aesthetic appreciation – ästhetische Wertschätzung; amusement – Vergnügen/Belustigung/Spaß; anger – Ärger/Wut/Zorn; anxiety – Angst/Ängstlichkeit; awe – Ehrfurcht/Scheu; awkwardness – Befangenheit/Verlegenheit; boredom – Langeweile; calmness – Ruhe/Gelassenheit; confusion – Verwirrtheit/Bestürzung; craving – Verlangen/Begierde/Sehnsucht; disgust – Ekel; empathic pain – mitfühlender Schmerz/Kummer; entrancement – Verzückung; excitement – Aufregung/Erregung/Nervosität; fear – Furcht/Angst; horror – Schrecken/Entsetzen; interest – Interesse; joy – Freude/Glück; nostalgia – Nostalgie/Heimweh/Sehnsucht nach Vergangenem; relief – Erleichterung; romance – Romantik/romantische Gefühle; sadness – Traurigkeit/Trauer; satisfaction – Zufriedenheit/Be-

hagen; sexual desire – sexuelle(s) Verlangen/Lust/Begierde; surprise – Überraschung/ Erstaunen (Quelle s. Kapitel 6.2.2., b, FN 447).

7.3.4 Methoden und Übungen zur Ressourcenanamnese und -aktivierung

Die folgenden Methoden und Übungen haben eine unterschiedlich starke erlebnisaktivierende Kraft, sodass man je nach Stabilität des Gegenübers mehr oder weniger distanzierende Methoden und Übungen wählen kann. Alle aufgeführten Übungen können auch mit den entsprechenden Anpassungen und Vorsichtsmaßnahmen im Gruppensetting durchgeführt werden.

a) Diagramme und Tabellen

a. *Ressourcen- und Belastungsdiagramm*

Material: Weißes Papier A4 oder A3, Lineal, schwarzer Stift ggf. Buntstifte

Falls das Gegenüber keine eigene Form für sich entwickeln will, kann man wie folgt vorgehen. Für das *Ressourcen-Diagramm* zieht man im oberen Drittel des Blattes eine horizontale Linie und markiert am linken Ende den Punkt der Geburt, ggf. notiert man das Geburtsdatum, und am rechten Ende das aktuelle Datum zum Zeitpunkt der Erstellung des Diagramms. Dazwischen teilt man die Linie in die folgenden Zeitabschnitte ein: 0-6 Jahre, 6-10 Jahre, dann jeweils in 10-Jahresabschnitte. Da die Erfahrungen in den ersten Lebensjahren in besonderer Weise prägend sind, erfolgt hier eine feinere Einteilung. Bei der Arbeit mit Kindern, Jugendlichen und jüngeren Erwachsenen kann man entsprechend kleinere Zeitabschnitte wählen.
Falls man mehr Platz haben möchte, kann man auch mehrere Bögen Papier verwenden und pro Bogen einen bestimmten Zeitabschnitt wählen. Dann lädt man das Gegenüber ein, in der Vorstellung an den Punkt der Geburt zurückzugehen und von da aus sich Lebensabschnitt für Lebensabschnitt vorzustellen und sich an gute, positive, stärkende etc. Ereignisse, Situationen und Erlebnisse zu erinnern und die darin liegenden und darin erworbenen Ressourcen, Stärken, Fertigkeiten etc. zu benennen und in das Diagramm an der entsprechenden Stelle von oben nach unten einzutragen.
Wenn das Diagramm fertig ist, kann man die einzelnen Ressourcen etc. durchgehen und danach fragen, was im Hier-und-Heute und auch mit Blick auf die Zukunft wichtige und hilfreiche Ressourcen sein könnten. Dann kann man fragen, welche der genannten Ressourcen einem aktuell in welchem Maß zur Verfügung stehen (Skalierung von 0-10) und welche Ressourcen man bewusst (re-)aktivieren und verstärken muss und mit welchen konkreten Schritten das gelingen könnte (Skalierung und Operationalisierung der einzelnen Schritte). Bereits vorhandene Ressourcen kann man verstärken mit:
»*EMDR-Verankerung*

Das *Belastungs-Diagramm* dient zu einer ersten Übersicht über belastende lebensgeschichtliche Ereignisse, Erlebnisse und Situationen traumatischer und nicht-traumatischer Natur. Diese werden auf die gleiche Weise gesammelt und aufgelistet wie beim

7.3 Der Schutz-Raum: Methoden und Übungen

Ressourcen-Diagramm, allerdings ohne eine inhaltliche Vertiefung. Es geht um eine Betrachtungsweise aus einer sicheren Distanz heraus. Beim Sammeln ist immer auf eine ausreichende Stabilität des Gegenübers zu achten und ein zu intensives Wiedererinnern und Antriggern zu vermeiden bzw. wenn es passiert, gegenzusteuern mit Hilfe der Übungen aus Kapitel 7.3.1 – 7.3.2.

b. Die *Stärken-Tugenden-Biographie*

Material: Graphische Ausfülltabelle, s. Schaubild 2

Für die *Stärken-Tugenden-Biographie* verwende ich eine eigene Ausfülltabelle (s.u.). Man gibt sie am besten dem Klienten mit und lässt sie/ihn diese in Ruhe zuhause ausfüllen. Die einzelnen Stärken und Tugenden werden bei dieser Übung vorgegeben, was es für manches Gegenüber einfacher macht. Es handelt sich um Eigenschafts-Ressourcen, die den Empfehlungen aus der Positiven Psychologie folgen (s. Croos-Müller und Esch). Nachdem man die Tabelle besprochen hat, kann das Gegenüber sie vor sich legen und dabei leicht lächeln und wenn möglich eine innere Haltung von Stolz, Dankbarkeit, Freude oder Selbstwertschätzung einnehmen. Dann folgt:
>>EMDR-Verankerung

Meine Stärken- und Tugenden-Biographie (nach Croos-Müller*)   Copyright: Ralph Kirscht

Alter/Bereich	Kind	Teenager	Vor 10 - 15 Jahren	Heute	In 1 - 10 Jahren
Weisheit und Wissen • Neugier, Interesse für die Welt • Lerneifer • Urteilskraft, kritisches Denken, Aufgeschlossenheit • Einfallsreichtum, Originalität • Praktische Intelligenz • Soziale Intelligenz • Persönliche Intelligenz (das Verstehen eigener Gefühle und Verhaltens) • Emotionale Intelligenz • Weitblick					
Humanität und Liebe • Freundlichkeit • Großzügigkeit • Fähigkeit zu lieben und sich lieben zu lassen					
Mut • Tapferkeit • Zivilcourage • Durchhaltekraft • Fleiß • Gewissenhaftigkeit • Integrität • Echtheit, Authentizität • Ehrlichkeit, Lauterkeit					

*Quelle: C. Croos-Müller, *Kraft*, München ³2015, 22-27 (die Übung wurde von der Autorin in Anlehnung an die Positive Psychologie und Martin Seligman entwickelt).

Meine Stärken- und Tugenden-Biographie (nach Croos-Müller*)   Copyright: Ralph Kirscht

Alter/Bereich	Kind	Teenager	Vor 10 - 15 J.	Heute	In 1 - 10 Jahren
Gerechtigkeit • Gemeinschaftssinn • Pflichtgefühl, Loyalität • Fairness, Ausgleich • Fähigkeit der Menschenführung					
Mäßigung • Selbstkontrolle • Klugheit, Besonnenheit, Vorsicht • Demut, Bescheidenheit					
Transzendenz • Sinn für Schönheit, Vortrefflichkeit • Dankbarkeit • Hoffnung, Optimismus • Zukunftsbezogenheit • Spiritualität, Gefühl für Lebenssinn, Glaube, Religiosität • Fähigkeit zu vergeben und Gnade walten zu lassen • Spielerische Leichtigkeit, Humor • Begeisterung, Leidenschaft, Enthusiasmus					

*Quelle: C. Croos-Müller, *Kraft*, München [3]2015, 22-27 (die Übung wurde von der Autorin in Anlehnung an die Positive Psychologie und Martin Seligman entwickelt).

Schaubild 2 - Die *Stärken-Tugenden-Biographie*

b)   Timelines

Die Arbeit mit verschiedenen *Timelines* ist ein Kernstück meines methodischen Inventars, daher nimmt ihre Darstellung einen ausführlicheren Raum ein. Alle Varianten der *Timelines* nutzen in besonderer Weise das in Kapitel 1.3.3 und 1.3.4 formulierte Prinzip *leibhaftiger Erfahrungen im expliziten und impliziten Funktionsmodus*. Die einzelnen *Timeline*-Varianten kommen zu unterschiedlichen Zeitpunkten und Stadien und damit auch in unterschiedlichen *Wandlungs-Räumen* im Seelsorgeprozess zur Anwendung. Dennoch stelle ich um der Systematik der Methode willen alle Varianten in diesem Kapitel vor. In Kapitel 6.2 finden sich die unterschiedlichen Einsatzbereiche beschrieben.

a. *Basisvarianten für alle Timelines*

Material: Gymnastik-/Spielseil(e) (2-3 Meter), dicke Schnur, längere dicke Schnürsenkel, weißes Papier A4, A3 oder Zeichenblockpapier, Karteikarten (A6 und kleiner, ggf. teilen), Post-Its in verschiedenen Größen und Farben, schwarzer Stift und Buntstifte; symbolhafte Gegenstände, (Erinnerungs-)Fotos etc. (s. u.).

Variante 1 - *Timeline* auf dem Papier: Anders als beim ähnlichen *Ressourcen-Diagramm* zeichnet der Klient/die Klientin keine gerade Zeit-Linie, sondern eine Lebens-Linie in der Form, wie er/sie sich den Verlauf seines/ihres bisherigen Lebens vorstellt. Diese

7.3 Der Schutz-Raum: Methoden und Übungen

gezeichnete *Timeline* wird anschließend ebenfalls in einzelne Zeitabschnitte eingeteilt: 0-6 Jahre, 6-10 Jahre, 10-20 Jahre und weiter in 10-Jahresabschnitten. Bei Kindern, Jugendlichen und jüngeren Erwachsenen kann man entsprechend kleinere Zeitabschnitte wählen. Diese Variante sollte nur für die einfache und die Duale Timeline gewählt werden.

Variante 2 - *Timeline* mit Schnur/Schnürsenkel auf dem Tisch: Im Prinzip erfolgt die Anlage der Lebens-Linie wie bei Variante 1, nur das man eine Schnur/einen Schnürsenkel auf einem Tisch in der entsprechenden Form auslegt. Die einzelnen Zeitabschnitte markiert man mit Karteikarten oder Post-Its und den Altersangaben.

Variante 3 - *Timeline* mit Gymnastik-/Spielseil(e) auf dem Boden im Raum: Bei dieser Variante wird die Lebens-Linie mit einem dickeren Seil auf dem Boden im Raum ausgelegt und in die entsprechende Form gebracht. Die einzelnen Zeitabschnitte können ebenfalls wieder mit Karteikarten oder Post-Its markiert werden. Diese Variante ermöglicht ein Sich-Bewegen entlang der eigenen Lebens-Linie, was über die Körperebene eine stärkere Aktivierung des somato-psychischen Erlebens ermöglicht. Hier gilt es besonders auf die Stabilität und Belastbarkeit des Gegenübers zu achten.

b. *Einfache Timeline*

Material: s.o.

Die *Einfache Timeline* kommt zunächst bei der *Ressourcenanamnese* zum Einsatz. Man kann unter Verwendung einer der drei oben genannten Varianten die ausgelegte und in Zeitabschnitte eingeteilte Lebens-Linie entlanggehen (gedacht oder tatsächlich gehend) und in die einzelnen Zeitabschnitte eintauchen und positive, stärkende etc. Erlebnisse und Situationen benennen. Man schreibt ein kurzes Stichwort auf eine Karteikarte, Post-It o.ä. und notiert darunter die Ressource(n), die man durch dieses Ereignis erworben hat. Die Karte legt man dann an ihren chronologischen Platz. Das Gegenüber entscheidet, wieviel es jeweils von den einzelnen Situationen und den Ressourcen erzählen möchte. Anstelle der Karten oder in Kombination mit ihnen kann man für die einzelnen Ressourcen auch symbolhafte Gegenstände, Bilder, Fotos (auch aus der eigenen Lebensgeschichte) wählen und entlang der *Timeline* legen. Wenn die *Timeline* mit den Ressourcen fertig ist, nimmt man die Vogelperspektive ein und betrachtet den eigenen Ressourcen-Reichtum („Wow-Effekt"). Es erfolgt, wenn möglich:
>>EMDR-Verankerung
In einem nächsten Schritt kann man – wie bei der Diagramm-Form (7.3.4, a) – die einzelnen Ressourcen etc. durchgehen und danach fragen, was im Hier-und-Heute und auch mit Blick auf die Zukunft wichtige und hilfreiche Ressourcen sein könnten. Sei es für die Stabilisierung, sei es für die Bewältigung des Alltags oder welche Fragestellung im aktuellen Seelsorgeprozess gerade Thema ist. Dann kann man fragen, welche der genannten Ressourcen dem Gegenüber aktuell in welchem Maß zur Verfügung stehen (Skalierung von 0-10) und welche Ressourcen man bewusst (re-)aktivieren und verstärken muss und mit welchen konkreten Schritten das gelingen könnte (Skalierung und Operationalisierung der einzelnen Schritte). Bevor man die *Timeline* wieder auflöst, empfehle ich ein Foto von ihr als Erinnerungsanker zu machen.
Um die eigenen Ressourcen aufzubewahren, kann man sie in einem Umschlag verwahren oder in ein persönlich gestaltetes Behältnis tun bzw. sie an eine Pinnwand hängen,

um sie immer im Blick haben zu können. Wie bei allen festgehaltenen und aufbewahrten Ressourcen dienen diese als Hilfen für aktuelle Situationen, in denen es Ressourcen zur Bewältigung braucht (natürlich auch im Rahmen des Seelsorgeprozesses). Man kann so auf eine mehr oder weniger reichhaltige Sammlung als medial verankerte Erinnerungsstütze zurückgreifen.

Auch für die Belastungs- und Traumaanamnese kann man die *Einfache Timeline* verwenden. Dabei geht man im Prinzip wie bei der Ressourcenanamnese vor, allerdings achtet die Seelsorgerin darauf, dass das Gegenüber nicht zu tief in die jeweiligen Erinnerungen eintaucht. Die einzelnen belastenden und die traumatisierenden Ereignisse und Situationen werden nur benannt, auf Karteikarten o.ä. notiert und an ihre jeweilige chronologische Stelle gelegt. Es erfolgt keine inhaltliche Vertiefung. Man kann höchstens am Ende aus der Vogelperspektive würdigen, dass das Gegenüber alle diese Belastungen überlebt hat (Würdigung der „Überwindungsleistung") und auf die Ressourcen verweisen, die dabei geholfen haben. Bei der Belastungsanamnese sollte man sehr gut überlegen, welche der drei oben genannten Varianten aktuell für das Gegenüber am wenigsten belastend ist und dann auch nur diese durchführen. Zu einem späteren Zeitpunkt und bei ausreichender Stabilität kann man dann die folgende Form der *Timeline*-Arbeit durchführen.

c. *Duale Timeline mit Dreh*

Material: s.o. Für diese Übung sollte man bevorzugt ein Gymnastik-/Spielseil verwenden und Karteikarten in zwei gut voneinander zu unterscheidenden Farben. Weiße Karteikarten dienen der Einteilung der Zeitabschnitte.

Prinzipiell kann man die *Duale Timeline* mit allen drei oben genannten Varianten durchführen. Da diese *Timeline* erst in einem fortgeschrittenen Stadium des Seelsorgeprozesses im *Lebens-Raum* zur Anwendung kommt, wähle ich persönlich, wo immer es geht, die Variante 3 mit dem Seil und der Bewegung im Raum. Ich führe diese Übung nur mit ausreichend stabilen und sich selbst gut stabilisieren könnenden Menschen durch, sodass ich diese Übung auch stets stärker erfahrungsorientiert gestalte. Denn der Fokus liegt auf dem *Dreh* und was dadurch in den Blick kommt und nicht so sehr auf den einzelnen Ereignissen.

Zunächst wird wieder die eigene Lebens-Linie mit einem Seil gelegt. Man kann dann die einzelnen Zeitabschnitte mit Zahlen markieren. Danach erfolgt in einem ersten Durchgang die Einladung, sich an eine bestimmte Zahl positiver Lebensereignisse kurz (!) zu erinnern (je nach der für die Übung zur Verfügung stehenden Zeit 3 - 5 ggf. mehr oder man macht die Übung mehrmals mit jeweils anderen Ereignissen). Für jedes Ereignis notiert man auf einer Karteikarte o.ä. ein kurzes Stichwort und legt die (gleichfarbigen) Karten mit der beschrifteten Seite nach oben an den chronologischen Platz entlang der Lebens-Linie. Dabei sollten die Ereignisse alle auf einer Seite entlang des Seils liegen, welche ist dem Gegenüber überlassen. In einem zweiten Durchgang benennt man die gleiche Anzahl (s.o.) an belastenden Ereignissen (jeweils nur kurze Erinnerungen daran), notiert wiederum ein Stichwort auf Karteikarten in einer anderen Farbe und legt sie mit der Beschriftung nach oben an ihren chronologischen Platz auf der anderen Seite des Seils, dort wo noch keine Karten liegen. Wenn es beim Gegenüber explizite traumatische Ereignisse gibt, so empfiehlt es sich, diese zunächst bewusst auszusparen.

7.3 Der Schutz-Raum: Methoden und Übungen

Liegen alle Karten mit der Beschriftung nach oben an ihren jeweiligen Plätzen, lädt man das Gegenüber ein, sich an den Punkt der Geburt zu begeben, man reist langsam und achtsam zurück in der Zeit. Am Punkt der Geburt angekommen, nimmt man den eigenen inneren Zustand noch einmal bewusst und achtsam wahr, ggf. nimmt man z.B. Kontakt mit dem *Inneren Wohlfühlort* auf oder führt eine andere kurze Übung zur Selbstberuhigung und Stressreduktion durch. Dann geht man langsam die *Timeline* entlang und bleibt in der zeitlichen Chronologie bei dem jeweiligen Ereignis (egal ob positiv oder belastend) stehen. Das Gegenüber nimmt die jeweilige Karte in die Hand, man lässt ihn/sie sich kurz an das darauf festgehaltene Ereignis erinnern (Antriggern und Labilisierung der neuronalen Netzwerke, s. Kapitel 2.3.3 und 2.4.1).

Man passt die Anleitung zum Erinnern entsprechend an. *Bei positiven Ereignissen*: „Nehmen Sie jetzt die Karte in die Hand, lesen Sie das Stichwort und tauchen Sie für einen Moment in die Erinnerung an dieses für Sie schöne, positive etc. Ereignis ein - *kurze Pause* - dann drehen Sie die Karte um und fragen Sie sich jetzt, was das Schöne, Positive, Stärkende, Kraftvolle war, was Sie als Ressource für Ihr Leben aus diesem Ereignis mitgenommen haben. Diese Ressource(n) notieren Sie mit Stichwort(en) auf die unbeschriebene Seite der Karte und legen Sie dann mit dieser Seite nach oben zurück an ihren chronologischen Platz. *Bei negativen Ereignissen*: „Nehmen Sie jetzt die Karte in die Hand, lesen Sie das Stichwort und tauchen Sie für einen Moment in die Erinnerung an dieses für Sie belastende, schwere, unangenehme etc. Ereignis ein, *bitte nur so stark, wie dies für Sie im Moment gut aushaltbar ist - kurze Pause* - dann drehen Sie die Karte um und fragen Sie sich jetzt, was Ihnen bei diesem belastenden etc. Ereignis etc. geholfen hat, damit fertig zu werden, es sogar zu bewältigen, was Sie stärker gemacht hat und was Sie als Ressource für Ihr Leben aus diesem Ereignis mitgenommen haben. Diese Ressource(n) notieren Sie mit Stichwort(en) auf die unbeschriebene Seite der Karte und legen Sie dann mit dieser Seite nach oben zurück an ihren chronologischen Platz."

Das lassen Sie das Gegenüber für alle Karten machen. Wenn dieser Schritt abgeschlossen ist, kann man gemeinsam mit dem Gegenüber durch dessen Leben gehen und sich erzählen lassen. Dabei ist es für den Seelsorger wichtig, stets den Ressourcen- und Bewältigungsfokus einzunehmen und aufrechtzuerhalten und auch das Gegenüber immer wieder dabei zu halten. Ich mache diese Übung auch sehr gerne im Gruppensetting. Dort gebe ich dann den einzelnen Teilnehmenden die Möglichkeit, die anderen Gruppenmitglieder in ihr Leben einzuladen und zu erzählen. Auch hier wieder: Ressourcen- und Bewältigungsfokus!

Anschließend bitten Sie das Gegenüber, sich in die Vogelperspektive auf Höhe der Mitte der eigenen Lebens-Linie zu begeben. Man lässt das Gegenüber seinen Ressourcenreichtum wahrnehmen („Wow-Effekt") und weist darauf hin, dass auch in den belastenden Ereignissen Ressourcen liegen können, die wichtig und wertvoll für das weitere Leben waren und vielleicht bis heute sind und in Zukunft noch sein werden. Man kann jetzt das Ganze verstärken mit:

>>*EMDR-Verankerung*

An dieser Stelle muss man entscheiden, ob man entweder direkt nach der Ressourcen-Verstärkung mit EMDR einen dritten Durchgang machen möchte zu den traumatischen Ereignissen. Das setzt natürlich wiederum die entsprechende Stabilität beim Gegenüber voraus. Wichtig ist, dass es in diesem dritten Durchgang nicht um eine Traumakonfrontation im klassischen Sinne geht (s. Kapitel 2.4.1), sondern darum die traumatischen Ereignisse kurz zu benennen und auf Karten mit einem Stichwort festzuhalten und in die bestehende *Timeline* einzufügen. Beim anschließenden Durchgang achtet die Seelsorgerin gut darauf, dass das Erinnern und Antriggern der Traumanetzwerke nur sehr schonend geschieht und mit dem klaren Ressourcen- und Bewältigungsfokus. Man kann dann im Anschluss an diesen Durchgang noch einmal die neuen Ressourcen verstärken mit:

>>*EMDR-Verankerung*
Zum Abschluss kann man wieder ein Foto machen lassen, bevor das Gegenüber die Ressourcen-Karten einsammelt und auf eine für sich gute Weise aufbewahrt, um sie wie oben beschrieben für das gegenwärtige Leben und dessen Belastungen und Herausforderungen nutzen zu können. Zum Schluss lässt man sich ein kurzes Feedback zum gegenwärtigen Zustand des Gegenübers geben und kann dann ggf. die Übung noch kurz miteinander reflektieren.

Lässt man den dritten Durchgang erst einmal weg, um das Gegenüber nicht zu überfordern, so kann man diesen als eigene *Duale Timeline mit Dreh* durchführen. Hierfür erfolgt im Vorfeld ggf. eine ausführlichere Phase der Stabilisierung und Selbstberuhigung. Und man kann die aus der ersten *Dualen Timeline* gewonnenen Ressourcen mit einbeziehen, quasi als unterstützende Ressourcen auf dem Weg. Man kann die Ressourcenkarten bzw. für die aktuelle Arbeit ausgewählte Ressourcen z.B. in Sichtweite entlang der *Timeline* legen. Ansonsten geht man wie oben für diesen dritten Durchgang beschrieben vor.

Ob man diesen dritten Durchgang (sei es direkt oder in einer eigenen Arbeit) in einem Gruppensetting durchführt, muss man sehr gut überlegen und mit den in Frage kommenden Teilnehmerinnen und Teilnehmern besprechen.

Bei der *Lösungs-Timeline* ist ein wesentliches Moment die reale Bewegung im Raum (Zeitreise) und die Vorstellungs-Trance, deshalb werden diese *Timelines* mit oder ohne Seil im Raum durchgeführt. Liegt der Fokus bei den zuvor beschriebenen *Timelines* von der Gegenwart zurück in die Vergangenheit und die dort zu findenden lebensgeschichtlich erworbenen, beigebrachten oder ererbten Ressourcen, so geht der Fokus bei der folgenden Variante der *Timelines* von der Gegenwart in Richtung Zukunft. Sie wird insbesondere im *Leib-Raum* angewendet, wenn es darum geht, sich auf die Suche nach Lösungen und Ressourcen für konkrete Probleme, Fragestellungen oder Veränderungen von aktuell bestehenden Problemzuständen zu machen und für den anstehenden Problemlöse- bzw. Veränderungsprozess zu motivieren. Man kann hier entweder mit dem *Futur 1* arbeiten, d.h. man stellt sich mit allen Sinnen die erreichte Lösung zum Zeitpunkt der Zielerreichung in der Zukunft vor, oder man arbeitet zusätzlich noch mit dem *Futur 2* als einem Punkt in der Zukunft, von dem aus man auf das *Futur 1* zurückblickt mit dem Gefühl: „»Es liegt hinter mir«", „»Ich habe es geschafft, gemeistert oder zumindest überlebt« und vor allem »Es geht weiter«".[570]

d. *Lösungs-Timeline mit Futur 1 und Futur 2*

Material: Gymnastik-/Spielseil(e) (2-3 Meter), weißes Papier A4, ggf. Karteikarten (A6) und Post-Its in verschiedenen Größen und Farben, verschiedenfarbige Eding-Stifte; ggf. symbolhafte Gegenstände; ein Raum mit einem Fenster nach draußen und der

---

[570] THEURETZBACHER/NEMETSCHEK (2011): *Coaching*, 63. Man verwendet bei allen diesen Formen der Zukunftstrance die „äußerst effektive Technik des Dissoziierens" (ebd.).

7.3 Der Schutz-Raum: Methoden und Übungen

Möglichkeit in diesem Raum 3-4 Meter von der Tür/einer Wand auf das Fenster zugehen zu können

Variante 1 nur mit Futur 1 ohne Seil: Es beginnt mit der konkreten Formulierung des Problems bzw. Problemzustands und der gewünschten Lösung bzw. Veränderung. Man schreibt auf ein Blatt Papier das Wort *Ziel* und beschreibt es in konkreten Stichworten. Man fügt das Datum hinzu, an dem das Problem gelöst, die Veränderung erreicht sein wird (Tag/Monat/Jahr) und legt das Blatt unter das Fenster auf den Boden. Dann beschreibt man ein *Heute-Blatt* mit dem Datum von Heute (Tag/Monat/Jahr) und legt es an die dem Fenster gegenüberliegende Seite.

Man lädt nun das Gegenüber ein, sich auf oder neben das Heute-Blatt zu stellen, noch einmal bewusst auf den heutigen Tag zu fokussieren und sich dann langsam, achtsam und schweigend auf den Weg zu machen vom *Heute* in die *Zukunft*. Dorthin, wo das Blatt mit der Lösung liegt. Der Seelsorger geht im Tempo angepasst mit.

Angekommen in der Zukunft (am Fenster, im Licht!), beide mit Blick aus dem Fenster hinaus, sagt die Seelsorgerin: „Du hast es geschafft. Wir haben den *Tag/Monat/Jahr*. Dein Problem ist gelöst." und er/sie benennt noch einmal die Lösung. Dann lädt man das Gegenüber ein – mit offenen oder mit geschlossenen Augen – zu beschreiben, was er/sie sieht, hört, fühlt, denkt, körperlich wahrnimmt, ggf. auch schmeckt und riecht in der konkret vorgestellten vergegenwärtigten Zukunft. Das Gegenüber kann davon erzählen oder angeleitet schweigend imaginieren. Nach einer ausreichenden Zeit der inneren Imagination wird das Gegenüber gebeten, ein letztes Mal alles noch einmal intensiv wahrzunehmen, es in sich aufzubewahren, um es ins Hier-und-Heute mitnehmen zu können, ggf. festgemacht an einem Symbol oder Symbolsatz. Dann verabschiedet man sich aus der Zukunft und geht langsam und achtsam miteinander wieder zurück ins Heute, zu dem Punkt im Raum, an dem das *Heute-Blatt* liegt.

Von dort aus blickt man auf das große Ziel in der Zukunft, aktiviert noch einmal das, was man innerlich als visionäre Erfahrung mitgenommen hat, und dann fragt der Seelsorger: „Was ist der erste, ganz konkrete Schritt in Richtung auf die Lösung in der Zukunft?" Diesen *Ersten Schritt* lässt man sich ganz konkret benennen und beschreiben. Mit einem Stichwort wird er unter die Worte *Erster Schritt* auf ein neues Blatt geschrieben, wieder mit einem konkreten Datum (Tag/Monat/Jahr) versehen und an die passende chronologische Stelle auf der Zeitlinie zwischen *Heute* und erreichter Zukunft (*Ziel*) gelegt. Dann lässt man das Gegenüber diesen ersten Schritt gehen und fragt ihn/sie auf/neben dem Blatt stehend, ob sich dieser Schritt richtig und gut anfühlt, ob es sich wirklich um den ersten Schritt handelt. Bei „Ja", lässt man ihn sich noch einmal genau beschreiben und fragt nach möglichen Ressourcen, sozialen Unterstützungen etc., die man für die Erreichung und Durchführung dieses Schrittes ggf. bräuchte. Sie werden auf eines oder mehrere separate Blätter (*Mein/e Ressourcen-Blatt/Blätter*) mit Stichwort notiert und zu dem ersten Schritt gelegt. Bei „Nein" sucht man nach einem anderen ersten Schritt und der ursprüngliche erste Schritt wird dann zu einem zweiten Schritt o.ä. (auf dem Blatt umformulieren!). Mit dem angepassten neuen ersten Schritt (neues Blatt beschriften!) verfährt man dann in der gleichen Weise, wie oben bei „Ja" beschrieben.

Dann wechselt man auf die *Meta-Ebene*: Man lässt ein neues Blatt mit diesem Wort (oder einem anderen sinngemäßen Wort, z.B. „Vogelperspektive", „mein/e Lebensexperte/in") beschriften und legt es auf Höhe der Mitte der *Timeline* mit Abstand dazu ab. Dann geht man mit dem Gegenüber zu diesem Punkt und blickt gemeinsam aus der Metaebene/Vogelperspektive auf die *Timeline* und bespricht mit der Metaexpertin/dem Metaexperten für das Leben der Klientin/den Klienten über die Klientin in der 3. Person über die *Timeline*, die Ziele und Lösungen sowie den ersten Schritt ggf. mit den dabei liegenden Ressourcen. In diesem Gespräch geht es darum, das Gegenüber zu einem Perspektivwechsel einzuladen und aus dem Abstand der Beobachterposition das bisherige Geschehen und die gefundenen Ergebnisse zu betrachten und selbst-fremd-wertschätzend zu bewerten und auch aus dieser Position heraus zu motivieren. Dabei geht es auch darum, Unrealistisches zu erkennen (und so ggf. den ersten Schritt oder gar das gesamte Ziel noch einmal zu modifizieren), Hinderndes, Ängste etc. zu benennen und ggf. weitere bisher noch fehlende Ressourcen zur Unterstützung und Zielrealisierung zu finden. Letztere werden wieder auf einem oder mehreren Blättern mit Stichwort(en) notiert und zu dem Blatt *Erster Schritt* dazugelegt. Ziel dieses Dialoges über das Gegenüber ist es, alles so zu gestalten, dass Ziele und Schritte für das Gegenüber realistisch und gangbar sind bzw. werden, was die Zielerreichung wahrscheinlicher macht.

Danach geht man wieder zurück zum ersten Schritt und in die Ich-Perspektive. Man betrachtet ggf. die neuen Blätter aus der *Meta-Ebene*, lässt den Dialog nachklingen sowie kommentieren und schließt dann die Übung ab. Das Gegenüber wird gebeten, alle beschrifteten Blätter einzusammeln und mit nach Hause zu nehmen, um sie dort irgendwo gut sichtbar als Erinnerungsanker und Motivationsstützen aufzuhängen.

Variante 2 mit Futur 1 und Futur 2 ohne Seil: Diese Variante läuft nahezu identisch wie Variante 1 ab, allerdings legt man das Blatt mit der erreichten Lösung in der Zukunft (*Ziel*) nicht direkt vor das Fenster, sondern auf dem Weg dorthin. Unter das Fenster kommt das Blatt *Futur 2*, zu diesem Begriff schreibt man ebenfalls ein konkretes Datum (Tag/Monat/Jahr) und kann ggf. noch eine Art Smiley darauf malen. Dann geht man achtsam, langsam und schweigend über den Punkt *Ziel* hinaus bis an den Punkt *Futur 2* unter dem Fenster. Mit einem tiefen Atemzug der Seelsorgerin suggeriert man die Erleichterung, dass das (schlimme und belastende) Problem vorbei ist. Oft tut das Gegenüber es dem Seelsorger unbewusst-automatisch gleich (Spiegelneuronen!). Man fokussiert zunächst auf den Blick aus dem Fenster hinaus in die Weite der eigenen Lebenszukunft und die dadurch ausgelösten somato-psychischen Reaktionen. Entweder man bleibt bei dem Blick aus dem Fenster und lässt das Gegenüber die Problemlösung/Zielerreichung als etwas hinter ihm/ihr Liegendes mit allen Sinnen imaginieren. Oder man wendet sich bewusst um und fokussiert auf die erreichte Lösung als etwas bereits Geschehenes, in der Vergangenheit Liegendes und imaginiert mit allen Sinnen diesen Zustand. Das zweite Vorgehen birgt die Möglichkeit in sich, ähnlich wie bei der Variante mit *Futur 1*, ein Lösungsbild mit allen Sinnen imaginieren zu lassen. Die Seelsorgerin sollte die Entscheidung hierüber intuitiv aus dem bisherigen Prozess treffen. Natürlich lassen sich beide Vorgehensweisen hintereinander in einem Prozess schalten. Von da an geht es dann weiter wie in Variante 1.

Variante 3 - Variante 1 und Variante 2 mit Seil: Ob man für die Arbeit mit den *Lösungs-Timelines* ein Seil verwendet oder nicht, kann man individuell entscheiden. Ich verwende es eher selten und dann, wenn ich aus einem bestimmten Grund den Weg an sich noch stärker betonen möchte.

7.3 Der Schutz-Raum: Methoden und Übungen

c) *Imaginativ-kreative Methoden*

a. Der „Regentage-Brief" (nach Yvonne Dolan)

Material: Papier und Stifte

Der „Regentage-Brief" ist ein Brief, den jemand an sich selbst schreibt, wenn es ihm/ihr gut geht, wenn es draußen hell ist und die Sonne scheint. In diesen Brief schreibt man all die Menschen und Dinge hinein, die einem helfen können, wenn es einem nicht gut geht, wenn es regnet und draußen die Welt dunkel ist oder einem so erscheint. Nach HANTKE/GÖRGES (2012, 394–395) gehören auf jeden Fall in einen solchen Brief die folgenden Dinge:
1. Dinge, die ich tun kann, um mich wohlzufühlen
2. Menschen, die mir wichtig sind und die mich unterstützen können
3. Dinge, die ich an mir selbst gut und schön finde
4. Dinge, die ich in Zukunft gerne erleben und tun möchte
5. Dinge, die im positiven Sinne wichtig für das Gegenüber sind und die nur er/sie kennt
6. Eine Telefon- und Kontaktliste für den Notfall
7. Den Brief bewahrt man dann an einem besonderen Ort auf, auf den man schnell und problemlos Zugriff hat. Man kann ihn auch bei sich tragen, wenn man unterwegs ist.

b. Der Notfall- und Ressourcenkoffer

Material: Papier, Stifte, ein Foto von einem realen Koffer (vielleicht ein besonderer Nostalgiekoffer), ggf. ein echter kleiner Koffer und reale Symbole

Bei dem sicherlich sehr bekannten *Notfall- und Ressourcenkoffer* geht es um dasselbe wie beim „Regentage-Brief", nur dass man das Bild bzw. Symbol eines Koffers verwendet. Diesen kann man entweder virtuell oder in echt mit realen Symbolen packen. Man kann auch Dinge auf Zettel schreiben, für die man kein Realsymbol hat, oder Fotos, gemalte Bilder etc. nehmen. Die Dinge, die in den Koffer hineinkommen können, sind wieder die Dinge, die auch schon oben beim „Regentage-Brief" aufgelistet sind. Zusätzlich kann man noch stärker auf Ressourcen zur Bewältigung bestimmter Problem- und Belastungslagen fokussieren. Den Koffer (egal ob virtuell oder in echt) bewahrt man an einem gut zugänglichen Ort bzw. quasi immer in Sichtweite auf.

c. Ressourcen-Zettelkasten und Ressourcen-Schatzkiste

Material: Zettelkasten mit Zetteln/Karteikarten, Stifte, eine Schatzkiste (entweder ein Foto oder eine reale Kiste)

Es handelt sich hier um eine weitere Variante der Ressourcensammlung, mit anderen Medien, wie oben beim „Regentage-Brief" und dem *Notfall- und Ressourcenkoffer* beschrieben.

d. *Ressourcen-Bilder-/Collagen* und *Mein Inneres Meer* (nach Daniel Siegel)

Material: Papier A4/A3, Malblockpapier, bunte Stifte, Klebestift, Fotos, Zeitungen etc.; für das „Innere Meer": ggf. das von mir entworfene Meeresbild (s. Schaubild 3), mit dem man eine digitale Version eines *Ressourcen-Bildes/-Collage* gestalten kann, und den kurzen Text von Daniel Siegel aus *Mindsight*, 13, in dem er über das „Innere Meer" schreibt, das in jedem Menschen zu finden ist

In dieser Variante der Ressourcensammlung arbeitet man mit gemalten Bildern, Fotos, Zeitungsausschnitten etc. und erstellt ein großes *Ressourcen-Bild* oder eine *Ressourcen-Collage*, die man sehr schön bei sich zuhause gut sichtbar aufhängen kann.
Bei *Mein inneres Meer* folgt man der Metapher von Daniel Siegel, demzufolge sich in jedem Menschen eine reiche innere Welt befindet, die er als „inneres Meer" bezeichnet. Es ist für ihn „ein wunderbar reichhaltiger Ort voller Gedanken und Gefühle, Erinnerungen und Träume, Hoffnungen und Wünsche. Es kann natürlich auch ein turbulenter Ort sein, an dem wir die dunklen Seiten aller schönen Gefühle und Gedanken erleben – Ängste, Leid, Sorgen, Reue und Albträume" (*Mindsight*, 13). Bei letzteren Dingen gilt es gut abzuwägen, ob man diese auch mit reinbringt oder zunächst nur an den positiven und ressourcenhaften Dingen arbeiten und gestalten lässt. Das eigentliche Bild kann man entweder malerisch/zeichnerisch oder digital gestalten.

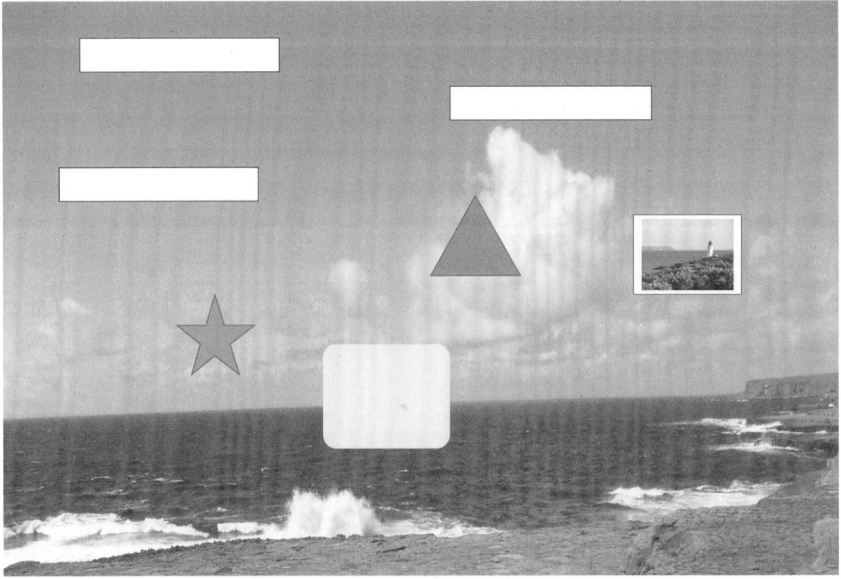

Schaubild 3 - Das *Innere Meer*

7.3 Der Schutz-Raum: Methoden und Übungen

e. *Ressourcen-Aufstellungen*

Material: Karteikarten, Post-Its, Stifte und Realsymbole, Fotos etc.

Auch bei dieser Übung geht es darum, die beim Gegenüber vorhandenen Ressourcen zu visualisieren und emotional erlebbarer zu machen. Statt sie aufzuschreiben, zu malen oder anderswie kreativ zu gestalten, erarbeitet man mit dem Gegenüber eine Aufstellung, bei der die Ressourcen mit Hilfe realer Gegenstände, Symbole, Fotos etc. aufgestellt werden. Für die eigene Person wählt man ebenfalls ein Symbol oder eine Karte mit dem eigenen Namen darauf und stellt die Ressourcen in Bezug zu einem selbst mit Nähe und Distanz auf.

Eine solche Ressourcen-Aufstellung kann man auch in einer Gruppe machen und die anderen Gruppenmitglieder verkörpern die Ressourcen des Aufstellenden. Man kann so auch z.B. mit den eigenen Ressourcen in Dialog treten oder sich von ihnen ermutigen lassen. Die Gruppe wirkt hier als Resonanzkörper und Kraftfeld.

f. *Das Ressourcen-Atom*

Material: Weißes Papier A4/A3, Malblockpapier, Stifte

Das *Ressourcen-Atom* ist eine Abwandlung des „sozialen Atoms" nach Jacob Levy Moreno. Hier findet sich eine Beschreibung dieser Methode und auch eine Beispiel-Graphik: https://www.carl-auer.de/magazin/systemisches-lexikon/soziales-atom. Als solches verwendet man es für eine Visualisierung sozialer Netzwerke. Als *Ressourcen-Atom* dient es wiederum einer Sammlung und Visualisierung der eigenen Ressourcen, zu denen natürlich auch positive soziale Netzwerke zählen, aber eben nicht nur.

Zunächst sammelt das Gegenüber eine bestimmte Anzahl wichtiger bereits vorhandener Ressourcen (z.B. 10 Stück). Diese werden auf einem weißen Papier im Querformat am rechten Rand stichwortartig aufgelistet. Dann zeichnet man in die Mitte des Papiers ein Symbol mit dem eigenen Namen darin (ein Kreis, ein Stern, eine Blume etc.). Um diesen Atom-Kern des eigenen Ich herum gestaltet man anschließend die aufgelisteten Ressourcen, indem man auch für sie Symbolzeichen wählt und die Ressource hineinschreibt – je näher beim Ich-Kern je wichtiger und stärker ausgeprägt. Man kann mit Farben auch die Varianten in Stärke und Ausprägung symbolisieren, ggf. den Ich-Kern auch mit Linien zu den Ressourcen verbinden. Diese Linien können dann stärker oder schwächer ausfallen. In einem nächsten Arbeitsgang, der auch wegfallen kann, kann man am linken Rand des Papiers Ressourcen auflisten, die man sich gerne erarbeiten möchte. Auch diese zukünftigen Ressourcen kann man – mit eigenen Symbolzeichen und farblich abgesetzt – in das Atom einfügen.

g. „VIP-Karte" und „VIP-Skulptur"

Material: Papier A4/A3, Malblockpapier, Stifte

Die „VIP-Karte", auch „Familiy Map" oder „Eco Map" genannt, wird im Rahmen der psycho-sozialen und traumapädagogischen Diagnostik und Interventionen eingesetzt. Sie besteht aus einer einfachen Vier-Felder-Matrix:

4-Felder-Matrix

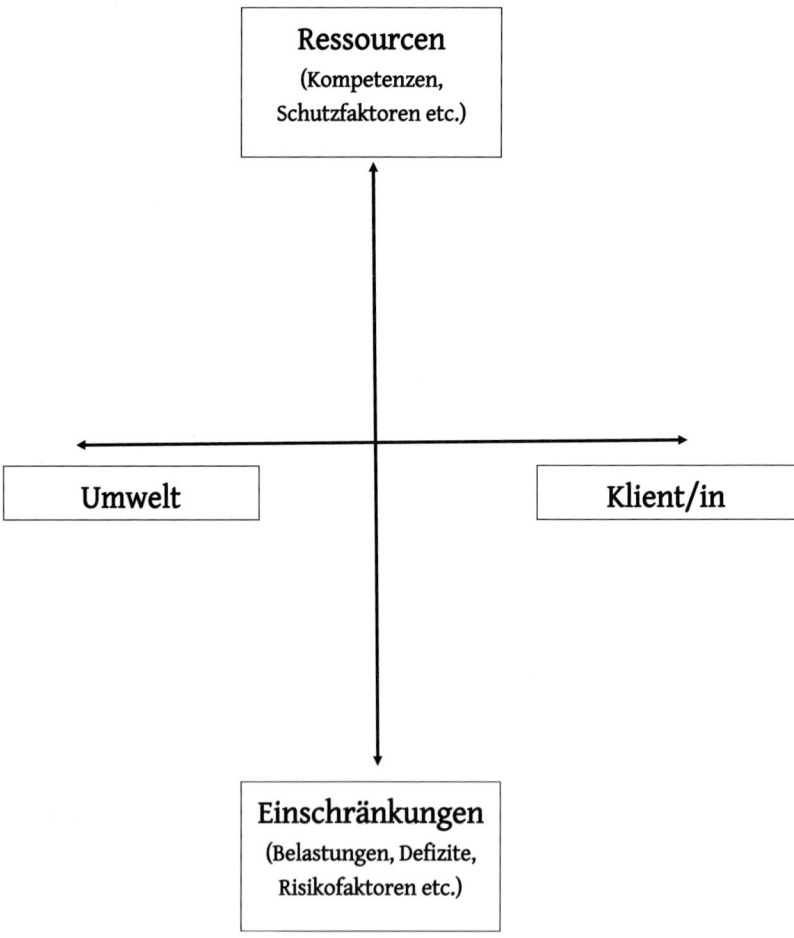

Schaubild 4 - Vier-Felder-Matrix

Copyright: Ralph Kirscht

In diese Matrix kann man nun die einzelnen Komponenten eintragen. Bei der obigen in der Diagnostik verwendeten Matrix werden nicht nur die Ressourcen, sondern auch die Belastungen und Einschränkungen erfasst. Für die Verwendung im Seelsorgeprozess kann man überlegen, ob man erst einmal auch nur den Ressourcen-Teil erarbeitet

7.3 Der Schutz-Raum: Methoden und Übungen

und später dann zusätzlich noch den Belastungsteil. Man kann diese Matrix im Rahmen der Ressourcen-/Belastungs-Analyse im *Schutz-Raum* verwenden (s. o. 7.3.4, a und Kapitel 6.2.2, b). Beide Methoden kann man auch wiederum dreidimensional visualisieren, indem man auf einer vorgezeichneten 4-Felder-Matrix Figuren oder Symbole für die Ressourcen etc. aufstellt

Ausführliche Beschreibungen zur „VIP-Karte" und „VIP-Skulptur" finden sich bei JEGODTKA/LUITJENS (2016), 185–194; und zur „Familiy-/Eco-Map" bei PAULS (2013), 209–211.

h. Das „Salutogramm" (nach Jegodtka/Luitjens)

Material: weißes Papier A4/A3 oder Zeichenblock, schwarze und bunte Stifte (z.B. Fineliner); oder eine ausgedruckte bzw. digitale Vorlage (s. Schaubild 5)

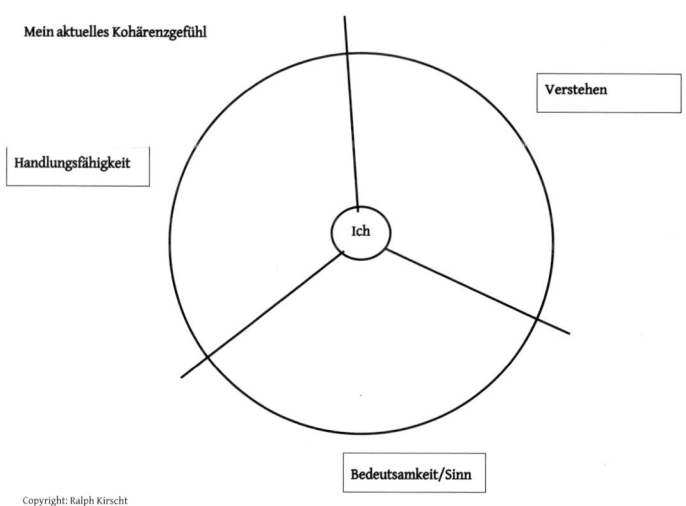

Schaubild 5 - Das *Salutogramm*

Das hinter dieser Methode stehende *Salutogenese-Modell* wird ausführlich in Kapitel 2.3.2 und 2.4.1 dargestellt. Es geht bei dieser Übung darum, das eigene Leben bzw. einen bestimmten Aspekt daraus auf das Kohärenzgefühl hin zu analysieren. JEGODTKA/LUITJENS (2016, 207–208) haben hierzu drei Leitfragen für die jeweilige Unterkategorie formuliert:
1. Handlungsfähigkeit: „Setze dich damit auseinander, was du unternimmst, um weder überfordert noch unterfordert zu sein."
2. Verstehbarkeit: „Überlege, was du dazu tust, um die Erfahrungen deines [...] Lebens als sinnhaft, strukturiert und vorhersehbar einordnen zu können."
3. Bedeutsamkeit/Sinn: „Reflektiere, inwieweit du deine [...] Situation als sinnvoll, die damit verbundenen Ziele und Anforderungen als lohnende Herausforderungen empfindest. Was tust du dafür, dass es Zusammenhang und Sinn in deinem Leben gibt? Wie sorgst du dafür, dass du in soziale Prozesse eingebunden bist, die von dir selbst und dir wichtigen Menschen als bedeutsam anerkannt werden?"

Die Antworten auf diese Fragen, allesamt entsprechende Ressourcen, trägt man dann in konzentrischen Kreisen rund um den Ich-Mittelpunkt ein. Je näher am Ich-Punkt desto wichtiger sind sie. Man kann diese Ressourcen auch auf einer Skala von 0 – 10 bzw. 0 – 100 skalieren lassen, um so feststellen zu können, welche Ressourcen in ausreichendem Maß vorhanden sind und welche man wie noch weiterentwickeln könnte und sollte. Anschließend kann man noch nach fehlenden Ressourcen fragen, die hilfreich sein könnten für den gewählten Lebenszusammenhang, den man betrachtet, und wie man sie erlangen kann. Die Suchbewegungen umfassen sowohl das eigene Innere und die persönliche Biographie als auch die nähere und weitere Umwelt.

Das „Salutogramm" eignet sich auch sehr gut für die Selbstfürsorge und Psychohygiene, s. Kapitel 7.6.5.

Abschließend folgen noch zwei Methoden zur Aufmerksamkeitsfokussierung auf alltägliche Ressourcen und als Dankbarkeitsübungen.

i. *Die Bohnen-Übung*

Material: 10 getrocknete Bohnen (es gehen auch andere Hülsenfrüchte oder z.B. Murmeln)

Am Beginn eines Tages legt man sich 10 getrocknete Bohnen oder Murmeln o.ä. bereit. Man kann sie z.B. in die rechte Jackentasche tun. Oder man tut sie in einen kleinen Stoffbeutel und nimmt einen zweiten leeren Stoffbeutel hinzu. Dann achtet man den ganz Tag über darauf, was einem an Gutem, Positivem, Schönem und Kraftvollem etc. widerfährt, begegnet, geschenkt wird. Für jedes dieser Widerfahrnisse wechselt eine Bohne von der rechten in die linke Jackentasche, bzw. vom vollen in den leeren Beutel. Und am Ende des Tages zieht man anhand der gesammelten *Ressourcen-Bohnen* Bilanz und vergegenwärtigt sich der durch die Bohnen repräsentierten positiven Dinge des Tages. Wer das kann, sollte eine Haltung der Dankbarkeit für die Widerfahrnisse einnehmen. Man kann diese auch in einem speziellen *Ressourcen-Tagebuch* festhalten (s. den folgenden Punkt).

j. *Das Ressourcen-Tagebuch*

Material: ein ästhetisch schönes und das Individuum ansprechendes Tagebuch-Buch (man kann es auch gestalterisch personalisieren oder selbst herstellen) und Stifte

Das *Ressourcen-Tagebuch* ist ein besonderes Tagebuch, in das man z.B. am Ende eines Tages alle die Dinge, Situationen, Erlebnisse, Begegnungen etc. schreibt, die gut an dem zurückliegenden Tag waren. Das können eindeutig positive, ressourcenhafte Dinge sein, aber auch im Sinne des „Dreh", schwierige und herausfordernde Dinge und Situationen, die man aber gut gemeistert oder aus denen man zumindest etwas Stärkendes mitgenommen hat. Ganz im Sinne des Prinzips: „Solution-Talk" statt „Problem-Talk" nach Steve de Shazer. Auch hier kann man zusätzlich noch eine Haltung der Dankbarkeit einnehmen.

7.4 Der Lebens-Raum: Methoden und Übungen

7.4.1 Kreativ-narrative Arbeit mit biblischen Texten

a)   Biblische Sprachräume

In den *Biblischen Sprachräumen* arbeitet man mit der heilsamen Kraft des Schreibens. Insbesondere ausgewählte Psalmen und die von mir sogenannten *Lukanischen Sehnsuchts-Lieder*, poetische und gebetshafte Texte in den ersten beiden Kapiteln des Lukasevangeliums, eignen sich als sprachliche *Möglichkeitsräume*, in denen das Gegenüber in einem kreativen Aneignungsprozess die fremden Texte mit dem eigenen Leben füllt, die eigenen Erfahrungen in den Text einträgt, die poetischen Bilder als Zusagen für sich selbst umformuliert und sie so zu Hoffnungsbildern angesichts belastender Erinnerungen werden lässt. Man beginnt mit dieser kreativen Textarbeit am besten mit Psalmen, die sehr stark ressourcenorientierte Aussagen enthalten, für mich ist es immer wieder vor allem Psalm 23 (hinzu kommen einzelne Abschnitte aus den Psalmen 27, 84 und 91, s. hierzu Kapitel 3.2.2). In Frage kommen auch das Lied der Maria (Lukas 1, 46–55) und des Zacharias (Lukas 1,68–79). In einem nächsten Schritt kann man sich Psalm 55 vornehmen, der beides enthält: die Schrecken traumatischer Erfahrungen und die Sehnsucht nach einem sicheren Ort bei Gott. Das Gegenüber verfasst in einem persönlichen und vom Seelsorger achtsam und mitfühlend begleiteten kreativen Auseinandersetzungs- und Aneignungsprozess eigene Texte auf der Basis der genannten poetischen und gebetshaften Texte. Diese Texte lassen sich dann in den eigenen Alltag als dauerhafte Begleiter integrieren, die man immer wieder lesen, meditieren und beten kann, wenn die Belastungen der Vergangenheit die eigene Gegenwart überschatten. Im Folgenden zitiere ich als ein Beispiel das Ergebnis eines solchen Prozesses mit Psalm 23.

> Gott, Du bist mein Hirte,
> Du bist mit mir auf meinem Weg,
> ich vertraue darauf,
> dass Du auf mich aufpasst
> und mir hilfst, auch selbst auf mich aufzupassen.
>
> Meine grünen Auen,
> das sind Momente ohne Angst und innere Gruselbilder.
> Du führst mich immer wieder an meinen ganz persönlichen sicheren Ort.
> Du bist dann ganz nah bei mir.
> Das fühlt sich an, wie als Kind am Strand zu sein
> und sorglos zu spielen und die Sonne zu genießen.
>
> Ich weiß, dass Du in Zukunft besser auf mich aufpasst,
> als dies meine Eltern damals getan haben.
> Ich habe ihnen verziehen,

auch wenn es immer noch wehtut.
Und wenn die dunklen Erinnerungen zurückkommen,
gibst Du mir die Kraft, das auszuhalten.

Du segnest mich und behütest mich.
Du bist mit mir auf allen zukünftigen Wegen.
Gott, Du bist mein Hirte.

Besonderer Hinweis

Die im Folgenden dargestellten Methoden sollten nicht ohne entsprechende Erfahrungen und Schulungen in traumasensibler Seelsorge allgemein und in diesen Methoden im Besonderen angewandt werden. Daher verstehen sich die folgenden Ausführungen auch mehr als (meist nur kurze) Methodendarstellungen, weniger als Methodenanleitungen für den nicht-geschulten Gebrauch im Rahmen der traumasensiblen Seelsorge.

b) „Bibliolog"

Unter: https://www.bibliolog.org/was-ist-bibliolog/ findet sich eine ausführliche Beschreibung dieser Methode, die nach einer klaren Struktur verläuft:

1. „Prolog": Einführung in die Methode und deren Ablauf.
2. „Hinführung": Einleitung in die konkrete verwendete biblische Geschichte und Verlesen einer ersten kurzen Textsequenz. Die Auswahl und Länge der einzelnen Sequenzen richtet sich nach den jeweiligen Inhalten in den Texten und den Möglichkeiten, die sie für identifikatorische Auseinandersetzungen bieten.
3. „Enroling": Zuweisung einer Rolle aus der biblischen Geschichte an die Teilnehmenden; sie werden direkt in dieser Rolle mit einer zum erzählerischen Geschehen passenden Frage angesprochen.
4. „Echoing" und „Interviewing": Der Leiter/die Leiterin des Bibliologs nimmt mittels „Echoing" die Antworten und Äußerungen der Teilnehmenden empathisch und wertschätzend würdigend auf und verstärkt sie, enthält sich jedoch jeglicher Kommentare und Bewertungen; im „Interviewing" kann man ebenso behutsam und achtsam nachfragen, wenn Äußerungen der Teilnehmenden eher vage oder andeutend bleiben. Nach einer solchen Sequenz kommt die nächste dran und man geht in der gleichen Weise vor.
5. „Deroling": Die Teilnehmenden werden aus ihren Rollen entlassen.
6. „Epilog": Die Teilnehmenden werden in die Gegenwart zurückgeführt.

Im Rahmen der traumasensiblen Seelsorge steht vor Beginn eines Bibliologs immer eine Stabilisierungsphase, in der man den aktuellen Stresszustand des Gegenübers bestimmt und ggf. mit Hilfe stressreduzierender Übungen (s. Kapitel 7.3) senkt.

Neben dieser klar strukturierten Grundform gibt es darauf aufbauende Erweiterungen, z.B. indem man mit anderen als erzählerischen Texten arbeitet; mit Hilfe von Symbolen und Objekten das Geschehen im Bibliolog visualisiert; die einzelnen Sequenzen des Geschehens in Szene setzt. Damit bewegt man sich dann metho-

7.4 Der Lebens-Raum: Methoden und Übungen

disch in die Nähe der folgenden Methoden und des Bibliodramas bzw. der *Biblischen Skulpturen und Aufstellungen*. Man kann den Bibliolog sowohl im Gruppen- wie im Einzelsetting durchführen.

Auf der oben genannten Internetseite finden sich anschauliche Beispiele. Unter: https://www.evangelisch.de/bibliologvideo kann man sich die Methode anschauen.

c)   Biblischer Dyalog

Im Rahmen der traumasensiblen Seelsorge steht vor Beginn eines *Biblischen Dyalogs* immer eine Stabilisierungsphase, in der man den aktuellen Stresszustand des Gegenübers bestimmt und ggf. mit Hilfe stressreduzierender Übungen (s. Kapitel 7.3) senkt.

Den von mir entwickelten *Biblischen Dyalog* kann man entweder schriftlich oder mündlich durchführen bzw. in einer Kombination aus beidem. Es geht bei dieser Methode darum, sich vertieft mit einer Person aus einer biblischen Geschichte auseinanderzusetzen und dabei das eigene Leben und Erleben und auch die eigene Biographie in diesen *Dyalog* miteinzubringen. In Kapitel 6.2.3, a) nenne ich die Emmaus-Erzählung als ein mögliches Beispiel. Dabei kann man zum einen als heutiges eigenes Ich mit Kleopas in einen *Dyalog* treten und über das Nachspüren, wie Kleopas sich in seiner Situation gefühlt, was er gedacht und auch körperlich empfunden haben mag, und nach und nach das eigene Erleben und eigene biographische Erfahrungen in diesen *Dyalog* einfließen lassen. Zum anderen kann man in die Rolle des namenlosen zweiten Jüngers schlüpfen, der gerade durch seine Namenlosigkeit zu einer identifikatorischen *Leerstelle* werden kann (s. Kapitel 3.2.1). Als zweiter Jünger macht man sich dann mit Kleopas auf den Weg und tritt als solcher in den *Dyalog* mit ihm.

In der schriftlichen Variante schreibt das Gegenüber einen solchen kreativen *Dyalog* nieder. Es können auch mehrere *Dyaloge* zu unterschiedlichen Themen und Aspekten des Textes und des eigenen Lebens entstehen. In der mündlichen Variante entwickelt sich der *Dyalog* spontan und live im Seelsorgeprozess. Bei einer Kombination aus beiden Formen kann das Gegenüber zunächst für sich alleine, z.B. zu Hause, einen solchen *Dyalog* niederschreiben, den man dann im Raum der Seelsorgebegegnung inszeniert. Diese Inszenierung kann man mit unterschiedlicher Erlebnisintensität durchführen, indem man über die rein verbale Inszenierung hinaus, die mehr in der erlebnismäßigen Distanzierung bleibt, Elemente aus der *Biblischen Skulptur- und Aufstellungsarbeit* hinzunimmt, z.B. aus den *Kleinformen*. Das bedeutet, dass man mit Körperhaltungen arbeitet oder kleine Szenen aufstellt und durchspielt.

Biblische Dyaloge kann man auch mit anderen als rein erzählerischen Texten führen. Z.B. bei einem Psalm tritt man mit dem Ich des Psalmenschreibers oder -beters (als Mann oder Frau imaginiert) in den *Dyalog* und setzt dessen/deren im Text festgehaltene Erfahrungen in Bezug zu den eigenen Erfahrungen.

d)   Biblisches Drehbuch

Im *Biblischen Drehbuch* fließen zwei Methoden aus der Traumafolgen-Therapie zusammen. Zum einen die sog. *Bildschirmtechnik*, eine Methode aus der Traumakonfrontation, bei der man sich gemeinsam mit dem Klienten/der Klientin belastende bzw. traumatische Situationen aus der eigenen Biographie auf einer großen Leinwand oder einem Bildschirm (Fernseher oder Computer) anschaut. Die *Bildschirmtechnik* erlaubt zum einen eine Betrachtung aus der Distanz heraus, zum anderen kann man das traumatische Erinnerungsmaterial dadurch kontrollieren, indem man z.B. das auf der Leinwand/dem Bildschirm vorgestellte Bild anhält, es in Slow-Motion ablaufen lässt, es immer wieder wiederholt ablaufen lassen kann etc. Zum anderen fließt das *Imagery Rescripting and Reprocessing* mit ein, bei dem man traumatische Narrative aktiv verändern kann.

Im Rahmen der traumasensiblen Seelsorge steht vor Beginn der Arbeit mit dem *Biblischen Drehbuch* immer eine Stabilisierungsphase, in der man den aktuellen Stresszustand des Gegenübers bestimmt und ggf. mit Hilfe stressreduzierender Übungen (s. Kapitel 7.3) senkt.

Anschließend wählt man gemeinsam mit dem Gegenüber einen geeigneten biblischen Text aus. Die Auswahl kann sich an persönlichen Vorlieben des Gegenübers orientieren oder an bestimmten Themen, um die es in der gemeinsamen Arbeit gehen soll, oder auch an bestimmten Inhalten in den Texten, die für die aktuelle Seelsorgearbeit hilfreich sein können.

Das Gegenüber kann dann mit dem ausgewählten biblischen Text für sich alleine, z.B. zu Hause, zunächst ein schriftliches Drehbuch verfassen. Dabei kann man eine der drei möglichen Varianten auswählen:

1. Ich erzähle eine biblische Geschichte so nach oder formuliere sie so um oder neu, als wäre es meine eigene Geschichte, in der ich selbst mitspiele (z.B. meine persönliche Emmaus-Geschichte oder meine Rettung durch den Samariter).

2. Ich erzähle eine biblische Geschichte mit positiven Akzenten weiter bzw. zu Ende (z.B. Tamars Geschichte endet nicht im Umherirren im Haus des Bruders, sondern die Täter werden benannt und verurteilt, und sie macht eine Traumafolgen-Therapie und findet Heilung).

3. Ich greife verändernd in einen Text ein, ich schreibe ihn um, sodass die Narration anders abläuft und positiv endet, nämlich im Sinne einer Bewältigungs- oder Heilungserfahrung (z.B. in Tamars Geschichte kommt es nicht zur Vergewaltigung, Tamar kann sich wehren und fliehen oder es eilt ihr jemand zu Hilfe).

7.4 Der Lebens-Raum: Methoden und Übungen

Im Seelsorgegespräch kann man dann das mitgebrachte *Biblische Drehbuch* auf verschiedene Weise inszenieren. Man kann Szene für Szene mit der *Bildschirmtechnik* in der Vorstellung auf eine Leinwand/einen Bildschirm bringen und sich miteinander anschauen. Dabei kann man die jeweilige Szene immer wieder anhalten und die Gedanken, Gefühle, körperlichen Empfindungen und das dargestellte Verhalten des Gegenübers (BASK-Modell) reflektieren. Man kann auch spontan Szenen noch mal umschreiben bzw. mündlich umgestalten und ggf. hinterher schriftlich festhalten. Man kann auch Elemente aus dem *Biblischen Dyalog* und den *Kleinformen* der *Biblischen Skulptur- und Aufstellungsarbeit* hinzunehmen und die Szenen verkörpert und leibhaftig darstellen.

Man kann die oben beschriebene Vorgehensweise auch von Anfang an gemeinsam im Seelsorgesetting durchführen, d.h. das Gegenüber schreibt das *Biblische Drehbuch* in Anwesenheit der Seelsorgerin und von ihr unterstützt und begleitet. Diese Variante hat den Vorteil, dass man direkt zur Seite stehen kann, wenn das Gegenüber durch eine Erinnerung beim Schreiben getriggert wird und unter Stress gerät. Auch kann man Einfluss auf die Gestaltung der einzelnen Szenen nehmen, je nachdem welcher Fokus gerade im Mittelpunkt steht. Geht es mehr um Ressourcenarbeit oder um schonende Auseinandersetzung mit der eigenen traumatischen Biographie.

Wenn man mit dem *Biblischen Drehbuch* in einem Gruppenkontext arbeitet, kann man sich entweder die einzelnen Szenen aus dem Drehbuch miteinander auf einer großen Leinwand/einem Bildschirm in der oben dargestellten Weise anschauen, oder/und man inszeniert einzelne Szenen als *Dyaloge* oder *Aufstellungen* bzw. *Skulpturen*. Die Gruppe fungiert dabei als unterstützender Resonanzkörper und Ressourcengeber.

7.4.2 Ressourcen- und lösungsorientiertes Genogramm und das Familien-/Systembrett

Besonderer Hinweis

*Die in diesem Unterkapitel dargestellten Methoden sollten nicht ohne entsprechende Erfahrungen und Schulungen in traumasensibler Seelsorge allgemein und in diesen Methoden im Besonderen angewandt werden. Daher verstehen sich die folgenden Ausführungen auch mehr als (meist nur kurze) Methoden*darstellungen, *weniger als Methoden*anleitungen *für den nicht-geschulten Gebrauch im Rahmen der traumasensiblen Seelsorge.*

Material: Weißes Papier, mind. A4, gut ist auch A3 oder großes Zeichenblockpapier bzw. Flipchart-Papier, schwarze und bunte Stifte (z.B. Fineliner). Man kann ein Genogramm auch digital machen: https://online.visual-paradigm.com/app/diagrams/#diagram:proj=0&type=Genogram; hier findet man auch die Codierungssymbole oder hier: https://www.lrabb.de/site/LRA-BB-2018/get/params_ E469163115/15666956/10.1.%20Anlage%201%20-%20Genogrammsymbole.pdf.

„Genogramme dienen der übersichtlichen Darstellung mehrgenerationaler Familiensysteme" (VON SCHLIPPE/SCHWEITZER, *Lehrbuch I*, 228). Die folgende Graphik zeigt die Grundstruktur eines Genogramms über drei Generationen.

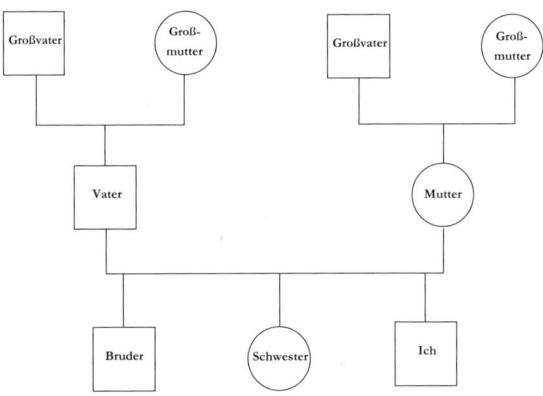

Schaubild 6 - Grundstruktur *Genogramm*

Im Vorfeld ist immer zu klären, wie belastend die Auseinandersetzung mit der eigenen Familie für das Gegenüber werden könnte. Und die entsprechenden Entlastungsübungen etc. werden vor Beginn der *Genogramm-Arbeit* mit dem Gegenüber erarbeitet. In der Regel genügt für die Seelsorgearbeit ein dreigenerationales *Genogramm*. Zur Vorbereitung kann man das Gegenüber bitten, Fakten über die eigene Familie zu recherchieren und zu sammeln. Auch kann man Bilder, andere Erinnerungsstücke, symbolhafte Gegenstände etc. mitbringen lassen.

Bei der Erstellung beginne ich in der Regel bei der Generationsebene des Gegenübers und lasse ihn/sie von da aus die relevanten Familienmitglieder aufzeichnen. Bei sehr verzweigten Systemen (z.B. hohe Anzahl an Geschwistern und Geschwisterkindern oder Patchwork-Systeme) bietet es sich an, sich auf die Personen zu beschränken oder diese hervorzuheben, die für das Gegenüber zunächst einmal im Mittelpunkt der Bedeutsamkeit stehen (positiv wie negativ, bei Traumatisierungen insbesondere die Täterinnen und Täter; bei Letzteren gilt es darauf zu achten, nicht zu stark das Gegenüber durch die Erinnerungen zu triggern). Dann versieht man alle aufgezeichneten Personen mit den harten Fakten wie Name, Geburtsdatum, ggf. Todesdatum, Zeitpunkte von Eheschließungen und Trennungen und neue Paarwerdungen, wichtige Bezugsorte und ggf. deren Wechsel, Berufe und schließlich Krankheiten, schwere Symptomatiken, Todesursachen, Kriegserfahrungen, Flucht und Vertreibungen. Schließlich fragt man nach Totgeburten oder Abtreibungen. Man kann dann auch noch nach nicht zur Familie gehörenden, aber für diese bzw. das Gegenüber wichtigen Personen fragen und sie ebenfalls am jeweiligen Rand dazusetzen mit den entsprechenden Informationen. Dann folgen die weichen Informationen. Spätestens an dieser Stelle ist gut auf den emotionalen Belastungsgrad des Gegenübers zu achten und ggf. die passende Unterstützung anzubieten. Man kann nach drei Eigenschaften der einzelnen Personen bzw. ausgewählter wichtiger Bezugspersonen fragen. Dann kann man nach Beziehungsli-

7.4 Der Lebens-Raum: Methoden und Übungen

nien (positiv/negativ, eng/fernstehend, harmonisch/konflikthaft etc.) und transgenerationalen Themenlinien (z.B. Suchtproblematiken, berufliche Traditionen, und natürlich Traumata) fragen. Wichtige dieser Linien kann man farbig (positive in grün, negative/belastete in rot) in das *Genogramm* eintragen. Generell sollte man darauf achten, dass man das *Genogramm* nicht mit Informationen überfrachtet und es so unübersichtlich wird.

Während des Erarbeitungsprozesses erzählen Klientinnen und Klienten über ihre eigenen familiären Erfahrungen und geben selbst gehörte Erzählungen wieder. Auch darin können manchmal – wie beiläufig – wichtige Informationen über die Herkunftsfamilie liegen.

Der Einsatz von *Genogrammen* in der traumasensiblen Seelsorge steht wie alle Methoden unter dem Leitziel, „partiell integrative Traumaarbeit" zu sein und zu leisten. Insofern sollte man von Beginn an stets mit einem ressourcenfokussierten Blick auf den Erarbeitungsprozess des jeweiligen *Genogramms* und die vom Gegenüber berichteten und erzählten Dinge schauen. Schließlich kann man das soweit fertige *Genogramm* dezidiert in den Ressourcenfokus nehmen, indem man versucht, die familiären Ressourcen und was man davon in sich trägt/übernommen/ererbt, was einen positiv geprägt hat (noch einmal) herauszuarbeiten. Beispielhaft hierfür zitiere ich im Folgenden „eine Auflistung möglicher ressourcenorientierter Fragen" von Christopher Bodirsky (er spricht denn auch vom „lösungsorientierten Genogramm"), die man auch schon während des Erarbeitungsprozesses stellen kann und spätestens im Angesicht des fertigen *Genogramms* stellen sollte:

1. „»Was waren gute Erlebnisse/Erfahrungen in der (jeweiligen) Partnerschaft, die Sie mitnehmen können?«"
2. „Wenn Kinder da sind: »Konnten Sie das Ihren Kindern weitergeben?«"
3. „Bei Berichten von schwierigen Situationen: »Welche positive Erfahrung konnten Sie daraus mitnehmen?«, »Wie sind Sie (trotzdem) groß geworden?«"
Diese Fragen kann man insbesondere auch bei traumatischen Erfahrungen stellen, sprachlich ggf. noch einmal verschärft, indem man fragt: Was oder auch wer hat Ihnen geholfen, das zu überleben?
4. „Bei einem Todesfall von Kindern kann ein Hinweis auf die große Ressource der Eltern, trotzdem funktioniert zu haben, hilfreich sein. Die mögliche Frage dazu: »Was vermuten Sie, wie haben Ihre Eltern es geschafft, trotzdem zusammenzubleiben/damit fertigzuwerden?«"
5. „»Was haben Ihnen Eltern/Großeltern/Freunde/wohlwollende Verwandte Positives gelehrt/überliefert, das heute noch wichtig/hilfreich ist?«"
6. „Wenn eine Person schlimme Dinge getan hat: »Wo hat sie das gelernt?«"
7. „Wenn es zum Beispiel einen Hund gab, der wichtig war: »Was hat Sie der Hund gelehrt – und wie hat er Ihnen geholfen?«"
8. „»Welche Ressourcen/Werte sind Ihnen so wichtig, dass Sie sie anderen vermitteln möchten – entweder den eigenen Kindern oder auch anderen Menschen?«"

Bodirsky empfiehlt anschließend das Herausarbeiten „zentraler Aussagen", um daraus „positive Leitsätze" zu bilden und in das *Genogramm* einzutragen, ich verwende hierfür die Farbe *blau*. Man kann noch ein übergreifendes Familienmotto formulieren und über das *Genogramm* in blau schreiben. Abschließend erfolgt eine Reflexion der *Genogramm-Arbeit* mit Blick auf neue Erkenntnisse, Hilfreiches und auch Schwieriges im Erarbeitungsprozess.[571]

---

[571] BODIRSKY: *Lösungsorientierte Psychotraumatologie und Aufstellungen*, in: BOURQUIN/NAZARKIEWICZ (Hrsg.) (2017): *Trauma und Begegnung*, 144–145.

Ergänzend zu einem *Genogramm* oder auch stattdessen kann man die eigene Herkunftsfamilie des Gegenübers auch mit Figuren oder figurhaften Klötzchen aufstellen. Ein solches *Familien- oder Systembrett* ist eine Variante der „Skulpturarbeit" (s. Kapitel 7.5.3) und ermöglicht einen manchmal noch erlebnisintensiveren leibhaftigen Blick auf die eigene Herkunftsfamilie. Diese Methode eignet sich auch sehr gut zur Visualisierung (aktueller) Themen und Problemkonstellationen etc. Das Vorgehen, die Themenkomplexe, Fragen etc. sind ähnlich wie bei einem zweidimensionalen *Genogramm*. Hier ist es nur der Seelsorger selbst, der die wichtigen Inhalte und Aussagen des Gegenübers schriftlich festhält. Ein gutes Video der „Systemischen Gesellschaft" zur Information und praktischen Anschauung findet man hier: https://www.youtube.com/watch?v=n-C773K90P-E.

7.5 *Der Leib-Raum: Methoden und Übungen*

7.5.1 Traumasensible Körper- und Bewegungsübungen und körperorientierte Rituale

Die folgenden Übungen stellen eine kleine exemplarische Auswahl dessen dar, was man machen kann. Sie dienen als eine Anregung für die kreative Entwicklung und Ausgestaltung eigener Übungen und Rituale.

a. Energie-, Reinigungs-, Segnungs- und Salbungs-Rituale

Material: weiche Stoffe oder Decken als Schutzmantel, Wasser in einer passenden Schale oder einem Krug, ein weicher dicker Pinsel oder ein grüner Zweig zum Verteilen des Wassers, für die Körperanwendung geeignetes (Salb-)Öl in Bio-Qualität, Duftöl(e) (z.B. Rosenöl, Lavendelöl, Zedernholz/Orangenöl-Mischung in Bioqualität); als biblischer Text eignet sich z.B. Psalm 23

Bei allen diesen Übungen geht es darum, mit Hilfe von imaginierten oder realen Symbolen bzw. Symbolgegenständen dem Gegenüber ein Gefühl der Ich-Stärkung, des Schutzes, der Befreiung von belastenden Erinnerungen, Gedanken und Gefühlen sowie Körperempfindungen als leibhaftige Erfahrung zu vermitteln. Dafür eignen sich zum einen die von HUBER (2006), 118–120, REDDEMANN (2011), 153–154, und HANTKE/ GÖRGES (2012), 361–369, vorgeschlagenen religiös nicht konnotierten Bilder und Realsymbole für Schutz und Reinigung, die das Gegenüber z.B. wie eine Schutzhülle ummanteln oder wie ein kosmischer Energiefluss durch den gesamten Körper und in jede einzelne Zelle strömen. Selbstverständlich kann man diese Übungen religiös und spirituell anreichern bzw. modifizieren. Man denke z.B. an den besonderen Mantel von Josef (Genesis 37,1ff). Zum anderen kann man aus dem reichen Schatz der biblischen und christlichen Tradition schöpfend mit religiös oder spirituell gefüllten leibhaftigen Reinigungs-, Segnungs- und Salbungshandlungen das Gegenüber stärken und bestärken. Das gesegnete Wasser und Salböl kann man auch mit nach Hause geben zur täglichen Anwendung.
Alle diese Übungen lassen sich am Ende verstärken mit:
>>*EMDR-Verankerung*

7.5 Der Leib-Raum: Methoden und Übungen

b. Die *Emmaus-Weg-Übung*

Material: ein Stein von der Größe und Beschaffenheit, dass man etwas auf eine Vorder- und eine Rückseite schreiben kann (es genügt ein Stichwort), Eding-Stift, alternativ: eine Karteikarte

Im Idealfall wird diese Übung in 2-er Gruppen in einer größeren Gruppe durchgeführt (analog zur Dyade der beiden Emmaus-Jünger). In der Einzelseelsorge kann die Seelsorgerin den zweiten Part übernehmen, allerdings ohne einen eigenen Stein. Der Seelsorger, die Seelsorgerin ist dann nur mitgehende/r und mitfühlende/r Zeuge/Zeugin. Die folgende Darstellung ist für 2-er Gruppen von Betroffenen gedacht und muss im anderen Fall entsprechend abgeändert werden.

Die Emmaus-Weg-Übung spricht alle drei Ebenen des Gehirns an:
- Kognitiv: *Reframing*
- Emotional: Bindung (u.a. Ausschüttung des stressreduzierenden Oxytocin)
- Somatisch: Körpererleben (u.a. Aktivierung ventraler Vagusnerv)

Wichtig ist bei dieser Übung ein nicht-wertendes Wahrnehmen der inneren Vorgänge auf der Ebene von Körperempfindungen, Gefühlen und Gedanken.

1. Die Teilnehmenden nehmen ihren Stein (alternativ Karteikarte) und schreiben ein immer noch belastendes Thema/Situation/Erfahrung oder etwas, um das sie trauern, mit einem Stichwort/Symbol darauf. Dann bewegen sie sich langsam jede/r für sich im Raum, den Stein mit dem Stichwort in der linken Hand (Bezug zur rechten Hirnhemisphäre) haltend und betrachtend (dies triggert und aktiviert die Netzwerke zum Thema).

2. Nach einer Weile werden die Teilnehmenden gebeten, sich wortlos und nur mit Gesten eine/n Partner/in zu suchen. Die beiden gehen dann ein Stück gemeinsam Seite an Seite, weiterhin ohne zu sprechen. Dabei zeigen sie sich gegenseitig den Stein mit ihrem Thema. Wenn möglich, treten die beiden Partner zueinander in einen leichten körperlichen Kontakt, z.B. durch eine gegenseitige Berührung der Schultern. Sie zeigen sich wortlos und nur mit Gesten ihr Mitgefühl.

3. Nach einer Weile gehen die Partner wieder auseinander und jede/r bleibt für sich an einer Stelle im Raum alleine stehen. Er/sie spürt der Begegnung im Körper nach. Anschließend vergegenwärtigt er/sie sich noch einmal das Problem/Thema auf dem Stein und stellt sich dabei die Frage: Was habe ich aus diesem Problem gelernt für mein Leben, was hat mich es überleben bzw. bestehen lassen? Dann wird der Stein gedreht und diese Ressource etc. wird mit einem Stichwort auf die andere Seite des Steins geschrieben. Man nimmt den Stein nun in die rechte Hand (Bezug zur linken Hirnhemisphäre). Mit dieser Steinseite nach oben wiederholt man die Schritte 1. und 2. jetzt mit dem Fokus auf der Ressource. Zu dem gegenseitigen Mitgefühl am Ende von Schritt 2. tritt nun der Ausdruck von Stolz und gegenseitiger Anerkennung für die Ressource des Anderen hinzu bzw. in den Vordergrund.

Am Ende bedanken sich die beiden Partner für das Stück gemeinsamen Weges, gehen wieder auseinander und die Übung wird beendet. Man kann am Ende die Teilnehmenden noch einmal bitten, auf die Ressourcenseite ihres Steins zu fokussieren, mit Gefühlen von Stolz und Geschafft-Haben, und dann das Verstärken mit:

>>*EMDR-Verankerung*

c. Die *Emmaus-Liturgie mit Emmaus-Mahl*

Material: Meditativer Text/Gedicht nach eigener Wahl, passende Liedverse aus Taizé nach eigener Wahl (oder die im Ablauf vorgeschlagenen), weiße Stoffbahnen, großer Stein, Klangschale, Wollknäuel, 2 Wassergläser, Kerze und Anzünder, Traubensaft und Brot in einem Kelch und einer Brotschale, ein Hocker mit einem kleinen weißen Tischtuch als Mahltisch. Die musikalischen Inhalte sind Vorschläge und können entsprechend eigener Ideen und Vorlieben der Seelsorgerinnen und Seelsorger abgewandelt werden.

Die Liturgie wurde mir in der vorliegenden, von mir leicht überarbeiteten Form von Frau Dr. Ursula Gast zur Veröffentlichung im Rahmen meines Buches „Der Emmaus-Weg" (2014) zur Verfügung gestellt. Sie hat sie unter meiner Mitwirkung zusammen mit der Klinikseelsorgerin und einigen Patient(inn)en der Klinik vorbereitet. Der Gottesdienst findet sich auch in GAST et al. (2009), 242–243.

Zur Vorbereitung werden lange weiße Stoffbahnen ausgelegt und darauf die verschiedenen, im Ablauf genannten Symbole zu einzelnen Stationen platziert, mit dem Mahl-Tisch am Ende des Weges.

A. Ablauf

Musik zum Ankommen	
Begrüßung	
♪ Taizé-Lied:	Ubi caritas
Einleitung	Ein geeigneter meditativer Text und einige Gedanken zum Ablauf des Gottesdienstes
Ent-mutigt sein	Lesung Verse 13+14
	Symbol: großer Stein
	Betrachtung
Mit-teilen	Lesung Vers 15–21
	Symbol: Klangschale
	Betrachtung
Ver-wirren	Lesung Vers 22–24
	Symbol: Wollknäuel
	Betrachtung
	♪ Taizé-Lied: O Lord hear my prayer
Er-klären	Lesung Vers 25–27
	Symbol: 2 Wassergläser
	Betrachtung

7.5 Der Leib-Raum: Methoden und Übungen

Er-kennen	Lesung 28-31
	Symbol: Kerze
	Betrachtung
	♪ Taizé-Lied: Im Dunkel unserer Nacht
Ankommen	Lesung Vers 32 – 35
	Symbol: alle Kerzen anzünden
	Betrachtung
♪ Taizé-Lied:	Bei Gott bin ich geborgen, still wie ein Kind
Gebet	Geeigneter Gebetstext zur Segnung der Mahlgaben
Agape	Einleitung
♪ Taizé-Lied:	Eat this bread, drink this cup
Austeilung	
Segen	
♪ Taizé-Lied:	Bless the Lord, my soul
Musik zum Ausgang	

B. Schrifttext (Einheitsübersetzung 2016) und Betrachtung

13 Und siehe, am gleichen Tag waren zwei von den Jüngern auf dem Weg in ein Dorf namens Emmaus, das sechzig Stadien von Jerusalem entfernt ist. 14 Sie sprachen miteinander über all das, was sich ereignet hatte.	**Ent-mutigt sein** Zwei treten den Rückzug an. Sie kehren der Stadt Jerusalem den Rücken. Voller Hoffnung waren sie vor ein paar Tagen hier angekommen. Jesus wurde von den Leuten umjubelt. Doch dann wurden die beiden Männer Zeugen von Ungerechtigkeit und Gewalt. Ihre Zukunft ist zerbrochen. Wie ein schwerer Stein lastet die Trauer auf ihnen.

15 Und es geschah, während sie redeten und ihre Gedanken austauschten, kam Jesus selbst hinzu und ging mit ihnen. 16 Doch ihre Augen waren gehalten, sodass sie ihn nicht erkannten. 17 Er fragte sie: Was sind das für Dinge, über die ihr auf eurem Weg miteinander redet? Da blieben sie traurig stehen 18 und der eine von ihnen – er hieß Kleopas – antwortete ihm: Bist du so fremd in Jerusalem, dass du als Einziger nicht weißt, was in diesen Tagen dort geschehen ist? 19 Er fragte sie: Was denn? Sie antworteten ihm: Das mit Jesus aus Nazaret. Er war ein Prophet, mächtig in Tat und Wort vor Gott und dem ganzen Volk. 20 Doch unsere Hohepriester und Führer haben ihn zum Tod verurteilen und ans Kreuz schlagen lassen. 21 Wir aber hatten gehofft, dass er der sei, der Israel erlösen werde. Und dazu ist heute schon der dritte Tag, seitdem das alles geschehen ist.	*Mit-teilen* Ein dritter kommt hinzu – unbefangen – er weiß von nichts – er lässt die beiden erzählen. Die beiden kreisen nicht länger um sich selbst – sie wenden sich dem anderen zu. Sie teilen sich mit. Im Erzählen verdichtet sich das Erlebte zu wenigen Sätzen. Sie teilen sich mit. Hoffnung und Enttäuschung, Ungerechtigkeit und Zorn. Es ist gut, davon sprechen zu können. Der Fremde nimmt teil.
22 Doch auch einige Frauen aus unserem Kreis haben uns in große Aufregung versetzt. Sie waren in der Frühe beim Grab, 23 fanden aber seinen Leichnam nicht. Als sie zurückkamen, erzählten sie, es seien ihnen Engel erschienen und hätten gesagt, er lebe. 24 Einige von uns gingen dann zum Grab und fanden alles so, wie die Frauen gesagt hatten; ihn selbst aber sahen sie nicht.	*Ver-wirren* Eine Nachricht bricht ein in die kummervollen Gedanken. Verstörend – erschreckend – verwirrend. Bringt den Weg der Trauer durcheinander. Er lebt – Sollen wir das glauben? Sollen wir es wagen und unseren Blick weiten für das Unmögliche?
♪ Taizé-Lied:	
25 Da sagte er zu ihnen: Ihr Unverständigen, deren Herz zu träge ist, um alles zu glauben, was die Propheten gesagt haben. 26 Musste nicht der Christus das erleiden und so in seine Herrlichkeit gelangen? 27 Und er legte ihnen dar, ausgehend von Mose und allen Propheten, was in der gesamten Schrift über ihn geschrieben steht.	*Er-klären* Lange hatte der Fremde geschwiegen, doch jetzt bricht ein Redeschwall hervor. Durch die ganze Bibel von der ersten bis zur letzten Seite Erklärung über Erklärung. Der Fremde entdeckt eine Bedeutung in Leiden und Sterben des Propheten Jesus von Nazareth. Klärung – ja, zumindest im Kopf ist einiges klarer geworden. Vielleicht fangen die beiden an, das Geschehene zu durchschauen?

7.5 Der Leib-Raum: Methoden und Übungen 275

28 So erreichten sie das Dorf, zu dem sie unterwegs waren. Jesus tat, als wolle er weitergehen, 29 aber sie drängten ihn und sagten: Bleibe bei uns; denn es wird Abend, der Tag hat sich schon geneigt! Da ging er mit hinein, um bei ihnen zu bleiben. 30 Und es geschah, als er mit ihnen bei Tisch war, nahm er das Brot, sprach den Lobpreis, brach es und gab es ihnen. 31 Da wurden ihre Augen aufgetan und sie erkannten ihn; und er entschwand ihren Blicken.	*Er-kennen* Jesus gibt sich zu erkennen. Seine Freunde erkennen ihn nicht an Äußerlichkeiten, sie erkennen ihn an dem, was er tut. Da geht ihnen ein Licht auf. Sie erkennen auf einmal, was sie vorher nicht sehen konnten.
♬ Taizé-Lied	
32 Und sie sagten zueinander: Brannte nicht unser Herz in uns, als er unterwegs mit uns redete und uns den Sinn der Schriften eröffnete? 33 Noch in derselben Stunde brachen sie auf und kehrten nach Jerusalem zurück und sie fanden die Elf und die mit ihnen versammelt waren. 34 Diese sagten: Der Herr ist wirklich auferstanden und ist dem Simon erschienen. 35 Da erzählten auch sie, was sie unterwegs erlebt und wie sie ihn erkannt hatten, als er das Brot brach.	*An-kommen* Bei sich selbst ankommen. Nach einem langen Weg, von entmutigen, mitteilen, verwirren, erklären, erkennen. Nicht nur im Kopf, auch im Herzen ist die Botschaft angekommen. Ein Weg einer inneren Entwicklung. Ein heilsamer Weg. Nun kehren Sie zum Ausgangspunkt zurück, nehmen die anderen mit auf den Weg, stören die auf, die sich verschlossen haben, verwirren und erklären. Das Licht des Erkennens geben sie weiter.

7.5.2 Ressourcen-EMDR

Besonderer Hinweis

Die in diesem Unterkapitel dargestellten Methoden sollten nicht ohne entsprechende Erfahrungen und Schulungen in traumasensibler Seelsorge allgemein und in diesen Methoden im Besonderen angewandt werden. Daher verstehen sich die folgenden Ausführungen auch mehr als (meist nur kurze) Methodendarstellungen, weniger als Methodenanleitungen für den nicht-geschulten Gebrauch im Rahmen der traumasensiblen Seelsorge.

Da traumasensible Seelsorge keine traumakonfrontative Arbeit im therapeutischen Sinne darstellt, kommen neben der *einfachen EMDR-Verankerung* zur Verstärkung vieler der in Kapitel 7 beschriebenen Übungen durch langsame bilaterale

Stimulationen (in der Regel *Tapping*) und die impliziten Rechts-Links-Bewegungen wie bei der *Wiege-* und der *Pendel-Übung* nur zwei explizite Methoden mit EMDR zur Anwendung: die *Absorptionstechnik* (die Kurzform des klassischen Ressourcenprotokolls) und die *Walking-Your-Blues-Away-Übung* (eine Kombination vom EMDR-Technik und Gehen nach Thom HARTMANN, 2007). Beide laufen klar strukturiert ab.

a. Die *Absorptionstechnik*

Material: Keines

Der folgende Ablauf folgt in abgewandelter Form einem Arbeitsblatt aus dem EMDR-Ausbildungsmanual (SHAPIRO/HOFMANN [1994], 133):
1. Der Seelsorger bittet das Gegenüber, eine für ihn/sie belastende Situation zu finden, für die er/sie aktuell eine Entlastung braucht. Es empfiehlt sich bei einer ersten Anwendung dieser Methode (in Beachtung obigen *besonderen Hinweises*) kein direktes traumatisches Material zu verwenden.
Das Gegenüber kann die Situation kurz beschreiben, wobei das nicht zwingend notwendig ist für die Durchführung der Übung. Auf jeden Fall lässt man das Gegenüber den sogenannten „SUD = subjektiver Belastungsgrad" (HOFMANN [2014], EMDR, 76) auf einer Skala von 0 bis 10 skalieren.
2. Die Seelsorgerin fragt nun nach drei Fähigkeiten, Eigenschaften, Ressourcen etc., die das Gegenüber bräuchte, um besser mit der belastenden Situation umgehen zu können. Man benennt sie so konkret und spezifisch wie möglich.
3. Nun fragt man, mit welcher der drei genannten Fähigkeiten etc. das Gegenüber beginnen möchte. Die folgenden Schritte 4. bis 8. werden nacheinander für jede der genannten Fähigkeiten etc. durchgeführt. Das Gegenüber bestimmt die Reihenfolge.
4. Der Seelsorger fragt nach einer Situation aus dem Leben des Gegenübers – wenn möglich nicht zu weit in der Vergangenheit liegend (ein paar Monate bis ein paar Jahre), damit die Erinnerung daran noch lebendig und gut aktivierbar ist – in der das Gegenüber bemerkt hat, dass es diese Fähigkeit etc. schon hatte bzw. etwas davon hatte. Man lässt das Gegenüber die Situation so intensiv wie möglich erinnern, ggf. lässt man sie sich auch beschreiben (s. Punkt 1.).
5. Die Seelsorgerin fragt dann: Welche bildhafte Erinnerung, welches Bild, welche einzelne Szene aus dieser Situation zeigt am deutlichsten das Vorhandensein der genannten Fähigkeit bzw. erfasst die Situation (auch somato-psychisch) am besten?
6. Man lässt das Gegenüber diese Situation körperlich verorten, d.h. wo im Körper gibt es eine positive (!) Resonanz, ein positives (!) Körpererleben in Bezug zu diesem ausgewählten Bild?
7. Nun bittet man das Gegenüber, mit dem Bild und dem Körpergefühl in Kontakt zu gehen. Die Augen kann er/sie dabei schließen, ebenso wie bei dem nun sich anschließenden L A N G S A M E N (!!!) *Tapping*. Wenn das Gegenüber kein Problem mit einer Berührung durch die Seelsorgerin hat, kann der Seelsorger entweder direkt vor dem Gegenüber sitzend auf dessen Kniebereich *tappen* bzw. in die Innenflächen der dort rechts und links liegenden Hände. Falls mehr Abstand gewünscht wird, verwende ich ausziehbare Rückenkratzer oder das Gegenüber *tappt* selbst auf seine Knie/Oberschenkel.
8. Beim *Tapping* macht man so 7–12 langsame Rechts-Links-Taps. Nach dem ersten Durchgang fragt man: „Wie ist es jetzt?" Man fragt noch gezielt nach dem Körpergefühl und ob sich da etwas verändert hat. Ist das Körpergefühl gleich positiv wie zu Beginn des *Tapping* oder hat es sich noch positiv verstärkt, macht man einen zweiten

7.5 Der Leib-Raum: Methoden und Übungen

Durchgang *Tapping*. Auch nach diesem stellt man wieder die vorgenannten Fragen. Ggf. kann man noch einen dritten und letzten Durchgang mit *Tapping* machen. Sollte es eine sog. „Affektbrücke" zu negativen oder belastenden Erinnerungen, Bildern, Emotionen etc. geben, so macht man ggf. eine kurze Entlastungsübung (z.B. *Achtsames Atmen* oder ein Kurzkontakt zum *Inneren Wohlfühlort*) und geht dann zur nächsten Fähigkeit.
9. Man wiederholt Punkt 4. bis 8. für die zweite vom Gegenüber ausgewählte Fähigkeit etc., dann anschließend für die dritte.
10. Nach dem dritten beendeten Durchgang bittet der Seelsorger das Gegenüber, in Kontakt mit allen drei Fähigkeiten etc. und ggf. den „Erfolgs"-bildern zu gehen, man zählt die drei genannten Fähigkeiten explizit auch noch einmal auf. Abweichend von dem ursprünglichen EMDR-Protokoll führe ich noch einmal einen *Tapping*-Durchgang durch mit allen drei Fähigkeiten und Bildern quasi übereinander geblendet. Ggf. wiederhole ich den noch einmal.
11. Danach erst bitte ich das Gegenüber, aus dem somato-psychischen Empfinden des letzten *Tappings* heraus noch einmal auf die belastende Ausgangssituation zu schauen und frage erneut nach dem SUD (subjektiver Belastungsgrad). In der Regel fällt der nun geringer aus.
12. Man schließt die Übung ab und achtet darauf, dass das Gegenüber wieder gut im Hier-und-Jetzt verortet und wach ist.

b. Die *Walking-Your-Blues-Away-Übung*

Material: ggf. *Nordic Walking* Ausrüstung

Variante 1: Diese erste Variante folgt dem von Thom HARTMANN (2007, 102–110) beschrieben Ablauf von „Nimm dein Problem und geh los". Sie besteht aus fünf Schritten (ebd., 102, wörtliche Zitation, Erläuterungen RK). Das Gegenüber kann diese Übung entweder allein durchführen oder in Begleitung des Seelsorgers/der Seelsorgerin. Dann übernimmt diese/r die Anleitungen zu den einzelnen Schritten.
1. Bestimmen Sie das Thema: Man sucht mit dem Gegenüber ein belastendes Thema, Erinnerung, Ereignis etc. aus. Beim ersten Arbeiten mit dieser Methode für das Gegenüber sollte man keine traumatischen Erinnerungen auswählen
2. Erinnern Sie sich an die Geschichte: Man bittet das Gegenüber die hinter dem Thema stehende(n) Geschichte(n) in ein bis zwei Sätzen auf den Punkt zu bringen. Es geht darum, „Gedankenmuster" prägnant zu formulieren. Ich lasse das Gegenüber zusätzlich noch ein für das Thema etc. prägnantes und typisches oder besonders ausdrucksstarkes Bild visualisieren. Dann bittet man darum, den subjektiven (emotionalen) Belastungsgrad auf einer Skala von 0 bis 10 einzuschätzen (entspricht dem SUD oben in a., 1.).
3. Gehen Sie mit dem Thema: Da es sich möglichst um ein schnelleres Gehen als bei einem normalen Spaziergang handeln sollte, empfiehlt sich bequem-sportliche Kleidung. In jedem Fall soll man die Gehgeschwindigkeit und auch die Art der Strecke den eigenen gesundheitlich-konditionellen Möglichkeiten anpassen sowie darauf achten, dass man nicht durch übermäßigen Verkehr oder sonstige Dinge abgelenkt wird oder sich gar durch den Aufmerksamkeitsfokus auf der inneren Arbeit in Gefahr bringt. Man beginnt zunächst mit einem leichten In-Gang-kommen und dem Einüben des bilateralen Gehens, d.h. ganz bewusst im Rechts-Links-Rhythmus Beine und Arm überkreuz zu bewegen. Ich kombiniere die Methode von Hartmann mit dem *Nordic Walking* mit Stöcken. Dies verstärkt die Wirkung der bilateralen Stimulationen. Wenn man den

richtigen bilateralen Rhythmus gefunden hat, denkt man an das Thema, das typische Gedankenmuster und Bild und verstärkt den Gehrhythmus – falls möglich oder nötig – noch einmal. Dann geht man einfach eine Weile mit den inneren Gedanken und Vorstellungen. Dabei passiert es häufig, dass man sich immer wieder an das Thema etc. erinnern muss, um es so präsent zu halten, was ganz wichtig für den möglichen(!) inneren Veränderungsprozess ist.

4. Achten Sie darauf, wie sich das Thema verändert: Während des bilateralen Gehens (mit oder ohne *Nordic Walking* Stöcke) nimmt man achtsam und nicht-wertend oder etwas wollend wahr, wie sich die inneren Vorstellungen verändern. Wichtig ist dabei, dass man nichts erzwingt. Es passiert, was passiert bzw. aktuell passieren kann. Durch die für das EMDR konstitutive Verbindung von *explizitem und implizitem Funktionsmodus* können Veränderungen auf allen drei Ebenen des *Triune Brain* passieren: kognitiv, emotional und körperlich. Man geht so lange, bis sich nichts mehr verändert. Man kann nun entweder weiter rhythmisiert gehen oder man schaltet um auf normalen Spaziergang oder man macht gar eine kurze Pause. Egal wie man weitermacht, man stellt sich währenddessen die Frage: „Welche Geschichte erzähle ich jetzt über meine Erinnerung?" Und man kann sich fragen, wie hoch der SUD nun ist. Ich ergänze an dieser Stelle noch das Folgende: Überlegen Sie sich einen neuen Satz, ein neues Gedankenmuster, wie z.B. „Es ist vorbei!", „Ich bin frei." oder was auch immer passt. Dieses neue kognitive Muster kann man direkt verankern, indem man noch eine Runde rhythmisiert bilateral geht und sich dabei diesen Satz etc. angepasst an den Gehrhythmus immer wieder sagt. Geht man mit den *Nordic Walking* Stöcken, so sind diese wie Taktgeber und Verstärker des rhythmisiert Gesagten. Man sollte sich nicht scheuen, den neuen Satz etc. zwischendurch auch mal eine Weile laut auszusprechen.

5. Ankern Sie den neuen Zustand: Wenn man dann wieder bei sich zu Hause ist, kann man sich eine neue Geschichte erzählen und diese idealerweise auch schriftlich festhalten. Oder man erzählt sie im Beisein des Seelsorgers/der Seelsorgerin mündlich.

Variante 2: Bei dieser Variante hat man im Rahmen des Seelsorgeprozesses bereits an der Veränderung eines Themas, einer Geschichte, Erinnerung, Ereignis etc. miteinander gearbeitet und als Ergebnis eine neue Haltung, eine neues Gedankenmuster etc. erarbeitet. Dann eignet sich das rhythmisierte bilaterale Gehen (auch wieder kombinierbar mit *Nordic Walking*) zu dessen Verankerung und Verstärkung. So in der Art, wie man positive Dinge bei den anderen Übungen mit *Tapping* verankert.

Ganz nebenbei tut man mit dieser Methode auch noch etwas für die Gesundheit!

7.5.3 Biblische Skulptur- und Aufstellungsarbeit

Besonderer Hinweis

Die in diesem Unterkapitel dargestellten Methoden sollten nicht ohne entsprechende Erfahrungen und Schulungen in traumasensibler Seelsorge allgemein und in diesen Methoden im Besonderen angewandt werden. Daher verstehen sich die folgenden Ausführungen auch mehr

7.5 Der Leib-Raum: Methoden und Übungen

als (meist nur kurze) Methoden*darstellungen*, weniger als Methoden*anleitungen für den nicht-geschulten Gebrauch*.

Ich stelle im Folgenden in der gebotenen Kürze – im Sinne des obigen Hinweises – meine Formen einer *Biblischen Skulptur- und Aufstellungsarbeit* dar, einer Mischung aus Elementen des Bibliodramas und der Systemischen Skulpturarbeit und der Systemischen (Struktur-)Aufstellungen. In ihnen verbinden sich Leibhaftigkeit, spirituelle Erfahrungen und (kleine) therapeutisch-heilsame Impulse. Es gibt mehrere Formen. Die *Kleinformen* (a. und b.) eignen sich sehr gut sowohl für die Einzel- wie Gruppenarbeit. Bei den *Großformen* habe ich eher ein Gruppensetting im Auge, es gibt aber auch Möglichkeiten im Einzelsetting mit dieser Methode zu arbeiten. Das ähnelt dann der Arbeit mit dem *Familien-/Systembrett*. Je dynamischer das Geschehen innerhalb einer Methode sein kann, umso schwieriger ist es beschreibend abzubilden. Das gilt insbesondere auch für das methodische Vorgehen des Seelsorgers, der Seelsorgerin, denn ganz oft handelt diese/r aus einem – zwar professionell fundierten – aber dennoch intuitivem inneren Wissen heraus, das auf sehr viel persönlicher und fachlicher Erfahrung mit diesen Methoden basiert. Insofern gilt: Wer die folgenden Methoden wirklich kennenlernen will, sollte sie zunächst erst einmal in Selbsterfahrung mit einem/einer erfahrenen Anleiter/in erleben. Einen guten ersten Eindruck inkl. wissenschaftlicher Erklärungsversuche vermittelt dieses Video: https://www.youtube.com/watch?v=GuD0RGy6B2o.

> Mögliches Material für alle Varianten: Bibel; Flipchart, weiße A4 Blätter, Edings und bunte Stifte; bunte Gymnastikseile; im Raum vorhandenes Mobiliar, Decken, Matten; Symbolgegenstände etc.
>
> a. *Kleinformen mit Körperhaltungen*
>
> Bei dieser Variante der *Kleinformen* wählt man einen Bibeltext als Grundlage aus. Hier kommen im Prinzip alle Textgattungen in Frage. Entweder nimmt man einen ganzen Text oder nur einzelne Passagen daraus bzw. nacheinander einzelne Passagen. Der gewählte Text wird vorgelesen und das Gegenüber wird gebeten, eine Stelle aus dem Text auszuwählen, die ihn/sie im Moment in besonderer Weise anspricht/anrührt. Das kann ein ganzer Satz sein, ein einzelnes Wort, ein Verhalten einer Person, ein Gegenstand, etwas Immaterielles (z.B. ein beschriebenes Gefühl). Dann bittet man das Gegenüber, sich einen guten Platz im Raum zu suchen und sich dort gut zu verorten. Dann lädt man dazu sein, eine zu dem gewählten Textteil für einen stimmige/passende Körperhaltung einzunehmen und in dieser für einen Moment zu verharren. In der eingenommenen Körperhaltung soll man nun einfach wahrnehmen, was in einem vorsichgeht: kognitiv, emotional, somatisch. Der Seelsorger geht dann zu dem Gegenüber und bittet ihn/sie seine/ihre Wahrnehmungen auszusprechen und dabei zu überlegen, was dieser Textteil und die dazu gewählte Körperhaltung mit dem eigenen Leben zu tun haben könnte. Im Gruppensetting verteilen sich die einzelnen Teilnehmer/innen im Raum und nehmen dann ihre Körperhaltung ein. Die Seelsorgerin geht dann von Teilnehmerin zu Teilnehmer und befragt sie kurz wie oben beschrieben zu ihrer Körperhaltung.
> In der Einzelarbeit kann man nun an dieser Stelle auf zwei Weisen weiterarbeiten: Entweder geht man im Text weiter und lädt zu neuen Haltungen ein, oder man arbeitet an

der eingenommenen Haltung weiter und lässt das Gegenüber mit Haltungsänderungen und deren Folgen für das innere Erleben experimentieren.
Im Gruppensetting kann man z.B. im Text Abschnitt für Abschnitt wie oben beschrieben weitergehen und so den gesamten Text körperlich-leibhaftig erspüren und erfahren.

Im Folgenden beschreibe ich eine stärker geführte Variante der Kleinform am Beispiel von Psalm 23 in einem Gruppensetting. Im Einzelsetting entfallen alle Gruppenschritte und man konzentriert sich auf den einzelnen gewählten Ort in der unten beschriebenen Weise.
1. Psalm 23 wird laut vorgelesen.
2. Der Gruppenleiter/die Gruppenleiterin (GL) markiert nun im Raum sechs Orte, z.B. mit Hilfe der Gymnastikseile, mit genügend Abstand zueinander.
3. Die gesamte Gruppe wird nun eingeladen, sich auf den Weg von Station zu Station zu machen. An jeder Station wird ein vorbereiteter Zettel mit dem jeweiligen Psalmvers darauf geschrieben abgelegt und der GL liest ihn jeweils vor.
4. Die Teilnehmer/innen (TN) werden gebeten, sich einen der sechs Orte auszusuchen, der sie jetzt im Moment besonders anspricht und an dem sie sich niederlassen möchten. Die TN werden gebeten sich dort auf ihre persönliche Weise einzurichten. Man kann sitzen, liegen usw. Es können, müssen aber nicht wie oben bewusst Körperhaltungen eingenommen werden.
5. Für einen Moment der Stille sollen die TN ihren Vers für sich betrachten.
6. Der GL geht von Station zu Station und spricht die dort Versammelten eine(n) nach dem/der anderen wie folgt an: „Gott spricht heute zu Dir ... *es folgt der Vers in Ich/Du-Form* (z.B. „Ich bin Dein Hirte, nichts wird Dir fehlen.") Was antwortest Du Gott in Form eines Satzes oder eine Geste?" Der TN antwortet und der GL fährt mit dem/der nächsten fort.
7. Nach dem kompletten Durchgang werden die TN gebeten, den Psalm wieder zusammenzusetzen, indem sie wortlos ein Gruppenbild miteinander gestalten. Sobald das Gruppenbild für alle TN passt, liest der GL den Psalm noch einmal ganz vor. Dann lässt der GL das Bild sich auflösen und die TN gehen aus der Übung.

b. *Kleinformen mit Thema*

Die von mir entwickelten *Kleinformen mit Thema* laufen nach einem strukturierten Schema ab:
1. Die Seelsorgerin bittet das Gegenüber, das zu bearbeitende Thema zu benennen, so konkret wie möglich und ggf. auf eine bestimmte typische Situation fokussiert, und es kurz inhaltlich zu beschreiben. Bei dem Belastungsgrad des Themas achtet man auf den eigenen Erfahrungsstand und die Stabilität des Gegenübers.
2. Gemeinsam mit dem Gegenüber wird nach einem zum Thema passenden Bibeltext gesucht, ggf. fällt dem Gegenüber oder auch dem Seelsorger spontan-intuitiv ein Text ein.
Um diesen Schritt nicht unnötig in die Länge zu ziehen oder in der Ergebnislosigkeit enden zu lassen, empfiehlt es sich für alle, die nicht auf ihre Bibelfestigkeit vertrauen, sich eine Kartei anzulegen mit bestimmten übergeordneten Themen, die in der Seelsorge häufiger vorkommen oder immer wiederkehren und dazu passenden Bibelstellen.
3. Die Seelsorgerin liest den gewählten Bibeltext vor und bittet anschließend das Gegenüber, einen bestimmten Passus, Satz, Wort, Geste, ein immaterielles Geschehen etc. auszuwählen, das zu seinem/ihrem Thema passt.

7.5 Der Leib-Raum: Methoden und Übungen

4. Das Gegenüber wird eingeladen, zu dem gewählten Passus etc. in Kombination mit dem Thema eine spontane Körperhaltung einzunehmen oder ein Körper-Raum-Bild zu gestalten, also sich im Raum zu positionieren, Gegenstände mit einzubeziehen etc. Falls man diese Übung im Gruppenkontext macht, kann das Gegenüber auch andere Gruppenmitglieder in sein/ihr Körper-Raum-Bild miteinbeziehen.
5. Nach Abschluss des in Punkt 4. geschilderten Prozesses bittet der Seelsorger das Gegenüber in der Körperhaltung/dem Körper-Raum-Bild zu verharren, einen Moment achtsam die eigenen inneren Vorgänge wahrzunehmen und anschließend der Seelsorgerin zu beschreiben. Dieser versucht, falls nötig, einen Bezug zum Thema herzustellen.
6. Nach der Exploration, bei der oftmals wichtige, auf der impliziten und prozeduralen Ebene abgespeicherte Erfahrungen, Empfindungen und Erinnerungen zutage kommen, lädt der Seelsorger das Gegenüber ein, die Körperhaltung, das Körper-Raum-Bild zu verändern in Richtung einer positiven (Auf-)Lösung. Man kann auch mit mehreren Möglichkeiten spielerisch experimentieren, bis man ein passendes Lösungsbild, Wunschbild oder Sehnsuchtsbild bzw. eine solche passende Körperhaltung gefunden hat. In einem Gruppensetting dient die Gruppe wiederum als Resonanzkörper.
7. Auch die neue Haltung, das neue Bild wird achtsam gemeinsam exploriert. Am Ende lädt die Seelsorgerin dazu ein, wenn möglich, ein Wort, einen Satz, ein (Real-)Symbol o.ä. zu finden, in dem das Neue quasi auf einen Punkt kondensiert wird, sodass man sich das ganze neue Bild mit Hilfe eines solchen einfachen Ankers wieder in Erinnerung rufen kann. Dann löst man das Bild auf.
8. Abschließend kann man die Lösung noch einmal mit EMDR verankern, indem das Gegenüber gebeten wird, sich die neue Haltung bzw. das neue Bild gemeinsam mit dem Wort, Satz, Symbol noch einmal imaginativ vorzustellen und dann folgt:
\>\>EMDR-Verankerung

c. Großformen ohne und mit Thema

Im Folgenden stelle ich zunächst das Arbeiten mit den Großformen im Gruppensetting vor, da dies eher das Setting der Wahl ist. Ich beginne mit der Variante einer eher statischen *Skulptur- und Aufstellungsarbeit* und beschreibe anschließend die Variante einer *dynamischen Aufstellungsarbeit*, in der sich auch viele Elemente des Bibliodramas wiederfinden. Anschließend benenne ich die Modifikationen und Besonderheiten in einem Einzelsetting. Noch ein genereller Hinweis zu dem Adjektiv „biblisch". Damit soll der Unterschied markiert werden, dass bei der Anwendung dieser Methoden aus der systemischen Beratung und Therapie biblische Texte hinzukommen können als zusätzliche Ressourcen und Lösungshilfen bzw. dass bei den dynamischen *Biblischen Aufstellungen* (mit Bibliodrama-Anteilen) ein Bibeltext den konstitutiven Ausgangspunkt markiert.

Variante 1: Eher statische *Biblische Skulptur- und Aufstellungsarbeit*
1. Vor Beginn der eigentlichen Arbeit kann man eine kurze Entspannungs- und Stabilisierungsübung machen, oder auch eine Übung zur (Re)-Installation eines *Inneren Sicheren Ortes/Wohlfühlortes*. Auch vereinbart man Regeln für den Ausstieg aus dem Geschehen für den Fall einer zu großen somato-psychischen Belastung und erklärt den Ablauf.
2. Eines der Gruppenmitglieder benennt das Thema, mit dem er/sie arbeiten möchte. Das kann eine bestimmte belastende Problemstellung sein, es können Beziehungskonstellationen aus dem aktuellen Leben oder aus der Herkunftsfamilie sein. Falls nötig

beschreibt er/sie kurz, worum es geht. Dabei können prägnante Situationen, Erinnerungsbilder, Gedankenmuster etc. benannt werden.
Biblische Variante: Ähnlich wie oben bei b. beschrieben, kann man gemeinsam mit dem Gegenüber nach einem zum Thema passenden Bibeltext suchen und diesen im Lauf der Weiterarbeit kreativ mit einweben.
3. Es werden alle aufzustellenden Komponenten/Personen aufgelistet und aus der Gruppe sie stellvertretende Personen benannt. Auch für den Aufstellenden selbst, falls er mit in das Bild kommen soll.
Biblische Variante: Man orientiert sich an den Personen, Gegenständen und immateriellen Vorgängen des gewählten Bibeltextes, der/die Aufstellende wählt hieraus für ihn/sie und das zu bearbeitende Thema wichtige aus und benennt Stellvertretende dafür.
4. Der/die Aufstellende bringt die einzelnen Komponenten-/Personen-Stellvertretenden zueinander in ein Ausgangsbild, eine Skulptur oder Aufstellung, im Sinne eines Körper-Raum-Bildes.
5. Gemeinsam mit dem Seelsorger bewegt sich der/die Aufstellende quasi aus einer Beobachterposition (Distanzierung!) um das Bild herum bzw. auch in dem Bild. Die einzelnen Stellvertretenden werden zu ihren Positionen mit Hilfe des BASK-Modells befragt.
6. Wenn der/die Aufstellende das möchte, kann er/sie zu einem bestimmten Zeitpunkt den Stellvertreter/die Stellvertreterin für seine/ihre Person, so es ihn/sie denn gibt, aus dem Bild nehmen und sich selbst in die entsprechende Position stellen. Die Seelsorgerin exploriert nun das BASK-Spektrum des/der Aufstellenden in der Position selbst. Es kann jedoch auch sein, dass der/die Aufstellende immer in der Beobachterposition bleibt. Dies ist bei den folgenden Schritten immer im Hinterkopf zu behalten.
7. Nachdem das Ausgangsbild hinreichend exploriert wurde, beginnen Aufstellende/r und Seelsorger mit dem Bild zu „spielen". Es werden alternative Bilder ausprobiert, mögliche Veränderungen und (Auf-)Lösungen. Das kann man so lange machen, bis sich ein Lösungsbild herauskristallisiert.
8. Auch das Lösungsbild wird auf allen Ebenen des BASK-Modells exploriert, der/die Aufstellende inkl., wenn er/sie selbst im Bild steht, ansonsten aus der Beobachterposition heraus.
9. Für das Lösungsbild kann man nach einem Satz oder Wort (auch einer Art Überschrift), einem (Real-)Symbol etc. suchen und dies zusammen mit einer inneren Repräsentation des Lösungsbildes mit EMDR verankern und verstärken.
Noch ein Hinweis: Ich lasse die Lösungsbilder oft vom Aufstellenden als Erinnerungsanker und Motivationsbild fotografieren.
10. Ganz wichtig ist am Ende die Auflösung des Bildes und die dezidierte „Entrollung" (SPARRER [2014], 110) der Teilnehmenden inkl. Körperübungen, Raum lüften, Pause etc.

Variante 2: Die dynamische *Biblische Skulptur- und Aufstellungsarbeit*
Diese Variante verbindet Elemente des Bibliodramas mit der systemischen *Skulptur- und Aufstellungsarbeit* und ist sicherlich eine der erlebnisintensivsten unter den dargestellten Methoden. Insofern gelten hier in besonderer Weise die zu Beginn dieses Kapitels formulierten *besonderen Hinweise*.
Die Methode läuft innerhalb eines sehr strukturierten Rahmens ab, wobei in dem Teil des eigentlichen dynamischen, „spielerischen" Geschehens eine nur von dem das Geschehen begleitenden Seelsorger begrenzte Freiheit und Spontaneität herrschen.
1. Vor Beginn der eigentlichen Arbeit kann man eine kurze Entspannungs- und Stabilisierungsübung machen, oder auch eine Übung zur (Re)-Installation eines *Inneren Sicheren Ortes/Wohlfühlortes*. Auch vereinbart man Regeln für den Ausstieg aus dem Ge-

7.5 Der Leib-Raum: Methoden und Übungen 283

schehen für den Fall einer zu großen somato-psychischen Belastung und erklärt den Ablauf.

2. Die Seelsorgerin und die teilnehmende Gruppe wählen einen biblischen Text aus. Der Text kann auch vom Seelsorger aus bestimmten inhaltlichen oder seelsorglichen Gründen vorgegeben werden. Es gibt auch die Möglichkeit, dass Seelsorgerin und Gruppe zu einem bestimmten Thema miteinander arbeiten wollen. Dann wird ein zu dem Thema passender biblischer Text ausgewählt.

3. Der Text wird ein erstes Mal vorgelesen.

4. Auf einem Flipchartbogen werden mögliche Rollen aus dem Text gesammelt. Das können Personen (auch ein Kollektiv wie die Jüngerinnen und Jünger Jesu oder himmlische Personen wie Engel oder Gott selbst etc.), materielle Dinge (ein Stein, ein Weg, ein Haus, Tränen etc.) und immaterielle Vorgänge (Freude, Hoffnung, ein Lächeln, die Berührung etc.) sein. Es gibt auch die Rolle des/der Zuschauenden. Dabei handelt es sich jedoch nicht um eine rein passive Rolle, denn der/die Zuschauende wird in seiner/ihrer Rolle als externe/r Beobachter/in in das dynamische Aufstellungsgeschehen miteinbezogen. Es kann auch passieren, dass jemand während des Spiels von der Beobachterrolle in eine andere Rolle wechselt und in das Geschehen direkt mit einsteigt. Auch andere Rollenwechsel können während des Aufstellungsprozesses passieren. Alles das hat dann immer bestimmte Gründe, die man ggf. explorieren und für die Dynamik nutzen kann.

5. Der Text wird ein zweites Mal vorgelesen, die Gruppenteilnehmenden werden gebeten, sich beim Zuhören von einer Rolle so spontan und unüberlegt wie möglich „ansprechen" zu lassen.

6. Die Teilnehmenden geben ihre gewählte Rolle bekannt. Der Seelsorger sollte sich diese bereits an dieser Stelle merken, ansonsten kann er beim Gestalten des Spielraums immer noch einmal bei den einzelnen Teilnehmenden nachfragen.

7. Die Teilnehmenden gestalten frei den Raum für das Aufstellungsspiel unter Zuhilfenahme der bereitstehenden Hilfsmittel (Seile, Stühle, Decken etc.) und verorten sich im Raum. Das ist das Ausgangs-Körper-Raum-Bild, die Ausgangsskulptur bzw. -aufstellung. Dieses ist oft noch sehr nahe am gewählten Bibeltext.

8. Die Seelsorgerin betritt die Ausgangsaufstellung und beginnt bei einer der teilnehmenden Rollen-Personen mit der Exploration (meist entscheidet man hier intuitiv, wen man auswählt). Von hier an entwickelt sich dann ein dynamisches Geschehen, das als solches nicht beschrieben werden kann. Die Aufgabe des Seelsorgers liegt dabei in einer aktiv-strukturierenden und achtsam-mitfühlenden Begleitung des Geschehens.

9. Das dynamische spielerische Aufstellungsgeschehen endet im besten Fall in einem guten Schlussbild (VON SCHLIPPE/SCHWEITZER [2016], 290), das für einen Moment quasi eingefroren wird. Die Teilnehmenden werden gebeten, noch einen Moment in sich hineinzuspüren, wie sich dieses Bild somato-psychisch anfühlt. Je nach Gruppenkontext stimme ich dazu einen passenden Taizé-Liedvers an.

10. Ganz wichtig ist am Ende wieder die Auflösung des Bildes und die dezidierte „Entrollung" (SPARRER [2014], 110) der Teilnehmenden inkl. Körperübungen, Raum lüften, Pause etc.

Variante 3: Besonderheiten beim Einzelsetting

Im Einzelsetting – so kann man vereinfacht sagen – werden die oben beschriebenen Abläufe zu einer Art *Familien-/Systembrett* im Raum. Die aufzustellenden Themen und Konstellationen werden durch entsprechend große Figuren oder Gegenstände wie

Stühle, Kissen, (Real-)Symbole repräsentiert. Da die Möglichkeit der externen Resonanz durch die Teilnehmenden in einer Gruppe entfällt, geht das Gegenüber im Einzelsetting selbst in die dargestellten und repräsentierten Rollen. Die identifikatorische Einfühlung in Kombination mit der immer wieder eingenommenen Beobachterposition ermöglichen ebenfalls eine „spielerische" Suche nach (Auf-)Lösungen. Ansonsten sind die Abläufe analog.

7.5.4 Arbeit mit *Ego-States*

Besonderer Hinweis

Die in diesem Unterkapitel dargestellten Methoden sollten nicht ohne entsprechende Erfahrungen und Schulungen in traumasensibler Seelsorge allgemein und in diesen Methoden im Besonderen angewandt werden. Daher verstehen sich die folgenden Ausführungen auch mehr als (meist nur kurze) Methodendarstellungen, weniger als Methodenanleitungen für den nicht-geschulten Gebrauch im Rahmen der traumasensiblen Seelsorge.

Im Folgenden stelle ich exemplarisch eine mögliche Form der Arbeit mit dem *Ego-State-Modell* in der traumasensiblen Seelsorge vor, zum einen die grundlegende *Ego-States-Analyse*, zum anderen die thematische Arbeit auf der Basis dieser Analyse, um dem Leser/der Leserin eine erste Vorstellung von dieser Arbeit zu vermitteln. Die jeweils gewählten Themen und ihre etwaige Nähe zu den Traumathemen des Gegenübers werden je nach Stabilität und Stand des Seelsorgeprozesses gewählt. Da es in der traumasensiblen Seelsorge ja vor allem um Stabilisierungs- und Ressourcenarbeit im Sinne einer „partiell integrativen Traumaarbeit" geht, wird man die *Ego-State-Arbeit* zunächst zur Unterstützung beim Finden, Aufbauen und Verstärken von Ressourcen anwenden.

a. Variante 1: Grundlegende *Ego-States-Analyse*

Material: Flipchart, Edings in verschiedenen Farben; alternativ: Stellwand mit Kärtchen und Pinnnadeln oder große Papierbögen A4, besser noch A3 oder Malpapierbögen, und bunte Stifte für eine Arbeit am Tisch

Bei der grundlegenden *Ego-States-Analyse* geht es darum, sich einen Überblick über vorhandene *Ego-States* zu verschaffen, deren Eigenschaften und deren Funktion(en) damals zum Zeitpunkt ihrer Entstehung zu benennen und die innere Beziehungsstruktur zwischen den einzelnen *Ego-States* zu beschreiben.
0. Bevor man beginnt, erläutert man – sofern nicht bereits zu einem anderen Zeitpunkt schon geschehen – dem Gegenüber das *Ego-State-Modell*.
1. Das Suchen und Finden einzelner *Ego-States* kann man beim Gegenüber dadurch anregen, dass man die Alltagserfahrung beschreibt, dass es in einem oft widerstreitende Stimmen oder Persönlichkeitsanteile gibt, so z.B. eine eher ängstliche Stimme/Seite und eine eher mutige; ein zielstrebiger Anteil und ein Anteil, der lieber den ganzen Tag

7.5 Der Leib-Raum: Methoden und Übungen

in der Sonne liegen würde usw. Die Beispielbilder wählt man individuell passend, je nachdem, wie man das Gegenüber einschätzt.

2. Man sammelt die vom Gegenüber genannten *Ego-States* auf einem Flipchartbogen und schreibt den Namen des *Ego-State*, so wie ihn/sie das Gegenüber nennen will, sowie das Geschlecht und Alter (d.h. wann der *Ego-State* entstanden sein könnte) dazu. Der Seelsorger kann bereits an dieser Stelle die einzelnen *Ego-States* auf dem Flipchart-Bogen so verteilt notieren, wie er deren Beziehungs-Ordnung zueinander vermutet. Das muss aber noch nicht an dieser Stelle passieren. Wenn man das Gefühl hat, die wichtigsten *Ego-States* gefunden zu haben, kommt der nächste Schritt.

3. Im *Ego-State-Modell* haben die einzelnen *Ego-States* eine Art Persönlichkeit und Biographie. Wie stark man die einzelnen *Ego-States* personifiziert darstellt und entsprechend dann später mit ihnen arbeitet, macht man von den Vorstellungsmöglichkeiten des Gegenübers abhängig. Ich arbeite in der Regel mit sehr stark personifiziert vorgestellten *Ego-States*. Deshalb fragt man nun folgende Kurzsteckbriefe für jeden einzelnen *Ego-State* ab, indem man das Gegenüber seine *Ego-States* gemäß der folgenden Stichpunkte beschreiben lässt (z.T. wörtlich zitiert nach einem Arbeitsbogen von Kai Fritzsche):

- in welchen Situationen zeigt sich der *Ego-State* aktuell
- zentraler zu ihm/ihr passender Satz/Kognition/Botschaft
- Entwicklungsniveau und Handlungstendenz
- ursprüngliche Funktionalität (wofür entstanden?; um welches Grundbedürfnis geht es?)
- Bedürfnis- und Verhaltensanalyse (Gedanken, Verhalten, Strategien, Emotionen, Körper, Trigger, Motivationen ...)
- Stärken und Schwächen
- Kenntnis von weiteren *Ego-States*
- Beziehung zu weiteren *Ego-States*
- Kooperationsbereitschaft (im Seelsorgeprozess)

Diese Steckbriefe kann man unterschiedlich ausführlich machen, je nach Bedarf oder auch Motivation des Gegenübers.

4. Nun kann man auf einem neuen Flipchart die *Ego-States* in Beziehung zueinander setzen je nach Nähe-Distanz, Kooperationen und Koalitionen, aber auch je nachdem, ob es sich – vereinfacht gesprochen – um ressourcenhafte, verletzte oder destruktive *Ego-States* handelt (s. Kapitel 6.2.3, b).

Ganz wichtig ist es noch, die heutige Person des Gegenübers als ein erwachsenes Ich zu benennen, das in der Regel mehr oder weniger die Führung im Team der *Ego-States* hat. Im weiteren Verlauf des Seelsorgeprozesses kann man nun diese Sammlung nutzen, z.B. für die Ressourcenarbeit oder wenn es darum geht, verletzte innere Anteile zu schützen oder nachzunähren, aber auch um die auch im Seelsorgeprozess zunächst destruktiv wirkenden *Ego-States* auf der Rechnung und im Blick zu haben. Oder um, wie im folgenden Punkt beschrieben wird, an Themen zu arbeiten.

b. Variante 2: *Ego-States-Analyse* mit thematischem Bezug

Material: wie oben, zusätzlich Stühle (oder Sitzkissen)

Wenn man die oben beschriebene Analyse bereits gemacht hat, kann man direkt mit der thematischen Arbeit beginnen. Wenn nicht, schaltet man die obige Analyse vor, ggf. etwas vereinfachter und verkürzter, mit weniger ausführlichen Beschreibungen der einzelnen *Ego-States* und mit direktem Bezug zum gewählten Arbeitsthema.

1. Das Gegenüber benennt das zu bearbeitende Thema so konkret wie möglich und beschreibt kurz, worum es dabei geht.
2. *Ego-States-Analyse* (s.o.). Entfällt, falls zu einem anderen Zeitpunkt bereits durchgeführt.
3. Man fragt das Gegenüber, welcher der *Ego-States* sich denn gerne als erstes zu dem festgelegten Thema äußern möchte. Man stellt einen eigenen Stuhl hin und bittet das Gegenüber, sich auf diesen Stuhl zu setzen und in die Person des betreffenden *Ego-State* zu schlüpfen.
4. Man führt mit diesem *Ego-State* ein Gespräch über seine/ihre Meinung zu dem Thema. Dabei wird der *Ego-State* bei seinem Namen genannt und über die heutige Person des Klienten/der Klientin in der dritten Person gesprochen. Je nach der Kategorie des *Ego-State* fragt man z.B. danach, was der ressourcenreiche *Ego-State* an Ressourcen oder Unterstützungs- und Lösungsmöglichkeiten sieht bzw. hat; nach dem, wovor der verletzte *Ego-State* Angst hat in Bezug auf das Thema; danach, wie der destruktiv wirkende *Ego-State* das Thema sieht und ob er/sie meint, dass es überhaupt eine Lösung gibt bzw. was seine/ihre Lösung wäre oder ob er/sie sich gegen eine Lösung wehrt und den Status-Quo aufrechterhalten will. Destruktiv wirkende *Ego-States* kann man für eine Zusammenarbeit u.a. dadurch motivieren, dass man ihre Existenz und ihre hilfreiche Funktion in der Vergangenheit würdigt und ihnen dann einen „Jobwechsel" oder eine Neudefinition ihrer Rolle im Heute zum Wohl des Klienten/der Klientin anbietet.
5. Diese unter 4. beschriebene Gespräch führt man nun nacheinander mit weiteren vom Gegenüber ausgewählten *Ego-States*. Hat man nur einen Stuhl zur Verfügung müssen diese eben nacheinander darauf Platz nehmen, ansonsten stellt man für jeden *Ego-State* einen eigenen Stuhl auf. Das hat den Vorteil, dass man gut zwischen den einzelnen *Ego-States* hin und her switchen kann. Hilfreich ist es, wenn man auf den jeweiligen Stuhl ein Blatt Papier mit dem jeweiligen Namen des *Ego-State* zur Orientierung legt. Man kann das ganze Gespräch mit den *Ego-States* auch wie eine Konferenz an einem Tisch mit mehreren Stühlen durchführen. An die einzelnen Plätze am Tisch legt man dann ebenfalls Zettel oder Kärtchen mit den jeweiligen Namen. Das zeigt auch, dass die Arbeit mit *Ego-States* etwas sehr Kreatives, ja manchmal auch Spielerisches oder gar Humorvolles hat, letzteres natürlich immer abhängig von dem jeweiligen Thema, um das es geht. Die Seelsorgerin hat hier oft sehr stark die Rolle eines klassischen Moderators oder Mediators.
6. Nachdem man sich einen Überblick über die einzelnen Standpunkte verschafft hat, beginnt die Arbeit an einer Lösung, gleichwie in einem klassischen Moderationsprozess. Das ist oftmals ein sehr lebendiger Prozess, in dem der Seelsorger vielfach aus einer professionell fundierten Intuition heraus handelt und den Prozess steuert hin zu einer Lösungsfindung.
7. Ist die Lösung gefunden, bittet man die heutige erwachsene Person des Gegenübers, diese schriftlich für sich festzuhalten und deren Realisierung/Umsetzung in einem definierten Zeitraum zu überwachen.

Eine *Ergänzung*: Führt man diese Arbeit als Einzelarbeit in einem Gruppensetting durch, kann man die Gruppenteilnehmenden in die Rollen der wichtigsten *Ego-States* des Gegenübers schlüpfen lassen und so eine Art Rollenspiel oder etwas statischer einen Stimmen-Chor durchführen.

7.6 Selbstfürsorge: Methoden und Übungen

Ich darf noch einmal daran erinnern, dass prinzipiell alle Übungen in den vorangehenden Kapiteln auch für die Selbstfürsorge geeignet sind: „Grundsätzlich empfehlen wir Ihnen, keine Übungen mit Klienten zu machen, die Sie nicht an sich selbst ausprobiert und erfahren haben. Warum auch sollten wir nur unseren Klienten diese wunderbaren Übungen zugutekommen lassen?"[572]

7.6.1 Die Haltungs-Perlen-Übung

> Material: Graphik I aus Kapitel 6.3.5; ggf. weißes Papier A4/A3, bunte Stifte, (Real-)Symbole, Material für eine Collage
>
> Bei der *Haltungs-Perlen-Übung* verwendet man entweder das Schaubild aus Kapitel 6.3.5 oder man gestaltet ein eigenes Bild oder wählt für jede der Haltungen ein eigenes (Real-)Symbol aus. Dann skaliert man von 0 bis 10, wie sehr die einzelnen Haltungen bereits im eigenen Leben vorhanden und wie stark ausgeprägt sie sind. In einem nächsten Schritt fragt man sich für jede Haltung, ob der skalierte Wert dem entspricht, was man an Wert haben möchte. Für alle Haltungen, mit deren Wert man zufrieden ist, sucht man nach konkreten Beispielen, an denen a) man selbst und b) wichtige private Bezugspersonen und c) Personen aus dem beruflichen Umfeld diese Haltungen spüren und sehen können. Für alle Haltungen, deren Wert man steigern möchte, legt man einen Zielwert fest. Danach sucht man in einem ersten Schritt wiederum nach konkreten Beispielen, an denen a) man selbst und b) wichtige private Bezugspersonen und c) Personen aus dem beruflichen Umfeld spüren und sehen können, dass man die entsprechende Haltung in der Höhe des skalierten Wertes schon hat. In einem zweiten Schritt fragt man sich für jede der weiterzuentwickelnden Haltungen, was man tun könnte, um den Zielwert zu erreichen. Je nachdem, wie weit Ist- und Soll-Wert auseinander liegen, unterteilt man nochmal in kleinere Einheiten. Dann setzt man sich zu den einzelnen Zielen passende Zeitpunkte, zu denen man sein Ziel erreicht haben möchte. Anschließend beginnt man mit der Umsetzung. Zu den festgelegten Zeitpunkten evaluiert man die Zielerreichung. Falls diese positiv ausfällt, ist das Ziel erreicht, falls diese negativ ausfällt, fragt man sich, woran es gelegen hat, und man setzt sich einen neuen Zeitabschnitt. Ggf. modifiziert man die Zielerreichungsschritte.

7.6.2 Dankbarkeits-Übungen

Zusammen mit Vergebungsübungen, dem Entwickeln und Befördern von Tugenden sowie Achtsamkeits-, Flow- sowie Zuversichts- und Optimismusübungen stellen Dankbarkeitsübungen zentrale Elemente bei einer Umsetzung der Positiven Psychologie im eigenen persönlichen und beruflichen Leben dar. Ich lege den Fokus exemplarisch auf die Dankbarkeitsübungen, da dies auch mein persönlicher Fokus ist,

---

[572] HANTKE/GÖRGES (2012): *Handbuch Traumakompetenz*, 179.

mit dem ich sehr gute eigene Erfahrungen mache. Dankbarkeit ist nicht umsonst auch eine der acht Perlen (s.o.). In Kapitel 7.3.4, c, Punkt i und j finden sich bereits zwei Übungen, die auch sehr gut für die Selbstfürsorge geeignet sind. Man kann den Ressourcenfokus dort, hier in einen Dankbarkeitsfokus modifizieren. Die im ersten Satz genannten Übungen finden sich bei ESCH (2017), 211–239. Ich nenne hier nur kurz ergänzend zu den beiden oben genannten einige der Dankbarkeitsübungen von Esch (ebd., 220–221, wörtliche Zitation).

> 1. Identifizieren Sie jeden Tag *eine* Sache, die ihnen hilft oder gut ist, die Sie aber für gewöhnlich als gegeben hinnehmen und im Alltag wenig wertschätzen.
> 2. Zeigen Sie Freunden, Besuchern usw. die Dinge und Orte usw., die Sie mögen; versuchen Sie dabei auch, die gewöhnlichen (und schönen) Dinge in Ihrem Leben *mit den Augen eines anderen* zu sehen – wie beim ersten Mal.
> 3. Drücken Sie Ihre Dankbarkeit *direkt* gegenüber jemandem aus, dem Sie dankbar sind – per Telefon, Brief, Mail, von Angesicht zu Angesicht usw. [...] Schreiben Sie z.B. einmal pro Woche (über 8 Wochen und jeweils für 15 min) einen oder mehrere Dankbarkeitsbriefe an Menschen, die in den letzten Jahren besonders freundlich zu Ihnen gewesen sind [...]
>
> Anmerkung RK: Es ist nicht wichtig, ob man diese Briefe tatsächlich auch abschickt oder nicht. Man kann solche Briefe auch an verstorbene Personen, die bedeutsam im eigenen Leben waren, schreiben. Auch die Eltern oder Großeltern können Adressaten sein. Oder man schreibt einen Brief an die kommende Generation, also ein Kind oder Enkelkind, oder wenn man keine eigenen Kinder hat, an ein Kind aus dem Bekanntenkreis oder der Nachbarschaft. In diesem Brief schreibt man über das, wofür man im eigenen Leben dankbar ist und was man quasi als Erbe oder besondere Weisheit an die kommende Generation weitergeben will.

Dies sind nur ein paar wenige Anregungen für die eigene Phantasie und Kreativität. Wichtig ist wie in allem die Haltung nicht die einzelne Methode oder Technik.

7.6.3 Der Fragenkatalog zum Modell *Mitfühlende Zeugin/ Mitfühlender Zeuge*

Der folgende Fragenkatalog zum Modell *Mitfühlende Zeugin/Mitfühlender Zeuge* (s. Kapitel 6.3.6, dort findet sich auch die dazugehörende Graphik) stammt von HANTKE/ GÖRGES (2012), 170, und dient der Selbstreflexion des eigenen professionellen Verhaltens in bestimmten herausfordernden Situationen.

> 1. „In welche der Positionen des Trauma-Vierecks rutsche ich im Zweifel?"
> 2. „Welche KlientIn lädt mich in welche dieser Rollen ein und wie könnte ich genau das als Ressource nutzen?"
> 3. „Wie reagiere ich üblicherweise, wenn jemand vor mir sitzt und weint oder wütend ist?"

7.6 Selbstfürsorge: Methoden und Übungen

4. „Wie verändert sich meine Reaktion, je nachdem ob es sich um ein Kind handelt, eine Jugendliche, eine Erwachsene und je nachdem ob es ein Junge oder ein Mädchen, ein Mann oder eine Frau ist?"
5. „Was macht mir am ehesten Angst?"
6. „Was erschreckt mich?"
7. „Woran kann ich merken, dass ich an meine Grenzen komme?""

7.6.4 Das „BERN-Modell"

Das BERN-Modell stammt aus der „Mind-Body-medizinischen Stressreduktion (MBMSR)". Es handelt sich um ein ganzheitliches professionelles Stressmanagement (und Selbstfürsorgeprogramm) aus *Mind-Body-Medizin* und *Positiver Psychologie* für Körper, Seele und Geist. Es ist sehr konkret und anwendungsorientiert formuliert. Selbstverständlich kann man es auch den eigenen Klientinnen und Klienten an die Hand geben. Die folgende Darstellung orientiert sich an ESCH (2017), 215. Die meisten Formulierungen sind wörtliche Zitate mit z.T. eigenen Ergänzungen (in kursiv) und werden nicht mehr eigens kenntlich gemacht.

Das BERN-Modell

Behaviour
Verhalten: positiv denken und handeln (Positive Psychologie im Alltag), *ressourcen- und lösungsorientiert, endogene Motivations- und Belohnungssysteme nutzen*
– Zeit des Humors und des Optimismus –
→ angenehme Tätigkeiten und Vergnügen, soziale Interaktion und Unterstützung, Kunst/Kultur und Kreativität, Kommunikation und Interaktion, Freundschaft und Liebe, Motivation, positive Lebenseinstellung, kognitive Verhaltenstherapie, Zeitmanagement usw.

Exercise
Bewegung: ausreichend körperliche Aktivität (≥ 30 min täglich bewegen)
–Zeit der Aktivität und des Körpers –
→ aerobe und anaerobe körperliche Aktivität („*walking your blues away*")

Relaxation
Entspannung: regelmäßige innere Einkehr (≥ 20 min täglich entspannen)
– Zeit der Ruhe, des Geistes/der Seele –
→ Meditation, evtl. inklusive Glaube/Spiritualität, gesunder Schlaf

Nutrition
Ernährung: genussreich und gesund ernähren (mediterran und achtsam essen, *asiatisch, hauptsächlich vegetarisch/vegan*)
– Zeit des Genusses und der Sinne –
→ gesunde Ernährung, Nahrungsergänzung/Diät (falls indiziert)

7.6.5 Das „Salutogramm" für die Selbstfürsorge

In Kapitel 7.3.4, c, Punkt h wird die Methode „Salutogramm" für die Arbeit mit Klientinnen und Klienten dargestellt. Diese Methode eignet sich auch hervorragend für eine Reflexion der eigenen professionellen Tätigkeit. Bei diesem Einsatz fragt man dann nach dem eigenen Kohärenzgefühl im beruflichen Handeln. Und auch hier kann man wieder nach den bereits vorhandenen Ressourcen fragen, sie skalieren und je nach Wert überlegen, wie man sie weiterentwickeln könnte. Schließlich fragt man noch nach zukünftigen Ressourcen, die hilfreich für das eigene professionelle Handeln wären und wie man diese sich aneignen bzw. entwickeln könnte. Dabei gilt ein besonderes Augenmerk denjenigen Ressourcen, die die Selbstfürsorge unterstützen und stärken.

7.7 Vier Fallbeispiele

7.7.1 Anja

In diesem Fall beginnt die aktive Beziehungsgestaltung bereits beim Betreten des Gesprächsraums. Anja, eine Frau von 25 Jahren, bleibt beim ersten Betreten des Gesprächsraums in der Tür stehen und schaut sich im Raum um. Auf ihrem Gesicht und in ihrer Körperhaltung spiegelt sich die körperliche Anspannung (*Arousal*). Bereits in diesen ersten Sekunden unserer Begegnung gilt es, sich traumasensibel, d.h. traumainformiert und beziehungsachtsam zu verhalten (s. Thesen 1. - 3., Kapitel 6.1.4), indem man dieses *Arousal* erkennt, es als ein mögliches traumafolgentypisches Symptom deutet, nicht nur als eine gewisse normale Unsicherheit beim Betreten fremder Räume. Ich bleibe in großem Abstand zu Anja stehen und lade sie ein, sich in aller Ruhe im Raum umzusehen und zu entscheiden, ob sie den Raum überhaupt betreten möchte. Ich trete an eine Seite des Raumes, sodass sie sowohl den Raum in seiner Gesamtheit betrachten kann, ohne dass ich im Weg stehe, sie aber auch zugleich sieht, wo ich mich befinde. Ich bewege mich nicht, um sie nicht in ihrem Wahrnehmungsprozess zu stören oder zu erschrecken. Ich achte jedoch darauf, mit ihr im Beziehungskontakt zu bleiben und sie in der Gegenwart zu halten (das Betreten eines fremden Raumes scheint die Gefahr zu bergen, getriggert zu werden und einen Flashback auszulösen), indem ich mit ihrem Blick mitgehe (sie also nicht beobachte!) und immer wieder einmal „Mmh" sage und sie zwischendurch erneut einlade, sich weiter die Zeit zu nehmen und sich im Raum umzuschauen. Ich achte darauf, ruhig und entspannt-freundlich zu sprechen. Ich schaue sie immer wieder kurz an, um Veränderungen an ihr wahrnehmen zu können, und gehe dann wieder mit ihrem Blick im Raum mit. Gesichtsausdruck und Körperhaltung entspannen sich leicht und zeigen mir, dass sie ein erstes Gefühl von Sicherheit im *Beziehungs-Raum* empfindet. In jedem Fall macht sie eine für sie sehr

7.7 Vier Fallbeispiele

wichtige erste Erfahrung von Kontrolle und Wahrgenommen-Werden in ihrem Erleben und Verhalten sowie dessen Wertschätzung und Akzeptanz.

Schließlich sage ich: „Falls Sie sich vorstellen können, den Raum zu betreten für unser Gespräch, schauen Sie doch mal für sich, wo für Sie im Raum der beste und sicherste Platz wäre, um erst einmal im Raum anzukommen." Gesichtsausdruck und Körperhaltung entspannen sich weiter, es zeigt sich sogar ein ganz leichtes Lächeln. Dann sagt sie mit leiser, aber sicherer Stimme: „Ich würde mich gerne dort an die Wand setzen, beim Fenster, mit der Wand im Rücken und dass ich die Tür im Auge habe." Meine Antwort: „Wenn Sie einverstanden sind, stelle ich Ihnen den Stuhl dorthin und Sie können sich dann dort einrichten." Sie nickt. Ich stelle den Stuhl an die angegebene Stelle und gehe dann wieder zurück, wo ich zuvor stand. Ich lade Anja ein, ihren Platz einzunehmen. Sie rückt sich den Stuhl zurecht und setzt sich. Ich frage sie: „Ist das in Ordnung, wenn ich mich mit meinem Stuhl an die andere Seite des Fensters setze?" Sie nickt wieder. „Darf ich auch die Tür schließen?" Sie zögert kurz, dann nickt sie wieder. Ich schließe die Tür, hole meinen Stuhl heran und setze mich. Ich achte darauf, dass ich diese Bewegungen langsam und ruhig ausführe. Ich frage: „Ist der Platz für Sie jetzt so in Ordnung." Sie bejaht das. Ich lade sie ein, während unseres Gesprächs darauf zu achten, ob sie sich auch weiterhin an ihrem Platz ok und sicher fühlt. Es folgt ein kurzes Gespräch darüber, wie sie hergekommen ist, ob sie es gut gefunden hat und ob es das erste Mal ist, dass sie zu einem solchen Gespräch geht. Dann schlage ich ihr vor, direkt eine Methode kennenzulernen, mit der wir während des Gesprächs immer wieder einmal überprüfen können, wie es ihr gerade geht. Sie ist einverstanden und ich erkläre ihr das *Ressourcenbarometer*. Wir führen diese Übung anschließend durch. Immer wieder im weiteren Verlauf des Gesprächs frage ich sie, wo sie sich gerade auf der Skala des *Ressourcenbarometers* befindet.

Zum lebensgeschichtlichen Hintergrund: Anja wurde als 12-jähriges Mädchen von ihrem Großvater vergewaltigt. Dabei drang er überraschend in der Nacht in ihr Zimmer ein. „Er hat einfach die Tür aufgerissen und mich aus dem Bett gezerrt. Ich habe versucht, mich loszureißen und aus dem Fenster zu fliehen." Doch der Großvater war stärker. Er hat sie festgehalten und dann mitten im Zimmer auf dem Boden vergewaltigt. Dann hat er sie liegen lassen und ist wieder verschwunden. Als Anja mit ihrer Mutter am nächsten Tag auch nur andeutungsweise darüber sprechen wollte, hat die Mutter ihr geboten, den Mund zu halten. Sie wolle nichts davon hören. Seit diesem Ereignis hat Anja nachts ihr Zimmer abgeschlossen, das Bett vor die Tür geschoben und das Fenster nur angelehnt. Heute als Erwachsene kann sie sich in fremdem Räumen nur aufhalten, wenn sie sich mit dem Rücken zu einer Wand und an ein Fenster setzen und die Tür im Auge behalten kann.

7.7.2 Frau B.

Frau B., Anfang 30, kommt zum Seelsorgegespräch. Sie ist äußerlich attraktiv und sehr gut gekleidet. Sie wirkt bedrückt und redet zögerlich. Sie hadere mit Gott, ist einer der zentralen Sätze zu Beginn des Gesprächs. Der Grund dafür ist, dass sie sehr darunter leide, keinen Partner zu finden. Natürlich habe es immer Verabredungen gegeben sowie erste private Treffen im Anschluss. Aber sobald es zu körperlicher Nähe oder weitergehenden Intimitäten kommen sollte, habe sie wie automatisch abgeblockt. Sie habe dann meist gesagt, dass ihr das alles zu schnell gehe. Wenn es dann mehrmals so passiert sei, hätten die Männer bald ihr Interesse an ihr verloren. Sie frage sich, ob irgendetwas mit ihr nicht stimme. In diesen Situationen fühle sie sich komplett verkrampft, ihr Körper wie gelähmt an, obwohl sie eigentlich am liebsten wegrennen wolle aus dieser Situation.

Eine solche Beschreibung enthält typische Symptommuster von möglichen traumatischen Erfahrungen in der Vergangenheit. Im Laufe des Seelsorgeprozesses zeigten sich weitere Symptome, wie z.B. Schlafstörungen und Albträume. Im Seelsorgeprozess ging es zunächst darum, Frau B. Methoden zur Selbstberuhigung zu vermitteln und einen *Inneren Wohlfühlort* zu installieren. Des Weiteren wurden auf einer *Einfachen Timeline* erste wichtige biographische Stationen und Ereignisse gesammelt, dann die im bisherigen Lebenslauf gesammelten Ressourcen. In einem nächsten Schritt wurden auf einer zweiten *Einfachen Timeline* belastende biographische Ereignisse gesammelt und für den ersten Moment nur benannt. Bei der Nennung eines Ereignisses, als sie ungefähr zwölf/dreizehn Jahre alt war, sie hat damals als Babysitterin ihr Taschengeld aufgebessert, geriet sie einerseits in ein physiologisches Arousal, andererseits dissoziierte sie auch leicht, ihr Sprachfluss geriet ins Stocken und sie wirkte abwesend. An dieser Stelle habe ich ihre Aufmerksamkeit von der *Timeline* weggeholt und sie sich im Raum und im Hier-und-Jetzt reorientieren lassen durch lautes Ansprechen mit ihrem Namen, Bitte um Blickkontakt, miteinander Umhergehen im Raum und bewusstes Atmen. Danach setzten wir uns wieder hin und reflektierten, was gerade geschehen war und das sehr wahrscheinlich damals beim Babysitten etwas Schlimmes passiert sein könnte. Es gelang, sie wieder voll im Hier-und-Jetzt zu verankern und weiter innerlich zu beruhigen. Das „Ereignis" - wie wir es nannten - ließ ich sie unbesehen in einen persönlichen Stahlschrank packen, wie sie sie aus dem Zimmer ihres Chefs kannte, und diesen fest verschließen. Den Schlüssel zum Stahlschrank deponierte sie imaginativ in einer Kommode in meinem Gesprächszimmer.

Bei der nächsten Sitzung setzten wir die Arbeit an der zweiten *Timeline* mit den belastenden Ereignissen fort, ohne jedoch auf das „Ereignis" zu sprechen zu kommen. Gegen Ende besprachen wir dann das weitere Vorgehen. Da ich vermutete, dass tatsächlich etwas Traumatisierendes damals im Kontext des Babysittings passiert sein könnte, was auch als Ursprungsereignis zu den heutigen Symptomatiken bzw. den beschriebenen Problemen, Nähe und Körperlichkeit nicht zulassen zu können, passen würde, äußerte ich diese Vermutung ihr gegenüber. Für eine traumasensible Seelsorgesituation steht man hier nun an einem Scheidepunkt. Da ich auch traumafolgentherapeutisch ausgebildet bin, konnte ich Frau B. eine Fortführung der *Psycho-Sozialen Begleitung*, nun mit einem stärker therapeutischen Schwerpunkt inkl. weiterhin spiritueller Elemente, anbieten, also einen internen

Wechsel im Setting. Als Seelsorger/in ohne eine solche Zusatzqualifikation würde man an dieser Stelle Frau B. dazu ermutigen, sich in eine traumafolgentherapeutische Behandlung zu begeben. Bis dahin und in Absprache mit dem Therapeuten/der Therapeutin kann man Frau B. weiterhin traumasensibel seelsorglich begleiten im Sinne einer flankierenden Ressourcenarbeit.

Wie sich schließlich in der Traumafolgen-Therapie herausstellte, war Frau B. vom Vater des Kindes vergewaltigt worden. Er hatte einen Babysittingtermin vereinbart, obwohl seine fünfjährige Tochter mit der Mutter den ganzen Nachmittag bei den Großeltern war. Als Frau B. dies klar wurde, war es schon zu spät. Unter Androhung von lebensbedrohender körperlicher Gewalt befahl er Frau B. über das Geschehene zu schweigen. Sie ging zwar nie wieder in jenes Haus zum Babysitten, hatte aber bis zum Zeitpunkt der Aufnahme des seelsorglichen Kontaktes und Prozesses sowie der anschließenden psychotherapeutischen Weiterarbeit nie darüber gesprochen.

7.7.3 Herr M.

Herr M. ist Anfang 40. Er arbeitet als mittlerer Angestellter. Der Gesprächsanlass ist ein Beitrittsgespräch, bei dem er auch sehr viel über sein Leben erzählt. Man hat den Eindruck, dass es ihm guttut, ein wertschätzendes und mitfühlend zuhörendes Gegenüber zu haben. Im Laufe des Gesprächs schildert er, dass er schon seit Jahren schlecht schlafe und immer wieder habe er schlimme Träume mit Gewaltszenen. Auf der Arbeit erlebt er ein belastetes Verhältnis zu seinem Vorgesetzten. Er fühle sich in seiner Gegenwart immer sehr unwohl, befangen, „wie ein kleiner Junge". Auch könne er sich gegen überzogene Anforderungen seinerseits nicht wehren, weil er Konsequenzen fürchte. Diese Äußerungen lassen an die Möglichkeit von belastenden oder gar traumatisierenden Erfahrungen in der Kindheit denken und an in dieser Zeit entstandene *Ego-States* auf dem Entwicklungsniveau eines „kleinen Jungen". Auf eine behutsame Nachfrage hin beschreibt er, dass seine Kindheit in seiner Erinnerung normal gewesen sei, außer dass seine Eltern viel gestritten hätten. Allerdings könne er sich nur noch an Weniges erinnern. Beim Erzählen darüber verspüre er allerdings eine ziemliche innere Anspannung (*Arousal!*).

Dieses Beitrittsgespräch ist der Ausgangspunkt für einen längeren traumasensiblen Seelsorgeprozess, bei dem schließlich zutage kommt, dass die Eltern von Herrn M. sich nicht nur sehr viel gestritten haben, sondern auch, dass dabei sein Vater oft verbal gewalttätig (inkl. der Androhung von körperlicher Gewalt) gegen seine Frau und auch gegen den kleinen Sohn wurde. Beides habe ihm damals sehr große Angst gemacht. Und er habe sich dafür schuldig gefühlt, dass er seine Mutter nicht habe schützen können.

Methodisch wurde bei dieser biographischen Rekonstruktion mit *Timelines* und dem *Ego-State-Modell* gearbeitet. Im weiteren Verlauf ging es dann um einen inneren Aussöhnungsprozess mit seiner Kindheit, bei dem auch ein mit ihm gemeinsam entwickeltes Versöhnungsritual zum Einsatz kam. Da sein Vater bereits verstorben war, war eine direkte persönliche Konfrontation und Aussprache nicht mehr möglich. Herr M. schrieb ihm daher einen Brief, den er an seinem Grab laut vorlas und dann vergrub. Es kam schließlich auch die berufliche Situation zur Sprache und die sich darin zeigende Übertragung der alten Gefühle aus der Vergangenheit auf die heutige Situation und das Gegenüber seines Vorgesetzten. U.a. mit der Arbeit an den daran beteiligten *Ego-States*, *Ressourcen-EMDR* und Rollenspielen konnte Herr M. so weit gestärkt werden, dass es ihm gelang, in Situationen mit seinem Vorgesetzten seine kindlichen *Ego-States* zu schützen, im Hier-und-Jetzt zu bleiben und auf eine ihm als Erwachsenen gemäße Art und Weise zu reagieren.

7.7.4 Thomas

Thomas ist fünfzehn Jahre alt und seit Kurzem Mitglied der Jugendgruppe der Gemeinde. Er benimmt sich in der Regel unauffällig, außer wenn der Gruppenleiter mit seiner Autorität Grenzen setzt, für Ordnung in der Gruppe sorgt oder Arbeitsanweisungen gibt. In diesem Fall widersetzt sich Thomas oft den Anweisungen, hinterfragt sie oder hält sich einfach nicht daran. Der Gruppenleiter sucht das persönliche Gespräch mit Thomas, auf das er sich erst nach einer Zeit des Zögerns und der Bedenken einlässt. Es gelingt dem Gruppenleiter durch eine sensible und mitfühlende Beziehungsgestaltung, bei der er insbesondere alles vermeidet, was nach Autorität und Bevormundung „riecht". Es finden mehrere Gespräche im Gehen statt, d.h. die beiden gehen miteinander spazieren, was dem ganzen Gesprächsprozess noch mehr den Charakter des Beiläufigen gibt.

Schließlich fasst Thomas Vertrauen und erzählt dem Gruppenleiter, dass er als Junge in der ersten Klasse der Grundschule von seinem damaligen Lehrer emotional und körperlich misshandelt wurde. Seine Eltern hätten ihm aber nicht geglaubt, da er für sie sowieso schon immer ein „schwieriges Kind" gewesen sei. So habe er das Verhalten des Lehrers erduldet und in seiner Phantasie sich vorgestellt, wie es wäre, wenn er 10 Jahre älter wäre und körperlich größer und stärker als der Lehrer und er sich wehren könnte. Der Gruppenleiter, ausgebildet in traumasensibler Seelsorge, hat ihm psychoedukativ erklärt, wie seine damaligen Erfahrungen und sein heutiges Verhalten in Situationen, die ihn daran unbewusst erinnern, zusammenhängen könnten. Er bot Thomas an, ihm dabei zu helfen, das damalige Geschehen zu verarbeiten und im Hier-und-Heute alternative Verhaltensweisen zu entwickeln. Im Verlauf dieses Seelsorgeprozesses kam es auch zu einem sehr emotionalen Familiengespräch, bei dem das Verhalten der Eltern damals thematisiert wurde. Und es führte sogar dazu, dass die Eltern sich bei ihrem Sohn für ihr damaliges Verhalten entschuldigt haben. Das war ein sehr wichtiger weiterer Baustein für den Verarbeitungsprozess von Thomas.

8. Ein persönliches Schlusswort

Große Teil des vorliegenden Buches sind in der Zeit der Corona-Pandemie entstanden. Wenn dieses Buch erscheint, wird sie noch nicht zu Ende sein und niemand wird auch dann wissen, wann und wie sie zu Ende gehen wird. Und vor allem, was bleiben wird von dieser extremen und existenziellen Erfahrung, die auch sehr viel mit Ohnmacht und Hilflosigkeit einhergeht, wie es auch das Wesen einer traumatischen Erfahrung ist. In dieser globalen Menschheitskrise zeigt sich auch sehr deutlich die Verwundbarkeit (Vulnerabilität) des Menschen und sein Angewiesen-Sein auf andere Menschen. Für mich ist sie – wie in diesem Buch dargestellt – die anthropologische Grundkategorie. Bei sehr vielen Menschen unterschiedlichen Alters wird diese Zeit tiefe Wunden hinterlassen, nicht nur bei den Menschen, die einen ihnen lieben und wichtigen anderen Menschen verloren haben.

Dennoch habe ich immer daran geglaubt, dass wir Menschen auch diese Krise meistern können. Eine Krise, die ihren Finger in die Wunden dieser Welt legt. Einer zutiefst traumatisierten Welt, in der allerorten Gewalt von Menschen gegen andere Menschen herrscht, die Unterdrückung Andersdenkender und Andersfühlender, soziale Ungerechtigkeit, die Zerstörung unserer Erde, der auf ihr lebenden Geschöpfe und ihrer natürlichen Ressourcen durch Habgier und Egoismus. Hier weitet sich der Blick von der Verletzlichkeit und Fragmentarität des einzelnen Menschen hin zu einer verletzten Menschheit, Welt und Erde. Meine Hoffnung und auch meine tiefe Sehnsucht ist es immer noch, dass sich auch die *Wandlungs-Räume* im kleinen Kontext eines gemeinsamen Seelsorgeprozesses von Seelsorger/Seelsorgerin und traumatisiertem Individuum weiten können zu globalen *Wandlungs-Räumen* einer von der endgültigen Zerstörung bedrohten Menschheit, Tierwelt und Erde.

Traumasensible Seelsorge arbeitet sehr viel mit Bildern, Metaphern, Symbolen, Ritualen und mit Geschichten, den biblischen Geschichten und den Geschichten der traumatisierten Menschen, die zu uns als Seelsorgerinnen und Seelsorger kommen. Deshalb möchte ich am Ende dieser meiner Reise durch die weiten Räume und Möglichkeiten traumasensibler Seelsorge mit zwei Geschichten schließen. Nach den vielen biblischen Geschichten in den vorangehenden Kapiteln sind es nun zwei nicht-biblische Geschichten von begnadeten Erzählern. Auf eine sehr anschaulich-verdichtete und eindrückliche narrativ-bildhafte Weise fassen sie das Wesen psychischer Traumatisierungen und den Weg der Befreiung aus ihrem Bann in Worte. Die beiden Geschichten wollen alle in der Seelsorge mit traumatisierten Menschen (aber nicht nur da) Tätigen auch dazu einladen, über die biblischen Geschichten hinaus noch andere Geschichten und Erzählungen in die Arbeit miteinzubeziehen. Geeignete eigene Lieblingsgeschichten, Märchen, Weisheitstexte, literarische Texte, Texte aus anderen Kulturen und Religionen …

Die erste Geschichte stammt von Jorge Bucay, einem argentinischen Psychotherapeuten, der seinen Klientinnen und Klienten immer wieder metaphorische Geschichten erzählt, u.a. um ihnen Mut zur Veränderung, zur *Wandlung* zu machen.

Die für mich wichtigste und schönste Geschichte trägt den Titel: „Der angekettete Elefant".[573] Dieser Elefant aus dem Zirkus wurde bereits als neugeborener Elefant an einen Pflock gekettet. Alle Versuche, sich sozusagen in seiner Kindheit von diesem Pflock loszureißen, scheitern kläglich ... „Bis eines Tages, eines für seine Zukunft verhängnisvollen Tages, das Tier seine Ohnmacht akzeptiert und sich in sein Schicksal fügt. Dieser riesige, mächtige Elefant, den wir aus dem Zirkus kennen, flieht nicht, weil der Ärmste glaubt, daß er nicht fliehen *kann*." Es ist das überwältigende Gefühl der Ohnmacht aus seiner Kindheit, das den Elefanten selbst als Erwachsenen noch an den Pflock bindet. Denn irgendwann hat er aufgehört, „diese Erinnerung [...] ernsthaft" zu hinterfragen. „Mit dieser Botschaft, der Botschaft, daß wir machtlos sind, sind wir groß geworden, und seitdem haben wir niemals mehr versucht, uns von unserem Pflock loszureißen." Und am Ende der Geschichte wendet sich der Psychotherapeut-Erzähler Jorge an seinen Klienten Demian und sagt zu ihm: „Genau dasselbe hast auch du erlebt, Demian, dein Leben ist von der Erinnerung an einen Demian geprägt, den es gar nicht mehr gibt und der nicht konnte. Der einzige Weg herauszufinden, ob du etwas kannst oder nicht, ist, es auszuprobieren, und zwar mit vollem Einsatz. Aus ganzem Herzen!"

Die zweite Geschichte ist eine Schlüsselszene aus einem meiner persönlichen Lieblingsbücher, dem Roman „Nachtzug nach Lissabon" des Schweizer Philosophen und Schriftstellers Peter Bieri, den er unter dem Pseudonym Pascal Mercier veröffentlicht hat.[574] In diesem Buch macht sich der Berner Alt-Philologe und Gymnasiallehrer Raimund Gregorius auf die Suche nach den Lebensspuren eines portugiesischen Arztes, Poeten und Widerstandskämpfers gegen die Salazar Diktatur, dessen tiefe lebens-philosophischen Texte er in einem Berner Antiquariat zuvor entdeckte. In Lissabon setzt er nach und nach das Lebenspuzzle des Amadeu Inácio de Almeida Prado zusammen, der viel zu früh an einem Aneurysma im Gehirn plötzlich verstarb. Dabei begegnet er auch dessen Schwester Adriana, deren Leben mit der Todesstunde ihres über alles geliebten Bruders in der Vergangenheit stehenblieb – so wie die große Standuhr im Wohnzimmer des gemeinsamen Hauses.

In einer Schlüsselszene des Romans bringt Gregorius der alten, in der Vergangenheit gefangenen Frau persönliche Aufzeichnungen ihres Bruders zurück. Und plötzlich, intuitiv kommt ihm der Gedanke, dass es seine Aufgabe sei, Adriana dabei zu helfen, „die Tyrannei der Erinnerungen abzuschütteln und aus dem Kerker der Vergangenheit befreit zu werden. Und so riskierte er es." Er tut dies, indem er seinem Gegenüber den Unterschied zwischen den Ereignissen rund um den Tod des Bruders in einem *Damals*, das einunddreißig Jahre zurückliegt, und dem *Heute*, in dem Adriana nun lebt – ohne den Bruder – auf drastische Weise deutlich macht. Zwischendurch zweifelt er daran, ob es denn wirklich seine Aufgabe sei, „diese Frau, mit der er eigentlich gar nichts zu tun hatte, aus der erstarrten Vergangenheit zu befreien und in ein gegenwärtiges, fließendes Leben zurückzuholen". Dennoch bricht irgendwann der gesamte im Leib eingefrorene traumatische Schmerz aus

---

[573] BUCAY (2020): *Komm, ich erzähl dir eine Geschichte*, 7–11.
[574] MERCIER (2004: *Nachtzug nach Lissabon*, 293–295.

8. Ein persönliches Schlusswort

dieser Frau heraus, wortlos, nur in der Sprache des Körpers. Am Ende wird sie ruhig und die „Ruhe der Erschöpfung" macht sich in ihr breit. In diesem Moment erhebt sich Gregorius und geht zu der großen Standuhr. „Langsam, wie in Zeitlupe, öffnete er das Glas vor dem Zifferblatt und stellte die Zeiger auf die gegenwärtige Zeit. Er wagte nicht, sich umzudrehen, eine falsche Bewegung, ein falscher Blick konnte alles zum Einsturz bringen. Mit einem leisen Schnappen schloß sich das Glas vor dem Zifferblatt. Gregorius öffnete den Pendelkasten und setzte das Pendel in Bewegung. Das Ticken war lauter, als er erwartet hatte. In den ersten Sekunden war es, als gebe es im Salon nur noch dieses Ticken. Eine neue Zeitrechnung hatte begonnen."

So schließe ich dieses Buch mit der Hoffnung, dass es gleichermaßen hilfreich sein möge für Seelsorgerinnen und Seelsorger, die traumatisierte Menschen begleiten, wie für die (begleiteten) traumatisierten Menschen selbst auf der gemeinsamen Suche nach einer neuen Zeitrechnung.

9. Anhang

A.1 Bindungsstile und Bindungsverhalten

Die folgende Graphik zeigt wichtige Entwicklungsaufgaben im normalen Entwicklungsverlauf eines heranwachsenden Menschen.

0.-1. Lebensjahr
Bindungsentwicklung, motorische Fertigkeiten

↓

1.-3. Lebensjahr:
Erkundung, Sprachausbildung, Ich-Findung

↓

3.-6. Lebensjahr
Sauberkeitsentwicklung, Magisches Erleben und Realitätsprüfung

↓

6.-11. Lebensjahr
Schul- und Leistungsfertigkeiten

↓

11.-18. Lebensjahr
Autonomie, Peergroup, Entwicklung von Moral- und Wertesystem

Bindungsmuster in der frühen Kindheit (nach Ainsworth)

Typ A: Sichere Bindung

Typ B: Unsichere Bindung

Untertyp B 1: Unsicher-vermeidend
>Bindung an Bezugsperson wird vermieden

Untertyp B 2: Unsicher-ambivalent bzw. unsicher-resistent
>Bindung an Bezugsperson übertrieben stark aktiviert, Schwanken zwischen Angst und Ärger

Typ C: Desorientierte/desorganisierte Bindung
>kein einheitliches Bindungsverhalten, Auftreten widersprüchlicher Verhaltensmuster, später: Bindungsverhalten zeigt sich nicht mehr so offensichtlich, stattdessen: kontrollierend, beschwichtigend, oder auch bestrafend, erniedrigend, oder übertriebene Begeisterung über Kontakte mit Bindungsperson

Typ C findet sich bei traumatisierten Kindern und Kindern, deren Mütter selbst traumatisiert sind.

Bindungsmuster als Erwachsene

Typ 1: Sicher-autonom
>Bindungen werden wertgeschätzt, negative Bindungserfahrungen können adäquat verarbeitet werden

Typ 2: Unsicher-distanziert
>Abwertung von Bindungserfahrungen, keine hinreichende Erfüllung emotionaler Bedürfnisse in der Kindheit, deshalb starke Deaktivierung des Bindungs- und Empathiesystems

Typ 3: Unsicher-verwickelt
>emotional immer noch verwickelt mit Eltern, schlechte Regulation negativer Emotionen, Bindungssystem ist unverhältnismäßig hoch aktiviert

Typ 4: Ungelöst-desorganisiert
>Tod einer Beziehungsperson in Kindheit/Jugend oder Erfahrungen von Gewalt etc., jeweils unverarbeitet, findet sich häufig bei psychisch kranken oder gewaltkriminellen Personen

A.2 Das Informationsverarbeitungsmodell von Martin Sack

Martin Sack beschreibt das Wesen einer traumatischen Erfahrung nach dem Konzept des „Informationstraumas":

- als extreme Stressreaktionen

- als eine Überforderung der normalen Fähigkeiten zur Informationsverarbeitung

- als den Kohärenzverlust sensorischer Informationen aufgrund von Dissoziationen (d.h. ich nehme von der traumatischen Situation nur einzelne Aspekte wahr, nicht mehr die Situation als Ganze wie bei einem Wahrnehmungsvorgang unter normalen Bedingungen)

- es kommt zu einer partiellen Abspeicherung dieser fragmentierten und nicht funktional assoziativ vernetzten Wahrnehmungen und Erinnerungen

- diese werden dadurch leichter triggerbar

- hinzu kommt die Erschwerung einer narrativen Rekonstruktion des traumatischen Geschehens als Ganzes aufgrund der hohen subjektiven Belastung, wenn diese traumatischen Erinnerungsfragmente aktiviert sind

Bei einem Trauma bzw. einer Traumatisierung werden aufgrund des partiellen Ausfalls cortikaler Funktionen sowie von Thalamus und Hippocampus die sensorischen Informationen unvollständig wahrgenommen und eingespeichert. Dies führt dazu, dass keine vollständige, kohärente Narration (mit einem Anfang, einem Mittelteil und einem Ende) der gesamten Ereignisse entstehen kann. Man kann hier von einer (fragmentierten) *Trauma-Narration* sprechen.

Zusammen mit dem auf der somatischen Ebene fortdauernden hohen physiologischen Erregungszustand, dem *Arousal*, wird im Körpergedächtnis die „Falschinformation (= unverarbeitete Erinnerungsfragmente und dysfunktionale Kognitionen hinsichtlich einer andauernden Bedrohungssituation)" abgespeichert, dass die traumatische Situation fortbesteht.

Bei diesem Prozess der Abspeicherung von „Falschinformationen" spielt die physiologische Tatsache eine wichtige Rolle, dass „[s]tarke Stressreaktionen begünstigen, dass sich Traumaerinnerungen in das Gedächtnis einprägen".

Je länger sie nach dem Ereignis andauern, desto stärker werden diese Erinnerungen im Langzeitgedächtnis „konsolidiert". Diese trauma-assoziierten „impliziten Erinnerungen" bzw. „subjektiv bedeutsamen Stressoren" sind jederzeit triggerbar und werden dadurch wieder rekonsolidiert. Das Ganze erklärt auch, warum diese impliziten Erinnerungen und verzerrten Informationen so schwer veränderbar erscheinen.

A.3 Die Emmaus-Erzählung - Text und psychotraumatologische Vers-für-Vers-Deutung

Die Emmaus-Erzählung (Lukas 24,13-35) - Eigene Übersetzung und psychotraumatologische Kommentare (in kursiv)[575]

Teil 1: Auf dem Weg von Jerusalem nach Emmaus

Die Wunde

13 Siehe! Zwei von ihnen waren am selben Tag (= erster Tag der Woche) zu Fuß gehend unterwegs hin zu einem kleinen Dorf, das 60 Stadien entfernt von Jerusalem liegt und den Namen Emmaus trägt.
14 Und sie redeten fortwährend zueinander über alles das, was sich ereignet hatte.

- *K1: Trauma-Kriterium – Gemäß ICD-10 und der Traumadefinition von Gottfried Fischer und Peter Riedesser kann man die Kreuzigung Jesu als ein potenziell schwer traumatisierendes Ereignis klassifizieren (= „eine Situation kürzerer oder längerer Dauer, mit außergewöhnlicher Bedrohung oder katastrophenartigem Ausmaß, die bei fast jedem eine tiefe Verzweiflung hervorrufen würde")*
- *K2: Es handelt sich um ein Typ-III Trauma, die Zeugenschaft einer extremen Gewalttat (objektives Trauma-Kriterium); hohe emotionale Belastung wegen der engen Bindung an Jesus zu Lebzeiten (subjektives Trauma-Kriterium)*
- *K3: Diagnose gemäß ICD-10: F43.0 (Akute Belastungsreaktion)/Zeitkriterium (2 Tage)*
- *K4: Symptom – Sich-Zurückziehen aus der Umweltsituation/Fluchtreaktion (Flight)*
- *K5: Symptom – „Gewisse Bewusstseinseinengung, eingeschränkte Aufmerksamkeit" (ICD-10); Rumination als ein quasi zwanghaftes Reden über das Geschehene (SACK [2010]: Schonende Traumatherapie, 30–31); evtl. Dissoziation*

Wandlungs-Prozess 1

15 Und es geschah - während sie wieder und wieder darüber redeten und sich besprachen - da näherte sich ihnen Jesus und ging zusammen mit ihnen weiter.

- *K6: HP – Beginn der begleiteten spirituellen Reise (KIRSCHT [2014]: Der Emmaus-Weg, 312–318); Aktivierung des Bindungssystems (Oxytocin, Stressabbau); Dimension der heilsamen stabilisierenden Beziehung*

16 Ihre Augen aber wurden gehalten, so dass sie ihn nicht (wieder)erkannten.

- *K7: Symptom – „Gewisse Bewusstseinseinengung, eingeschränkte Aufmerksamkeit, Unfähigkeit, Reize zu verarbeiten" (ICD-10); Passivkonstruktion:* οἱ δὲ ὀφθαλμοὶ αὐτῶν ἐκρατοῦντο τοῦ μὴ ἐπιγνῶναι αὐτόν

---

[575] Legende: **K**(ommentar), **H**(eilungs)**P**(rozess). Die obige Übersetzung berücksichtigt die gesamte Bandbreite des Bedeutungsgehaltes der griechischen Lexeme mit Blick auf den Traumatisierungs- und Heilungsprozess. Wer sich für die ausführliche Textexegese am griechischen Original interessiert, sei auf KIRSCHT (2014): *Der Emmaus-Weg*, 101–155, verwiesen.

9. A.3 303

17 Und er sagte zu ihnen: „Was sind das für Worte, die ihr so erregt miteinander hin und her wechselt, während ihr scheinbar ziellos umhergeht?"
- K8: Rumination (s. V14), Arousal, Desorientiertheit (außen); HP – Musterunterbrechung

Da blieben sie stehen, traurig aussehend und mit trübem Blick.
- K9: Symptom – emotionale Betäubung, Bewusstseinseinengung etc. (ICD-10)

18 Und einer mit Namen Kleopas ergriff das Wort und antwortete: „Bist du der einzige, der so fremd in Jerusalem ist, dass er nicht Bescheid weiß über die in der Stadt geschehenen Ereignisse in diesen Tagen?"
- K10: Symptom – Rumination (s. K V17), die beiden Jünger sind so besetzt von dem traumatischen Ereignis, dass sie sich nicht vorstellen können, dass jemand davon nichts mitbekommen haben sollte

19 Und er sagte zu ihnen: „Welche?" Und sie sagten zu ihm: „Das bezüglich Jesus, den aus Nazareth, der zu einem Propheten geworden ist – mächtig in Taten und Worten vor Gott und dem Volk,
- K11: HP – Jesus führt raus aus der Dissoziation in die Trauma-Narration; heilsame Trauma-Konfrontation (geht bis V24)

20 wie ihn unsere Hohenpriester und Mitglieder des Synedriums zur Todesstrafe übergaben und sie ihn ans Kreuz schlugen.
21 Wir aber hofften lange Zeit, dass er der zukünftige Erlöser Israels sei. Dem allem zum Trotz ist dies der dritte Tag, seitdem dieses alles geschah.
- K12: Emotionale Komponente der Trauma-Narration und Zeitkriterium

22 Aber sogar einige der Frauen von uns brachten uns (völlig) aus der Fassung und verwirrten uns; nachdem sie frühmorgens zur Grabkammer gekommen waren
23 und seinen Leib nicht gefunden hatten, kamen sie zurück und sagten andauernd, sie hätten eine Erscheinung von Engeln gesehen, die sagten, er lebe.
- K13: Symptom – Bericht über Flash-Back mit physiologischem Arousal

24 Und einige von uns gingen hin zur Grabkammer, und sie fanden es genauso, wie die Frauen gesagt hatten, ihn aber sahen sie nicht."
- K14: Ende der kurz aufgekeimten Hoffnung; Retraumatisierung und Rekonsolidierung der traumatischen Gedächtnisinhalte (evtl. Auslöser für die Fluchtreaktion)

25 Und er sagte zu ihnen: „O wie unverständig und schwerfällig im Herzen seid ihr, nicht zu glauben aufgrund alles dessen, was die Propheten verkündet haben.
26 Ist dieses alles nicht so: Es musste notwendigerweise der Christus leiden und eingehen in seine Herrlichkeit?"
27 Und indem er bei Moses und bei allen Propheten begann, legte er ihnen erklärend in allen Schriften das über ihn Geschriebene aus.
- K15: HP – Wandlungsprozess 1, aus der Trauma-Narration wird eine Heilungs-Narration; Dekonsolidierung der Trauma-Narration durch Rekonstruktion und Vervollständigung: „Korrektur einer Falschinformation" und „Hinzulernen realitätsrelevanter Informationen (über das Geschehen damals und die Realität

heute)" (SACK [2010]: *Schonende Traumatherapie*, 30); *Sinngebung und Einordnung in die eigene Biographie auf der Zeitlinie*
- K16: HP – *Wandlungsprozess 1 passiert schwerpunktmäßig auf der kognitiven Ebene (Neocortex), allerdings nicht ohne begleitende emotional-somatische Ebene (sichere Bindung, Stabilisierung); s.a. V32 (brennende Herzen, verleiht dem Gesagten eine zusätzliche positive Wertigkeit)*

Teil 2: Ankunft und Mahl in Emmaus

Wandlungsprozess 2
28 Und sie kamen heran zu dem kleinen Dorf, zu dem sie gemeinsam zu Fuß gehend unterwegs waren. Aber er gab sich den Anschein, zu Fuß weiter zu gehen.
- K17: HP – *Begleitete spirituelle Reise, Bindungssystem bleibt weiter aktiviert (Oxytocin, Stressabbau, Stabilisierung)*

29a Aber sie drängten ihn, indem sie sagten: „Bleibe zusammen mit uns, weil es gegen Abend geht und der Tag sich schon geneigt hat."
- K18: HP – *Bindung als Mittel gegen Symptome, hier: Angst vor nächtlichen Albträumen mit traumatischen Inhalten (Intrusionen); der Prozess wechselt von der kognitiven schwerpunktmäßig auf die emotional-somatische Ebene (Limbisches System und Hirnstamm)*

29b Und er ging hinein, um in Gemeinschaft mit ihnen zu bleiben.
- K19: HP – *Fortsetzung der Bindung (Oxytocin, Stressabbau, Stabilisierung)*

30 Und es geschah – nachdem er sich gemeinsam mit ihnen zu Tisch niedergelegt hatte: nachdem er das Brot genommen hatte, sagte er Lob und Dank, und nachdem er es gebrochen hatte, gab er es ihnen langsam hin,
- K20: HP – *Jesus knüpft an die frühere Ressource der Mahlgemeinschaft Jesus/ Jünger(innen) an (sicherer Ort); Bindung (Oxytocin/Stressabbau); emotional-somatische Ebene: spirituelles Ritual/Symbolhandlung mit expliziter somatischer Komponente (Brot)*

31 ihnen aber wurden dadurch die Augen geöffnet und sie erkannten ihn (wieder). Er jedoch wurde vor ihnen unsichtbar.
- K21: HP – *Wandlungsprozess 2 auf der emotional-somatischen Ebene (Limbisches System und Hirnstamm); erst dadurch wird der Wandlungsprozess bzw. die Trauma-Konfrontation komplett und kann abgeschlossen werden; zweite Passivkonstruktion (s. V16):* αὐτῶν δὲ **διηνοίχθησαν** οἱ ὀφθαλμοὶ καὶ ἐπέγνωσαν αὐτόν

32 Und sie sagten zueinander: „Ist es nicht so: Unsere Herzen brannten die ganze Zeit, während er auf dem Weg zu uns redete, während er uns die Schriften eröffnete, auslegte und erklärte?"
- K22: HP – *Kognitive Reflexion und Anerkennung der geschehenen kognitiv-emotional-somatischen Wandlungsprozesse auf allen drei Ebenen des Triune Brain und damit deren Abschluss*

Teil 3: Rückkehr nach Jerusalem

Neuwerdung
33 Und zur selben Stunde standen sie auf und kehrten zurück nach Jerusalem. Und sie fanden versammelt vor die Elf und die mit ihnen,
34 die fortwährend verkündeten: „Wirklich (von den Toten) auferweckt worden ist der Herr und er ist dem Simon erschienen."
35 Und die beiden erzählten von den Ereignissen auf dem Weg und dass er sich ihnen zu erkennen gegeben hatte am Brechen des Brotes.

- *K23: HP – Neuwerdung im Sinne der Trauma-Synthese und -Integration, d.h. die Jünger sind in der Lage an den Ort der Traumatisierung zurückzukehren, es ist „the relative end of mourning", (HOROWITZ [1997]: Stress Response Syndroms, 127); das Trauma ist integrierter biographischer Teil der eigenen Vergangenheit geworden und hat eine neue Bedeutung bekommen; es erfolgt die gegenseitige Anerkennung und öffentliche Bestätigung der Wandlungsprozesse (Heilungserfahrung)*
- *K24: Heilungsverständnis: Heilung als ein von außen angestoßenes Widerfahrnis und ein dynamisches Beziehungsgeschehen, nicht das bloße Ergebnis therapeutischer Techniken oder eigener menschlicher Anstrengungen, es ist das „Wunder" der Heilung (HUBER [2009]: Trauma und die Folgen, 296–297)*

A.4   *Tobias Esch - Die Reframing-Übung*

Tobias ESCH (2017), 230, formulierte eine einfache Übung zum *Reframing* oder wie er es – in Anlehnung an verhaltenstherapeutische Sprache – nennt „Die A-B-C-D-Regel zur kognitiven Restrukturierung (Umdeutung)" (wörtliche Zitation der eigentlichen Übung, weitere Ausführungen s. ebd., *Hervorhebung i.O.*):

- **A:** Notieren Sie ein belastendes Ereignis bzw. eine stressige *Ausgangssituation* (**A**versity); diese kann in der Vergangenheit liegen oder aktuell sein.
- **B:** Schreiben Sie Ihre (damaligen) *Bewertungen* bzw. die persönliche, subjektive *Bedeutung* des Ereignisses auf (**B**elieve about).
- **C:** Erinnern Sie sich an bzw. vergegenwärtigen Sie sich die konkreten *Konsequenzen* (**C**onsequences), die real eingetreten sind – auch aufgrund Ihrer Reaktion – oder die Sie antizipieren; notieren Sie sie.
- **D:** *Diskutieren* Sie (**D**ispute) mit einer anderen Person – oder mit sich selbst, schriftlich – Ihre (ursprünglichen) Überzeugungen in Bezug auf das stressige Ereignis; stellen Sie jetzt [...] die 3 Fragen:
  - a) Ist bzw. war das *wirklich* so? Habe bzw. hatte ich *Beweise*?
  - b) Kann bzw. konnte man das auch *anders sehen*?
  - c) *Tut bzw. tat mir das gut?*

  Was wäre ein alternatives „bestmögliches" Szenario (gewesen)? Wie sähe dagegen das Ihrer Meinung nach „schlimmste vorstellbare" Ergebnis aus (oder wie hätte es ausgesehen)? Bringen Sie die Dinge und das reale Ereignis bzw. Ergebnis so in eine vernünftige Relation. Diskutieren Sie mögliche Alternativen!

A.5 Tobias Esch - Zur Positiven Psychologie

Tobias ESCH (2017), 217, formulierte in Anlehnung an Martin Seligman eine Art Programmatik dessen, was Positive Psychologie tun sollte (wörtliche Zitation):

- sich mindestens so sehr um die Stärken und positiven Eigenschaften kümmern wie um die Schwächen,

- mindestens so ein Interesse für das Erschaffen und Fördern der besten Dinge im Leben haben wie für das Reparieren der schlechtesten,

- sich mindestens so sehr darum kümmern, das Leben normaler und gesunder Menschen zur Erfüllung zu bringen, wie darum Pathologien zu heilen oder zu beseitigen,

- Interventionen entwickeln, die Wohlgefühl und Wohlsein vermehren, und nicht nur solche, die Leid und Elend mindern,

- sich mindestens so sehr um das Erreichen von Zielen kümmern wie um das Begründen und Analysieren von verpassten Gelegenheiten,

- das Finden von Sinn und Bestimmung in den Mittelpunkt der Arbeit stellen.

Ebd., 239, listet er „Techniken der Positiven Psychologie im Überblick" auf (wörtliche Zitation, *Hervorhebung Esch*):

- **Remember** – erinnere Dich an positive, kürzlich zurückliegende Ereignisse *mit Haut und Haaren.*
- **Be mindful** – sein anwesend und achtsam.
- **Forgive** – vergib aktiv (s. *Esch, 223-224*).
- **Flow** – Flow-Erleben: „Engage completely!", sei voll darin und nicht daneben.
- **Acknowledge** – erkenne Deine „Segnungen" und die positiven Dinge in Deinem Leben, nimm Dein Glück ganz bewusst wahr, schreibe gar ein *Glückstagebuch*; sei für all das dankbar!

- **Trade off** – finde und *verhandle* gemeinsame Ziele (z.B. in Beziehungen), die alle Beteiligten glücklich(er) machen; wäge ab, sei kompromissbereit; verhandle auch mit Dir selbst geeignete Ziele!
- **Prioritize** – setze Prioritäten: Was ist *wirklich* wichtig in Deinem Leben, in Deinem Alltag? Mache einen Stundenplan oder zeichne eine „Zeittorte" für Dich (Ist-Situation, danach die Wunsch- bzw. Soll-Situation) und führe Dir so vor Augen, womit Du Deinen Tag verbringst; sind die wichtigsten Dinge in ausreichendem Maße enthalten? Sorge dafür! Betreibe ein aktives Zeitmanagement! Führe eine „Hitliste": Was macht Dich glücklich?

Ebd., 172, beschreibt er „Happy People" (wörtliche Zitation, *Hervorhebung Esch*). „Happy People"

- bekommen, was sie wollen; sie verlangen und erwarten, worauf sie Appetit und Lust haben; sie haben und erreichen ihre Ziele, die aber prinzipiell auch in ihrer Reichweite sind (*kompetitives Gehirn; emotionales bzw. limbisches Gehirn*)
- vermeiden das Ungewollte; sie reduzieren oder bewältigen Stress und Belastungen, entspannen sich (*Mind-Body-Connection; körperliches Gehirn*)
- werden geliebt, ihnen wird vertraut; sie sind in der Lage, Vertrauenswürdigkeit und Ruhe auszustrahlen und belastbare Bindungen bzw. Beziehungen aufzubauen und zu halten; sie sind *connected* (*mitfühlendes Gehirn, soziales Gehirn*)
- sind gegenwärtig, präsent und in der Lage zu akzeptieren, was ist d.h. was immer für Erfahrungen sie machen (*achtsames Gehirn*)
- sind zuversichtlich, hoffnungsfroh und innerlich zufrieden; sie erleben sich und ihr Leben als sinnvoll (*sich entwickelndes, reifes oder heranreifendes Gehirn*)
- finden und erkennen Muster und Regeln in ihrer Umgebung; sie verstehen die Welt (*rationales bzw. kognitives oder intellektuelles Gehirn*)
- „have happy brains!"

A.6 Luise Reddemann - Empfehlungen zur Selbstfürsorge der Helfenden

Die folgenden Empfehlungen finden sich in REDDEMANN (2011), 244–245 (wörtliche Zitation):

- Erlauben sie sich selbst immer wieder Visionen In Bezug auf Ihr persönliches und berufliches Leben.
- Wenn Sie mit dem Konzept etwas anfangen können, stellen Sie Kontakt her zu Ihrer inneren Weisheit und verwenden Sie sie als »Supervisorin«.
- Üben sie Achtsamkeit.
- Verwenden Sie das Konzept des inneren Beobachters und erinnern Sie sich immer wieder daran, dass Mitgefühl etwas anderes ist als Mitleid.
- Prüfen Sie, wenn Sie sich ängstlich, unsicher, verstimmt fühlen, ob dies mit jüngeren Ichs zusammenhängt und arbeiten Sie mit diesen Anteilen.
- Arbeiten Sie an eigenen Konflikten mithilfe des Ego-State-Konzeptes und der Imaginationen des »inneren Teams«. Das macht Freude und ist eine große Bereicherung.
- Vergessen Sie nicht, dass das Konzept »alles ist da« auch für Sie selbst gilt und erinnern Sie sich an Situationen, wo Ihnen etwas, das Ihnen Probleme macht, schon einmal gelungen ist.
- Führen sie ein Freudetagebuch und intensivieren Sie alle Momente der Freude, des Glücks und der Inspiration in Ihrem Leben.
- Seien Sie freundlich zu ihrem Körper. Sie haben nur diesen einen. Machen Sie daher gelegentlich die Übung, bei der Sie sich bewusst machen, was Sie Ihrem Körper alles an Freude verdanken.
- Sorgen Sie für ausreichend Bewegung, die ihnen Freude bereitet.
- Gehen Sie viel in die Natur.
- Hören Sie viel Musik, wenn Sie Musik mögen.
- Umgeben Sie sich mit schönen Dingen.
- Akzeptieren Sie Dinge, die Sie nicht ändern können, und werden Sie sich klar darüber, welche Dinge Sie ändern können und wollen (s. das Motto der AA).
- Umgeben Sie sich im Privatleben mit Sie inspirierenden Menschen.
- Achten Sie darauf, dass sich Belastungen, die sich durch Beschäftigung mit den Informationsmedien (Zeitung, Radio, Fernsehen, Internet) ergeben, in engen Grenzen halten.

A.7 Günter Bamberger – Lösungsorientierte SelfCare

BAMBERGER (2015), 302–320, geht in seinem Konzept einer „Lösungsorientierten SelfCare" von den fünf „Lösungsschlüsseln" aus der Arbeit mit KlientInnen aus (s. Kapitel 6.2.3, a - Exkurs) und überträgt diese „Client-Care-Interventionen" auf die Selbstfürsorge des Psycho-Sozial Begleitenden. Im Folgenden zitiere ich wörtlich seine Zusammenfassung (ebd., 318, graphisch verändert):

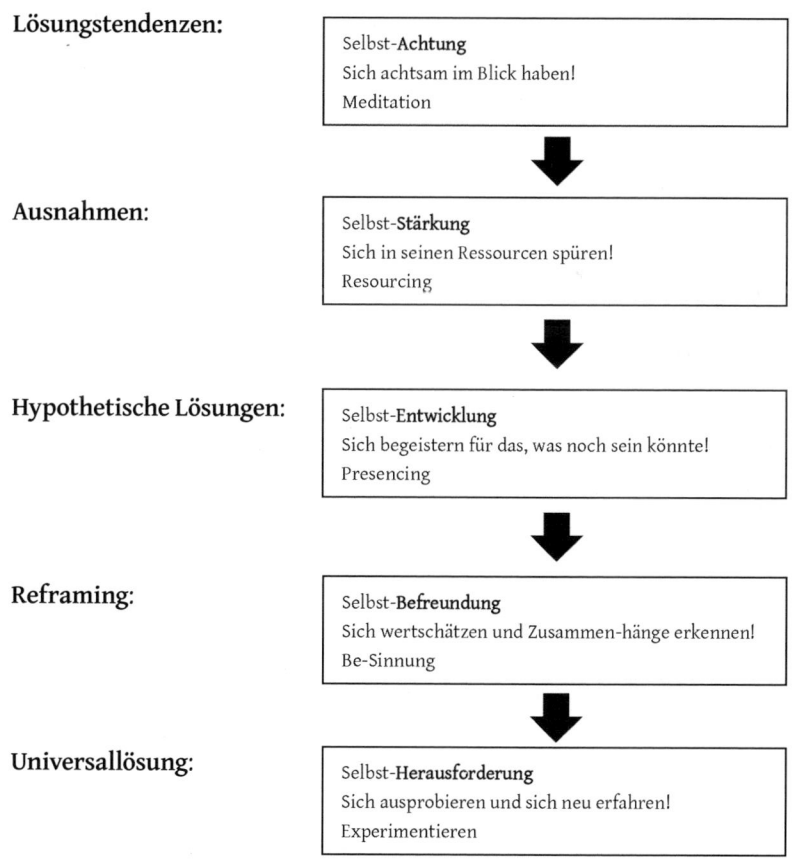

A.8 Traumasensible Seelsorge - Ein Ausbildungs-Curriculum

Das folgende Weiterbildungs-Curriculum wird z.B. am KSA-Institut in Heidelberg angeboten (s. https://www.ksa-heidelberg.de).

„Traumasensible Seelsorge nach dem Modell *Wandlungs-Räume*"
4-modulige Weiterbildung (64 UE)

Modul 1 - Grundlagen (16 UE)
- Menschenbild und das *bio-psycho-sozio-spirituelle Modell*
- Das *Neurosequenzielle Modell* von Seelsorge
- Das Modell *Wandlungs-Räume*
- Geschichte der Psychotraumatologie
- Phänomenologie psychischer Traumatisierungen
  - Diagnostik
  - Neurobiologische Grundlagen
  - *Stress-Informations-System-Modell*
- Methoden 1
- Fallarbeit 1

Modul 2 - *Beziehungs-Raum* und *Schutz-Raum*: Seelsorge als sicherer Ort (16 UE)
- Die ressourcen- und lösungsorientierte Grundhaltung
- Trauma, Bindung und Entwicklung
- Die traumasensible Gestaltung der professionellen Beziehung
- Salutogenese, Stabilisierung und Ressourcenarbeit
- Grundhaltungen in der traumasensiblen Seelsorge
- Traumafolgen-Therapie und Traumapädagogik
- Methoden 2
- Fallarbeit 2

Modul 3 - Der *Lebens-Raum*: Kreativ-narrative biblische Seelsorge (16 UE)
- Trauma, Biographie(arbeit) und System
- Transgenerationale Weitergabe von Trauma
- Trauma und Flucht
- Trauma und Spiritualität: Sinnzerstörung und Sinnfindung
- Trauma in der Bibel
- *Das Emmaus-Weg-Modell*
- Methoden 3
- Fallarbeit 3

Modul 4 Der *Leib-Raum*: Leibhaftige Seelsorge (16 UE)
- Leibhaftigkeit und Körperlichkeit
- Trauma und Trauer
- Traumasensible Kirchen und Gemeinden
- Der prophetische Auftrag traumasensibler Seelsorge: der *Handlungs-Raum*
- Die Person des Seelsorgers/der Seelsorgerin: persönliche Qualifikation und Selbstfürsorge in der traumasensiblen Seelsorge
- Methoden 4
- Fallarbeit 4

10. Literaturverzeichnis

ABEL, Detlef (2000): *Grundlagen systemischer Therapie*, GRIN Verlag: München – Ravensburg.

AIGNER, Maria Elisabeth Aigner (2013): *Leben nach der Katastrophe. Trauma und Traumatisierung als Herausforderung für die Seelsorge*, in: Stimmen der Zeit, Heft 10, 671–689.

AMERICAN PSYCHIATRIC ASSOCIATION (APA) (2013): *Diagnostic and Statistic Manual of Mental Disorders*, Fifth Edition, American Psychiatric Association Publishing: Arlington, VA. Im Text wird die Abkürzung *DSM-5* als Titelangabe verwendet.

ANDRIESSEN, Herman/DERKSEN, Nicolaas (1989): *Lebendige Glaubensvermittlung im Bibliodrama. Eine Einführung*, Matthias-Grünewald-Verlag: Mainz.

ANTONOVSKY, Aaron (1997): *Salutogenese. Zur Entmystifizierung der Gesundheit*, Forum für Verhaltenstherapie und psychosoziale Praxis, dgvt-Verlag: Tübingen.

AUGST, Kristina (2012): *Auf dem Weg zu einer traumagerechten Theologie. Religiöse Aspekte in der Traumatherapie - Elemente heilsamer religiöser Praxis*, Kohlhammer: Stuttgart.

AWMF (2019): *S2k - Leitlinie: Diagnostik und Behandlung von akuten Folgen psychischer Traumatisierung*, zu finden unter: https://www.awmf.org/leitlinien/detail/ll/051-027.html (aufgerufen am 27.03.2021).

AWMF (2019): *Posttraumatische Belastungsstörung. S3 Leitlinie der Deutschsprachigen Gesellschaft für Psychotraumatologie (DeGPT). Federführende Fachgesellschaft*, zu finden unter: https://www.awmf.org/leitlinien/detail/ll/155-001.html (aufgerufen am 27.03.2021)

BAG TRAUMAPÄDAGOGIK (2011): *Standards für traumapädagogische Konzepte in der stationären Kinder- und Jugendhilfe. Ein Positionspapier der BAG Traumapädagogik*, zu finden unter: https://fachverband-traumapaedagogik.org/standards.html?file=files/bag-trauma/Dokumentationen%20und%20Protokolle/positionspapier_11-2011.pdf (aufgerufen am 07. 05. 2020).

BAIL, Ulrike (1998): *Gegen das Schweigen klagen. Eine intertextuelle Studie zu den Klagepsalmen Ps 6 und Ps 55 und der Erzählung von der Vergewaltigung Tamars*, Gütersloher Verlagshaus

BAIL, Ulrike (2006): *Hautritzen als Körperinszenierung der Trauer und des Verlustes im Alten Testament*, in: EBACH, Jürgen et al. (Hrsg.): »Dies ist mein Leib.«. Leibliches, Leibeigenes und Leibhaftiges bei Gott und den Menschen (Jabboq 9), Gütersloher Verlagshaus: Gütersloh.

BALDWIN, Jennifer (2018): *Trauma-Sensitive Theology. Thinking Theologically in the Era of Trauma*, Cascade Books: Eugene, Oregon, Ebook.

BAMBERGER, Günter G. (2015): *Lösungsorientierte Beratung. Praxishandbuch*, Beltz Verlag: 5. überabeitete Auflage, Weinheim – Basel.

BAUER, Joachim (2016): *Warum ich fühle, was du fühlst. Intuitive Kommunikation und das Geheimnis der Spiegelneurone*, 23. Auflage, Wilhelm Heyne Verlag: München

BAUER, Walter (1971): *Griechisch-Deutsches Wörterbuch zu den Schriften des Neuen Testaments und der übrigen urchristlichen Literatur*, Walter de Gruyter: Berlin – New York

BAUMGARTNER, Isidor (1990): *Pastoralpsychologie. Einführung in die Praxis heilender Seelsorge*, Patmos Verlag: Düsseldorf.

BECKER, Eva-Marie/DOCHHORN, Jan/HOLT, Else K. (Hrsg.) (2013): *Trauma and Traumatization in Individual and Collective Dimension. Insights from Biblical Studies and Beyond*, Studia Aarhusiana Neotestamentica Vol. 2, Vandenhoeck & Ruprecht: Göttingen.

BECKRATH-WILKING, Ulrike/BIBERACHER, Marlene/DITTMAR, Volker/WOLF-SCHMID, Regina (2013): *Traumafachberatung, Traumatherapie & Traumapädagogik. Ein Handbuch für Psychotraumatologie im beratenden, therapeutischen & pädagogischen Kontext*, Junfermann Verlag: Paderborn.

BEDENBENDER, Andreas (2013): *Frohe Botschaft am Abgrund. Das Markusevangelium und der Jüdische Krieg*, Evangelische Verlagsanstalt: Leipzig.

BENDER, Susanne (2020): *Grundlagen der Tanztherapie. Geschichte, Menschenbild, Methoden*, Psychosozial-Verlag: Gießen.

BENTZEN, Marianne (2020): *Neuroaffektive Meditation. Grundlagen und praktische Anleitungen für Psychotherapie, Alltagsleben und spirituelle Praxis*, G. P. Probst-Verlag: Lichtenau/Westfalen.

BERCELLI, David (2018): *Körperübungen für die Traumaheilung und zur Stressreduktion im Alltag*, Norddeutsches Institut für Bioenergetische Analyse e.V. (NIBA): 8. Auflage, Papenburg.

BERGHAUS, Margot (2011): *Luhmann leicht gemacht. Eine Einführung in die Systemtheorie*, Böhlau Verlag: 3. überarbeitete und ergänzte Auflage, Köln – Weimar – Wien.

BIELER, Andrea (2006): *Real Bodies at the Meal*, in: EBACH, Jürgen et al. (Hrsg.): *„Dies ist mein Leib". Leibliches, Leibeigenes und Leibhaftiges bei Gott und den Menschen* (Jabboq 6), Gütersloher Verlagshaus: Gütersloh, 80–90.

BIELER, Andrea (2017): *Verletzliches Leben. Horizonte einer Theologie der Seelsorge*, Arbeiten zur Pastoraltheologie, Liturgik und Hymnologie, Band 90, Vandenhoek & Ruprecht: Göttingen.

BOASE, Elizabeth/FRECHETTE, Christopher G. (Hrsg.) (2016): *Bible through the Lens of Trauma*, Semeia Studies, Number 86, SBL Press: Atlanta.

BOBERT Sabine (2010): *Jesus-Gebet und neue Mystik. Grundlagen einer christlichen Mystagogik*, Buchwerft-Verlag: Kiel.

BOURQUIN, Peter/NAZARKIEWICZ, Kirsten (Hrsg.) (2017): *Trauma und Begegnung. Praxis der Systemaufstellung*, Vandenhoeck & Ruprecht: Göttingen.

BRADSHAW Paul F. (2004): *Eucharistic Origins*, Society for Promoting Christian Knowledge: London.

BUCAY, Jorge (2020): *Komm, ich erzähl dir eine Geschichte*, S. Fischer Verlag: 23. Auflage, 2020.

BAFF (Hrsg.) (2017): *Traumasensibler und empowernder Umgang mit Geflüchteten. Ein Praxisleitfaden*, Eigenverlag: Berlin.

BZGA (2001): *Was erhält Menschen gesund? Antonovskys Modell der Salutogenese – Diskussionsstand und Stellenwert*, Selbstverlag: Köln.

CARR, David M. (2014): *Holy Resilience. The Bible's Traumatic Origins*, Yale University Press: New Haven & London.

COWEN, Alan S./KELTNER, Dacher (2017): *Self-report captures 27 distinct categories of emotion bridged by continuous gradient*, zu finden unter: https://www.pnas.org/content/pnas/early/2017/08/30/1702247114.full.pdf (aufgerufen am 07. 04. 2021).

CROOS-MÜLLER, Claudia (2015): *Kraft. Der neue Weg zu innerer Stärke. Ein Resilienztraining*, Kösel-Verlag: 3. Auflage, München.

DAMASIO, Antonio (2017): *Im Anfang war das Gefühl. Der biologische Ursprung menschlicher Kultur*, Siedeler Verlag: München.

DERKSEN, Nicolaas/MENNEN, Claudia/TSCHERNER, Sabine (2016): *Bibliodrama als Seelsorge. Im Spiel mit dunklen Gottesbildern. Ein Praxisbuch*, Schwabenverlag: Ostfildern.

DE SHAZER, Steve/DOLAN, Yvonne (2018): *Mehr als ein Wunder. Lösungsfokussierte Kurztherapie heute*, Carl-Auer-Verlag: 6. Auflage, Heidelberg.

10. Literaturverzeichnis

DE SHAZER, Steve (2019): *Der Dreh. Überraschende Wendungen und Lösungen in der Kurzzeittherapie*, Carl-Auer-Verlag: 14. Auflage, Heidelberg.

DEUTSCHER BUNDESTAG - WISSENSCHAFTLICHE DIENSTE (2017): *Sachstand. Transgenerationale Traumatisierung*, Aktenzeichen WD 1 - 3000 - 040/16, Deutscher Bundestag: Berlin.

DIXIUS, Andrea/MÖHLER, Eva (2016): *START. Stress-Traumasymptoms-Arousal-Regulation-Treatment. Manual zur Erststabilisierung und Arousal-Modulation für stark belastete Kinder und Jugendliche und minderjährige Flüchtlinge*, Eigenverlag: Saarbrücken.

DREWERMANN, Eugen (2003): *Das Johannes Evangelium. Bilder einer neuen Welt. Erster und Zweiter Teil*, Patmos: Düsseldorf.

DREXLER, Katharina (2017): *Ererbte Wunden heilen. Therapie der transgenerationalen Traumatisierung*, Klett-Cotta Verlag: Heidelberg.

EGGER, Josef W. (2015): *Integrative Verhaltenstherapie und psychotherapeutische Medizin. Ein biopsychosoziales Modell*, Springer Verlag: Wiesbaden.

EISENSTECKEN, Dorothe (2012): *Transgenerationale Weitergabe von Traumata. Die Folgen des 2. Weltkriegs aus Sicht der Kriegsenkel*, zu finden unter: https://www.in-konstellation.de/wp-content/uploads/2019/03/Transgenerationale-Weitergabe-von-Traumata.pdf (aufgerufen am 27.01.2021).

FISMANN, Gunnar/LAMMERS, Claas-Hinrich (2017): *Therapie-Tools Emotionsregulation*, Verlagsgruppe Beltz: Weinheim – Basel.

ELLENBERGER, Henri F. (2005): *Die Entdeckung des Unbewußten. Geschichte und Entwicklung der dynamischen Psychiatrie von den Anfängen bis zu Janet, Freud, Adler und Jung*, Diogenes Verlag: Zürich.

ELLENS, Harold J. Ellens/ROLLINS, Wayne G. (Hrsg.) (2004), *Psychology and the Bible. A New Way to Read the Scriptures*, Volume 1 - 4, Praeger Publishers; Westport/USA.

ESCH, Tobias (2017): *Die Neurobiologie des Glücks. Wie die Positive Psychologie die Medizin verändert*, Georg Thieme Verlag: 3. Auflage, Stuttgart – New York

FECHTNER, Kristian/MULIA, Christian (Hrsg.) (2014): *Henning Luther. Impulse für eine Praktische Theologie der Spätmoderne*, Praktische Theologie heute Band 125, Kohlhammer-Verlag: Stuttgart.

FISCHER, Gottfried/RIEDESSER, Peter (2003): *Lehrbuch der Psychotraumatologie*, 3. Auflage, Ernst Reinhardt Verlag: München – Basel.

FRITZSCHE, Kai (2014): *Praxis der Ego-State-Therapie*, Carl-Auer-Verlag: 2. Auflage, Heidelberg.

FRITZSCHE, Kai/HARTMANN, Woltemade (2016): *Einführung in die Ego-State-Therapie*, Carl-Auer-Verlag: 3. Auflage, Heidelberg.

FRITZSCHE, Kai (2021): *Ego-State-Therapie bei Traumafolgestörungen. Handbuch für die Praxis*, Carl-Auer Verlag: Heidelberg.

FUCHS, Thomas (2017): *Das Gehirn - ein Beziehungsorgan. Eine phänomenologisch-ökologische Konzeption*, Kohlhammer-Verlag: 5. Auflage, Stuttgart.

GAST, Ursula/MARKERT, Christa/ONNASCH, Klaus/SCHOLLAS, Thomas (2009): *Trauma und Trauer. Impulse aus christlicher Spiritualität und Neurobiologie*, Klett-Cotta: Stuttgart.

GEUTER, Ulfried (2015): *Körperpsychotherapie. Grundriss einer Theorie für die klinische Praxis*, Springer Verlag: Berlin – Heidelberg.

GRAWE, Klaus (2005): *Empirisch validierte Wirkfaktoren statt Therapiemethoden*, in: Report Psychologie 7/8, 311.

GRAWE, Klaus (2004): *Neuropsychotherapie*, Hogrefe Verlag: Göttingen.

GRUBER, Tina (2020): *Therapie-Tools Ressourcenaktivierung*, Verlagsgruppe Beltz: Weinheim - Basel.

HANTKE, Lydia/GÖRGES, Hans-J. (2012): *Handbuch Traumakompetenz. Basiswissen für Therapie, Beratung und Pädagogik*, Junfermann Verlag: Paderborn.

HARTMANN, Thom (2007): *Nimm dein Problem und geh los! Walking your blues away*, VAK Verlags GmbH: Kirchzarten bei Freiburg.

HARTMANN, Woltemade (2017): *Einführung in die Ego-State-Therapie*, unveröffentlichtes Fortbildungsmanuskript (erhalten bei einer Fortbildung im November 2017 in Krefeld).

HARTMANN, Woltemade (2017): *Varianten der Ego-State-Therapie. Die Arbeit mit verschiedenen Ich-Anteilen*, DVD, Auditorium Netzwerk: Mülheim/Baden.

HAUPT-SCHERER, Sabine/SCHERER, Uwe (2011): *Einen Schritt voran folgen. Psychotraumatologische Grundlagen und konzeptionelle Überlegungen zu einer traumazentrierten Seelsorge*, in: Wege zum Menschen, 63. Jg., 561-571, Vandenhoeck & Ruprecht: Göttingen.

HENSEL, Thomas (2018): *Spezielle Psychotraumatherapie mit Kindern und Jugendlichen (DeGPT). Modul 4b: EMDR mit Kindern und Jugendlichen*, Fortbildungsskript, Kinder Trauma Institut: Offenburg.

HERMAN, Judith (2018): *Die Narben der Gewalt. Traumatische Erfahrungen verstehen und überwinden*, Junfermann Verlag: 5. aktual. Auflage, Paderborn.

HOFMANN Arne (Hrsg.) (2014): *EMDR. Praxishandbuch zur Behandlung traumatisierter Menschen*, Thieme Verlag: 5. Auflage, Stuttgart.

HOROWITZ, MARDI J. (1997): *Stress Response Syndroms. PTSD, Grief, and Adjustment Orders*, Northvale: 3. Auflage, New Jersey – London.

HUBER, Michaela (2009): *Trauma und die Folgen. Trauma und Traumabehandlung Teil 1*, Junfermann Verlag: Paderborn.

HUBER, Michaela (2006): *Wege der Traumabehandlung. Trauma und Traumabehandlung Teil 2*, Junfermann Verlag: 3. Auflage, Paderborn.

HÜTHER, Gerald (2004): *Ebenen salutogenetischer Wirkungen von Musik auf das Gehirn*, in: Musiktherapeutische Umschau 1/2004, 16–26.

HÜTHER, Gerald (2015): *Die Macht der inneren Bilder. Wie Visionen das Gehirn, den Menschen und die Welt verändern*, Vandenhoeck & Ruprecht: Göttingen.

HÜTHER, Gerald (2018): *Was wir sind und was wir sein könnten. Ein neurobiologischer Mutmacher*, Fischer Taschenbuch: 9. Auflage, Frankfurt an Main.

JEGODTKA, Renate/LUITJENS, Peter (2016): *Systemische Traumapädagogik. Traumasensible Begleitung in psychosozialen Arbeitsfeldern*, Vandenhoeck & Ruprecht: Göttingen.

JONES, Serene (2019): *Trauma + Grace. Theology in a Ruptured World*, second edition, Westminster John Knox Press: Louisville, Kentucky.

KATHOLISCHES BIBELWERK (Hrsg.) (2012): *Der Mensch – verkörpertes Leben*, Bibel und Kirche 1/2012, Bibelwerk Verlag: Stuttgart.

KERSTNER, Erika/HASLBECK, Barbara/BUSCHMANN, Annette (2016): *Damit der Boden wieder trägt: Seelsorge nach sexuellem Missbrauch*, Schwabenverlag: Ostfildern.

KEYSERS, Christian (2011): *Unser empathisches Gehirn. Warum wir verstehen, was andere fühlen*, C. Bertelsmann Verlag: München.

KIRSCHT, Ralph (2014): *Der Emmaus-Weg. Trauma-Heilung in der Emmaus-Erzählung (Lk 24,13-35) und das Modell einer Spirituellen Traumafolgen-Therapie*, Uthlande-Verlag: Nordstrand.

10. Literaturverzeichnis

KIRSCHT, Ralph (2015): *Gebrochenes Brot – Gebrochene Menschen. Die heilsame Verwandlungskraft der Eucharistie im Kontext psychischer Traumatisierungen*, in: GOLLER, Anja/KREBS, Andreas/RING, Matthias (2015): *Weg-Gemeinschaft. Festschrift für Günter Eßer*, Alt-Katholischer Bistumsverlag: Bonn, 175–189.

KIRSCHT, Ralph (2017): *"Wandlungsräume". Das Modell einer traumazentrierten Seelsorge und eine mögliche Umsetzung am Beispiel der Namen-Jesu-Kirche in Bonn*, in: Alt-Katholische und Ökumenische Theologie 2, Jahresheft des Alt-Katholischen Seminars der Universität Bonn, Alt-Katholischer Bistumsverlag: Bonn, 47–59.

KIRSCHT, Ralph (2017): *»BESESSEN, GEKRÜMMT, GELÄHMT«. Spuren psychischer Traumatisierungen in neutestamentlichen Erzählungen*, in: Inspiration, Zeitschrift für christliche Spiritualität und Lebensgestaltung, 43. Jg., Heft 3, 12–17.

KLESSMANN, Michael (2009): *Pastoralpsychologie. Ein Lehrbuch*, Vandenhoeck & Ruprecht: 5. Auflage, Göttingen.

KORRITKO, Alexander (2016): *Posttraumatische Belastungsstörungen bei Kindern und Jugendlichen. Störungen systemisch behandeln*, Carl Auer Verlag: Heidelberg.

LAMMEL, Ute Antonia/JUNGBAUER, Johannes/TROST, Alexander (Hrsg.) (2015): *Klinisch-therapeutische Soziale Arbeit. Grundpositionen – Forschungsbefunde – Praxiskonzepte*, Verlag Modernes Leben: Dortmund.

LAMMER, Kerstin (2009): *Seelsorge nach traumatischen Erlebnissen. Kalter Schweiß auf dem Rücken*, in: Deutsches Pfarrerblatt 4/2009, o.A.

LANGENSCHEIDT (1981): *Großwörterbuch Griechisch-Deutsch* (Menge-Güthling), Langenscheidt Verlag: 24. Auflage, Berlin u.a..

LEVINE, Peter A. (2013): *Sprache ohne Worte. Wie unser Körper Trauma verarbeitet und uns in die innere Balance zurückführt*, Kösel-Verlag: 3. Auflage, München

LEVINE, Peter A. (2016): *Trauma und Gedächtnis. Die Spuren unserer Erinnerung in Körper und Gehirn*, Kösel Verlag: 2. Auflage, München.

LUTHER, Henning (2014), *Religion und Alltag. Bausteine zu einer praktischen Theologie des Subjekts*, Radius-Verlag: Stuttgart.

LUZ, Ulrich (2018): *Theologia crucis als Mitte der Theologie im Neuen Testament?*, in: ders*Theologische Studien*, Wissenschaftliche Untersuchungen zum Neuen Testament 414, Mohr Siebeck: Tübingen.

MACLEAN, Paul D. (1990): *The Triune Brain in Evolution. Role in Paleocerebral Functions*, Springer Verlag: New York.

MADERT, Karl-Klaus (2012): *Trauma und Spiritualität. Wie Heilung gelingt. Neuropsychotherapie und die transpersonale Dimension*, Kösel Verlag: München.

MAERCKER, Andreas (Hrsg.) (2013): *Posttraumatische Belastungsstörungen*, 4. Auflage, Springer Verlag: Berlin – Heidelberg.

MALINA, Bruce J./ROHRBAUGH, Richard L. (2003): *Social-Science Commentary on the Synoptic Gospels*, Augsburg Fortress Press: Second Edition, Minneapolis/USA.

MCBRIDE, J. LeBron/ARMSTRONG, Gloria (1995): *The Spiritual Dynamics of Chronic Post Traumatic Stress Disorder*, in: Journal of Religion and Health, Vol. 34, No. 1, Spring 1995, 5–16.

MERCIER, Pascal (2004): *Nachtzug nach Lissabon*, Carl Hanser Verlag: München – Wien.

MEYER, Petra (2008): *Gender, Trauma, Sucht. Flucht vor der Erinnerung*, in: Deutsches Ärzteblatt, PP, Heft 11, November 2008, 522–523.

MIETHE, Ingrid (2017): *Biografiearbeit. Lehr- und Handbuch für Studium und Praxis*, Verlagsgruppe Beltz: 3. Auflage, Weinheim – Basel.

MONYER, Hannah/GESSMANN, Martin (2017): *Das geniale Gedächtnis. Wie das Gehirn aus der Vergangenheit unsere Zukunft macht*, Penguin Verlag: München.

MORGENTHALER, Christoph (2017): *Seelsorge. Lehrbuch Praktische Theologie Band 3*, Gütersloher Verlagshaus: 3. Auflage, Gütersloh.

MORGENTHALER, Christoph (2019): *Systemische Seelsorge. Impulse der Familien- und Systemtherapie für die kirchliche Praxis*, Kohlhammer Verlag: 6. Auflage, Stuttgart.

MÜLLER-LANGE, Joachim/RIESKE, Uwe/UNRUH, Jutta (Hrsg.) (2013): *Handbuch Notfallseelsorge*, k. A.: 3. vollständig überarbeitete Auflage, Edewecht.

NOUWEN, Henri (2015): *Suche nach Einklang. Von der spirituellen Kraft der Erinnerung*, Herder Verlag: Neuausgabe Freiburg.

NAZARKIEWICZ, Kirsten/BOURQUIN, Peter (Hrsg.) (2018): *Einflüsse der Welt. Individuelles Schicksal im kollektiven Kontext. Praxis der Systemaufstellung*, Vandenhoeck & Ruprecht: Göttingen.

NEWBERG, Andrew/D'AQUILI, Eugen/RAUSE, Vince (2008): *Der gedachte Gott. Wie Glaube im Gehirn entsteht*, Piper Verlag: 3. Auflage, München

O'DONNELL, Karen (2019): *Broken Bodies. The Eucharist, Mary, and the Body in Trauma Theology*, SCM Press: London, Kindle Version.

OGDEN, Pat/MINTON, Kekuni/PAIN, Clare (2009): *Trauma und Körper. Ein sensumotorisch orientierter psychotherapeutischer Ansatz*, Junfermann Verlag: 2. Auflage, Paderborn.

ÖZKAN, Ibrahim/SACHSSE, Ulrich/STREECK-FISCHER, Annette (Hrsg.): *Zeit heilt nicht alle Wunden. Kompendium zur Psychotraumatologie*, Vandenhoeck & Ruprecht: Göttingen.

ONNASCH, Klaus/GAST, Ursula (2019): *Trauern mit Leib und Seele. Orientierung bei schmerzlichen Verlusten*, Klett-Cotta: 6. Auflage, Stuttgart.

ONNASCH, Klaus (2021): *Trauer und Freude. Das eigene Leben nach schweren Verlusten gestalten*, Klett-Cotta: Stuttgart.

PARGAMENT, Kenneth I. (2011): *Spiritually Integrated Psychotherapy. Understanding and Addressing the Sacred*, The Guilford Press: New York – London.

PAULS, Helmut (2013): *Klinische Sozialarbeit. Grundlagen und Methoden psycho-sozialer Behandlung*, Beltz Verlag: 3. Auflage, Weinheim – Basel.

PENNEBAKER, James W. (2019): *Heilung durch Schreiben. Ein Arbeitsbuch zur Selbsthilfe*, Hogrefe Verlag: 2. Auflage, Bern.

PEICHL, Jochen (2012): *Hypno-analytische Teilearbeit. Ego-State-Therapie mit inneren Selbstanteilen*, Klett-Cotta: Stuttgart.

PEICHL, Jochen (2019): *Einführung in die hypnosystemische Teiletherapie*, Carl-Auer-Verlag: Heidelberg.

PETZOLD Hilarion G. (2014): *Unterwegs zu einer integrativen Humantherapie. Ein Interview von Anton Leitner mit Hilarion G. Petzold*, zu finden unter: https://www.fpi-publikation.de/downloads/?doc=textarchiv-petzold_petzold-2014-unterwegs-zu-einer-integrativen-humantherapie-interview-von-anton-leitner.pdf (aufgerufen am 29. 12. 2020).

POHL-PATALONG, Uta (2013): *Bibliolog. Impulse für Gottesdienst, Gemeinde und Schule. Band 1: Grundformen*, Kohlhammer-Verlag: Stuttgart.

PORGES, Stephen W. (2019): *Die Polyvagaltheorie und die Suche nach Sicherheit. Traumabehandlung, soziales Engagement und Bindung*, G. P. Probst Verlag: Lichtenau/Westfalen.

10. Literaturverzeichnis

POSER, Ruth (2012): *Das Ezechielbuch als Traumaliteratur*, Brill: Leiden.

RAMBO, Shelley (2010): *Spirit and Trauma. A Theology of Remaining*, Westminster Press: London.

RAMBO, Shelley (2017): *Resurrecting Wounds. Living in the Afterlife of Trauma*, Baylor University Press: Waco, Texas.

REDDEMANN, Luise (2007): *Würde als Gegenstand psychotherapeutischer Interventionen?!*, zu finden unter: http://www.luise-reddemann.de/fileadmin/content/downloads/aufsaetze-vortraege/W%C3%BCrde%20als%20Gegenstand%20psychotherapeutischer%20Interventionen.pdf (aufgerufen am 28.01.2021).

REDDEMANN, Luise (2016): *Überlebenskunst. Von Johann Sebastian Bach lernen und Selbstheilungskräfte entwickeln*, Klett-Cotta: 8. Auflage, Stuttgart.

REDDEMANN, Luise (2011): *Psychodynamisch Imaginative Traumatherapie. PITT – Das Manual*, Klett-Cotta: 6. vollständig überarbeitete Neuauflage, Stuttgart.

REDDEMANN, Luise (2016): *Imagination als heilsame Kraft. Ressourcen und Mitgefühl in der Behandlung von Traumafolgen*, Klett-Cotta: 19. völlig überarbeitete Neuauflage, Stuttgart.

REDDEMANN, Luise (2016): *Mitgefühl, Trauma und Achtsamkeit in psychodynamischen Therapien*, Vandenhoeck & Ruprecht: Göttingen.

REDDEMANN, Luise (2018): *Kriegskinder und Kriegsenkel in der Psychotherapie. Folgen der NS-Zeit und des Zweiten Weltkriegs erkennen und bearbeiten – Eine Annäherungen*, Klett-Cotta: 5. erweiterte Auflage, Stuttgart.

ROTH, Gerhard/STRÜBER, Nicole (2014): *Wie das Gehirn die Seele macht*, Klett-Cotta: Stuttgart.

RÜEGG, Caspar David (2007): *Gehirn, Psyche und Körper. Neurobiologie von Psychosomatik und Psychotherapie*, Schattauer Verlag: Stuttgart.

RÜEGG, Caspar David (2009): *Traumagedächtnis und Neurobiologie. Konsolidierung, Rekonsolidierung und Extinktion*, in: Trauma & Gewalt, 3. Jg., Heft 1, Februar 2009, 6–17

RÜEGG, Caspar David (2017): *Mind & Body. Wie Gehirn und Psyche die Gesundheit beeinflussen*, Schattauer Verlag: 3. Auflage, Stuttgart.

SACHSSE, Ulrich/SACK, Martin (2012): *Alles Trauma Alles Trauma – oder was?*, Klinische Vorlesung Lindauer Psychotherapiewochen 2012, zu finden unter: https://www.lptw.de/archiv/vortrag/2012/sachsse-sack-alles-trauma-oder-was-lindauer-psychotherapiewochen2012.pdf (aufgerufen am: 12.03.2020).

SACK, Martin (2010): *Schonende Traumatherapie. Ressourcenorientierte Behandlung von Traumafolgestörungen*, Schattauer Verlag: 4. Auflage, Stuttgart.

SACK, Martin (2016): *Schonende Traumatherapie - ressourcenorientierte Behandlung von Traumafolgestörungen*, Fortbildungstag Fachklinik Haus Immanuel am 13.4.2016, zu finden unter: https://www.haus-immanuel.de/fileadmin/user_upload/Dateien_Hausimmanuel/downloads/vortraege/Schonende_Traumatherapie_und_Sucht_Haus_Immanuel_2016.pdf (aufgerufen am: 12.03.2020).

SAUTERMEISTER, Jochen/SKUBAN, Tobias (Hrsg.) (2018): *Handbuch psychiatrisches Grundwissen für die Seelsorge*, Verlag Herder: Freiburg.

SCHADE, Miriam (2019): *Dem Schrecklichen begegnen. Seelsorge mit traumatisierten Kindern*, Evangelische Verlagsanstalt: Leipzig.

SCHERWATH, Corinna/FRIEDRICH, Sibylle (2012): *Soziale und pädagogische Arbeit bei Traumatisierung*, Ernst Reinhardt Verlag: München – Basel.

SCHEUERLE, Hans-Jürgen (2016): *Das Gehirn ist nicht einsam. Resonanzen zwischen Gehirn, Leib und Umwelt*, Kohlhammer Verlag: 2. Auflage, Stuttgart.

SCHROER, Silvia/STAUBLI, Thomas (1998): *Die Körpersymbolik der Bibel*, Wissenschaftliche Buchgesellschaft: Darmstadt.

SCHULT, Maike (in Vorbereitung): *Ein Hauch von Ordnung. Traumaarbeit als Aufgabe der Seelsorge*, Arbeiten zur Praktischen Theologie, Band 64, Evangelische Verlagsanstalt: Leipzig.

SCHULZ VON THUN, Friedemann (2016): *Miteinander reden 3. Das «Innere Team» und situationsgerechte Kommunikation. Kommunikation, Person, Situation*, Rowohlt Taschenbuch Verlag: 24. Auflage, Hamburg.

SCHWARTZ, Arielle (2020): *Vom Trauma genesen – Ein Übungsbuch. Praktische Anleitungen für die Arbeit an Traumata, die Stärkung der Resilienz und die Verwirklichung des Potentials*, G. P. Probst Verlag: Lichtenau/Westfalen.

SHAPIRO, Francine (2013): *EMDR – Grundlagen und Praxis. Handbuch zur Behandlung traumatisierter Menschen*, Junfermann Verlag: 3. Auflage, Paderborn.

SHAPIRO, Francine/HOFMANN, Arne (Hrsg.) (1994): *Einführungsseminar in die EMDR-Methode. Manual Teil 1 (von 2) der Fortbildung in EMDR*, Arbeitsmanual in Kopie des EMDR-Instituts Deutschland: Bergisch-Gladbach.

SIEGEL, Daniel J. (2012): *Mindsight. Die neue Wissenschaft der persönlichen Transformation*, Goldmann: 6. Auflage, München.

SINGER, Tania/BOLZ, Matthias (Hrsg.) (2013): *Mitgefühl in Alltag und Forschung*, E-Book, Max-Planck-Gesellschaft: München.

SMUCKER, Mervyn/KÖSTER, Rolf (2014): *Praxishandbuch IRRT. Imagery Rescripting & Reprocessing Therapy bei Traumafolgestörungen, Angst, Depression und Trauer*, Klett-Cotta: Stuttgart.

SPARRER, Insa (2014): *Wunder, Lösung und System. Lösungsfokussierte Systemische Strukturaufstellungen für Therapie und Organisationsberatung*, Carl-Auer-Verlag: 6. Auflage, Heidelberg.

STAHL, Andreas (2019): *Traumasensible Seelsorge. Grundlinien für die Arbeit mit Gewaltbetroffenen*, Kohlhammer: Stuttgart.

STEGEMANN, Wolfgang (2010): *Jesus und seine Zeit*, Biblische Enzyklopädie 10, Kohlhammer: Stuttgart.

STÖHR, Johannes (2005): *Eucharistie als medicinis corporis et animae*, in: Katholische Monatsschrift Jg. 35, Nr. 7/8, 458–468.

STORCH, Maja/CANTIENI, Benita/HÜTHER, Gerald/TSCHACHER, Wolfgang (2017): *Embodiment. Die Wechselwirkung von Körper und Psyche verstehen und nutzen*, Hogrefe: 3. Auflage, Bern.

THEISSEN, Gerd (2007): *Erleben und Verhalten der ersten Christen. Eine Psychologie des Urchristentums*, Gütersloher Verlagshaus: Gütersloh.

THEISSEN, Gerd/GEMÜNDEN, Petra von (Hrsg.) (2007): *Erkennen und Erleben. Beiträge zur psychologischen Erforschung des frühen Christentums*, Gütersloher Verlagshaus: Gütersloh.

THEURETZBACHER, Klaus/NEMETSCHEK, Peter (2011): *Coaching und Systemische Supervision mit Herz, Hand und Verstand. Handlungsorientiert arbeiten, Systeme aufbauen*, Klett-Cotta: 2. Auflage, Stuttgart.

THOMPSON, Richard F. (2001): *Das Gehirn. Von der Nervenzelle zur Verhaltenssteuerung*, Spektrum Akademischer Verlag: 3. Auflage, Heidelberg – Berlin.

TRIPOLT, Romana (2011): *Der Tanz aus dem Trauma–Psychotrauma-Therapie mit EMDR in Bewegung und bewusstem Tanz*, in: Journal für Psychologie, Jg. 19 (2011), Ausgabe 3, o.S.

10. Literaturverzeichnis

UTSCH, Michael/BONELLI, Raphael M./PFEIFFER, Samuel (2018): *Psychotherapie und Spiritualität. Mit existenziellen Konflikten und Transzendenzfragen professionell umgehen*, 2. Auflage, Springer Verlag: Heidelberg.

VAN DER HART, Onno/NIJENHUIS, Ellert R.S./STEELE, Kathy (2008): *Das verfolgte Selbst. Strukturelle Dissoziation und die Behandlung chronischer Traumatisierung*, Junfermann Verlag: Paderborn.

VAN DER KOLK, Bessel A./MCFARLANE, Alexander C./WEISEATH, Lars (Hrsg.) (2000): *Traumatic Stress. Grundlagen und Behandlungsansätze. Theorie, Praxis und Forschung zu posttraumatischem Stress sowie Traumatherapie*, Junfermann Verlag: Paderborn.

VAN DER KOLK, Bessel A. (2009): *Entwicklungstrauma-Störung: Auf dem Weg zu einer sinnvollen Diagnostik für chronisch traumatisierte Kinder*, in: Praxis der Kinderpsychologie und Kinderpsychiatrie 58 (8), 572–586.

VAN DER KOLK, Bessel (2018): *Verkörperter Schrecken. Traumaspuren in Gehirn, Geist und Körper und wie man sie heilen kann*, G. P. Probst Verlag: 5. Auflage, Lichtenau/Westfalen.

VOIGT, Emilio (2008): *Die Jesusbewegung. Hintergründe ihrer Entstehung und Ausbreitung - eine historisch-exegetische Untersuchung über die Motive der Jesusnachfolge*, Kohlhammer: Stuttgart.

VON SCHLIPPE, Arist/SCHWEITZER, Jochen (2016): *Lehrbuch der systemischen Therapie und Beratung I. Das Grundlagenwissen*, Vandenhoeck & Ruprecht: 3. Auflage, Göttingen.

VON SCHLIPPE, Arist/SCHWEITZER, Jochen (2015): *Lehrbuch der systemischen Therapie und Beratung II. Das störungsspezifische Wissen*, Vandenhoeck & Ruprecht: 6. Auflage, Göttingen.

WEISS, Wilma/KESSLER, Tanja/GAHLEITNER, Silke B. (Hrsg.) (2016): *Handbuch Traumapädagogik*, Beltz Verlag: Weinheim – Basel.

WELTER-ENDERLIN, Rosmarie/HILDENBRAND, Bruno (Hrsg.) (2012): *Resilienz – Gedeihen trotz widriger Umstände*, Carl-Auer-Verlag: 5. Auflage, Heidelberg.

WENKE, Matthias (2008): *Im Gehirn gibt es keine Gedanken. Kritik des Reduktionismus. Phänomenologische Studien zu Biologie, Psychoanalyse, Yoga und Buddhismus*, Königshausen und Neumann: Würzburg.

WIRTZ, Ursula (2003): *Die spirituelle Dimension der Traumatherapie*, in: GALUSKA, Joachim (Hrsg.) (2003): *Den Horizont erweitern. Die transpersonale Dimension in der Psychotherapie*, Ulrich-Leutner-Verlag: Berlin, 136–153.

WIRTZ, Ursula (2005): *Seelenmord. Inzest und Therapie*, Kreuz Verlag: Stuttgart.

WIRTZ, Ursula (2006): *Flügel trotz allem. Wachstumschancen nach traumatischen Erfahrungen. Vom Guten des Schlechten*, Vortrag zum Fachtag „Grenzgänge – 20 Jahre Frauen – Sucht – Arbeit", Condrobs e.V. München, 30. 06. 2006.

WIRTZ, Ursula (2012): *Weiser werden nach dem Trauma?*, Vortrag auf dem Weltkongress für Psychotherapie Wien 2002, in: https://wirtz.ch/wp/wp-content/uploads/2020/08/Celan-Wien.pdf (aufgerufen am 07. 04. 2021).

WOLFF, Hans Walter (2010): *Anthropologie des Alten Testaments. Mit zwei Anhängen neu herausgegeben von Bernd Janowski*, Gütersloher Verlagshaus: Gütersloh.

WULFES, Nele/RAU, Sabine/KRÖGER, Christoph (2021): *Psychosoziale Notfallversorgung. Entwicklungen und Impulse aus psychotherapeutischer Sicht*, in: Psychotherapeutenjournal, 1/2021, 23–31 (es existiert eine frei zugängliche Online-Ausgabe der Zeitschrift).

ZANOTTA, Silvia (2018): *Wieder ganz werden. Traumaheilung mit Ego-State-Therapie und Körperwissen*, Carl-Auer Verlag: Heidelberg.Tem faciistis ellaborit dempore dem fugia doluptatur?

Andreas Stahl

Traumasensible Seelsorge

Grundlinien für die Arbeit mit Gewaltbetroffenen

2019. 389 Seiten mit 4 Tab. Kart.
€ 29,–
ISBN 978-3-17-037456-0
Praktische Theologie heute, Band 163

Traumata infolge von Gewalt und Missbrauch innerhalb des sozialen Nahraumes werden inzwischen als Problem erkannt. Es stellt sich die Frage nach dem Umgang mit dieser Realität. Das vorliegende Buch liefert hierzu einen seelsorgetheoretischen Beitrag. Das Phänomen von Traumata infolge von Gewalt im sozialen Nahraum wird wahrgenommen und in seiner Theologizität reflektiert. Basierend darauf werden Grundlinien einer Seelsorge entwickelt, die die Realität der Betroffenen ernst nimmt, sich sensibilisieren lässt und fragt, wie kirchliche Angebote die Betroffenen stärken können. Dies bezieht die handelnden Einzelpersonen ebenso mit ein wie die Institution Kirche und schließlich die Suche nach einer traumasensiblen christlichen Spiritualität.

Dr. Andreas Stahl studierte Evangelische Theologie in München, Jerusalem, Erlangen, Hong Kong und Stellenbosch und ist Traumafachberater (DeGPT). In der Promotionszeit führte ihn ein Forschungsaufenthalt nach Chicago.

Auch als E-Book erhältlich.
Leseproben und weitere Informationen: **www.kohlhammer.de**

Janina Reiter

Macht von Gefühlen – Macht über Gefühle

Philosophische Gefühlstheorien in
religionspädagogischer Perspektive

2021. 247 Seiten. Kart.
€ 39,–
ISBN 978-3-17-039652-4
Praktische Theologie heute, Band 181

Gefühle sind ein wichtiger Teil des menschlichen Lebens und daher von zentraler Bedeutung für Bildungsprozesse im Allgemeinen und religiöse Bildungsprozesse im Besonderen. Der vorliegende Band stellt in religionspädagogischem Interesse philosophische Gefühlstheorien vor – aus dem Bereich der Neuen Phänomenologie sowie aus dem Bereich des sogenannten Kognitivismus. Die beiden theoretischen Stränge bieten unterschiedliche Zugänge zum Phänomen der Gefühle, unter anderem im Hinblick auf die Macht von Gefühlen und die Macht über Gefühle. Das religionspädagogische Potenzial dieser unterschiedlichen Zugänge wird aufgezeigt, indem emotionale Dimensionen der Ziele religiöser Bildung dargestellt werden. Exemplarisch geschieht dies anhand der Leitkompetenzen der „Einheitlichen Prüfungsanforderungen in der Abiturprüfung" für die Evangelische Religionslehre.

Dr. Janina Reiter wurde im Fachbereich Religionspädagogik an der Universität Rostock promoviert und arbeitet als Referendarin für die Fächer Mathematik und Evangelische Religion.

Auch als E-Book erhältlich.
Leseproben und weitere Informationen: www.kohlhammer.de